O Segundo Mundo

PARAG KHANNA

O SEGUNDO MUNDO

IMPÉRIOS E INFLUÊNCIA NA NOVA ORDEM GLOBAL

Estados Unidos, China e União Européia e a estratégia pela conquista das nações emergentes

TRADUÇÃO DE CLÓVIS MARQUES

intrínseca

TÍTULO ORIGINAL
The Second World

PREPARAÇÃO
Bella Stall

REVISÃO TÉCNICA
Márcio Scalercio

REVISÃO
Umberto Figueiredo Pinto
Antonio dos Prazeres
Maria José de Sant'Anna

DIAGRAMAÇÃO
Ilustrarte Design e Produção Editorial

CAPA
Christiano Menezes

IMAGEM DA CAPA
Momoko Takeda/Getty Images

CIP-BRASIL. CATALOGAÇÃO-NA-FONTE
SINDICATO NACIONAL DOS EDITORES DE LIVROS, RJ

K56s

Khanna, Parag
O segundo mundo: impérios e influência na nova ordem global / Parag Khanna; tradução de Clóvis Marques. – Rio de Janeiro: Intrínseca, 2008.

Tradução de: The Second World
Inclui bibliografia e índice
ISBN 978-85-98078-38-0

1. Política internacional – Século XXI. 2. Geopolítica. 3. Globalização. 4. Equilíbrio internacional. I. Título.

08-4189. CDD 327.1
CDU 327

[2008]

Editora Intrínseca Ltda.
Rua dos Oitis, 50
22451-050 – Gávea
Rio de Janeiro – RJ
Telefone: (21) 3874-0914
Fax: (21) 3874-0578
www.intrinseca.com.br

Para Bhagwan Das Seth:
diplomata, pensador, avô

SUMÁRIO

PREFÁCIO

NINGUÉM CONHECEU o mundo como Arnold Toynbee. Os doze volumes do seu *Um estudo da história* constituem a mais coerente abordagem das civilizações humanas já escrita (e a obra mais longa em língua inglesa). Mas só depois de se aposentar do Royal Institute of International Affairs, em Londres, é que Toynbee entrou num navio com a mulher para "encontrar pessoas e conhecer lugares com que já estávamos familiarizados em nosso trabalho, mas só indiretamente". Durante dezessete meses, eles circunavegaram o planeta, viajando de Londres para a América do Sul e seguindo para a bacia do Pacífico, o sul da Ásia e o Oriente Próximo. Os despachos por ele redigidos — com observações sobre os remanescentes de impérios há muito extintos e previsões sobre um futuro incerto — foram publicados em 1958 com o título *Do Oriente ao Ocidente: uma viagem ao redor do mundo*.

Meio século depois, um exemplar com capa de couro da primeira edição da narrativa de Toynbee foi meu guia mais seguro quando comecei a percorrer o mundo para investigar a interação entre duas forças históricas mundiais que ele percebeu intuitivamente, sem chegar a lhes dar nome: a geopolítica e a globalização. Geopolítica é a relação entre poder e espaço. Globalização remete à ampliação e ao aprofundamento das ligações entre os povos do mundo por meio de todas as formas de troca. Toynbee fora o primeiro a fazer a crônica da ascensão e queda, da expansão e da contração dos impérios e das civilizações da história, tendo sido contemporâneo das grandes ondas de integração global que tiveram início pouco antes da Primeira Guerra Mundial e viriam a explodir com a ascensão das corporações multinacionais na década de 1970. Desde sua época, a geopolítica e a globalização se intensificaram de tal maneira que se transformaram nos dois lados da mesma moeda. Eu queria separar o inseparável.

As regiões e os países examinados neste livro — identificados coletivamente como o "Segundo Mundo" — constituem hoje o palco em que está sendo determinado o futuro da ordem global. Essa expressão, "Segundo Mundo", designou, a certa altura, o "sexto socialista" da superfície da Terra, e logo, por breve período, os Estados da transição pós-comunista, mas aos poucos deixou-se de falar do Segundo Mundo. No entanto, a quantidade de países hoje existentes é mais que o dobro dos que havia quando Toynbee empreendeu sua viagem — e um número cada vez maior deles se situa nesse novo espaço do Segundo Mundo, em que a geopolítica e a globalização se entrechocam e se fundem.

Como elementos da tabela periódica, as nações podem ser agrupadas em função do tamanho, da estabilidade, da riqueza e da visão de mundo. Os países estáveis e prósperos do Primeiro Mundo basicamente se beneficiam da ordem internacional que hoje prevalece. Por outro lado, os países pobres e instáveis do Terceiro Mundo não foram capazes de superar sua posição de desvantagem nessa ordem. Os países do Segundo Mundo ficam no meio. Em sua maioria, apresentam *os dois* tipos de características, internamente divididos entre vencedores e perdedores, entre os que têm e os que não têm. Como irão reagir os países segundo-mundistas: rechaçando, dividindo-se ou fundindo-se numa mistura? Esta é uma das questões que este livro procura esclarecer.

Os países esquizofrênicos do Segundo Mundo são também os Estados que determinarão o equilíbrio do poder no século XXI entre os três principais impérios do mundo — os Estados Unidos, a União Européia e a China —, à medida que cada um se valer das alavancas da globalização para exercer sua própria força gravitacional. Como os países escolhem a superpotência à qual irão se aliar? Que modelo de globalização prevalecerá? O Oriente será capaz de rivalizar com o Ocidente? As respostas podem ser encontradas no Segundo Mundo, e *somente* no Segundo Mundo.

Para se entender as esferas morfogênicas e os vetores de influência que interligam as cinco regiões do Segundo Mundo é preciso começar a *pensar* como determinado país, estar na sua pele. Os funcionários do Banco Mundial costumam dizer, brincando, que jamais se arvorariam em ser especialistas de algum país que nunca tivessem pelo menos sobrevoado. Especialistas desse tipo evocam indicadores estatísticos e declaram que "as coisas estão melhorando muito" nesse ou naquele país. Em geral, isto significa que a capital foi saneada, ganhando hotéis, bancos com caixas eletrônicos e shopping centers, enquanto a criminalidade era isolada nos bairros mais afastados. E o restante do país? E as cidades sem aeroportos, as províncias com rodovias ruins e infra-estrutura dilapidada? Será que nessas áreas as coisas estão melhorando muito? A impressão não é de que se está num outro país? Não é de estranhar que as pessoas sejam apanhadas de surpresa por um golpe aqui, um colapso econômico ali, em países que, supostamente, estariam sempre prosperando.

Santo Agostinho dizia que "o mundo é um livro, e aqueles que não viajaram leram apenas uma página". Só a experiência direta pode corroborar ou contestar nossas intuições, permitindo-nos tomar decisões políticas arriscadas com confiança num mundo complexo de reações instantâneas e conseqüências imprevistas. Em minhas viagens pelo Segundo Mundo, nunca saí de um país antes de ser capaz de apreender seu significado em seus próprios termos, antes de assimilar todo um panorama de perspectivas das cidades, aldeias e paisagens, com base em conversas com uma ampla variedade de pessoas — funcionários, acadêmicos, jornalistas, empresários, motoristas de táxi e estudantes. Eu ficava até conseguir ver o mundo pelos olhos deles. Este livro procura simplesmente investigar a maneira como essas nações vêem a si mesmas nessa era de globalização e fluxo geopolítico.

Nas viagens, percepções e idéias se fundem; uma contradição pode revelar-se uma verdade a ser divulgada, e não uma exceção a se refutar. Essa ambigüidade, afinal de contas, é o corolário da complexidade. Como se sabe, a realidade costuma resistir a teorias que vêem o mundo em função do que deveria ser, e não do que realmente é. Em sentido inverso, a exploração dos padrões do Segundo Mundo de um ponto de vista estético, dando o devido valor a avaliações puramente sensoriais, permite revelar características comuns a todo o Segundo Mundo; verifica-se que as diferenças são mais relativas que absolutas. Por exemplo, a civilidade do comportamento das pessoas tende a refletir a honestidade de seus governos, que, por sua vez, tem relação com a qualidade das rodovias do país. No Primeiro Mundo, as rodovias são bem pavimentadas e pode-se enxergar com nitidez distâncias de quilômetros, ao passo que nas atravancadas rodovias do Terceiro Mundo a visão é dificultada pela poeira e pelos escapamentos de gases; nos países do Segundo Mundo, temos uma mistura das duas coisas. Os países do Primeiro Mundo são capazes de acolher milhões de turistas, enquanto uma visita a um país do Terceiro Mundo pode obrigar o turista a escolher entre hotéis exclusivos e formas improvisadas e baratas de hospedagem; muitos países do Segundo Mundo simplesmente não dispõem de infra-estrutura para o turismo de massa. O lixo é reciclado no Primeiro Mundo e queimado no Terceiro; no Segundo Mundo, pode ser conseqüentemente coletado, mas também jogado em terrenos baldios. A corrupção é praticamente invisível no Primeiro Mundo, desenfreada no Terceiro e sutil no Segundo. No terreno diplomático, os Estados primeiro-mundistas tomam decisões soberanas e os países passivos do Terceiro Mundo são alvos do neomercantilismo das superpotências. Os países do Segundo Mundo oscilam ansiosamente no meio.

Uma viagem ao redor do mundo revela uma lógica subjacente cada vez mais clara: as normas imperiais das superpotências americana, européia e chinesa ganham terreno. As fronteiras políticas têm importância cada vez menor, e as economias se integram. O mapa do mundo está sendo redesenhado, num processo que não é conduzido só pelos americanos. No entanto, embora o mundo se torne cada vez mais *não*-americano, as atitudes dos americanos em relação aos lugares que de uma hora para outra aparecem nas manchetes nos EUA refletem profunda ignorância cartográfica e histórica. Mas este livro não foi escrito apenas para os americanos, pois a missão de adaptar os Estados Unidos a um mundo de múltiplas superpotências e de uma globalização amorfa, mas cada vez mais profunda, é importante demais para ser confiada exclusivamente a eles. Talvez a guerra seja a maneira encontrada por Deus para ensinar geografia aos americanos, mas existe no mundo uma nova geografia de poder que todos devem entender melhor. Se não formos capazes de encontrar território comum em nossos espíritos, nada poderá nos salvar.

Parag Khanna
Nova York
Agosto de 2007

INTRODUÇÃO: RELAÇÕES INTERIMPERIAIS

Na década de 1990, enquanto ruíam prédios bombardeados nos Bálcãs, quem foi capaz de reconstruir esses países devastados pela guerra? Quando a moeda mexicana desmoronou de tal maneira que foi suspenso o pagamento da dívida, quem serviu de fiador? Quando as antigas repúblicas soviéticas da Ásia Central foram arremessadas na independência, quem definiu suas fronteiras e estimulou seu comércio?

Nos três casos, a resposta é um *império*: a União Européia, os Estados Unidos e a China, respectivamente.

Hoje em dia, não soa bem falar de impérios. Os impérios são relíquias agressivas e mercantilistas supostamente jogadas na lata de lixo da história quando Grã-Bretanha, França e Portugal se retiraram de suas antigas colônias africanas e asiáticas depois da Segunda Guerra Mundial e sobreveio o colapso da União Soviética na década de 1990. Foram muitos, então, os que previram que a autodeterminação étnica levaria o mundo a uma nova era de fragmentação política, com a proliferação de novos países, passando de menos de cinqüenta no fim da Segunda Guerra Mundial, para, possivelmente, centenas no século XXI, e cada minoria passando a ter seu próprio Estado, sua moeda e sua representação nas Nações Unidas.

No entanto, durante milhares de anos os impérios têm sido as mais poderosas instituições políticas do mundo, impedindo com seu jugo que os países dominados entrassem em guerra, e assim satisfazendo o eterno desejo de ordem dos povos — pré-requisito da estabilidade e de uma democracia frutífera.[1] Roma, Istambul, Veneza e Londres dominaram milhares de diferentes comunidades políticas até o advento do Estado-nação no século XVII. Na época da Segunda Guerra Mundial, o poder global estava consolidado em apenas meia dúzia de impérios, quase todos europeus. A descolonização pôs fim a esses impérios artificiais — países pequenos dominando pela força colônias no ultramar —, mas não acabou com os impérios. Eles podem não ser a forma de governo mais desejável, considerando-se a ocorrência periódica de guerras incrivelmente destrutivas entre eles, mas as limitações psicológicas da humanidade ainda a impedem de fazer melhor.

Se algum tempo atrás se dizia que *small is beautiful* (o que é pequeno é que é bom), hoje o que é grande está de volta.[2] São as relações interimperiais — e não internacionais ou intercivilizacionais — que moldam o mundo. São os impérios — e não as civilizações — que dão significado à geografia. De fato, os impérios se projetam *através* das civilizações; à medida que disseminam suas normas e costumes, podem mudar a maneira de ser das pessoas, independentemente de sua civilização.[3] Como estão mais voltados para o poder e o crescimento do que para a preservação de culturas singulares, os impérios são, simplificando, maiores que as civilizações. O fato de a Europa e a China serem civilizações antigas as torna únicas, mas sua condição de potências expansionistas é que as faz excepcionais.

Os centros de poder dominantes no mundo, hoje, são *menos numerosos* do que na maior parte da história humana.[4] Desde a Segunda Guerra Mundial, várias pequenas entidades feudais fundiram-se para formar a moderna China, e mais de duas dúzias de Estados-nações vieram a se integrar numa União Européia supranacional. Esses dois e os Estados Unidos são os três impérios naturais do mundo, cada um deles geograficamente unificado e suficientemente forte do ponto de vista militar, econômico e demográfico para se expandir. Como George Kennan nos lembra de modo contundente, as desigualdades de poder entre os Estados sempre zombaram da soberania. E quanto mais países houver no mundo, mais fácil será para os impérios dividir e conquistar.[5]

Mas todos os impérios são suscetíveis ao que Arnold Toynbee chamava de "miragem da imortalidade". Os americanos gostam de acreditar que estão à frente do primeiro império global do mundo, mas, na verdade, a Grã-Bretanha foi o último império global onde o sol nunca se punha. Boa parte do mundo estava sob seu domínio e devia prestar-lhe contas.[6] Num mundo descolonizado, em que as conquistas territoriais são um tabu, a América não tem essa capacidade de decidir unilateralmente as questões em todos os quadrantes do planeta; ela tem embaixadores, não vice-reis. E tampouco devemos confundir com domínio a presença militar global da América. Se o poderio é medido estritamente em termos militares, o mundo é, na verdade, "unimultipolar", tendo a América no topo e logo abaixo um forte conjunto de potências regionais. Mas, hoje, o poderio militar significa menos do que no passado, especialmente levando-se em conta que se disseminam amplamente as tecnologias que permitem aos outros resistir e se defender. As melhores avaliações de poder levam em consideração a produtividade econômica, a participação no mercado global, a inovação tecnológica, os recursos naturais e o tamanho da população, além de fatores intangíveis, como a vontade nacional e a habilidade diplomática. Na verdade, exatamente porque todas as grandes potências dispõem hoje de armas nucleares, o poder econômico é mais importante que o poderio militar. A combinação de população gigantesca, produção industrial e riqueza financeira torna a China uma superpotência com potencial inédito. Economicamente, a União Européia é mais saudável do que os Estados Unidos e a China; pelo tamanho da população, fica entre os dois, dispondo de considerável poderio militar e avanço tecnológico.

Em seu livro *As conseqüências econômicas da paz*, John Maynard Keynes escreveu: "Os grandes acontecimentos da história freqüentemente se devem a mudanças seculares no crescimento da população e outras causas econômicas fundamentais, as quais, escapando, por seu caráter gradual, à atenção dos observadores contemporâneos, são atribuídas às loucuras dos estadistas ou ao fanatismo dos ateus."[7] Entretanto, hoje é possível avaliar com exatidão os microprocessos e microinterações que, somados, resultam em grandes mudanças geopolíticas, da maneira como os cientistas medem os sintomas e as causas das mudanças climáticas. O mapa das superpotências do mundo está sendo reequilibrado, mas sem um centro único.* Ao desafiarem a posição da América na hierarquia global, arregimentando aliados e apoio ao redor do mundo, a UE e a China promoveram uma mudança palpável em direção a três centros de influência relativamente equiparados: Washington, Bruxelas e Pequim.

O MERCADO GEOPOLÍTICO

O poder não tolera o vácuo.[8] O colapso da União Soviética transformou os Estados Unidos no que os franceses chamam de *une hyperpuissance* — uma entidade capaz de mobilizar poderio militar em qualquer parte —, mas não assegurou a hegemonia global da América. Ao contrário, o "momento unipolar" da América foi apenas isso, um breve período de síncope, durante o qual a Europa e a China saíram da sombra dos guarda-chuvas americanos de segurança regional, evoluindo gradualmente da consolidação interna para uma projeção de poderio externo. Agora sua ascensão é tão passível de ser impedida quanto a evolução. Por toda parte percebemos um planeta que está sendo simultaneamente *americanizado*, *europeizado* e *sinicizado*.

O poder migrou do monopólio para o mercado. As três superpotências utilizam hoje em dia seu poderio militar, econômico e político para construir esferas de influência em todo o mundo, competindo na mediação de conflitos, na modelagem dos mercados e na disseminação dos costumes.[9] No mercado geopolítico, os países consumidores escolhem a superpotência que será sua protetora; alguns escolhem mais de uma. Quando determinada superpotência tenta isolar um inimigo, sempre existe a possibilidade de que outra entre em campo com um colete salva-vidas, conquistando um aliado. Nunca antes se viu no mundo esse tipo de competição autenticamente global — situação

* A geopolítica sempre foi determinada pelas potências do Hemisfério Norte, os impérios que dominavam os territórios do sul, da América Latina e da África à Austrália e à Oceania. Ao longo dos últimos quinhentos anos, os impérios do norte moldaram o planeta; no fim do século XIX, finalmente haviam sido plantadas bandeiras em cada recanto da Terra, e já não existiam espaços em branco no mapa. Toynbee resumiu essa conquista geográfica: "O nosso *know-how* ocidental unificou o mundo inteiro, no sentido literal de toda a superfície habitável e acessível do globo." (Toynbee, *Civilization on Trial*, p. 23). Nesse momento, a expansão externa se transformou em consolidação interna; a geopolítica passou a ser a política interna do mundo — tendo no topo, na época, o Ocidente.

que pode ser a mais complicada de toda a história, já que nem todas as superpotências são ocidentais (a China) ou sequer Estados no sentido convencional (a UE).

A estratégia de segurança nacional da América tem o objetivo de influenciar a situação em "países que estão numa encruzilhada", promovendo a estabilidade em regiões perigosas.[10] Em muitos desses lugares, contudo, a América já não é considerada uma garantia de segurança, mas de *in*segurança, dinâmica que abre as portas para que a China e a Europa atraiam esses países para sua esfera de influência. "As grandes potências não se preocupam só com os seus problemas", disse a secretária de Estado americana Condoleezza Rice, e, de fato, a credibilidade cada vez menor da América não significa que outros países não possam adquirir credibilidade.

No mercado geopolítico, a legitimidade decorre da eficácia, devendo ser *comprovada* na comparação com outras superpotências. Na verdade, a América tem muito a aprender com a Europa e com a China em matéria de legitimidade. Depois da Guerra Fria, alguns americanos sustentavam que o recuo da presença militar americana na Europa levaria a novas rivalidades internas no continente, por exemplo, entre a França e a Alemanha.[11] Em vez disso, o que se viu foi a transformação da União Européia no único império contemporâneo que continua se expandindo, ano a ano, pela absorção de novos países — enquanto muitos outros ainda fazem fila para poder entrar. Mais ou menos na mesma época, o Pentágono anunciou uma estratégia para conter a ascensão de qualquer grande potência rival, como a China. Apesar disso, a China vai metodicamente cumprindo seu programa para se tornar a maior potência mundial, recuperando sua posição de "Império do Meio". Tal como a União Européia, ela vem transformando os Estados vizinhos em províncias semi-soberanas, submetendo-os não militarmente, mas pela expansão demográfica e pela integração econômica. Antigamente, isso se chamava imperialismo, mas o novo nome é globalização.

Os Estados Unidos, a UE e a China representam três estilos diplomáticos diferentes — a *coalizão*, no caso da América, o *consenso*, no da Europa, e a *consulta*, no da China —, competindo pela liderança no século XXI. Durante a Guerra Fria, a Doutrina Truman posta em prática pela América anticomunista gerava robustas alianças do tipo "a roda e seus raios", como fizera a Prússia no século XIX.[12] Em oposição, seu estilo atual de política externa, na base das "coalizões de voluntários", vai arregimentando alinhamentos diplomáticos pela negociação caso a caso. A América continua evidenciando sua ambição de liderar: ela dá o tom no Conselho de Segurança da ONU e na Otan, que organiza operações muito além de seu mandato territorial europeu, no golfo Pérsico e na Ásia Central, interferindo em muitas disputas em todo o mundo. Entretanto, com o individualismo sendo o verdadeiro credo americano, a esmagadora ênfase no interesse próprio resulta na debilidade do processo diplomático de conquista de confiança. Em vez disso, o foco de curto prazo gera confusão nos programas constantemente oscilantes de contraterrorismo, democratização e liberalização econômica, ao passo que a insistência nas ameaças militares aliena até os aliados. A América de hoje encarna à perfeição o comentário de Charles de Gaulle (que se referia à própria França) de que não tem amigos, só interesses.

A União Européia é uma instituição revolucionária com o potencial de inverter a rotação da centralidade geopolítica voltada para o Ocidente.[13] A mais adiantada forma de governo interestatal, a UE agrega países de um modo que mais parece uma fusão corporativa do que uma conquista política, com evidentes ganhos tanto na frente comercial quanto na territorial, da África do Norte ao Cáucaso.[14] As leis da União Européia se sobrepõem à maioria das legislações nacionais, e a maior parte do comércio europeu acontece dentro dos limites da própria UE. Embora continuem sendo Estados-nações soberanos, seus membros atuam cada vez mais unidos para projetar no restante do mundo seu horizonte comum. Fora do terreno militar, o poderio potencial da Europa é maior que o da América, pois ela é o maior mercado do mundo, além de estabelecer, na prática, os padrões tecnológicos e de regulação. A política externa européia evidencia todos os vícios e virtudes da diplomacia de consenso: é movida pelo mesmo espírito abrangente das políticas previdenciárias européias, embora o processo de negociação e aplicação de estratégias entre mais de duas dúzias de países-membros seja imensamente trabalhoso. Em última análise, contudo, as políticas da UE, uma vez decididas, estão constantemente atraindo mais e mais países para o estilo europeu.

A China já se tornou um centro de gravidade global, representando um terceiro modelo de diplomacia imperial. Derivado de antigos hábitos confucianos, o comportamento eminentemente consultivo do país dá ênfase às áreas de maior convergência, ao mesmo tempo agendando para oportunidades mais propícias as questões em que há divergência; a abnegação provoca admiração e confiança. A maior parte da população mundial habita países asiáticos dolorosamente familiarizados com o instável passado da China, mas também mais aclimatados ao seu potencial futuro. Não só se conformaram com a inevitável ascensão da China, como passaram a apreciar os benefícios que trará, na forma de produtos mais baratos, mercados mais integrados e um certo orgulho regional. Meio século atrás, a China chegava a gastar 5% de seu orçamento no apoio a guerrilhas marxistas e maoístas; na época, a piada era que o único país amigo da China era a Albânia. Hoje, a China se empenha em fazer alianças de amplo espectro com todos os clientes disponíveis, competindo em matéria de abastecimento de energia no golfo Pérsico, na Ásia Central e na América do Sul; empenhando-se num cabo-de-guerra com o Ocidente pela adesão de potências de porte médio, como a Rússia e a Índia; e oferecendo apoio a quase todos os regimes que os Estados Unidos tentam reprimir, como os da Venezuela, do Sudão, do Zimbábue, do Irã, do Uzbequistão, de Mianmar e da Coréia do Norte.

Muitos acreditam que a ordem mundial que vem surgindo é policêntrica: a China continuará sendo basicamente uma potência regional, o Japão deverá se afirmar mais em termos nacionalistas, a UE não conseguirá ter influência além de sua região imediata, a Índia rivalizará com a China, a Rússia ressurgirá e o califado islâmico se congelará como força geopolítica.[15] Todas essas perspectivas ignoram uma realidade muito mais profunda: os Estados Unidos, a UE e a China já detêm quase todo o poderio do mundo, e farão tudo para impedir que os outros ganhem terreno. A Rússia, o Japão e a Índia não podem afirmar-se globalmente, em termos militares ou outros; não são superpotências, e sim fatores de equilíbrio cujo apoio (ou sua falta) pode reforçar ou retardar o domínio das três superpotências, sem impedi-lo completamente.[16] Na verdade, esses três países estão sendo gradualmente postos para escanteio pelos Estados Unidos, pela UE e pela China em suas próprias regiões. O Islã vai no mesmo barco; carente de qualquer coerência diplomática, espraia-se por amplas regiões que também cedem à força de atração das principais superpotências, sem conseguir convergir num todo coerente. De modo que existem exatamente três superpotências no mundo, impérios que competirão para ditar os termos até que o outro principal vetor da história para o estabelecimento da ordem global — a guerra — determine algo diferente.

O QUE É GEOPOLÍTICA?

"Pobre memória aquela que só funciona para trás", escreveu Lewis Carroll. Ao contrário da história, a geopolítica é uma disciplina que olha para trás com a finalidade explícita de enxergar à frente. Se as relações internacionais são a meteorologia da atualidade, a geopolítica é a climatologia, a ciência profunda da evolução do mundo; a geopolítica não pode ser posta em dia simplesmente clicando-se em "Atualizar" no buscador da Internet. Na passagem do século XIX para o século XX, o geógrafo político alemão Friedrich Ratzel considerava que os impérios precisavam expandir-se para sobreviver. Como tiras de borracha, os impérios esticam à medida que as pessoas se movimentam, alterando os fatos da realidade concreta e estabelecendo instituições que estendem territorialmente a obediência o máximo possível sem provocar o rompimento das tiras de borracha.

Um aluno de Ratzel, Rudolf Kjellen, cunhou o termo *Geopolitik*, do qual se apropriou o geógrafo nazista Karl Haushofer para expor sua teoria das pan-regiões expansivas exigindo um *lebensraum*[*] racialmente homogêneo. O desvio da geografia pura promovido por Haushofer constituiria durante décadas uma mancha na disciplina da geopolítica.[17] Como seus colegas do continente europeu, o famoso geógrafo britânico Halford Mackinder dava ênfase ao ciclo vital do "organismo mundial". Entretanto, muito voltado para a questão da defesa da Grã-Bretanha diante das potências continentais, ele focalizava sua atenção na "ilha mundial" eurasiana, cujo "interior" era "a maior fortaleza natural do planeta", já que era inacessível a partir do mar — estando fora, portanto, do alcance do poderio marítimo britânico —, o que permitia que uma potência de base territorial dominasse o mundo.[18] Seu principal interlocutor estratégico, o estrategista naval americano Alfred Thayer Mahan, sustentava que, na realidade, o poderio oceânico era a chave para o domínio global, escrevendo: "O império dos mares é

* Espaço vital. (*N. do T.*)

sem dúvida o império do mundo." Desde então, a geopolítica se transformou num conjunto de fórmulas holísticas de poder aplicadas pelo mundo e em longos horizontes temporais, a que Fernand Braudel se referiu como a *longue durée*.[19] Mas continua sendo a mesma história de desafios e reações formulada por Toynbee.

GEOPOLÍTICA *VERSUS* GLOBALIZAÇÃO?

Na década de 1990, assistimos a um grande debate entre as visões contrastantes de Francis Fukuyama (*O fim da história*) e Samuel Huntington (*O choque das civilizações*), sendo o primeiro geralmente caricaturado como um utópico e o segundo como um fatalista. A grande antecessora dessa dicotomia era a tensão entre as visões de mundo de Oswald Spengler e Arnold Toynbee. Spengler começava seu livro *O declínio do Ocidente* (1918) com uma afirmação ousada: "Este livro tentará, pela primeira vez, prever a história." Ele sustentava que a decadência do Ocidente clássico era tão inevitável quanto a própria história; os símbolos da alta cultura iriam degenerar em decadência material, num processo semelhante ao envelhecimento humano ou ao ciclo das estações. A conclusão de Spengler era tão convincente que Toynbee, antes de empreender o seu *Estudo da história*, se perguntava se "toda essa investigação não terá sido descartada por Spengler antes mesmo que as perguntas, quanto mais as respostas, tivessem se formado plenamente em meu espírito".[20] Mas a trágica revelação de Spengler revelou-se a fagulha das explorações do próprio Toynbee, que tentava substituir o alarmismo pela visão prospectiva e o determinismo pela atividade. O contexto de "desafio e reação" (às tensões tanto naturais quanto geopolíticas) estabelecido por Toynbee montou o cenário para que o Ocidente escolhesse entre uma adaptação conciliatória e a inflexibilidade do fundamentalismo. Mais de cinqüenta anos depois, continua sendo esta a alternativa com que se depara o Ocidente.

A paisagem geopolítica está perpetuamente se desdobrando por terras e mares — e já agora também no espaço sideral e cibernético. No entanto, uma vez absorvidos todos os números da geopolítica, o que surge na história mundial é um padrão de guerras globais cada vez mais cataclísmicas, que, repetindo-se aproximadamente a cada cem anos, reconfiguram a hierarquia do poder, sendo suas apoteoses mais recentes as Guerras Napoleônicas (1813-14) e as duas guerras mundiais (1914 e 1945). Quase um século atrás, a Primeira Guerra Mundial foi desencadeada por premissas falsas e equívocos entre potências européias que tinham muito em comum: história, cultura, espaço geográfico, laços econômicos e (na maioria dos casos) uma tradição política liberal. Hoje, os Estados Unidos, a UE e a China têm bem poucos desses elementos a seu favor. Não têm fatores culturais em comum, não compartilham o mesmo espaço geográfico nem são todos democráticos. Haveria algo capaz de impedir uma Terceira Guerra Mundial num mundo de superpotências com visões de mundo, motivações e formas de poder tão drasticamente diferentes a seu dispor? Se o século XX foi, nas palavras de Isaiah Berlin, "o século mais terrível da história ocidental", o que poderá tornar diferente o século XXI?

Hoje, surgiu apenas uma força capaz de deter as rodas cíclicas do conflito global: a globalização.[21] Como a geopolítica, a globalização tornou-se o próprio sistema mundial. Nenhuma potência é capaz de controlá-la; ela só pode ser detida se tudo for suspenso.[22] Mas a geopolítica e a globalização são consideradas conceitos e modos de poder diametralmente opostos.* Dia e noite, navios cargueiros e petroleiros atravessam oceanos, milhares de pessoas são levadas a seu destino pelos aviões e os mercados financeiros distribuem capital, ao mesmo tempo que são travadas guerras civis, atentados terroristas são planejados e executados e sistemas de armas nucleares implantados. Muitos pensadores dão excessiva ênfase às virtudes da globalização ou aos vícios da geopolítica, mas a simples existência da globalização como paradigma rival já é um sinal de certa evolução ao longo dos séculos.

Não se trata de saber se a globalização prosseguirá, mas apenas até que ponto. A globalização vem passando por marés vazantes e enchentes ao longo da história, mas hoje é mais ampla e profunda do que nunca.[23] O chamado movimento antiglobalização da década de 1990 — envolvendo sindicatos protecionistas, militantes ecológicos

---

* Para simplificar, a antítese entre geopolítica e globalização se manifesta nas dicotomias dominação *versus* integração, conflito *versus* cooperação, hierarquia *versus* funcionamento em rede, política *versus* economia, pessimismo *versus* otimismo, fatalismo *versus* progressismo. Na linguagem da teoria dos jogos, a geopolítica evoca as defecções e as traições do passado (ao que se espera), enquanto a globalização dá ênfase à esperança de interação e interdependência cada vez maiores. Em termos freudianos, poderíamos caracterizar a geopolítica e a globalização como aspirações humanas de dominação (*thanatos*, o instinto de morte) e paz (*eros*, o instinto do amor) em coexistência. Só a globalização é considerada uma grande teoria do todo equiparável à geopolítica, um antídoto para os milênios de contaminação do organismo mundial pela infecção do vírus da geopolítica.

e grupos indígenas — praticamente se evaporou; em seu lugar surgiu um diálogo global sério sobre as maneiras de se alcançar uma "globalização de rosto humano". Hoje a globalização faz parte da estratégia de todas as sociedades pela sobrevivência e pelo progresso. Enquanto manifestantes protestavam durante as reuniões de cúpula da Organização Mundial do Comércio para tentar mudar as regras do jogo, os pequenos produtores de açúcar e algodão que diziam representar estavam preocupados em tocar seus negócios, pois era o que tinham de fazer para sobreviver.[24] Nem mesmo os atentados terroristas de 11 de setembro de 2001 impediram a queda dos custos dos transportes, a liberalização do comércio e a explosão das tecnologias de comunicação que impulsionam a globalização. A globalização também gerou um mundo demograficamente *misturado*, o que significa que o "inimigo" está ao mesmo tempo do lado de fora e do lado de dentro. Os três impérios se misturam cada vez mais profundamente com as populações de suas periferias: os Estados Unidos com a América Latina, a Europa com o mundo árabe e a China com o Sudeste Asiático. A expressão "Nós somos o mundo" nunca foi tão certa.

Os interesses econômicos que fomentam a interdependência também poderiam evitar as tensões geopolíticas que se prenunciam, transformando-as para sempre em competição não-violenta. Na verdade, a economia global não poderá se acelerar nem ir muito longe com motor único, e as economias das três superpotências encontram-se tão profundamente interligadas que os custos do conflito aumentaram consideravelmente.[25] Esses impérios comerciais abrigam corporações globais que controlam cadeias mundiais de abastecimento não raro sediadas em domínios dos outros impérios, o que significa que a manutenção de sua prosperidade depende da força — e não da fraqueza — dos outros.[26] Quarenta por cento do comércio da América se dá com a Ásia Oriental, e quase todo o restante, com a Europa. A América depende dos produtos chineses baratos e do apetite da China pelas Obrigações do Tesouro americano; a China depende dos investimentos europeus e americanos, e atualmente exporta mais para a Europa do que os Estados Unidos; a Europa e a América reduzem custos e aumentam lucros transferindo sua produção para a China. Juntos, os três mais parecem hoje trigêmeos xifópagos, todos podendo ser prejudicados pelo corte de uma artéria.[27] Só uma integração assim globalizada possivelmente pode impedir o pleno retorno da rivalidade geopolítica entre três superpotências tão ambiciosas num planeta tão pequeno.

Mas a globalização por si só não será capaz de impedir que a história geopolítica se repita. A globalização sempre avançou e retrocedeu na retaguarda de impérios que levavam seus sistemas e regras tão longe quanto possível antes de recuarem.[28] A Grécia antiga expandiu-se porque o comércio levava a Atenas recursos a que não teria acesso de outra forma, permitindo-lhe financiar um aparato militar maior e subornar dirigentes estrangeiros em favor dos interesses atenienses dentro da exclusiva zona comercial da liga de Delos.[29] As ondas posteriores da globalização foram puramente mercantilistas, com as potências européias aprofundando o controle de recursos estrangeiros — naturais e humanos — a serviço do império. Toynbee escreveu em 1950 que "uma civilização ocidental já agora onipresente tinha nas mãos o destino de toda a Humanidade".[30] Ainda que o mundo se tornasse plano — totalmente integrado, na linguagem de Thomas Friedman —, não seriam apagados essa hierarquia econômica e política e o sentimento de injustiça que dá origem aos conflitos, pois, em última análise, tanto a geopolítica quanto a globalização são governadas pelas mesmas forças: medo e cobiça. A interdependência de hoje é efetivamente uma teia, mas são muitas as aranhas.

Assim, o papel dos impérios no fomento da globalização é uma faca de dois gumes. Embora possam ser uma força propiciadora da paz e da prosperidade, os impérios raramente resistem às oportunidades de intromissão estratégica recíproca em suas respectivas esferas. O que é mais facilitado do que nunca pela globalização. É precisamente porque o mundo está encolhendo que a coexistência de múltiplas superpotências prenuncia uma era de competição mais intensa que qualquer outra já vista.[31] Houve tempo em que as colônias eram conquistadas; hoje, os países são comprados. Acreditou-se, a certa altura, que a globalização fosse sinônimo de americanização; na verdade, ela acelera drasticamente a derrocada da *Pax Americana*.

PENSANDO COMO O SEGUNDO MUNDO

"Os países têm temperamentos tão próprios quanto os dos seres humanos", escreveu Toynbee.[32] As três superpotências estão constantemente de olho umas nas outras (e também no restante do mundo). Todos sabem o que os outros *podem* fazer, mas não o que efetivamente *farão*. Hoje, os Estados são como os carrinhos de choque dos parques de diversão: a psicologia dos motoristas é um elemento crítico para se compreender a direção e a velocidade que serão dadas a cada carro. Não era racionalidade simples e fria a motivação do dirigente paquistanês Zulfikar Ali Bhutto ao declarar que "se a Índia desenvolver armas nucleares, o Paquistão comerá grama ou folhas e até passará fome" enquanto não conseguir o mesmo. Confiança, respeito, cobiça, vingança e outras emoções humanas têm seus correspondentes na política mundial, na qual os países precisam equilibrar paixões e necessidades, meios e fins.* Mas esses componentes irredutíveis raramente estão equilibrados, o que significa que a maioria dos Estados sofre de esquizofrenia. Como resumiu Alexander Wendt, "os Estados também são gente".[33]

A psicologia humana e a psicologia dos Estados apresentam inúmeros paralelos. Uma corrida armamentista é como uma disputa entre bandos rivais por armas maiores; a memória histórica de um país, que forma sua identidade nacional, é transmitida ao longo das gerações como a história de família e álbuns de fotografias. E, sobretudo, tanto as pessoas como as nações obedecem à "hierarquia de necessidades" de que falava Abraham Maslow, dando prioridade, sucessivamente, às necessidades de déficit (as exigências psicológicas de satisfação da fome e da sede), às necessidades de segurança (abrigo e estabilidade) e, finalmente, às necessidades do ser (sentimento de integração, amor, respeito e reconhecimento).[34] O governo democrático se enquadra nesta última categoria, pois o atendimento das necessidades básicas de sobrevivência e das necessidades econômicas é o que permite às pessoas participar ativamente da política democrática.[35] A democracia pura é como a alta-costura: podemos admirá-la, mas não é prática para o uso diário.

---

* Se Sócrates dizia na *República* de Platão que a alma humana tem três partes — o *eros* que deseja, o *thymos* que se orgulha e o *nous* racional —, o mesmo se pode dizer de uma nação. Tucídides escreveu que o medo, a honra e o interesse são as motivações da sociedade; Péricles disse aos atenienses que estavam lutando pela imortalidade. Refletindo sobre a evolução de seu próprio pensamento estratégico, o grande historiador militar britânico Basil Liddell Hart comentou: "Eu costumava pensar que as causas da guerra eram predominantemente econômicas. Mas cheguei à conclusão de que eram mais psicológicas. Hoje, tendo a pensar que são decisivamente de caráter 'pessoal', decorrendo dos defeitos e das ambições dos que têm poder para influenciar o curso das nações."

A ideologia mais premente que existe não é a democracia nem o capitalismo, nem qualquer outro "ismo", mas o *sucesso*. Todas as sociedades perseguem o mesmo objetivo identificado por Adam Smith em sua *Teoria dos sentimentos morais*, de 1759: "melhorar nossa condição." Carecendo de um conhecimento absoluto, as pessoas pensam em termos relativos: qual a outra melhor coisa ou posição que se pode alcançar? Quando os iraquianos foram às urnas em 2005, muitos diziam que queriam simplesmente um país *normal*. Hoje, o sucesso é algo que está para ser redefinido. As três superpotências estão constantemente perguntando o que os outros países querem e qual é sua concepção do sucesso, pois no mercado geopolítico esses países menores têm outras maneiras de conseguir o que querem. Como os indivíduos, as nações têm uma cabeça, um coração e um estômago, e muitas vezes a maneira de chegar aos dois primeiros é passando pelo terceiro. Por meio de sua "diplomacia dos fatos", os países se alinham com a potência que lhes dá aquilo de que precisam. A superpotência que melhor o fizer irá sobrepujar as outras.

Se as relações humanas são uma questão de "conquistar amigos e influenciar pessoas", a geopolítica procura conquistar aliados e influenciar países. Alinhados ao longo dos três grandes impérios mundiais e espremidos entre eles, os Estados do Segundo Mundo são a principal arena de comparação das estratégias das superpotências para expandir a base global de seu poderio e solapar os rivais. Os países do Segundo Mundo são os Estados que servem de fiel da balança num mundo multipolar: suas decisões podem alterar o equilíbrio global de poder.[36] Alguns tentam montar uma sofisticada política de multialinhamento, extraindo vantagens do maior número possível de superpotências. Outros são demasiado fracos para jogar as superpotências umas contra as outras, caindo na esfera de influência de apenas uma delas. Em particular, os países produtores de petróleo do Segundo Mundo, como a Venezuela, a Líbia, a Arábia Saudita e o Cazaquistão, permitem que se observem essas estratégias de tergiversação. Em grande medida, o futuro do Segundo Mundo depende da maneira como ele se relaciona com as três superpotências, e o futuro das superpotências depende de sua maneira de lidar com o Segundo Mundo.

O Segundo Mundo é um circuito de grande potencial, efetivo ou adormecido. Num sentido muito concreto, todo país do Segundo Mundo está em transição. Um pode estar evoluindo do Terceiro

Mundo para o Segundo; outro, descendo do Primeiro Mundo para o Segundo e assim por diante. O Primeiro Mundo não passa dos trinta membros da Organização para a Cooperação e o Desenvolvimento Econômico (OCDE), embora o México e a Turquia não sejam, evidentemente, Estados de Primeiro Mundo. Já o Terceiro Mundo certamente inclui, no mínimo, os 48 países menos desenvolvidos (PMDs, às vezes considerados inclusive como um "Quarto Mundo", ou o "Sul global") nos quais o Banco Mundial identificou os mais baixos níveis de desenvolvimento socioeconômico e de poder do Estado, e que se encontram principalmente na América Latina, na África e na Ásia Meridional e do Pacífico.[37] Pelo menos uma centena de países — e a maior parte da população mundial — fica entre essas duas categorias, com um futuro incerto.

Os países do Segundo Mundo freqüentemente são, *ao mesmo tempo,* do Primeiro e do Terceiro Mundo também. Nas sociedades do Segundo Mundo, certa porcentagem da população leva um estilo de vida moderno — globalmente conectada, com empregos seguros e bem-remunerados —, mas convive com uma classe média pequena e uma grande massa de pobres. Os países do Segundo Mundo *poderiam* configurar uma classe média global, mas essa classe média não existe. Como acontece no Primeiro Mundo, os países do Segundo Mundo têm economias públicas e investimentos internos em crescimento, mas ao mesmo tempo, como o Terceiro Mundo, enormes mercados negros e aldeias Potemkin.[*38] O Brasil é um gigante do Segundo Mundo que atrai fundos do mercado global, enquanto milhões de seus cidadãos não têm a menor idéia do que vem a ser isso. Os países do Segundo Mundo quase sempre são medievais na distribuição geográfica da riqueza, sendo a capital a geradora da maior parte da renda nacional, e retendo-a para si. Como esses países vão se tornando cada vez mais pobres, em círculos concêntricos, à medida que nos afastamos da capital, não surpreende que do México ao Irã, passando pela Turquia (e até mesmo pela França do Primeiro Mundo), o único emprego mais importante que o de prefeito da maior cidade seja o de chefe do go-

* Aldeias Potemkin: do nome do militar, político e favorito de Catarina II da Rússia, que teria forjado e retocado as fachadas e o aspecto de aldeias à beira do rio Dnieper, na península ucraniana da Criméia, para causar boa impressão à czarina durante sua passagem de navio. (*N. do T.*)

verno — o que explica por que todos esses países tiveram ou quase tiveram recentemente ex-prefeitos na chefia do Estado.

O Segundo Mundo está crescendo, e não encolhendo, e abrange todos os "mercados emergentes". Mas, e se nunca chegarem efetivamente a emergir, imobilizados entre seu potencial e seus *handicaps*? O Chile e a Malásia estão se aproveitando do caráter tardio do seu desenvolvimento para ascender ao Primeiro Mundo, mas o Egito e a Indonésia talvez sejam grandes e economicamente estagnados demais para sair do Terceiro Mundo. Os países do Segundo Mundo são navios singrando os mares turbulentos da modernidade, com indicadores políticos, econômicos e sociais não raro apontando simultaneamente em direções diferentes.[39] A diferença entre um futuro de Primeiro ou de Terceiro Mundo, muitas vezes, se reduz à figura de um líder carismático e unificador; a uma mercadoria valiosa e exportável; a um inimigo agressivo e imprevisível ou a uma magnânima superpotência protetora. Quase todos os países do Primeiro Mundo são democracias liberais, não por terem sido levados nessa direção pela democracia, mas porque sua integração ao Primeiro Mundo deu-lhes os meios da democracia. Como em muitos casos se encontram na zona de uma transição democrática prevista, com rendas *per capita* oscilando entre 3 mil e 6 mil dólares, os países do Segundo Mundo são cruciais para determinarmos se a democratização efetivamente é um instinto social natural ou está enraizada numa cultura ocidental específica.[40] Ao contrário do que se poderia esperar, é nas sociedades de mais lento processo de adaptação política, econômica e cultural — Líbia, Síria, Uzbequistão — que a mudança revolucionária vem a ser a norma, o que significa que muitos desses Estados do Segundo Mundo estão constantemente no fio da navalha.

Há quem enxergue no mundo uma trifurcação entre zonas globalizadas (Primeiro Mundo), parcialmente globalizadas (Segundo Mundo) e não globalizadas (Terceiro Mundo), presumindo, ao mesmo tempo, que toda globalização é boa e que a quantidade de riqueza está diretamente relacionada à qualidade de vida. Mas os países do Segundo Mundo provam que a história não é tanto um *continuum* sem falhas, mas uma competição imprevisível em que se opõem progresso material e escassez de recursos, globalização cosmopolita e tradicionalismo tribal, união política e instintos fissíparos, autarquia e vantagem comparativa.[41] O fato de alguém ser favorável ou contrário à globalização muitas vezes depende de quem está no poder. O regime iraniano tentou impedir que a globalização fortalecesse a oposição ao seu domínio; essa mesma globalização permitiu a reafirmação de identidades novas ou pré-soviéticas nos países bálticos — Estônia, Letônia e Lituânia —, e impediu que certas sociedades do Segundo Mundo, como as do México e do Líbano, submergissem, graças às remessas de dinheiro de suas diásporas globais.

Mas o que os países do Segundo Mundo precisam dominar acima de tudo é a geografia. Os países podem escolher seus amigos, mas não os vizinhos. Até que a tecnologia gere uma *Matrix*, vale o que disse Nicholas Spykman: "A geografia é o fator mais importante da política externa, pois é o mais permanente."[42] Em todo o Segundo Mundo, caem fronteiras no interior das grandes constelações regionais, gerando o que Toynbee chamava de "psique subconsciente coletiva".[43] Entretanto, ao mesmo tempo que se integram de baixo para cima em vizinhanças geopolíticas, os países do Segundo Mundo continuam ao alcance das placas tectônicas da influência das superpotências. Da Europa Oriental à Ásia Central, da América do Sul ao Sudeste Asiático, passando pelo mundo árabe, está em andamento a corrida para conquistar o Segundo Mundo.

HUNGRIA
ROMÊNIA
Liubliana
Zagreb
ESLOVÊNIA
CROÁCIA
Novi Sad
Danúbio
Belgrado
BÓSNIA
Drina
SÉRVIA
Sarajevo
(R. Miljacka)
Nis
Mostar
MONTENEGRO
Priština
KOSOVO
Mar Adriático
Podgorica
Skopje
MACEDÔNIA
ITÁLIA
Tirana
ALBÂNIA
Reykjavik
ISLÂNDIA
FINLÂN
SUÉCIA
Oslo
NORUEGA
Estocolmo
Hel
Tali
EST
LET
Rig
Mar do Norte
DINAMARCA
Copenhague
Mar Báltico
LITU
Kaliningrado
REINO UNIDO
IRLANDA
Dublin
INGLATERRA
HOLANDA
Elba
POLÔNIA
Haia
Amsterdã
Berlim
Varsóvia
Londres
Bruxelas
ALEMANHA
Oder
BÉLGICA
Praga
LUXEMBURGO
Paris
Sena
REPÚBLICA TCHECA
ESLOVÁQU
Reno
Danúbio
Bratislava
FRANÇA
Viena
Budap
ÁUSTRIA
HUNGRIA
Zurique
SUÍÇA
ALPES
ESLOVÊNIA
CROÁCIA
Belgra
BÓSNIA
SÉR
ANDORRA
PORTUGAL
Mar Adriático
MONTE-NEGRO
Madri
Lisboa
Córsega
Roma
ESPANHA
Tirana
ALBÂNIA
Ilhas Baleares
Sardenha
ITÁLIA
Mar Mediterrâneo
N
O
L
S
Gibraltar (Reino Unido)
Sicília
MALTA

PARTE I

O LESTE DO OCIDENTE

CAPÍTULO I

BRUXELAS: A NOVA ROMA

Kiev, Tbilisi e Baku não se parecem com as grandes capitais européias — Londres, Paris e Roma — nem têm um ambiente comparável. Debaixo dos enormes escombros arquitetônicos e mentais da União Soviética, essas cidades — e os países de que são capitais — estão precisando seriamente de uma recauchutagem. O problema é que isso exige estabilidade política, investimentos econômicos e, acima de tudo, um contrapeso para a Rússia, que continua manipulando fronteiras, oleodutos e mercados para trazê-las de volta à sua órbita.

"É muito simples: nós odiamos a Rússia", disse um diplomata estoniano em Talin, resumindo sem rodeios um problema ao mesmo tempo emocional e estratégico. Naturalmente, não se trata de um desafio novo para o Leste Europeu, onde o cristianismo ocidental, a ortodoxia eslava e o islã turco se confrontam há mais de mil anos. Um século atrás, os estrategistas Halford Mackinder e Rudolf Kjellen empenharam-se em conter o poderio russo; o primeiro sustentava que a solução seria uma aliança atlântica, ao passo que o segundo preconizava uma sólida coligação centro-européia. O que acontece hoje, contudo, vai muito além do que permitia a imaginação de qualquer um dos dois.

Em vez do retorno da Europa Oriental, depois da Guerra Fria, a uma "zona de compressão" entre a Alemanha e a Rússia, a União Européia vem abrangendo, ao mesmo tempo, alemães e eslavos, integrando-os totalmente ao novo império europeu.[1]

A jornada mental da expansão imperial da Europa pode começar num mapa, levando-se o dedo a fazer um traçado em forma de L, descendo do gélido Báltico pelo chamado Grupo de Visegrado de países centro-europeus (a Polônia, as repúblicas Tcheca e Eslovaca e a Hungria), a Ucrânia, a Romênia, a antiga Iugoslávia e os Bálcãs meridionais, e rumando para leste à beira do mar Negro, passando pela Bulgária, pela Turquia e pelo Cáucaso até chegar às margens cheias de petróleo do mar Cáspio. Essa região contestada — o "Segundo Mundo" original — costumava, com exceção da Turquia, ser colorida de vermelho, para indicar a zona do Pacto de Varsóvia. Hoje a União Européia a pinta de azul, indicando que a região está preparada para chegar ao Primeiro Mundo. No entanto, como escreveu com autêntica presciência o acadêmico anglo-alemão Ralf Dahrendorf, "o Primeiro e o Segundo Mundo estão sendo unidos em algo que ainda não tem nome nem número".[2] No terreno concreto, a viagem por esse novo Leste Europeu é extremamente acidentada e cheia de lances inesperados, atrasos, enganos e toda a ansiedade característica de povos que se viram livres do totalitarismo há menos de uma geração.

Apesar das dores de consciência pós-comunistas que afligiram a região na década de 1990, a UE já venceu as batalhas mais simples. Desde o colapso da União Soviética, um país, em média, vem sendo absorvido anualmente pela UE, cujos cidadãos hoje viajam com muito mais facilidade na direção oeste, no interior da própria Europa, do que para sua antiga senhora, a Rússia, a leste. Num único dia — 1º de maio de 2004 —, mais de cem milhões de cidadãos de dez países tornaram-se oficialmente europeus.* Milan Kundera referiu-se de modo muito sagaz a esses países como "as terras seqüestradas do Ocidente", mas o Ocidente para o qual retornaram não é a Europa frágil e depressiva do período posterior ao Tratado de Versalhes. "Nossos passaportes revelam a nova mentalidade européia", explicou um viajante tcheco, brandindo orgulhosamente sua nova caderneta cor de vinho num

* Os dez países eram Chipre, República Tcheca, Estônia, Hungria, Letônia, Lituânia, Malta, Polônia, Eslováquia e Eslovênia.

vagão de trem cheio de jovens europeus ocidentais. "Antes de 1914, ninguém precisava realmente de passaportes. Agora, temos a melhor das alternativas: um passaporte comum da UE que *também* respeita nossas línguas nacionais." Nos séculos XVIII e XIX, as elites européias mudaram várias vezes sua *língua franca*, mas a UE, conferindo *status* oficial à língua de cada um dos novos países-membros, esvaziou uma das causas mais comuns de chauvinismo na história, abrindo as portas para um império poliglota e heterogêneo — uma mudança radical em relação à inglória história européia do início e de meados do século XX.

Há mais de meio século os europeus vêm construindo um poder solidário, eventualmente dando nova vida a pequenos países que saíram dilacerados da Segunda Guerra Mundial. Embora os membros da UE continuem sendo países independentes, ganharam nova projeção pelo fato de fazerem parte do único super-Estado do mundo.* Tornou-se impossível uma guerra entre países integrados ao denso nexo institucional da UE, e a perspectiva de maior segurança e riqueza conseguiu alinhar, com bastante sucesso, as políticas externas de seus membros.[3] "Nossa maior operação logística desde a Segunda Guerra Mundial não foi militar", vangloriou-se um funcionário num dos reluzentes prédios pós-modernos da UE, "mas a circulação da moeda única européia em 2002."

A expansão da UE é uma aposta mais cara que a guerra americana no Iraque, mas uma aposta que já está dando resultados. "Estamos conscientemente tornando a Europa mais pobre cada vez que a expandimos", explicava um animado eurocrata lituano num *pub* cheio de eurófilos poliglotas em Bruxelas. "Mas a estabilidade que disseminamos não tem preço." A UE gasta mais de 10 bilhões de dólares por ano simplesmente para reerguer a infra-estrutura física do seu novo Leste, acelerando a recuperação desses países depois de décadas de negligência comunista.[4] Essa estratégia, que permitiu dar novo vigor

* Os céticos consideram que a ascensão da UE está atrelada a uma Constituição que estabelece direitos de voto, contribuições orçamentárias e os papéis a serem desempenhados por um presidente e um ministro de Relações Exteriores comuns. Essas disputas internas efetivamente atrasam a unidade européia, mas não a impedem, e por um motivo irônico: o sistema federativo da Europa já é um sucesso monumental na solução de contenciosos, por intermédio da Corte Européia de Justiça e outros organismos. A hidra da UE tem várias capitais e centros de poder; cerca de oitocentos parlamentares circulam entre Bruxelas, Estrasburgo e Luxemburgo, e a Comissão Européia já promove a convergência das políticas da UE em uma dúzia de setores. Uma simples declaração de princípios está sendo preparada para determinar os papéis a serem desempenhados por um presidente e um ministro de Relações Exteriores, o que significa que uma nova Constituição seria apenas a cereja no alto do bolo.

à Irlanda — o "doente da Europa" há uma geração —, assim como à Espanha e ao Portugal pós-autoritários, exerce atualmente sua magia no Leste.* Embora muitos previssem que a Hungria levaria décadas para se alinhar com o Ocidente, ela já se transformou no principal centro regional de terceirização corporativa, com 80% de sua produção a cargo de multinacionais européias e 80% de suas exportações retornando à própria UE. A Eslováquia trocou rapidamente a fabricação de tanques pela de veículos Volkswagen. Graças à integração na UE, até os escândalos governamentais na Polônia, na Hungria e na República Tcheca mal chegaram a arranhar o crescimento econômico. "É para os novos países-membros que os empresários europeus estão acorrendo em busca de oportunidades", entusiasma-se um consultor de negócios alemão que está constantemente viajando entre Varsóvia e Budapeste, num dos vôos cada vez mais numerosos da ponte aérea da Lufthansa na região.

A expansão da UE também estabeleceu um círculo virtuoso de abertura de novos mercados, para diminuir a dependência das exportações para os Estados Unidos — um passo crucial na construção de uma superpotência independente. O sangue novo injetado pelos novos membros da UE gerou um federalismo competitivo que estimula a economia européia como um todo.[5] O modelo de desenvolvimento dos países bálticos — liberdade empresarial, concorrência aberta e leis trabalhistas flexíveis — começou a filtrar-se também, através da Europa Central, para os retardatários da Europa Ocidental. Um analista em Bruxelas comentou: "Atualmente, a integração é conduzida por países que ficavam na periferia da Europa [mas] aprenderam a enfrentar os desafios e agarrar as oportunidades da globalização."[6] O mercado comum da UE é o maior do mundo, e manterá esta condição qualquer que seja o encaminhamento da economia americana.

A UE é, de longe, o império mais popular e bem-sucedido da história, pois não domina, apenas disciplina. Os incentivos da europeização — subsídios de Bruxelas, total liberdade de circulação e a moeda única — são bons demais para se jogar fora. Hoje, Bruxelas rivaliza com Washington em seus enxames de lobistas, entre os quais estão dezenas

* De fato, a lógica econômica que estava por trás da exclusão dos países pobres da Europa Oriental — o fato de suas normas trabalhistas estarem abaixo dos padrões da UE — foi virada de cabeça para baixo, sendo transformada num argumento a favor da aceleração de sua integração: com a adesão, eles devem adotar os elevados padrões trabalhistas da UE, com isso reduzindo a evasão de investimentos estrangeiros na Europa Ocidental.

de escritórios de relações públicas contratados por países dos Bálcãs e do antigo bloco soviético para pressionar pela admissão na UE. Para aderir, contudo, os países pós-comunistas ainda em situação ruinosa, da Moldávia à Albânia e ao Azerbaijão, não terão só que polir a própria imagem: precisarão tomar medidas concretas para a adoção de normas e leis em vigor na UE, de acordo com a Nova Estratégia de Vizinhança, que abrange questões de caráter militar, econômico e administrativo. Os eurocratas injetam em seus futuros súditos a linguagem cheia de siglas da UE em doses pequenas e digeríveis, transformando vizinhos rebeldes em membros produtivos.

Mas não se trata de uma via de mão única: a Europa *precisa* se expandir ou morrerá. "Nós não costumamos admiti-lo, mas a expansão estabiliza nosso declínio populacional ao mesmo tempo que aumenta o fundo comum de mão-de-obra", comentou um funcionário da Comissão Européia em seu escritório de paredes cobertas de estudos tecnocráticos. Mas a gradual unificação do Leste e do Ocidente europeus não é apenas política e econômica, mas também cultural e psicológica. A crescente diversidade da Europa torna a europeidade um ideal possível de ser gradualmente atingido, e não uma forma platônica mítica, fazendo com que as identidades européias deixem de ser tribais para se tornarem cosmopolitas. Embora alguns europeus ocidentais temam a diluição de sua imagem elitista, o fato é que a evolução da Europa vem conferindo ao adjetivo "europeu" um significado positivo, depois de décadas de conotações exclusivas (leiam-se "cristãs") ou negativas (leiam-se "não-russas"). Na verdade, a Europa *já é,* em certa medida, islâmica, com populações muçulmanas aumentando na Inglaterra, na França e na Alemanha, e quase 100 milhões de muçulmanos da Albânia, da Bósnia, da Turquia e do Azerbaijão integrados ao espaço diplomático e estratégico europeu, por meio do Conselho da Europa ou da Otan. A "nova comunidade européia de nações", expressão criada por Robert Cooper, o guru estratégico da UE, passou a encarnar um velho truísmo imperial que os romanos, os mongóis e os otomanos entendiam, mas a União Soviética não foi capaz de compreender: para ser bem-sucedido, um império não pode ser racista.[7]

"Europeu" passou a ser uma identidade tão forte (ou tão fraca) quanto "americano" ou "chinês". Como a vida imita a arte, os países que participam dos campeonatos europeus de futebol ou do festival da canção *Eurovision* consideram-se — e são cada vez mais considerados

— europeus.[8] Acima de tudo, toda uma geração de estudantes do período posterior à Guerra Fria — conhecida como "geração Erasmus", do nome do programa de intercâmbio da UE — vem transcendendo aquelas mesmas identidades nacionais que seus antepassados lutaram para impor, sempre em nome da estabilidade européia. Essa juventude européia "pós-nacional" de quase trinta países viaja hoje em dia praticamente sem qualquer tipo de visto de Belfast a Baku, fala várias línguas, participa de programas de estudos em todo o continente, vota nas eleições parlamentares européias e diversifica ainda mais a sociedade européia com seus casamentos sem fronteiras.

Como acontece com todo império, o elástico da UE será esticado até não poder mais, estirando-se pelo menos até ter substituído completamente a extinta União Soviética em todo o Leste Europeu, criando em cerca de 35 países uma *Pax Europea* contínua e sem fronteiras, um grande cobertor imperial abrigando quase 600 milhões de pessoas.[9] Mas a europeização dessa zona em forma de L está longe de ter sido concluída: os países dos Bálcãs e do Cáucaso ainda constituem regiões frágeis, recém-saídas de conflitos, que se transformaram numa conveniente encruzilhada para o tráfico de armas e mulheres; a Turquia tem suas idéias próprias e não poderá ser facilmente dobrada; e, naturalmente, nenhum país representa um obstáculo maior para as ambições européias do que a própria Rússia.

O DIVÓRCIO TRANSATLÂNTICO

Aqueles que vêem na China um rival existencial do Ocidente no Oriente consideram que os Estados Unidos e a UE devem, mais do que nunca, se unir. Richard Rosecrance tem preconizado uma espécie de fusão de estilo corporativo através do Atlântico, constituindo uma superestrutura economicamente complementar e politicamente robusta para fazer frente ao potencial da China.[10] Mesmo na ausência de um desafio chinês, a América e a Europa têm laços culturais comuns aprofundados pela aliança forjada na Otan durante a Guerra Fria, e é bastante improvável que algum dia volte a haver uma tentativa de ameaça física recíproca entre os Estados Unidos e a UE.[11] Segundo Nicholas Burns, veterano do Departamento de Estado americano, as relações transatlânticas são "um casamento sem possibilidade de separação ou divórcio".[12]

No entanto, quando o especialista transatlântico Robert Kagan considerou que a visão estratégica da América é inspirada na virilidade de Marte, enquanto a da Europa deriva da energia mais feminina de Vênus, o que se viu não foi apenas uma analogia perspicaz, mas uma comparação psicanalítica de índoles profundamente divergentes.[13] Ao longo de dois séculos, a América passou da rejeição da Europa a uma auto-imagem de líder de um Ocidente unido, tendo a Europa como parceiro menor. Mas, como observa Dominique Moisi, a "configuração de um Ocidente único com duas Europas que prevaleceu durante a Guerra Fria" está sendo substituída por "uma Europa, mas dois Ocidentes". Mesmo na condição de gêmeas fraternas da civilização ocidental, a Europa e a América representam impérios diferentes, amistosos na maior parte do tempo, mas, em última análise, competindo para chegar à liderança de sua classe geopolítica.

A Europa tem sua própria visão da ordem mundial, e trata cada vez mais de promovê-la, goste ou não a América. A UE é atualmente a mais confiante potência econômica do mundo, periodicamente punindo os Estados Unidos em disputas comerciais, ao mesmo tempo que assume a liderança global com seus padrões comerciais e ambientais superiores.[14] Muitos europeus consideram o modo de vida americano profundamente vicioso, dependente do crédito, arriscado e impiedoso em sua falta de proteção social, e ecologicamente catastrófico.[15] Enquanto isso, a Europa realizou a aspiração de um "caminho intermediário entre a livre empresa e o socialismo" expressa por Toynbee.[16] A UE também se mostra muito mais generosa em matéria de ajuda humanitária que os Estados Unidos, enquanto a América do Sul, o Leste Asiático e outras regiões preferem imitar o "sonho europeu", e não sua variante americana. O jornal de maior circulação do mundo é o *Financial Times* londrino, e não o *The New York Times*.

Os Estados Unidos e a UE também divergem cada vez mais quanto aos fins e aos meios do poder. Para muitos europeus, a guerra americana no Iraque confirmou seu ponto de vista de que a guerra não é um instrumento de política, mas um sinal do seu fracasso. A reação antiamericana que levou a atentados da Al-Qaeda em território europeu aumentou ainda mais seu desprezo pela maneira como a América lida com Estados problemáticos, ao mesmo tempo corroborando sua própria estratégia de transformação sustentável. Costuma-se dizer que a América e a Europa formam um time forte porque "a América quebra e a UE conserta", ou porque a América "estabelece a lei" enquanto a Europa "firma o império da lei", mas esse clichê há muito já é causa de irritação para os europeus, que prefeririam disseminar sua versão da estabilidade *antes* que a América desestabilizasse países em sua periferia, especialmente no mundo árabe.

Hoje os europeus acreditam, no mínimo, que a UE deve assumir uma posição de autonomia em relação aos Estados Unidos, embora realize operações humanitárias em colaboração com eles no contexto da Otan. Mas, enquanto a América reduz suas forças militares na Europa, a UE trata de coordenar seus exércitos em forças comuns de reação rápida e manutenção da paz que podem chegar a um contingente de 200 mil homens, além de investir num jato de combate, o Eurofighter, e em aviões de longo alcance. Os países-membros da UE aplicam cada vez mais seus orçamentos militares na Agência Européia de Defesa, e não na Lockheed Martin.[17] As relações transatlânticas podem ser um casamento de conveniência, mas os Estados Unidos e a UE continuarão agindo como se estivessem divorciados.

CAPÍTULO 2

A INVOLUÇÃO RUSSA

Considerada por Churchill "uma charada envolta em mistério dentro de um enigma", a Rússia continua sendo a maior incógnita do mundo. Ante a persistência da disparidade entre uma população que diminuiu e a extensão continental da Rússia, pode ser interessante encarar o imenso espaço territorial ocupado pelo país como se fossem quatro: a Rússia eslava e européia, na bacia do Volga; a Rússia caucasiana entre o mar Negro e o Cáspio; a Rússia siberiana e dos Urais, portão de entrada da Ásia Central; e a Rússia do Pacífico, na fronteira com a Mongólia e com a China.* A Rússia terá de costurar essas entidades de forma coesa se quiser continuar sendo a Rússia, e se não for capaz de fazê-lo, seria profundamente afetado o mapa de toda a "ilha" eurasiana.

Desde que Pedro, o Grande, transferiu a capital da Rússia para São Petersburgo, no início do século XVIII, todos os contatos com o Ocidente serviram para pôr a nu a inferioridade material do país, des-

* As duas últimas regiões são examinadas na Parte II.

pertando ao mesmo tempo sua consciência nacional e sua alma masoquista.[1] A década da diplomacia de "vodca e tina de água quente" que se seguiu à dissolução da União Soviética desviou a atenção dos dirigentes russos de seu grande desafio estratégico: ante a enorme extensão da Rússia, nem os Estados Unidos nem a Europa e a China querem que ela seja forte. Em seus suntuosos salões, contudo, a nova *panelinha* à frente do Kremlin sofre as conseqüências da ressaca imperial que se seguiu, profundamente revoltada com a posição inferior hoje ocupada por um império outrora poderoso.[2] A posição diplomática da Rússia é puramente residual: se ela deixasse de se apresentar (ou caísse de sua cadeira) nas grandes negociações sobre o conflito árabe-israelense ou nos programas nucleares da Coréia do Norte e do Irã, o resultado não seria diferente — a América, a Europa e a China são árbitros muito mais influentes.

"A Rússia está passando por uma nova versão do debate que se verificou no século XIX entre eslavófilos e ocidentalizantes, desta vez entre eurasianistas e atlantistas, com a mesma falta de clareza no sentido de saber se o país é parte do Ocidente ou está à parte dele", comenta em Berlim um observador das questões russas. Conduzidos com mão de ferro pelo antigo funcionário do KGB, Vladimir Putin, os eurasianistas, empenhados em restabelecer a antiga glória russa, pareciam ter resgatado o país da melancolia da década de 1990. Controlando mais recursos naturais — petróleo, gás, carvão e madeiras — do que os Estados Unidos, a UE e a China juntos, o Kremlin pode mais uma vez pensar e agir de modo imperial, até mesmo no Pólo Norte.* Assim como o poderio soviético decorria do proliferante arquipélago nuclear, o sangue vital para a Rússia de hoje é bombeado pelas artérias de seus oleodutos. À medida que o valor do gigante da energia Gazprom subia de 10 bilhões de dólares em 2000 para cerca de 300 bilhões de dólares em 2006 (representando um terço de toda a economia russa), a diplomacia nacional logo ficaria caracterizada como a diplomacia da Gazprom. Como a empresa controla a rede de distribuição de gás natural em toda a Europa Oriental, os países da região continuam divididos em duas categorias: os que são suficientemente ricos para escapar à extorsão de Moscou e os vulneráveis às cabalas de suspeitos *biznismen* russos (acolitados por agentes dos serviços de inteligência que funcionam

* A Rússia é o maior produtor mundial de gás natural e o segundo maior produtor de petróleo.

nas embaixadas), que exigem o controle de novos recursos-chave, da Romênia à Geórgia, e ameaçam com escandalosos aumentos de preço. Putin estava especialmente interessado em solapar o florescimento inicial das antigas repúblicas soviéticas do Báltico, propondo a passagem por baixo do mar Báltico de um novo oleoduto até a Alemanha. "Nosso orgulho foi muito abalado", explicou um intelectual de Moscou diante de um copo estreito de vodca gelada, "mas isto só serve para reforçar ainda mais nosso nacionalismo." Mas o fato é que a lógica corporativa da Gazprom já vem minando os interesses diplomáticos da Rússia ao alienar o principal aliado na antiga União Soviética, a Bielo-Rússia (ou Belarus), que resolveu drenar petróleo de um oleoduto que levava o produto para a Europa, a fim de escapar dos preços duplicados pela Gazprom. Em sua hostilidade em relação aos vizinhos menores, a Rússia se transformou numa Arábia Saudita siberiana, com o agravante de um arsenal nuclear inseguro.

A Gazprom não se limita a determinar a política externa da Rússia: tornou-se o próprio Estado. Numa economia cleptocrática, em que reina a mais absoluta confusão entre propriedade pública e privada, a Gazprom é o maior proprietário de terras urbanas e rurais do país, constrói estradas e hospitais e patrocina ginásios esportivos, o que o Kremlin nunca fez.[3] O novo presidente da empresa, Dimitri Medvedev, é também o próximo presidente do país. O eixo Gazprom-Kremlin tomou medidas populistas contra os chamados oligarcas (o único outro pólo do poder político na Rússia), arrebanhando propriedades renacionalizadas em nome do restabelecimento de um poder centralizado.[4] O governo fechou todos os cassinos privados do país, para em seguida abrir os seus, fora das grandes cidades. Assim, não causa espanto o fato de Putin ter reconhecido que todo aquele que conseguir abrir um negócio merece uma medalha. No inverno, invariavelmente, o governo entra em recesso para semanas de folguedos etílicos, o que levou o veterano parlamentar Ivan Grachev a desabafar: "Quanto menos eles trabalham, melhor para o país."[5]

A antiga sede do KGB em Moscou foi transformada numa discoteca de primeira classe: hoje os russos são consumidores, não cidadãos. No golpe hipercapitalista atualmente em andamento, o 4 x 4 de luxo com vidros escuros é o veículo preferido da casta de negócios eternamente insegura que vive cada dia como se fosse o último, em festas com leões de verdade e dançarinas fantasiadas de *dominatrix*, com direito a muito caviar. Só há segurança na sauna, onde todos ficam nus e não é permitido entrar com armas. Três quartos da economia da Rússia estão concentrados em Moscou, uma das cidades mais caras do mundo, com mais bilionários que Nova York. Nomeado por Putin, o prefeito tentou dar vida nova à cidade com horrendas esculturas gigantes, numa desconcertante regressão em comparação com os palácios barrocos de São Petersburgo. Os motoristas presos nos engarrafamentos podem ficar contemplando esses aleijões, mas os ricos compram sirenes para circular em alta velocidade nas áreas de acesso restrito. Os shoppings mais sofisticados cobram entrada; o pobre não precisa nem passar na porta. No capitalismo russo, o lema "A Rússia é um país livre!" tem seu corolário: "Como você pagou mais, fez por merecer."

A maior estátua de Lênin que ainda se encontra de pé fica em frente à Estação Finlândia, em São Petersburgo, onde ele chegou em 1917 para desencadear a Revolução de Outubro. Com o braço estendido num gesto confiante, Lênin parece inabalável, mas trágico em sua audácia. Um século depois, Putin daria prosseguimento à tradição de governar o inconsistente aparato de Estado russo pelo instinto, e não como uma instituição.* Andrei Illarionov era um assessor de confiança de Putin até botar a boca no mundo em 2005, cometendo a imprudência de declarar que a Rússia havia "deixado de ser um país politicamente livre". Os meios de comunicação independentes, as organizações de oposição e o Judiciário foram neutralizados. Os *apparatchiks* do Kremlin recorreram durante certo tempo ao assessoramento de organizações acadêmicas independentes para estabelecer suas políticas, mas, como lamentava um analista político moscovita em seu mal-ajambrado escritório, "nos dias que correm, nosso trabalho não podia ser menos relevante".

A Rússia se transformou num verdadeiro modelo de petrocracia, com gastos descontrolados, desenvolvimento oscilante e lutas entre as elites pelo controle de vastos recursos naturais, enquanto as necessidades da parte da população que não paga impostos passam desperce-

* Muitos russos acreditam que Putin não queria centralizar excessivamente o controle do Kremlin, tendo sido forçado a fazê-lo em virtude da debilidade da democracia da era Yeltsin, que não foi capaz de evitar a crise financeira de 1998 nem o bombardeio de um aliado, a Sérvia, pela Otan, o que levaria à exigência de uma liderança mais forte e de maior estabilidade. Ainda assim, continua válida a observação feita por George Kennan em 1947: "O processo de consolidação política nunca chegou a ser concluído, e os homens do Kremlin continuaram predominantemente empenhados na luta para assegurar e tornar absoluto o poder tomado em novembro de 1917." Ver Kennan, "The Sources of Soviet Conduct", *Foreign Affairs*, julho de 1947.

bidas.[6] Mas as rendas do petróleo não permitiram à Rússia qualquer ostentação em seu orçamento civil ou militar. Seu equipamento militar continua ultrapassado, com a desorganização grassando no comando e no controle, em meio à falta de mão-de-obra, com a espantosa diminuição anual de meio milhão de habitantes no país. Dois terços dos russos ainda vivem próximos ao limiar da pobreza, morrendo aos magotes a cada inverno insuportavelmente frio. Em seus prédios de apartamentos caindo aos pedaços e sem aquecimento, eles ficam se perguntando para onde foi todo o gás produzido no país. Se a energia da Rússia não for usada para manter os russos vivos, a Rússia deixará de existir.

Como acontecia durante a Guerra Fria, os Estados Unidos e a Rússia ainda têm armas nucleares mutuamente apontadas, em estado de alerta permanente. No entanto, embora bloqueie a expansão da Otan e retarde a instalação dos escudos americanos de mísseis, a Rússia não pode impedir o avanço da UE. Por mais de uma década, os europeus consideraram a Rússia "grande demais e muito próxima" para ousar confrontá-la, e precisavam da cooperação dos russos para acabar com as guerras balcânicas. Da Ucrânia a Kosovo, contudo, passando pela Chechênia, a Rússia mostrou-se mais disposta a contrariar que a favorecer objetivos europeus como a segurança energética, o combate ao terrorismo e a defesa dos direitos humanos. Os minúsculos Estados do Báltico conseguiram, então, passar a perna na Rússia, valendo-se de suas diásporas como grupos de pressão, de sofisticadas campanhas publicitárias (compre "E-stonia") e políticas econômicas atraentes para os investidores, com isso levando a UE a agir com incomum rapidez e senso de oportunidade. Como a Rússia fizesse corpo mole no estabelecimento definitivo de suas fronteiras com os países bálticos (o que deveria ter retardado as negociações de integração, pelas regras da UE), a Europa resolveu aprovar sua adesão assim mesmo. Com sua profunda ligação histórica com a cultura liberal da Europa Ocidental, Talin e Riga já conseguiram substituir amplamente a arquitetura decadente do modernismo soviético, reativando os vínculos econômicos com a Europa herdados da época da Liga Hanseática. A política e os negócios são dominados pela geração na faixa dos 30 anos, enquanto tecnocratas europeus ocidentais fazem fila para trabalhar para empresas estonianas, como a Skype.

A UE também tem seus eurasianistas, que querem absorver e europeizar a Rússia. Muitas vezes afirma-se que a Rússia traz a Europa com rédea curta por causa de suas reservas de petróleo e gás, mas não é sempre que os russos podem cuspir assim no prato em que comem.[7] A maioria das vendas comerciais e das exportações de energia da Rússia tem a Europa como destino, mas à medida que o continente europeu diversifica suas fontes de abastecimento (por exemplo, com o aumento da energia renovável e das importações de gás natural da África do Norte), aumenta também seu poder de influência sobre a Rússia. Apesar de sua abundante cornucópia energética, a Rússia ainda precisa dos investimentos europeus para continuar crescendo. Na Rússia, se alguma coisa funciona, dos carros à construção civil, provavelmente é européia. Entretanto, em vez de fomentar o neo-autoritarismo russo, o Banco Europeu de Reconstrução e Desenvolvimento (BERD) investe na recuperação de uma infra-estrutura dilapidada e na formação de um setor privado não corrompido — iniciativas que podem inspirar, de baixo para cima, uma futura Rússia democrática. Os desabafos de Putin, exigindo respeito pelo "jeito russo" e patrocinando cultos nacionalistas entre os jovens, não bastaram para calar os muitos russos que querem mais intromissões européias dessa natureza. Os russos ricos preferem contribuir para o crescimento das economias de "Londresgrado" e Berlim — de onde o magnata exilado Boris Berezovsky propôs abertamente um golpe para depor Putin —, privando ainda mais o Kremlin de talentos e recursos, enquanto a UE condiciona o aumento da participação russa em sua indústria aeroespacial a uma transparência maior na política e nos negócios do país. "Nós podemos compelir a Rússia a uma parceria industrial e política como a que a França e a Alemanha tiveram na década de 1950", acredita um funcionário do Conselho da Europa. "Os russos estão constantemente preconizando uma Europa livre de vistos para os viajantes, mas a admissão seletiva de empresários, políticos e estudantes russos é importante trunfo diplomático de que podemos nos valer para obrigar o governo a jogar limpo."

Os dias de superpotência da Rússia ficaram para trás. Mesmo na condição de maior petro-Estado do mundo, sua economia ainda é menor que a da França. E embora venha se tornando mais rica no papel, sua política praticamente confirma que essa riqueza não terá sustentação.[8] Hoje, é a UE que impede a Rússia de impor vetos ao Ocidente, e é também a UE que poderá fazê-la juntar-se ao Ocidente, salvando-a de si mesma.

CAPÍTULO 3

UCRÂNIA: DE FRONTEIRA A PONTE

"Isto aqui pode ser apenas um canto da Europa, mas fica bem no meio da luta com a Rússia", argumentava o editor de um jornal independente, de 30 anos, num *pub* irlandês na capital da Ucrânia, Kiev. Embora as grandes estratégias sejam traçadas em Washington, Bruxelas, Moscou e Pequim, as vitórias são arrebatadas *in loco*, usando todas as armas da globalização: dinheiro, oleodutos, diásporas e os meios de comunicação. A Ucrânia é um país onde o jogo diplomático é travado 24 horas por dia por políticos, generais, militantes e empresários. O que está em jogo não é pouco: submeter a Rússia e expandir o império europeu na direção do leste. O campesinato ucraniano, dividido durante séculos entre senhores alemães e russos, ironicamente foi dotado de uma identidade nacional pelo pacto soviético-nazista de 1939, mas sob o jugo soviético.* Para os ucranianos, o nome de seu país significa "pátria", mas em russo significa "terra de fronteira".[1] Hoje continua significando as duas coisas.

---

* Roosevelt e Churchill finalmente cederiam a Stálin áreas já sob controle soviético durante a reunião de cúpula realizada em 1945 na cidade de veraneio czarista de Yalta, na Criméia.

"Não somos mais uma república soviética, tampouco passamos a confiar automaticamente no outro lado. A substituição de uma forma de dominação por outra não é a idéia que temos de progresso", sentenciou um magnata da imprensa simpático aos russos em sua vasta propriedade nas imediações de Kiev. A política "a Rússia primeiro", adotada pelo Ocidente na década de 1990, deixou a Ucrânia exatamente onde estivera durante séculos: esquizofrenicamente dividida pelo rio Dnieper (em ucraniano, Dnipro) em uma metade voltada para a Europa e outra para a Rússia, sem possibilidade de realizar todo o seu potencial como país estrategicamente localizado, com uma população de 50 milhões de habitantes. Ainda hoje a Ucrânia dá a impressão de dois países diferentes, com baixo nível de intercâmbio entre a população católica e agrícola do oeste e a ortodoxa e industrializada do leste. L'viv, no oeste, é como a cidade polonesa de Cracóvia, com gente cantando e jogando xadrez nas praças públicas, enquanto no centro industrial de Donetsk, no leste, fala-se mais russo que ucraniano. Em Donetsk, Lênin ainda é motivo de orgulho; em L'viv, sua estátua se foi, substituída por um gigantesco vaso de flores.

Mas o fato é que as duas metades da Ucrânia oscilam entre o passado e o futuro. Em todo o país ainda se percebem a turbulência e os danos colaterais provocados pela decadência imperial. A ortodoxia pós-soviética da "terapia de choque" partia do princípio de que a substituição pura e simples do controle de preços por uma rápida privatização resultaria em maior eficiência e bem-estar, embora simplesmente não houvesse qualquer mecanismo de distribuição social fora do Estado, que controlava os serviços, os salários — e até as mentes. Na Ucrânia e em toda a antiga União Soviética, gerações inteiras perderam seus mecanismos de segurança social à medida que os preços disparavam, a renda real despencava e o custo da cesta básica escapava a qualquer controle. Milhares de cidadãos idosos morreram, fosse de frio, no inverno, ou definhando sem ar-condicionado nas ondas de calor do verão. Hoje, prédios construídos na era soviética estão em ruínas, e os ucranianos comuns ainda se vêem ameaçados em sua sobrevivência por violentos surtos inflacionários. Todo motorista de táxi em Kiev vive na terrível expectativa do dia em que seu Lada ou seu Volga poderá simplesmente parar de funcionar no meio da rua, sabendo que não terá como mandar consertá-lo, e sem dispor de recursos para comprar outro. Que bom, então, que os ucranianos dêem carona a estranhos por um valor simbólico. "Nós sofremos muito juntos, de modo que ainda confiamos uns nos outros", explicou um desses microempresários dos transportes ao deixar o centro de Kiev tarde da noite.

Assim como na Rússia, o capitalismo jogou fora sua primeira oportunidade de causar uma boa impressão, e Kiev, exatamente como Moscou, é uma cidade Potemkin, cuja imponência urbana mascara uma pobreza que aumenta à medida que nos afastamos do centro. Para transformar a Ucrânia na próxima Polônia, seria necessário livrá-la de atributos tipicamente terceiro-mundistas, como a extrema concentração dos investimentos estrangeiros na capital e a prevalência em todo o país de bazares de escambo à margem de qualquer tributação. Os mercados subterrâneos de Kiev protegem das chuvas torrenciais do verão, mas são um paraíso dos DVDs piratas. Os agentes de viagem não conseguem furar o monopólio ferroviário. "Estamos na idade da pedra", queixou-se alguém. A Ucrânia também continua dependendo muito das remessas dos quase 3 milhões de membros de sua diáspora na Europa Ocidental. Como Moscou, Kiev ostenta boates da moda como a Decadence, onde os riquinhos que chegam em seus carrões Hummer costumam zombar enquanto o champanhe rola solto: "Qual o problema de Kiev? Estar cercada pela Ucrânia."

Ainda em 2003, certos observadores previam que a Ucrânia continuaria sendo "um país miserável cercado de países miseráveis".[2] O governo do presidente Leonid Kuchma se aproximava mais do tipo de autoritarismo *soft* da Ásia Central do que da democracia liberal ocidental, promovendo eleições que só na fraude podiam ser consideradas transparentes.[3] Com paciência e sutileza, no entanto, os serviços de inteligência europeus e americanos conseguiram enfiar o dedo pela estreita fenda do espaço vital concedido por Kuchma à oposição parlamentar e cívica, promovendo a união da diáspora e dos grupos estudantis com os nascentes meios de comunicação independentes, assim escancarando a janela para a insatisfação popular. O sucessor designado por Kuchma, Viktor Yanukovich, apoiado pelos russos, encaminhava-se para uma vitória na eleição realizada em 2004, mas o líder da oposição, Viktor Yuchenko, sobreviveu a uma brutal tentativa de envenenamento com dioxina (supostamente, obra dos aliados russos de Kuchma), valendo-se de sua nova condição de mártir para exigir a realização de um terceiro turno, do qual saiu vencedor. A preocupação de impedir um banho de sangue foi suficiente para derrubar o ditador: no auge do confronto, as forças de segurança de Kuchma, regularmente treinadas por agentes ocidentais, recusaram-se a abrir fogo contra a multidão de manifestantes com suas bandeiras de cor laranja.

Mas não existe qualquer relação entre a Ucrânia e a cor laranja. Foi uma idéia de consultores ocidentais em busca de um símbolo capaz de mobilizar a população para enfrentar nas ruas o terrivelmente gelado inverno ucraniano. No fim das contas, a "revolução laranja" estava mais para amarelo-vergonha. Na última década, todos os casos de transições radicais dessa natureza (inclusive os da Sérvia e da Geórgia) foram marcados por práticas políticas escandalosas. Mal Yuchenko havia substituído seu antigo chefe, Kuchma, os políticos oportunistas mudavam de lado, os apaniguados mais despreparados eram contemplados com altos cargos, as reformas constitucionais emperravam e a "revolução" ficava parecendo mais um golpe cívico para substituir um bando corrupto da *nomenklatura* por outro. A piada que circulava em Kiev dizia que até um doutor em filologia seria autorizado a fazer uma cirurgia cardíaca se tivesse estado ao lado de Yuchenko na Maidan Nezalejnosti (praça da Independência) em Kiev.

Olhando o mapa, nunca se poderá dizer se a Ucrânia é européia ou não: só a política praticada no país poderá confirmá-lo. Depois da "revolução laranja", Yuchenko apressou-se em declarar que os ucranianos, como uma só nação, haviam "escolhido a Europa não só geograficamente, mas também por seus valores morais e espirituais". Pelos padrões europeus, no entanto, a Ucrânia, em matéria de governo, ainda está mais próxima do Paquistão do que da Polônia. A oligarquia e o Parlamento praticamente se sobrepõem no país, com a venda dos assentos a quem oferecer mais. Muitos membros do Parlamento, contudo, nunca se sentam literalmente em suas cadeiras, preferindo seus belos escritórios empresariais com mobília européia aos decadentes prédios do governo. A primeira primeira-ministra ucraniana depois da "revolução laranja", Yulia Tymochenko — a "Deusa Laranja", com o penteado da princesa Leia* —, tinha o carisma populista da paquistanesa Benazir Bhutto, conseguindo trazer nas rédeas seu bloco parlamentar. Como acontece com tantas duplas na liderança no Segundo Mundo, Tymochenko e Yuchenko entraram em confronto em 2005 a respeito da forma de governo a ser adotada no país: presidencialismo

* Personagem da série de filmes *Guerra nas estrelas*. (*N. do T.*)

ou parlamentarismo. Yuchenko prometera uma transição para o parlamentarismo, mas cedeu a uma preferência pessoal por seus próprios poderes presidenciais, demitindo a primeira-ministra e seu gabinete antes do fim do ano. De sua megalomania *soft* fazia parte a constante repetição de seu 11º mandamento: "Não tenham medo."

"A confiança no governo era quase universal depois da revolução", jactava-se em Kiev, diante de uma xícara de chá, um profissional das pesquisas de opinião simpático aos russos, "mas as elites mostraram-se totalmente indiferentes às nossas necessidades." A espiral inflacionária deixava a carne e o leite fora do alcance da maioria dos cidadãos. Assim como na Rússia, os ganhos da privatização foram de tal modo desviados e dilapidados que Yuchenko e Tymochenko se empenhavam ao mesmo tempo em promover políticas de renacionalização (chamadas eufemisticamente de "desprivatização") e fazer acertos com Yanukovich, em sua base no leste da Ucrânia, na esperança de manter unidas as duas partes do país. Depois de dois anos de impasse e de uma incestuosa dança das cadeiras da guarda revolucionária laranja, o partido de Yanukovich finalmente venceu as eleições de 2006. Ironicamente, foi o Parlamento dominado pelo pró-russo Yanukovich que, enfim, conseguiu promulgar leis consolidando o poder de Yuchenko. Como um governo pró-ocidental corrupto não é bom para ninguém, o Ocidente perdeu o segundo *round* na luta que o opunha à Rússia, enquanto as forças policiais e de segurança leais às facções ucranianas rivais continuavam a se enfrentar em embates políticos. Não basta que um país pareça europeu para que *seja* europeu.

Um século atrás, o estrategista sueco Rudolf Kjellen considerava a Ucrânia e os países bálticos defensores cruciais da "Europa cultural" ante o "czarismo moscovita de conotações mongóis" da "ilimitada vontade de poder asiática" da Rússia.[4] Sem a Ucrânia, a Rússia deixa de ser um império europeu, o que torna o país tão essencial à concepção que a Rússia tem de seu "exterior próximo" que os russos nunca a consideraram realmente um país estrangeiro.[5] Deste modo a derrota da Rússia na "revolução laranja" mergulhou-a num furor diplomático temperado com diatribes contra a intromissão ocidental no espaço pós-soviético. Já se disse que "o liberalismo russo termina onde começa a independência ucraniana". E a Ucrânia, certamente, ficaria sabendo que o mesmo acontece com o petróleo e o gás baratos. A reação imediata da Rússia à vitória de Yuchenko foi triplicar o preço do gás e bloquear as remessas de petróleo do Cazaquistão para a Ucrânia. Uma duvidosa empresa de fachada liderada pela Gazprom e pelos oligarcas ucranianos — também conhecidos como "os novos russos" — foi criada para controlar o abastecimento. Mas esse tipo de tática serviu apenas para alienar até mesmo os milhões de russos ucranianos que hoje enxergam um futuro melhor para si mesmos como parte do Ocidente. Comentário de um funcionário do Ministério do Exterior ucraniano em seu arejado gabinete: "Os russos são tão embusteiros que nem sequer aprendem com os próprios erros."

A passagem das gerações na Ucrânia poderá, naturalmente, pôr fim aos delírios de grandeza da Rússia. Visível no horizonte de qualquer ponto de Kiev, a medonha estátua de titânio *Rodina Mat* ("Defesa da Pátria"), com seus 60 metros de altura, é o principal ponto de atração do Museu da Grande Guerra Patriótica. As mães levam os filhos pequenos ao local para brincar nas torres dos tanques soviéticos, mas na escola essas crianças aprendem que os tanques não são símbolos do heroísmo soviético, mas da ocupação estrangeira. Para a maioria da população ucraniana nascida durante a *perestroika* da década de 1980 ou depois dela, não existe qualquer vestígio de sovietismo; esses ucranianos estão perfeitamente informados das ondas de fome e das tragédias políticas impostas à Ucrânia pela revolução "estrangeira" na Rússia e por dois dos mais terríveis ditadores do século XX, Lênin e Stálin. Separados do poder e da liderança exclusivamente pela atual geração de antigos *apparatchiks* soviéticos, eles se mostram cinicamente otimistas quanto ao futuro europeu de seu país. Uma universitária já perfeitamente fluente na cultura européia ocidental comentava: "O que queremos é uma autêntica revolução, não só de eleições, mas de substituição da apatia e do medo pela consciência política. Não temos isto em nossa história. Precisamos dessa contribuição da Europa."

No mastodôntico prédio do Ministério do Exterior, construído na era soviética, os ucranianos se empenham na europeização do país, chegando a sustentar que o Ocidente está em seu código genético. Os funcionários invocam, nesse sentido, a população tecnicamente preparada do país e os heróis literários Gogol e Bulakov, e até mandaram para Bruxelas mapas mostrando a Ucrânia com a coloração azul européia — *Mitteleuropa*, e não *Osteuropa*. "É como ter um irmão muito maior ali do lado, mas tentar escapar para outra família", explicou um veterano diplomata. "Nos últimos mil anos, a geografia da Ucrânia foi sempre uma maldição!"

A situação pode mudar, finalmente, graças à abordagem antes-tarde-do-que-nunca adotada pela União Européia. Até Kuchma falava da esperança de que a Ucrânia acabasse entrando para a UE, mas esta não se mostrou interessada, temendo a enorme dependência agrícola da Ucrânia, que levaria a uma competição com agricultores franceses e espanhóis por subsídios, e sua população de maioria esmagadoramente jovem, o que representaria uma ameaça para a estabilidade dos empregos no Ocidente.[6] Contudo, apesar das dificuldades, a "revolução laranja" acabou com as desculpas da Europa. A Ucrânia continua sendo grande demais e pobre demais para se integrar à UE, mas não soviética demais.

Nas exuberantes florestas da Criméia, grupos de turistas são levados a visitar as igrejas que parecem equilibrar-se em saliências rochosas, indicando a recuperação da orgulhosa herança católica da Ucrânia. A Rússia sempre reivindicou para a si a Criméia, mas em 2015 perderá para sempre seus direitos de arrendamento das instalações navais no porto de Sebastopol, no mar Negro. Em Yalta, o Palácio Livádia, dos Romanov, onde Stálin redesenhou o mapa da Europa em termos soviéticos, abriga hoje animadas conferências a favor da integração à Europa. "Atualmente, somos a porta de entrada das empresas de tecnologia da informação interessadas em fabricar microchips e exportar, pelo mar Negro, para a Turquia e para o Cáucaso", orgulhava-se um jovem empresário na ativa capital crimeana, Simferopol. Europeus de todas as procedências também costumam invadir as praias da Criméia para festas *rave* ilegais. A retórica russa lembra atualmente um diálogo do romance *Ilha da Criméia*, do dissidente Vasily Aksyonov, no qual o protagonista reage à insistência de um *apparatchik* no domínio russo sobre a península, declarando friamente: "Todo mundo pode *saber*, mas, aparentemente, ninguém *nota*."[7]

Entre outros motivos pelos quais gostam de desfrutar o sol no sul da França, os oligarcas ucranianos também costumam evocar hoje, a toda hora, o Tratado de Nice, que estabeleceu os planos de ampliação da UE, com um conseqüente aumento das transferências de ajuda financeira para o Leste. Mas o jogo favorito da UE é se fazer de difícil. É a promessa — e não a realidade — de uma posição mais favorável como parte da UE que poderá convencer os dirigentes ucranianos a dissolver seus gabinetes paralelos, romper os monopólios, liberalizar os meios de comunicação, sanear o sistema bancário e gerar empregos para atrair talentos da diáspora. Com os maciços investimentos da UE, são estas as medidas necessárias para fazer com que o legado russo continue sendo apenas isso mesmo: um legado — o que, afinal, permitirá à Ucrânia deixar o Segundo Mundo, rumo a uma autêntica europeidade.

A Europa não proporciona somente grandes esperanças, mas também soluções práticas. Enquanto o estilo americano de promoção da democracia na Ucrânia — o apoio inflexível a um mesmo partido — levou a um regime abusivo e autocomplacente, os grupos parlamentares e ONGs europeus apóiam diferentes partidos políticos, construindo alicerces democráticos estáveis. Como os sistemas de governo europeus são parlamentares (e não presidenciais, como nos Estados Unidos), sua estratégia, no fim das contas, atende melhor aos objetivos ocidentais. Além disso, se a Otan liderada pelos EUA era a ponta de lança ocidental, abrindo caminho para a integração à UE por meio da absorção à aliança militar de países não totalmente qualificados, a atração gravitacional da União Européia tornou-se muito mais forte e menos polêmica. "Não foi só a Rússia que deteve a expansão da Otan", lembrou um assessor presidencial preocupado em afirmar a soberania de seu país. "Nós, ucranianos, também estamos divididos quanto a parcerias militares que envolvam submissão aos Estados Unidos, do mesmo modo como nos sentimos em relação à Rússia." Mas até o primeiro-ministro Yanukovich, pró-russo, está profundamente interessado na integração à UE, pois, como reconheceu o veterano parlamentar russo Vladimir Ryjkov, a UE é "o modelo mais bem-sucedido da história".

"A própria existência da Ucrânia como país independente transforma a Rússia", sustenta o ex-assessor de segurança nacional americano Zbigniew Brzezinski. De fato, a conseqüente aceitação da europeização da Ucrânia por parte da Rússia pode transformar a Ucrânia num modelo para a própria Rússia, do ponto de vista geográfico e também psicológico. Ela é o corredor para a passagem do petróleo e do gás russos para seus compradores mais ricos do Ocidente, e o esforço de diversificação energética da Europa, com a disposição da Ucrânia de reativar sua indústria de energia nuclear (apesar da lembrança de Chernobyl), contribui para a capacidade conjunta das duas partes de se impor sobre a Rússia quando ela ameaça aumentar preços ou sustar o abastecimento. Hoje a Ucrânia está em melhores condições de reagir às pressões russas. Comentário de um diplomata matreiro: "Nós dizemos aos russos que estamos perfeitamente dispostos a colaborar mais com eles, desde que as regras estejam de acordo com as da UE."

O PARTIDO DO BLOCO ORIENTAL

Em 2005, no 60º aniversário da derrota nazista, a presidente da Letônia, Vaira Vike-Freiberga, queixou-se de que a invasão dos países bálticos pela União Soviética depois da Segunda Guerra Mundial "significou escravidão, significou ocupação, significou subjugação e significou terror stalinista". Os principais países da Europa Ocidental na União Européia têm ponderado algumas vezes que essa posição de militância anti-russa é prejudicial à manutenção de relações estáveis com Moscou. Mas o ativismo dos novos membros da Europa é a recente arma secreta de uma *Ostpolitik* mais afirmativa por parte da UE, capaz de reduzir a competição com a Rússia a um nível tático. Volta e meia se fala novamente de uma "nova cortina de ferro", mas a Europa sempre acaba com essa conversa com suas luvas de pelica.

O aspecto da ampliação européia que costuma ser menos reconhecido é seu caráter auto-sustentável. Ao longo da última década, vários países, da Polônia à Eslovênia, reivindicaram seu direito de aderir à UE, dizendo-se cada um deles a última fronteira do Ocidente e se esforçando por minimizar seus vínculos com os vizinhos menos apresentáveis a leste. Entretanto, percebendo a facilidade com que o caos pode atravessar fronteiras, logo trataram de assumir uma atitude de zelo quase evangélico a favor da democratização e da ampliação dos compromissos com a UE — especialmente tratando-se dos vizinhos. Foram os presidentes da Polônia e da Lituânia que acorreram a Kiev para intermediar o impasse eleitoral de 2004, levando em seu rastro um relutante Javier Solana, principal representante da política externa da UE.

No caso, a lição sempre reiterada é de que os países do Segundo Mundo, agindo em conjunto, têm mais a ensinar uns aos outros do que os ditames de Washington ou de Bruxelas. E também se dispõem mais prontamente a aceitar conselhos ou advertências de seus iguais. A Europa funciona melhor que nunca quando pratica esse tipo de papel secundário, delegando responsabilidades aos que estão mais próximos da situação.[8] Os países bálticos sabem por experiência própria que não poderão deixar de ocorrer rupturas políticas se as reformas preconizadas pela UE forem adiadas até a última hora, como aconteceu na Bulgária e na Romênia. Valendo-se da Assembléia Parlamentar do Conselho da Europa (APCE) e de programas de intercâmbio parlamentar com duração de várias semanas, os governos dos países dos Bálcãs e do Cáucaso recorreram aos estonianos e aos lituanos para aprender a reforma na prática e para se familiarizar com as rigorosas cláusulas de integração impostas pela UE. Em 2004, jovens veteranos do movimento *Otpor!* (Resistência!), que em 2000 contribuiu para a deposição do homem forte sérvio Slobodan Milosevic, foram levados à Ucrânia para trabalhar com o movimento *Pora!* (Basta!), que orquestrou a "revolução laranja".

O caso da Bielo-Rússia demonstra que esse princípio da solidariedade de grupo é mais relevante do que nunca. Nesse país é que foi mais bem-sucedido o empenho soviético de eliminar a identidade nacional; nele é que voltou a ser erguida, em 2005, uma estátua do fundador do KGB, Felix Dzerjinsky, o implacável chefe bolchevique da Cheka contra-revolucionária montada por Lênin. Temendo o "vírus" das revoluções apoiadas pelo Ocidente, o presidente bielo-russo, Alexander Lukachenko, impede que parlamentares europeus entrem no país, o que significa que a União Européia e os Estados Unidos precisam contar ainda mais com a habilidade de lituanos, poloneses e ucranianos que conseguem entrada para dar apoio e treinamento à oposição bielo-russa. "É nosso dever libertar a Bielo-Rússia do controle russo!", proclamava um jovem militante lituano.

A Moldávia, antiga república soviética que mais se assemelha a um quase-Estado de estilo africano, é outro exemplo da maneira como o Segundo Mundo europeu pode levar a uma política externa mais afirmativa. Em 2004, quando a UE enviou um representante permanente a sua capital, Chisinau, a Rússia já permitira que o regime contraventor da província separatista de Transnístria "acumulasse as aparências de um Estado ao mesmo tempo que continuava sendo uma relíquia carcomida do passado soviético".[9] Entretanto, para demonstrar à UE suas credenciais na solução de conflitos, a Ucrânia tomou a frente e montou um esquema de controle fronteiriço para tirar a república da órbita da Rússia, reforçando medidas contra o contrabando de todo tipo de produtos, das metralhadoras AK-47 aos frangos congelados. Na fronteira ocidental da Moldávia, a adesão da Romênia à União Européia gera novas oportunidades de gravitação desse cliente da Rússia em direção à Europa. A ordem pode ser mais facilmente estabelecida *dentro* do império europeu do que fora dele.

Definir a Europa costumava ser tão simples quanto exclamar: "A Europa *não* é a Rússia!"[10] Mas se no passado os países bálticos temiam a deferência da Otan diante das suscetibilidades russas, hoje eles aplicam à própria Rússia a rejeição da condição de margem oriental da Europa, encarando o antigo urso russo mais como um tio alcoólatra, ao mesmo tempo com uma certa pena e alguma dose de preocupação. Sabem que a Rússia é capaz de surtos infantis de fúria e que controla a maior parte de seu abastecimento de energia. E como a Rússia ainda detém Kaliningrado, no litoral báltico, querem investir nesse exclave *com* a Rússia, para transformá-lo numa quarta república báltica, e não num lugar com jeito de que a Segunda Guerra Mundial acabou ontem. Moscou vai aos poucos aceitando, com relutância, que seus antigos satélites, um por um, passem a girar em torno de uma outra capital: Bruxelas.

CAPÍTULO 4

OS BÁLCÃS: QUESTÕES ORIENTAIS

"A EUROPA ATUAL não poderá estar pronta enquanto os Bálcãs não fizerem parte dela", declarou lorde Paddy Ashdown, alto representante da União Européia na Bósnia. "É muito simples. Melhorem a estabilidade nos Bálcãs, ou estarão importando instabilidade e crime para a Europa."[1] A UE dificilmente poderá se considerar uma superpotência a leste dos Bálcãs enquanto não estabilizar os próprios Bálcãs, tratando a região não como um recanto isolado da Europa, mas como a porta de entrada para o mundo além do Ocidente. No entanto, na antiga Iugoslávia — o coração dos Bálcãs —, os ensaios de democracia no período posterior à Guerra Fria instauraram, na verdade, quase-ditaduras que dilaceraram a região, numa orgia de violência étnico-nacionalista para a qual a UE não estava preparada.[2] Fora das cidades bósnias, o campo ainda hoje parece triste e abandonado e o ar, enfumaçado. Nas estradas do interior, nunca se sabe que tipo de obstáculo — uma barreira de controle ou um caminhão explodido — poderá ser encontrado na próxima curva. O mesmo se aplica à política balcânica.

Ao longo da década de 1980, qualquer uma das antigas repúblicas iugoslavas era mais rica que a Espanha, mas na década seguinte, enquanto a Europa Ocidental se integrava, a Iugoslávia malbaratava sua unidade. As guerras brutais da desintegração iugoslava mergulharam-na numa barbárie terceiro-mundista que dizimou meio milhão de pessoas, numa carnificina surrealista. Na era da globalização, jogar fora uma década do processo de integração (para não dizer cinco) é, ao mesmo tempo, desastroso e cruel. Os Bálcãs se transformaram num microcosmo da Europa Ocidental depois da Segunda Guerra Mundial: dilacerados, vencidos pelo medo e ocupados por potências estrangeiras. "Não seremos livres enquanto não nos livrarmos uns dos outros", indignava-se um bósnio idoso numa aldeia perto de Mostar. "Se não conquistarmos logo nossa independência, os europeus não poderão nos impedir de entrar em guerra de novo."

Mas o eterno fracasso dos Bálcãs, como suas guerras civis recentes, não é uma fatalidade.* É possível construir instituições democráticas e cultura nos Bálcãs, e uma década depois de seus primeiros fracassos, só a UE poderá fazê-lo, soerguendo a região na direção do Segundo Mundo.[3] A Grécia, a Eslovênia, a Romênia e a Bulgária já demonstram como a UE é capaz de recuperar nações balcânicas. A Grécia moderna não passava de mais um incerto barril de pólvora até que sua diáspora na Grã-Bretanha pressionou para que ela fosse integrada ao comboio do Plano Marshall. Estaria sob regime ditatorial até 1975, dando abrigo a terroristas, montando um golpe em Chipre e tendo atritos constantes com a Turquia e com a Macedônia. Em 2006, o cálculo do PNB foi aumentado em 25% com a inclusão dos rendimentos obtidos com prostituição e contrabando de cigarros. Foram necessárias décadas para convencer a Grécia, berço da civilização européia, a se comportar como uma moderna nação européia, mas é o que parece cada vez mais provável que aconteça, agora que, com a integração da Romênia e da Bulgária à UE, em 2007, ela deixou de ser um exclave geográfico da União Européia. Capitalizando o legado dos Habsburgo, a Eslovênia já é um país mais rico do que metade dos demais Estados da UE. No caso da Romênia e da Bulgária, a expressão

---

* O nacionalismo balcânico nem sempre provocou dores de cabeça geopolíticas. Ao longo das mais de três décadas do regime de Josip Broz Tito, a Iugoslávia era uma mini-União Européia de seis repúblicas multiétnicas, não-alinhada e bem-remunerada, com uma moeda única. Tinha soberania diplomática suficiente para estar vinculada a um número maior de tratados internacionais do que praticamente qualquer outro país. Mesmo depois da morte de Tito, em 1980, uma presidência rotativa vigorou por mais uma década na federação pan-iugoslava.

"Segundo Mundo" sempre foi um eufemismo para não se reconhecer que havia países terceiro-mundistas na Europa, e em ambos os casos a renda nacional ainda fica em torno de um terço da média da UE. Mas a agrotecnologia européia permitirá que a Romênia deixe de ser um coletivo camponês para se transformar no celeiro da região, além de um pólo de indústrias de baixo custo, à parte as metralhadoras AK-47, que já constituem sua marca registrada.[4] Da mesma forma, as ameaças de postergação do processo de admissão por parte da UE convenceram até a eternamente esquizofrênica Bulgária a acabar com o crime organizado e as redes de tráfico humano para se candidatar a bilhões de euros em subsídios de que precisava desesperadamente.[5] Com o selo de aprovação da UE, os búlgaros voltam a trabalhar em fábricas renovadas, enquanto chegam a suas praias do mar Negro magotes de euro-*hippies*, de carro ou em vôos comerciais baratos. "A Bulgária é a nova Costa do Sol!", festejava um turista britânico em Burgas.

Em vista da instabilidade histórica dos Bálcãs, o império europeu ficará incompleto e vulnerável enquanto não for resolvida a "questão oriental" que atormentava os estadistas europeus havia um século. Felizmente, a população total dos demais países dos Bálcãs ocidentais e meridionais — Sérvia, Bósnia, Croácia, Macedônia e Albânia — não chega a se equiparar à da Romênia, nenhum deles é mais populoso que a ilha de Manhattan. A contigüidade geográfica corrobora a idéia de reunir os Estados nascentes da região numa só unidade de tamanho moderado. Mas os líderes dos Bálcãs não necessariamente sabem o que é melhor para eles, e sempre inventam uma briga qualquer. A relação de amor e ódio entre a UE e os países balcânicos continua tensa e volátil, apesar de a bandeira da União Européia ter se transformado numa verdadeira idéia fixa na região.

SÉRVIA: A CASA NO MEIO DA ESTRADA

Os esforços da Europa, no início da década de 1990, para impedir o estilhaçamento dos Bálcãs não foram dos mais promissores: os mapas nos quais se tentava organizar a Iugoslávia em cantões mais pareciam um jogo de amarelinha étnico do que uma federação política. Em Paris e Berlim, os funcionários também cruzavam os braços diante da ameaça sofrida pelos muçulmanos otomanos da Bósnia, submetendo-os a um embargo de armas enquanto a Sérvia e a Croácia herdavam as armas da Iugoslávia, ao passo que franceses e alemães fechavam os olhos às atrocidades cometidas por seus clientes.[6] "Todos os criminosos de guerra poderiam ter sido capturados com alguns telefonemas", arriscou um jovem militante sérvio dos direitos humanos num bairro boêmio da capital, Belgrado. "Mas os funcionários franceses com as mãos sujas não queriam que sua cumplicidade viesse à tona." Naturalmente, foi a imaturidade estratégica da Europa que mais ficou evidente na época.

Os funcionários da UE, finalmente, estão provando que os interesses europeus nos Bálcãs convergem. Em vez de permitir que tivessem prosseguimento séculos de sanguinolentos processos de construção nacional — o que arrastaria também a Europa —, a UE deu início a um processo de "construção de Estados-membros", equiparando-se essa passagem de uma situação de quase ocupação para a soberania compartilhada à "evolução de um jovem adulto, sob cuidadosa supervisão, da vida em família para um casamento acolhedor".[7] Contudo, paradoxo dos Bálcãs é que, embora seus países sejam a parte da Europa que mais depende da UE para alcançar a estabilidade, são também os de espírito mais ferozmente independente. A Sérvia mais que todos. Afinal, quase um século atrás, foi a resistência da Sérvia à incorporação ao Império Austro-húngaro que levou à Primeira Guerra Mundial.[8]

De um lado do prédio onde fica o gabinete do primeiro-ministro em Belgrado está o quartel-general do Exército, transformado em ruínas pelos bombardeios americanos em 1999, e do outro passa a ruela onde Zoran Djindjic — primeiro dirigente da região democraticamente eleito desde a Segunda Guerra Mundial, uma espécie de John F. Kennedy sérvio — foi abatido a tiros em 2003 por forças leais ao ditador homicida Slobodan Milosevic. Este não foi apenas tolerado por muitos anos mais do que o necessário: chegou a ser chamado de "homem da paz" no processo para a assinatura dos Acordos de Dayton, em 1995. Seus compatriotas não podiam discordar. Durante noventa dias consecutivos no duro inverno de 1996-97 milhares de manifestantes exigiram seu afastamento em passeatas no centro de Belgrado, portando inclusive bandeiras francesas e alemãs. "Sua especialidade era agravar ainda mais nossos problemas bastante concretos de desemprego e corrupção", recordaria um militante da *Otpor!* "Costumávamos brincar que ele só podia ser um agente ocidental infiltrado. Afinal, as coisas não poderiam ter saído pior para nós." Mas, em vez de apoio maciço à oposição, o que o país recebeu foi um brutal pacote de sanções e bombardeios da Otan durante 88 dias, resultando em enormes prejuízos — embora um dos palácios de Milosevic fosse poupado por abrigar um quadro de Rembrandt. "Não conseguíamos acreditar", prosseguiu o militante. "De que lado eles [a Otan] estavam?" A placa de Petri dos micróbios políticos sérvios foi isolada, permitindo que criminosos inomináveis continuassem a proliferar. Não surpreende, assim, que a Sérvia seja hoje o país onde se verifica a mais intransigente resistência à integração à UE.

Países pequenos como a Sérvia, com menor peso econômico do que muitas grandes empresas, freqüentemente agem como essas corporações, demitindo um mau diretor-executivo sem antes procurar saber quem poderá substituí-lo.[9] Foram os estrategistas políticos, e não as bombas inteligentes, que acabaram realmente fazendo diferença. A oposição popular sérvia afastou Milosevic na "Revolução de Outubro" de 2000, também conhecida como "revolução *bulldozer*", pois um *bulldozer* foi usado para invadir a estação de televisão RTS, alinhada com o ditador. Mas o Partido Radical Sérvio e os nacionalistas que tentam apresentar Milosevic como um mártir (ele morreu quando era julgado em Haia) ainda detêm o controle do Parlamento nacional, voltados para uma era de ouro sérvia que nunca existiu. Cabe aos estudantes militantes levar adiante a causa da reabilitação da imagem do país, montando exposições polêmicas que documentam as atrocidades cometidas pelos sérvios na aldeia bósnia de Srebrenica em 1995, com perguntas como: "Você viu? Você lembra? Você sabe?" Em suas peculiares cidades universitárias, como a de Nis, eles *se sentem* europeus; se ao menos seus dirigentes os deixassem prová-lo. "Vamos colocar a coisa da seguinte maneira: não há hipótese de que *não* sejamos europeus", dizia um líder estudantil. "Por quanto tempo, então, ficaremos nesse limbo? Se os dirigentes atuais fossem tão criativos na geração de empregos quanto na manipulação de seus bandos criminosos, já estaríamos hoje na União Européia."

Belgrado foi destruída e reconstruída nada menos que quarenta vezes em dois milênios; a geografia da Sérvia é considerada "tão propícia quanto uma casa no meio da estrada". A UE é apenas o mais recente de uma longa série de impérios que desmembraram o país, processo considerado particularmente doloroso pelos orgulhosos sérvios. Eles zombavam da "união de Estado" entre a Sérvia e Montenegro chamando-a de "Solanium", referência a Javier Solana, o chefe da diplomacia da UE, encarregado de impor essa solução. "A UE pode finalmente ter-se envolvido, mas é algo bom que já está parecendo meio sufocante", retrucava um político sérvio desencantado, em seu sofisticado gabinete. "Com a independência de Montenegro, e podendo agora perder Kosovo, não passamos de um canto isolado, economicamente sem sentido, a não ser como via de passagem para o rio Danúbio."*

Para aceitar o inevitável e superar o típico traço nacional da *enat*, a inclinação para satisfazer o ego coletivo a qualquer preço, os sérvios precisam, ao mesmo tempo, de bons dirigentes e bons terapeutas. Os muito ricos de Belgrado, orgulhosos de suas ligações artísticas parisienses do pré-guerra, podem ficar tão desiludidos ao se verem cercados de membros da UE que outrora dominaram — e que ainda tratam com condescendência — que também poderiam afinal render-se. A Sérvia não pode continuar por muito tempo sendo um buraco no pudim europeu, como a Suíça. Como um economista em Belgrado comentou: "Ainda nos falta uma década para termos uma economia de categoria européia. Entrar para a eurozona agora seria como instalar uma cozinha sofisticada numa casa dilapidada."

"Nenhum papa da filantropia como George Soros veio para cá", queixava-se um militante dos direitos humanos. Por força das circunstâncias, muitos sérvios estão trocando o nacionalismo masoquista pelo pragmatismo europeu. O grupo de países centro-europeus do Segundo Mundo, reunindo poloneses, tchecos e húngaros, está ativamente empenhado em convencer os dirigentes balcânicos de que o estilo de governo europeu é bom não só para a UE, mas como um valor em si. A Sérvia começa relutantemente a emular a Eslovênia e a Eslováquia: as pensões passam a ser pagas no prazo, os policiais corruptos estão sob pressão e aumenta o número de estudantes que, mesmo sem pistolão político, têm acesso à educação universitária.[10] Um funcionário

* A UE vem, aos poucos, tomando as rédeas de Kosovo das mãos de uma série de agências da ONU, tirando-a de uma posição em que consultores ocidentais impingem à diáspora albanesa uma agenda de privatização, missionários cristãos e sauditas disputam almas perdidas e praticamente qualquer emprego está vinculado à prestação de serviços ao complexo ONU-militares-ONGs. Em Pec, bares e restaurantes atendem milhares de funcionários da ONU, gerando lucro considerável numa cidade desolada, mas nenhuma estrutura econômica foi estabelecida para sustentar Kosovo após a partida das Nações Unidas. O que a UE faz — e só ela — é destinar muito mais recursos à capacitação dos ministérios locais, preparando Kosovo para a independência e a integração européia, apesar da oposição sérvia.

do setor de fomento dos investimentos manifestava, contudo, uma preocupação justificada: "Ainda hoje, 70% dos jovens não hesitariam em ir para o Ocidente se tivessem passaportes válidos." Mas o fato é que as exigências da UE diante da Sérvia estão contribuindo para valorizar sua infra-estrutura e sua geografia — a Fiat e a Microsoft escolheram o país para instalar seus centros de produção na região. Enquanto Milosevic insistia em sua arrogância verbal em Haia, a sede de seu partido, a certa altura bombardeada por mísseis da Otan, era transformada num moderno centro empresarial. Um empresário sérvio tenta atualmente atrair de volta compatriotas do sexo masculino que estão na diáspora no Vale do Silício, prometendo um país cheio de belas mulheres disponíveis. "Como perdemos tantos irmãos na guerra, as chances são boas!"

BÓSNIA: *HOMO BALCANICUS* E BRUCE LEE

Uma viagem por certas áreas da antiga Iugoslávia ainda hoje suscita aquela exasperante hilaridade dos rituais nacionalistas antiquados retratada no filme italiano *Elvjs e Merilijn*, no qual dois romenos que querem fazer carreira como atores abrem caminho pela zona de guerra nos Bálcãs para chegar a uma boate no Adriático. Nos postos de controle, os passageiros de ônibus são obrigados a sentar-se em pontes numa terra de ninguém, no meio da noite, só para ficarem na mesma estrada. A pergunta retórica "Será que estamos na Europa?" era usada, a certa altura, para advertir os europeus por não terem decidido intervir na Bósnia para salvá-la do genocídio e do desmembramento. Hoje, "Isto é a Europa" é uma clara afirmação do único denominador comum entre países que — apesar de uma década de conflitos genocidas — continuam longe de ser Estados-nações etnicamente puros. Ao mesmo tempo que vai juntando as peças do quebra-cabeça balcânico para formar uma imagem de algum significado, a UE acelera a recuperação da Bósnia, devastada pelos bombardeios da década de 1990, para transformá-la no ponto nodal da expansão européia em direção ao leste.

A UE não provocou a ruptura dos Bálcãs, mas ainda precisa conquistá-los. Ao longo da última década, aplicou abundante quantidade de cola diplomática ao vaso balcânico rachado, acabando finalmente com sua dependência psicológica em relação à América em matéria de estabilidade militar interna — comparada por um acadêmico a "uma pessoa que usa muletas por muito tempo depois de sofrer ferimentos graves".[11] Entretanto, com a metade das forças européias mobilizáveis estacionadas no sul dos Bálcãs, o maciço aparato neocolonial da UE — chamado pejorativamente de "Raj europeu" — também se arrogou poderes de emergência, algo que se aproximou perigosamente de um ato de engenharia política, por descartar liminarmente dezenas de funcionários sérvios da Bósnia eleitos. Para impedir o possível ressentimento de seus futuros cidadãos, os europeus percebem hoje que é preciso "evitar como se fosse uma praga"[12] esse tipo de tutela burocratizada.

Mas o futuro ainda não chegou, pois hoje a Bósnia continua permeada de um certo tribalismo subjacente. A República Srpska começa apenas 9,5 quilômetros a leste de Sarajevo, fora da qual uma fria névoa de medo ainda pesa no ar. Sarajevo é a Bogotá dos Bálcãs, capital de um país dividido entre três facções rivais, cada uma muito bem servida por um *status quo* opaco. Diante das organizações criminosas concorrentes e dos grupos paramilitares que proporcionam assistência médica e pensões em troca de lealdade, as pessoas ainda não sabem muito bem em quem confiar; os que estão hoje na direção dos tratores dirigiam tanques pouco antes. O criminoso de guerra sérvio Radovan Karadzic, o "Carniceiro da Bósnia", continua foragido. "Queremos que a Europa nos devolva o controle de nosso país, mas não a *esses* sujeitos", observou um jornalista bósnio no Holiday Inn da cidade, recém-reformado e pintado de amarelo depois de anos de bombardeios.

Ao chegar a Sarajevo, descendo uma estrada sinuosa pela montanha, o visitante ainda vê as fachadas castigadas pelos tiros que choviam nas principais ruas da cidade, disparados pelos sérvios, das colinas em frente, como parte da campanha movida por Ratko Mladic para enlouquecer e submeter os bósnios. A geração mais velha dos antigos iugoslavos continua impregnada de ressentimento em todos os níveis, a ponto de pressionar pela mudança da língua nas inscrições encontradas no teatro nacional da Bósnia, atualmente escritas no alfabeto cirílico servo-croata. Enquanto isso, como não se tem certeza sobre a identidade dos proprietários, o esqueleto semidestruído de um shopping center ainda pode ser encontrado no centro da cidade. Todas as economias dos Bálcãs apresentam grandes déficits, inflação alta e ausência de dados confiáveis sobre níveis de emprego, pois muita gente trabalha no mercado negro, e dezenas de sérvios, croatas e bósnios vão até o Iraque em busca de negócios. Os ônibus modernos que percorrem as ruas estreitas de Sarajevo são presentes da UE ou do Japão.

Na cidade velha de Sarajevo, contudo, surge uma nova geração. A poucos passos da ponte sobre o rio Miljacka, onde o arquiduque Francisco Ferdinando foi assassinado em 1914, os jovens de Sarajevo festejam como se estivessem em Barcelona ou Beirute. O *Homo balcanicus* com ares de gângster acelera o motor de seus carrões e de suas motocicletas com placas européias (provavelmente roubadas). O carro mais comum é o Yugo, o minicult e baratinho da década de 1980. As boates instaladas em porões projetam para as ruas sua música techno, enquanto a publicidade de Red Bull nos guarda-sóis dos cafés deixa claro de onde vem a energia da juventude da cidade. Enquanto isso, velhos donos de hotéis montam guarda a noite inteira, abrindo a porta, cambaleantes, para os turistas europeus até o amanhecer nebuloso. "A coisa começou não muito depois do fim da guerra", relatou um engenheiro numa discoteca alternativa. "Muitos de nós fomos para a Alemanha e para outros países concluir nossos estudos, mas voltamos assim que foi possível. Não podemos abandonar a Bósnia, agora que é nosso dever reconstruí-la."

Uma estátua de Bruce Lee — símbolo da luta contra as divisões étnicas — pode ser vista hoje em Mostar, perto da ponte (já reconstruída) cuja destruição tornou-se o mais poderoso símbolo do mergulho do país no inferno. Mesquitas e igrejas estão sendo reconstruídas em todos os bairros de Sarajevo, que tenta reivindicar novamente o título de "Nova Jerusalém". Uma garçonete em Mostar afirmou: "Nós, os jovens, não estamos mais preocupados com a herança otomana. Ninguém quer saber da religião de ninguém, como acontecia antigamente." A porcentagem de sérvios e croatas que enxergam o próprio futuro na Bósnia e na Herzegóvina dobrou, assim como o número de pessoas que acreditam que não haverá novas guerras depois do fim do "Raj europeu". Dez anos depois de Dayton, o governo da Bósnia substituiu a Constituição tripartite por um sistema unificado e sem qualquer vinculação étnica, mais adequado a um país europeu multiétnico. Em muitos prédios restaurados já tremula a bandeira da UE, mais visível que a da própria Bósnia. A moeda artificial da Bósnia, o "marco conversível", certamente será substituída pelo euro. Os países-membros da UE não precisam de uma moeda própria.

Mas a integração à UE não é em si mesma uma cura, mas um certificado de saúde depois da entrada em vigor da mão invisível dos "critérios de Copenhague" para reforma política, econômica e de infra-estrutura adotados pela UE, ligando os vários membros balcânicos a seu novo coração europeu. Esse aparato funcionou na Macedônia: a mobilização preventiva de tropas de manutenção da paz impediu efeitos de contaminação do restante da Iugoslávia, e as forças de estabilização impuseram a segurança em suas fronteiras para garantir a independência. Usando a estratégia de um técnico de futebol firmemente decidido a fazer valer a disciplina no time, a UE impõe no momento um pacto de estabilidade a *todo* o sul dos Bálcãs, para criar mais um agrupamento sub-regional europeu e deixar claro que ninguém entrará para a UE enquanto todos não estiverem qualificados.[13] "Também estamos fazendo as coisas agora do jeito da UE", explicou um expatriado bósnio, atualmente à frente do escritório de uma ONG ocidental. "Treinamos os futuros líderes políticos e empresariais de todos os países *juntos*, e não país por país."

Os componentes finais desse programa semelhante ao Plano Marshall que está sendo aplicado no Sudeste Europeu são a repatriação de refugiados bósnios e kosovares e a construção de novas redes de transporte da Áustria para a Albânia.* País mais pobre da Europa, a Albânia ainda é desconhecida da maioria dos europeus, a não ser pelas notícias sobre refugiados que atravessam o mar Adriático em direção à Itália em balsas e barcos precários, exatamente como os haitianos e os cubanos faziam rumo à América. Mas, antes que viessem a desmoronar os símbolos arquitetônicos da colonização grega e veneziana, a Europa voltou para metamorfosear a burocracia stalinista e terceiro-mundista, outrora muito bem protegida na Albânia, em mais um de seus avatares da modernidade.[14] Seguindo o exemplo da UE, os investimentos escoam atualmente para os mercados e vinhedos do país, enquanto os turistas o transformam num lugar da moda, por suas praias tranqüilas e sua cerveja barata. Nos Bálcãs, a dúbia política fronteiriça de *Elvjs e Merilijn* está gradualmente dando lugar aos trens alemães ICE de alta velocidade. "Se dá para chegar de trem, é a Europa", resumiu um visitante italiano.

* Os programas de infra-estrutura são promovidos no contexto da Assistência Comunitária para Reconstrução, Desenvolvimento e Estabilização (Cards, na sigla em inglês).

Mas ainda são as estradas que estendem a fronteira da Europa. Dirigindo de Budapeste para o leste e passando por Belgrado em rodovias recém-construídas, podemos ir para o sul, em direção a Skopje (Macedônia) e Tessalônica (Grécia), ou para leste, em direção a Sófia e Istambul — rotas praticamente incrustadas nas vias bizantinas que outrora ligavam Belgrado a Constantinopla. Esse ressurgimento das estradas a leste e a oeste do rio Drina — que separava os Impérios Romano Ocidental e Bizantino no século IV d.C. — constitui importante passo simbólico e histórico rumo à reconciliação regional e à ascensão de uma comunidade européia de nações.[15] O caminho para a solução da questão oriental toma, assim, uma direção que ninguém previra, literalmente: o ingrediente decisivo e crucial para a europeização dos Bálcãs envolve não só a Grécia, mas também a Turquia, em cooperação. Há séculos a Europa vem combatendo os turcos pelo controle dos Bálcãs, e agora os dois se uniram para salvá-los.

CAPÍTULO 5

TURQUIA: MARCHANDO PARA O ORIENTE E PARA O OCIDENTE

VENUS WILLIAMS JOGOU tênis em cima dela; David Coulthard a atravessou num carro de Fórmula 1. A ponte do Bósforo — a aparentemente estreita estrutura suspensa de quase um quilômetro e meio, inaugurada em 1973, no 50º aniversário de fundação da República turca — é *o* símbolo de Istambul e da condição ímpar de ligação entre a Europa e a Ásia ostentada pela Turquia.

A Turquia ocupa um espaço tão vital que põe por terra a idéia de continentes separados. Constantinopla foi a capital do Império Bizantino durante onze séculos, e posteriormente, já com o nome de Istambul, constituiria o centro do poder otomano sobre territórios que se espraiavam pelos Bálcãs, a Ásia Menor e a Ásia Central, chegando em 1687 às portas de Viena.* Projetada sobre o estreito de Dardanelos, a cidade controla a passagem de sentido leste-oeste entre a Europa

---

* Em 1071, os exércitos da dinastia turca dos seljúcidas arrasaram os bizantinos na batalha de Manzikert e marcharam em direção a Constantinopla. Bizâncio pôde contar apenas, ironicamente, com a ajuda de outro conquistador turco, Timur, que enfrentou os seljúcidas a leste. Desse modo, o único motivo pelo qual o mundo túrquico não se uniu é o fato de ter ele próprio se dividido.

e a Ásia, assim como a passagem de sentido norte-sul entre o mar Negro e o Mediterrâneo. Durante a Guerra Fria, a Turquia, outrora núcleo anatoliano do Império Otomano, era a ilha oriental da Otan, base avançada e posto de escuta. Com a Ucrânia, na margem norte do mar Negro, é um dos dois principais pontos de projeção da Europa na direção oriental, e a porta de entrada para a principal zona de risco mundial, constituída por Síria, Iraque e Irã. A Turquia amplia consideravelmente o peso estratégico da Europa: se esta não encontrar maneiras de alavancar os trunfos estratégicos da Turquia, suas possibilidades de desempenhar um papel na direção oriental terminarão efetivamente nos Bálcãs.

A importância da Turquia começa na Bulgária. Com uma população que encolhe e está perto de chegar a 5 milhões de habitantes, a Bulgária é um membro da União Européia mais necessitado de um prefeito de mão forte do que de um presidente; um país que se vai transformando numa espécie de subúrbio da gigantesca cidade de Istambul — amálgama que poderíamos chamar de "Istambulgária" —, que já é o principal centro comercial que domina a região de Budapeste a Baku. Empresários turcos deram nova vibração ao perfil urbano de Sófia, transformando hotéis em cassinos para uso próprio. Em Erdine, além da fronteira, tem início a rodovia turca TEM. Construída originalmente para funcionar como campo de pouso de emergência para aviões da Otan, hoje dá passagem aos utilitários Mercedes e BMW dos turcos que alegremente vão e voltam da Europa Ocidental, parando para lanchar nas "paradas turcas" do caminho.

A Turquia é importante não só por sua localização, mas pelo que efetivamente representa: o Estado mais poderoso, democrático e secular do mundo muçulmano.[1] O primeiro-ministro Recep Tayyip Erdogan advertia, em 2005: "Ou [a UE] será capaz de mostrar maturidade política, tornando-se uma potência global, ou então acabará como um clube cristão." Nesse mesmo ano, a Turquia foi autorizada a iniciar negociações para se integrar à UE, mostrando-se disposta a se tornar uma autêntica mestiçagem de povos e culturas.[2] E não poderia ser de outra forma, já que a esplêndida Hagia Sophia (ou basílica de Santa Sofia) de Istambul — inicialmente uma igreja cristã bizantina, que se transformou em mesquita otomana — ainda hoje é objeto de culto ao mesmo tempo de cristãos e muçulmanos. As butiques exóticas, as galerias sofisticadas e as perfumadas *hammans* (saunas) de Istambul transformaram-na numa nova Berlim, ao passo que o bairro berlinense de Kreuzberg é conhecido como "Pequena Istambul". Dizia-me um descolado *promoter* de casa noturna em Istambul, gritando acima do volume alto da música: "Um DJ europeu que não tenha marcado presença em Istambul não está com nada." Enquanto a Turquia se torna mais européia, a Europa se torna mais turca.

A questão-chave hoje é saber se haverá uma aliança ou uma perpétua tensão entre as civilizações européia e neo-otomana. As relações da Turquia com a UE ficaram muito mais civilizadas desde o cerco otomano de Viena, embora, por si só, o tamanho do país — com quase 75 milhões de habitantes, consideravelmente mais pobres, em média, que os europeus — possa impedi-lo de se tornar um membro pleno da UE. Mas a forma é muito menos importante que a função. Quando a Comunidade Européia começou a dialogar com a Turquia sobre sua integração, há mais de quatro décadas, a preocupação quase exclusiva era pôr na linha a economia turca; as questões de governabilidade não eram muito debatidas, e ainda não existia uma política externa comum da UE. (Esta, de qualquer maneira, era atribuição da Otan, e a Turquia há muito integra a aliança atlântica.) Entretanto, na medida em que tenta reunir sob o mesmo guarda-chuva a soberania de seus membros, a UE é que terá de convencer a Turquia, não o contrário.

Tratando-se de um país que guerreou com quase todos os vizinhos, a política externa turca pode ser considerada um modelo de ironia. Antes da Primeira Guerra Mundial, a Sublime Porta, como era conhecida a corte otomana, dava um jeito de flertar com os embaixadores da Alemanha, da Grã-Bretanha, do Império Austro-húngaro, da Rússia e da França sem se comprometer com ninguém. Com apoio da Rússia, os povos ortodoxos da Grécia, da Sérvia e da Bulgária haviam deposto seus governantes otomanos em 1913. Depois da Primeira Guerra Mundial, Mustafá Kemal (designado "Atatürk", o "pai dos turcos", em 1934, pela Assembléia Nacional turca), co-fundador e profeta secular da república turca, adotou uma estratégia de "paz em casa, paz lá fora", o mesmo horizonte pelo qual se orienta a atual diplomacia "multidirecional" da Turquia, tentando conciliar numa corda bamba as relações com a Europa, a América, a Rússia, o Cáucaso, o Irã, a Síria e Israel. Quase um século depois de Atatürk ter tomado a frente, pela retaguarda, de uma guerra de libertação contra a invasão de Gallipoli, liderada pelos britânicos, a Grã-Bretanha é a principal promotora de uma integração plena da Turquia à UE. Até a Grécia é favorável à entrada da Turquia, com a esperança de que acabe convencendo os turcos a abrir mão de suas reivindicações sobre o norte de Chipre.[3]

"Estamos vivendo uma época de muita tensão em nossas fronteiras orientais, de modo que nos valemos da globalização para fazer amizade com os vizinhos árabes e persas", explicou um sofisticado diplomata turco em Ancara. Apesar do tradicional ressentimento dos árabes com a Turquia por causa da colonização otomana, o comércio turco com o Marrocos, a Líbia e o Egito triplicou nos últimos anos. Os ministros turcos do Exterior têm sido fluentes em árabe, enquanto os árabes invejam a posição da economia de mercado turca no interior da Europa. "Quando os sírios e os libaneses querem ganhar muito dinheiro, não só vendem aqui como fazem parceria conosco para reexportar para a Europa. Somos muito mais profissionais, e temos sobre eles a vantagem de estar por dentro", garantia uma jovem empreendedora num dos novos centros comerciais de Istambul. Pelos padrões da Ásia Central e do mundo árabe, Istambul, certamente, pode ser considerada uma cidade quase européia. Outra vantagem dos turcos é não serem os terríveis cruzados cristãos tão detestados pelos árabes. Na verdade, árabes e turcos não enxergam a tirania uns nos outros, mas no intervencionismo americano. "Os árabes apreciam a mistura de moralismo e secularismo dos turcos", explicou-me um correspondente da Al-Jazeera em Istambul. "Os meios de comunicação turcos e árabes são hoje mais traduzidos do que nunca, e nós encaramos com o mesmo ceticismo muitas políticas ocidentais. Os árabes também sabem que é seu próprio déficit democrático que os impede de estar à altura do modelo turco." A Turquia há muito também mantém relações diplomáticas e militares com Israel, que reconheceu em 1949. Em farsi, a palavra "turco" pode significar "bárbaro" ou "vagabundo", mas as relações com o Irã também foram incrementadas pelas trocas bilionárias em comércio e em acordos sobre energia, além de um acerto tácito para reprimir o separatismo curdo.

A Turquia buscará amigos em todas as direções, pois pode. Suas manobras com a Rússia são exemplares, no sentido de demonstrar que se envolve com os parceiros que bem quiser, independentemente do que digam os Estados Unidos e a União Européia.[4] Durante séculos, a Rússia tentou controlar o litoral turco no mar Negro e se apoderar do estreito de Dardanelos, para ter acesso ao mar Mediterrâneo. Hoje, contudo, os dois países têm interesse comum no oleoduto Blue Stream, que, passando por baixo do mar Negro, chega ao porto turco de Samsun. A Rússia tornou-se o segundo maior parceiro comercial da Turquia (depois da UE): empreiteiras turcas estão reconstruindo a Rússia, enquanto o gás russo alimenta a economia turca. No rústico entreposto de Trebizonda, no mar Negro — capturado pela Rússia na Primeira Guerra Mundial —, ninguém controla o que entra e sai dos iates e de outras embarcações russas no deslumbrante cenário do porto, como, por exemplo, as "Natashas" eslavas traficadas para lugares tão distantes como Dubai.

"A América e a Europa já deveriam saber que não podem mais nos tratar com condescendência", afirmava um altivo intelectual de Istambul, bebericando uma xícara de café, uma das marcas registradas do país. "Podemos negar a qualquer um dos dois o que precisam sem dramas de consciência." Os Estados Unidos e a União Européia entraram numa queda-de-braço pela lealdade turca na década de 1990, mas a guerra iraquiana de 2003 fez a balança pender acentuadamente a favor da Europa. A América contava com o apoio da Turquia para a invasão do Iraque, mas o Parlamento turco rejeitou o pedido americano de utilização das bases instaladas no país, temendo o nacionalismo curdo num Iraque posterior à queda de Saddam, assim com a presença de tropas estrangeiras em seu território e a perda de lucros com o turismo.[5] Enquanto a América continuava presa ao anacronismo de contar com os militares turcos, a liderança civil turca estava preocupada em cumprir as exigências de transparência democrática da UE. A paranóia dos turcos em relação à Guerra do Iraque de repente descambou para o surrealismo: em *Tempestade de metal*, *best-seller* turco de suspense publicado em 2005, o protagonista, um agente secreto turco, detona uma arma nuclear sobre Washington para vingar a Turquia de uma ocupação americana. Desde então, as relações turco-americanas descambaram para banalidades em torno de uma "parceria estratégica", enquanto o comércio anual da Turquia com a UE é dez vezes maior que as trocas com os Estados Unidos.[6] "Os americanos acham que o fato de estarem fazendo *lobby* junto à UE em nosso favor melhorou nossas perspectivas de integração, mas, na verdade, serviu apenas para tornar os europeus ainda mais rigorosos", queixava-se um analista em Ancara. "Não queremos mais o apoio da América." No fim das contas, a UE demonstrou ter maior influência sobre a Turquia do que sobre alguns de seus próprios integrantes que apoiaram a invasão americana do Iraque.*

A Europa superou os Estados Unidos nas expectativas dos turcos, mas ganhar a Turquia já é um desafio de alcance muito maior. Embora Atatürk afirmasse que a república turca estaria para sempre marchando por uma "via constante (...) do Oriente em direção ao Ocidente", o fato é que, durante a Guerra Fria, a direção ocidental era a única em que os turcos podiam marchar. Mas a Turquia, mais uma vez, dispõe do mais formidável aparato militar da região, e sabe disso perfeitamente. "Desde a época dos otomanos, somos nós que definimos a geografia política de toda a região. Dominamos o Iraque durante quatrocentos anos", assinalava, sem rodeios, um general turco em Ancara. "A Turquia nunca será obediente como a Polônia." Os novos "jovens turcos" da elite que determina a orientação do país também redescobriram seu passado pré-republicano, ampliando a consciência de sua própria identidade. Essa indiferença neo-otomana em relação ao Ocidente limita a disposição da Turquia de ceder social, política e diplomaticamente. Ao contrário, alguns turcos não escondem sua séria disposição de contemplar um "Plano B", buscando não a integração à UE, mas apenas uma "parceria privilegiada", com a Grã-Bretanha ou com a Rússia, que convergem com a UE somente quando atende aos seus interesses.

Flutuando no limbo da integração à União Européia desde 1963, a Turquia está em condições de ensinar a virtude da paciência a outros países aspirantes. Mesmo sem integração, contudo, sua economia já se beneficiou enormemente nessas quatro décadas de comércio e migração pela união aduaneira européia. Nas primeiras etapas do caminho a ser percorrido para a integração, os camponeses e fazendeiros turcos vestiam *blazers* em pleno campo para ostentar um espírito europeu, e o país votou maciçamente a favor da continuação do processo. A primeira geração dos *Gastarbeiter*** analfabetos mandava dinheiro de volta para suas aldeias na Anatólia, mas os turcos europeus da segunda geração tornaram-se, eles próprios, empregadores, levando sua riqueza

---

* Comentário de um intelectual búlgaro: "As posições dos europeus orientais durante a guerra no Iraque representaram uma vitória da conveniência sobre a consciência de uma afinidade geográfica, mas, a longo prazo, a geografia é que será mesmo o fator mais influente."

** Estrangeiros que trabalham na Alemanha, na maioria turcos. (*N. do T.*)

e sua capacitação de volta ao país, com a construção de fábricas e escolas. Na província central anatoliana de Kayseri, são produzidos grandes estoques dos belos tapetes *kilim*, fomentando a agricultura da região.[7] A atual geração da diáspora turca, a terceira, espalhou-se de Berlim até Bishkec, mandando fundos consideráveis de volta para o país e com isso contribuindo para reduzir a desigualdade de renda na Turquia (a maior do mundo, com as do Brasil, da China e dos Estados Unidos). "Temos hoje tanta estabilidade que, mesmo como povo migrante, estamos querendo voltar para casa", comentou um turco instalado na Alemanha, numa pausa da viagem de carro de Ancara para Kayseri. E, de fato, a economia turca se encaminha no momento para a auto-sustentabilidade.

Foi necessário que a Europa inteira se mobilizasse para subjugar os turcos no século XVII, e hoje, com os horizontes da Turquia se expandindo em todas as direções, a UE terá de se tornar para o país não só uma âncora econômica, mas também psicológica e política. Considerando-se o orgulho turco, é um desafio extremamente delicado. Dizem que um turco não fará nada nas dez primeiras vezes em que você o esbofetear; na 11ª, ele o matará. Na verdade, qualquer visitante europeu que afirme estar chegando "da Europa", e não de um país específico, deve tomar cuidado para não levar um fora, pois a Turquia *já é* um país europeu — e como! Em Bodrum, os VIPs turcos aceitam a presença de europeus bêbados em suas praias, isolando-se em *resorts* sofisticados situados em exóticos enclaves no mar Egeu. "A *intelligentsia* turca está muito ocupada desfrutando o mar Egeu para se preocupar em influenciar a opinião pública européia", escreveu um colunista de jornal, com sarcasmo, num belo dia de verão, não faz muito tempo. Em Istambul, os turcos abastados já desfrutam as benesses do estilo de vida e da educação europeus, muitas vezes com uma segunda residência em outro país da Europa.

Apesar da autoconfiança dos turcos, a colonização invisível da Turquia pela Europa segue a passo acelerado. Uma vez instaurado, um programa da Comissão Européia — mais ou menos como o Pentágono americano — é praticamente impossível de ser detido. E embora o então presidente da França, Jacques Chirac, tenha declarado, em 2005, que seria necessária uma "revolução cultural" para que a Turquia se tornasse européia, a Comissão leva adiante, sem esmorecimento, seu mandato para lobotomizar o Estado turco. A Turquia pode ter obrigado a Europa a levá-la a sério no fim da década de 1990, mas, em resposta, a UE insistiu em que a Turquia engolisse até a última letra — todos os 35 capítulos, quatro além de qualquer outro país — o *acquis communautaire*, sem sequer garantir a integração no fim do caminho. No início do século XIX, o vizir otomano Mustafá Resid Paxá tentou copiar o estilo europeu de administração, mas hoje a UE impõe uma completa reestruturação dos bizantinos (literalmente) sistemas bancário e de serviço público. Contribuindo assim para limpar o sistema do enorme mercado negro do país e para fortalecer sua vacilante cultura empresarial, ao mesmo tempo apoiando muitos de seus mais ambiciosos empreendimentos comerciais. A esplêndida paisagem urbana de Istambul foi construída com dinheiro europeu, e as regulamentações da UE elevaram os padrões trabalhistas e a qualidade dos produtos turcos. Essa abordagem de "amor durão" para catalisar a reforma turca é muito superior à estratégia americana de transformação do México, a Turquia da América do Norte.

"Em termos geográficos, estamos na Europa (...), mas, e politicamente?", provocava o escritor Orhan Pamuk, ganhador do Prêmio Nobel, processado por criticar o genocídio de armênios cometido pela Turquia durante a Primeira Guerra Mundial, algo considerado um crime de "insulto à turquidade".[8] Na verdade, a questão européia foi, aos poucos, acelerando um monumental debate interno a respeito da história política turca, envolvendo tanto o tratamento dos armênios quanto a conseqüente reunificação com Chipre. "Seria realmente impossível dizer quanto tempo as universidades teriam levado para oferecer mais matérias ou posições mais altas para as mulheres se não fossem as pressões da União Européia", observou uma militante social em Istambul. A concessão de mais direitos aos curdos e aos grupos não-muçulmanos foi, sem dúvida, a exigência mais polêmica apresentada pela UE. Depois de duas décadas de implacável conflito entre as forças militares turcas e os separatistas do Partido dos Trabalhadores do Curdistão (PKK), principalmente no sudeste da Turquia, junto à fronteira com o Iraque, os 10 a 12 milhões de curdos espalhados pela Turquia têm alcançado maior integração social, econômica e política, por meio de uma série de programas governamentais. Os níveis elevados de desemprego ainda são uma realidade cotidiana na província de Diyarbakir, habitada majoritariamente por camponeses curdos, onde, em 2006, houve tumultos relacionados à comemoração curda do Nowruz.* Mas as rotas militares outrora usadas para atacar o PKK estão sendo prolongadas para melhorar as relações comerciais com a Síria e com o Irã, o que, em última análise, beneficia os agricultores curdos. A abolição da pena de morte — beneficiando até o principal chefe do terrorismo curdo, Abdullah Öcalan — teria levado décadas não fossem os incentivos da UE, que introduziram um elemento político no debate turco, até então exclusivamente emocional.

No mausoléu de Atatürk, em Ancara, os soldados fazem a troca da guarda numa longa e solene cerimônia, na qual não faltam os passos de ganso, simbolizando a inabalável lealdade a um dos raros dirigentes tão respeitados em seu país quanto em qualquer parte do mundo. Como principais depositários do kemalismo, os militares, várias vezes, exerceram sua capacidade de intervenção divina, sendo a mais recente a promoção de um "golpe pós-moderno" para derrubar o dirigente antiocidental e pró-islâmico Necmettin Erbakan, em 1997.[9] Mas os políticos turcos já atingiram o mesmo profissionalismo que os militares, e, com apoio da UE, conseguiram de tal maneira pôr os militares em seu lugar que o Conselho de Segurança Nacional passou a ser chefiado por um civil, além de contar com uma maioria de membros civis. Hoje, as duas elites do país, civil e militar, consideram-se elementos indispensáveis da modernização, uma tratando de controlar a outra, assim como as tendências islâmicas da sociedade turca. Acima de tudo, tanto as elites seculares como os comandantes militares e os muçulmanos consideram a europeização mais importante que o direito dos militares de interferir na política.[10] A UE ajuda a Turquia a se controlar.

Por outro lado, a Turquia continua sendo o melhor exemplo de como o islã e a modernidade podem não só coexistir, mas prosperar juntos. Em Konya, os dervixes giram sem parar na hipnótica apresentação da dança *mevlevi sema* em homenagem ao poeta místico sufi Rumi. Rodopiando em transe, ao buscar sua iluminação, eles nos lembram que as forças espirituais pulsam *dentro* da Turquia com a mesma força com que a geografia a puxa em duas direções. Os turcos vêm tentando delinear uma interpretação do islamismo turcomano que não seja

---

* A celebração de Nowruz, com raízes nas tradições do zoroastrismo, é realizada em áreas com herança cultural do Império Persa. O feriado foi proibido na Turquia até 1995, por sua associação com a região do Curdistão. (*N. do R. T.*)

caudatária da polaridade em que se opõem sunitas e xiitas, identificando-se, antes de tudo, como turcos, e só então como muçulmanos.[11] A população turca está profundamente permeada por variantes muçulmanas de predomínio alevi* e sufi, cada uma delas apegada ao secularismo estabelecido por Atatürk, que vem sendo mantido até pelo Partido da Justiça e do Desenvolvimento (AKP), sunita, mas firmemente pró-europeu, e no qual muitos militantes intelectuais não se consideram "muçulmanos reformados", mas "democratas conservadores", demonstrando a todo momento suas credenciais democráticas — inclusive, mais recentemente, nas eleições parlamentares de 2007, em que o país fez uma profunda avaliação de suas metas e valores.[12] Hoje, em universidades e repartições governamentais, é ilegal o uso do véu feminino, medida que, além da Turquia, só foi adotada pela França. A Turquia é, ao mesmo tempo, um dos maiores fabricantes mundiais de *lingerie* e especialista no *design* de roupas de banho recatadas, à moda muçulmana. Quando a convocação para as orações soa nas mesquitas durante um jogo de futebol, os donos de restaurantes simplesmente aumentam o volume da televisão. Essas três tendências da sociedade turca — desenvolvimento, democratização e islamismo moderno — são exatamente aquelas que a América e a Europa gostariam de poder fomentar no mundo árabe com a mesma coerência.

Mas o crescente movimento cultural islâmico na sociedade turca é real, mobilizando setores da população que vão das superpopulosas e agitadas favelas *gecekondu* de Istambul — base política do ex-prefeito da cidade e atual primeiro-ministro Recep Tayyip Erdogan — à vasta região rural do leste do país. Em direção leste, a partir de Konya, a cultura e a paisagem vão evoluindo de uma configuração européia para outra, asiática. Campos de trigo, barracas de venda de melão, oficinas de automóveis de beira de estrada, gado desgarrado e lixo esparramado são os diferentes traços dessa outra Turquia, muito maior. À medida que avançamos ao longo de intermináveis fileiras de árvores descarnadas, o trator substitui o automóvel como meio de transporte no interior das aldeias, as melodias das buzinas dos caminhões ressoam com ecos da Ásia Central e os nomes das ruas são desconhecidos e irrelevantes. Muitas mulheres usam lenços na cabeça, várias centenas de crimes de honra são noticia-

* Alevi ou alevitas: uma das comunidades de muçulmanos xiitas da Turquia. (*N. do R. T.*)

dos anualmente e os angulosos fortes e mesquitas seljúcidas remetem a uma época mais austera nas migrações turcas rumo ao Ocidente.

Esse maciço flanco oriental de florestas de pinheiros e lagos tranqüilos constitui a protuberância estratégica da Turquia, um trunfo geopolítico que a Europa não pode dispensar. A Europa precisa cada vez mais da Turquia, seja como uma ponte eurasiana de energia, para transportar petróleo e gás russos, iranianos e do mar Cáspio para os Bálcãs, seja como elemento de estabilização no Cáucaso. Mas, embora o governo construa esplêndidas pontes e cave túneis em muralhas de rocha para unir todos os recantos do Estado turco, a Turquia, por sua geografia e sua cultura, nunca pertencerá exclusivamente à Europa. A superpotência européia terá de se transformar numa superpotência euroturca.

MAR NEGRO: O LAGO DA EUROPA

Durante séculos, aspirações imperiais russas, otomanas e persas se projetaram no mar Negro, encontrando em suas águas escuras e serenas um ponto de confluência. O sítio arqueológico mais importante da Criméia, o antigo posto avançado romano de Quersonesos, hoje um subúrbio de Sebastopol, deriva seu nome da palavra grega que designa "península". Ali o príncipe Vladimir, o Grande, foi batizado como cristão em 988, depois do que o Império Bizantino começou a desmoronar, enquanto a ortodoxia se propagava até Kiev e Moscou. Até os genoveses dominaram a cosmopolita Criméia por um breve período no século XIV. Na Idade Média, o mar Negro era o centro do comércio mundial, ligando Veneza às tribos mongóis e turcas da Ásia Central. Nos trezentos anos em que esteve sob controle otomano, os mercadores europeus se referiam ao mar Negro como um "lago turco". Entretanto, no século XIX ele foi projetado num turbilhão geopolítico: as potências européias tentaram inicialmente desmembrar o Império Otomano para controlar o estreito de Bósforo, mas, como a Rússia de Nicolau I havia arrasado a esquadra otomana, a Grã-Bretanha, a França e a Áustria apressaram-se a impedir que o mar se transformasse num "lago russo". Foi assim que a Guerra da Criméia se transformou na frente ocidental do "Grande Jogo" anglo-russo na Ásia Central.[13]

Hoje o mar Negro é considerado o Triângulo das Bermudas da análise estratégica, encontrando-se no limiar de espaços de segurança europeus, eurasianos e do Oriente Próximo, sem ocupar em nenhum deles uma posição central.[14] Mas uma unidade orgânica e multifacetada vem sendo restabelecida entre os países do mar Negro, desta vez dentro da comunidade européia de nações. A praça Maidan, de Kiev, por exemplo, onde ocorreu a "revolução laranja", deriva seu nome da palavra farsi que designa um espaço multifuncional para festividades e comércio. A Criméia abriga ainda hoje 1 milhão de tártaros, descendentes da horda mongol, dos búlgaros do Volga e das tribos turcas que se espalharam pelas bacias dos rios Volga e

Don, mas também relacionados aos muitos tártaros do canato* da Criméia que atravessaram o mar Negro em direção à Turquia depois que a Criméia foi anexada pela Rússia. Outro porto ucraniano no mar Negro, Odessa, construído no século XIX por arquitetos internacionais, por iniciativa da aristocracia da França, da Áustria e da Inglaterra, voltou a ser um lugar de trânsito de contrabando proveniente da Europa Ocidental e destinado até o Extremo Oriente, deixando claro o restabelecimento de seu espírito geográfico primordial.

Na verdade, é cada vez maior a quantidade de energia importada pela Europa das regiões a leste do mar Negro. Em mal disfarçada tentativa de comprometer a influência russa na região e resgatar um certo senso de companheirismo, a Geórgia, a Ucrânia, o Uzbequistão, o Azerbaijão e a Moldávia formaram, em meados da década de 1990, uma aliança diplomática regional que hoje, com o afastamento do Uzbequistão, ostenta a estranha sigla Guam. Uma tentativa estrategicamente mais relevante foi o grupo de Cooperação Econômica do Mar Negro BSEC, em inglês, reunindo a Romênia, a Bulgária, a Ucrânia, a Turquia, a Geórgia e o Azerbaijão. O comércio aumenta rapidamente pelas águas do mar Negro, com a Turquia investindo anualmente mais de 2 bilhões de dólares na economia ucraniana para ajudar a recuperar sua cambaleante indústria naval. Com a crescente europeização dos países de seu entorno, o mar Negro se transforma num "lago europeu" cuja margem oriental conduz o Ocidente rumo ao Cáucaso.

---

* Canato, ou khanato, designava os antigos domínios ou jurisdições comuns na Ásia Central, como o canato da Criméia ou o canato de Kazan Astrakan, lideradas por um chefe local que recebia o título de khan ou cã. *(N. do R. T.)*

CAPÍTULO 6

O CORREDOR CAUCASIANO

O CÁUCASO PARECE uma extensão quase desprezível da Anatólia, uma acidentada tira entre os mares Negro e Cáspio eternamente ofuscada pela proximidade impressionante dos impérios turco, russo e persa. Mas para assegurar as novas artérias de petróleo do Ocidente em sua passagem pelo mar Cáspio e pela Ásia Central, será necessário praticamente recolonizar as microrrepúblicas pós-soviéticas de poucas perspectivas que estão no caminho: Geórgia, Armênia e Azerbaijão. Os europeus demoraram a capitalizar a falta de orientação interna do Cáucaso, conscientes da dimensão das mudanças necessárias em países cujos níveis de desenvolvimento e corrupção estão mais próximos do Terceiro que do Primeiro Mundo. Embora a estratégia de democratização da Europa historicamente fosse, ao mesmo tempo, sua estratégia de ampliação, os critérios de Copenhague também se destinavam a garantir aos membros da UE que não seriam admitidos países sem a devida qualificação, como os do Cáucaso. "Também permitimos que a estética da geografia oriente nossas idéias", reconhece um diplomata europeu. "O que quer que esteja do outro lado da Turquia, estava longe da vista e longe das nossas preocupações." O Cáucaso é onde começa o não-Ocidente.

Entretanto, como a necessidade de garantir os insumos energéticos fornecidos pelo Cáspio tem precedência sobre a distante perspectiva de integração à UE, o Ocidente vem revendo drasticamente suas relações com o Cáucaso, para tirá-lo de sua posição de um playground dilapidado do neo-imperialismo russo. No início da década de 1990, diplomatas europeus e americanos efetivamente confiavam em que a Rússia seria capaz de gerir de modo equilibrado o espaço pós-soviético, como caberia até mesmo a uma grande potência em estado apenas residual. Mas esse tempo passou. Desmoronado seu império, a Rússia se tem mostrado muito mais apta a desmembrar suas antigas repúblicas do que a reconstruir uma autêntica Comunidade de Estados Independentes (CEI). A Rússia se refere aos países do Cáucaso como seu "apartamento comunitário" — nome em código de uma região em que possa continuar lavando a roupa suja da grandiosa estratégia que melhor conhece: *divide et impera*. A Rússia provoca um conflito e em seguida intervém, dizendo-se a única potência capaz de separar essas crianças que não se entendem, a fim de manter a paz. Para romper esse ciclo, a nova aposta do Ocidente é transformar o Cáucaso em parte do "exterior próximo" da Europa, e não da Rússia. Se der certo, os países do Cáucaso terão emergido do Terceiro Mundo, e a segurança energética ocidental estará muito mais perto de ser garantida.

GEÓRGIA: NA MIRA DA EUROPA

Imagine um país de aldeias abandonadas, prédios decadentes, caminhões em petição de miséria arrotando nuvens de escapamento nocivo, mulheres vendendo milho à beira da estrada, crianças tomando banho em rios de leito ressequido e mendigos macilentos pelas ruas da capital. Agora, visualize: seus cidadãos são brancos.

Apesar de toda a retórica da reviravolta nas condições gerais, as revoluções revelam muito mais sobre o grau de ruptura de uma sociedade do que sobre o enraizamento de suas virtudes. Em nenhum outro lugar isso fica tão evidente quanto na Geórgia, cuja liderança está tão convencida de que o país é ocidental que quase nada faz para prová-lo. Os georgianos podem ser cristãos, mas não são europeus em qualquer sentido efetivamente relevante, por mais que se empenhem em hastear a bandeira da UE na capital, Tbilisi. Seu país é, na melhor das hipóteses, uma Cuba caucasiana, com direito a palmeiras e estradas para se dirigir ziguezagueando a passo de cágado, para não furar os pneus. Além disso, ao contrário do que aconteceu nos países do Báltico de tamanho equivalente, a depuração da geração dos dirigentes mais velhos, incrivelmente voltada para os próprios interesses, deixou em ação um governo de neófitos imberbes e despreparados. Assim como na Ucrânia e na Sérvia — e, com toda certeza, em qualquer outro país que venha a passar nos próximos anos por uma súbita mudança de regime —, a democracia eleitoral da Geórgia poderá, na melhor das hipóteses, evoluir lentamente para um Estado liberal, persistindo as violações dos direitos humanos, as manipulações do mercado e uma administração de apaniguados, até que se tornem incontornáveis os incentivos para mudar esses comportamentos. O justificado temor dos europeus em relação à Geórgia é que ela venha a sofrer de "fadiga revolucionária", como seus equivalentes terceiro-mundistas na América Latina, os quais, em vez de andar para a frente, ficam girando num ciclo de subdesenvolvimento e instabilidade.

Os soviéticos foram, na verdade, os ocupantes mais benevolentes da Geórgia, especialmente quando comparados aos devastadores árabes, mongóis e persas, que vieram antes. Joseph Stálin, nascido e criado na cidade de Gori, no centro da Geórgia, fez com que sua república, muito sacrificada na Segunda Guerra Mundial, pagasse impostos baixos e fosse tratada como a jóia da coroa soviética. Na década de 1990, o regime de Eduard Shevardnadze era, ao mesmo tempo, um perfeito caso de necessidade de assistência por parte da Europa e um poço sem fundo de corrupção. "Já que Shevardnadze, como último ministro do Exterior soviético, nos presenteou com a reunificação da Alemanha, nós lhe demos rédea bem solta depois, apoiando-o generosamente", confessou um diplomata alemão. A Geórgia era um país em que se podiam conseguir as coisas de três maneiras: vendendo produtos roubados no mercado negro, dirigindo um táxi ou fazendo contrabando — ou, ainda, numa combinação das três. Em Gori, as pessoas ainda se deslocam, ao estilo asiático, em motonetas-jinriquixás de três rodas.

Nos anos imediatamente posteriores à "Revolução da Rosa" de 2003, as coisas não chegaram propriamente a melhorar. Com o comércio paralisado, as aldeias se transformaram em cidades fantasmas de vidros quebrados e blocos de concreto abandonados. Reza o ditado que estradas boas fazem cidadãos melhores, mas até hoje não se encontra em toda a Geórgia uma única rodovia decente, perfeita metáfora do estilo de governo do país: trespassar e ferir. O jovem presidente — o bem-apessoado Mikheil Saakashvili, formado nos Estados Unidos — fechou muitos jornais, emissoras de televisão e ONGs independentes que se opunham às suas políticas. Enquanto na época de Shevardnadze era possível subornar juízes para que se mostrassem imparciais, na de Saakashvili os casos eram praticamente decididos por antecipação a favor do governo. O cargo de primeiro-ministro foi criado para recompensar o segundo dos três protagonistas da Revolução da Rosa, Zurab Zhvania. Mas a rivalidade entre Saakashvili e Zhvania provocou não só a divisão do governo em dois, uma parte controlando o aparato de segurança da Geórgia e a outra, sua economia, mas também a morte de Zhvania em circunstâncias misteriosas. Quando alguma lei aprovada pelo Parlamento ia de encontro à vontade do presidente, esta, invariavelmente, prevalecia. A Geórgia não tem partidos políticos autênticos, apenas grupos de interesse com seus indispensáveis endereços eletrônicos "gov.ge". Não surpreende que tanta gente sinta saudade do comunismo.

Sempre que os governos dão mais importância aos líderes do que às instituições, a população sai perdendo. Preocupada em assegurar a mobilização de tropas georgianas na guerra no Iraque, a América persistiu, inabalável, em seu favorecimento do simulacro de democracia do tipo "preparar, apontar, atirar" adotado por Saakashvili, mantendo-se politicamente cega à deterioração das condições locais. "Os Estados Unidos tinham tanta confiança no sucesso da Revolução da Rosa", comentou um militante político em Tbilisi, "que nossos grupos de direitos humanos não recebem mais verbas das agências governamentais americanas." Saakashvili foi, na verdade, formado pelos próprios antecessores que derrubou, e vem treinando contingentes de "Jovens Pioneiros", crianças internadas em campos de treinamento para aprender a lealdade disparando Kalashnikovs. Os ministros continuam mudando de lugar como numa dança das cadeiras, oferecendo, segundo o comentário indignado de um observador georgiano, o espetáculo de "um zoológico em que nem todos os animais foram domesticados".

Na verdade, não é fácil governar um país onde só a indústria vinícola sobreviveu à gestão soviética. Há quinze séculos Tbilisi é a metrópole dominante, mas as relações entre o centro e a periferia sempre foram tensas.* Antes de fugir para Moscou, em 2004, Aslan Abashidze, o senhor da guerra da região portuária de Ajara, na fronteira com a Turquia, depenou as rendas alfandegárias e chegou a tentar desencadear uma guerra civil (com apoio da Rússia). Enquanto isso, Saakashvili direcionava para Tbilisi a escassa eletricidade disponível, para manter sua população satisfeita, e impediu a realização de eleições independentes para escolha do prefeito da capital, designando um aliado para o cargo. A fim de conseguir fundos para seu governo, Saakashvili decidiu desestabilizar e chantagear empresários ricos, intimidando-os para que financiassem serviços públicos em troca do perdão pelos impostos que nunca pagaram. No centro de Tbilisi, uma corporação bem relacionada subornou refugiados para que se retirassem de um imóvel de localização privilegiada, transformando-o num prédio de escritórios. Na Geórgia, hotéis e butiques não passam de fachada para a lavagem de dinheiro, com o religioso comparecimento matinal dos mafiosos para recolher suas maletas recheadas com dinheiro em espécie. Em Tbilisi temos a prova de que o símbolo de *status* mais cobiçado do mundo é, sem dúvida, um Mercedes negro de vidros escurecidos, quase sempre ainda ostentando as placas alemãs originais. Com o tempo, a corrupção na Geórgia poderá diminuir, melhorando a coleta de impostos e a segurança policial, mas para isso será necessário um forte empurrão, vindo de fora, e não a crença nas virtudes de supostas revoluções escorada no espírito do *laissez-faire*.

"Para o inferno os russos!", bradava Saakashvili, indignado com o constante apoio da Rússia aos movimentos separatistas na Geórgia. Era mais uma tentativa de convencer os Estados Unidos e a Europa a repelirem a intromissão russa e de minimizar o papel da própria Geórgia como encruzilhada do tráfico de armas e do contrabando de urânio para fins militares. Na fronteira entre a Geórgia e o Azerbaijão existe agora um gigantesco posto alfandegário financiado pelos Estados Unidos, dotado de tecnologia da era espacial para impedir a passagem de materiais radioativos — o que, no entanto, não basta para deter as constantes intromissões da Rússia, inclusive com o depósito de mísseis não detonados

---

* No Cáucaso, todos os Estados passam por uma fase de "coleta de informações das terras" — uma repetição do que aconteceu um século antes, na queda do Império Otomano —, com o objetivo de delimitar as fronteiras, promover a estabilidade e adquirir alguma aparência de Estados coerentes. Revaz Gachechiladze, "The New Georgia: Space, Society, Politics", *Eastern European Studies nº* 3 (Londres: University College London Press, 1995).

perto de Tbilisi. Com a perda da Ucrânia e da Geórgia, a Rússia fica apenas com uma estreita faixa de litoral no mar Negro, de importância estratégica ainda menor, agora que o Azerbaijão pôs fim ao fluxo de petróleo para o porto russo de Novorossiysk. Ao desmantelar as missões de fiscalização da Organização para Segurança e Cooperação na Europa (OSCE), fornecer passaportes russos a ossetianos do sul e apoiar um movimento separatista na província litorânea da Abkházia, no noroeste georgiano, a Rússia está, na verdade, tentando dividir a Geórgia para manter sua mobilidade militar na Armênia, que ela vem apoiando em seu conflito com o Azerbaijão em torno do disputado território de Nagorno-Karabakh. Além disso, por meio de empresas de fachada, a Rússia continua explorando ouro, cobre e madeira na Geórgia, retardando drasticamente os rendimentos necessários para impedir que esse minúsculo país se fragmente ainda mais. Quando a Geórgia solicitou que a Rússia se retirasse de suas bases militares em seu território, Moscou respondeu dobrando o preço do gás natural — em pleno inverno —, o mesmo tipo de chantagem que os ucranianos haviam sofrido nas mãos da Gazprom. "É extremamente perigoso para um país pequeno ser vizinho de um país grande e poderoso", explica o acadêmico georgiano Alexander Rondeli. "Se um país pequeno comete um erro estratégico, pode ser um verdadeiro suicídio; a diplomacia é praticamente o único instrumento de política externa com que ele pode contar."[1]

Mas futuramente o domínio russo na região pode desmoronar sob o próprio peso. Embora finalmente tenha sufocado a insurreição na Chechênia, a Rússia ainda precisa legitimar seu domínio na região de população muçulmana do norte do Cáucaso e na república do Tatarstão, que, com a maior mesquita da Europa, na cidade de Kazan, continua oferecendo um ambiente propício aos sentimentos antirrussos.[2] O violento temperamento chechênio descrito por Tolstói em *Hadji Murat* tem sabotado a Rússia ao longo da história, e ainda pode voltar. "Eles tentaram cooptar a Chechênia", observou um diplomata georgiano, citando a grande mesquita que a Rússia construiu recentemente em Grozny, só um pouco menor que a de Kazan. "Mas a Rússia nunca recua sem criar problemas, invariavelmente optando por tornar as coisas ainda mais difíceis para si mesma."

Uma esfera de influência é uma esfera de responsabilidade, o que significa que a segurança energética e as estratégias de democratização do Ocidente devem convergir, para a construção de uma nova sub-região européia no Cáucaso e também para acelerar o recuo da Rússia. Ao longo da década de 1990, as empresas de energia eram as principais representantes do Ocidente no Cáucaso, atuando como diplomatas comerciais movidos por interesses próprios, mas contando com apoio estratégico. Elas intermediaram o "negócio do século", como foi então chamado: o oleoduto Baku-Tbilisi-Ceyhan (BTC), o segundo mais extenso do mundo, percorrendo um caminho essencialmente subterrâneo, para evitar áreas problemáticas (ele contorna toda a Armênia), e transformando a Turquia, em cujo litoral mediterrâneo termina, em ponto de passagem de cerca de 10% do petróleo produzido no mundo.[3] Na inauguração do oleoduto BTC, em 2005, Saakashvili proclamou-o uma vitória geopolítica do Azerbaijão, da Geórgia e do Ocidente, capaz de "alterar seriamente o equilíbrio de poder na região, trazendo prosperidade e fortalecendo a independência".[4] A um custo de 4 bilhões de dólares, esse oleoduto, com seus 1.600 quilômetros de extensão, não é um preço assim tão alto para assegurar o Cáucaso para o Ocidente.

Gigantescos caminhões turcos de dezoito rodas atravancam atualmente a fronteira georgiana perto de Batumi — cidade onde os georgianos deram sumiço nos tampões das galerias de esgoto, para vendê-los como ferro-velho à China. A UE está vindo em socorro — pela Turquia —, com um corredor de transporte multibilionário (em euros) que chega até a Ásia. Com a interligação das ferrovias georgianas e turcas, as cargas provenientes da Europa podem ser transportadas por Istambul até Baku, e atravessar o mar Cáspio em embarcações que chegam ao Cazaquistão e, conseqüentemente, à China — fazendo também o percurso inverso. A Geórgia se mostra condescendente com a Turquia, na esperança de que uma aliança com a Ucrânia que dispense vistos de entrada lhe permita passar à frente da Turquia na fila da UE, mas, para garantir sua aliança com o Ocidente, a Geórgia precisa desesperadamente da Turquia, a fim de reforçar a segurança do oleoduto BTC e afastar as empresas russas suspeitas.

"Agora que a segurança energética do Ocidente depende de nossa posição estratégica, isto certamente nos ajudará a assumir o controle do país", declara um assessor governamental georgiano em seu gabinete reformado com verbas da UE. Remover o entulho do sovietismo e construir uma nova Geórgia partindo da estaca zero continuará custando bilhões, mas agora a Europa não tem mais escolha. O oleoduto BTC transforma a economia da Geórgia em um apêndice da economia do

Azerbaijão, permitindo-lhe beneficiar-se em indústrias como as de transportes, comunicações, hotelaria e bufês (de maneira muito semelhante à encontrada em zonas econômicas especiais do Terceiro Mundo). Hoje, os bancos georgianos operam graças à Corporação Financeira Internacional (CFI), enquanto os Estados Unidos e o Banco Mundial gastam anualmente cerca de 100 milhões de dólares para comprar eletricidade da Rússia e construir rodovias e refinarias de gás.

Freqüentemente, os velhos conflitos resultantes da esquizofrenia demográfica imposta pelos soviéticos são considerados "congelados", uma ficção das mais inconvenientes que estimula a apatia diplomática. O Cáucaso, hoje, é como os Bálcãs uma década atrás: a interrupção das hostilidades servirá apenas para criar uma ilusão de estabilidade, a menos que o Ocidente intervenha ativamente. As disputas envolvendo a Abkházia, a Ossétia do Sul e Nagorno-Karabakh não serão resolvidas por intervenção divina; ao contrário, continuarão provocando alienação popular, armamentismo generalizado, contrabando e uma crescente influência do islamismo radical. Logo abaixo da superfície, novas formas de nacionalismo germinam no Cáucaso, inspiradas pela Igreja na Geórgia, pelo genocídio otomano na Armênia e, potencialmente, pelo islamismo no Azerbaijão — sendo todas elas cinicamente usadas para justificar o inchaço dos orçamentos militares.[5] Até hoje não delimitado, o mar Cáspio também vai sendo militarizado: a Rússia incrementa sua indústria naval no porto de Astrakhan, no delta do rio Volga, e propõe a criação de uma patrulha naval conjunta com o Irã.

Somente quando se dispuserem a mobilizar missões de manutenção da paz em todas essas áreas de conflitos supostamente "congelados" é que a Otan e a UE poderão acabar definitivamente com as interferências russas e iranianas. A Otan reuniu tropas da Geórgia e do Azerbaijão em unidades militares incumbidas da proteção de oleodutos, e vem financiando a modernização da guarda costeira azerbaijana, visando à possível interceptação de tráfico russo ou iraniano. A UE vem gradualmente impelindo a região na direção do modelo federativo transcaucasiano que vigorou por curto período há um século, entre a Revolução Russa e a consolidação bolchevique. Samuel Huntington ressaltou o caráter interminável do conflito entre a Geórgia e a Armênia cristãs, de um lado, e os Estados muçulmanos que as cercam, de outro — mas o petróleo está provando ter mais força que o próprio sangue nas veias, com a América e a UE oferecendo assistência militar, oleodutos e rodovias como o vínculo capaz de unir todos eles. Se as fronteiras da Geórgia forem reforçadas, sua liderança não terá mais desculpa para deixar de jogar limpo. O próprio primeiro-ministro Zurab Noghaideli já confessou, sem rodeios: "A construção de um Estado melhor representa 90% da solução." A Geórgia pode ser uma âncora da segurança energética do Ocidente, em vez de um risco mergulhado na corrupção.

Como a Rússia se vê confinada a um número cada vez menor de bases militares, o Ocidente tem uma oportunidade de ouro para desbancá-la também como protetora da Armênia.[6] Permanentemente em situação de instabilidade e tendo sido recentemente obrigada até a rechaçar ataques armados contra seu Parlamento, a Armênia vem sobrevivendo desde a independência graças a investimentos da Rússia, do Irã e de sua diáspora (especialmente a da Califórnia).[7] Mas, para não enfrentar a incerteza dos impasses que opõem a Rússia à Geórgia, ela poderia, com a normalização das relações com a Turquia, abrir suas fronteiras ocidentais para um comprometimento maior da UE e conquistar acesso simbólico ao monte Ararat, sagrado para os armênios, mas que fica na Turquia. A estabilização da Geórgia e da Armênia poderia até, no fim das contas, forçar a Rússia e o Irã a se integrarem em um esquema energético mais amplo no mar Negro e no Cáspio.* Mesmo nos lugares menos visados pela Europa, a expansão serve a seus interesses.

AZERBAIJÃO: DESARROLHAR O MAR CÁSPIO

O Cáucaso é o ponto de encontro entre o leste da Europa e o oeste da Ásia.** Inscrições latinas feitas por centuriões romanos mostram que o Azerbaijão é a fronteira da Europa desde o primeiro século d.C.;

* O oleoduto BTC serviu até para aprofundar os vínculos entre os países do Cáucaso e Israel, pois 20% do petróleo de Israel (e o porcentual está aumentando) vem da rota que passa pelo mar Cáspio e chega a Ceyhan antes de ser embarcado para Israel, que pretende reexportar parte dele para o Extremo Oriente, pelo mar Vermelho.

** No início da melancólica história de amor transcaucasiana *Ali e Nino*, um professor de Baku declara: "A fronteira oriental da Europa atravessa o Império Russo ao longo dos montes Urais, passando pelo mar Cáspio e pela Transcaucásia. (...) Certos especialistas consideram que a região ao sul das montanhas caucasianas pertence à Ásia, enquanto outros, levando em consideração a evolução cultural da Transcaucásia, acreditam que essa região deve ser considerada parte da Europa. Desse modo, crianças, podemos dizer que, em certa medida, é da responsabilidade de vocês decidir se nossa cidade deve pertencer à Europa progressista ou à Ásia reacionária." Kurban Said, *Ali and Nino*. Embora, de modo geral, se tenha como certo que um imigrante judeu de Baku, sob o pseudônimo de Lev Nussenbaum, seja o autor de *Ali e Nino*, pesquisas históricas recentes revelaram outro possível autor, o diplomata azerbaijano Yusuf Vezir Cemenzeminli.

mas os romanos também voltaram atrás, considerando que ninguém poderia viver no inferno do deserto do Gobustão. Depois da agradável descida das florestas do sul do Cáucaso, perto da fronteira georgiana, para chegar à capital, Baku — cujo nome, muito apropriadamente, significa "ventos solares" —, é necessário atravessar 160 quilômetros de um território abrasador. Entretanto, espremido entre o Cáucaso russo e a cordilheira iraniana de Talysh, o Azerbaijão é o ingrediente final da receita estratégica para transformar a Europa numa aliança de interesses compartilhados, e não apenas de culturas.[8] A Europa só poderá cumprir seu imperativo geográfico se for capaz de acolher gente de alma asiática.

O Azerbaijão é a nova fronteira do Ocidente, mas praticamente ainda não parece. Mesquitas medievais, mastodônticos prédios de apartamentos da era soviética e torres envidraçadas de escritórios simbolizam a mistura, em Baku, do Oriente e do Ocidente, do passado e do presente. Houve tempo em que floresciam as rotas das caravanas de seda e especiarias, ligando os mundos turco, árabe, indiano e sínico por Baku, Tabriz, Samarcanda e Cabul; os santuários das montanhas Talysh assemelham-se aos da Caxemira. "No formato e na cultura, nosso país é como um pássaro que precisa das asas tanto do Leste quanto do Ocidente para voar", comentou um historiador azerbaijano. Na bandeira nacional do Azerbaijão, temos o verde representando o islamismo, o vermelho da liberdade e o azul das tribos turcas. Em 1918, o Azerbaijão tornou-se o primeiro Estado muçulmano democrático, reconhecendo inclusive o direito de voto de sua instruída e moderna população feminina. Embora a população de 8 milhões de habitantes seja maioria xiita, o nacionalismo turco serviu para inspirar um forte caráter secular, que o ateísmo soviético acabou de impor. Nas escolas do Azerbaijão há mais meninas que meninos, e no centro de Baku continua de pé uma estátua da era soviética representando uma mulher que se liberta do véu, bem em frente ao Banco Nacional do Irã.

Mas, enquanto em Baku as mulheres usam minissaia, na cidade próxima de Nardaran freqüentemente elas se cobrem com véu, vendo-se por toda parte pichações islâmicas. Como na Turquia, o revivescimento islâmico é palpável em todo o Azerbaijão, resultado do fim do jugo soviético, da presença de refugiados chechênios e do financiamento iraniano para mesquitas e meios de comunicação nas áreas meridionais mais pobres, perto da fronteira entre os dois países, onde, muitas vezes, constituem os únicos indícios de desenvolvimento. "A solução para o islamismo radical é ensinar o autêntico islã nas escolas sob supervisão governamental, como na Turquia", propõe um estudante universitário em Baku. "Caso contrário, o primeiro contato de muitos jovens desempregados e vulneráveis com o islã ocorre em mesquitas radicais, como nos países árabes."

Zbigniew Brzezinski referiu-se ao Azerbaijão como "a rolha da garrafa do Cáspio".[9] Baku dispõe há milênios de jazidas de petróleo e gás: já no século V a.C. os adoradores do fogo construíam santuários perto do litoral do mar Cáspio. No início do século XX, Baku era o maior produtor e exportador mundial de petróleo, imiscuindo-se a Rússia nos negócios dos Nobel e Rothschild. Mais tarde, a Rússia viria controlar firmemente o petróleo azerbaijano, que representava nada menos que 70% da produção soviética, e, logo depois da independência do Azerbaijão, entrou em acordo com a Armênia numa tentativa de derrubar o dirigente nacionalista Abulfez Elchibey.[10] Os spas petrolíferos da era soviética são, ainda hoje, o principal benefício herdado das décadas de dominação russa, com seus banhos restauradores em óleo bruto para curar os males do corpo.

Ao mesmo tempo, o Azerbaijão é um dos únicos lugares do mundo em que a poluição é uma atração turística. Na minipenínsula de Baku, no mar Cáspio, encontram-se gigantescos andaimes de canos enferrujados que ocupam tanto espaço que o governo até hoje não sabe muito bem o que fazer com eles, além de tentar minimizar os vazamentos e vender passeios de helicóptero até equipamentos petrolíferos igualmente abandonados nas águas do Cáspio. Mas o fato é que o Azerbaijão está, mais uma vez, rezando para os deuses da energia — literalmente. Dominando as não menos enferrujadas torres de exploração petrolífera do litoral caspiano, vamos encontrar a mesquita de Bibi Heybat, única patrocinada pelo próprio governo do Azerbaijão. De particular significado é o fato de ter sido destruída por Stálin, seguindo-se uma queda na produção de petróleo da república. Em Baku, o monumento a Marx encontra-se atualmente na estação Azpetrol.

Certos azerbaijanos manifestam o desejo de transformar seu país no "Kuwait do Cáucaso". Como fonte de uma parte cada vez maior do abastecimento de petróleo da Europa, já é o país mais rico do Cáucaso. O ministro da Alfândega que inaugurou o hotel "seis estrelas" Excelsior poderia tê-lo batizado de "Burj Baku", inspirado no nome do hotel em forma de vela de embarcação existente em Dubai. A mesma linhagem de arquitetos europeus e barões do petróleo que construiu o centro de Baku no fim do século XIX voltou para erguer mansões nos impressionantes mas íngremes penhascos da cidade, enquanto proliferam bem organizados bairros suburbanos.

No entanto, o Azerbaijão foi abençoado com petróleo, mas não com sabedoria. A questão é saber se poderá adquirir esta última antes de ver esgotadas suas provisões do primeiro, em algum momento das duas próximas décadas. O país ainda funciona de acordo com uma ordem política criada por um só homem, para seu próprio usufruto: Heydar Aliyev. O ex-chefe do KGB, primeiro e único muçulmano no Politburo, era um líder de excessiva projeção para um país tão minúsculo, vindo assim, muito naturalmente, a representar e mesmo eclipsar seu caráter nacional. A sucessão era a única oportunidade de uma autêntica mudança de paradigma no governo do Azerbaijão. Após a morte de Aliyev, a transmissão hereditária do poder a seu filho Ilham foi seguida de um arremedo de eleição para ratificar o óbvio. "Saber quem efetivamente ganhou a eleição de 2003 vai depender de quem você consulta", protesta uma personalidade da oposição, em constante mobilização para tentar arregimentar apoio interno e no exterior. Os onipresentes cartazes com as figuras de Aliyev pai e filho — o primeiro enfatizando a independência, a soberania e o heroísmo, enquanto o segundo dá prioridade à riqueza e ao desenvolvimento — projetam uma transição para a estabilidade nacional. Mas tudo não passa de cortina de fumaça. É muito difícil afastar das posições de autoridade a velha-guarda reacionária, detentora de uma perícia em questões governamentais de que carecem os funcionários mais jovens. No aeroporto de Baku, o código de controle aéreo continua sendo "GYD", do nome do velho líder Heydar — uma bela metáfora de como o Azerbaijão continua sendo uma espécie de feudo pessoal, mesmo postumamente.

"A corrupção é um equivalente moral da guerra, sugando o sangue do Azerbaijão", queixou-se um empresário azerbaijano expatriado, repetindo muitos outros membros bem-intencionados da diáspora. É precisamente a organização dos birôs de câmbio e de agências de viagens de Baku que lhes confere um certo ar de corrupção: quando tudo funciona tão bem, então, certamente, uma mão oculta está por trás. Entre os trinta azerbaijanos mais ricos, a maioria é de ministros ou membros do Parlamento (como no Irã, eles são chamados de *majlis*).

A única competição política entre eles assume a forma de uma espécie de disputa consumista: quanto este ou aquele pagou por um cargo oficial, o número de *villas* que construiu, o tamanho da mansão que possui em Londres, para onde o dinheiro é enviado e materializado em empresas aparentemente legais. Todo mundo conhece uma história sobre o fato de a polícia ter sido equipada com BMWs novos. (Uma dica: não foi uma generosa doação da Alemanha.) A própria dinastia Aliyev aceita compromissos para se adaptar às condições do momento. O comércio oficial de caviar foi proibido para proteger o esturjão, ameaçado de extinção, o que, no entanto, serviu apenas para tornar o contrabando ainda mais lucrativo para os apaniguados de Ilham. Uma profunda deferência pelas práticas nepotistas é natural nos mundos árabe, turco e oriental; a duplicidade de critérios é o *modus operandi* reinante. Na verdade, a própria intensidade da cultura da corrupção é usada como desculpa para justificá-la. "Crianças não planejam a aposentadoria", lamentava um diplomata azerbaijano no jantar, em um jardim repleto com a elite de Baku. "Seu tio pode ser um bandido, mas continua sendo o irmão da sua mãe." Na cosmopolita Baku, as famílias ainda subornam funcionários para garantir matrícula nas melhores escolas para os filhos, que por sua vez pagam propinas para se formar sem estudar.

Mas o fato é que a maneira como o governo azerbaijano administra os rendimentos do setor energético é que determinará se o país poderá seguir o modelo norueguês de desenvolvimento escorado na riqueza do petróleo ou ficará — como a Nigéria — preso à "maldição do insumo", permanecendo como um Estado petrocrático de estilo russo, no qual os setores petrolífero e bancário se sobrepõem e a dobradinha governo-oligarquia manipula os mercados para lucrar com o preço alto do petróleo e as oscilações da moeda.* Fora de Baku, tem sido muito pequeno o empenho para desenvolver setores não-petrolíferos — e até mesmo as diferentes regiões, do ponto de vista meramente físico —, com muitas áreas ainda carecendo de abastecimento regular de eletricidade. "Escassez de energia num país rico em petróleo é um sinal mais do que óbvio de má gestão econômica", assinalou um diplomata europeu durante uma via-

* A Companhia Estatal de Petróleo da República do Azerbaijão (Socar, em inglês) tem resistido a auditorias financeiras e bloqueado propostas para sediar o Fundo Estatal de Petróleo (Sofaz) — que carrearia considerável porcentagem das rendas do petróleo para programas sociais e de infra-estrutura — fora do país, onde a regra é a transparência.

gem pelas províncias do sul, perto da fronteira iraniana. Um milhão de azerbaijanos já tiveram de se deslocar internamente por causa da disputa por Nagorno-Karabakh — muitos vivendo em prédios de apartamentos apinhados em Baku ou até ocupando um dormitório universitário —, mas o governo tampouco parece se importar com eles.

Petróleo e democracia não convivem bem no Azerbaijão precisamente porque o abastecimento de petróleo é tão limitado, incentivando a apuração de lucros à medida que a produção se aproxima do pico. Ilham demitiu alguns ministros da velha-guarda por financiarem a oposição e supostamente participarem de tentativas de golpe contra ele, e mandou prender outros, sob a alegação de "sonegação fiscal" — ambos os casos indicações claras de que considera o controle dos cofres do Estado mais importante que a democratização. Só em regimes paranóicos as forças policiais mobilizadas em manifestações de protesto são mais numerosas que os manifestantes. O fato de que Ilham, às vezes, autorize manifestações e outras vezes mande reprimi-las com violência mostra que são usadas, sobretudo, como manobras de relações públicas.

A corrupção política e econômica do regime Aliyev torna-o um fator de risco tanto para o Azerbaijão quanto para o Ocidente. Afinal, trata-se do mesmo regime favorecido pela Rússia e pelo Irã precisamente porque joga em todos os lados. Ao se desvencilhar de uma empresa turca num contrato para modernizar a rede elétrica do país, abriu as portas para que a Rússia consolidasse seu monopólio no abastecimento de energia no sul do Cáucaso, e sem uma economia diversificada, a segunda maior fonte de renda do Azerbaijão continua sendo as remessas dos 2 milhões de azerbaijanos instalados na Rússia. O tráfico de drogas é praticamente fomentado por bandos com ligações políticas que atuam nas fronteiras da Rússia e do Irã. Em conseqüência, a Rússia continua interferindo fortemente na política externa do Azerbaijão, enquanto o Irã persiste em suas tentativas de obter ascendência sobre sua população xiita. A Otan tem feito pressão para conseguir uma base a partir da qual possa fiscalizar ao mesmo tempo o mar Cáspio e o Irã, enquanto a Rússia oferecia aos Estados Unidos o arrendamento de sua estação de radar em Gabala; um observador azerbaijano, entretanto, comenta: "Já temos nossos problemas, e não precisamos que a América venha agravá-los." Assim, o caminho a ser seguido pelo Azerbaijão continua tão incerto quanto seu alfabeto, que só no século XX mudou três vezes, do arábico para o cirílico e o latino.

Em 1959, o embaixador americano nas Nações Unidas, Henry Cabot Lodge Jr., perguntava: "Os Estados Unidos podem vencer guerras, mas será que podemos vencer revoluções?" Ilham recusou-se a atribuir qualquer relevância às eleições parlamentares realizadas no país em 2005, afirmando que "não interferem no funcionamento do governo". Embora elas não tivessem atendido aos padrões da OSCE, os Estados Unidos reconheceram os resultados. Mas seria do interesse de Washington e da UE estimular uma posição mais digna de crédito, ao mesmo tempo apoiando os parlamentares reformistas já integrados ao esquema de governo. O grupo de pressão dos países europeus orientais do Segundo Mundo já vem atuando abertamente no Azerbaijão na esperança de que, como uma criança rebelde, o governo dê mais ouvidos aos amigos do que às potências paternalistas. Quer a revolução se manifeste por meio de um golpe, de uma revolta das bases, quer de uma invasão militar, o fato é que a consolidação democrática só ocorre quando os atores locais dispõem de meios para pressionar a liderança encastelada a promover uma abertura do sistema.[11] Isso poderia eliminar a necessidade de uma revolução "da melancia" ou "do caviar", ao mesmo tempo permitindo a construção de um sólido sistema político pró-ocidental.

"Com exceção de 'antiga União Soviética', qualquer nome é bom para nós!", proclamou um jovem funcionário do Ministério do Exterior. São poucos no Azerbaijão os que sabem exatamente o que é a União Européia, mas, como estão certos de que ela é preferível à Comunidade dos Estados Independentes (CEI), dominada pelos russos, são menos numerosos ainda os que querem ficar de fora. No entanto, o Azerbaijão já faz parte da Europa. Embora dependa de investimentos europeus para desenvolver setores não ligados ao petróleo, como a viticultura e a produção de frutas cítricas e algodão, milhares de empregados do setor energético europeu — dos operários das plataformas de petróleo aos executivos — também dependem de empregos bem-remunerados em Baku, de onde os oleodutos saem para contornar pelo sul o mar Cáspio, percorrendo o mesmo caminho das rotas comerciais da Antiguidade. O Cáucaso pode ser o ponto mais distante e problemático do leste do Ocidente, mas também é aquele de que mais depende o futuro da Europa como superpotência auto-suficiente.

CONCLUSÃO: ESTENDENDO A EUROPA

A "Casa Européia Comum" está crescendo muito mais do que jamais teria imaginado o historiador A. J. P. Taylor, transformando-se numa comunidade de membros, parceiros e sócios dispostos em várias camadas e com diferentes graus de privilégios, compromissos e subsídios. Sua história de conflitos não pode ser considerada boa referência para o futuro, pois hoje a Europa é tão próspera e poderosa quanto qualquer outro super-Estado. A União Européia também vem demonstrando, aos poucos, sua crescente disposição de transformar cada país ao seu alcance — e o faz melhor do que qualquer outra superpotência. Hoje, no interior da Europa, os curdos são protegidos dos turcos; os bósnios e os kosovares, dos sérvios; e os ucranianos e georgianos, dos russos, ao mesmo tempo que a UE se vale de sua sopa de letrinhas institucional para também fazê-los trabalhar juntos. A UE tem razão em manter critérios estritos de adesão, mas já não fica esperando passivamente que os outros aprendam a europeidade, quando seus atributos podem ser transmitidos facilmente — em especial sob a tutela de seus novos membros orientais.

Entretanto, ao mesmo tempo que estendem seu império do oceano Atlântico ao mar Cáspio, os dirigentes europeus ouvem a advertência mefistofélica do explorador espanhol Mendoza na última cena da peça *Homem e Super-homem*, de George Bernard Shaw: "Meu senhor, existem duas tragédias na vida: uma é perder o mais profundo desejo da alma, a outra, conquistá-lo." Se o tédio debilitar nas mais de duas dezenas de capitais da UE o consenso em torno da definição e dos propósitos do projeto europeu, substituindo a ambição pela ansiedade diante da perspectiva da vizinhança direta com algumas das regiões mais instáveis do mundo, os europeus poderão perder seu apetite estratégico no exato momento em que vivem seu maior sucesso. Com tantos cozinheiros na cozinha de Bruxelas, não parece claro qual a receita que acabará prevalecendo.

Mas os custos de uma suspensão da ampliação são muito maiores do que os encargos da ampliação. Desse modo, a expansão imperial da Europa segue a lei da inércia de Newton: um objeto em movimento continua em movimento. O corolário disto é que a Europa deve evitar o repouso, que pode levar à irrelevância insular e propiciar ameaças externas. Assim, a lógica do "superestiramento imperial", com seus riscos inerentes, foi virada de cabeça para baixo, pois esquivar-se à ampliação seria cair na estagnação. Se a União Européia parasse de se expandir, a zona eurasiana ocidental reuniria basicamente quatro potências autônomas governadas por Londres, Bruxelas, Ancara e Moscou — quatro rodas nem sempre girando na mesma velocidade. No entanto, além de seu reino ocidental coletivo, as quatro potências — mais os Estados Unidos — enfrentam desafios ainda maiores na região a leste do Leste Europeu: a Ásia Central.

Almaty
Syr-Darya
Bishkek
Tachkent
QUIRGUISTÃO
Lago Issyk-Kul
UZBEQUISTÃO
Osh
Andijan
Vale de Fergana
TIAN SHAN
Bukhara
Samarcanda
Khujand
Jalal-Abad
Kharshi
Estreito de Torugart
Duchambe
Kashgar
Amu-Darya
TADJIQUISTÃO
Maciço de Fan
Termez
MACIÇO DE PAMIR
Pyanj
Mazar-Sharif
Corredor de Wakthan
Yecheng
HINDU KUSH
Estreito de Khunjerab
PROVÍNCIA DA FRONTEIRA NOROESTE
MACIÇO DE KARAKORAM
Indo
Cabul
Jalalabad
Peshawar
AFEGANISTÃO
Islamabad
Rawalpindi
CAXEMIRA
PAQUISTÃO
Ob
R
Irtych
Novossi
Astana
CAZAQUISTÃO
Atasu
Aktau
Mar de Aral
Lago Balkhash
Mar Cáspio
KARAKALPÁQUIA
Syr-Darya
Alas
Ili
UZBEQUISTÃO
TURCOMENISTÃO
DESERTO DE KARAKUM
Tachkent
Bishkec
QUIRGUISTÃO
TIAN
Amu-Darya
Achgabat
Teerã
Kachgar
Merv
TADJIQUISTÃO
Duchambe
Mechad
DESERT
IRÃ
Herat
KUN
Cabul
AFEGANISTÃO
Islamabad
CAXEMIRA
Kandahar
Dharamsala
Lahore
Quetta
PAQUISTÃO
BALUQUISTÃO
Indo
Nova Délhi
N
O
L
S
Gwadar
Karachi
Mar de Omã
ÍNDI

PARTE II

QUESTÕES DAS TERRAS CENTRAIS

CAPÍTULO 7

A ROTA DA SEDA E O GRANDE JOGO

EM 1891, NO ALTO das montanhas Pamir, o jovem e intrépido explorador britânico Francis Younghusband deparou com seu astuto adversário russo, o coronel Yanov. Os dois inspecionavam o terreno acidentado, de grande importância estratégica porque, entre vários motivos, era cobiçado pelo outro. Farejando as pretensões de Yanov, Younghusband comentou que os russos estavam "lançando sua rede bem longe". Yanov retrucou: "Isto é só o início."[1] Aquele que sobrevivesse à Ásia Central haveria de conquistá-la.

Do mar Cáspio às estepes da Mongólia, da Sibéria ao mar de Omã, a Ásia Central é uma gigantesca extensão de quase permanente aridez cinzenta e marrom repartida pelas montanhas mais altas do mundo, que convergem para os 7.600 metros de altura do monte Garmo (até pouco tempo atrás conhecido como o "Pik Kommunizma"), nas montanhas Pamir do Tadjiquistão. As geladas Tien Shan ("Montanhas Celestiais") voltam-se na direção nordeste, passando pelo Quirguistão e pelo Cazaquistão; as glaciais cordilheiras do Himalaia e do Karakoram espraiam-se para sudeste ao longo da China, da Índia e do Nepal; e o árido maciço do Hindu Kush se abre em leque para sudoeste, atravessando o Afeganistão. Nessa paisagem hostil, o nascer e o pôr-do-sol são igualmente nevoentos: a aspereza do ambiente vem de todas as direções em volta.

"Ao longo de nossa história, sempre foi mais importante saber *onde* estávamos do que quem *éramos*", explicava um historiador uzbeque, por trás de sua mesa de elaborada decoração dourada, em Tachkent. A Ásia Central é o ponto de convergência histórico para o qual estão voltadas todas as regiões e culturas vizinhas. Acomodada entre as civilizações eslava, árabe, persa, indiana e sínica, a Ásia Central assistiu em seus oásis a um confronto de conquistadores que vinham das mais diversas procedências, da Grécia à Mongólia, de mercadores da Itália aos da Coréia, todos deixando marcas ainda hoje visíveis nos rostos etnicamente ambíguos dos países da região, do Cazaquistão ao Afeganistão: turco-europeus, asiático-mongóis e tudo que pode ser encontrado entre os dois. Costuma-se dizer que 10% dos asiáticos do sexo masculino são descendentes de Gêngis Khan, o mais prolífico conquistador e estuprador da história.

Hoje, os nomes de todos os países da Ásia Central terminam em "istão", o sufixo farsi que significa "terra". Os territórios pós-soviéticos dos "istões", especialmente o Cazaquistão e o Turcomenistão, estão assentados sobre gigantescas reservas de gás e petróleo, mas o fluxo de armas, drogas, militantes islâmicos e, conseqüentemente, petróleo que passa pelo Afeganistão e pelo Paquistão também é crucial para se entender a região. Muitos observadores consideram a região o ponto mais elevado de um perigoso "arco de instabilidade" que se estende da África Ocidental ao Sudeste Asiático — ou, simplesmente, os "Bálcãs eurasianos". Na verdade, nenhum desses Estados primitivos (exceto o Afeganistão) tem mais de um século de idade; em sua capacidade de dominar a arte de ser dominado é que estará a diferença entre um futuro no Segundo ou no Terceiro Mundo.

As questões mais fundamentais no encaminhamento da ordem global hoje em dia se manifestam na Ásia Central: qual a credibilidade da China como líder eurasiano? A Rússia continuará sendo uma potência eurasiana? Os Estados Unidos e a Europa podem cooperar além de seus domínios geográficos imediatos? As grandes potências compartilharão os recursos energéticos à medida que a demanda for superando a oferta? Os países pobres, mas ricos em recursos naturais, podem se tornar democracias estáveis? Como combater dirigentes perniciosos sem prejudicar nem alienar as populações?

A Ásia Central tem sido, ao mesmo tempo, um conduto da globalização Oriente-Ocidente pela Rota da Seda* e um laboratório de declarada competição imperial na zona do Grande Jogo,** para usar as duas grandes metáforas da região, referentes tanto ao passado quanto ao futuro. Na verdade, no século XXI, ela será ambas as coisas, pois cada um desses dois aspectos sem querer fomenta o outro. À medida que grandes potências de todos os quadrantes tentam assegurar o controle de fontes de abastecimento de gás e petróleo recém-descobertas, abrem os portões dessa região, há muito isolada, para a competição entre o Ocidente e o Leste por oleodutos, rodovias e redes de comércio — os traçados que realmente contam no mapa de nossa era da globalização.

Ao longo da história, os impérios sempre se apoderaram com facilidade das inóspitas extensões da Ásia Central, mas, na maioria, desapareciam com a mesma rapidez com que se impunham. Em 329 a.C., Alexandre, o Grande, atravessou o Hindu Kush e conquistou Maracanda (hoje Samarcanda), a florescente satrapia do império aquemênida oriental. Embora estabelecesse a guarnição de Alexandria Eskhaté ("Alexandria mais distante", hoje Khodjent, no Tadjiquistão), que protegia das tribos amotinadas a disseminação da cultura helenística, os nômades budistas kushanas — originários da junção dos atuais territórios do Paquistão, do Afeganistão e da China — logo assumiriam o controle das rotas entre o Oriente e o Ocidente. Viriam, em seguida, os persas sassânidas, os hunos, os árabes (que chegaram até Kachgar em 714) e os samânidas, fundando grandes caravançarás. Bukhara tornou-se o pilar oriental do islã, com milhares de estudantes afluindo a suas movimentadas madrassas para absorver os ensinamentos poéticos dos emires samânidas.

O constante troca-troca imperial na Ásia Central demonstra que não é só o poder que tem horror ao vazio, mas também o próprio espaço. "Sou a punição de Deus pelos vossos pecados", advertia o perverso Gêngis Khan aos turcos seljúcidas enquanto suas hordas mongóis saqueavam Bukhara em 1221. A *Pax Mongolica* "fez com que os impérios

* Conjunto de rotas terrestres e oceânicas interligadas no sul da Ásia que, a partir do oitavo milênio a.C. e até a descoberta do caminho marítimo para as Índias, no século XVI, permitiu as trocas comerciais (especialmente da seda) entre a Europa e o Extremo Oriente, constituindo fator determinante no desenvolvimento de várias civilizações do mundo antigo. (*N. do T.*)

** Designação britânica da rivalidade entre os impérios Britânico e Russo pelo controle da Ásia Central ao longo do século XIX e até o início do século XX. (*N. do T.*)

de Roma e de Alexandre parecessem insignificantes", escreveu B. H. Liddell Hart, e a maneira como ela administrou a Rota da Seda viria facilitar as célebres viagens de Marco Polo.[2] Depois da dizimação de boa parte da população da região pela peste no século XIV, o emir Timur Lang, conhecido no Ocidente como Tamerlão, conquistou terras que iam de Kachgar ao Cáucaso, e seu neto, Babur, fundou a dinastia Mughal na Índia. Mas as forças czaristas que se voltavam para o sul, a fim de compensar o retrocesso da Rússia na Guerra da Criméia (assim como a queda nas importações de algodão decorrentes da Guerra Civil americana), tomaram Tachkent em 1865, apoderando-se de territórios que chegavam até Yining, na China ocidental. Fazendo eco a Gêngis Khan, o implacável general russo Skobelev declarou: "Quanto mais duro batermos, por mais tempo eles ficarão calmos." As ferrovias permitiram às potências européias expandir-se pelo interior dos continentes: os franceses no norte da África, os britânicos no Sudão e os russos na Ásia Central. Halford Mackinder, o primeiro a utilizar as expressões "*heartland*" (o cerne territorial de um país) e "pivô geográfico da história" para se referir às "pradarias (...) de grande mobilidade", a partir das quais era possível dominar a Eurásia, preocupava-se com a possibilidade de que as redes ferroviárias e de comunicações permitissem à Rússia "ir acumulando poderes lado a lado" e desafiar a supremacia britânica global baseada no poderio marítimo.* Desse modo, enquanto a Rússia se expandia em direção ao sul, o Império Britânico fazia pressão para o norte, a partir da Índia. No período do Grande Jogo que se seguiu (ou do "Campeonato de Sombras", como o chamavam os russos), a Grã-Bretanha e a Rússia rivalizavam em manobras da Caxemira ao Tibete e às montanhas Pamir, absorvendo canatos e combatendo por meio dos prepostos locais nas guerras anglo-afegãs.** Younghusband, Yanov e até o misto de pintor bu-

* "Na geração passada, o vapor e o canal de Suez haviam aparentemente ampliado a mobilidade do poder marítimo, em comparação com o poder terrestre. As ferrovias funcionavam basicamente como canais de alimentação do comércio por via marítima. Mas hoje as ferrovias transcontinentais transformam as condições do poderio terrestre, e esses efeitos ficam mais patentes no cerne territorial isolado da Euro-Ásia, em vastas regiões onde não havia disponibilidade de madeira e pedra para a construção de rodovias. As ferrovias operaram maravilhas na estepe, pois substituem diretamente a mobilidade do cavalo e do camelo, tendo sido saltada a etapa rodoviária do desenvolvimento." Mackinder, "The Geographical Pivot of History", *Geographical Journal* 23 (1904): 421-37.

** Na época vice-rei da Índia, George Curzon observava: "Turquestão, Afeganistão, Transcáspia, Pérsia: para muitos, esses nomes dão apenas uma sensação da mais remota distância. (...) Para mim, devo confessar, são as peças de um tabuleiro de xadrez onde está sendo disputado um jogo pelo controle do mundo." Curzon, *Persia and the Persian Question* (1896).

dista-comunista, místico e (talvez) agente triplo Nicholas Roerich estavam entre os personagens mobilizados na trama de planos de guerra, esquemas falaciosos de traçado de mapas e muitos "caminhos bajulatórios da diplomacia oriental",[3] que se estendia naquelas altitudes. O processo de conquista e assimilação empreendido pela Rússia resultou numa requisição total das populações e do gado da região para seu esforço na Primeira Guerra Mundial, forçando a produção em massa de roupas e alimentos, que eram então enviados à Rússia por meio da ferrovia Transcaspiana. Depois da guerra civil russa, os "istões" foram contemplados com a coletivização e todo o seu rosário de doenças e fome, tornando-se, nas sete décadas subseqüentes, uma retaguarda para a produção de equipamentos militares na Segunda Guerra Mundial e terreno virgem para esquemas de produção de algodão ecologicamente desastrosos.

Desmantelada a União Soviética, oferece-se na Ásia Central, em rápida morfogênese, o espetáculo da geometria de alianças eurasianas. A antiga superpotência russa tenta manter alguma influência em seu "exterior próximo", a atual superpotência americana dá prosseguimento à sua "guerra global ao terrorismo" e as superpotências emergentes européia e chinesa procuram saciar suas necessidades energéticas, ao mesmo tempo disseminando suas crenças e leis.* Em oposição à experiência histórica de avanços e recuos em larga escala na região, contudo, as micromanobras de hoje mais se assemelham a combates de esgrima, com diferentes espadachins constantemente investindo e se esquivando, somando pontos e sofrendo golpes. As principais potências envolvidas conspiram o quanto podem por baixo do pano: a Rússia continua vendendo armas em enormes quantidades, ao mesmo tempo que trata de adquirir infra-estrutura energética; a América mantém uma rede de postos avançados de abastecimento militar e promove os interesses dos pesos-pesados de sua indústria petrolífera; a Europa, outro grande investidor no setor energético, atua no sentido da moder-

---

* Potências periféricas como a Turquia, o Irã e a Índia constituem um círculo mais amplo de Estados igualmente empenhados em influir na região. Embora os missionários sauditas e iranianos tenham estado entre os primeiros visitantes da região no período posterior à independência, suas tentativas de exportar as ideologias sunita e xiita serviram, basicamente, para fomentar a violência sectária no Paquistão e uma ressentida resistência a qualquer forma de teocracia de inspiração iraniana. As primeiras tentativas turcas de fraternidade geopolítica foram rechaçadas pelos Estados turcomanos recém-chegados à independência porque acabavam de se desvencilhar de um *Big Brother*, e não queriam encontrar outro pela frente. A Índia tem importantes relações culturais com a região, especialmente com o Afeganistão, mas a barreira geográfica representada por seu vizinho e adversário, o Paquistão, limita a curto prazo o alcance de suas ambições em matéria de gasodutos provenientes do Turcomenistão ou do Irã.

nização de economias e instituições; e a China inunda os mercados com produtos de baixo custo e tomou a frente no terreno da modernização das infra-estruturas.

Tendo ultrapassado a barreira do mar Cáspio entre a Europa e a Ásia, a Otan hoje em dia se mistura, se sobrepõe ou se atrita com a Organização de Cooperação de Xangai (OCX). Como acontece com o tratado de fundação da Otan, a Carta de Washington, o nome da Organização de Cooperação de Xangai deixa bem claro qual a potência que está à frente dessa visão alternativa da Ásia Central. A dinâmica que se verifica entre as coalizões da Otan, sob a liderança americana, e da OCX, liderada pelos chineses, representa o mais alto patamar de cálculo de *Realpolitik* na atualidade, e é aqui que se torna mais visível o contraste entre a diplomacia americana e a chinesa em boa parte do Segundo Mundo.

A política "Rússia primeiro", adotada pelos Estados Unidos na década de 1990, deixou negligenciada a Ásia Central, à parte a questão da retirada das ogivas nucleares soviéticas do Cazaquistão, e hoje sua oferta limitada de apoio militar e de programas seletivos de reforma democrática e de mercado não parecem apresentar muitos benefícios tangíveis. Em oposição, a China adota uma diplomacia aparentemente imbatível de desenvolvimento compartilhado. Enquanto o Departamento de Estado americano ainda tentava decidir a qual de seus subdepartamentos confiar a Ásia Central — o da Europa ou o da Ásia do Sul —, a China rapidamente tratava de resolver disputas de fronteiras com as repúblicas recém-criadas (assim como nos 4.200 quilômetros de sua fronteira com a Rússia). Aplicando o "novo conceito de segurança" de sua diplomacia, buscou em seguida unir os países próximos, adotando medidas para aumentar a confiança recíproca entre os "Cinco de Xangai" originais (China, Rússia, Cazaquistão, Quirguistão e Tadjiquistão), e lhes permitir enfrentar seus "três males" comuns: separatismo, terrorismo e extremismo.[4] Assim como a Otan no Cáucaso, a OCX estabelece normas e procedimentos comuns em matéria de alfândega e controles de fronteira, amplia rodovias ao longo das antigas rotas de comércio e coordena atividades conjuntas de combate ao tráfico de entorpecentes. Tendo começado como um foro de retórica antiamericana, hoje é considerada por alguns como uma "Otan do Oriente", ou um clube de energia mantido por déspotas enriquecidos pelo petróleo.

"A OCX não fica esperando que a Otan resolva os problemas", advertiu um funcionário uzbeque diretamente envolvido no funcionamento da organização. "Nossos xerpas estão constantemente em contato, e nossos funcionários de defesa também cooperam." Embora ainda fique muito aquém do estilo de uma aliança de segurança como a Otan ("Todos por um e um por todos!"), a maciça ofensiva de charme da China já fez com que fossem conferidos à OCX novos poderes em matéria de investimentos energéticos, trocas bancárias e diálogo cultural — sem qualquer menção à democratização.[5] A China não só se apresenta como líder consultivo como se transformou em referência no terreno das práticas comerciais, concedendo créditos cada vez mais generosos (perto de 1 bilhão de dólares) a países da OCX. Essas práticas representam uma adaptação moderna da estratégia da Rota da Seda adotada no período pós-mongol pela dinastia Ming, permitindo que os canatos centro-asiáticos continuassem submetidos a controle interno, ao mesmo tempo que participavam de um sistema tributário semelhante ao que então vigorava no Sudeste Asiático.[6] Como as tradições dinásticas ainda constituem a norma, por que a diplomacia haveria de ser diferente hoje?

A influência econômica, demográfica e diplomática da China praticamente assegura que ela virá substituir a Rússia como princípio organizador na região. Mas assim como Hitler e Stálin viam a América como um obstáculo a seus respectivos interesses de dominação eurasiana, também a Rússia e a China fazem hoje uma frente comum no contexto da OCX para limitar a asianização da Otan. "Quando as manobras russas funcionam, também atendem aos interesses chineses; e quando fracassam, a Rússia leva na cabeça, enquanto se fortalece a imagem da China como potência benigna", observou um veterano diplomata europeu no Cazaquistão. A súbita abertura das vias de comércio não ocorreu porque os países tivessem despertado naturalmente para as oportunidades econômicas, e sim porque uma China sempre em expansão proporciona incentivos por meio de seus generosos investimentos e da liderança na OCX. Embora o russo seja a língua predominante nas transações e negociações dentro da OCX, a geração de formação soviética está saindo de cena; como acontece com a França na Europa, a utilização da língua como símbolo de poder não chega a valer concretamente como medida de influência. A mais recente tentativa russa de liderança regional, a Organização do Tratado de Segurança Coletiva (OTSC), não se saiu muito melhor do que a fracassada CEI. "Como é que se pode falar do futuro de algo que não existe na realidade?", comentou com sarcasmo um diplomata cazaque.

CAPÍTULO 8

A RÚSSIA QUE FICOU PARA TRÁS

As DUAS VASTAS zonas asiáticas da Rússia — a Sibéria e o Extremo Oriente, que formam um território cinco vezes maior que o da Rússia européia — fazem dela o decisivo fiel da balança quando se trata de saber se será a Otan ou a OCX que levará a melhor na Ásia Central. Sem a Rússia, o Ocidente não tem acesso seguro ao mítico centro geográfico do poder eurasiano, seja por causa de aliados instáveis e volúveis (Afeganistão e Paquistão), de países hostis (Irã) ou de obstáculos geográficos (o mar Cáspio*). Se o Ocidente não conseguir atrair a Rússia, a China sairá vencedora do Grande Jogo.

Boa parte do interior da Rússia é hoje um mundo de cabeça para baixo, habitado por populações abandonadas pelo governo e se defendendo "por conta própria".[1] As instáveis fronteiras da Rússia têm se esticado e contraído em milhares de quilômetros ao longo dos sécu-

---

* Como advertiu Henry Kissinger, a Europa sem os Estados Unidos não passa de uma "extensão peninsular, até mesmo de um refém, da Eurásia, engolfada no torvelinho de seus conflitos e alvo privilegiado das correntes radicais e revolucionárias que varrem tantas regiões adjacentes. (...) Os EUA, separados da Europa, são, do ponto de vista geopolítico, uma ilha no litoral da Eurásia, como a Grã-Bretanha no século XIX." Kissinger, *Does America Need a Foreign Policy?*, p. 52.

los, mas, embora a vulnerável vastidão do país praticamente exija uma estrutura autoritária, o Estado nunca se mostrou capaz de controlar diretamente amplos setores da população.[2] A ligação dos povos da Sibéria ao oeste do país por rodovias e ferrovias pode dar-lhes acesso mais fácil aos mercados, mas também acelerou seu retorno voluntário, desfazendo a calamitosa transferência forçada imposta pelos planejadores soviéticos.[3] Cidades que na era soviética estavam próximas do mundo exterior hoje em dia simplesmente fecham as portas, como fábricas falidas.

Em nenhum outro lugar do mundo um Estado cuja população diminui faz fronteira, de modo tão contrastante, com outro, superpovoado, como acontece com a Rússia e a China. Os russos mostram sua insatisfação migrando para o oeste em ondas constantes. Enquanto isso, ao norte de Pequim, a Grande Muralha vai ruindo, e cerca de 600 mil migrantes chineses ilegais deslocam-se para o norte todo ano, em direção ao despovoado extremo leste da Rússia — um total quase idêntico ao do declínio populacional anual da Rússia. Restam apenas 7 milhões de russos no extremo leste do país, enquanto só as províncias do nordeste da China abrigam uma população total de mais de 100 milhões de habitantes. Um desequilíbrio demográfico tão acentuado, conjugado à crescente voracidade de recursos de uma China cada vez mais próspera, levanta questões fundamentais: a Rússia poderá continuar em sua configuração atual? Por quanto tempo poderá se sustentar a inércia das atuais fronteiras políticas? A soberania nacional é portátil, expandindo-se com os deslocamentos de seus titulares?

Estas questões estão sendo resolvidas com mais rapidez na prática do que na teoria, com a Rússia tratando de impedir a simples ocupação da Sibéria e do seu extremo leste pela China, basicamente por meio do arrendamento parcial da soberania ao vizinho, muito mais populoso. Gradualmente, entretanto, o arrendamento vai evoluindo para a propriedade — ou, pelo menos, o abuso do privilégio. O enorme vigor financeiro da China tem levado a um número crescente de acordos de exploração conjunta entre empresas petrolíferas russas, como a Rosneft, e a Sinopec chinesa, tornando-a mais influente na gestão dos fluxos de petróleo. O território virgem do extremo leste russo também contém gigantescos depósitos de zinco, níquel, estanho, diamantes e ouro, além de um vasto manancial pesqueiro e florestal — tudo extremamente atraente para o maior importador mundial de matérias-primas. Quando esse cerne territorial de grande potencial econômico era fortemente guardado por guarnições russas, podia mesmo ser descrito, como o fez Mackinder, como uma "fortaleza natural". Hoje, contudo, o território russo a leste do portentoso rio Lena se oferece à rapina chinesa, com empresas chinesas desmatando grandes extensões das taigas russas, depois ateando fogo no que sobra para não deixar rastro, e transportando a madeira por cerca de 1.300 quilômetros até a China, pela costa do Pacífico.[4] Uma população tão grande jamais deixaria intocada uma vastidão de tão generosa abundância.

O extremo leste transformou-se num pesadelo russo: a China desenvolve a região de uma maneira que a Rússia não soube fazer e, em conseqüência, gradualmente vai ocupando-a.[5] O que no mapa é um pedaço da Rússia, no rosto dos habitantes se parece muito mais com a China. Cidadãos chineses (e coreanos deportados por Stálin) utilizam clínicas médicas administradas por chineses, e os chineses chegam a se casar com mulheres siberianas, cujos maridos estão eternamente bêbados ou já morreram de tanto beber. Ainda durante a Guerra Fria, os russos costumavam dizer, zombando, que quem quisesse deixar a URSS tinha de estudar inglês — mas os que ficavam precisavam aprender chinês, acrescentando secamente que "não há problemas na fronteira sino-finlandesa". Como o aquecimento global descongela o *permafrost** siberiano, o controle demográfico, econômico e, por conseqüecia, até político da China sobre o extremo leste russo parece quase cosmicamente garantido. Um século atrás, a mão-de-obra chinesa construiu Vladivostok ("Senhor do Leste") para a Rússia, enquanto a Rússia capturava a Manchúria chinesa. Mas, hoje, é a China o senhor do Oriente.

A China também se vale de um mercantilismo agressivo, mas discreto, para reconquistar a Mongólia, que foi sua província na época da dinastia Qing e hoje se equilibra precariamente entre a Rússia e a China. Os mongóis já dominaram a China, mas hoje seu árido país, com apenas 3 milhões de habitantes, age independentemente como a província chinesa da Mongólia Interior ao longo do deserto de Gobi, tranqüilizando-se apenas com as aparências da soberania.

---

* Tipo de solo da região ártica, formado por terra, gelo e rocha, que permanece com temperaturas inferiores a 0ºC por períodos superiores a dois anos. (*N. do T.*)

Os mongóis, às vezes, se exaltam com a idéia de que o país está vivendo uma moderna corrida do ouro — merecendo até o apelido de "Mina-Gólia" —, mas foram principalmente empresas chinesas que se apossaram dos depósitos minerais do deserto de Gobi, assim como da agricultura e das florestas do norte do país.[6] Trabalhadores chineses exploram as minas (que respondem por 70% das exportações do país) e construíram os modernos prédios da capital, Ulan Bator. Como a maior parte dos lucros vai para empresas chinesas, o alívio da pobreza tem sido pequeno no país. O governo tentou taxar as rendas do ouro, o que serviu apenas para estimular ainda mais o contrabando para a China. A Mongólia considera os Estados Unidos seu "terceiro vizinho", por causa da presença de militares americanos, mas o anteparo militar só pode impedir a China de invadir a Mongólia, não de comprá-la.

No contexto da OCX e de sua "relação especial", a China e a Rússia fazem grandes manobras militares conjuntas, e a China tornou-se o maior comprador de armas russas, o que fornece tecnologia cada vez mais sofisticada ao maior Exército do mundo.[7] Mas o fato é que esse casamento de conveniência pode levar a um divórcio litigioso. E não seria a primeira vez. Em 1969, um soldado chinês mostrou a bunda para tropas russas na fronteira chinesa com a Quirguízia (hoje Quirguistão), e os russos, em resposta, profanaram um retrato de Mao — provocações que desencadearam emboscadas e escaramuças sino-russas até a altura de Vladivostok.[8] O racha sino-russo se oficializava, e tanto a URSS quanto a China flertaram com a idéia de declarar o outro "adversário principal", superando até os Estados Unidos. No fim das contas, o KGB decidiu considerar a China simplesmente "um grande adversário", mas a China se convenceu de que a Rússia era um rival estratégico, comunista ou não.

O Ocidente não tem feito muito segredo de seu empenho em desalojar a Rússia no Leste Europeu, mas será que gostaria que a Rússia fosse desmembrada em seu próprio leste? As ambições regionais da China, em última análise, passam ao largo da Rússia, ao passo que, para a Rússia, o temor da expansão chinesa é maior que as queixas em relação aos Estados Unidos ou à Europa. Assim, apesar das pressões chinesas por um oleoduto russo indo diretamente até Daqing, na província chinesa de Heilongjiang, o oleoduto Sibéria Oriental–

oceano Pacífico está sendo construído pela Transneft numa rota que passa ao norte do lago Baikal e vai em direção ao mar do Japão, sem entrar em território chinês. Ao disponibilizar o oleoduto igualmente para clientes japoneses e coreanos, a Rússia quer certificar-se de que a China não venha a determinar sozinha o fluxo e os preços. Um século depois de o Japão ter humilhado a Rússia na guerra de 1905, a Rússia mantém-se alerta no Extremo Oriente promovendo manobras militares bilaterais com o Japão, e o convidou a participar do desenvolvimento das reservas petrolíferas da ilha Sakhalina.[9] Temendo uma segunda conquista mongol na Ásia, muitos russos hoje se referem às populações chinesas do Extremo Oriente como "o perigo amarelo", enquanto os militares do país trabalham com hipóteses como a da ocupação da Sibéria e da ilha Sakhalina, rica em petróleo e gás, pela China, com a Rússia recorrendo, em reação, a armas nucleares táticas.

Mais ou menos como no caso da amizade sino-soviética da época da Guerra Fria, a atual reaproximação pode não dar certo como parceria estratégica, porque favorece muito mais a China do que a Rússia — ocorrendo, na verdade, às expensas da Rússia. E exatamente como o presidente Richard Nixon e seu secretário de Estado, Henry Kissinger, trataram de arrancar a China dos braços soviéticos no início da década de 1970, hoje os Estados Unidos e a UE podem precisar resgatar a Rússia de um abraço potencialmente suicida à China para preservar seu núcleo territorial. É o secretário do Interior de Nixon, Walter Hickel, que hoje em dia está à frente do projeto de construção de um túnel de 110 quilômetros de extensão — uma idéia que remonta à época do czar Nicolau II — para ligar o extremo oriental da Rússia ao Alasca, passando por baixo do estreito de Bhering. Seja como for, a população russa, em seu movimento minguante, se espraia de maneira tão rala por um território tão vasto que o país já nem faz mais sentido do ponto de vista demográfico, sendo o Estado com mais probabilidade de ter seu mapa alterado desfavoravelmente nas décadas vindouras, à medida que a Europa absorve sua antiga zona de controle a oeste, enquanto a China vai devorando-a pelo leste. Nos departamentos de história, os especialistas em questões soviéticas são hoje categóricos: a Rússia não tem nenhum direito divino de continuar existindo em sua configuração atual.

CASTELO DE "ISTÕES" OU CASTELO DE CARTAS?

Em 2006, o Banco Central do Cazaquistão deixou passar um erro na grafia da palavra "banco" em suas novas cédulas. O motivo desse feito notável foi o fato de, no processo de recuperação da identidade dos países da Ásia Central que se tornaram independentes da dominação russa, suas línguas turcomanas, algumas das quais não existiam em forma escrita até a era soviética, estarem sendo transliteradas do cirílico para o latim, com resultados às vezes desastrosos.

Evitar que as identidades sejam novamente reprimidas e substituídas não será fácil para as repúblicas do "Oriente Soviético", subjugadas de maneira tão brutal durante o domínio soviético que algumas passaram a temer a própria independência: inseguras quanto ao próprio estatuto republicano sem o senhor soviético, chegaram a apoiar, em 1991, a tentativa de golpe contra Gorbachov, votando pela permanência numa união que já não existia.[10] Como não passavam de canatos e confederações tribais antes da sovietização, a rejeição do legado soviético também significa a negação de seus próprios projetos etnonacionalistas atuais.[11] Todas sofreram a drenagem cerebral de suas *intelligentsias* alemã, judaica e/ou russificada, e todas carregam o fardo dos decrépitos sistemas educacionais e de saúde da era soviética — ou da total ausência desses sistemas —, ao mesmo tempo que enfrentam uma epidemia cada vez mais grave de HIV/Aids.

Sob muitos aspectos, os "istões" ainda se sentem como Lênin e Stálin queriam que fossem: "Nacionais na forma e socialistas no conteúdo." Embora em seus antecedentes jurídicos encontremos a *sharia* islâmica e os sistemas legais mongol, timúrida e imperial russo, seu caráter político é determinado, basicamente, pela sobreposição da hierarquia tribal turcomano-mongol e dos *diktats* autoritários soviéticos.[12] Nenhum deles conseguiu ir além de um kafkiano sistema jurídico voltado para a própria retroalimentação. Esse nepotismo asiático se conjuga a um instinto burocrático soviético de documentar tudo — mesmo que seja com o objetivo de negar —, criando um sistema em que autorizações, permissões, subornos e assinaturas são necessários até para se entrar em um museu. O que resta da arquitetura soviética em Tachkent ou Bishkec está degradado de tal maneira que seria impossível qualquer restauração, enquanto as favelas de tipo asiático ainda são organizadas em áreas gradeadas ao estilo soviético.

"As populações da Ásia Central são como os russos, mas são simpáticas!", exclamou um acadêmico americano que visita os "istões" com freqüência. Mas ele não se referia aos antigos líderes soviéticos da região. Todos os "istões" são governados por sistemas superpresidenciais que mantêm os Parlamentos deliberadamente fracos, enquanto as oligarquias controlam a economia por meio de um sistema de apadrinhamentos entre clãs. Os poderes político e econômico não se sobrepõem apenas: são sinônimos. Os dirigentes da Ásia Central se têm mostrado muito mais interessados nos modelos de autoritarismo *soft* do Sudeste Asiático do que na democracia de estilo europeu, mas, na realidade, são o que Mancur Olson chamava de "bandidos estacionários", racionalizando o roubo por meio de um fomento temporário do crescimento econômico.[13] Alegam preferir a evolução à revolução, mas, à medida que forem envelhecendo ou evidenciando alguma fraqueza, as crises de sucessão se agravarão, ameaçando seus reinados — como aconteceu em todas as dinastias anteriores.* Por trás de suas arbitrárias fronteiras da era soviética, esses dirigentes inseguros solapam reciprocamente as posições uns dos outros dando acolhida a organizações oposicionistas dos vizinhos e ameaçando cortar o abastecimento de petróleo e gás. A Ásia Central se especializou em mandar para o exílio os partidos políticos, que passam a agitar do exterior. É absolutamente surpreendente que não tenha havido sérios conflitos na região. Mas quanto tempo isso pode durar?

"Embora hoje em dia sejamos países independentes, ainda temos a sensação de que vigora um novo Grande Jogo, de modo que o momento é propício para um regionalismo capaz de proteger nossos interesses comuns", sustentava um diplomata ca-

---

* Evolução, em sentido literal, remete a mutações aleatórias, deixando ainda mais claro como será imprevisível a sucessão na Ásia Central, ainda que não se efetue por meio de revoluções.

zaque, preocupado em evitar nova submissão a algum tipo de domínio. A geografia de terras interiores dos "istões" significa que dependerão eternamente de produtos e investimentos estrangeiros — especialmente considerando-se que é uma região árida, de desertos e pradarias, onde os mananciais de água há muito são malbaratados. Mesmo os países ricos em recursos e potencialmente prósperos — Cazaquistão, Uzbequistão e Turcomenistão — precisam contar com a Rússia, a China, os Estados Unidos e a Europa para a detecção, a extração e a comercialização de seus hidrocarbonetos.[14] Os "istões" pelo menos já deixaram de atirar uns nos outros para negociar acordos de troca, como os que hoje prevalecem entre o Uzbequistão e o Turcomenistão, ricos em gás, por um lado, e, por outro, o Quirguistão e o Tadjiquistão, que controlam mais acima os mananciais de água.

Contudo, o que mais contribuiria para a real independência dos "istões" seria sua transformação em atores da nova versão do Grande Jogo, possivelmente formando um bloco maior, que nenhuma superpotência seja capaz de dominar, e poupando-os do destino dos canatos que por séculos existiram na região. O Cazaquistão e o Uzbequistão manipularam tanto a Otan quanto a OCX: como integrantes do programa "Parceria para a Paz", da Otan, foram beneficiados com treinamento e modernização militares, ao passo que, como membros da OCX, receberam cobertura contra as exigências de democratização do Ocidente e as pretensões americanas de manutenção de bases militares. "Sabemos por experiência própria que as potências estrangeiras não estão empenhadas em defender nossos interesses", concluiu o diplomata cazaque. Quanto mais os dirigentes dos "istões" perceberem isso, mais rapidamente poderão se unir, em vez de permitirem o desmoronamento de seus países, como um castelo de cartas.

CAPÍTULO 9

TIBETE E XINJIANG: A NOVA CORTINA DE BAMBU

É DIFÍCIL ENCONTRAR um ocidental que não apóie intuitivamente a idéia de um Tibete independente. Mas será que os americanos concordariam em se separar do Texas ou da Califórnia? Para a China, o Grande Jogo não foi infrutífero nem inconcludente, o que não se pode dizer nos casos da Rússia e da Grã-Bretanha. De fato, a China foi a grande vencedora. Os acordos de fronteira estabelecidos em 1895 e 1907 davam à Rússia as montanhas Pamir e criavam o corredor de Wakhan — a estreita faixa de terra oriental do Afeganistão, na fronteira com a China — como tampão para a Grã-Bretanha. Mas em vez de ceder o Turquestão Oriental (Uigurstão) aos russos, os britânicos financiaram a reconquista do território pela China, que ali criou a região de Xinjiang (que significa "Novos Domínios"). Enquanto o Turquestão ocidental se fragmentava nos herméticos "istões" soviéticos, a China reafirmava seu tradicional domínio sobre Xinjiang e o Tibete (Xizang), que constituem hoje suas duas maiores províncias. Sem elas, a China seria como a América sem todo o território a oeste das Montanhas Rochosas, desprovida de sua majestade continental e de sua condição de potência do Pacífico.

O novo Grande Jogo e a nova Rota da Seda começaram, assim, com a subjugação — e a elevação — pela China de sua periferia ocidental, processo que explica muita coisa a respeito do futuro do restante da Ásia Central. O Grande Jogo foi uma disputa de rotas terrestres, os "instrumentos da história" que desde a Antiguidade facilitam a expansão imperial.[1] Tendo assumido o controle de Xinjiang e do Tibete, a China estende seus tentáculos ocidentais numa estratégia de cinco frentes: uma "Ponte Transcontinental Euro-Ásia", que iria rivalizar com a ferrovia Transiberiana russa; um corredor de oleodutos ferroviários alcançando o mar Cáspio pelo Cazaquistão; estradas modernizadas chegando a Tachkent, no Uzbequistão, pelas montanhas do Quirguistão; uma importante rodovia atravessando o Tadjiquistão e o Afeganistão até o Irã e a Turquia; e uma extensão da rodovia de Karakoram atravessando o Paquistão até o porto de águas profundas de Gwadar, no mar de Omã — tudo com financiamento chinês.

Qualquer mochileiro que tenha ido ao Tibete e a Xinjiang na última década sabe que o império chinês é terrivelmente real: a grande preocupação da região ocidental é, sem sombra de dúvida, o Destino Manifesto da China. Com o final da guerra civil em 1949, a China tratou de superar a "tirania do terreno", penetrando e submetendo as montanhas e as paisagens desérticas sem fronteiras e interminavelmente acidentadas para explorar vastos recursos naturais, criando colônias penais e bases de treinamento militar e testes de armas que estendiam o espaço vital de sua população em crescimento explosivo. Tanto o Tibete como Xinjiang deram o azar de dispor de recursos cobiçados pela China e de estarem no caminho para outros recursos de que os chineses necessitavam: o Tibete tem grandes reservas de madeira, urânio e ouro, e Xinjiang contém os maiores depósitos de petróleo, gás, carvão, urânio e ouro do país, ao mesmo tempo que, juntos, os dois territórios representam o grande portão geográfico da China para seu fluxo exterior de comércio — assim como de influxo energético — com o Cazaquistão, o Quirguistão, o Tadjiquistão, o Afeganistão e o Paquistão. Décadas de trabalho duro do exército e de verdadeiros enxames de operários abriram caminho para o domínio chinês incontrastável.* A ferrovia de grande

* Embora os militares chineses estejam muito mais presentes em Xinjiang do que no Tibete, uma extensão da rodovia Militar Sul reduziu de modo drástico o tempo de viagem entre as duas províncias, permitindo que o exército chinês se mobilizasse rapidamente para esmagar a revolta de 1959 no Tibete. Ver Avedon, *In Exile from the Land of Snows*, p. 317.

altitude que desde 2006 liga Xangai a Lhasa não representa o início da hegemonia chinesa, mas sua culminância.

Hoje, o Tibete e Xinjiang criam as condições para o renascimento de um império multiétnico, de uma forma que não poderia ser mais parecida com a expansão das fronteiras americanas há quase dois séculos.[2] Os chineses encaram sua *mission civilisatrice* exatamente como os colonos americanos: estão levando desenvolvimento e modernidade. Os asiáticos, tibetanos budistas e uigures muçulmanos estão sendo tirados do Terceiro Mundo, queiram ou não. Ganham estradas, linhas telefônicas, hospitais e empregos. As taxas escolares estão sendo reduzidas ou abolidas para promover a educação básica e a cultura chinesa. Ao contrário do que acontece com os europeus, que tentam definir a União Européia como um clube cristão, os chineses não têm problemas com a incorporação de territórios muçulmanos. A nova mitologia do nacionalismo chinês não se baseia na exclusão das minorias, mas em sua integração a um estatuto comum no Estado paternalista chinês: uigures e tibetanos são informados, assim, de que são chineses, embora não sejam *han*.[3] O mandarim é o único denominador comum na vasta tapeçaria de línguas e dialetos da China, entre eles o mongol, o uigur (de escrita arábica), o tibetano e o zhuang. Na verdade, embora o Tibete e Xinjiang sejam vizinhos, suas culturas são reciprocamente ininteligíveis — nem os tibetanos nem os uigures parecem sequer ter ouvido falar dos zhuangs, embora sejam de longe minoria da China.

"A União Soviética acabou porque enveredou pela *glasnost* prematuramente, antes de alcançar a unidade de seus povos", explicou um intelectual chinês de Xangai que se especializou em estudos sobre a Ásia Central. "Não vamos cometer o mesmo erro." Os grandes impérios se mantêm mediante uma combinação de força e leis, e a China não hesitou em sua estratégia no Tibete e em Xinjiang: é apenas uma diferença de grau. Nos mais remotos recantos do Tibete, pequenas bases militares abrigam pelotões do Exército Popular de Libertação (EPL), cujos soldados podem ser vistos ameaçadoramente praticando artes marciais duas vezes por dia nas praças públicas, muitas vezes bem ao lado de antigas e frágeis estupas budistas. Até certas áreas florestais inacessíveis e delimitadas como zonas de proteção ambiental freqüentemente servem, na verdade, de acampamento militar. Os cartazes proclamando "Força Tibetana" se referem apenas à companhia de eletricidade chinesa.

A China investiu bilhões de dólares em projetos de desenvolvimento no Tibete, na esperança de pacificar suas populações e gerar boa vontade entre os tibetanos, que mal chegam a 3 milhões. Em Lhasa, muitas construções decadentes de pedra foram substituídas por sólidas residências unifamiliares ao longo das avenidas que ligam o centro da cidade à nova estação ferroviária. A principal conseqüência da modernidade chinesa, contudo, é que uma cidade que em outros tempos simbolizava a autenticidade cultural transformou-se em mera passagem para as planícies mais remotas onde ainda há mais iaques selvagens do que gente. "Ninguém da minha família jamais foi à China", explicava um jovem guia tibetano, caminhando pela aldeia de Gyantse. "Mas os chineses e a polícia chinesa estão por toda parte. Até usam chapéus de caubói, como nós, para tentar se integrar."

Mais valiosa ainda que o Tibete é a região maior e mais populosa de Xinjiang, com seus lençóis petrolíferos, seus desertos e montanhas. Ali, a diluição demográfica costuma ser chamada de "*apartheid* com características chinesas". Muçulmana, Xinjiang sempre foi rebelde, especialmente diante dos administradores da dinastia Qing, chegando a constituir um Turquestão Oriental independente por um breve período no fim da guerra civil. Desde a campanha "Desenvolver o Oeste" da década de 1950, contudo, continua inabalável um maciço processo de colonização *han*, sob os auspícios da Unidade de Construção e Produção (UCP), que subsidia empreendimentos agrícolas *han* ao mesmo tempo que marginaliza os minúsculos lotes de cultivo de propriedade dos uigures. Durante a Revolução Cultural, Xinjiang foi isolada, num gigantesco *pogrom* de destruição de mesquitas e queima de exemplares do Corão. Em 1996, violentos confrontos em Urumtsi deixaram claro que não havia a menor possibilidade de prevalecer uma cultura muçulmana pacífica num ambiente de predomínio chinês. A China suspendeu os projetos de reconstrução de mesquitas e lançou a campanha "Bater Duro", executando e encarcerando centenas de uigures suspeitos de atividades separatistas. Hoje, é possível constatar os resultados cumulativos dos esforços iniciados, mas não concluídos, por Mao e Deng: uma importante ferrovia e uma rodovia que transportam carvão, migrantes e produtos pelo deserto de Takla-Makan, propiciando hanificação ainda maior de uma província na qual os uigures constituem atualmente apenas metade da população.

Gente que anda de mula o dia inteiro geralmente é a última a saber quem é o dirigente político do momento. Os nômades agrários de Xinjiang sobreviveram durante séculos do comércio com seus irmãos turcomano-muçulmanos mais a oeste, e embora Xinjiang seja hoje em dia a província chinesa de crescimento mais rápido, em seu interior a China ainda parece muito distante. Os homens ainda se cumprimentam com a saudação muçulmana dos braços entrelaçados e um toque no coração com a mão direita, e muitas mulheres usam lenços na cabeça. As mesquitas de Yecheng se assemelham às do Uzbequistão, e em seus bazares podem ser encontrados exemplares do Corão folheados a ouro e bonés *pakul* multicoloridos. Mulheres com burcas do tipo afegão se agacham nas esquinas para mendigar, exatamente como em Cabul. O índice de infecção por HIV cresceu muito na década de 1990, em decorrência do aumento da prostituição e do consumo de drogas. Como o processo de submissão do extremo oeste pela China se deu a grande distância dos centros populacionais mais importantes do país, os turistas *han* que visitam a região em luxuosos ônibus de dois andares ficam embasbacados com a população exótica e as decadentes aldeias uigures que passaram a fazer parte do seu império.

Mesmo a 2.900 quilômetros de Pequim, os relógios são relutantemente acertados pela hora de Pequim — um império, um único fuso horário. Em Khotan (atualmente Hotan), os cidadãos comuns se empertigam quando passam as rondas da polícia chinesa. Outrora centro de disseminação do budismo, do cultivo da seda e da cultura islâmica em sua mesquita rosa e azul, Hotan hoje se assemelha a Kazan, na Rússia, onde o governo abusivamente vigia os cidadãos. A "guerra ao terrorismo" americana foi uma bênção disfarçada para as autoridades chinesas, que logo trataram de acusar os agitadores uigures — na maioria, jovens e estudantes insatisfeitos — de fundamentalistas islâmicos, fazendo deles o alvo de sua própria "guerra ao terrorismo", que consiste em eventuais trocas de tiros e operações de repressão contra os militantes do Movimento Islâmico do Turquestão Oriental. "Se não fizermos nada que irrite a polícia, eles não nos incomodam", dizia um vendedor de madeira petrificada num bazar outrora conhecido por oferecer peças do raro jade branco. "Mas não consigo imaginar a possibilidade de ter um dia um Turquestão do jeito que considerávamos possível quando as repúblicas soviéticas turcomanas se tornaram independentes, na década de 1990."

Yining, antiga capital do Turquestão, e a famosa cidade de Kachgar, grande *melting pot* da Rota da Seda, perto da fronteira quirguiz, também foram transformadas em metrópoles chinesas, deixando de ser cidades-bazares movimentadas, mas modestas, para se tornarem grandes centros comerciais. Os pioneiros *han* que chegaram a Kachgar no fim da década de 1980 selaram simbolicamente o triunfo da China no Grande Jogo com a transformação dos antigos consulados britânico e russo nos dois mais populares hotéis turísticos da cidade (o britânico passou a chamar-se Chini Bagh, "Jardim Chinês"). Uma estátua de Mao de 30 metros de altura — com o braço direito estendido na direção de Pequim — domina a praça do Povo, bem no centro da cidade. A população de Kachgar é uma mistura de uigures, tadjiques, quirguizes e *han*, mas as crianças de uniforme azul que são vistas caminhando para as escolas aprendem em mandarim.

A completa eliminação das populações, da história e da arquitetura locais, substituídas por impressionantes arranha-céus que constituem verdadeiro tributo ao moderno capitalismo chinês, transformou Urumtsi, a capital de Xinjiang, na Xangai da Rota da Seda no norte. Como no Tibete, a distância e o clima não constituem obstáculo: uma auto-estrada de seis pistas atravessa a cidade, e a nova maioria *han* abastece seus carrões japoneses nos enormes postos da Sinopec e da PetroChina espalhados pela cidade. Urumtsi está sempre fervilhando com negociantes provenientes de todos os países próximos, da Rússia ao Paquistão, passando pelos "istões" intermediários, que vão comprar produtos chineses baratos para revender com lucro em casa. Atualmente, os uigures são uma minoria em situação desconfortável na cidade, sem empregos nem espaço suficiente, com exceção dos mercados noturnos, onde se encontram desde sopas bem condimentadas até artistas de circo. As poucas atrações naturais acessíveis estão sempre tomadas por uma multidão de turistas chineses, o que faz com que o lago Celestial, com suas águas cor de esmeralda, já não pareça tão celestial assim.

Tudo o que resta do sonho de Shambala são a música e os CDs de meditação tibetanos; do Turquestão, a nuvem aromática de *kabob* grelhado que paira sobre o vale de Fergana, em Xinjiang. Ironicamente, a quase absoluta preocupação da China com a segurança das duas províncias vem a ser a maior esperança de uma *glasnost* chinesa: o país já não enfrenta qualquer foco significativo de resistência ao seu domínio, de modo que pode um dia acabar relaxando. Os tibetanos mais espiritualizados há muito se voltam para o Nepal e a Índia, ao sul, em busca de suas referências culturais, e no século XVIII o Tibete desfrutou uma espécie de autonomia funcional em relação à China, modelo que o atual Dalai Lama gostaria de retomar. Depois que ele sair de cena, é possível que a China se mostre menos ansiosa em relação a uma abertura da província para trocas culturais mais intensas entre os budistas da Índia, do Tibete e do Nepal, restabelecendo ainda mais o papel do país como o ponto de passagem da Rota da Seda que chegou a ser quando foram escavadas há mais de um milênio as Grutas dos Mil Budas de Dunhuang.

Gradualmente, os tibetanos e os uigures haverão de se tornar mais prósperos que seus vizinhos do Terceiro Mundo, mongóis, quirguizes, tajiques, afegãos, paquistaneses, indianos e nepaleses — e seu desenvolvimento pode constituir uma base para as pretensões chinesas de hegemonia benevolente em outras áreas da Ásia Central. Mas a China alcançará esse domínio sem alarde.

Temendo o surgimento de uma potência capaz de unir a Eurásia, Mackinder escreveu: "Quem governar a Ilha Mundial dominará o mundo."[4] A ilha mundial é cada vez mais um organismo único. Logo será possível viajar de Aberdeen a Cingapura ou a Seul pela Rede Ferroviária Transasiática, cujas diferentes etapas estão em construção desde a década de 1960. Os bárbaros que recuavam pela estepe muitas vezes assistiam ao enfraquecimento de seus inimigos mais poderosos à medida que se distanciavam de suas bases de apoio, mas hoje os tentáculos cada vez mais longos da China em seus eixos infra-estruturais vêm reduzindo de modo constante e seguro o espaço centro-asiático.

CAPÍTULO 10

CAZAQUISTÃO: "A FELICIDADE É FEITA DE OLEODUTOS"

NINGUÉM VISITA o Cazaquistão pelo clima. Entretanto, assim como o domínio das rotas de comércio garantiu vantagem geopolítica séculos atrás, hoje o controle do fluxo de oleodutos e gasodutos significa lucros e laços políticos. As reservas de petróleo do mar Cáspio são estimadas em mais de 200 bilhões de barris (comparados aos 600 bilhões de barris das reservas confirmadas no golfo Pérsico), tornando a região uma indispensável fonte alternativa de petróleo para o Ocidente e para o Oriente. Foi assim que o Cazaquistão se transformou numa espécie de Arábia Saudita, poderosa fonte de energia cortejada por todas as superpotências. Espraiando-se pelas vastas extensões de estepes áridas tão facilmente conquistadas por Gêngis Khan, o Cazaquistão é o maior país sem acesso significativo ao mar em todo o mundo. Em meio a tempestades de poeira e nevascas, todos os protagonistas do novo Grande Jogo ali estão participando da construção da nova oleosa e escorregadia Rota da Seda.

Os cazaques, como os ucranianos, sempre consideraram meio maldita sua geografia — e os recursos naturais serviram para aumentar ainda mais a exorbitante importância do país para os outros. Os soviéticos tratavam o Cazaquistão como a Sibéria do sul, referindo-se a toda a região como "Ásia Intermediária *e* Cazaquistão" e gerindo o planejamento centralizado de suas minas e fábricas com as da Sibéria.[1] Desde a independência, contudo, o Cazaquistão transformou sua geografia e sua geologia numa bênção, construindo uma história de sucesso tão impressionante que fica difícil sequer compará-lo a seus combalidos vizinhos do sul. Como a Turquia, o Cazaquistão é um Estado crucial no trânsito leste-oeste, beneficiando-se de um relacionamento forte com todos os lados — a que dá o nome de estratégia "multivetorial" — e adiando o máximo possível uma escolha entre eles. Seu ministro do Exterior mais influente no período recente, Kassymzhomart Tokaev, é um sinólogo que resiste ao estilo diplomático dominador dos americanos, comparando-o desfavoravelmente ao dos europeus, mais substantivo, e ao dos chineses, mais deferente.[2] A palavra "cazaque" quer dizer "livre" em língua turcomana, e hoje o Cazaquistão não quer um retorno à subserviência diante da Rússia, nem a submissão à hegemonia chinesa, nem uma política americana de interferências e manutenção de bases.[3] Mas, se o fluxo de petróleo do país vier a ser controlado, cabe perguntar se esses impérios concorrentes poderão fragmentá-lo.

O novo Grande Jogo é menos uma questão de ampliação territorial que de acesso e controle de lençóis petrolíferos e dos oleodutos que deles se irradiam. Os funcionários cazaques estão constantemente tentando administrar solicitações sobre rotas para esses oleodutos, em sentido leste-oeste ou norte-sul, envolvendo três categorias: oleodutos já existentes; rotas em construção ou em expansão e dutos secretamente sonhados e concebidos em diferentes capitais, com poucas chances de concretização. Como os cabos de fibra óptica, os oleodutos fazem parte da infra-estrutura quase invisível da globalização, novos traçados indicando duplas de amigos no mapa. Tal como no Azerbaijão, as empresas ocidentais tomaram a iniciativa em defesa dos interesses do Ocidente no Cazaquistão, adquirindo o controle acionário dos campos de Tengiz e Kashagan, os maiores do país.[4] E assim como o oleoduto Baku-Tbilisi-Ceyhan no Cáucaso foi concebido para contornar a Rússia e o Irã, as rotas que a América, a Europa e a China preferem para os novos oleodutos cazaques também tratam de contornar o território russo. "A felicidade é feita de oleodutos", informavam adesivos distribuídos por funcionários do governo Clinton em Alma-Ata. Novos navios cargueiros chegam atualmente ao porto de Aqtau, no litoral oriental do mar Cáspio, transportando petróleo cazaque para Baku, onde ele se integra à rota Baku-Ceyhan que demanda a Europa, e o Cazaquistão também propôs a abertura de um canal entre o mar Cáspio e o mar Negro, para incrementar suas vendas para o Ocidente.

A Rússia há muito se considera protetora do Cazaquistão, e ainda tem direitos de uso da antiga base de lançamento de foguetes soviéticos em Baikonur. Para o Cazaquistão, contudo, a Rússia vai-se tornando apenas mais um jogador no tabuleiro de xadrez centro-asiático. "Já faz um século que resistimos à 'proteção' russa", comentava, desiludido, um diplomata cazaque. Para proteger seus navios cargueiros que rumam para Baku e evitar uma dominação russa no Cáspio, o Cazaquistão coopera com a Otan por meio da Parceria para a Paz. Entretanto, é um país suficientemente rico para não aceitar subornos pela instalação de bases militares ocidentais, cuja presença poderia prejudicar suas relações com a Rússia e com a China. Embora o Cazaquistão e a Rússia (por meio da Gazprom) tenham assinado recentemente acordos para unir suas redes de gás natural, já se manifestam em torno dos oleodutos em funcionamento os mesmos motivos de exasperação causados pela passagem de oleodutos russos pela Ucrânia — a saber, as tentativas da Transneft russa de impedir sua expansão, a menos que sejam renacionalizados, sob controle russo.

O estreitamento dos laços energéticos com a Rússia já não ocorre à custa dos acordos com um cliente muito mais importante para o Cazaquistão: a China. Para o grande sorvedouro chinês, o acesso às fontes energéticas do mar Cáspio é menos um desafio logístico que diplomático, numa região em que as questões de soberania constituem verdadeira armadilha. "Os chineses deixaram claro para nós que suas necessidades energéticas são muito grandes e urgentes — e que estão dispostos a pagar um preço alto para atendê-las", lembrou um funcionário cazaque em Astana, a bela mas sossegada capital do país. Ao contrário das empresas americanas do setor energético, as companhias petrolíferas da China contam com declarado apoio estratégico de seu governo, sem precisarem se preocupar com acionistas; a possibilidade de controlar a situação em suas fronteiras e de importar petróleo sem depender do estreito de Malaca já são incentivos suficientes.

Outrora uma fortaleza da fronteira russa ao pé das montanhas Tien Shan, a maior cidade do Cazaquistão, Alma-Ata, é hoje a mais cosmopolita da região. Numa movimentada avenida do centro, a Corporação Nacional Chinesa de Petróleo (CNCP) ocupa um prédio muito bem guardado que funciona basicamente como segunda Embaixada da China. Por trás dos muros altos que o cercam, os acordos energéticos com as autoridades cazaques são preparados e desenvolvidos ao longo de anos. Em tempo recorde, a China financiou a construção de um oleoduto de mil quilômetros entre Atasu e Alashankou, destinado a levar petróleo cazaque para a rede de energia do oeste chinês. Na inauguração, em 2005, o presidente Nursultan Nazarbayev declarou que o oleoduto consolidava a "parceria estratégica" do Cazaquistão com a China. A Sinopec também garantiu a exploração de vários pontos importantes perto do lençol petrolífero de Tengiz, e está negociando a construção de uma ligação transfronteiriça com o gasoduto chinês leste-oeste, que se estende por 4 mil quilômetros, entre a bacia de Tarim, em Xinjiang, e Xangai.[5]

Mas o Cazaquistão não se tem mostrado disposto a ceder o controle operacional dos oleodutos propriamente ditos, o que levou a uma ofensiva diplomático-financeira chinesa para aprofundar a cooperação no nível da produção. Um século atrás, na era das Portas Abertas, a China estava no lado passivo desse tipo de mercantilismo, alvo da cobiça das potências estrangeiras por contratos de concessão no terreno das infra-estruturas — acertos humilhantes que a China considerava praticamente equivalentes a uma forma de ocupação. À medida que se intensifica a dependência recíproca entre os principais fornecedores de energia da região (Rússia, Irã e os países da Ásia Central) e os consumidores (Europa e China), aumenta também o risco de conflito entre eles.[6] O hábil equilíbrio mantido pelo Cazaquistão entre os interesses ocidentais e os chineses só poderá perdurar enquanto prosseguir o fornecimento de petróleo — e os motivos de atrito já vêm aumentando, mês a mês. A título de exemplo, quando a CNCP comprou a PetroCazaquistão por um preço muito acima do valor de mercado, em 2005, os Estados Unidos e a Rússia se alinharam à decisão do governo cazaque de declarar a empresa de importância estratégica, realocar seus segmentos de refino e produção e adiar a venda. As nacionalizações, que há décadas vêm chamuscando o Ocidente no mundo árabe, podem no futuro tornar-se uma arma contra a China. Para a diplomacia chinesa, portanto, o desafio é manter o país como um parceiro atraente para o Cazaquistão, tão preparado para evitar a dominação quanto a China para exercê-la.

Os impérios em ascensão distinguem espaços mal ocupados nos mapas mais ou menos como os ursos que saem da hibernação farejam comida. Como dizia o coronel Yanov a respeito da Rússia durante o Grande Jogo, a China está novamente escancarando a boca. Há séculos os cazaques assistem aos movimentos chineses de expansão e contração, e a maioria deles não se sente bem com a diplomacia chinesa voltada para a infra-estrutura energética, mesmo se beneficiando com as crescentes rendas do petróleo. Como a China perdeu território para a Rússia e a Mongólia nos séculos XIX e XX (em conseqüência de "tratados injustos"), há quem alegue que sua expansão é justificada. Murat Auezov, respeitado ex-embaixador cazaque na China, considera que o traço-de-união da história da China nos três últimos séculos é "o desejo de ampliar seu território". No entanto, mesmo sem recorrer à agressão declarada, a China já açambarca recursos do Cazaquistão. Para desenvolver os lençóis petrolíferos de Xinjiang, a China drenava até 3 bilhões de metros cúbicos de água por ano dos rios Ili e Irtysh; como eles deságuam no lago cazaque de Balkhash, já consideravelmente ameaçado, a prática poderia levar a uma nova versão do ressequido mar de Aral.

Embora a maioria dos cazaques viva na região sudeste do país, perto da fronteira com a China, o presidente Nazarbayev transferiu a capital para Astana, na estepe norte, para fazer frente às ambições russas, impedir as chinesas e manifestar as suas próprias, construindo uma cidade de pirâmides, torres e estádios espetaculares.[7] O que, no entanto, não evitou a diplomacia demográfica chinesa, que levou ao estabelecimento semipermanente de negociantes chineses e uigures no Cazaquistão, chegando as estimativas extra-oficiais a algo em torno de 300 mil, numa população de 15 milhões. Em Alma-Ata, são cada vez mais numerosas as inscrições e as placas em chinês, refletindo o rápido crescimento do número de restaurantes chineses, para atender a uma população chinesa que também aumenta com rapidez. Perto do mar Cáspio, milhares de trabalhadores do setor petrolífero vivem em complexos semi-extraterritoriais, como também acontece em países árabes.

A investida chinesa sobre o Cazaquistão ocorre no momento em que o país se transforma efetivamente numa nação cazaque, superando suas divisões étnicas e lingüísticas. Como a Ucrânia, o Cazaquistão tem uma demografia basicamente dividida entre as populações russa e nativa.

Em função do programa de cazaquificação adotado por Nazarbayev, no entanto, o aumento da taxa de natalidade dos cazaques fez com que eles se tornassem uma sólida maioria em seu próprio país. "Falar cazaque passou a ser um pré-requisito informal para se ter acesso aos escalões mais altos do poder", observou um parlamentar da oposição. Em Alma-Ata, os nomes de muitas ruas terminam agora com o sufixo turcomano *koshesi*, e não mais com o russo *prospekt*. Ao longo da última década, a população de etnia russa diminuiu consideravelmente, chegando a menos de 20%, com o retorno de muitos para a Rússia — embora um número considerável de russos também tenha retornado ao Cazaquistão. "Eles me discriminavam justamente porque meu passaporte é cazaque", queixava-se um jovem jornalista russo em Alma-Ata, depois de uma viagem a Moscou que ele pretendera definitiva. "De modo que, na verdade, tenho um emprego melhor aqui." Nas frescas noites de verão, jovens cazaques e russos convivem em cafés e restaurantes ao ar livre, comunicando-se numa fluente mistura de russo e cazaque. O Cazaquistão chegou a reformar a única lembrança grata da União Soviética: o circo.

O Cazaquistão tem uma possibilidade de realização do próprio potencial com que a maioria dos países do Segundo Mundo só pode sonhar, tendo tudo a ganhar com sua estabilidade social e política. Sua economia já é maior que a de todos os outros países da Ásia Central juntos, e seus recursos energéticos são estimados em 9 trilhões de dólares. Apesar dos níveis espantosos de corrupção, a diversificação já está em marcha, em pleno *boom* da produção e dos lucros do petróleo, protegendo a economia de uma futura volatilidade do mercado global de energia.[8] Em sintonia com a ambição dos tigres asiáticos semi-autoritários, o Cazaquistão criou zonas econômicas especiais e parques de tecnologia da informação, transformando fábricas de armas biológicas em usinas de processamento de alimentos. Também planeja valer-se de suas enormes reservas de urânio para a geração de energia nuclear. As ligações pela estepe continental são restabelecidas, graças a novos aeroportos regionais e grandes rodovias. Surgem também estações de esqui na cordilheira de Tian Shan — para onde os europeus logo poderão estar afluindo, se o aquecimento global comprometer a queda de neve nos Alpes.

O Cazaquistão vai deixando de ser um país de meras peças numa engrenagem de estilo soviético para se tornar uma nação de indivíduos consumidores. O maior peso da força de trabalho e da economia está atualmente no setor privado, e os bancos privados do país levantam fundos na Bolsa de Valores de Londres. A ajuda governamental às pequenas empresas, a privatização da propriedade da terra, os subsídios agrários e os salários mais altos dos funcionários públicos contribuíram para elevar o padrão de vida, tanto nas cidades quanto nas regiões rurais. O índice de pobreza recuou, o desemprego é o menor da região e o país é o destino mais procurado por trabalhadores migrantes. Intensifica-se em Alma-Ata e Astana a construção de residências e prédios de apartamentos, assim como a migração de profissionais liberais para empresas internacionais de energia e consultoria. "Não estamos contrabandeado capital externo, mas fazendo hipotecas", vangloriava-se em Alma-Ata um jovem consultor que trabalha para uma *joint venture* com participação cazaque e multinacional. "Mesmo depois de terem estudado e se formado na Europa, muitos cazaques como eu levam aqui um estilo de vida ocidental."

O governo cazaque já tem suficiente autoconfiança para adotar um estilo de negociação cada vez mais firme, valendo-se da ameaça de desapropriação e da taxação mais elevada de empresas para aumentar seu controle dos recursos energéticos. Mas o segredo do sucesso do Cazaquistão está, em parte, nas sólidas parcerias com empresas e instituições internacionais. As empresas turcas de construção empregam grande quantidade de cazaques, e a participação de especialistas estrangeiros foi importante na transformação de uma antiga academia soviética no Kimep, instituto de liderança empresarial que atrai os melhores alunos dos países vizinhos. "Muitas vezes, essas instituições servem apenas às ambições de determinado político: quando ele não está mais no poder, a instituição de ensino fecha as portas", comentou um professor do Kimep especializado em mercados de energia. "Mas, como somos politicamente neutros e ensinamos sobretudo em inglês, passamos a ser o principal centro de treinamento da próxima geração de dirigentes na região."

O Cazaquistão pode até se esquivar da "doença russa", o confisco dos rendimentos do petróleo pelo Estado para fomentar uma volta do autoritarismo czarista.[9] O país está muito à frente da Rússia em matéria de reforma de seu Banco Central, e investiu mais de 4 bilhões de dólares dos rendimentos do petróleo num fundo de origem norueguesa com gestão relativamente transparente. O pragmatismo de Nazarbayev se manifesta até mesmo na visceral questão da segurança nacional. No momento do colapso da União Soviética, o Cazaquistão tinha mais armas nucleares do que a França, a Grã-Bretanha e a China juntas, mas, como fora vítima dos testes nucleares soviéticos durante décadas — com a manifestação de deformidades em muitas crianças natimortas em conseqüência da radiação —, o país entrou em acordo com os Estados Unidos para devolver todo o material nuclear à Rússia, e hoje em dia faz pressão para que a Ásia Central seja transformada numa zona livre de armas nucleares.[10] A Rússia observa o Cazaquistão de perto, e inclusive o respeita. Talvez o país possa servir de modelo para a própria Rússia.

O Cazaquistão fez a passagem de uma economia centralizada para uma economia de mercado, e dos *apparatchiks* soviéticos para os nacionalistas cazaques, mas cabe perguntar se será capaz de passar do autoritarismo para as eleições realmente livres. O país é suficientemente rico para se dar ao luxo da democracia, mas Nazarbayev, como remanescente da era soviética e figura paterna turcomana, certamente daria preferência a uma população que manifestasse lealdade sem hesitação. Nos últimos anos, ele fechou o Partido da Escolha Democrática, mandou importantes adversários para o exílio, encarcerou personalidades da oposição e deu a entender que ficará na presidência pelo restante da vida. Nas eleições de 2005, a questão não era saber se ele venceria, mas com que porcentual, e seus assessores tentavam adivinhar que margem de vitória pareceria mais aceitável para os observadores internacionais.[11] Ao mesmo tempo, ele não se mostra infenso às vantagens da gradual instituição de algum tipo de democracia entre os povos nômades do país. "Ele é o único dirigente que não será derrubado por golpe, revolução ou assassinato, e é mais provável que indique um tecnocrata patriótico para seu sucessor do que venha a entronizar uma das filhas como herdeira política", previa, confiante, um observador político cazaque em Alma-Ata.

Nazarbayev detém poder suficiente para conduzir o Cazaquistão em praticamente qualquer direção que escolha, mas, por ser ao mesmo tempo ambicioso *e* racional, ainda pode sofrer algum tipo de condicionamento vindo do exterior. Embora a América fale da promoção da democracia na Ásia Central, está muito mais interessada em arrancar promessas estratégicas de Nazarbayev do que em apoiar a oposição a ele. Por outro lado, a União Européia detém os instrumentos de legitimação cobiçados por Nazarbayev, mas pode negá-los. Ele não só está interessado num plano de ação cazaque no contexto da Política Européia de Vizinhança como não faz segredo do desejo de presidir a Organização para a Segurança e a Cooperação na Europa (OSCE). Em ambos os casos, a UE faz jogo duro. Quanto mais curiosas se mostram as maravilhas arquitetônicas que ele manda construir em Astana — como uma torre fluorescente encimada por uma gigantesca bola dourada —, mais os europeus deixam claro que sua versão da democracia não faz sucesso na Europa. Garantir o fluxo de saída do petróleo cazaque e introduzir valores ocidentais no país são duas questões muito diferentes, mas ambas vêm avançando, do "jeito cazaque".

CAPÍTULO 11

QUIRGUISTÃO E TADJIQUISTÃO: SOBERANIA EM TUDO, CONTROLE DE NADA

QUASE DUAS DÉCADAS depois da independência, a maioria dos observadores externos ainda não é capaz de perceber as diferenças entre os "istões". O que, em última análise, pode não ter tanta importância nos casos do Quirguistão e do Tadjiquistão, dois micro-Estados tipicamente de Terceiro Mundo e os mais prováveis candidatos a serem engolfados para baixo do grande tapete imperial que rapidamente se vai estendendo pela Ásia Central. Num recanto da Ásia Central em que as fronteiras foram grosseiramente traçadas, os dois parecem menos países do que espaços fronteiriços entre impérios. Exatamente como acontecia há um século, o Grande Jogo está sendo jogado nos cumes e à sombra das cordilheiras de Tian Shan e Pamir.

A cordilheira de Tian Shan separa o norte russificado do Quirguistão das populosas cidades meridionais de Osh e Jalal-Abad, mais ligadas à cultura islâmica do vale de Fergana, onde se situam. São necessárias doze exaustivas horas de carro para se chegar da capital, Bishkec, a Osh, passando por espetaculares mas traiçoeiros desfiladeiros na montanha. Um Quirguistão coeso e unido poderia valer-se do turismo para firmar posição no mapa político, usando o ar mais puro do mundo e os poderes curativos do lago de Issykul para fomentar a indústria dos spas. É muito mais provável, contudo, que o país, outrora isolado dos estrangeiros pelos soviéticos, acabe se transformando numa cenográfica passagem para uma Rota da Seda leste-oeste revivida, sob o controle do Cazaquistão, do Uzbequistão e da China.

Em sua situação de pobreza, o Quirguistão é objeto de um constante cabo-de-guerra entre esses vizinhos, muito maiores, com os quais vai tentando sustentar "amizades não-exclusivas". No início da década de 1990, quando a China insistiu na fixação das fronteiras, chegando a um acordo pelo qual o governo quirguiz vendia um território montanhoso de várias centenas de quilômetros quadrados, houve uma reação indignada da população. Quando o Uzbequistão suspendeu o fornecimento de gás, o Cazaquistão supriu as necessidades do país. Mas, embora seja o aliado mais fiel, o Cazaquistão abriu sua própria rodovia até o lago Issykul, para que os turistas cazaques não ficassem expostos à predatória polícia do Quirguistão. Empresas russas e chinesas estão comprando as indústrias metalúrgicas e todo o setor de processamento de alimentos, deixando a maioria dos quirguizes exatamente onde sempre esteve durante séculos: empregados na arcaica agricultura, até hoje movida a tração animal, que continua constituindo o essencial da economia do país. Em Bishkec, os bons restaurantes mais se assemelham a lanchonetes para diplomatas ocidentais, enquanto mulheres sem mais o que fazer estão constantemente oferecendo massagens asiáticas aos hóspedes dos hotéis.

"O presidente Askar Akayev declarou que transformaria o Quirguistão na 'Suíça da Ásia Central', mas o transformou mesmo foi numa Suíça para sua família", indignava-se a ministra do Exterior, Rosa Otunbayeva. No entanto, poucos movimentos políticos chamados de revolução merecem menos o nome que a "Revolução das Tulipas" ocorrida em 2005 no Quirguistão, que não passou, na verdade, de um golpe das elites, depois do qual nada mudou — literalmente. Os Estados Unidos ajudaram a financiar as pequenas empresas e os grupos de comunicação que mobilizaram multidões de manifestantes contra Akayev, que acabou fugindo para Moscou, mas deixou a porta aberta para o regime mafioso de Kurmanbek Bakiyev. Comentário de um observador político em Bishkec: "Qualquer coisa teria sido melhor que Akayev, de modo que muita gente apoiou de bom grado a oposição. Mas imaginar que Bakiyev diminuiria a corrupção e criaria empregos era absurdo."

A ilegitimidade de todos os governos do Quirguistão desde a independência não tem contribuído muito para a estabilidade do país, é claro. Empurrar a bola revolucionária montanha abaixo, sem nenhum controle, em cordilheiras tão íngremes como as do Quirguistão, pode até ser contraproducente, pois a substituição de uma democracia de fachada por algo menos previsível abre as portas para que a China e a Rússia intensifiquem a manipulação de dirigentes inseguros. Para as duas potências vizinhas, a única coisa melhor que um Quirguistão instável e obediente é um país sem governo nenhum. Na época da Rota da Seda, os viajantes atravessavam fronteiras praticamente sem se dar conta. Para a China, não importa quem controla o Quirguistão, desde que se restabeleça esse estado de coisas.

A China está promovendo a ressurreição de suas antigas passagens da Rota da Seda, que prosperaram até a chegada do islã, quando os árabes forçaram a dinastia Tang a recuar pela cordilheira de Tien Shan na batalha de Talas, em 751. O famoso desfiladeiro de Torugart, na fronteira sino-quirguiz, transformou-se numa sólida auto-estrada, adequada ao trânsito pesado de caminhões, que atravessa o país em direção ao Uzbequistão. O comércio na Ásia Central, na verdade, é insignificante para a China, mas para o Quirguistão e para o Tadjiquistão, a presença chinesa é considerável, aumentando a cada dia que passa. A maior parte das exportações quirguizes vai atualmente para a China, e em Bishkec o bazar Dordoi está sempre abarrotado de roupas e ferramentas de fabricação chinesa. Muito mais que no Cazaquistão, o comércio através da fronteira provocou o estabelecimento de mais comunidades chinesas no Quirguistão, e hoje as *Chinatowns* organizadas são uma característica de praticamente todas as cidades. Na própria Bishkec, a avenida Lênin foi rebatizada de Deng Xiaoping.

Enquanto a lógica estratégica da América vai além do Afeganistão, para garantir oleodutos e fiscalizar a China, o Quirguistão voltou a assumir seu papel de posto de escuta do Grande Jogo, e a maneira como manobra as coisas também lembra a versão original: cada potência tenta estabelecer guarnições militares, em proximidade cada vez maior. O exército russo nunca abriu mão de seus santuários no Quirguistão, mas, efetivamente, retirou-se da antiga base soviética de Manas, perto de Bishkec, atualmente ocupada pelos Estados Unidos.[1] Na mesma fronteira onde entraram em confronto em 1969, a China e a Rússia se espionam mutuamente hoje com monitores camuflados. Quando os Estados Unidos tentaram obter direitos de utilização de bases no Quirguistão para os aviões de reconhecimento Awacs (Airborne Warning and Control System), a China forçou o governo a recusar, revelando que as bases americanas no Quirguistão são muito menos o "caminho de lírios" pretendido pelo Pentágono do que ilhas cada vez mais inundadas por uma crescente onda de atividade comercial e infra-estrutural chinesa — as verdadeiras alavancas de influência em países subdesenvolvidos. Os aviões do Pentágono podem levar os Estados Unidos até lá, mas e depois? A América não pode substituir a China em termos econômicos, e a China pode facilmente subornar qualquer regime quirguiz que se instaure, confinando a América à sua base. Se o fomento da democracia continuar significando apenas ajuda a autocratas e salários para consultores, seguirão florescendo exatamente aqueles regimes que o Ocidente pretende eliminar — os que se vendem para quem oferecer mais, pouco se preocupando com estabilidade estratégica.

A mesma micropolítica de rodovias e meios de acesso se manifesta no Tadjiquistão, transformando-o em mais uma parada da Rota da Seda. Desconfortavelmente encarapitado no teto do mundo, no maciço de Pamir, entre o Uzbequistão, o Afeganistão, o Quirguistão e a China, o Tadjiquistão é mais um país que se verga aos ventos imperiais — só que com um viés de radicalismo islâmico. Seu Partido do Renascimento Islâmico foi o único partido religioso reconhecido na antiga União Soviética, constituindo, na década de 1980, um ponto de convergência do nacionalismo tadjique, num momento em que a elite comunista da capital, Duchambe, ironicamente negligenciava a insurgência anti-soviética no Afeganistão que desencadearia o processo de colapso da URSS. Quase 150 mil pessoas foram mortas na guerra civil do início da década de 1990 no Tadjiquistão, a qual, como aconteceria simultaneamente na guerra iugoslava, demonstrava a fragilidade das identidades nacionais construídas no mundo comunista. Mesmo tendo levado a melhor nas eleições realizadas no país em 1992, o grupo político de Imamali Rakhmanov, apoiado por Moscou, teve de lutar para chegar a Duchambe.

O Tadjiquistão é abalado anualmente por cerca de 3 mil tremores e terremotos, o que vem a ser uma bela metáfora de sua vida política. O regime vergonhosamente corrupto de Rakhmanov está praticamente hipotecado a Moscou. Cerca de 20 mil militares russos encontram-se estacionados no país, cujas represas hidrelétricas mais estratégicas são operadas por empresas russas, que lucram com a venda de energia ao vizinho Uzbequistão. Num típico fenômeno terceiro-mundista, as remessas de tadjiques emigrados para a Rússia são maiores que o orçamento do país. O Tadjiquistão depende da condescendência do Aga Khan, do Banco Mundial e da União Européia, porém, com mais de 80% da população abaixo da linha de pobreza, não surpreende que os tadjiques de ambos os lados da fronteira afegã recorram ao tráfico de drogas para sobreviver.

Mas o Tadjiquistão também representa uma ponte essencial para a revitalização das rotas de comércio sino-iranianas ligando Xinjiang, Osh, Duchambe e Herat (no Afeganistão) ao Irã, com o qual o país tem afinidades étnicas e lingüísticas. O financiamento iraniano de um túnel através do maciço de Fan, ligando Duchambe a Khujand, permite, pela primeira vez, que as duas principais cidades do Tadjiquistão estejam ligadas durante todo o ano, ao mesmo tempo contribuindo para ativar um novo corredor sino-iraniano de energia e comércio. "Nossa fronteira não é mais com a Rússia, mas com a China e com o Afeganistão", observou um sagaz soldado tadjique num malconservado posto de controle na fronteira. "Sem essas rodovias que estão sendo abertas pelos chineses, não poderíamos sequer percorrer nosso próprio país."

Essa nova passagem da Rota da Seda é menos romântica, mais industrial e muito mais rápida que suas encarnações anteriores. Uma vez construídas, contudo, as rodovias abrem caminho não só para o comércio e o petróleo, mas também para drogas, doenças infecciosas e ideologias extremistas. Assim é que a China e a Rússia vêem com bons olhos as tentativas americanas e européias de estabilizar esse Estado-tampão na fronteira sul com o Afeganistão, que a Rússia já não controla. Sob controle americano e europeu, o comércio pelo rio Panj, na fronteira tadjique-afegã, é fiscalizado de modo eficaz — em flagrante contraste com o período em que o exército soviético, carente de fundos, se acumpliciava com o tráfico de drogas na mesma região. Mas a China já começou a seguir essas lições ocidentais e a aplicá-las ao policiamento da fronteira, chegando a dar mais um passo nessa direção com a adoção de estratégias de gestão compartilhada das fontes de água. Os laços políticos, econômicos e estratégicos que diariamente se aprofundam nessas passarelas reconstruídas da Rota da Seda vão se tornando um filtro de influências que pode posicionar os Estados Unidos, ao sul dos "istões" pós-soviéticos, no próprio cemitério soviético do Afeganistão.

CAPÍTULO 12

UZBEQUISTÃO E TURCOMENISTÃO: HOMENS DE MAUS MODOS

Pouco depois de 11 de setembro de 2001 os turistas americanos eram saudados em postos de controle militar do Uzbequistão como "Amigos de Bush!". O país fora recrutado como importante aliado americano no apoio às operações em seu vizinho meridional, o Afeganistão, usado como plataforma de lançamento de aviões Predator sem piloto, controlados a distância, nas tentativas de assassinar Osama bin Laden, e mais adiante participaria ativamente dos esquemas da CIA para interrogar e torturar suspeitos de terrorismo. A presença dos militares americanos na base meridional de Karshi-Khanabad ("K2") também contribuiu consideravelmente para deixar o Uzbequistão à vista, levando seu regime a forçar o reconhecimento de sua condição de centro decisivo de poder na região. Cinco anos depois, contudo, o Uzbequistão decepcionara as expectativas gerais: a América havia praticamente se retirado do país e o colapso político era quase uma certeza. O que foi que deu errado?

O Uzbequistão está bem no centro dessa região: sua população é maior que as populações somadas dos demais Estados pós-soviéticos da Ásia Central, e ele faz fronteira com todos. No início da década de

1990, o Uzbequistão era considerado um candidato mais provável à liderança da região do que o Cazaquistão, com seus numerosos centros urbanos e sua infra-estrutura mais sólida. O país era o oitavo maior produtor mundial de ouro, com consideráveis reservas de petróleo, gás e urânio. Sua produção de algodão e sua base industrial faziam dele localização privilegiada para grandes fábricas têxteis e montadoras de automóveis. O presidente Islam Karimov também parecia um sujeito progressista. "Melhor jogar com raquetes de tênis do que com foguetes militares", disse ele certa vez, em discurso na abertura da prestigiosa Copa do Presidente na capital, Tachkent.

Mas enquanto o presidente do Cazaquistão, Nazarbayev, promovia um renascimento turcomano voltado para o futuro, Karimov dava ênfase a uma identidade nacional voltada para o passado, sob a inspiração de Tamerlão — o grande *khan* do século XIV —, cujas estátuas eqüestres substituíram as de Karl Marx em toda Tachkent.[1] Mas, ao contrário de Tamerlão, que enviava caravanas em todas as direções para aprofundar os laços com a China, a Arábia e o Hindustão, Karimov praticamente isolou seu país, provocando o maior bloqueio jamais visto na Rota da Seda, e se voltou violentamente contra seus próprios concidadãos. No centro de Tachkent, os suntuosos e modernos bancos têm um só cliente — o governo —, e corre a piada de que talvez não passem de depósitos de cédulas da moeda nacional uzbeque, o som, necessária em quantidades prodigiosas para comprar qualquer coisa. O país perdeu a maior parte de seus talentos e de seus negócios competitivos para o Cazaquistão, mais bem administrado. O grande símbolo dessa deriva pós-soviética entre o Cazaquistão e o Uzbequistão é o mar de Aral. Outrora ressequido e poluído símbolo dos inviáveis esquemas de irrigação do cultivo de algodão na era soviética, foi dividido por uma represa construída pelo governo cazaque, que conseguiu assim reabastecer um "Pequeno Aral" com as águas do rio Syr-Darya. Enquanto isso, a parte uzbeque, maior, continua sendo um venenoso pântano que encolhe cada vez mais, debaixo de verdadeiras nuvens de pesticidas. Enquanto o Cazaquistão galga patamares no Segundo Mundo, o Uzbequistão pode muito bem estar recuando para o Terceiro.

A palma da mão da Ásia Central é o vale de Fergana, que hoje abriga 20% da população da região em apenas 5% do território. Entretanto, com uma representação desproporcional de cada grupo étnico no interior das fronteiras vizinhas, é também o epicentro da versão centro-asiática da síndrome de conflito que ainda prevalece no Cáucaso, onde Stálin também puxou os cordões do destino na criação de uma esquizofrenia demográfica, pondo as minorias umas contra as outras para impedi-las de fazer agitação contra o governo central. Em 1990, eclodiram terríveis confrontos étnicos entre uzbeques e quirguizes, sem que as tropas soviéticas movessem um dedo para impedi-los. Moscou preferiu pôr a culpa no islã. Demograficamente, a parte ocidental do Quirguistão e o norte do Tadjiquistão são de maioria uzbeque. Considerando-se a grande densidade populacional e o alto grau de pobreza do vale de Fergana, um forte agravamento de uma crise dessa natureza poderia desencadear um pesadelo em matéria de refugiados. O aumento do tráfico de drogas e o declínio dos serviços sociais sob sucessivos regimes regressivos tiveram impacto devastador na juventude de Fergana, que fica apaticamente fazendo hora nos cafés de esquina, à espera de trabalho.

Ainda hoje é impossível entender a vibração e a grandeza arquitetônica da Rota da Seda sem visitar as madrassas e os bazares de Samarcanda e Bukhara (ambas no Uzbequistão), em cujas oficinas escondidas e apertadas a seda é fabricada em teares de madeira segundo técnicas contrabandeadas da China e da Pérsia séculos atrás. Na célebre madrassa de Mir-i-Arab, em Bukhara, carecas com seus *pakuls* na cabeça e barba muito fina dedicam-se calmamente à restauração de complexas tábuas de caligrafia islâmica. Numa loja subterrânea ali perto, músicos colecionam e recuperam instrumentos multisseculares usados pelos hipnóticos conjuntos que produzem a música da Rota da Seda: flautas estridentes, guitarras de cordas cerradas, tambores arábicos — mas não há ninguém para ouvi-los. A imponente madrassa de Registan, em Samarcanda, centro de atração de paradas, festivais e bazares na época de Tamerlão, é hoje um espaço gigantesco, mas vazio. Samarcanda pode vir a se tornar o símbolo de um moderno renascimento islâmico, o que voltaria a lhe conferir o apelido de "segunda Meca". E o vale de Fergana, coração da mistura de moedas e cozinhas característica da Rota da Seda, poderia ter-se tornado o celeiro da região, contribuindo para a prosperidade dos agricultores dos países vizinhos. Em vez disso, o Uzbequistão é um típico caso de oportunidades perdidas e ambições desperdiçadas.

Para aumentar o peso de seu país na "guerra ao terrorismo", Karimov baniu partidos e organizações sociais islâmicos. A utilização de rótulos convenientes como "extremistas" e "fundamentalistas" para se referir a instituições sociais e educacionais estabelecidas, como as madrassas, é uma tática muito empregada pelos déspotas da Ásia Central e do mundo árabe. Ironicamente, apesar de ser ele próprio nominalmente muçulmano, Karimov repetiu os erros dos bolcheviques ateus que durante mais de uma década combateram os "bandidos" basmachis em todo o Turquestão, forçando-os a recuar para a orla das montanhas, e depois disso Stálin destruiria quase todas as cerca de 30 mil mesquitas, sendo as restantes, aproximadamente mil, usadas como fábricas ou museus. Mas os sovietes pelo menos sancionaram um islã "oficial" para melhorar sua credibilidade nos países islâmicos, criando quatro *muftiias* (diretorias) com Tachkent como centro.[2] Já Karimov exagerou a ameaça dos grupos islâmicos e superestimou a paciência da população com a autocracia, ao mesmo tempo que se mostrava incapaz de convencer os uzbeques de que seria a pessoa indicada para liderá-los na redescoberta de sua gloriosa herança cultural.

A disseminação de um fundamentalismo islâmico violento em direção ao norte, a partir do Paquistão e do Afeganistão, chegando ao vale de Fergana, nada tem de inevitável. "Os grupos islâmicos têm representado, essencialmente, uma forma de oposição política na região, e não uma força de radicalização", explicou um ex-funcionário uzbeque, depois de deixar o governo por questão de princípio. No Cazaquistão, os jovens freqüentam regularmente as mesquitas sem medo de sofrer qualquer tipo de pressão, e a insatisfação islâmica não chega a ser um fator no país. Mesmo no Uzbequistão, o radicalismo era, inicialmente, apenas uma reação sem grande importância aos senhores da guerra da etnia uzbeque no norte do Afeganistão, mas sem qualquer intenção de derrubar o regime. A maioria dos uzbeques preferiria manter-se à distância da turbulência do islamismo político encontrada em outros países. "Nunca enfrentamos problemas religiosos na vida cotidiana", prosseguiu o ex-funcionário. "Só agora é que tomamos o caminho errado no trato com o islã."

Um balão apertado não se esvazia: vai aumentar de um dos lados até explodir. Karimov gerou o pior pesadelo para o Ocidente, e também para si próprio: um Estado sem qualquer oposição funcional, com exceção daquela feita pelos grupos islâmicos organizados que transformaram o Uzbequistão e o Tadjiquistão em seus principais alvos.[3] Dois grandes movimentos islâmicos dedicam-se atualmente ao fomento do nacionalismo pan-islâmico, tendo a derrubada de Karimov como pré-requisito essencial. O Hizb ut-Tahrir começou como uma comunidade islâmica não-violenta, empenhada em combater a corrupção e a pobreza, mas que, recorrendo a panfletos e sites na Internet, transformou-se numa espécie de vanguarda islâmica sunita.[4] O Movimento Islâmico do Uzbequistão (MIU) tem células de militância baseadas no Afeganistão e no Tadjiquistão, recebe financiamento de madrassas paquistanesas e wahabitas da Arábia Saudita e tem utilizado alguns acampamentos no vale de Fergana para treinar recrutas em técnicas de combate e assassinato, ao mesmo tempo que promove leituras viciosas do Corão para justificar o assassinato de americanos e judeus.[5]

Um regime como o de Karimov é a melhor propaganda de recrutamento que esses grupos poderiam desejar. Milhares de seus membros são jovens do meio urbano que nem sequer eram muçulmanos praticantes anos antes, mas a incapacidade das elites uzbeques de forjar uma identidade nacional moderna e abrangente abriu a porta para alternativas.[6] Até mesmo para os uzbeques de mentalidade secular, praticamente qualquer coisa seria preferível à opressão de Karimov, que tem levado viúvas a aderir ao Hizb ut-Tahrir* para levar adiante a missão de seus maridos. Em 2004, atentados suicidas nas praças públicas de Tachkent — prática completamente desconhecida na região — conquistaram a simpatia de boa parte da população uzbeque. "Podemos acabar como o Afeganistão", preocupava-se um estudante numa área abandonada da capital. "Aqui, a única alternativa é o conflito."

Karimov sempre foi um autocrata, mas não um autocrata todo-poderoso, o que o torna muito mais paranóico. A coletivização promovida por ele diminuiu a renda dos agricultores, impedindo-os de ter suas próprias terras, e tarifas elevadas foram impostas às importações e ao câmbio, submetido a um rígido controle. À medida que os investimentos estrangeiros recuavam, Karimov tentou até assumir o controle total da economia e da moeda, cada vez mais desvalorizada, impedindo o comércio na fronteira do país, no vale de Fergana e com o sul do Cazaquistão. Nada poderia ter contribuído para solapar mais rapidamente a lealdade entre os pequenos comerciantes uzbeques que, para sua sobrevivência, dependem dos vastos bazares a céu aberto em Karasu,

* "Partido da Libertação Islâmica" é um grupo radical que busca o estabelecimento de um Estado muçulmano supranacional com a criação de um califado. (*N. do E.*)

dos dois lados da fronteira com o Quirguistão. Ali, gigantescos contêineres chineses são empilhados dois a dois, formando uma espécie de caravançará labiríntico, um estonteante emaranhado de lojas multicoloridas às quais os uzbeques acorrem em busca de produtos chineses baratos cuja importação é proibida pelo governo. O conjunto todo poderia ser embalado e transferido em questão de dias, exatamente como na era da Rota da Seda. Foi o que Karimov quis garantir, acabando com o bazar e demolindo casas na fronteira. Para ampliar o que restou depois que Karimov fechou a fronteira, mercados negros ao estilo soviético começaram a pipocar em toda a região de Fergana, mas os lucros caíram vertiginosamente porque, entre outros motivos, os vendedores de melancia, com suas carrocinhas, tinham de pagar propinas mais altas que os automobilistas para atravessar a fronteira, rigorosamente vigiada, balançando a cabeça por verem seus ganhos no dia irem embora dessa maneira.

O fechamento da fronteira também significou um percurso maior para o retorno mais próximo à cidade uzbeque importante, Andijan, berço, no século XV, do imperador mongol Babur. Para intimidar os empresários de Fergana, Karimov levou duas dezenas dos mais bem-sucedidos a julgamento, acusando-os de serem radicais islâmicos. Em maio de 2005, a polícia abateu a tiros manifestantes que exigiam pacificamente sua libertação, no pior massacre dessa natureza ocorrido na Ásia Central desde a revolta na praça Tiananmen, em Pequim, em 1989. Um homem detido, sem qualquer prova, por suposto extremismo, foi torturado durante dois anos, ouvindo em seguida das autoridades: "O presidente Karimov o perdoa, mas se disser a alguém o que aconteceu aqui, será preso novamente."

Tachkent é hoje a principal cidade policial de um Estado cabalmente policial. Num raio de 220 quilômetros a partir da cidade, todos os veículos são revistados em postos de fiscalização policial e militar, freqüentemente com a fachada de postos alfandegários internos, na tentativa de se impedir que elementos contrários ao regime entrem na capital. Qualquer agitador que por acaso entrasse em Tachkent ficaria decepcionado ao descobrir que o quadrilátero central das instituições governamentais foi isolado de forma semelhante à da Cidade Proibida de Pequim, usando-se oficialmente o pretexto das "reformas" para isolar um espaço suficientemente grande para abrigar possíveis manifestações de protesto. Até o Bazar Chorsu, o maior da cidade, foi arbitrariamente dividido ao meio por uma cerca. Não deixa de ser irônico que Karimov tema seu próprio povo, se considerarmos que está no comando de um aparato de segurança tão abrangente, capaz de alienar a maioria dos cidadãos, exceto as inocentes criancinhas que vendem cartões-postais nos santuários de Bukhara. O Ministério do Interior e os serviços de segurança têm seus próprios contingentes armados e seus esquemas financeiros, engrossando as fileiras de um exército de 60 mil homens. Juntas, essas forças seriam perfeitamente capazes de anexar a região de Khujand, no Tadjiquistão, de população majoritariamente uzbeque.

Karimov tentou apresentar a repressão em Andijan como um episódio da "guerra ao terrorismo" empreendida pela América, deixando os Estados Unidos na desconfortável posição de ver suas políticas de democratização e de combate ao terrorismo opostas uma à outra.[7] Antes de Andijan, os uzbeques tinham ficado impressionados com um comentário do chefe do Comando Central americano, Anthony Zinni: "Eu não sou Tamerlão; não vim aqui para conquistá-los."[8] Mas as duras críticas ocidentais a Karimov acabaram por jogá-lo nos braços dos russos e dos chineses, que lhe deram a cobertura da OCX para exigir que os Estados Unidos se retirassem de sua base em Karshi-Khanabad. O Uzbequistão havia se transformado em mais um tabuleiro de manobras do xadrez da *Realpolitik*, e o resultado ainda é incerto.

Karimov também tratou rapidamente de fechar ou expulsar a maioria das ONGs americanas ligadas à defesa dos direitos humanos, à reforma judiciária e ao treinamento para a formação de meios de comunicação independentes. "Diariamente somos intimados a comparecer a alguma audiência num tribunal ou notificados de que devemos deixar o país", queixava-se um correspondente ocidental. "Nossos parceiros querem nossa presença aqui para serem capacitados, mas o governo se mostra nervoso demais." As ONGs voltadas para a promoção da democracia fazem parte de um estilo americano de política externa aparentemente contraditório, mas, no fundo, crítico, pelo qual os Estados Unidos desempenham, ao mesmo tempo, os papéis do bom e do mau policial. Eles se oferecem para treinar ambos os lados da sociedade — os governantes e os governados —, mas a oferta costuma ser aceita só por estes. Mesmo quando a política oficial americana apóia determinado regime, suas ONGs fazem frente aos tiranos, ensinando a população local a fazer o mesmo.

Mas as incoerências grosseiras dessa política bem-intencionada também a puseram a perder. O paradigma da "guerra ao terrorismo" levou o Departamento de Estado e o Pentágono a atuar em sentidos contrários: quando o primeiro reduzia a ajuda por causa das violações dos direitos humanos, o segundo aumentava a verba para a assistência militar. Só uma minúscula fração dos 500 milhões de dólares gastos no Uzbequistão foi destinada à democratização. A ajuda externa — que sempre é, ao mesmo tempo, política *e* voltada para o desenvolvimento — acabou por se mostrar incapaz de gerar mudança econômica ou lealdade diplomática. E quando se exige pouco ou não se exige que sejam promovidas reformas políticas como condição preliminar, os dirigentes se sentem estimulados a adotar estratégias muito mais agressivas contra a oposição interna.[9] Karimov, por exemplo, não usou as verbas americanas para investir na diversificação das colheitas e salvar uma economia vacilante, e sim para pagar salários mais altos aos que se dispunham a prestar leais serviços em suas forças de segurança, fortalecendo sua blindagem contra qualquer mudança de regime. Se a América continuar preocupada apenas com as relações com os regimes — ao contrário da preocupação européia de melhorar os sistemas —, é possível que até os sucessores de Karimov simplesmente dêem prosseguimento à prática de cortejar a China e a Rússia. Comentário acusador de um funcionário uzbeque num tranqüilo restaurante em Tachkent: "O Ocidente devia mudar sua estratégia, deixando de considerar determinado dirigente 'o nosso filho da mãe' e passando a chamá-lo simplesmente de 'filho da mãe'."

O problema de oferecer assistência militar a qualquer regime que se apresente no mercado geopolítico é que resulta em muito pouco poder de alavancagem política quando outras potências estão em condições de oferecer o mesmo.[10] Embora a Otan suspenda qualquer cooperação com países que se recusem a prosseguir com suas reformas democráticas, a OCX continua sendo um acolhedor subgrupo de apoio recíproco para as autocracias que preferem o apoio chinês ou russo, aparentemente sem custos, a uma pesada tutela ocidental. Com Karimov cercado de camadas e camadas de assessores, sua política repressiva e seu estilo econômico de controle centralizado indicam algo mais que mera mudança estilística na direção do modelo chinês ou russo. O Uzbequistão nem sequer tem fronteira com a China, mas Karimov apressou-se a jogar seu país na esfera de influência chinesa.

Pouco depois do massacre de Andijan, Karimov foi a Pequim e assinou acordos de fornecimento de petróleo e gás dos campos do vale de Fergana no valor de 1 bilhão de dólares, com direito a um gasoduto até a China ocidental. Perfeitamente à vontade com a corrupção e a opacidade nos negócios, as empresas russas e chinesas controlam atualmente a maior parte dos depósitos minerais da região. A Rússia e o Uzbequistão também assinaram um acordo de defesa mútua no fim de 2005, tornando ainda menor a presença americana.

Mas, enquanto o Cazaquistão melhorou sua segurança mantendo boas relações com todas as grandes potências, Karimov vem solapando a estabilidade do Uzbequistão ao rechaçar o apoio ocidental — expondo o país a uma exploração conjunta da China e da Rússia. Simultaneamente, os Estados Unidos e a União Européia continuam gozando de popularidade entre a população uzbeque. Depois de Andijan, os EUA levaram centenas de refugiados uzbeques do Quirguistão para a Europa, apesar das vociferações de protesto de Karimov. "Não dispomos de muita informação, mas sabemos que a América e a Europa tomaram a decisão certa, de modo que continuamos a respeitá-las", explicou um jovem acadêmico uzbeque. A Europa, além disso, proibiu a entrada de altos funcionários uzbeques, enquanto os oposicionistas uzbeques exilados na Europa passavam a ser treinados por agências ocidentais. Note-se que, repudiando Karimov, o Ocidente não indispôs os grupos islâmicos uzbeques. Ao contrário, a China e a Rússia é que podem acabar sendo culpadas por autocratas como Karimov, conseqüentemente vindo também a sofrer com a reação.

O Uzbequistão prova que é muito mais fácil fechar um país do que abri-lo. Para um dirigente como Karimov, não existe a busca de um equilíbrio entre democratização, crescimento econômico e segurança nacional: a estabilidade do regime *é* a sobrevivência, tanto para o próprio regime quanto para o Estado. "Não houve aqui qualquer transição ou avanço desde a *glasnost*", queixava-se um motorista de táxi em Bukhara. "E não haverá até que Karimov seja pendurado num poste." A mentalidade paranóica de Karimov impede qualquer possibilidade de sucessão legítima. Ainda no poder quase duas décadas depois da independência, ele levará sua tirania para o túmulo.

A maior província do Uzbequistão, Karakalpakia, abrangendo todo o terço ocidental do país, é hoje em dia um deserto, em conseqüência do uso excessivo das águas do rio Amu-Daria para irrigação; enquanto isso, o mar de Aral, onde outrora era feito mais de um décimo da pesca da União Soviética, já não contém qualquer tipo de vida, a não ser as bactérias que infectam a população local. Do outro lado dessa nova terra desértica está o Turcomenistão, cujo território é, na maior parte, formado pelo mesmo tipo de deserto. Suas tribos nômades e criadoras de cavalos não estão muito distantes da época em que Mary era a segunda capital da dinastia seljúcida, depois de Bagdá, o que as tornou as mais resistentes à expansão soviética, contra a qual se revoltaram violentamente ao longo da década de 1930. Com suas enormes reservas de gás natural, contudo, o Turcomenistão é, basicamente, um dos maiores fornecedores mundiais, embora seus gestores abram e fechem as bombas arbitrariamente.

Ao contrário de Islam Karimov, o dirigente do Turcomenistão, Saparmurat Niyazov, que morreu em 2006, não era modesto a ponto de considerar Tamerlão ou alguma outra figura histórica, e não ele próprio, o herói nacional. Niyazov — que se denominava *Turkmenbashi*, o Pai dos Turcomanos — substituiu em todo o país os livros de história pelo seu próprio *Ruhnama* (que passou a merecer, numa autêntica blasfêmia, posição equivalente à do Corão) e por poemas com versos como: "Eu sou o espírito turcomano e renasci,/ Para trazer-lhes uma era de ouro e a felicidade." Sua delirante mistura de identificação de sua própria pessoa com o Estado, lobotomia da oposição, expurgo da *intelligentsia* e saque da economia era uma forma de autoglorificação do quilate das cultivadas por Pol Pot ou Kim Jong Il. Ele fechou hospitais e bibliotecas fora de Ashgabat, ao mesmo tempo que investia milhões de dólares em apartamentos luxuosos, rodovias de oito pistas e extravagantes fontes e estátuas de sua própria figura — uma delas com 36 metros de altura, e obedecendo a um movimento giratório determinado pelo sol. O país foi reduzido a pouco mais que um sultanato, no qual o poder é distribuído entre aliados clânicos; não existe qualquer idéia de constitucionalismo. Para demonstrar sua benevolência, ele libertava milhares de prisioneiros num ritual anual de anistia. Niyazov estabelecia políticas por capricho, indo de encontro às recomendações de seus poucos assessores, o que deu ao país fama de verdadeiro pesadelo para qualquer estatístico de economia, com os dados do governo representando antes "o mundo que o *Turkmenbashi* gostaria que existisse, e não aquele em que efetivamente vive a maioria dos turcomanos".[11] No mundo real, as massas estão desempregadas e entorpecidas pelas drogas. Após a morte de Niyazov, a nova *nomenklatura* isolou o país para impedir que os cidadãos fugissem com o ouro, tratando em seguida de manipular a Constituição para manter o controle cleptocrático do poder. "Esperávamos que houvesse uma transição para políticas mais próximas da realidade, mas, evidentemente, não é a prioridade do regime", comentava, desiludido, um funcionário de uma agência ocidental de ajuda, ele próprio um tanto entorpecido pelas visitas a esse país carcomido pelo tempo.

Em oposição ao seu vizinho do mar Cáspio — o Cazaquistão —, o Turcomenistão é a prova de que a riqueza de recursos naturais não tem relação direta com a boa gestão econômica ou política.[12] Niyazov vivia com medo de investimentos estrangeiros no setor energético, por causa da intromissão política que poderiam acarretar. Em conseqüência, a produção de petróleo chegou a cair na década de 1990. Ironicamente, como Niyazov nunca permitiu que fosse atestado o volume das reservas de petróleo e gás do Turcomenistão, a ausência de investimentos estrangeiros fez com que a Gazprom russa ainda hoje esteja no controle dos dutos do norte do país, o que lhe permite ditar os preços do gás. A pretendida construção de um oleoduto atravessando o Afeganistão e o Paquistão até a Índia — para contornar os dois concorrentes do Turcomenistão na produção de gás, o Irã e a Rússia — não foi adiante não só por causa da instabilidade do Afeganistão, mas também em virtude da falta de transparência no próprio Turcomenistão.[13]

A crescente demanda por novas fontes de petróleo e gás, contudo, faz com que seja uma simples questão de tempo saber como serão feitas novas tentativas de extrair esses recursos do Turcomenistão. Embora a Rússia continue controlando o fluxo de gás turcomano para a Europa, o Turcomenistão pode esquivar-se ao controle russo e se prevalecer de contratos energéticos com o Ocidente, se for capaz, como o Cazaquistão, de ligar seu fornecimento de energia pelo mar Cáspio ao corredor energético do Cáucaso, que chega até a Hungria. O desejo de se livrar da Rússia também levou o Turcomenistão a considerar a construção de um gasoduto até a China, passando pelo Cazaquistão.[14] Os Estados Unidos cobiçam a antiga base soviética de Mary, esperando que o Turcomenistão possa atender a seus objetivos estratégicos em relação ao Afeganistão — e também ao Irã —, exatamente como fez o Uzbequistão em dado momento. Não deixa de ser um sinal do caráter perverso do novo Grande Jogo que o Turcomenistão possa tornar-se o país mais disposto a cooperar com o Ocidente no seu empenho em intimidar o Irã, conter a Rússia e fomentar o fornecimento de energia à Europa. Mas esse fato também é mais um lembrete de como pode ser tênue a influência externa em todos os canatos da Ásia Central.

CAPÍTULO 13

AFEGANISTÃO E PAQUISTÃO: DOMAR A ÁSIA CENTRO-MERIDIONAL

No circuito diplomático, o presidente Hamid Karzai, do Afeganistão, e o general Pervez Musharraf, do Paquistão, são verdadeiras celebridades, atraindo multidões de curiosos por sua condição de líderes de dois dos países mais conflituosos e perigosos do mundo. Representando dois dos melhores exemplos da história de convergência de rotas de comércio e invasão, ambos são países do Terceiro Mundo vivendo crises existenciais de legitimidade; em ambos os casos, a própria existência do país se deve a equívocos estratégicos e anomalias coloniais. O Afeganistão, que ao norte se funde na estepe centro-asiática historicamente controlada pelos *khans* do Turquestão, é um microcosmo de toda a região, com consideráveis contingentes de *pashtun*,* uzbeques, turcomanos e persas (*hazaras*), mas nenhum desses grupos constitui maioria na população de 30 milhões de habitantes. O Paquistão também é uma federação tribal de instituições fracas (apesar de contar

* Esse povo, que compõe o mais numeroso grupo étnico do Afeganistão, e que também habita a província da Fronteira Noroeste do atual Paquistão, é designado *pahtans* (ou *patanes*). Consagradas traduções brasileiras e portuguesas da década de 1970 mantiveram o termo. Porém, atualmente, generalizou-se o uso de *pashtun*, mais de acordo com o modo afegão. *(N. do R. T.)*

com uma sofisticada elite pós-colonial), flagelada por fluxos ilícitos de armas, drogas e militantes islâmicos. Em ambos os países, os atentados suicidas chegaram ao auge da banalização: aparentemente, ninguém se dá mais ao trabalho de querer saber qual é a mensagem. Os dirigentes estão constantemente no limiar da sobrevivência: nem Karzai nem Musharraf poderão durar muito mais. Mas o fato é que os dois países continuam sendo cruciais na encruzilhada leste-oeste e norte-sul da nova Rota da Seda e do novo Grande Jogo.

O acidente histórico da invasão americana do Afeganistão em 2001 subitamente o transformou numa prioridade estratégica para o Ocidente.[1] Cinco anos depois da queda dos talibãs, contudo, Karzai ainda era pouco mais que o prefeito de Cabul, devendo sua credibilidade como líder nacional diminuir até a inevitável deposição (ou, possivelmente, renúncia). Os senhores da guerra uzbeques, no norte, e os militantes talibãs, no sul, continuam a lutar contra seu regime, escorando-se em suas próprias milícias e em operações de contrabando de drogas por todos os países vizinhos. "A defesa da Alemanha começa no Hindu Kush", declarou em 2002 o ministro da Defesa alemão, Peter Struck. A Europa, a Rússia, a China e os Estados Unidos estão muito preocupados com a fragilidade do Afeganistão, para não falar na exportação de drogas pelo vale de Fergana e pela Rússia para a Europa, mas as declarações sobre os interesses globais da Otan servem apenas para frisar sua incapacidade de garantir a estabilidade afegã.

Os afegãos se desiludiram com a incapacidade do Ocidente de restabelecer a ordem que até mesmo os talibãs tinham sido capazes de garantir. O orçamento do Afeganistão é quase todo assegurado por ajuda ocidental, mas a maior parte dessa assistência é gasta, na verdade, com despesas gerais, segurança e salários, perdendo-se boa parte do restante no ralo da corrupção. Por influência britânica e soviética, foram construídos hospitais, escolas e rodovias no Afeganistão, mas três décadas de um excruciante conflito interno reduziram o país a um estado de aniquilamento do qual levará décadas para se recuperar. Não surpreende, assim, que os afegãos que outrora cultivavam vinhas e passas tenham se voltado para a papoula a fim de sobreviver, tendo sido maior a produção em 2005 do que na época dos talibãs. É simplesmente um milagre o fato de que as dezenas de milhares de afegãos que vivem em choupanas nas colinas de Cabul não congelem no rigoroso inverno do país.

A maioria dos observadores internacionais considera o Afeganistão o mais avançado protetorado da Otan, mas, na verdade, o país já é — mais uma vez — parte do novo Grande Jogo com a OCX. A Otan ocupa atualmente o mesmo terreno que era usado pelos britânicos em Cabul no século XIX e pelos soviéticos no século XX. Depois que aderiram à coalizão antitalibãs em 2001, os Estados Unidos gradualmente passaram a contar mais com suas bases fortificadas em Bagram e Kandahar, com o objetivo de limitar as influências iraniana e chinesa na Ásia Central. Mas o ritmo incrivelmente moroso da reconstrução liderada pelos americanos gerou uma oportunidade para que esses adversários virassem a mesa. O estreito corredor de Wakhan, uma nesga de terra que liga a China ao Afeganistão, foi demarcado especificamente para pôr fim ao Grande Jogo, mas hoje em dia serve simplesmente para que a China reabra antigos ramais da Rota da Seda, com numerosos oleodutos e rodovias — os túneis de Salang do futuro — dependendo da estabilidade afegã. Já em 1956, os americanos advertiam o chefe afegão Mohammed Daoud Khan de que a assistência soviética "estava criando infra-estrutura logística para a invasão."[2] A China discretamente buscou acordos com o Afeganistão controlado pelos talibãs na década de 1990, e agora pega carona na presença militar da Otan para apresentar orçamentos depreciados em projetos rodoviários cruciais e grandes contratos de construção ao longo das rotas reativadas entre Cabul e Herat — cidade que vem sendo reconstruída num estilo espalhafatoso chamado de "narcotetura" —, com o objetivo final de dispor de rotas terrestres seguras pelo "cinturão tadjique" até o Irã, que tem ido ao encontro da China na manipulação de fluxos de refugiados afegãos, no apoio tático a grupos talibãs e no investimento em projetos de infra-estrutura.[3]

Embora sejam considerados aliados americanos na "guerra ao terrorismo", o Afeganistão e o Paquistão já conquistaram *status* de observadores na OCX, com a certeza de alcançar a plena integração num futuro próximo. "A China pode estar apenas esperando o desgaste da Otan para passar-lhe a perna por meio de programas mais bem coordenados de comércio, desenvolvimento e policiamento", ponderava um arguto observador do Afeganistão. "E isso pode começar assim que o exército afegão se tornar plenamente funcional e os países da Otan, inclusive os Estados Unidos, reduzirem sua presença."

Ao sul do Hindu Kush, a Linha Durand, que oficialmente separa o Afeganistão do Paquistão, é uma fronteira imaginária, como ficou evidente pelo fluxo de armas em direção ao norte e pela fuga de refugiados afegãos para o sul durante a insurgência anti-soviética. Os dois países têm estado ligados pelo passo de Khyber, conhecido também como desfiladeiro de Khyber, durante séculos de conquistas, que remonta a Alexandre, o Grande. Contrabando e comércio são sinônimos no passo de Khyber, onde um constante fluxo de caminhões transportando cimento e frutas percorre as estreitas passagens nas montanhas até o Afeganistão — um canal de abastecimento que continuará necessário por décadas. O Paquistão ainda abriga aproximadamente 2 milhões de afegãos, que ao longo dos últimos trinta anos transformaram a outrora verdejante Peshawar num turvo desaguadouro de regatos poluídos. Mas os livros de mensagens das *havelis* (hospedarias) de Peshawar estão cheios de efusivos agradecimentos dos visitantes britânicos, que continuam sendo bem-vindos. Apesar dos anos de lutas com as tribos afridis, os britânicos construíram uma ferrovia e foram embora na condição de amigos. Em oposição, a presença americana ao sul do Hindu Kush não pode ser considerada hoje mais segura que ao norte.

Situado na convergência do centro, do sul e do sudoeste da Ásia, o Paquistão é dividido internamente pelo rio Indo, que determina o posicionamento regional de suas províncias. A oeste do Indo, a vasta província da Fronteira Noroeste (PFN), com baixa densidade populacional, e o Baluquistão, que hoje faz fronteira com o Irã e o Afeganistão, constituíam no passado a fronteira avançada da Índia britânica. Em busca de influência estratégica, o Paquistão ajudou facções afegãs na década de 1970, formou a retaguarda dos mujahedin na década de 1980 e teve participação na criação dos talibãs na de 1990 — inadvertidamente transformando a PFN no "spa de reabilitação e inspiração para os talibãs" que é atualmente.[4] Há muito tempo as tribos *pashtun* também têm interesse na porosidade dos 2.400 quilômetros da fronteira entre o Paquistão e o Afeganistão, considerando-a seu próprio e montanhoso quase-Estado do Pashtunistão. Pois agora elas uniram forças com os talibãs, infiltrando combatentes mal treinados das madrassas paquistanesas no Afeganistão, onde se valem de conhecidas táticas anti-soviéticas para atacar as forças da Otan e recapturar áreas fronteiriças decisivas para o tráfico de armas e drogas. As "Jirgas da Paz" improvisadas para unir as tribos de ambos os lados da fronteira sob a bandeira do contraterrorismo servem apenas para deixar clara a inutilidade dos esforços dos governos americano, afegão e paquistanês para controlar a fronteira tribal mediante esquemas que nenhum deles tem competência para fazer valer. Sob forte pressão ocidental, o Paquistão está, na verdade, em guerra consigo mesmo.

Já no século V a.C., santuários budistas com maravilhosas estupas de pedra, como o de Taxila, prosperavam no norte do Paquistão. Hoje, a meio caminho entre Peshawar, na base do passo de Khyber, e a ordeira capital, Islamabad, com suas janelas de treliça, as regiões tribais estão submetidas à lei da *jirga* (conselhos de anciãos), e as disputas sanguinolentas são a regra. "Financiando as madrassas, o governo saudita tem aqui mais influência do que nosso próprio governo, que deixou as casas e as escolas em ruínas", assinalou um motorista que há vinte anos viaja entre as duas cidades. Até em Islamabad, a Lal Masjid (Mesquita Vermelha) há muito era um foco da sorrateira "talibanização" da cidade, até ser quase totalmente destruída num ataque militar em 2007. Mas assim como a Al-Qaeda usava o Afeganistão mesmo quando não tinha membros afegãos, ela pode se adaptar e se misturar onde quer que encontre um ambiente hospitaleiro — mais do que em qualquer outro lugar, no momento, nas Áreas Tribais de Administração Federal (ATAF) do Paquistão.

Embora o conflito do Paquistão com a Índia por causa da Caxemira seja periodicamente reativado, o interminável dilema afegão do país e o posicionamento nas órbitas estratégicas tanto do Comando Central quanto da China indicam um futuro centro-asiático.* Durante a Guerra Fria, os Estados Unidos "oscilavam" entre a Índia e o Paquistão, mas em 1965, quando suspenderam o fornecimento de armas aos dois países, que acabavam de entrar em guerra, o Paquistão encontrou um fornecedor mais que disposto na China, que entrara em guerra com a Índia em 1962. Desde então, o Paquistão está constantemente no centro das manobras diplomáticas da China, de suas explorações infra-estruturais e suas ambições militares. Na década de 1960, ao reconhecer que os territórios setentrionais da Caxemira pertenciam ao Paquistão, a China de repente pôs a Índia psicologicamente na defensiva, bloqueando seu acesso ao Afeganistão.[5] Foi então que o Paquistão, orgulhosamente, tratou de providenciar a extensão da malha ro-

* A freqüente classificação do Paquistão e do Afeganistão como países do sul asiático é, basicamente, uma invenção imperial e indocêntrica britânica que não reflete a atual realidade estratégica, na qual a Índia é cada vez mais parte dos cálculos de poder do Leste Asiático.

doviária do maciço de Karakoram a partir de Xinjiang, passando pelos 4.500 metros de altitude do passo de Khunjerab (cujo nome significa "Vale do Sangue") — um corredor "da largura de quatro tanques" que facilita a passagem de armas chinesas pelo Himalaia.

No mercado geopolítico, o Paquistão forjará alianças com qualquer parceiro disponível — qualquer coisa para evitar tornar-se estrategicamente irrelevante, e o país já estabeleceu um padrão de manipulação dos Estados Unidos com poucas concessões em troca. Os Estados Unidos, muito convenientemente, fornecem armas — o Paquistão é o terceiro maior beneficiário da ajuda militar americana — que não têm grande eficácia contra os militantes talibãs dispersos, mas apresentam excelente potencial de utilização contra a Índia, enquanto o Paquistão impediu que A. Q. Khan, o cérebro da proliferação nuclear, fosse interrogado pelos americanos e opôs resistência à pressão americana pela captura de suspeitos da Al-Qaeda, por receio de alienar a população tribal. Afirma-se que, na verdade, o Paquistão seqüestra aleatoriamente membros dessas tribos e os entrega aos Estados Unidos como terroristas. Para o general Musharraf, o contraterrorismo é, na realidade, uma caça ao tesouro com captura de butim.[6]

Enquanto isso, o Paquistão foi se tornando um cliente mais confiável da China, evidenciando muito maior lealdade à sua "Amizade em qualquer clima" do que à América. Sob pressão da China, o Paquistão reprimiu brutalmente os uigures em seu próprio território, executando militantes e expulsando estudantes uigures das madrassas paquistanesas.[7] No mesmo mês em que o Congresso americano reduziu a ajuda ao Paquistão em 2006, por causa dos problemas de direitos humanos no país, Musharraf comparecia à reunião de cúpula da OCX em Xangai, recebendo garantias de apoio financeiro. Outro exemplo do atropelamento dos interesses americanos pelos chineses é, no sudoeste do país, a província do Baluquistão — o Curdistão da Ásia Central —, cujas reservas de gás suprem mais de um terço das necessidades energéticas do Paquistão. A China financiou com 350 milhões de dólares a extensão da rodovia do Karakoram, ao longo do rio Indo, até o porto de águas profundas e a refinaria de petróleo em construção pelos próprios chineses em Gwadar, no mar de Omã, proporcionando ao Paquistão o eixo de travessia que sempre ambicionara, ao mesmo tempo que a China ficava em condições de evitar o estreito de Malaca para ter acesso ao petróleo do golfo Pérsico. "Dez anos atrás, Gwadar era uma aldeia extremamente pobre", recorda um empresário paquistanês que atua na cidade no setor imobiliário. "Tinha apenas vistas magníficas. Os chineses a estão transformando num centro de abastecimento de energia de categoria internacional: até o *Titanic* poderia ancorar aqui! Ela também dá ao governo muito mais confiança estratégica para enfrentar o Irã e os países árabes ricos em petróleo." O Paquistão considera que sua unidade nacional e seus interesses de longo prazo são muito mais bem servidos pelos deslocamentos de tropas da PFN para esmagar o separatismo baluque — e proteger o porto chinês — do que pela captura de militantes *pashtun* para os Estados Unidos. Embora os dirigentes paquistaneses critiquem as políticas agressivas da América, um general chinês referiu-se recentemente ao Paquistão como "a Israel da China", praticamente considerando-o a cabeça-de-ponte chinesa para o mar de Omã. De modo significativo, foi por pressão da China, após o seqüestro de massagistas chineses, que Musharraf prontamente determinou o cerco à Mesquita Vermelha de Islamabad.

"Enquanto a maioria dos países tem seus exércitos, o exército do Paquistão tem um país", costuma-se dizer. O golpe do general Musharraf em 1999 foi o primeiro jamais dado num país dotado de armas nucleares. Embora sua retórica de "moderação esclarecida" lhe tenha valido o apelido de "Xá do Paquistão", a aliança nada santa de Musharraf com os partidos islâmicos e os grupos radicais tem solapado simultaneamente ele próprio e os planos de estabilização dos Estados Unidos no Afeganistão, o mesmo que acontecera com seus antecessores militares. Quanto à modernização, a economia do Paquistão, controlada pelos militares, é, na verdade, um fraudulento acúmulo de importações de luxo e vendas de propriedades imobiliárias a preço de banana, entre elas um luxuoso prédio "sete estrelas" financiado pelos árabes em Islamabad, que tenta imitar o esplendor de Dubai.[8] Karachi é, ao mesmo tempo, a cidade mais rica e a mais pobre do país, centro de indústrias e madrassas radicais que exportam extremistas para o Afeganistão e para a Caxemira, além de cenário de confrontos mortais entre forças pró e anti-Musharraf. A única coisa que atualmente passa por um *boom* no Paquistão são os constantes atentados suicidas em todos os recantos do país. Os homens, na maioria, trabalham como motoristas, guardas de segurança ou pequenos comerciantes, tentando levar uma vida mais ou menos previsível num país cada vez mais caótico. As desigualdades de renda aumentam; seqüestros-relâmpago, roubos e violência sectária estão em ascensão. Nos próximos vinte anos, a população chegará perto dos 200 milhões de habitantes — algo impossível de ser gerido até mesmo para os militares. Hoje, o Paquistão se aproxima mais da insegura e dividida Indonésia do que da dinâmica democracia muçulmana da Turquia.

Musharraf tomou o poder em nome da eficiência e do combate à corrupção, e não da democracia. No Paquistão, as pessoas falam em eleições, mas nunca sabem muito bem quando acontecerão ou de que forma. Sob Musharraf, os dirigentes de províncias que não sejam o Punjab são, às vezes, considerados uma ameaça à segurança nacional, e o Parlamento foi dissolvido apenas por um capricho. Mesmo depois que ele renunciou ao uniforme militar, mantendo-se apenas como presidente civil, seu regime resulta numa sociedade com três pólos de poder mutuamente hostis: os militares, a oposição civil e toda uma série de grupos islâmicos. Ao longo de seis décadas de existência, o Paquistão tem se alternado entre os regimes militares e algo próximo de uma democracia. Mas, seja sob regimes democráticos ou ditatoriais, seus cidadãos já se acostumaram à corrupção e ao subdesenvolvimento. É provável que o ciclo continue depois que o momento de Musharraf passar. Em última análise, apesar da celebridade de que gozam no Ocidente, Karzai e Musharraf são incapazes de estabilizar seus países, que vêm se desintegrando constantemente desde a retirada do imperialismo britânico. Os esforços ocidentais não têm sido suficientes. Será que a China fará melhor?

CONCLUSÃO: UMA NOVA ATITUDE

Ao longo da história, sempre que a Rota da Seda pôde funcionar adequadamente, fronteiras se abriram e a prosperidade foi compartilhada. O bloqueio de suas numerosas passagens sempre resulta em insegurança, escalada e conflito. Entretanto, como atesta o entulho de uma década de iniciativas fracassadas, a soberania ainda compromete a concretização das belas aspirações de uma confederação centro-asiática de recursos coletivos, o que abre as portas para a interferência imperial.[1] A China está vencendo o novo Grande Jogo porque está construindo a nova Rota da Seda aproveitando o melhor das estratégias de britânicos e russos de um século atrás: preservar os Estados-tampão e os aliados, como os primeiros, sem o abrasivo estilo conquistador dos segundos.

Os interesses dos Estados Unidos e da União Européia na Ásia Central — contraterrorismo, segurança energética, democratização — ainda estão muito além da capacidade desses dois impérios de concretizá-los. Durante duas décadas, o Ocidente tem se mostrado sem disposição ou incapaz de induzir uma autêntica reforma democrática em qualquer dos Estados pós-soviéticos da Ásia Central. Entretanto, como escreveu

Mackinder em um livro que já é referência, *Democratic Ideals and Reality* (Ideais democráticos e realidade), "no cerne territorial dessa região, onde os contrastes físicos são poucos, será somente com a ajuda de um ideal consciente (...) que poderemos instaurar uma autêntica liberdade".[2] Sem a criação nessas sociedades de instituições interdependentes capazes de proporcionar maior esteio, a influência do Ocidente continuará diminuindo — principalmente se a próxima geração de dirigentes não contar com lealdade e legitimidade internas.

A cooperação regional é o tipo de abordagem que poderia concretizar mais rapidamente o horizonte de uma Rota da Seda capaz, no século XXI, de atender às necessidades próprias dos "istões", promovendo, ao mesmo tempo, a estratégia sugerida por Zbigniew Brzezinski: "consolidar e perpetuar o pluralismo geopolítico que prevalece no mapa da Eurásia". A UE e a OSCE são consideradas agentes bem-intencionados, apesar de intrusivos, os únicos benfeitores que não parecem investir contra o islã. A UE pode condicionar uma ajuda maior aos governos centro-asiáticos à adesão às normas do Conselho da Europa, do qual os "istões" pós-soviéticos são membros, mas também lhes ensinar a maximizar sua participação na OCX para induzir a China e a Rússia a assumir certos compromissos, em vez de se transformarem em impotentes quase-colônias. A promoção do liberalismo e da cooperação regional mantém-se a melhor arma do Ocidente.[3]

A Europa ainda pode se beneficiar tanto quanto a China do ressurgimento de um corredor de transporte leste-oeste percorrido por cabos de fibra óptica que se estendam de Frankfurt a Xangai. Vale a pena lembrar que foi o apetite por tesouros orientais dos romanos que inspirou a primeira Rota da Seda, e que a expressão foi criada no século XIX por um geógrafo alemão, o barão Ferdinand von Richtofen. A Rota da Seda pode ter conotação oriental, mas é uma autêntica invenção ocidental. A Europa, mais uma vez, cobiça todo tipo de mercadorias chinesas, fazendo da Ásia Central — por meio de seus laços econômicos cada vez mais profundos com o Oriente e com o Ocidente — parte de uma economia eurasiana maior, com seu crescente comércio no interior dos blocos europeu e asiático e entre eles.[4] Depois dos Ladas, os carros mais comuns nos "istões" são velhos Mercedes, Volkswagens e Audis. Em vez de permitir que seus carros sejam roubados e contrabandeados para o Oriente, a Europa poderia simplesmente fabricá-los no Quirguistão, economizando nos custos e criando empregos para, ao mesmo tempo, aumentar as vendas na China e no Cazaquistão. Promover o Turcomenistão e o Uzbequistão à condição de centros de produção permitirá a esses países competir com a China, em vez de serem inundados por produtos chineses fabricados com o algodão local. Mas a incrível capacidade chinesa de moldar infra-estruturas e mercados por meio de uma diplomacia astuta não se limita à Ásia Central. Também está evidente do outro lado do oceano Pacífico, na América do Sul.

OCEANO
ATLÂNTICO
Washington
ESTADOS UNIDOS
REP. DOM.
Miami
CUBA
Havana
Port-a
JAMAICA
Houston
San Antonio
Golfo do México
Mar das Antilhas
Los Angeles
San Diego
Tijuana
Tucson
El Paso
Ciudad Juarez
Laredo
Nuevo Laredo
Monterrey
Cancún
YUCATÁN
HONDURAS
BELIZE
NICAR
MÉXICO
Cidade do México
PUEBLA
Oaxaca
OAXACA
CHIAPAS
GUATEMALA
EL SALVADOR
COSTA RICA
Trópico de Câncer
Ilhas Galápa
(Equador)
MÉXICO
CHIAPAS
Cidade de Belize
BELIZE
Kingston
JAMAICA
GUATEMALA
HONDURAS
Cidade da Guatemala
Tegucigalpa
Mar das Antilhas
San Salvador
EL SALVADOR
NICARÁGUA
Manágua
Canal do Panamá
Cartagena
San José
PANAMÁ
COSTA RICA
Cidade do Panamá
Golfo do Panamá
Golfo de Darién
Medellín
CHOCO
COLÔMBIA
OCEANO
PACÍFICO

PARTE III

O FIM DA DOUTRINA MONROE

CAPÍTULO 14

AS NOVAS REGRAS DO JOGO

UMA HEGEMONIA EFETIVA pode ser como o oxigênio: onipresente como o ar que respiramos, permeando nosso ambiente físico e ditando os limites da vida humana — e, ainda assim, totalmente invisível. Mas a hegemonia também pode sufocar, como uma sala fechada em que o oxigênio se esvai lentamente. A ascendência global da América no século XX foi precedida de um século de construção da hegemonia no hemisfério ocidental. No século XXI, contudo, essa hegemonia vem recuando no tradicional quintal americano da América Latina, onde estão em jogo forças gravitacionais de influência que não podiam ter sido previstas por um determinismo geográfico complacente. Os abundantes recursos naturais da América do Sul podem chegar hoje mais rapidamente do que nunca aos mercados globais, especialmente à Ásia. Se a globalização significa o fim das distâncias, chegou ao fim um dos pilares do poderio americano: a dominação pela proximidade. Mas se a América não falar pelas Américas, quem o fará?

Durante muito tempo a América Latina pareceu uma espécie de incongruência geopolítica, a oceanos de distância dos principais teatros estratégicos do mundo. Mas hoje ela volta seus olhos para o Leste e o Oeste a fim de evitar o Norte. As questões em jogo são existenciais: relações americanas sólidas com a América Latina poderiam significar considerável auto-suficiência energética na panregião do hemisfério ocidental e independência em relação à turbulência da Eurásia. O petróleo de regiões que se estendam do Ártico a Alberta, no Canadá, do golfo do México à Venezuela, associado a novas fontes de energia, como o etanol brasileiro, pode unir as Américas do Norte e do Sul num bloco comercial sem equivalente no restante do mundo. Mas a América dá por descontados os seus vizinhos do Sul — um erro potencialmente desastroso em qualquer relacionamento. "Não estamos no continente da América: ele pertence a uma dúzia de países, e somos nós que o definimos", afirmou sem rodeios um diplomata brasileiro. Juntos, o México, o Brasil e a Argentina têm dois terços da população da América Latina, ficando boa parte do restante com a Venezuela e a Colômbia. Se esses países centrais conseguissem transcender seus demônios, formariam o suporte de uma América Latina coerente, capaz de deixar as margens da ordem global para passar a moldá-la. É uma oportunidade que lhes está sendo dada — individual e coletivamente — pela globalização e pelos rivais geopolíticos da América.

Os sistemas imperiais podem ser comparados a bolhas que vão aumentando, se expandem e sobem, depois explodem e caem. A América Latina sempre foi apanhada nas bolhas imperiais dos outros, e nunca conseguiu formar a sua própria. Na verdade, como os recursos da América Latina sempre serviram ao mundo desenvolvido, seu próprio *sub*desenvolvimento era parte integrante da ascensão do capitalismo mundial. "A divisão do trabalho entre os países é que alguns se especializam em vencer e outros em perder", escreveu o dissidente uruguaio Eduardo Galeano. "A América Latina mostrou-se precoce: especializou-se em perder desde os tempos remotos em que os renascentistas europeus se aventuraram pelos oceanos."[1] Começando com a chegada de Cristóvão Colombo, a competição para subjugar as vastas extensões territoriais do continente foi implacável. Unidas somente pelo compromisso de disseminar o catolicismo, as monarquias espanhola e portuguesa dividiram todas as colônias do Novo Mundo. O conquistador espanhol Hernán Cortés destruiu o Império Asteca do México na década de 1520, e durante o domínio espanhol em Portugal, entre 1580 e 1640, a Espanha basicamente controlou sozinha todo o hemisfério ocidental. As populações nativas eram subjugadas pela espada e pelas doenças exóticas, enquanto a caridade cristã justificava o sangramento do Novo Mundo, na caça à sua prata e ao seu ouro. Em 1551, o padre espanhol Bartolomé de las Casas escreveu *A devastação das Índias*, uma acerba crítica à escravização promovida pelos agentes da Coroa espanhola, que costuma ser considerada o primeiro relatório sobre direitos humanos da história — embora a mentalidade imperial fosse totalmente impermeável a tais apelos à consciência. Depois da Reforma protestante, o Novo Mundo voltou a ser levado em conta nos cálculos do equilíbrio global de poder, com a França e a Holanda tratando de solapar a Espanha católica, apossando-se de territórios que se estendiam do Canadá ao litoral norte da América do Sul. Qualquer que fosse a potência dominante, contudo, a hegemonia significava mercantilismo, regimes clientes e dominação cultural.[2]

No caso da América Latina, a psicologia da América — e, portanto, sua diplomacia — evidencia impressionante continuidade ao longo dos séculos. Embora apoiasse movimentos de independência do México à Colômbia, o estadista americano Rufus King escreveu em 1799 a Alexander Hamilton: "Estou absolutamente convencido de que se [a América do Sul] e seus recursos não forem para nós, logo estarão contra nós." Da mesma forma, Thomas Jefferson via na América do Sul "um continente em si mesmo", querendo dizer um continente a ser totalmente controlado pelos Estados Unidos. A gradual afirmação da hegemonia americana no hemisfério a partir da década de 1790, passando pela guerra de 1812, não foi uma clássica busca imperialista de territórios e mão-de-obra, mas conseguiu suplantar as potências européias com uma mistura de diplomacia de algibeira e conquistas militares.[3] A Doutrina Monroe, articulada pelo presidente americano em 1823, prometia concluir a expulsão das potências européias e assegurar irrestrita dominação americana em caráter perpétuo.

O "Destino Manifesto" da América não era apenas um movimento de expansão para o oeste, em direção ao oceano Pacífico, como se costuma supor; foi também um horizonte de controle hemisférico ao norte e ao sul. Em 1845, o presidente James K. Polk prevaleceu-se da posição de fraqueza em que o México se encontrava, em conseqüência de sua longa guerra de independência, para anexar o Texas. Em 1867, ao comprar o Alasca da Rússia, o secretário de Estado William Seward imaginava um domínio imperial americano se estendendo da Groenlândia à Guiana, tendo a Cidade do México como segunda capital. Adotando as teorias do estrategista naval Alfred Thayer Mahan, os assessores do presidente William McKinley sustentavam que a expansão dos mercados de exportação evitaria a depressão econômica, promovendo internamente a harmonia social. Mas sua técnica — a política de Portas Abertas do início do século XX — visava a ampliar o poderio da América "sem os impedimentos e a ineficácia do colonialismo tradicional".[4]

Mas a América sempre carregou um porrete, com sua política do *big stick*, embora, ao contrário da famosa frase de Theodore Roosevelt, nem sempre falasse baixinho. O exemplo mais vívido era Cuba. Em 21 de abril de 1898, os Estados Unidos declararam guerra à Espanha, oficialmente para libertar Cuba e dar início na colônia a uma evolução democrática. Roosevelt, na época subsecretário da Marinha, tentou não só derrotar a Espanha, mas controlar as Filipinas, simultaneamente tomadas pelos Estados Unidos. Quase um século depois da adoção da Doutrina Monroe, o Corolário Roosevelt era um anticolonialismo imperial que justificava a interferência americana. A premissa básica de Roosevelt era clara: "A paz não poderá ser alcançada enquanto as nações civilizadas não se tiverem expandido de alguma forma sobre as nações bárbaras." O caso do Panamá parecia um exemplo quase natural de justificação da hegemonia americana, em vista da dependência do país das exportações agrícolas para a América e de um sistema político oligárquico que facilitava o controle americano da Zona do Canal. A percepção de uma mudança de visão de mundo de Roosevelt para Woodrow Wilson era mais uma questão de estilo que de substância. Por trás da retórica do moralismo desinteressado, Wilson também considerava sua responsabilidade "ensinar os sul-americanos a eleger os homens certos", ao mesmo tempo buscando a predominância econômica da América.[5] No entanto, nenhum dos quarenta governos que os Estados Unidos derrubaram na América Latina desde 1898 tornou-se democrático — simplesmente porque o plano consistia em implantar a democracia apenas formalmente.[6] Na tensão entre a abertura de mercados e a disseminação da democracia, o imperialismo sempre saía vitorioso.

Ao contrário de seu primo distante, Teddy, Franklin D. Roosevelt percebeu que as intervenções diretas eram não só ineficazes, mas contraproducentes, planejando, em seu lugar, uma política de "Boa Vizinhança" que compeliu diplomaticamente a maioria dos países latino-americanos a cortar relações com as potências do Eixo depois do ataque a Pearl Harbor. Depois da Segunda Guerra Mundial, contudo, a América, já agora uma superpotência de pleno direito, perdeu uma oportunidade de criar um sistema hemisférico de segurança coletiva. Ao contrário, a Guerra Fria reinstaurou a velha psicologia do imperialismo desconfiado. "Estamos dispostos a ajudar aqueles que acreditam no que nós acreditamos a continuar vivendo da maneira como querem viver", declarava o secretário de Estado Dean Acheson.* A política de Washington deixou de se opor aos regimes autoritários para apoiá-los sem reservas. Curiosamente, em artigo de 1950, publicado com o pseudônimo "Y" em *Foreign Affairs*, o veterano funcionário do Departamento de Estado Louis Halle culpava de modo condescendente a persistência da autocracia pela imaturidade política da região, mas John Foster Dulles mostrou-se mais sincero ao recomendar: "Não façam nada que possa indispor os ditadores. Eles são os únicos com quem podemos contar."

Na América Latina, a Guerra Fria foi uma "guerra suja" de trinta anos de duração entre a esquerda latino-americana e uma direita em geral mais poderosa, e que costumava contar com apoio americano. A vigorosa estratégia de contracorrente destinada a conter o comunismo de inclinações soviéticas fazia com que os Estados Unidos exortassem os regimes latino-americanos a banir os Partidos Comunistas e reprimir a esquerda não-comunista, poupando apenas os movimentos operários mais dóceis, e a cortar relações com a União Soviética.[7] O compromisso com a autodeterminação era tão desprezível que em 21 de abril de 1961 os Estados Unidos empreenderam e logo abortaram a malfadada invasão da baía dos Porcos para depor Fidel Castro, violando as leis de neutralidade e também o sistema de tratados criado por eles próprios. Mas o presidente Kennedy também fez dos laços econômicos um pilar da estratégia americana, promovendo uma "Aliança para o Progresso" empenhada na convergência dos planos de democratização, de crescimento econômico e de combate ao comunismo.[8] Seguiu-se um gigantesco movimento de expansão industrial, do México à Argentina. Entretanto, mais de meio século depois das políticas de Portas Abertas e de Boa Vizinhança, o eixo estabilidade/democracia/capitalismo que a América buscava ainda era uma realidade distante. Nas palavras do ex-presidente brasileiro Fernando Henrique Cardoso, a democracia era uma "planta exótica" no confronto com as

---

* Como explica William Appleman Williams, a diplomacia americana traz em si três princípios contraditórios: um generoso impulso humanitário, a busca da autodeterminação no exterior e um terceiro princípio, incompatível com os dois primeiros — o de que os problemas dos outros devem ser resolvidos à maneira americana. Williams, *Tragedy of American Diplomacy*, p. 13.

oscilações da região entre o militarismo de direita e o caudilhismo de esquerda.[9] A maioria dos dirigentes da época ostentava um discurso de esquerda e governava à direita, sendo a modernização um paradoxal codinome da dependência em relação à América.

Os dirigentes latino-americanos finalmente começaram a se unir na década de 1970, sob a bandeira da Nova Ordem Econômica Internacional (NOEI), movimento que exigia maiores ganhos com as exportações de matérias-primas, além de aumento da ajuda externa. Mas, na realidade, o México, a Venezuela, o Brasil e a Argentina tinham de tomar empréstimos cada vez maiores simplesmente para pagar o serviço de suas dívidas, como marinheiros bêbados sendo atendidos por um *barman* embriagado. O resultado foi a "década perdida" de 1980, durante a qual a América Latina se transformou, nas palavras do ex-ministro venezuelano do Comércio, Moisés Naím, numa nova "Atlântida, o continente perdido".[10] Eram crises atrás de crises. Para agravar a situação, o FMI respondia aos Estados Unidos "como o trovão ao relâmpago", forçando os regimes latino-americanos a apertar o cinto, como prescrevia a ortodoxia de rápida liberalização do "Consenso de Washington", uma variante internacional da teoria de que o enriquecimento ainda maior dos ricos produz bons efeitos econômicos para todos.[11] Mais de um século depois da tentativa de se criar uma União Pan-americana, o acalorado debate sobre as maneiras de atender às crescentes expectativas latino-americanas, apesar da desigualdade do comércio americano, tem prosseguimento, na forma da pretendida Área de Livre Comércio das Américas (Alca), estendendo-se do Alasca à Terra do Fogo.

Mas a presença comercial da China no hemisfério ocidental também se aprofunda, assim como sua presença estratégica. A China entrou na América Latina através das Portas Abertas de McKinley, mas seu interesse para a região está no fato de ser uma superpotência sem objetivos coloniais. O comércio chinês com a região aumentou de 200 milhões de dólares em 1975, para quase 50 bilhões em 2004.[12] Nenhum país em desenvolvimento está em condições de recusar os preços altos que a China paga por produtos como a soja e o ferro, auferindo rendimentos que respondem por boa parte do recente crescimento da Argentina e do Brasil. Quando os Estados Unidos se retiraram do Canal do Panamá em 1997, o governo rapidamente vendeu direitos de operação dos portos de ambos os lados a uma empresa chinesa que hoje em dia basicamente controla a operação do canal.

Em 2006, os panamenhos aprovaram em referendo a ampliação do canal, para permitir a passagem dos gigantescos navios-tanque chineses. A China também tem reformado outros portos e fábricas centro-americanos para facilitar o encaminhamento de seus produtos para os Estados Unidos. E assim como vem expandindo sua influência ao norte de seu território, através da Sibéria russa, também estende seus tentáculos para o leste, na direção de outro país ártico — o Canadá —, tornando-se, aos poucos, seu segundo maior parceiro comercial e empreendendo a construção conjunta de um oleoduto de 2 bilhões de dólares, para transportar petróleo extraído das areias alcatroadas de Alberta para o litoral pacífico da Colúmbia britânica.

A América está sempre procurando um inimigo externo. Nos mitos que inventava a respeito da União Soviética, Ronald Reagan alegava que ela pretendia organizar as hordas asiáticas e até os povos da América Latina — e, depois disso, a queda da América seria praticamente automática.[13] Hoje, há quem veja a China no lugar dessa força nefasta, explorando os recursos minerais latino-americanos e promovendo laços de alto nível entre oficiais militares.[14] Preocupam-se também porque, no momento em que os Estados Unidos deixaram de apoiar ditaduras militares latino-americanas, a presença da China poderia solapar o programa americano de direitos humanos e democratização, ao mesmo tempo contribuindo para mais uma rodada de volátil dependência dos recursos naturais.[15]

Para os latino-americanos, a China representa uma nova maneira de fazer negócios à margem do cipoal americano de códigos e regulamentações, sem a imposição de condições políticas de qualquer natureza, com exceção das pressões para que os países latino-americanos revoguem o reconhecimento diplomático de Taiwan (Formosa), que durante anos comprara lealdade diplomática em toda a região, especialmente na América Central, e ganhou *status* de economia de mercado nessas relações comerciais. Globalmente, a China ainda não está ansiosa para colher os frutos de sua semeadura. Não é culpa da China se os dirigentes latino-americanos enfrentam os Estados Unidos. Os preços elevados do petróleo e a corrupção governamental são as causas primordiais da dependência em relação aos recursos naturais, e não a demanda cada vez maior da China (que ainda responde por menos de 10% do comércio latino-americano).[16] E, em última análise, o interesse econômico chinês na América Latina é, ao mesmo tempo, uma bênção e uma maldição, gerando superávits pela primeira vez em décadas e uma feroz competição, já que a China compete com produtores ineficientes em seus próprios mercados *e também* nas exportações para o Primeiro Mundo.

Para evocar uma metáfora romântica, a China está apenas namorando a América Latina; ainda não é um casamento. Mas o fato de dirigir o foco para as necessidades básicas dos Estados — como a infra-estrutura — significa que pode comprar sua neutralidade no discurso sobre democracia e direitos humanos.[17] Se os Estados Unidos são sinceros em matéria de democratização na América Latina, deviam ver a presença da China como uma oportunidade: o aumento das rendas com a exportação pode permitir que os governos melhorem sua rede de segurança social, potencializar a participação popular nas instituições políticas e aumentar as exportações da América. Mas os Estados Unidos terão de convencer os dirigentes latino-americanos de que a China não é uma alternativa à liderança americana, e sim seu complemento. Até hoje, contudo, o estilo altos-e-baixos da diplomacia americana, oscilando entre os extremos da indiferença e da dominação, tem contribuído para o surgimento de líderes esquerdistas que desde a década de 1990 reagem à interferência americana com a retórica da resistência cultural, vociferando contra o Consenso de Washington e as exortações à democratização. Até num organismo irrelevante como a Organização dos Estados Americanos (OEA), cuja carta enfatiza o "respeito pelas personalidades individuais", a América não se tem mostrado capaz de introduzir um mecanismo de fiscalização entre pares sequer próximo da sofisticação das alavancas acionadas na Europa Oriental. E embora secretários-gerais da OEA anteriores se comportassem praticamente como porta-vozes dos interesses americanos, a organização recusou todos os principais candidatos americanos à sua secretaria em 2005. Parece mesmo um sinal evidente de que o imperialismo americano fracassou na América Latina quando se esboroa até a promoção da democracia, a fachada imperial preferida e irrecusável.

A profunda ambigüidade na maneira de lidar com "El Norte" é, mais do que nunca, uma condição determinante entre os latino-americanos, que hoje encaram a chegada de Colombo mais como uma conquista do que como uma descoberta, o início de uma cadeia contínua de exploração que culminou nos monopólios multinacionais de indústrias-chave como a do açúcar. Apesar de destinar mais de 1 bilhão de dólares anuais à ajuda ao desenvolvimento e de seu papel esmagadoramente dominante no comércio latino-americano, os Estados Unidos já não governam o hemisfério "por fiat", segundo a expressão de Richard Olney em 1895. Se a psicologia imperial da América não mudar, nunca será alcançado o horizonte de uma panregião interamericana descortinado por Seward — especialmente quando outros parceiros esperam nos bastidores com tanta avidez.

Entretanto, ao contrário do que acontece em outras regiões, onde grassam o ódio antiamericano e o medo de uma invasão militar dos EUA, os latino-americanos, na verdade, só querem que os Estados Unidos se mostrem à altura de sua retórica universalista sobre livre comércio e democracia, sem exceções. Sempre que se consegue associar com êxito democratização e globalização, a América é a primeira beneficiária: o México, o Brasil e o Chile são as economias mais globalmente integradas da região e também têm a abordagem mais pragmática no trato com os Estados Unidos. O poder americano *soft* também teve impacto nesses países, entre outros, por intermédio de dezenas de tecnocratas saídos das melhores universidades americanas e que, espalhados pelos principais ministérios, eram, no fim da década de 1990, os mais enfáticos promotores do livre mercado.[18] A ligação das vastas reservas energéticas do Ártico canadense aos pampas argentinos criaria uma área de livre comércio de 34 países, com trocas comerciais avaliadas em mais de 13 trilhões de dólares — de longe o maior volume em qualquer região do mundo. E, à medida que os salários aumentam no Leste Asiático e na Europa Oriental, os Estados Unidos também se dão conta de que a América Latina constitui uma oportunidade econômica estratégica, e vêm aumentando seus investimentos com o objetivo de estabelecer uma sólida base manufatureira de baixo custo que possa competir com a Ásia, gerando potencialmente uma corrida em direção ao topo que eleve a região da condição de quintal para a de vizinho. Mas a América continua excessivamente focada na regulação dos mercados e muito pouco atenta à sua construção. A integração econômica das Américas deveria ter sido muito mais fácil que a integração da Europa, mas as sub-regiões latino-americanas ainda não criaram laços econômicos profundos entre elas.[19] Foram exatamente as mudanças institucionais no Leste Europeu, promovidas com perseverança, país a país, que permitiram a adequada combinação da forma política com a função econômica, evitando os desequilíbrios sociais e políticos que continuam a assolar a América Latina. A América não está imune: fenômenos como a migração em massa de mão-de-obra desqualificada, as drogas e a violência de gangues estão vazando para o norte, através do México.

ENTRE A ÁFRICA E O LESTE ASIÁTICO

Há décadas não se verifica nenhum conflito grave entre dois países sul-americanos; o conceito de guerra entre Estados tornou-se obsoleto no continente. Ao mesmo tempo, quase todos os países latino-americanos estão constantemente em guerra consigo mesmos em torno de questões como sua própria razão de ser, liderança, recursos e instabilidade social. Os horrendos níveis de violência nas ruas da América Latina, das cidadezinhas na fronteira do México com os EUA às favelas de São Paulo, contrastam violentamente com o luxuriante hábitat da região e sua esplêndida arquitetura colonial.

Essa situação precária pode ser mais bem resumida se situarmos a América Latina entre a África terceiro-mundista e um Leste Asiático potencialmente integrado ao Primeiro Mundo. Com apenas duas línguas principais, desfrutando continuidade territorial e sem tensões militares declaradas, a América Latina deveria ter alcançado maior integração do que a conseguida até agora pelo Leste Asiático. No entanto, depois de séculos de domínio pelas potências mercantilistas, os países da América Latina e da África continuam basicamente esquecidos por seus poderosos vizinhos do Norte, e não vão muito além de uma retórica de fraternidade no relacionamento com seus próprios vizinhos. Os dois continentes são assolados por um vasto comércio ilegal de *commodities* que ameaça minar qualquer avanço econômico de longo prazo, enfrentando também grave fuga de cérebros e capitais para a Europa e os Estados Unidos. Mais ou menos como a Nigéria e a África do Sul funcionam para o continente africano, a América Latina dificilmente existiria no mapa diplomático sem o México, a Venezuela e o Brasil. Nenhuma das regiões é economicamente competitiva, sofrendo de altos níveis de endividamento, excesso de gastos, uma arrecadação fiscal falha, queda de produtividade, baixo índice de inovação, padrões educacionais baixos, altos custos empresariais e dificuldades na redução da pobreza, tanto nas áreas urbanas quanto nas rurais.[20] A América Latina e a África apresentam as maiores desigualdades de renda do mundo, mas a latino-americana é ainda pior, pois há mais ricos na região. Seus camponeses nativos são uma versão andina dos agricultores africanos pobres que cultivam minúsculos lotes de terra, enquanto as super-ricas elites africanas e latino-americanas vivem em palácios, cercadas de confortos de Primeiro Mundo.

As danças latino-americanas — salsa, samba, rumba, tango — são, todas, marcadas por sacolejos rápidos e bruscos e mesmo guinadas imprevisíveis. O mesmo se aplica à política latino-americana. Mais do que as reformas propriamente ditas, é a incapacidade de promover reformas econômicas que pode ser em grande parte responsabilizada pelo crescimento lento e o baixo desempenho social da América Latina.[21] Os latino-americanos demonstram amor-próprio e orgulho em alto grau, mas, como evidenciam a criminalidade desenfreada e a miséria, não têm muito respeito uns pelos outros. A cultura latina favorece profundamente a dissimulação do poder na linguagem da estima e da intenção, e a verdade na política da região deve ser encontrada nas entrelinhas, e até mesmo na inversão daquilo que se ouve. Com notáveis exceções, o exagero faz parte da comunicação dos políticos latino-americanos, mais importante que a realidade concreta. O resultado é uma cultura em que está implícita a pergunta: "Por que dizer a verdade quando se pode mentir?" O legado da necessidade de subverter o domínio colonial é a principal justificativa de hábitos que hoje subvertem apenas a si mesmos. O contrato social de leis e instituições que vigora nos países asiáticos — sejam orientados por valores confucianos ou islâmicos — está praticamente ausente na América Latina. Confiança e compromisso com os líderes são coisas que não existem: poucos governos conseguem chegar ao fim de um primeiro mandato. A cultura latina é tolerante demais com a "corrupção boa" — aquela que facilita as negociações de contratos para permitir que as coisas fluam —, deixando de ver que, na verdade, ela decorre da "má corrupção", esse sistema de domínio das grandes famílias e do capitalismo de comparsas que funciona até mesmo nas melhores democracias latino-americanas, e é assim perpetuado. Esses donos do pedaço e agentes do poder dominam todos os aspectos da vida, e a democracia exacerba os incentivos para que os dirigentes roubem quanto puderem para em seguida fugir.

Mas a América Latina ainda pode se tornar uma região solidamente assentada no Segundo Mundo, graças a economias de peso, como as do Brasil e do México, às vastas reservas de petróleo e gás e à proximidade com o importador voraz que são os Estados Unidos.[22] Ao inaugurar o sistema de isenção de vistos na América do Sul, o ministro das Relações Exteriores do Brasil, Celso Amorim, declarou: "A integração é um imperativo, pois, num mundo de grandes blocos, seremos mais fortes se nos unirmos." Se a pretendida União de Nações Sul-americanas (Unasul) evoluir de maneira coesa, o continente logo poderá negociar com o Primeiro Mundo em condições muito melhores.

CAPÍTULO 15

MÉXICO: O CORDÃO UMBILICAL

O ACORDO DE LIVRE COMÉRCIO da América do Norte (Nafta) deveria projetar o México no Primeiro Mundo, mas no dia em que entrou em vigor, 1º de janeiro de 1994, o Exército Zapatista de Libertação Nacional (EZLN) deu início a um movimento de insurgência, destinado a chamar a atenção para a situação dos agricultores marginalizados, tomando quatro municípios do sul do país e assassinando dois dirigentes do PRI, o partido governante. O presidente Carlos Salinas reagiu com uma brutal repressão aos zapatistas e a milhares de camponeses, seus adeptos. "Ficava evidente que o México era mais do Terceiro que do Primeiro Mundo", comentou um jornalista. Tanto o México quanto a América continuarão sofrendo enquanto não encontrarem uma melhor maneira de tirar o México do Segundo Mundo.

A adesão ao Nafta significou, inevitavelmente, para o México, abrir mão de qualquer pretensão de liderar uma América Latina independente. O México agora já está para sempre debaixo do guarda-chuva estratégico da América, embora se ergam muros para separá-los. "Nosso problema não é a segurança: ninguém vai invadir o México", explicava um diplomata mexicano transferido para o mundo acadêmico. "A globalização é que é a nossa verdadeira crise existencial: ajustes difíceis à competição internacional, aumento das defasagens de renda e mais tráfico de pessoas e drogas do nosso território para os EUA." Desde o acidentado início do Nafta, em 1994, os investimentos estrangeiros no México quase quadruplicaram. Como o Cazaquistão, o México trata de diversificar sua economia para fugir à eterna dependência de um único produto de exportação. O país já foi, sobretudo, um exportador de petróleo, mas hoje os produtos manufaturados representam 80% de suas exportações.[1] Mas a modernização do México limita-se às montadoras — ou *maquiladoras* — reunidas em ilhas de negócios desimpedidos, como Monterrey. Já na China, o rápido e disseminado aperfeiçoamento do treinamento da mão-de-obra fez com que, desde sua adesão à Organização Mundial do Comércio (OMC), em 2001, o país passasse rapidamente à frente do México nas exportações têxteis e de manufaturados para os Estados Unidos. Apesar da vantagem geográfica do México, mais de trezentas *maquiladoras* foram fechadas e transferidas para a China, acarretando a perda de 300 mil empregos, quase diretamente ligada a um grande aumento da imigração ilegal para os Estados Unidos.[2] Com ou sem cerca na fronteira, os problemas do México podem vir a ser absorvidos pela América ainda mais depressa do que hoje.

A desigualdade e a instabilidade caminham de mãos dadas. Fora da Cidade do México — e, certamente, nela também —, encontramos um país de monumentos coloniais a cada passo, ao lado de favelas caóticas, sem qualquer urgência em matéria de investimento público em hospitais e escolas. Andrés Manuel López Obrador, ex-prefeito da Cidade do México, venceu a inércia e construiu sua reputação criando programas sociais e de assistência alimentar para os idosos em toda a gigantesca metrópole de 20 milhões de habitantes, o que quase o levou à presidência do país em 2006 — não alcançada por uma estreita margem, e assim mesmo só depois que o pleito foi levado ao tribunal eleitoral. Como acontece em outras partes do Segundo Mundo, o poder na capital equivale a ter poder na esfera nacional. Obrador levou sua campanha às ruas, promovendo ondas de manifestações em *sua* cidade para enfraquecer o rival eleito, Felipe Calderón. Com ou sem Obrador, dezenas de milhares de mexicanos têm participado de freqüentes protestos contra os aumentos de preço das *tortillas* e de outros alimentos essenciais.

O abismo rural-urbano da política mexicana revela que existem na verdade quatro Méxicos: uma região setentrional, na fronteira americana, onde pesos e dólares são intercambiáveis; o México central, capital e celeiro do país; a bela região indígena do istmo, economicamente atrasada; e a região de "Nova Maya", no Yucatán, em processo desigual de modernização e esmagadoramente pobre.[3] Outrora uma jóia colonial, o estado mexicano de Oaxaca foi cenário, em 2006, de meses seguidos de choques entre bandos armados, contingentes policiais e militantes indígenas, destruindo sua indústria turística. É a partir de regiões como Oaxaca que os mexicanos saltam cercas militarizadas e driblam soldados armados ao longo dos 3.200 quilômetros da fronteira, em busca de uma vida estável em Los Angeles. Atrás de lucro fácil, os *polleros* (os "coiotes" que fazem o tráfico de imigrantes ilegais) continuam introduzindo nos Estados Unidos muito mais imigrantes do que constam dos registros oficiais, e embora a maior parte das drogas ilegais consumidas nos EUA seja produzida na Colômbia, grande volume é traficado através do México, pela ação do crime organizado local. Com isso, cidades fronteiriças, como Nuevo Laredo, são transformadas em assustadores espetáculos de roubo, seqüestros e guerras de gangues.[4] Os imigrantes mexicanos são uma faca de dois gumes para os Estados Unidos, fazendo, na construção e nos restaurantes, o trabalho que os americanos não querem fazer, trabalhando com mais afinco e por mais horas, mas também sobrecarregando um sistema educacional já carente de recursos.[5] Os 16 bilhões de dólares que enviam anualmente para casa, a partir dos cinqüenta estados americanos, constituem importante fonte de renda nacional para o México, contribuindo para elevar o PNB *per capita* para 9 mil dólares, quase o dobro do nível em que a emigração deveria começar a diminuir. Entretanto, em conseqüência das acentuadas desigualdades do país — onde mais da metade da população vive na pobreza —, a imigração ilegal continua, queira a América ou não.

A política de *laissez-faire* da estratégia econômica do Nafta não será suficiente para transformar o México num só país. O gesto mais magnânimo da América em relação ao México foi o resgate do peso na crise financeira de 1994, mas, desde então, o Nafta tem ficado muito aquém do que a União Européia vem fazendo pela Turquia. Seria inimaginável que os Estados Unidos oferecessem ao México o que exigem que a UE conceda à Turquia: integração como membro, cidadania, representantes no Parlamento, migração aberta e direitos de linguagem no interior de uma união sem fronteiras. No entanto, enquanto a Europa há muito vem absorvendo a Turquia nesses níveis econômico e político muito concretos, os Estados Unidos mal chegaram a investir nos programas de microempreendedorismo e de educação de massa necessários para estimular o talento mexicano a permanecer no país. Para impedir que os migrantes e a criminalidade continuem vazando para dentro dos Estados Unidos — e limpar o lixo tóxico que já é jogado pelas *maquiladoras* no rio Grande — será necessário, contudo, que uma "Comunidade Norte-americana" desembolse maciços fundos de desenvolvimento ao estilo da UE.[6] Que ninguém se iluda: a América precisa comprar o México, e não apenas alugar parte de sua região fronteiriça.

Com ou sem o Nafta, uma "mistura" demográfica e cultural muito mais profunda já vem ocorrendo em todo o hemisfério ocidental. As pontes culturais e migratórias prometem não só manter a América Latina na tela do radar americano, mas também mudar completamente sua cor. Como os mexicanos são o único grupo imigrante que reivindica direitos históricos sobre o território americano, as ondas de imigração hispânica para os Estados Unidos têm sido chamadas de "Reconquista" por certos autores mexicanos. Embora o espírito de família latino-americano outrora excluísse os norte-americanos, ele vem se disseminando com muito mais rapidez em direção norte do que os "valores americanos" em direção ao sul. Não só certas regiões do sudoeste dos Estados Unidos se integram economicamente ao México, mas em estados de população hispânica numerosa, como a Califórnia, o Texas, o Arizona e o Novo México, a norma, hoje, já é a dupla lealdade.[7] O espanhol rapidamente se firma como a segunda língua da América, e as duas dezenas de membros latinos do Congresso americano são apenas um dos indícios do recente aumento da influência dos imigrantes na política nacional. Enquanto os idosos americanos começam a se transferir para o México em busca de assistência médica a preços viáveis, milhões de imigrantes mexicanos ilegais se prevalecem dos benefícios dos serviços sociais americanos, à custa do contribuinte. Os conservadores americanos temem que seu país se transforme numa espécie de Império Romano, um conglomerado de raças mantido coeso por um regime.[8] Com Miami funcionando como base da elite e dos lavadores de dinheiro das drogas latino-americanos, não surpreende que muitos latinos digam: "Gostamos de Miami porque fica bem perto dos Estados Unidos!"

No entanto, só mesmo por meio de esquemas como o plano mexicano "Puebla a Panamá" é que a América Central poderá tirar vantagem de sua posição geográfica entre dois grandes continentes, transformando-se num importante corredor de globalização intercontinental. A região tem aproximadamente o tamanho da Califórnia e uma população equivalente, de cerca de 35 milhões de habitantes, mas está fragmentada em sete países, as famosas "repúblicas de banana" do início do século XX. Todas foram, a certa altura, fortemente militarizadas, mas hoje seu maior problema é o frágil sistema de previdência social. Com índices tão elevados de pobreza e desemprego, esses Estados de Terceiro Mundo especializam-se, sobretudo, em flores, drogas e armas. Embora o governo Reagan desse combate a potenciais manifestações do "império do mal" em Granada, El Salvador e Nicarágua, os Estados Unidos estão aprendendo pelo caminho mais difícil que, mesmo sem poderosos contingentes guerrilheiros, a América Central pode representar a verdadeira ameaça à segurança do hemisfério. Depois que os EUA expulsaram condenados de volta a seus países, a formação de gangues proliferou drasticamente, sendo hoje estimados em mais de 100 mil os membros dessas gangues em toda a região (inclusive o México). Como 70% da economia da Guatemala está escorada no setor informal, a única concorrência efetiva do país com o México se dá entre as respectivas gangues, para contrabandear drogas e trabalhadores para os Estados Unidos. Células da gangue MS-13 coordenam cada vez mais suas iniciativas criminosas nos Estados Unidos a partir de San Salvador. A América Central já foi o campo de batalha da América, mas agora tem seu próprio campo de batalha nas ruas da América.

Mas a América Central também vem se tornando um laboratório para o potencial triunfo da integração hemisférica. O Acordo de Livre Comércio da América Central (Cafta) reduziu as tarifas americanas, o que deveria criar empregos e aumentar as exportações, como fez o Nafta no caso do México. Como observou o *The New York Times*, o Cafta "dificilmente poderá levar as economias [da região] para o século XXI, mas pode servir para levá-las ao século XX".[9] Ao mesmo tempo, o desprezo dos Estados Unidos pelos minúsculos mercados da América Central e do Caribe permitiu que outros entrassem em campo. Na verdade, como os investidores americanos estão voltados, sobretudo, para grandes lucros em países como a China, a própria China transferiu-se para a América Central, construindo fábricas mais próximas do mercado de exportações dos EUA. O embargo americano contra o miniinimigo cubano abriu as portas para que a China se tornasse um dos maiores investidores em Cuba (atrás da Venezuela, mas à frente do Canadá), ao mesmo tempo ocupando antigos postos soviéticos de espionagem e desenvolvendo lençóis petrolíferos, em cujos equipamentos tremula a bandeira chinesa. O caso do Haiti é particularmente embaraçoso: os Estados Unidos o ocuparam numerosas vezes ao longo do último século com o objetivo de estabilizar a ilha, mas não se têm mostrado capazes de livrá-lo da duvidosa honra de ser o país mais pobre do hemisfério, a poucas centenas de quilômetros do litoral da América. Sob os auspícios da ONU, são mantenedores da paz chineses, chilenos e brasileiros, que impedem o Haiti atualmente de cair outra vez na anarquia.[10] Um dos benefícios menos ressaltados da globalização é que qualquer país pequeno que não se sinta bem atendido por seus vizinhos grandes e ricos pode sair em busca de atenção no mercado geopolítico. Se a América não é capaz de demonstrar sua benevolência hemisférica em seu próprio quintal, esse tipo de liderança pode vir a emanar, na direção norte, da própria América do Sul.

CAPÍTULO 16

VENEZUELA:
A VINGANÇA DE BOLÍVAR

COMBATENDO PARA LIBERTAR a América do Sul do domínio espanhol no início do século XIX, o audacioso revolucionário anticolonial Simón Bolívar sonhava com a unidade continental. Mas sua *Gran Colombia* logo se desmembrou em numerosas repúblicas revolucionárias, deixando a América Latina sem um pólo único de poder arregimentador — o que muito contribuiu para a longevidade da hegemonia hemisférica dos Estados Unidos. Hoje, no entanto, a avenida principal de Caracas leva o nome do grande filho da pátria, *El Libertador*, e é a Venezuela — e não a China ou a Europa — que encarna de modo mais eloqüente a morte da Doutrina Monroe. Sem o petróleo, a Venezuela seria apenas mais um país agrícola atrasado do Terceiro Mundo, com seus dirigentes populistas e os conseqüentes golpes de Estado, mas, *com* o petróleo, é algo muito diferente. Pode vir a tornar-se importante fornecedor de energia, configurando uma história regional de sucesso em matéria de governabilidade e desenvolvimento equilibrados, além de um catalisador diplomático para que finalmente se concretize o sonho de Bolívar. Mas as possibilidades não apontam nesse sentido.

O naturalista e explorador Alexander von Humboldt falava da "eterna primavera" encontrada na Venezuela, mas, na verdade, o país sofre de um grave problema de "latitude ruim".[1] Depois da Segunda Guerra Mundial, comerciantes e trabalhadores espanhóis, italianos e portugueses de classe média consideravam a Venezuela uma terra de oportunidades, e seus filhos vieram a se tornar os médicos e advogados do país. Na década de 1950, a exploração da indústria petrolífera pelos oligarcas locais e pelas corporações estrangeiras impulsionou a Venezuela para o Primeiro Mundo. Caracas era uma das cidades mais seguras e civilizadas do mundo. Na América do Sul, contudo, a incerteza política — e não a falta de recursos — é que tem sempre comprometido o progresso. Os autocratas eleitos da década de 1960 deixaram um legado de "super-rodovias em pandarecos e ecossistemas devastados, uma dívida ruinosa e trabalhadores impontuais como sempre".[2] No início da década de 1970, a Venezuela e outros países fundadores da Opep protagonizaram a maior transferência de riqueza jamais ocorrida sem guerra na história, reativando os sonhos de grandeza.[3] Mas a Venezuela foi estragada pelo petróleo, abandonando sua economia agrícola para se debater numa *dutch disease* (doença holandesa).[*] Nadando em petrodólares, a oligarquia público-privada duplicou os gastos, enquanto as corporações tomavam o lugar da sociedade como principal clientela. Na década de 1980, contudo, a queda dos preços do petróleo agravou os déficits; a dívida entrou numa espiral ascendente, a produção oscilou, os capitais fugiram, a inflação se acelerou e aumentou a captação de empréstimos no exterior.[4] Nas palavras de Juan Pablo Perez Alfonso, fundador da Opep, a Venezuela estava "se afogando no excremento do diabo".

O mesmo ciclo pode estar se repetindo na Venezuela de hoje. Na política de personalidades que caracteriza a América Latina, os líderes fortes sempre se impõem, em detrimento da força das instituições. A região não sofre apenas de má latitude, mas também de má atitude — o que se verifica mais claramente no caso de Hugo Chávez, cujas sucessivas auto-reinvenções culminaram num personagem que poderia ser descrito como "narcisista-leninista". Depois de uma fracassada tentativa

---

* Fenômeno em que uma economia termina por concentrar sua capacidade de produção na extração/produção de recursos naturais, e valoriza a moeda a ponto de comprometer a competitividade de seus produtos industrializados. Criado pela revista *The Economist* indentificava o declínio do setor manufatureiro com a descoberta de gás na Holanda, na década de 1960. (*N. do E.*)

de golpe que o levou à prisão em 1992, esse nacionalista de esquerda chegou à presidência em 1998 com uma plataforma voltada para os destituídos, explorando em sua selvagem escalada retórica de ressentimento e suspeita a indiferença das elites diante das classes pobres.

Os *barrios* de Caracas elevam-se acima dos maltratados prédios de escritórios que se acumulam no vale, formando verdadeiras ondas de favelas que recobrem as colinas como um enxame pronto para atacar. Para seus habitantes, a questão não é saber se haverá corrupção, roubo ou subornos, mas simplesmente se poderão levar sua parte também.

"O governo pode estar do outro lado da cidade ou na lua", resmungava um morador do *barrio* de Petare, em Caracas, "desde que a gente receba nosso contracheque." Sedutor e irresponsável, Chávez manipulou essas massas pobres que não exigem transparência no governo ou nos gastos com as rendas do petróleo porque não se dão conta de que o Estado e seus recursos, em última análise, lhes pertencem.[5] "O povo é leal a Chávez, não importa o que ele faça, pois o fato é que lhe deu esperança", explicava um analista político em Caracas. "Os chavistas são capazes de tudo por ele."

Na Venezuela, o gás é mais barato que a água. Considerando-se os bem-sucedidos modelos de acúmulo das rendas de petróleo que se desenvolveram do Alasca ao Cazaquistão, passando pela Noruega, Chávez poderia facilmente ter criado um fundo permanente de redistribuição dos lucros do petróleo, para que os mais destituídos recebessem mais, e todo mundo obtivesse alguma coisa. Em menos de uma década, a parte da população venezuelana que vive com menos de 2 dólares por dia, atualmente a maioria, poderia ter sido reduzida a praticamente zero.[6] Mas se no Cazaquistão os direitos de propriedade foram amplamente distribuídos e a riqueza do petróleo vem sendo usada para fomentar o empreendimento privado, o ideal de "socialismo bolivariano" alimentado por Chávez sustenta uma férrea ênfase no controle estatal. As cooperativas camponesas tomadas à força de proprietários fundiários ricos não podem ser de direito privado; os sindicatos foram extintos.[7] Chávez parecia estar fazendo tudo certo com suas *misiones*: empréstimos subsidiados, créditos agrícolas, redes de distribuição de alimentos e programas preventivos de saúde empregando médicos cubanos.[8] Mas esses coletivos produzem para um consumidor único — o governo —, cuja folha de pagamento chega a mais de 3 milhões de pessoas. Chávez usa os *fondos* do petróleo da mesma maneira que todos os outros países latino-americanos sempre usaram: mais para servir a objetivos políticos do que para efetivamente diminuir a desigualdade.[9]

As inclinações de Chávez podem estar na direção certa, mas a maneira como gasta a riqueza produzida pelo petróleo lembra um viciado em *crack*: precisa cada vez de mais para manter o pique. O governo conseguiu quadruplicar simultaneamente a dívida interna e a externa, enquanto os hospitais ruíam, sendo seus gestores demitidos por votarem contra ele no referendo de 2004. O controle de preços gerou escassez de carne. Chávez marcou pontos quando o prefeito de Caracas se apropriou de um exclusivo campo de golfe para construir casas para os pobres, mas a miséria urbana persiste. Apesar de uma renda anual de mais de 20 bilhões de dólares originada do petróleo, o PNB *per capita* está, na melhor das hipóteses, na metade do nível alcançado em 1954.

A Venezuela é o que o economista Hernando de Soto chama de uma "sociedade de cúmplices". Chávez se apoderou da empresa estatal de petróleo, a PDVSA, desmantelando sua tecnocracia, que tão habilmente criara, há uma geração, todo o sistema nacional de empresas públicas. O aparato de gestão militar pelo qual a substituiu produz atualmente 1 milhão de barris a menos que a capacidade máxima. A PDVSA também funcionava independentemente do governo, ao passo que Chávez criou seu próprio Tesouro (Banco de Tesoros), graças ao qual engorda suas contas bancárias na Europa. O setor manufatureiro do país entrou em colapso quando os comissários de Chávez assumiram seus conselhos diretores e se apoderaram dos lucros. "Agora que ele destruiu as classes profissionais, não faz a menor diferença que sejamos os maiores produtores mundiais de petróleo depois dos árabes", queixou-se um antigo empregado da PDVSA em seu exílio voluntário nos Estados Unidos. "Não ficou ninguém suficientemente competente para gerir o dinheiro." As longas filas de profissionais liberais interessados em obter cidadania na embaixada espanhola são prova cabal dessa evasão de cérebros.

Caladas todas as outras vozes, Chávez transformou-se em sinônimo da Venezuela. Ele foi eleito democraticamente mais de uma vez, mas sua democracia mais parece uma plebecracia.[10] Sua "república bolivariana" funciona como o Paquistão de Musharraf; Chávez nomeia todos os governadores e prefeitos e distribui propriedades entre oficiais da reserva, os novos e conservadores manipuladores do poder, zelosamente empenhados em salvaguardar o *status* recém-conquistado.[11]

Dominando ao mesmo tempo a Assembléia Nacional e o Conselho Eleitoral, ele já não enfrenta nenhum "partido do veto".[12] Chávez não precisou mudar a Constituição (de novo) para continuar governando até 2013. Eduardo Galeano chamou certa vez esse estilo de liderança de "democradura", descrição que bem se aplica a Chávez: "A democracia pode ser um travesti: ela se despe e aparece um *coronel*."[13]

Pelo menos seis diferentes milícias leais a Chávez percorrem ameaçadoramente as ruas de Caracas a pé, de motocicleta ou de jipe, usando camuflagem e uniformes à prova de bala. Com suas metralhadoras pendendo do ombro, eles se mostram afáveis com os chavistas em suas camisas vermelhas, mas intimidantes para os demais. A criminalidade desenfreada mantém a oposição fora das ruas, e os cidadãos, presos em suas casas, ficam vendo as maratonas retóricas de Chávez pelas emissoras de televisão de que ele se apoderou. O estado de crise permanente é o pior clima para a verdadeira democracia, mas é excelente para semear a confusão em benefício próprio. Com exceção dos bolsões isolados de conforto, como os hotéis cinco estrelas e os *lounges* ao estilo flamenco, Caracas, visivelmente, decaiu para a condição de uma capital de Terceiro Mundo auto-segregada, com um antigo funcionário do Ministério da Defesa como senhor absoluto. O índice de mortes à bala é o mais alto do mundo, e os seqüestros aumentam — inclusive os "seqüestros-relâmpago" envolvendo assalto em caixas eletrônicos. Caracas também apresenta alguns dos piores congestionamentos de trânsito imagináveis: no cruzamento de Chacao, os motoristas ignoram a sinalização, gerando um emaranhado multidirecional que se estende por quilômetros. Em 2006, uma ponte na principal saída rodoviária da cidade ruiu depois de quinze anos de abandono, obrigando os motoristas a tomar um tortuoso caminho de quatro horas até o aeroporto, a apenas 13 quilômetros de distância.

Uma revolução que não esteja sofrendo qualquer ameaça deixa de ter justificativa, e Chávez herdou de Fidel Castro seu manto anti-hegemônico, disseminando seu dogma pelo hemisfério. Como Bolívar, Chávez propaga o sentimento de que os Estados Unidos serão para sempre o flagelo da região, em nome da liberdade. É uma pena que esse azedume se tenha instaurado entre os EUA e o país com o qual tantos laços fortes haviam se estabelecido por intermédio da indústria do petróleo, da indústria automobilística e do amor comum pelo beisebol. Como os iranianos e os uzbeques, os venezuelanos comuns não são antiamericanos, mas o antiamericanismo continua sendo um suporte crucial para seus líderes. Capitalizando o apoio americano à tentativa de golpe de 2002, Chávez começou a demonizar ao mesmo tempo os Estados Unidos e os partidos de oposição que eles apoiavam, como uma ameaça à revolução bolivariana.[14] Ele tem antagonizado os Estados Unidos de todas as maneiras possíveis e imagináveis: anunciando a intenção de desenvolver capacidade de produção de energia e armas nucleares; ameaçando suspender as exportações de petróleo para os EUA; comprando 100 mil metralhadoras AK-47 da Rússia para montar uma força pancontinental de combate; criando obstáculos às tentativas de reprimir o tráfico de drogas, promover o livre comércio e isolar a Cuba de Castro; assinando acordos de co-produção de petróleo e gás com o Irã; supostamente dando acolhida e locais de treinamento a grupos fundamentalistas islâmicos, e até fornecendo combustível de aquecimento a baixo custo para comunidades pobres dos próprios Estados Unidos. "Tudo que Chávez tem feito é justificado", sentenciou um intelectual chavista enquanto caminhava por Caracas num dia insuportavelmente úmido. "Ele havia sido democraticamente eleito. Os Estados Unidos não tinham o direito de tentar derrubá-lo. Não achamos que chegaremos algum dia a ser tão poderosos quanto os Estados Unidos, e é exatamente por isso que esperamos que eles nos tratem com justiça."

Se a hegemonia norte-americana na América Latina é um mito, Hugo Chávez está querendo forçar os EUA a pôr as cartas na mesa. Se Bolívar libertou as províncias andinas mas não foi capaz de impedir sua fragmentação, o projeto neobolivariano de Chávez procura tornar sem sentido, ideológica e economicamente, essas fronteiras equivocadas.[15] "Os dirigentes que ficam lançando idéias sem os recursos para concretizá-las são alvo de chacota, mas quando têm uma conta bancária de 5 bilhões de dólares, são levados muito a sério", explicou um analista brasileiro, preocupado, como muitos de seus compatriotas, com a imagem radical que Chávez tem dado ao continente. Pouco interessado em utilizar a *intelligentsia* diplomática formal venezuelana, Chávez percorre o continente e outras regiões do mundo subornando líderes e comprando eleições para eles, inflamando platéias com discursos em que exige que a Grã-Bretanha devolva as ilhas Falkland à Argentina. Seu mapa para a conquista da unidade dos recursos sul-americanos prevê um sistema de escambo entre os Estados para produtos como petróleo, cimento, gado, médicos e engenheiros, de Cuba à Argentina. Para inspirar a formação de um continente auto-suficiente, Chávez gasta cinco vezes mais que os Estados Unidos em auxílio financeiro, perdão de dívidas, ajuda e subsídios para o petróleo. No Caribe, financiou a modernização das refinarias de petróleo de Cuba e da Jamaica e distribuiu petróleo no valor de 3 bilhões de dólares a fundo perdido. Sobretudo, começou a preparar terreno para aquele que será o oleoduto mais longo do mundo, da Venezuela até a Argentina, passando pela Amazônia brasileira, permitindo a criação de uma rede continental de energia e, possivelmente, a auto-suficiência energética da América do Sul. Em conjunto, segundo alega Chávez, esses projetos anunciam "um grande bloco de poder político, econômico e social em busca do equilíbrio mundial".[16]

Enfrentar os Estados Unidos é como entrar em luta com um tirano, mas Chávez se dá conta de que qualquer barganha entre os EUA e um país latino-americano nunca será feita em condições justas, a menos que este tenha um forte protetor. Então ele lança mão de seu "trunfo chinês", ameaçando cortar o fluxo de petróleo para os Estados Unidos (mas, na verdade, tratando de redirecioná-lo lentamente para a China) e vendendo a posse de refinarias nos Estados Unidos para investir nas asiáticas. A China estimula tacitamente essa petropolítica de soma zero adotada por Chávez: ela responde atualmente por metade do investimento estrangeiro na Venezuela, vendeu-lhe navios petroleiros para transportar o petróleo venezuelano por 24 mil quilômetros através do Pacífico e perfurou poços para aumentar sua capacidade de exploração. Na verdade, a China não poderia substituir os Estados Unidos como principal consumidor do petróleo venezuelano (considerando-se que está a uma distância de cerca de sessenta dias, contra uma semana no caso americano), mas sua participação nas compras de petróleo venezuelano aumentou muito. A China também se ofereceu para enviar trabalhadores à Venezuela a fim de ajudar na construção de milhares de casas, de uma rede de comunicações por fibra óptica e de um sistema de irrigação.

Semeando a confusão transatlântica, Chávez também tem uma "carta européia" para jogar. A Europa ainda é o maior investidor na Venezuela, tanto em energia quanto em serviços, e embora os fiscais da União Européia tenham criticado severamente a eleição de 2005, os países europeus, especialmente a Espanha, simpatizam, de modo geral, com o programa de maior autonomia em relação aos Estados Unidos adotado por Chávez e se mostram favoravelmente predispostos à sua retórica de redenção da pobreza. Os Estados Unidos tentaram impedir o acordo pelo qual a Espanha vendeu a Chávez mais de trinta lanchas de patrulhamento de alta velocidade. Os 300 milhões de barris de petróleo bruto superpesado que podem estar contidos no cinturão petrolífero central do Orinoco transformariam a Venezuela num produtor maior que a Arábia Saudita, mas, apesar da tecnologia superior ao alcance das companhias petrolíferas americanas, Chávez deixou-as de fora, convidando somente empresas estatais da China, da Rússia, do Irã, da Indonésia e do Brasil a participar da exploração — um novo eixo energético do Segundo Mundo. Essas estatais de bom grado firmam acordos de produção conjunta por meio de "empresas mistas" de padrões nebulosos, embora precisem pagar tributos mais altos — usados por Chávez para aumentar a pressão sobre as empresas petrolíferas européias que já operam na Venezuela. Como a América já desistiu, cabe perguntar se a Europa vai puxar seus trunfos para conter Chávez.

Entre a China e Chávez, a Venezuela ainda pode dar uma contribuição importante tanto para o espírito quanto para a prática da cooperação latino-americana, uma contribuição baseada num modelo pós-Consenso de Washington de ajuda recíproca e instituições nacionais. Mas a história também pode, em última análise, repetir-se na Venezuela, com o aumento dos preços do petróleo e da demanda chinesa permitindo que Chávez conte apenas com as exportações de energia, ignorando outras indústrias e deixando a economia vulnerável às flutuações de preço. Hoje o país se parece com o Irã antes da derrubada do xá: riqueza petrolífera, desigualdade e recuo do direito de voto, uma clássica situação pré-revolucionária. Mas, ainda que a revolução bolivariana de Chávez fracasse, o fato é que ele despertou os dirigentes sul-americanos — até mesmo os que o consideram um bufão — para o fato de que precisam trabalhar muito mais estreitamente para forjar um próspero e soberano continente de Segundo Mundo, em vez de uma Atlântida de Terceiro Mundo. O sonho bolivariano persistirá muito além de Chávez — e ele tratará de ficar em cena o quanto puder, para garantir que seja assim.

CAPÍTULO 17

COLÔMBIA: BÁLCÃS ANDINOS?

Ao visitar Cartagena de Índias, Arnold Toynbee escreveu sobre as maciças muralhas de canhões voltadas para mar aberto no alto da fortaleza de La Tenaza, "fortificações de enorme perímetro construídas com a melhor pedra talhada, compactada com um cimento que é a inveja e o desespero dos engenheiros modernos. (...) Cartagena foi concebida para ser o escudo de todo um continente".[1] O ideal de união continental descortinado por Chávez não pode ser concretizado sem a Colômbia, o único país sul-americano com litoral tanto no Pacífico como no Caribe. Com uma população de 44 milhões de habitantes e extensão territorial maior que a da França e da península Ibérica juntas, a Colômbia faz fronteira com todos os países andinos e será o pivô de qualquer tentativa de reverter o esfacelamento da *Gran Colombia* de Bolívar. O país representa a possibilidade de a América do Sul tirar excelente proveito tanto do norte quanto do Extremo Oriente: a rodovia Pan-americana pode vir a tornar-se uma artéria territorial e energética para a América Central e do Norte, e um oleoduto pode fazer a travessia da Venezuela para o litoral do Pacífico. Para se ligar com o restante do mundo, a América do Sul terá de fazê-lo através da Colômbia.

Embora a futura prosperidade dos fraturados Andes dependa dela, a própria Colômbia é uma sociedade profundamente dividida. O país é cortado por três cadeias montanhosas andinas, o que gera diferentes padrões culturais, identificáveis nos coloridos ponchos envergados como bandeiras pelas tribos indígenas. O litoral do Pacífico e a região dos Llanos amazônicos são as mais carentes economicamente, concentrando o grosso dos 60% da população que se mantém na pobreza. A maior parte das terras é controlada pelos oligarcas feudais, senhores que dominam seus dependentes como soberanos quase governamentais. Sobrepostos a essas divisões naturais e históricas estão os centros urbanos de poder — oito cidades com mais de 1 milhão de habitantes, cada uma delas com sua própria rede de interesses e lealdades dominando 80% da população que vive atualmente nas cidades (numa inversão completa em relação à década de 1930, quando 80% da população vivia nas regiões rurais). Para complicar ainda mais as coisas, três pólos de poder político disputam o controle nas diferentes cidades e nos espaços rurais: o governo com seu exército, os rebeldes ligados ao tráfico de drogas e os grupos paramilitares. Décadas de guerra civil entre esses grupos criaram uma população internamente deslocada de 3 milhões e meio de pessoas (a terceira maior do mundo), muitas vivendo nas favelas de Bogotá.

"Nossa fama de centro do comércio de drogas pelo menos é um reconhecimento de nossa importância geográfica", brincou um intelectual em seu sofisticado apartamento no alto de uma torre de Bogotá. Historicamente, os Estados Unidos sempre se contentaram em ter apenas um aliado estratégico na América do Sul, e depois da renúncia de Carlos Menem na Argentina, esse aliado único é hoje a Colômbia de Álvaro Uribe, o único dirigente andino que apóia políticas econômicas neoliberais e a "guerra às drogas" dos EUA. Mas ter somente um aliado não é suficiente, pois a guerra contra as drogas é uma batalha nos espaços desgovernados entre todas as economias andinas. No início da década de 1990, as políticas de combate às drogas da Bolívia e do Peru empurraram para a liderança mundial a produção colombiana de folha de coca e de cocaína. Da mesma forma, o Plano Colômbia patrocinado pelos Estados Unidos empurra atualmente as Forças Armadas Revolucionárias da Colômbia (Farc), de inspiração comunista, até as fronteiras da Bolívia, do Equador, do Peru e da Venezuela — mostrando que a produção de drogas diminui no país onde é reprimida para se expandir nas áreas vizinhas. Os cartéis da droga estabelecem parcerias através dessas fronteiras com muito mais rapidez que os governos, como evidenciam o crescente trânsito de drogas através da vasta província de Arauca, ao longo dos 1.900 quilômetros da fronteira venezuelana, e o aumento no Brasil do consumo e dos embarques de cocaína para a Europa.[2] Em 2005, uma empresa de transporte aéreo a baixo custo do Brasil para destinos europeus faliu depois da apreensão das toneladas de drogas que subsidiavam as tarifas reduzidas.

A maneira militarizada como os Estados Unidos abordam a questão das drogas não está propriamente ajudando-os a vencer a guerra, o que seus dirigentes evidentemente ainda não perceberam. O Comando Sul do Pentágono (Southcom) limita-se, no hemisfério, a dar assistência naval, fiscalizar as fronteiras e fornecer ajuda humanitária — exceto na Colômbia, onde várias centenas de assessores militares operam bases a partir das quais trabalham lado a lado com o exército colombiano na interdição e no desmantelamento das redes de tráfico, assim como em atividades de contra-insurgência. Uribe aumentou maciçamente o orçamento de defesa do país, chegando a criar milícias camponesas para patrulhar montanhas e rios.[3] A maior parte dos quase 5 bilhões de dólares, gastos até 2005 no Plano Colômbia destinou-se a treinamento militar e a onerosos e poluentes programas de fumigação, pouco restando para o desenvolvimento de formas alternativas de subsistência. Assim, não surpreende que a produção andina de coca se mantenha perto dos níveis máximos, com a Colômbia continuando a ser a origem de quase toda a cocaína e de metade da heroína vendidas nos Estados Unidos.[4] Como acontece no Afeganistão, as drogas não só são mais lucrativas que quaisquer outras exportações agrícolas como constituem uma fonte de poder político. Poucos anos atrás, quando a ofensiva contra as Farc promovida por Uribe começava a dar frutos, as Farc aceleraram uma importante aquisição do controle de grandes grupos paramilitares, de tal maneira que a linha divisória entre a AUC (o guarda-chuva das organizações paramilitares) e as próprias Farc tornou-se praticamente imperceptível. Os paramilitares não só têm sua própria infra-estrutura para a produção de coca e papoula como se prevalecem, no tráfico internacional, de contatos ainda mais fortes que os das Farc. Embora alguns paramilitares tenham se desmobilizado em cerimônias públicas devidamente encenadas, eles continuam usando os lucros do tráfico para especular no mercado imobiliário e dirigir gangues na bucólica Medellín. Apenas capturar czares das drogas é tão eficaz quanto capturar terroristas: se as causas profundas não forem atacadas, o problema só vai aumentar. Não surpreende, assim, que ser um guerrilheiro seja considerado um meio de vida na Colômbia, o único país em que os rebeldes aparentemente morrem de velhice.

As presunções cosmopolitas da elite colombiana encobrem o fato de que o país está tão mergulhado no conflito que podemos aplicar aqui a definição médica de crônico: não mortal, mas constante e corrosivo. Trata-se de uma sociedade não só estilhaçada, mas também privatizada, exemplificando uma tendência latino-americana muito mais ampla. Poderosas empresas feudais mantêm e operam rodovias, com a cobrança de pedágio. Em Bogotá, guardas particulares são vistos na maioria das áreas residenciais, altos muros de tijolos encimados por cacos de vidro transformam as residências em verdadeiras fortalezas, os motoristas usam luzes vermelhas à noite por medo de seqüestros-relâmpago e os seqüestros de empresários são rotineiros. A ausência de um pleno controle territorial por parte do governo, a existência de tantos grupos armados, o facciosismo das elites e a segurança privatizada são símbolos de um país que enfrenta ameaças internas, e não externas.

Por que passe de mágica a Colômbia conseguiu aferrar-se ao Segundo Mundo em vez de se fragmentar, como aconteceu, no Terceiro Mundo, como o Afeganistão? Parte da resposta está na comparação com a Venezuela. A Colômbia era a residência do vice-rei espanhol, e a Venezuela, seu quartel. Em vez do próprio Bolívar, foi seu fiel comandante Francisco Santander quem criou na Colômbia as instituições fortes da presidência, da Justiça e do Banco Central. "Vocês conquistaram a independência pelas armas, mas conquistarão a liberdade pela lei", declarou ele. Enquanto a Venezuela vivia décadas de uma estabilidade flutuante, a Colômbia veio evoluindo constantemente de sua situação de total pobreza, na década de 1930, para a modernidade jurídica e econômica. Exceto por meados da década de 1950, a Colômbia pode se orgulhar de um século inteiro de transferências de poder democráticas e perfeitamente legítimas. Com sua reeleição em 2006, Uribe tornou-se o único dirigente andino a conquistar um segundo mandato desde a época de Bolívar.

"Somos muito mais humildes que nossos vizinhos maiores", refletia um funcionário da área de fomento dos investimentos estrangeiros num hotel do esplêndido bairro colonial de La Candelaria, em Bogotá. "Contratamos especialistas de verdade para criar um perfil viável para o país." A Colômbia tem capitalizado uma diáspora como a da Irlanda, que viaja muito e mais longe, mas também devolve ao país em termos financeiros e intelectuais, e sofre menos do fenômeno da fuga de capitais e da evasão de cérebros do que a Venezuela ou a Argentina. Nunca enfrentou problemas de hiperinflação ou de insolvência maciça, e tem a Bolsa de Valores de melhor desempenho da região. Bogotá é, hoje, uma metrópole efervescente passando por um autêntico renascimento arquitetônico, tanto em sua bem preservada arquitetura colonial como em seus modernos prédios de escritórios. Até suas favelas têm certa ordem e dignidade, como as de Istambul — e são mais seguras do que qualquer área de Caracas.

Enquanto a Venezuela não consegue resgatar seus momentos de glória do último *boom* do petróleo, a Colômbia parece estar revertendo os danos de seu recente *boom* de drogas. Na década de 1990, a questão do tráfico de drogas era tratada com uma melancólica resignação. O presidente Ernesto Samper reconheceu que havia certa tolerância em relação à convivência com os traficantes na Colômbia, exatamente como existe nos Estados Unidos uma tolerância com o próprio consumo de drogas.[5] Assim, talvez não surpreenda o fato de que suas campanhas fossem financiadas pelo cartel de Cáli. Depois do "pacto com o diabo" do presidente anterior, Andrés Pastrana — que cedeu às Farc enormes extensões do território —, Uribe conta hoje com considerável apoio interno no seu empenho em reafirmar a autoridade do Estado e finalmente acabar com a longa guerra civil na mais antiga democracia da América Latina.

Na Colômbia, a construção do Estado e a vitória na guerra contra as drogas caminham de mãos dadas, o que Toynbee com muita argúcia caracterizou como "uma audaciosa empreitada para dominar a Natureza num continente em que ela ainda tem ascendência sobre o homem".[6] A melhoria de rodovias e túneis nas montanhas aumentou a capacidade do governo e dos militares de fazer valer sua autoridade, ao mesmo tempo que a polícia e os tribunais impõem com mais autoridade o império da lei. No início do mandato de Uribe, cerca de metade das cidades tinha contingentes policiais; hoje, todas os têm. "Atualmente, os militares têm os principais grupos paramilitares e de narcotráfico em posição de barganha ou de fuga", assinalou um observador militar americano da Colômbia. Para sorte de Uribe, as Farc, embora resistentes e criativas, estão mais preocupadas com os lucros obtidos com o tráfico e os seqüestros do que em efetivamente fazer secessão dentro do Estado. O tráfico de drogas comprometeu seriamente a credibilidade ideológica das Farc entre a população, e ela já não corresponde mais à sua desgastada autodefinição como uma organização que tem "Karl Marx no alto e Adam Smith no restante da cadeia de abastecimento". Ao contrário, as Farc se transformaram num empreendimento paraestatal, parecendo satisfeitas em operar apenas nas margens geográficas. Sua maior mobilização não foi capaz de manter o controle da cidade de Miraflores por mais de uma semana; as operações de seqüestro ficaram limitadas essencialmente às zonas de cultivo no interior e de tráfico no litoral; e a população, cada vez mais urbana, freqüentemente colabora com as autoridades na captura de membros das Farc, em vez de participar de suas operações e apoiá-los em sua ação. "Nós somos um povo educado e digno. A menos que se esteja no negócio das drogas, não há motivo para apoiar as Farc", comentou um professor em Bogotá, acrescentando que a polícia antidrogas do país começou a treinar seus homens para abater as "mulas" do tráfico.

À medida que a Colômbia vai se unindo internamente, seu departamento mais pobre, o de Chocó, com sua floresta tropical e sua população indígena, pode transformar-se, ao longo do litoral do Pacífico, na porta de entrada — e não no gargalo — da rodovia Pan-americana. O aumento das exportações de café para a Ásia e para os Estados Unidos pode revelar-se um meio de vida sustentável para as populações internamente deslocadas e para os agricultores pobres que a certa altura aderiram ao cultivo da coca ou às organizações paramilitares. A União Européia aumentou não só o apoio financeiro aos programas de desmobilização e reintegração, mas também a ajuda às regiões mais pobres do país.[7] Se essa estratégia for aplicada à área florestal e isolada da garganta de Darién, na fronteira com o Panamá, a artéria econômica do hemisfério ocidental seria desbloqueada.

Os Estados Unidos poderiam fazer muito mais para cuidar de seu único aliado na América do Sul, impedindo que caia na esfera de influência da Venezuela. Fazendo corpo mole na adoção de um acordo de livre comércio e mantendo seus pesados subsídios agrícolas, os EUA continuam impondo uma concorrência desleal às exportações colombianas, ao mesmo tempo que dificultam a diversificação de produtos essenciais, como petróleo, café, bananas e flores. "Por que diabos os

Estados Unidos só terceirizam a produção de têxteis na Ásia?", pergunta um funcionário de um dos ministérios da área econômica. "Eles deveriam montar aqui *maquiladoras* como as do México, para a fabricação de produtos a serem reexportados para a Costa Leste — que fica tão próxima de nosso litoral caribenho quanto a fronteira mexicana." A mão pesada do processo americano de certificação no combate às drogas também arrefeceu o próprio processo de integração regional necessário para o combate à lavagem de dinheiro e às operações de falsificação na Colômbia e em seu vizinho dolarizado, o Equador. E ao se eximir de complementar a estratégia antidrogas com outras de caráter econômico e social, os Estados Unidos alimentam involuntariamente o desencanto a seu respeito que inevitavelmente irá solapar o apoio com que pode contar. Mas não surpreende que os Estados Unidos pouco se interessem pela vida na Colômbia, com exceção do comércio de drogas, quando se sabe que seus diplomatas são instruídos a manter distância até mesmo dos perenes encantos do bairro de La Candelaria, em Bogotá. Para os cegos, tudo é imprevisto.

A guerra andina contra as drogas e a busca da Bolívia por integração hoje convivem lado a lado no micronível de uma rivalidade em matéria de rodovias, túneis e oleoduto semelhante à que ocorre na Ásia Central. Na Bolívia, o cultivo da coca é o único meio de subsistência dos agricultores pobres, que em 2005 elegeram um dos seus, Evo Morales, para presidir o país, que há muito vem sendo um dos principais campos de batalha do Terceiro Mundo na relação entre a liberalização, a globalização e a democracia. Mas Morales não é nenhum populista voltado para os próprios interesses; na verdade, seu agnosticismo em relação à globalização representa um necessário choque de realidade ante a coalizão de empresas estrangeiras abusivas e dirigentes corruptos cujo programa radical de privatização prejudicou o funcionamento até mesmo dos serviços públicos mais essenciais, como a água.[8] A lendária cidade mineira boliviana de Potosí foi, em dado momento, a cidade mais rica do hemisfério, graças a seus abundantes depósitos de prata, e hoje o país tem reservas de gás natural que só ficam a dever às da Venezuela. Entretanto, como a Bolívia não conta com nada parecido com a Petrobras brasileira ou a Petronas malásia, modernas empresas petrolíferas estatais solidamente dotadas em matéria de gestão e tecnologia, a disfarçada extorsão praticada por Morales contra as empresas estrangeiras de energia — ameaçando nacionalizar ou aumentar os impostos corporativos — e a criação de um fundo empresarial nacional são as únicas maneiras de os bolivianos controlarem seus recursos naturais. E não é preciso derramar lágrimas pelas empresas estrangeiras de energia, que continuam auferindo lucros enormes.*

Como na Ásia Central, a cooperação através das fronteiras em matéria de combate ao tráfico de drogas, energia e comércio pode ser a única maneira de romper o padrão andino de fratura geográfica, subdesenvolvimento e democracia frágil.[9] Numa região em que milhões de pessoas estão isoladas por montanhas ou desertos, o acesso ao litoral é uma saída econômica vital. Enquanto os países africanos sem acesso ao mar continuam invadindo seus vizinhos, a Bolívia paga para ter acesso aos portos peruanos, e o comércio entre a Venezuela e a Colômbia se intensificou à medida que Chávez buscava um oleoduto até o Pacífico que não fosse lançado pelos ares pelos mesmos traficantes de drogas que discretamente apóia. Os países andinos também estão planejando extensões rodoviárias e portuárias, assim como uma malha energética que permita canalizar a eletricidade e o gás para todo o continente. O maior apoio da União Européia aos pequenos agricultores e empreendedores nos Andes vem aos poucos estimulando o abandono da política de quase exclusiva exportação de matérias-primas, enquanto o exército de corporações espanholas, que praticamente dominam os setores bancário e de telecomunicações na América do Sul, disciplina os concorrentes locais.[10] A China também deu as caras nos Andes, buscando agressivamente contratos petrolíferos no Equador, ao mesmo tempo que despejava de tudo nos mercados andinos, de têxteis a celulares. Pequim está profundamente interessada num elo transoceânico que ligue a Amazônia, rica em minerais, ao litoral pacífico do Peru, um veio transcontinental que transformaria os Andes cada vez mais numa encruzilhada estratégica.

A Colômbia pode continuar sendo o "porta-aviões" da América, a China pode transformar os Andes em seu ponto de apoio no continente, um regionalismo de estilo europeu pode vir a se desenvolver — não temos clareza ainda sobre qual pode ser o resultado. Mas pode-se dizer com segurança que nenhum dirigente andino jamais privatizará a torto e a direito a economia de seu país, da maneira preconizada pelo Consenso de Washington, e será o melhor para esses países.

---

* Em comparação, na mesma semana em que Morales foi eleito, o presidente do Chade desistiu de um acordo patrocinado pelo Banco Mundial pelo qual os lucros do oleoduto que vai de seu país até a República dos Camarões seriam destinados à educação e à saúde, preferindo canalizá-los para a "segurança", que geralmente significa jatos particulares, armas pesadas e Mercedes blindadas. O Chade pode continuar eternamente sendo um país do Terceiro Mundo; com Morales, a Bolívia tem chances muito melhores.

CAPÍTULO 18

BRASIL: O PÓLO SUL

IMPRESSIONADO COM UM mapa mostrado durante sua visita a Brasília em 2005, o presidente George W. Bush deixou escapar: "Uau! Como o Brasil é grande!" Achar que o Brasil é apenas mais um país sul-americano, deixando de reconhecer que é ele o incontornável fato geográfico do continente, é um erro americano freqüente.

O Brasil é o equivalente dos Estados Unidos na América do Sul. Só pelo seu tamanho, é ele — e não a Venezuela — o líder natural do continente. Ocupando cerca de metade do continente, tem fronteiras com todos os demais países, exceto com o Chile e o Equador. "Nossa auto-imagem é, nem mais nem menos, a de um princípio organizador do continente — não para substituir os Estados Unidos, como gostaria a Venezuela, mas para atuar ao lado deles", explicou um ex-diplomata que vive em São Paulo. O Brasil é o ímã da América do Sul, atraindo mão-de-obra e investimentos de todos os lados. Sem pretensões de se tornar uma potência militar competitiva, o Brasil tem um papel global fundamentado exclusivamente em seus recursos ambientais e no enorme tamanho de sua economia, e, por sua vez, as ambições geopolíticas da América Latina dependem quase inteiramente dele. Mas essas aspirações só se tornarão realidade se o Brasil for capaz de transpor abismos tão profundos quanto são diversificadas sua paisagem e sua população.

O clima abençoado das luxuriantes regiões central e sul do Brasil faz do país o maior exportador mundial de carne, laranja, açúcar, café, aves, suínos e soja. Mas, apesar de exportações que se aproximam dos 100 bilhões de dólares anuais, a agricultura, na verdade, representa apenas 10% da economia do país, uma das dez maiores do mundo. Mais de 80% das quinhentas maiores empresas do continente são brasileiras. Depois de Toulouse (sede da Airbus) e Seattle (sede da Boeing), São Paulo é o mais importante centro mundial de concepção e fabricação de aviões — além de ser a segunda cidade global da América Latina (ao lado de Miami). A descoberta de enormes lençóis de petróleo e gás no litoral atlântico também elevou o *status* do Brasil no comércio energético global.

Foram necessárias três revoluções para que o Brasil se tornasse a grande potência da América Latina.[1] A derrubada da monarquia no fim do século XIX abriu caminho para o domínio de clãs provinciais sobre produtos essenciais como o açúcar e o café, mas a queda vertiginosa dos preços resultou numa maior centralização em 1930. Viriam em seguida o *boom* dos investimentos estrangeiros na década de 1950 e o desenvolvimento dos setores siderúrgico e automobilístico. As rivalidades entre os aristocratas industriais e os proprietários de terras culminaram no golpe de 1964, dando início a vinte anos de autoritarismo burocrático. Como no Sudeste Asiático, um "milagroso" índice de crescimento de 10% pôde ser sustentado durante quase uma década por meio de políticas de substituição de importações, para superar a submissão aos produtores estrangeiros, mas a desigualdade de renda atingiu recordes mundiais. Na década de 1980, entraram em colapso tanto o *boom* econômico quanto o regime militar.

Fernando Henrique Cardoso, um sociólogo de esquerda que fugira da ditadura exilando-se no Chile e na França, chegou à presidência com a tese de que, embora solape o poder do Estado, a globalização exige uma expansão do mandato do Estado além dos terrenos da ordem pública e da política externa, abrangendo os direitos humanos, a igualdade social e a proteção ambiental.[2] E como a globalização enfraquece o domínio burguês, é necessária uma democracia mais forte para ser mediadora entre grupos de interesse cada vez mais poderosos, representando os capitalistas, os sindicatos e os pobres. Mas Cardoso herdou um país sem disciplina fiscal, carecendo até de um ministério do orçamento.[3] Enquanto ele supervisionava a desregulamentação da economia brasileira, fomentando o comércio regional, os déficits crescentes e a desvalorização monetária sobrecarregavam o país com uma dívida maciça. Em todos os países do Segundo Mundo que se tornaram insolventes no pagamento de uma dívida insustentável, as conseqüências sociais foram traumáticas, e no Brasil não foi diferente. No fim da década de 1990, as favelas da periferia de São Paulo aumentavam enquanto o centro se congelava, paralisado pelo aumento da criminalidade, principalmente homicídios e seqüestros.

Esperava-se que a eleição de Luiz Inácio Lula da Silva em 2002 assinalasse uma virada para maior foco na igualdade social, mas o sistema governamental brasileiro ainda estava preso aos padrões excessivamente descentralizados do desequilibrado esquema de poder municipal do início do século XX.[4] Como certas cidades-chave são geridas por um restrito grupo de capitães da indústria e empresas multinacionais, a autoridade do Estado continuava demasiado fraca para promover a redistribuição. A falta de legislação tributária viável perpetuava a evasão fiscal e outras artimanhas, equiparando o tamanho estimado da economia informal ao da economia oficial: mais de 800 bilhões de dólares. Sucessivos escândalos de corrupção envolvendo o Partido dos Trabalhadores de Lula resultaram na piada de que ele era tão corrupto que "Chávez aprendeu tudo com Lula". Em 2006, ninguém menos que o governador de São Paulo chegou a ameaçar a posição de Lula na disputa pela reeleição.

Pautando-se pelo mito nacional do *status* equivalente ao dos Estados Unidos, o Brasil sempre olhou em múltiplas direções, perseverando em seu empenho de se tornar a âncora da diplomacia latino-americana (apesar da língua portuguesa).[5] Seu serviço diplomático altamente profissionalizado, o Itamaraty, é a principal burocracia* do continente. Durante a Guerra Fria, o Brasil posicionou-se firmemente ao lado do "Gigante do Norte", e desde a descolonização da década de 1960 vem desempenhando papel-chave nas questões ambientais e de desenvolvimento, tendo o Rio de Janeiro abrigado em 1992 a famosa Eco-92, ou a II Conferência das Nações Unidas sobre Meio Ambiente e Desenvolvimento. Entretanto, assim como não foi capaz

* O autor se refere ao conceito de burocracia definido por Max Weber (*N. do R. T.*)

de conseguir um lugar no Conselho da Liga das Nações na década de 1920, sua recente candidatura a um assento permanente no Conselho de Segurança das Nações Unidas não recebeu muito apoio sequer entre os vizinhos latino-americanos, que pensavam que o Brasil, apesar de sua retórica de "diplomacia da generosidade", tentava na verdade deixá-los para trás, em vez de levá-los junto. Com o crescimento de sua economia lançando pontes Sul–Sul em todo o mundo em desenvolvimento, contudo, o amadurecimento diplomático do Brasil acabou por se impor na arena crucial do comércio global.

O Brasil transformou o futebol numa arte, e não surpreende, assim, que se saia tão bem em negociações às vezes comparadas a simultâneos jogos de futebol num mesmo campo, sem que ninguém saiba a quantas anda o placar e em meio a constantes mudanças de time, embora, com toda a exaustão, todos continuem jogando. Meio século depois de a indústria siderúrgica brasileira ter contribuído para o esforço de guerra americano na Segunda Guerra Mundial, os EUA bloqueiam de maneira oportunista as importações de aço brasileiro. Na reunião ministerial da OMC realizada em 2003 em Cancún, o Brasil assumiu a liderança na formação da coalizão do G-20, com a China, a África do Sul e a Índia. Apesar das tentativas dos Estados Unidos de convencer os países em desenvolvimento a se afastarem do bloco do G-20, a maioria continua fiel a suas propostas de reforma do comércio global (especialmente na denúncia dos subsídios agrícolas do Primeiro Mundo), o que finalmente permite o surgimento de uma contraposição coerente aos Estados Unidos e à União Européia.[6] Nas negociações de livre comércio, as exigências brasileiras de compensação para a assimetria causada pelos subsídios constituem importante exemplo de um país do Segundo Mundo fazendo frente ao Primeiro Mundo, de uma forma que não está ao alcance do Terceiro Mundo. O Brasil chegou, inclusive, a impor reciprocidade na exigência de visto para a entrada de americanos (o único país latino-americano a fazê-lo), enquanto os europeus entram sem problemas.

A evolução interna e diplomática do Brasil corre paralela à da China: em seu movimento de saída do Terceiro Mundo, ambos são considerados seus líderes naturais. Quase metade das exportações brasileiras destina-se atualmente a países em desenvolvimento, e o Brasil promove importantes reuniões de cúpula para fomentar o comércio com a China e com os países árabes. A "aliança estratégica" que se desenvolve entre o Brasil e a China é uma demonstração de que os Estados Unidos já não contam com aliados automáticos no mercado geopolítico e de que os países do Segundo Mundo podem cooperar para se manterem equilibrados, mesmo competindo. Desde o início do frenesi importador chinês na década de 1990, as economias do "Gigante da Ásia" e do "Gigante da América do Sul" têm se revelado extraordinariamente complementares, com o Brasil exportando minério de ferro, madeira, zinco, carne, leite, cereais e soja, enquanto a China investe em represas hidrelétricas, usinas de aço e refinarias. O comércio bilateral prosperou enormemente, com significativo superávit brasileiro.[7] Mas a ligação do Brasil com o rolo compressor chinês acabou com suas indústrias de brinquedos e sapatos, e, como aconteceu no México, sua indústria de roupas também sofre com a "tsunami têxtil" chinesa. Comentário de um esperto empresário chinês em São Paulo, entre uma e outra tentativa de lidar com telefonemas em português: "Os termos do comércio logo poderão ser invertidos, mas o Brasil está recuando da tentativa de impor salvaguardas de importação, já que, se a China retaliar, ele é que terá mais a perder." Os dois países tratam ativamente de acrescentar valor aos produtos do outro, por exemplo, facilitando a compra de fábricas têxteis chinesas por empresas brasileiras para compartilhar os lucros. Nesses dois atores fundamentais do Segundo Mundo, o intercâmbio técnico também floresce, à margem das exigências de direitos de propriedade das corporações ocidentais e das preocupações políticas com a dupla utilização de tecnologias — com o Brasil fornecendo, por exemplo, equipamentos de extração de gás natural para a Rússia. Se a Venezuela está construindo um eixo energético no Segundo Mundo, o Brasil é o capitão de um eixo comercial.

A cultura brasileira é o que acontece quando a mente e o corpo estão de bom humor. Ao contrário do que se vê em países do Terceiro Mundo onde os terrenos à beira-mar freqüentemente são de propriedade privada, prevalece uma sagrada igualdade de acesso às praias em todo o litoral, e nelas os brasileiros se entregam a esportes naturais do corpo, como o futebol e o vôlei — ao contrário da preferência dos americanos por esportes do corpo recoberto por uma couraça, como o futebol americano e o NASCAR (Associação Nacional de Corridas de Stock Car). A liberdade precisa ser desfrutada, não protegida.

Com sua população de quase 200 milhões de habitantes, o Brasil preserva o caldeirão de raças do hemisfério sul. É, ao mesmo tempo, o maior país africano depois da Nigéria (concentrando-se os descendentes de africanos principalmente na Bahia, à beira do Atlântico), o maior país libanês, depois do Líbano; o maior país italiano, depois da Itália e o maior país japonês, depois do Japão. Qualquer que seja a ocasião — da Boa Morte ao carnaval, passando pela Oktoberfest —, o Brasil sempre tem a mistura étnica ou religiosa certa para comemorar. Enquanto nos EUA os grupos étnicos são hifenizados — irlando-americanos, afro-americanos, índio-americanos, árabe-americanos —, os brasileiros se identificam simplesmente assim; compartilhando a crença num potencial ainda não realizado de seu país. Na superfície, o Brasil parece tão carente de uma integração racial quanto os Estados Unidos há quarenta anos. E embora existam grandes disparidades econômicas entre os descendentes de europeus, os descendentes de africanos e os povos indígenas, estas têm mais a ver com a distribuição geográfica e a concentração do capital nas cidades do que com alguma forma estrutural de racismo. Setenta por cento da população é formada por uma mistura de africanos, europeus e indígenas; desse modo, a segregação é mais baseada em classe do que em raça.

A globalização agravou esses abismos de classe, transformando o Brasil no país onde mais flagrantemente coexistem o Primeiro e o Terceiro Mundo. A sociedade brasileira é como uma ampulheta, com uma grande população indígena e africana na base (tanto nas cidades como no vasto interior) e um estreito gargalo praticamente impedindo a mobilidade em direção à casta de elite lá em cima. A frágil classe média luta para permanecer simplesmente onde está, com uma renda oscilando em torno dos níveis de 1993. A expectativa média de vida no norte do Brasil é nada menos que dezessete anos inferior à do sul. Em meio a tanta disparidade econômica, o tráfico de seres humanos floresce: mulheres do meio rural são exploradas como escravas sexuais nas cidades e homens do meio urbano trabalham em condições de servidão nas minas de ouro do Amazonas. A maioria das escolas não tem telefone, muito menos conexão com a Internet.

Num país com três quartos da população vivendo em ambiente urbano, São Paulo cresceu a ponto de se tornar mais até que uma megacidade: é praticamente uma cidade infinita, com uma população que não pode ser contida nem medida. Seus incontáveis prédios de apartamentos com portões de aço são, na verdade, favelas verticais para quem pode pagar por moradia própria. A rua Oscar Freire é considerada um dos maiores centros de consumo de luxo em todo o mundo, e os paulistanos ricos se orgulham do maior índice mundial de utilização de helicópteros particulares, mas nos restaurantes chiques as mulheres precisam se certificar de que suas bolsas estão bem presas às cadeiras. Ao contrário, o maravilhoso e desesperado Rio de Janeiro — estendendo-se por tantos quilômetros do litoral que em suas ruas uma maratona não precisaria sofrer interrupções — é uma metrópole à beira-mar conhecida ao mesmo tempo pelas favelas e pelos restaurantes da moda. Como em Istambul, no entanto, existe um ritmo subjacente, e até certo aconchego, no inevitável caos de uma cidade tão grande que às vezes é difícil dizer se é o Rio que está invadindo a natureza ou a natureza é que está invadindo o Rio, um se sobrepondo à outra e vice-versa.

Mas o medo psicológico de si mesmo é que é mais preocupante no Brasil. Em sociedades tão divididas em sua capacidade de atender às necessidades básicas, os valores, na melhor das hipóteses, são compartilhados de maneira bastante tênue.[8] Muitos brasileiros consideram que as favelas do país são perigosas demais — e, portanto, fazem o possível para ignorar completamente sua existência, ao mesmo tempo advertindo os turistas para que não as visitem. Em 2003, o Brasil ostentava o mais alto índice de mortes a bala em todo o mundo, que chegava a 40 mil, voltando às ruas do país as pistolas brasileiras antes vendidas para as Farc colombianas. Como comentava o ex-presidente Itamar Franco, "a única coisa distribuída igualmente é o medo". Apesar do emprego de tecnologias de mapeamento da criminalidade importadas da Colômbia, o Brasil ainda é um país onde os bandos armados enfrentam a polícia quando querem e fazem rebeliões maciças nas prisões.

A areia está escorrendo na ampulheta brasileira. Será que vai acabar ou o Brasil vai virar a ampulheta? Em outras palavras, o Brasil será capaz de promover suas massas? O Brasil vem empreendendo uma transformação de suas vastas zonas de Terceiro Mundo de uma forma que outros países latino-americanos não se têm mostrado capazes. Gastando mais com a redução da pobreza do que todos os outros reunidos, o Brasil, por meio de seus programas Bolsa-Família, Fome Zero e Luz para Todos fornece alimentos, quantias em dinheiro, créditos educativos e geradores de energia a mais de 40 milhões de pessoas. No Rio surgiu o turismo nas favelas, gerando alguma renda em troca do contato com culturas e estruturas sociais alternativas. E o governo Lula lançou uma verdadeira esquadra de barcos pelo rio Amazonas e seus afluentes, para fornecer assistência médica e social flutuante a populações indígenas que vivem até nos mais remotos recantos da Amazônia.

Como um país que é quase sinônimo da expressão "meio ambiente", o Brasil vem complementando sua estratégia de desenvolvimento com uma inovadora estratégia energética — e ambas estão funcionando. Os investimentos em modernas tecnologias de extração elevam a produção de petróleo da Petrobras a um nível quase equiparável ao do peso pesado venezuelano. Apesar da auto-suficiência energética, o país também está enriquecendo urânio para alimentar usinas nucleares. E o mais impressionante é que transforma uma quantidade de cana-de-açúcar no combustível não-poluente etanol para se tornar seu maior produtor e exportador. Os carros *flex* que utilizam esse combustível aparecem em toda parte. Mas a produção de etanol está nas mãos de famílias ricas e de conglomerados, enquanto os agricultores pobres continuam cortando a cana-de-açúcar com facão. Cidades como Curitiba e Porto Alegre se transformaram em exemplo para o mundo todo — tanto o Primeiro quanto o Segundo ou o Terceiro — em matéria de gestão ambiental, com seus ousados e eficientes projetos de trânsito e de reciclagem, sendo comparadas a modelos de planejamento urbano como a Noruega.

Esse tipo de inovação é crucial para preservar o maior ecossistema do planeta, que está localizado (essencialmente) em um só país: a floresta tropical amazônica. Se o mundo é um organismo, a Amazônia é o seu pulmão. Mas o desmatamento já custou à Amazônia cerca de 20% de sua superfície; o planeta está perdendo a capacidade de respirar. A conscientização da opinião pública, os projetos de certificação e as enormes áreas de proteção contribuem para reduzir a velocidade de um desmatamento desenfreado, que chegou a devastar 25 mil quilômetros quadrados em 2004, uma escala de destruição que faz do Brasil o maior emissor de dióxido de carbono do mundo em desenvolvimento, depois da China e da Índia. As operações de resgate durante a seca ocorrida na Amazônia em 2005 foram as maiores jamais empreendidas pelo exército e a defesa civil brasileiros, mostrando que são as questões de segurança ambiental e social — e não militar — que constituem a principal ameaça no continente.[9] As experiências do Brasil em todas essas frentes são as mais reveladoras e carregadas de conseqüências, pois assim como vai o Brasil, também irá a América do Sul.

CAPÍTULO 19

ARGENTINA E CHILE: GÊMEOS MUITO FRATERNOS

A HISTÓRIA DA ARGENTINA é um excelente lembrete de que o fato de um país estar no Primeiro ou no Segundo Mundo não é garantia de permanência. Apesar de ter sido poupada de grandes riscos geopolíticos, a Argentina ficou ainda mais frágil com a ação das forças da globalização. Hoje, só a boa vontade do continente pode salvar o país que outrora foi seu líder. Em 1776, Buenos Aires foi transformada na capital do vice-reino da dinastia espanhola dos Bourbon, abrangendo toda a região central da América do Sul, do Chile ao Brasil. Depois da dizimação da população nativa e da criação de *estancias* coloniais povoadas por imigrantes italianos e espanhóis, a Argentina prosperou durante várias décadas em meados do século XIX, sob o liberalismo progressista do presidente Juan Bautista Alberdi. Considerando os recursos e as vantagens climáticas do país, os geógrafos e intelectuais argentinos viam nele um rival hemisférico dos Estados Unidos: um famoso mapa desenhado pelo pintor uruguaio Joachim Torres-García mostrava as Américas do Sul e do Norte com as posições invertidas, ficando a parte meridional no topo do mundo. Na década de 1920, a Argentina era o sétimo país mais rico do mundo, graças à sua florescente produção de carne e trigo, ostentando renda real mais elevada que a dos trabalhadores suíços ou alemães. Alheia à Segunda Guerra Mundial, acolhia de bom grado o capital e o talento dos europeus emigrados, aproximando-se ainda mais do Primeiro Mundo. Buenos Aires parecia mais do que nunca com uma Paris, onde o espanhol era falado em cadência italiana.

Mas a excepcional combinação de beleza e estilo da Argentina infelizmente tem sido acompanhada de uma arrogância que beira o masoquismo. V. S. Naipaul via na Argentina uma "sociedade artificial sobreposta a uma terra uniforme e desolada", tendo êxito no mimetismo colonial, mas em si mesma estéril. Só a mediocridade poderia tomar o lugar do mito decaído do colonialismo aristocrático.[1] A liderança autoritária de Juan Domingo Perón, que governou a Argentina três vezes, melhorou as condições dos trabalhadores, mas também dividiu o país de tal maneira que na década de 1970 a junta militar desencadeou uma "guerra suja" contra a esquerda. Estima-se que 15 mil "desaparecidos" tenham sido eliminados nessa "nítida regressão à barbárie".[2] A corajosa mas imprudente ocupação das ilhas Falkland pelos militares, em 1982, não levou à esperada descolonização, mas a uma rápida e fragorosa derrota diante das forças britânicas. Desde então, a audácia dos programas políticos e econômicos adotados no país só se equiparou aos escândalos de corrupção em que são envolvidos. A obsessão de fugir à mediocridade continua palpável no país com a maior concentração de psicólogos do mundo. A imagem é tudo.

Mas a globalização gerou novos padrões de avaliação do posicionamento de um país na hierarquia internacional, e se revelou assim que a Argentina não é um exportador de capitais de Primeiro Mundo, mas um mercado emergente que tende aos mesmos círculos viciosos em que tantos países do Segundo Mundo marcaram passo na década de 1990: liberalização da iniciativa, *boom* de investimentos, crescimento rápido, agravamento da vulnerabilidade, pacotes de recuperação fracassados e, finalmente, derrocada econômica e política. A Argentina era um bebê de anúncio para o dogma do Consenso de Washington na década de 1990, mas não tinha condições de atrair permanentemente níveis maciços de investimento estrangeiro nem de sustentar a livre gastança que os acompanhava. Vivenciou simultaneamente uma recessão e uma bolha, enquanto a dívida explodia. Para dançar o tango são necessários dois, e depois de sucessivos pacotes de resgate do FMI, destinados a reanimar a economia e impedir a insolvência e o contágio, a comunidade financeira internacional parou de dançar com a Argentina em 2001. Para pagar suas dívidas, o governo se apoderou de bilhões dos fundos de pensão, impondo a lei marcial para reprimir os protestos em massa. Durante semanas, a presidência mudou de mãos várias vezes, comprometendo a confiança da opinião pública. A renda *per capita* caiu de 8.500 dólares no fim da década de 1990 (o dobro da renda *per capita* do México na época) para 2.800 dólares em 2002. Mais de metade da população estava abaixo da linha de pobreza.[3] Numa cidade freqüentemente comparada a Paris, toda uma classe de habitantes de Buenos Aires se transformou nos chamados *cartoneros*: cidadãos pobres e em geral sem teto remexendo no lixo em busca de comida e de objetos para revender.

Os dirigentes argentinos põem a culpa no Tesouro americano, no FMI e em Wall Street, por não terem apoiado seus bem-intencionados esforços para reverter uma crise cada vez mais grave. Apesar de um grau menor de corrupção do que a Indonésia ou a Rússia, outros países que passaram por crises financeiras na década de 1990, a desgraça da Argentina foi devastadora — sobretudo para seu próprio ego. A economia do país não é maior que a de São Paulo, e a dependência dos investimentos estrangeiros a deixa permanentemente no fio da navalha. A tensão entre os preços razoáveis dos produtos sociais básicos e o atendimento das obrigações monetárias internacionais permeia de tal maneira a política argentina que o dirigente peronista Néstor Kirchner temia uma revolta diante da perspectiva de aumento dos preços dos serviços essenciais antes das eleições de 2005, de modo que optou por empurrar para a frente o pagamento do principal da dívida com o FMI — e empurrou a presidência para sua mulher em 2007.

O ex-ministro da Economia Ricardo López Murphy queixava-se de que a Argentina se ressente de padrões africanos em matéria de prestação de serviços, e, de fato, o país sofre de muitos dos males do Terceiro Mundo associados a países muito mais pobres, como um sistema de coleta de impostos incrivelmente ineficaz e uma estrutura federal excessivamente descentralizada, com pouco poder de controle sobre a gastança das províncias. A empresa gestora do sistema de água e esgoto falha permanentemente no atendimento, enquanto eleva os preços por causa da desvalorização da moeda — e isso apenas para a metade das residências de Buenos Aires que efetivamente dispõe de sistema de esgoto. "Nem os ricos consideram mais este país respeitável", confessou um intelectual de Buenos Aires num café ao ar livre no bairro boêmio da cidade. "Hoje eles se consideram menos argentinos do que italianos ou franceses, privilegiando suas origens européias."

A Argentina também se transformou numa espécie de caso previdenciário geopolítico, mal se agüentando nos próprios pés, e muito longe, portanto, de recuperar sua antiga posição de liderança. Desde a derrocada financeira, poucos investidores se dispõem a assumir grandes riscos no país, tornando-o cada vez mais dependente das exportações agrícolas para a China, que atualmente é a principal responsável por seu crescimento. Sem um sistema de créditos regionais como o que vigora no Sudeste Asiático, a Argentina era titular de parte significativa da dívida total do FMI, presa a formas ardilosas de pagamento, com pouca margem de manobra ou de determinação das condições. Como suas reservas de gás natural deverão diminuir ao longo da próxima década, o país precisa desesperadamente do gás boliviano e da concretização do ambicioso oleoduto ao longo da Amazônia planejado por Hugo Chávez — portanto, aceitando de bom grado também que ele resgate sua dívida.

Geograficamente, o Brasil e a Argentina estão tão próximos da Europa quanto dos Estados Unidos, aos quais, portanto, nenhum dos dois se sente intrinsecamente leal. Rivais ao longo da maior parte dos dois últimos séculos, ambos desenvolviam até a década de 1990 programas de armas nucleares, mas juntos construíram o bloco comercial do Mercosul, uma resposta do Cone Sul ao comércio dominado pelos Estados Unidos. Paradoxalmente, os principais países do litoral do Pacífico — Colômbia, Peru e Chile — têm acordos de livre comércio com os Estados Unidos, enquanto os grandes países voltados para o Atlântico — Brasil e Argentina — são os que se mostram mais resistentes às atuais políticas de tarifas elevadas e fortes subsídios sustentadas pela América, sendo também os que têm mais a ganhar com o aumento do comércio com uma China que, do outro lado do Pacífico, se mostra sedenta de recursos.[4] O Brasil e a Argentina co-produzem atualmente a maioria dos automóveis que exportam, e também cooperam na fiscalização da Amazônia e da região da Tríplice Fronteira, onde o tráfico de drogas, o contrabando de armas e a lavagem de dinheiro envolvem grupos que vão das Farc ao Hezbollah.*

Embora nunca fossem capazes de admiti-lo, o país que os argentinos mais gostariam de imitar é o Chile. Com mais de 4.800 quilômetros de litoral no Pacífico, o Chile tem um comprimento equivalente à largura da América. De uma estreiteza quase inviável, essa lasca andina foi considerada por Henry Kissinger "um punhal apontado para o coração da Antártida". Protegido dos excessos do colonialismo por seu escudo montanhoso, o Chile tem uma nítida identidade topográfica. As provas de que o Chile é a economia mais vibrante da região estão por toda parte: uma rodovia de quatro pistas ligando os Andes, ao norte, às planícies meridionais, vinhedos lucrativos nos campos ao redor do importante porto de Valparaíso, inovadores centros de pesquisa em engenharia e arranha-céus de vidro na capital, Santiago, o segundo maior centro de negócios do continente, depois de São Paulo. O Chile tem tantos usuários da Internet quanto o México — com apenas um sexto da população. E age cada vez mais como a Inglaterra da América do Sul, mantendo distância das turbulências do continente ao mesmo tempo que busca alianças pragmáticas em todos os quadrantes. De toda a América Latina, o Chile é o único país com razoável chance de entrar para o Primeiro Mundo na próxima década.[5]

Muito se tem debatido de que maneira o Chile se tornou o modelo da região. No jogo da Guerra Fria, o governo Nixon tentou montar diferentes esquemas, indo de greves a sanções, para solapar o dirigente socialista Salvador Allende, cuja eleição foi atribuída por Henry Kissinger à "irresponsabilidade" do povo chileno. Embora Allende não repre-

* A integração no Cone Sul pode melhorar até a situação do Paraguai, um típico país do Terceiro Mundo, sobretudo sem acesso ao mar, que sempre foi cobaia de experiências sociais, dos jesuítas aos menonitas, mas que, de maneira irônica, continua desesperadamente necessitado de alguma forma de redenção. Desde a independência, o Paraguai tem sido governado por inacreditáveis ditadores, que recentemente, em troca de dinheiro fácil, venderam enormes extensões de terra à seita Moon sul-coreana, permitindo trapaças que perpetuam as condições feudais e subalternas das populações indígenas. Na vasta planície ocidental do Chaco, comunidades libanesas, taiwanesas e dos Amish têm uma condição de semi-soberania. O Paraguai foi criado como um tampão entre as potências tradicionais da América do Sul depois da guerra da Tríplice Aliança (1864-70), mas esse tampão já não é necessário. A América do Sul deveria lutar por sua unificação, como a Europa, e não se esfacelar, como a África. Quase toda a eletricidade do Paraguai já é fornecida pela maior usina hidrelétrica do mundo, a de Itaipu, no Brasil, e a maior parte de seu comércio exterior consiste em vendas livres de impostos e contrabando de produtos eletrônicos na Ciudad del Este, perto das majestosas cataratas de Iguaçu. Em outras palavras, o Paraguai está sendo absorvido pelos vizinhos, que poderiam cultivar suas terras, liberando-as do emprego como playground de seitas.

sentasse para os Estados Unidos mais que uma ameaça definida pela própria CIA na esfera dos "custos psicológicos", o violento golpe que levou o general Augusto Pinochet ao poder em 1973, com o apoio dos EUA, deu início a uma era de repressão interna que gerou milhares de desaparecidos. Três décadas depois, Pinochet freqüentemente é apresentado como símbolo de que um governo autoritário pode resultar em maior crescimento e estabilidade, possibilitando a necessária transição para a economia de mercado e a democracia — em comparação com a Venezuela, onde décadas de democracia deixaram o país nas mãos do autocrata quase-socialista Hugo Chávez.

São muitos os pressupostos falsos e as licenças da lógica que permeiam esse tipo de senso comum, e quanto mais rapidamente forem descartados, mais provável será que a política americana para a América Latina consiga estabelecer o necessário vínculo entre as questões econômicas, sociais e de segurança. Para começo de conversa, em decorrência, até certo ponto, da ética do trabalho dos milhares de agricultores e mecânicos alemães que chegaram ao Chile no século XIX, o país já estava relativamente desenvolvido, pelos padrões latino-americanos, antes de Allende, de modo que a modernização não pode ser inteiramente creditada a Pinochet. Além disso, os primeiros anos de Allende foram caracterizados pelo crescimento econômico, apesar do seu programa de nacionalizações; foi a queda vertiginosa dos preços do cobre que desempenhou o papel decisivo em sua derrocada. De sua parte, Pinochet saqueou o sistema de pensões e cortou os benefícios sociais para restabelecer o superávit do país — mais ou menos como um diretor-presidente de empresa que demite milhares de empregados para se dotar de um pára-quedas dourado. O mais importante é que desde o fim da era Pinochet (que perdeu um plebiscito em 1990) o Chile tem sustentado um índice de crescimento de 5% em meio a uma sucessão de coalizões de centro-esquerda, tendo o ex-presidente Ricardo Lagos, hoje o grande estadista latino-americano, conduzido o país por um período de crescimento elevado e queda do desemprego com uma plataforma socialista moderada. A última coisa de que o Segundo Mundo precisa é de mais Pinochets.

Os "Chicago boys", que, inspirados em Milton Friedman, ajudaram o general Pinochet a desregulamentar a economia do Chile no início da década de 1980, foram responsáveis apenas por metade do modelo chileno. À margem do Consenso de Washington — que equivocadamente partia do princípio de que o crescimento econômico por si só reduziria a pobreza em vez de agravar as desigualdades —, os recentes governos chilenos têm dado ênfase à educação e à tecnologia.[6] As rendas dobraram desde 1990 e a pobreza está abaixo de 15%. É o Chile — não Chávez — que mostra melhor como reduzir a pobreza, apesar de uma geografia particularmente difícil. O Chile é pequeno demais para tirar o continente da pobreza sozinho, mas pode servir de portão para os mercados de além-mar. É o único país latino-americano que assinou acordos de livre comércio com os Estados Unidos, com a União Européia e com a China, neste caso criando muitos empregos para os chilenos e fazendo o comércio ultrapassar 6 bilhões de dólares em 2004, com considerável superávit chileno graças ao aumento das exportações de cobre. O Japão e a Coréia também assinaram acordos de livre comércio com o Chile, resultando em considerável aumento das exportações agrícolas através do Pacífico. Destacando-se pela liberdade no comércio e o baixo índice de corrupção, a integração comercial do Chile com o restante da América do Sul pode contribuir para a disseminação de práticas empresariais confiáveis. E seu flexível sistema de pensões, associando o setor público e o privado, constitui valiosa experiência para os países andinos de orçamento baixo.

O Chile enfrenta numerosos percalços no mercado global, mas até agora os tem gerido com segurança. O Chile e a Bolívia já não disputam território como ocorreu na Guerra do Pacífico, que deixou a Bolívia sem saída para o mar. Ao contrário, o Chile dá à Bolívia acesso aos seus portos, em troca de quase todo o petróleo e o gás de que precisa. (Persiste um sério debate nos Andes para saber que país criou o coquetel *pisco sour*, se o Chile ou o Peru.) Ao mesmo tempo que constrói represas em seus rios meridionais para gerar energia hidrelétrica, o país está protegendo suas áreas de preservação ambiental e as planícies de pastagem do gado.[7] Os mineiros chilenos entraram em greve contra seus patrões internacionais, suspendendo em 2006 a extração na mina de Escondida, no deserto de Atacama (responsável por 8% da produção mundial de cobre) — ironicamente, porque estavam sendo bastante forçados a aumentar a produção para tirar proveito dos preços que subiam, mas sem qualquer aumento nos salários. A estratégia do Chile mostrou às empresas mineradoras que, se não forem sensíveis às necessidades locais, a única coisa que se vai tornar "escondida" são seus lucros.

O estilo de governo do Chile também representa o melhor que a América Latina tem a oferecer. Como na Europa Oriental, os países que mais prontamente acertaram suas contas com seus sanguinolentos passados de autoritarismo são os que estão mais avançados no caminho da estabilidade e da prosperidade.[8] O general Pinochet foi privado de imunidade parlamentar, e a atual presidente do Chile, Michelle Bachelet, é uma ex-revolucionária, vítima de tortura, mãe solteira divorciada, pediatra e ex-ministra da Defesa — no cômputo geral, quebrando não poucos tabus nacionais. A estabilidade da política chilena desde o afastamento de Pinochet se reflete no fato de que já não importa muito quem governa, pois o pragmatismo está na ordem do dia tanto para a esquerda quanto para a direita. A lição para o restante da região — e para a América — é que os recursos naturais e a democracia tendendo para a esquerda nunca são, em si mesmos, as causas de uma derrocada institucional, em comparação com a manipulação política e a corrupção. O Chile pode ser o melhor professor do continente, no mínimo porque, na América Latina, a rivalidade é o maior estímulo cultural.

CONCLUSÃO:

ALÉM DE MONROE

PERSISTINDO NO ESPÍRITO da Guerra Fria, os Estados Unidos têm tentado por mais de uma década, de maneira reativa, simplesmente evitar perder terreno na América Latina, mas os vetores da Doutrina Monroe — segundo os quais os EUA impediriam qualquer potência estrangeira de exercer influência na região, interfeririam a seu bel-prazer para proteger seus interesses e manipulariam as questões econômicas de cada um de seus países — são velas que se vão apagando lentamente. No início do século XXI, surgiram na região três modelos de relacionamento com os Estados Unidos: a beligerante rejeição da Venezuela ao domínio regional americano, concomitantemente com o projeto de um continente autônomo em sua grandeza socialista; o relacionamento amistoso da Colômbia com os Estados Unidos, baseado em interesses econômicos e de segurança comuns; e a pragmática e seletiva cooperação do Brasil com a América, complementada por maior afirmação no terreno diplomático. À medida que a região vai cada vez mais moldando seu futuro, a influência americana não poderá persistir por simples inércia.

Um autêntico panregionalismo apoiado na energia compartilhada e na auto-suficiência comercial ainda é uma deslumbrante possibilidade no hemisfério ocidental, mas só poderá concretizar-se quando o orgulho político latino-americano for satisfeito por meio de um equilibrado reconhecimento recíproco com os Estados Unidos. É necessária uma nova Aliança para o Progresso, que transforme a região num parceiro produtivo da integração hemisférica — mas, dessa vez, a nova doutrina americana não deve ser batizada com o nome de um presidente americano, caso contrário os dirigentes latino-americanos podem cumprir a promessa de ir fazer negócios em outra praça. Ainda que na prática subsista por um século ou mais o papel dos Estados Unidos como princípio organizador do hemisfério ocidental, muito menos certa é a maneira como as superpotências haverão de interagir na região situada na interseção de todos os seus interesses: o chamado Oriente Médio.

FRANÇA
OCEANO ATLÂNTICO
ESPANHA
Córsega (Fr.)
Sardenha (Itália)
ITÁLIA
Algeciras
Estreito de Gibraltar
Málaga
Tânger
Gibraltar (R.U)
Ceuta (Esp.)
Rabat
Casablanca
RIFE
Melilla (Esp.)
Argélia
Fez
Túnis
Sicília (Itália)
Essouira
CORDILHEIRA DO ATLAS
Ilhas Canárias (Esp.)
Agadir
MARROCOS
MALTA
TUNÍSIA
Mar Mediterr
Trípoli
FRONTEIRA DISPUTADA
Benghazi
Surt
TRIPOLITÂNIA
SAARA OCIDENTAL
ARGÉLIA
Sabha
FEZZAN
LÍBIA
MAURITÂNIA
S A A R A
MALI
NÍGER
FAIXA DE
Timbuktu
CHAD
S
MONTANHAS TAURO
TURQUIA
Zakhu
CURDISTÃO
Tall'Afar
IRÃ
Alepo
Mossul
Arbil
Kirkuk
SÍRIA
Eufrates
Lataquia
Sulamaniya
Dahuk
Deir-Ez-Zor
CHIPRE
Tigre
Tartus
Vale de Bekaa
Palmira
Homs
Trípoli
MONTANHAS ZAGROS
Kermanchah
Biblos
Baalbek
Beirute
Anti-Líbano
Sídon
Damasco
Tiro
Bint Jbail
Ramadi
Bagdá
Qana
Haifa
COLINAS DE GOLÃ (DISPUTADAS)
CISJORDÂNIA
Jenin
Ramallah
Nablus
Karbala
IRAQUE
Tel Aviv
Zarqa
Jerusalém
Amã
Najaf
Belém
Rafah
Hebron
Mar Morto
Nasariya
NEGUEV
FAIXA DE GAZA
JORDÂNIA
Basra
Wadi Musa
Shatt al-Arab
ARÁBIA SAUDITA
Wadi Rum
KUWAIT
Eilat
AL-JAWF
Ácaba
Cidade do Kuwait
SINAI
Golfo de Ácaba

PARTE IV

EM BUSCA DO "ORIENTE MÉDIO"

CAPÍTULO 20

O CINTURÃO DILACERADO

Uma gíria britânica ultrapassada não é a melhor maneira de se definir a vasta e multifacetada civilização árabe, cuja geografia, acrescida de dois países não-árabes, Israel e Irã, estende-se do oceano Atlântico até o vale da Mesopotâmia, passando pelo norte da África e pela península Arábica. Ela é delimitada ao norte pelos maciços montanhosos de Zagros, na Anatólia, de Tauro e do Cáucaso, além do mar Cáspio, pelo oceano Índico, ao sul, e o rio Indo, do Paquistão, a leste (onde tem início o sul asiático). Mas o vocabulário naval britânico enxertado nas orientações geográficas gregas continua moldando o discurso ocidental. "Oriente Próximo" remetia à possibilidade de pronto reabastecimento em Chipre; "Oriente Médio" significava o porto iemenita de Áden e "Extremo Oriente" era uma referência ao oceano Índico e mais além. No entanto, o único fato imutável inerente à expressão "Oriente Médio" é que ela se refere a uma região central do mundo. A inexistência, até agora, de uma designação melhor para a região serve apenas para frisar como continua sendo conflituosa e complicada para todos que vivem nela e ao seu redor.*

Enquanto prossegue a confusão léxica ocidental, os árabes estão redefinindo radicalmente sua região de uma forma que não era vista há quase mil anos. Do século VII ao XIII, Damasco, sob a dinastia omíada, e Bagdá, sob o califado abássida, dominavam desde o oceano Atlântico até o Índico. Mas durante séculos depois disso os árabes se dividiram, passando a ser dominados pelos turcos, pelos persas e pelos europeus. Durante a Guerra Fria, o geógrafo político Saul Cohen afirmou que a região era um "cinturão dilacerado (...) incapaz de alcançar uma unidade de ação política ou econômica" em conseqüência de "acentuadas divergências internas", e também porque estava "comprimida por interesses externos".[1] Hoje o mundo árabe tem sua primeira chance em um milênio de determinar qual é sua ordem "natural".

A globalização vem permitindo que esse cinturão dilacerado recupere sua integridade orgânica. As regiões que vão do Saara até a Arábia são basicamente constituídas de desertos divididos em pecinhas de quebra-cabeça, mas a metáfora mais adequada é a de um vasto mar de ondas instáveis constantemente se sobrepondo umas às outras, com navios de tribos árabes e beduínas navegando em todas as direções. "A língua e a religião estão reativando nossos mais profundos elos de reciprocidade", festejava um jornalista em Dubai, a capital extra-oficial do mundo árabe. Elas simbolizam as duas únicas forças que já conseguiram capturar corações e mentes dos árabes: o arabismo e o islamismo — as duas faces da globalização na região hoje em dia.

Lutando pela autodefinição dentro de fronteiras coloniais acanhadas, poucos países árabes sabem o que é lealdade nacional; suas populações são constituídas mais de residentes que de cidadãos. A forma política é flexível entre essas "tribos com bandeiras", o que torna muito mais fácil para os árabes se considerarem um bloco único de 300 milhões de pessoas.[2] "Cada transmissão que fazemos permite aos árabes enxergar o mundo através de seus próprios olhos, e não da CNN americana", explicou enfaticamente um correspondente da Al-Jazeera.

---

* Os debates sobre a melhor maneira de designar a região prosseguem atualmente nos círculos políticos e administrativos internacionais, com os países transatlânticos dando preferência à expressão "Oriente Médio maior", enquanto o Banco Mundial se mantém fiel à fórmula "Oriente Médio e norte da África" (MENA, em inglês), abrangendo o Afeganistão e o Paquistão, a ONU utiliza "Ásia Ocidental" e a China prefere a nomenclatura geograficamente neutra de "Sudoeste Asiático".

"Agora que dispomos da tecnologia, temos também o poder." Este sentimento foi intensificado pela guerra americana no Iraque (usurpando o papel dos britânicos), com a inevitável sensação de *déjà vu* imperial contribuindo para unir ainda mais os árabes.

Embora o mundo árabe ainda apresente regimes detestáveis e um generalizado mal-estar social e econômico, trata-se, inegavelmente, de uma zona do Segundo Mundo, pois, ao contrário da África e do sul da Ásia, estão disponíveis todos os recursos naturais, o dinheiro, a mão-de-obra e o talento necessários para o autodesenvolvimento — e depois de séculos de estase, esse processo finalmente está sendo encetado. A prosperidade petrolífera posterior ao 11 de Setembro está, em grande parte, sendo investida *dentro* do mundo árabe: os países ricos em petróleo investem nas economias dos primos pobres em petróleo e os trabalhadores fluem na direção oposta. Muitos dos 150 milhões de jovens árabes estão em movimento, como investidores, operários de construção, motoristas e artistas cênicos.

Os árabes não ficarão fora da globalização; eles a estão modelando. O Ocidente considera o mundo árabe atrasado em função de padrões como penetração da Internet, viagens ao exterior e tradução de livros.[3] Como observa sarcasticamente o estudioso Edward Luttwak, "as maiores indústrias [da região] são o consumo extravagante e as manifestações de ressentimento".[4] Mas a realidade muito mais importante é que, desde a época da Rota da Seda, passando pelas Cruzadas até chegar à Segunda Guerra Mundial, o mundo árabe constitui a passagem física que liga a Europa, a África e a Ásia. Boa parte dos estoques de petróleo e gás do mundo se encontra em países árabes, o que os torna irredutivelmente fundamentais para a economia global.[5] As cidades que formam o arquipélago dos grandes centros comerciais árabes — Cairo, Riad, Beirute, Amã e Dubai — estão entre os mais reveladores campos de teste do impacto da globalização na vida cotidiana, para o bem e para o mal. Enquanto a cultura ocidental é individualista, para os árabes a Internet é uma atividade profundamente social. Do Marrocos a Muscat, os cibercafés estão sempre cheios, especialmente à noite, quando a temperatura é mais amena. Jovens de ambos os sexos enviam mensagens instantâneas para o outro lado da cidade ou do mundo, ocupam-se nos *chat rooms* de política e cultura pop ou usam os *links* de vídeo para convencer ocidentais a se casarem com eles e ajudá-los a emigrar. "Nenhum de nós tem computador em casa, de modo que aqui estamos juntos e ao mesmo tempo interagindo com outros jovens do mundo todo", explicou um adolescente em Fez, enrubescendo ao revelar as incontáveis horas que passa ali.

Será que o islamismo conseguirá se sobrepor a esse novo arabismo global? "Os países-membros da Liga Árabe também não são membros da Organização da Conferência Islâmica?", perguntava um militante islâmico no Cairo, citando o Vaticano como modelo de influência diplomática de uma religião. Em parte, é precisamente porque o arabismo se vê confinado em fronteiras coloniais arbitrárias que o islã representa uma identidade alternativa natural.[6] A ideologia tem mais possibilidade de se espraiar quando divorciada de um contexto cultural específico, o que explica o fato de que o islã e o cristianismo sejam as religiões mais disseminadas no mundo.* O apelo do islã converteu os violentos mongóis, e por volta de 1700 quatro impérios muçulmanos — o sharifan no Marrocos, o dos otomanos na Anatólia, o dos safávidas na Pérsia e o dos mughal na Índia — dominavam a maior parte do norte da África e da Eurásia. Hoje, o islamismo volta, mais uma vez, a tentar sobrepor-se à paisagem étnica árabe, formando um cinturão islâmico unido.[7] Uma *Umma Islamiyya*** sem interrupções haveria de estender-se muito além do califado de um milênio atrás, abrangendo não só as populações muçulmanas da Europa, da Turquia e da Ásia Central, mas também populações tão distantes como as do arquipélago indonésio, no Sudeste Asiático. O que o presidente George W. Bush tão assustadoramente descreveu como um "império islâmico radical da Espanha à Indonésia" tem conotações positivas entre certos muçulmanos, pois a era islâmica foi um período de expansão comercial, territorial e intelectual. Além disso, um mundo dividido entre uma *Dar al-Islam* (Casa do Islã) e uma *Dar al-Harb* (Casa da Guerra) restabelece a honra muçulmana no confronto com a "guerra ao terrorismo" da América. Os ocidentais lastimam a degradação material

* Toynbee escreveu: "A ascensão do islã é, talvez, o acontecimento mais impressionante da história da humanidade. Projetando-se de uma terra e de um povo até então sem importância, o islã disseminou-se em um século por metade do planeta, despedaçando grandes impérios, derrubando religiões há muito consolidadas, remodelando as almas das raças e construindo todo um mundo novo. (...) O islã brotou em sua grande aventura com o mais tênue apoio humano e enfrentando as mais pesadas dificuldades materiais. Mas triunfou com facilidade aparentemente milagrosa, e em duas gerações foi possível ver o Crescente Vermelho impor-se vitorioso dos Pireneus ao Himalaia e do deserto da Ásia Central aos desertos da África Central." Toynbee, *Civilization on Trial*, p. 205.

** Comunidade islâmica. (*N. do R. T.*)

dos muçulmanos, mas também temem o ardor do orgulho ferido do islã, vendo os islamitas como uma nova vanguarda bolchevique capaz de derrubar regimes apóstatas, enquanto as redes jihadistas — como as franquias da Al-Qaeda no Magreb e na Mesopotâmia — expulsam exércitos estrangeiros e fazem pressão contra as potências ao norte do cinturão islâmico.* Como os mujahedin anti-soviéticos no Afeganistão, a insurgência antiamericana no Iraque atraiu muçulmanos de todo o mundo. "A violência islâmica", argumentou um militante, "é, ao mesmo tempo, autodefesa e vingança." Enquanto a condenação dos jihadistas pela América serve apenas para engrandecer esses adversários, para os quais o *jihad* é uma luta nobre no caminho de Deus, a *Dar al-Islam* predispõe mais naturalmente a favor dos povos do Extremo Oriente que se mostram mais "justos, equilibrados e clementes que o Ocidente".[8]

"O islã não é uma força geopolítica", afirmou um xiita em Teerã. "É apenas uma ameaça. Os inimigos internos do islã são maiores que os externos." Apesar do furor, não se vem materializando um islamismo global coerente. Houve efetivamente um despertar islâmico, como se pode constatar pela freqüência às mesquitas e pela proliferação de meios de comunicação, partidos políticos e instituições financeiras de orientação islâmica. Mas essa conscientização carece de coesão. Quatro décadas atrás, Henry Kissinger falava da dificuldade de negociar com a *idéia* do pan-arabismo — problema que se refere com muito mais intensidade ao "mundo islâmico". Na realidade, faz tanto sentido falar dos "muçulmanos" como se referir aos "cristãos". A retórica de um "mundo islâmico" unido é, ao mesmo tempo, prematura e contraproducente, projetando o foco exatamente naquela política centrada em identidades que os dirigentes ocidentais tentam evitar.[9] O islã hoje apresenta coerência burocrática ainda menor que o Império Otomano, não havendo concordância entre os principais Estados que promovem a *Umma*, nem, portanto, a formação de uma aliança ao estilo soviético, para dar carne ao esqueleto ideológico islâmico. Os

* Na Conferência de Paz de Paris em 1919, Woodrow Wilson teria comentado: "Certamente havia por trás do bolchevismo uma força latente que atraía tanta simpatia quanto seus aspectos mais brutais causavam repulsa generalizada. Constatava-se em todo o mundo um sentimento de revolta contra os grandes interesses arraigados que influenciavam o mundo tanto na esfera econômica quanto na política. A maneira de curar essa dominação era um debate constante e um lento processo de reforma, mas o mundo em geral ficou impaciente com a demora."

grupos islâmicos mostram-se muito divididos em termos ideológicos e sectários, havendo mais matanças entre sunitas e xiitas do que contra os não-muçulmanos. Além disso, os partidos islâmicos assumem um caráter eminentemente nacional, pois, ainda que mobilizem um sentimento antiocidental, têm perfeita consciência de que os muçulmanos são subjugados, sobretudo, em seus próprios países. Pregando a igualdade de todos os crentes na fé, o islã não goza de grande liberdade em seus próprios domínios.

Como a maioria das pessoas, os muçulmanos árabes, em última instância, dão mais importância aos objetivos econômicos do que aos espirituais, tornando mais provável uma volta do arabismo como movimento político-cultural regional do que uma consolidação do islã como superpotência. Ao mesmo tempo, a força gravitacional das *verdadeiras* superpotências — os Estados Unidos, a União Européia e a China — é exercida sobre as sub-regiões do Magreb (norte da África), do Machreq (Sudoeste Asiático) e do Khaleej (golfo Pérsico), desafiando a supremacia tanto do arabismo quanto do islamismo, de Tânger a Teerã.

CAPÍTULO 21

O MAGREB: A MARGEM SUL DA EUROPA

"CHAME-NOS DE 'norte-africanos'", exigia um nativo de Tânger em passeio pelas ladeiras da cidade. "Nós não somos como esses árabes do leste." Se alguma parte do mundo árabe pensa verticalmente, e não horizontalmente, é o Magreb. O grande historiador Fernand Braudel escreveu que, apesar das constantes e radicais mudanças verificadas ao longo do tempo, as civilizações mediterrâneas mantinham-se unidas "pelos movimentos humanos, as relações a eles subjacentes e as rotas que seguem", compartilhando assim um destino comum.[1] Até as guerras púnicas, a Cartago fenícia (onde fica atualmente a Tunísia) controlava o litoral norte-africano e o sul da Ibéria, além da Córsega, da Sardenha e de parte da Sicília — ilhas que têm funcionado como fortalezas, mas também como pontes territoriais para as conquistas recíprocas no Mediterrâneo.[2] Os subseqüentes períodos de dominação romana e bizantina do norte da África seriam encerrados no fim do século VII com as invasões árabes vindas do leste. Um milênio depois, nos séculos XIX e XX, a Espanha, a França e a Itália voltaram ao norte da África, para o estabelecimento de extensas colônias, ligando firmemente a região à Europa. Quando os dirigentes ocidentais falam, hoje em dia, de um

"Oriente Médio maior", estão inadvertidamente se apropriando de um conceito desenvolvido por Braudel, o do "Mediterrâneo Maior", abrangendo terras de pobreza e carência, nômades e caravanas, e também o islã. E quando o presidente da França, Nicolas Sarkozy, manifestou a intenção de promover uma "União Mediterrânea maior", fazia eco a Albert Camus, que, tendo sido criado como francês na Argélia, pressentia uma inevitável federação euro-árabe — pois o fato é que a fronteira meridional da civilização mediterrânea sempre foi o deserto do Saara.*

Nunca na história o Magreb esteve tão profundamente integrado à "Eurosfera".** A cada ano, o norte da África e o sul da Europa estreitam os laços físicos por meio de novos dutos de gás natural, dotando a Europa de alternativas para sua dependência energética em relação à Rússia e ao mesmo tempo contribuindo para a solidez dos orçamentos do Magreb. A Europa também é, de longe, o maior fornecedor de ajuda à África e o maior importador de seus alimentos, e ainda consome a maior parte das outras mercadorias que atravessa o Magreb e o Mediterrâneo. A migração proveniente do Magreb vem alterando o perfil demográfico europeu de maneira tão drástica quanto a mistura que ocorre no hemisfério ocidental, e já há quem fale em uma "Eurábia". Se a América Latina é o quintal dos Estados Unidos, a África certamente é o da Europa. Mas o Magreb é um exemplo de ressaca imperial ou de oportunidade imperial?

* Como os países do Magreb ficam entre a Europa e a África terceiro-mundista, não é somente o aumento da migração proveniente do mundo árabe que os europeus temem, mas também a que vem da África Ocidental e subsaariana. Timbuktu, outrora um grande centro do conhecimento islâmico e ponto de partida das caravanas saarianas, exemplifica hoje muito da incapacidade da África de alcançar até mesmo o nível de progresso material e de organização social que existia, um século atrás, sob o domínio colonial. Hordas de jovens africanos ocidentais do sexo masculino penetram e se escondem na Mauritânia, no Marrocos, na Argélia e na Tunísia para em seguida tomarem de assalto os exclaves espanhóis de Ceuta e Melilla e entrar na Europa. Mauritanos em quantidades impressionantes se lançam ao mar, desesperados, em direção às ilhas Canárias, consideradas um elo fraco na "fortaleza Europa", chegando desidratados, doentes e sem documentos. A minúscula ilha de Malta, integrante da UE, é invadida por ondas de migrantes africanos, e montou campos de detenção para fazer uma triagem. Os muitos africanos que não conseguem ir além do litoral do Magreb exacerbam as tensões econômicas e sociais já existentes nas terras em que chegam.

** A "Eurosfera" de influência que vai ganhando corpo abrange não só os 450 milhões de cidadãos da União Européia, mas também os 385 milhões de residentes nos países que têm fronteiras territoriais e marítimas com a UE, do norte da África aos Bálcãs, da Turquia à antiga União Soviética. A UE destina anualmente 2 bilhões de dólares para ajuda ao desenvolvimento da região do "Oriente Médio e África do Norte" e 6 bilhões de dólares à África subsaariana, muito mais que qualquer outra potência. Mark Leonard, *Why Europe Will Run the Twenty-first Century* (Londres: Fourth Estate, 2005).

Para os magrebinos, a Europa é a terra das oportunidades. Milhares de marroquinos se aventuram em direção a Gibraltar em embarcações precárias que freqüentemente afundam dias antes de chegar. Mas em Bruxelas, o Marrocos já está presente, com os furtos protagonizados por seus imigrantes em plena Grand-Place. Em Paris, os idosos vivem com medo da bandidagem de certos imigrantes árabes das antigas colônias. E em Londres e Madri, atentados terroristas foram praticados por células jihadistas baseadas no Marrocos. A Europa tem cometido o erro de assoprar muito os dirigentes magrebinos, raramente optando por morder. O "Processo de Barcelona", encetado pela UE na década de 1990, foi mais uma tendência que uma política, com a França e a Espanha mostrando-se mais preocupadas em cultivar redes pós-coloniais para empurrar acordos de armamentos e vendas de aviões do que em promover a reforma política.[3]

Entre piratas do mar e piratas islâmicos do deserto, a Europa e a América sempre optaram por uma mistura de suborno e agressividade na tentativa de conter as investidas mediterrâneas da África do Norte. No início do século XIX, uma série de pequenas guerras ("Ao litoral de Trípoli", evoca o hino do corpo de Fuzileiros Navais dos Estados Unidos) pôs fim às investidas dos piratas da Barbaria contra navios mercantes britânicos e americanos. Hoje, os governos do Marrocos, da Tunísia, da Líbia, do Chade e de Níger — assim como os de Djibuti e da Eritréia, no Chifre da África, e do Iêmen, do outro lado do estreito de Bab al-Mandab — compartilham o temor ocidental das células salafistas radicais (que hoje se denominam "Al-Qaeda no Magreb") atuantes no deserto do Saara. Com a estabilidade dos países produtores de petróleo da África Ocidental e dos fornecedores de gás norte-africanos em jogo, os Estados Unidos estabeleceram o teatro militar independente da AFRICOM, o comando militar norte-americano para a África, para coordenar iniciativas de combate ao terrorismo, ao comércio ilegal de armas e ao tráfico de seres humanos. Simultaneamente, a União Européia financia operações de patrulha de fronteiras, o desenvolvimento de microempresas, a promoção do comércio regional e o acompanhamento das questões de direitos humanos, tendo aberto centros de emprego em toda a região para criar postos de trabalho e conseqüentemente conter a fuga de cérebros para a Europa. Entre os equipamentos enferrujados e os gigantescos contêineres do porto de Tânger, atualmente é rigoroso o controle dos navios que fazem o transporte de passageiros e cargas entre o Marrocos, a Espanha e a França regularmente.

Embora os países do Magreb estejam mais próximos de Madri que de Meca, a promessa de integração à União Européia, tão eficaz nos Bálcãs e no Cáucaso, ainda não parece plausível, o que significa que a Política Européia de Vizinhança precisa criar um novo sistema de incentivos e recompensas vinculando energia, comércio, desenvolvimento, migração e reforma política. Verifica-se no Magreb a grande ironia de uma escassez de mão-de-obra apesar dos altos índices de desemprego, indicando total desvinculação entre o que os jovens árabes aprendem (ou não aprendem) a fazer e os empregos disponíveis (ou não).[4] Entretanto, como é capaz de compensar suas carências em matéria de mão-de-obra com recursos humanos provenientes da Ucrânia e da Turquia, a Europa pode mostrar-se muito mais rigorosa com os governos magrebinos que investem pouco na redução da pobreza enquanto seus cidadãos dependem das remessas de dinheiro da Europa, forçando-os a apoiar os empreendedores e a reformular uma legislação opaca no setor de investimentos. Ainda que a UE acolha a bordo os migrantes magrebinos que já se encontram na Europa, é imperativo que esses 9 milhões de árabes, em sua maioria pobres, se transformem numa diáspora progressista empenhada na modernização da região — como aconteceu com a diáspora turca —, e não numa cabeça-de-ponte da insatisfação islâmica sem direito a voto.

Na travessia do estreito de Gibraltar, de Algeciras para Tânger, a regressão da moderna irrigação agroindustrial espanhola para a era da agricultura pluvial é visível além dos penhascos marroquinos do Mediterrâneo, na paisagem montanhosa da região do Rif. A Europa se mantém inflexível na questão do corte de seus subsídios agrícolas, prejudiciais às exportações agrícolas do Magreb (quase todas destinadas à Europa), ao mesmo tempo que força cortes tarifários para atender às regras da UE. Mas para que o Magreb avance em seu comércio, antes de mais nada é necessário que possa produzir algo digno de ser vendido. Meio século atrás, Toynbee observou que os agricultores do Magreb "não sonham com pactos e tratados, mas com bombas e tratores".[5] O mesmo ainda se aplica hoje.

Embora tenha oscilado durante séculos entre o controle espanhol e o português, hoje o reino do Marrocos constitui a principal experiência da UE no terreno da europeização sem colonização.[6] No entanto, o Marrocos não é um país só, mas dois: mais da metade da população não é árabe, mas berbere, e ao longo da história as dinastias do país vêm se alternando entre esses dois pólos.* Os mercados berberes se espraiam pelas aldeias arenosas da cordilheira do Atlas e por centros medievais como Fez, que ostenta a mais antiga almedina do mundo ainda em funcionamento, com suas estreitas alamedas cheias de carroças transportando fardos de hortelã e bancas oferecendo elaborados recipientes de metal. Os habitantes árabes anteriores da almedina de Fez migraram para Casablanca, onde convivem um centro de arquitetura moderna e sofisticada e uma cidade velha ocupada por massas sem direitos civis. Depois de trabalharem o dia inteiro, as crianças de rua ficam perambulando à noite perto dos postes de iluminação pública para evitar problemas, mas, ao mesmo tempo, na expectativa de conseguir tubos de cola para cheirar. Em qualquer cidade marroquina, um simples muro ou avenida separa o exótico do terrível.

São esses atributos culturais *pré*-islâmicos que dificultam o desenvolvimento árabe, impedindo a evolução política para além das famílias nobres que efetivamente governam cada um desses países.[7] Os dirigentes árabes se endeusam espalhando seus retratos por toda a tendinha de bazar, de Rabat a Damasco. Nesses patriarcados, a sobrevivência do regime, e não a democracia, é a preocupação primordial de líderes que não podem ter certeza se estarão vivos no dia seguinte. A maioria dos autocratas árabes ainda não promoveu a modernização efetuada no Sudeste Asiático pelos regimes militares, gradualmente conferindo poder àquelas mesmas forças que acabarão por solapar *seu* poder. Em vez desse "paradoxo do desenvolvimento", os regimes árabes praticaram a modernização defensiva, concedendo a seus povos apenas a liberdade social e econômica absolutamente necessária.[8] Embora a Tunísia natal de Ibn Khaldun, terra das ruínas de Cartago, seja considerada uma experiência exemplar de modernização — ostentando conquistas como direitos femininos, alfabetização, generalização da casa própria e uma impressionante igualdade social —, seu desenvolvimento se deu, indiscutivelmente, sob um regime autoritário.[9]

---

* O grande historiador Ibn Khaldun identificou esse padrão há mais de 600 anos, escrevendo sobre uma permanente tensão entre os povos beduínos (*bedu*) e sedentários (*hadar*) — com os primeiros atacando as cidades dos segundos em ondas sucessivas, e com isso debilitando o Estado central. Ao longo de três gerações, explicava Khaldun, os beduínos se acomodaram na urbanização, expondo-se aos ataques de uma nova onda de tribos rurais.

O presidente Ben Ali refere-se à Tunísia como a "terra do pensamento esclarecido", mas um jovem tunisino que pegava carona para Dubai queixou-se: "Nunca poderei fazer o que quero no meu país." Roma e Cartago tinham estruturas políticas semelhantes, mas só a Europa foi além delas.

Os laços cada vez mais fortes do Marrocos com a Europa lembram os da Turquia: muitos marroquinos efetivamente os *querem*, e a geração mais jovem de europeus intuitivamente considera o Marrocos um potencial integrante da UE — o primeiro do outro lado do Mediterrâneo.[10] Não deixa de ser promissor que a expectativa da democracia tenha se tornado importante em matéria de autolegitimação, mas para isso será necessário reconhecer que são os monarcas — e não os presidentes — que, em virtude de suas credenciais islâmicas e do apoio popular que desfrutam, têm mais probabilidade de iniciar um processo de liberalização. O rei Mohammed VI do Marrocos (assim como o rei Abdullah da Jordânia) é, ao mesmo tempo, mais sutil e mais justo que os autocratas tribais. "Não é só uma questão de reescrever as Constituições", explicou um acadêmico em Casablanca. "As sociedades beduínas tradicionais estão menos preocupadas em imitar a política européia do que em preservar a honra pessoal, tribal e religiosa."

O Marrocos não vai se transformar na Inglaterra em um futuro próximo, mas o jovem Mohammed VI se considera mais um gerente do que um árbitro. Não só demitiu o ministro do Interior de mão pesada que servia a seu pai, Hassan II, como instaurou uma Comissão Verdade, que publicou em 2005 um relatório fazendo o levantamento de 40 anos de violações dos direitos humanos. O que sustenta o comportamento autocrático é o medo da vingança contra as injustiças sofridas pelos muçulmanos no passado — um círculo vicioso que só tem fim quando os dirigentes criam esse tipo de comissão e aceitam suas conclusões. Inspirado pelo partido governante da Turquia, o AKP, o Partido Islâmico da Justiça e do Desenvolvimento rapidamente adquiriu influência parlamentar depois de moderar suas posições iniciais, e um dos partidos islâmicos nem sequer reconhece a monarquia. Enquanto na Argélia e na Tunísia a sociedade civil sustenta um pacto precário com o soberano, as ONGs marroquinas se constituem com facilidade e fazem exigências bem claras, tendo conseguido melhorar o tratamento dos presos políticos, assim como uma relativa liberdade de imprensa. "Sem dúvida, ainda há abusos, e tomamos muito cuidado com o que dizemos", explicava um jornalista em Marrakesh, "mas o governo nos ouve." O que o Marrocos parece ter alcançado é uma progressiva barganha entre direitos humanos e contraterrorismo, de tal modo que a ampliação do papel do islamismo na política não acarreta um banho de sangue, como na Argélia.

Os países árabes ricos em petróleo, como a Argélia, às vezes são chamados de "superpetroleiros" por causa de suas reservas de energia, mas a analogia também explica como é demorado o processo de rotação do seu compasso político. Como no caso das rodovias árabes, qualquer passo em falso é punido com difíceis e frustrantes atalhos que consomem tempo, energia e paciência. A política argelina entrou por um desses atalhos errados em 1991, quando os militares anularam a vitória da Frente de Salvação Islâmica nas eleições nacionais, desencadeando uma brutal guerra civil em que foram massacradas mais de 100 mil pessoas. Foram necessários 15 anos para que tivesse início algo parecido com uma reconciliação nacional, e nem mesmo esse processo chegou a ser do tipo chileno ou marroquino, associando-se uma anistia e um processo de reparações para restabelecer a ordem jurídica. Em conseqüência, o mundo árabe continua sofrendo de "argeliofobia", com o caso argelino servindo de advertência para que os partidos islâmicos *não* sejam incluídos nas eleições. Mas será que o resultado da participação islâmica poderia ter sido pior que a calamitosa guerra civil para a exclusão dos muçulmanos? Até para os motoristas o resultado foi ruim: os insurgentes destruíram a tiros os sinais de trânsito de Argel, tornando insuportável o congestionamento urbano.

Os jovens árabes assumem responsabilidades muito cedo, cumprindo obrigações familiares e profissionais com base em sua capacidade física, não raro em detrimento do amadurecimento intelectual; muitos jovens aparentemente não falam bem nem o árabe nem o francês. A qualidade do ensino público caiu em toda a região árabe, enquanto as redes sociais islâmicas fornecem alimentos, abrigo e satisfação espiritual a uma juventude inquieta em busca de algum sentido de integração e importância — embora também deixe de lado o ensino de capacitações para o mercado. O ócio é o pai dos vícios, e o estopim gerado pelo baixo nível educacional e o desemprego pode ser ativado para construir uma sociedade moderna ou para destruí-la. Como evidencia o filme épico *A Batalha de Argel*, nem mesmo 150 anos de colonialismo europeu foram suficientes para transformar a sociedade árabe. O que mais pode ser feito?

Tunisianos, libaneses, egípcios e outros árabes há anos têm procurado trabalho nas indústrias petrolíferas da Líbia, do Iraque e da Arábia Saudita, e finalmente estão surgindo cadeias de suprimento através das fronteiras capazes de tirar vantagem dessa fluidez da mão-de-obra árabe.[11] A Europa tem investido em paraísos de investimento e exportação — condição que sempre desfrutou o porto livre de Tânger — que vêm surgindo ao longo do Mediterrâneo, gerando empregos, facilitando as exportações e aumentando os lucros. Atualmente, o Marrocos também tem um acordo de livre comércio com os Estados Unidos, beneficiando-se de ajuda adicional em matéria de educação e de direitos da mulher. Na verdade, eram assessores franceses e americanos que, já na administração colonial francesa da década de 1920, exortavam o governo marroquino a preservar a encantadora mística de suas almedinas em vez de permitir que se degradassem, como outros bairros pobres entregues à própria sorte — assegurando, em última análise, o crescimento do interesse e dos rendimentos turísticos.[12] Embora o petróleo e o gás representem 97% das exportações argelinas (cada vez mais através de oleodutos submarinos em direção à Europa), a UE vem pressionando o país para que invista seus rendimentos energéticos em infra-estrutura e na agricultura. Na Tunísia, *call centers* franceses empregam milhares de pessoas com diplomas universitários que de outra maneira não teriam trabalho. À medida que aumenta a renda *per capita*, a emigração de magrebinos pode diminuir consideravelmente, o que contribuiria para encaminhar simultaneamente a questão da migração na Europa e os problemas de desenvolvimento da região. Maior investimento europeu no Magreb significa transição econômica antes da transformação política — mas, no contexto árabe, a primeira deve mesmo vir antes da segunda.

No agradável litoral atlântico do Marrocos, a visão surpreendente de aposentados franceses em suas exóticas *villas* revela o espaço econômico e social que vem organicamente ressurgindo ao longo do Mediterrâneo. Mas aquilo que para eles é uma aposentadoria de baixo custo significa para os países árabes um gigantesco investimento em casas e hotéis. Nem mesmo os partidos islâmicos podem rejeitar esse fluxo inverso de europeus para o Marrocos, tratando, isto sim, de usar como plataforma política as facilidades fiscais destinadas a atraí-los.

Como o Azerbaijão, o Marrocos vai se tornando europeu, ainda que nunca venha a fazer parte da Europa.

LÍBIA: TUDO VERDE

"A Líbia vive em permanente crise de identidade", confessava um livreiro em sua organizada mas poeirenta loja em Trípoli. "Absorvemos tudo ao nosso redor, mas nada significamos para nós mesmos." A partir do século VI a.C., os fenícios de Tiro (hoje uma cidade do Líbano) e os gregos colonizaram o norte da África, criando entrepostos comerciais que começaram como paradas no caminho rumo à Espanha, para onde se dirigiam em busca de metais preciosos. As duas províncias litorâneas da Líbia — Tripolitânia e Cirenaica — foram gradativamente integradas ao Império Romano. As imponentes colunas de granito e as banheiras de mármore de Leptis Magna foram em grande parte importadas de Assuã, no antigo Egito, de onde vinham estradas que terminavam em seu majestoso porto. Todos os assentamentos espalhados pelo litoral mediterrâneo passaram então por uma sucessão de mãos imperiais: bizantinas, árabes e otomanas.

O milênio de domínio árabe antes da dominação otomana é uma indicação de que não é possível entender muito a Líbia através de lentes exclusivamente árabes. No século VII, os conquistadores árabes de Amr Ibn el Asi precisaram de mais de um mês para tomar Trípoli dos bizantinos, os quais, como também fariam posteriormente os otomanos e os italianos, fortificaram os alicerces romanos da cidadela de Assaray, no interior da cidade, para se defender de invasões por terra ou mar. Como a expansão árabe tinha por objetivo disseminar o islã e a língua árabe — e não deixar um legado arquitetônico —, só restam as mesquitas mais simples, refletindo o vernáculo funcional dos beduínos. O único testemunho vivo de suas tradições são os nômades tuaregues, cujos escudos e vestimentas multicoloridos continuam guiando as caravanas através do oceânico Saara. O declínio de Leptis Magna começou, na verdade, com a expansão árabe, e a colônia permaneceu soterrada na areia durante séculos, até o início das escavações italianas, em 1923. Ainda hoje, novos artefatos estão constantemente sendo desenterrados em Leptis, enquanto instrumentistas líbios enchem seu anfiteatro com músicas beduínas, para deleite de turistas vindos de

Trípoli. Embora os colonizadores italianos tenham fundido os oásis de trânsito da província ocidental de Fezzan com duas províncias costeiras, em 1934, para criar a moderna Líbia, o país continua sendo mais um magnífico e desértico vácuo que serve de tampão entre os reinos berberes ocidentais, as tribos africanas meridionais e o Egito árabe do que um Estado árabe coerente. Os passageiros dos aviões com destino à Líbia costumam perguntar uns aos outros: "Está indo pelas ruínas ou pelo petróleo?"

O conceito de areias movediças é tomado ao pé da letra na Líbia. Volta e meia Trípoli é assolada por tempestades de areia conhecidas como *ghilbi*, que transformam o dia em noite, parecendo soterrar a cidade. A política líbia tem sido uma *ghilbi* atrás da outra. Inspirado na *Filosofia da revolução* de Gamal Abdel Nasser, o coronel Muammar Kadhafi tomou o poder aos 28 anos de idade, em 1969, exilando o rei Idris I no Egito, depois de uma década em que a extraordinária riqueza gerada pela descoberta de petróleo (a Líbia era o quarto maior produtor mundial na década de 1950) permaneceu concentrada nas mãos reais e da elite. Tendo percorrido toda a Líbia num velho Fusca para arregimentar apoio clandestinamente para sua revolução, Kadhafi veio a conhecer o país melhor do que ninguém jamais conhecera ou virá a conhecer. Esse carro, estacionado dentro do Museu Nacional em Trípoli, é uma relíquia cercada de tabuletas com dizeres anticolonialistas.

Supostamente, haveria 87 maneiras oficiais de se grafar o nome de Kadhafi, e provavelmente o mesmo número de interpretações de sua excêntrica filosofia de socialismo comunitário, conhecida como o sistema do Jamahiriyya ("estado das massas").* Evoluindo ao longo de mais de meio século, de fim de mundo otomano para colônia italiana, de monarquia conservadora para regime revolucionário e da miséria

* O sistema do Jamahiriyya criado por Kadhafi serve, na verdade, para canalizar o passado do país, começando com as ágoras gregas que remontam ao século I a.C., exemplificadas nas ruínas de Cirene (atualmente Shahhat), onde outrora havia estátuas de Apolo próximas de templos em homenagem a Dioniso. Kadhafi queria criar uma pura democracia participativa, contestando os sistemas político-partidários com a alegação de que "a representação é uma impostura" e insistindo na tautologia de seu *Livro verde,* segundo a qual "a autoridade é apenas para o povo, que deve ter a autoridade". Ao mesmo tempo, como a herança da Líbia inclui o islã, ele declarou que "o Corão Sagrado é a Lei da Sociedade", e de fato existem semelhanças entre o sistema do Jamahiriyya e os conselhos das *suras* islâmicas. No fim das contas, o sistema de governo da Líbia absorve a experiência do próprio Kadhafi como homem forte militar; assim, apesar de suas pretensões democráticas, o *Livro verde* postula sem rodeios a inevitável realidade de que "os que são mais fortes na sociedade detêm as rédeas do governo".

para a riqueza, a Líbia era uma lousa em branco para as inteligentes mas radicais experimentações de Kadhafi e sua "Terceira Teoria Universal", configurando uma mistura de humanismo, socialismo e islamismo.[13] Certas concepções dos vários volumes do seu *Livro verde* conseguiram dar o salto da teoria para a prática, como foi o caso da universalização da educação (inclusive para as mulheres) e da assistência médica, e a Líbia tem a renda *per capita* mais alta da região, em torno de 7 mil dólares. Mas sua desconfiança do livre empreendimento expulsou do país, na primeira década de seu regime, pelo menos 100 mil líbios de educação superior. Suas imprevisíveis excentricidades diplomáticas também lhe granjearam uma fama de que talvez nunca venha se livrar. Em nome do pan-arabismo, ele tentou promover uma fusão com a Tunísia em 1974, e certa vez derrubou com um *bulldozer* uma cerca que delimitava a fronteira egípcia. Em nome do pan-africanismo, convidou milhões de trabalhadores africanos a irem para a Líbia, para em seguida tratá-los como animais. Sustentou então, durante uma década, uma inútil guerra com o Chade por causa da faixa de Aouzou, na fronteira entre os dois países, para ser finalmente levado a uma humilhante derrota. Tempos depois, forjou uma amizade com Nelson Mandela para posar como mediador dos conflitos africanos (inclusive em Darfur), ao mesmo tempo exigindo indenizações européias para todos os países da África pelo colonialismo. O pior é que o patrocínio de Kadhafi à OLP e ao IRA, sua cumplicidade na derrubada do avião da Pan Am em Lockerbie, na Escócia, e suas descaradas tentativas de se apoderar de tecnologia para a fabricação de armas nucleares contribuíram para transformar a Líbia em um dos membros fundadores da lista americana de "países patrocinadores do terrorismo". O presidente Ronald Reagan o chamava de "cão raivoso", e em 1986, para vingar o atentado que matou três soldados americanos numa discoteca em Berlim, lançou contra Trípoli um ataque de mísseis que matou uma criança, filha adotiva de Kadhafi.

A Líbia há muito poderia ter se transformado numa versão árabe da Noruega, mas os delírios de grandeza de Kadhafi provocaram sanções que se prevaleciam da geografia isolada do país, praticamente impossibilitando o movimento de produtos, a não ser pelas vias terrestres e marítimas mais difíceis. Em 2003, Kadhafi já havia renunciado a suas ambições nucleares e a suas aventuras terroristas, passando a denunciar as armas nucleares e oferecendo uma recompensa pela captura de Osama bin Laden. Também restabeleceu relações diplomáticas com os Estados Unidos. O petróleo cru líbio é conveniente para o mercado americano, com a vantagem adicional de ser entregue sem precisar passar pelo canal de Suez. Depois de ter sido proibido na década de 1980, o inglês voltou a ser ensinado nas escolas líbias, e os estudantes imploraram bolsas para estudar nos EUA. Em 2006, uma semana antes de Kadhafi organizar uma conferência para lembrar e denunciar o bombardeio americano da Líbia 20 anos antes, uma multidão de jovens líbios aclamou uma banda americana de rock que se apresentava numa feira comercial em Trípoli, ostentando bandeiras americanas.

Trípoli tornou-se uma pérola no colar de países árabes do sul do Mediterrâneo que voltaram a vender a maior parte de seus recursos para a Europa, enquanto os europeus não param de chegar, oferecendo a clássica combinação de ajuda, comércio e armas. O novo e vigoroso papel da Líbia no mercado global de energia pode acelerar o movimento centrífugo do Magreb em direção à Europa.[14] O único hotel cinco estrelas de Trípoli é uma colméia de acordos de negócios e planejamento para o futuro — sob o olhar aprovador de gigantescos retratos de Kadhafi. Os adiantamentos oferecidos por apenas dois consórcios internacionais de energia foram suficientes para cobrir os 3 bilhões de dólares que a Líbia teve de desembolsar para indenizar as vítimas da derrubada do avião da Pan Am. A Itália inaugurou em 2005 um gasoduto subterrâneo proveniente da Líbia, e empresas petrolíferas chinesas e malásias também têm adotado uma política comercial agressiva para garantir um equilíbrio global nas exportações de petróleo líbias, dispondo-se a engolir condições menos favoráveis, entre elas altos custos de divisão da renda. A entrada na Líbia de emigrantes procedentes da Argélia, da Tunísia, do Chade, de Níger e do Egito dá testemunho da estabilidade do país. Quase um quinto da população da Líbia é constituída por 1 milhão de egípcios, cujo sotaque é facilmente identificado quando se reúnem na rústica orla de Trípoli. Mas muitos imigrantes africanos, depois de serem torturados nas prisões do governo, decidiram manter um perfil discreto, confinando-se nos seus bairros afastados e freqüentando sempre os mesmos bares.

Mas Trípoli ainda se parece mais com um modorrento porto meridional italiano do que com as dinâmicas Beirute e Tânger. Como aconteceu no momento da chegada de Kadhafi ao poder, a Líbia mais uma vez tem muito dinheiro e planos ambiciosos, mas muita coisa terá de ser deixada para trás, física e psicologicamente, para que o país chegue à maioridade. Fiel à sua história, Trípoli está perpetuamente em processo de criação, com esplêndidos prédios de apartamentos sendo erguidos em certos bairros enquanto outros desmoronam, e magníficas fachadas coloniais em irremediável decadência, como em Havana — mais rápida ainda que a das ruínas romanas, 2 mil anos mais velhas, mas que têm resistido melhor ao tempo. Em 2006, chegou a 7 bilhões de dólares a parte do orçamento destinada só a obras de infra-estrutura, mas não se vêem muitas gruas em Trípoli, pois o principal a fazer é a substituição das veias da cidade: encanamentos, sistemas de esgoto e rodovias. Os ansiosos marqueteiros do turismo falam de um *boom* na Líbia, que poderia vir a se equiparar ao Marrocos ou ao Egito, mas a realidade é muito mais prosaica. Embora ostente 1.900 quilômetros de praias mediterrâneas, o litoral da Líbia apresenta, principalmente, fazendas de criação de carneiros, cavalos e camelos, e aqui e ali algum amontoado de ferro velho. O turismo pesado e descontrolado em pontos interessantes do Terceiro Mundo, como o Nepal e o Camboja, fez com que passassem de terra virgem a terra devastada em apenas uma geração, sem chegarem a se desenvolver. Conservadores e tranqüilos, os líbios falam sério quando dizem que não querem que seu país se transforme numa Costa del Sol superlotada de europeus nus e bêbados, tendo (até agora) oferecido apenas alguns terrenos em ilhas periféricas a empresários italianos. "Nós, beduínos líbios, achamos estranha a simples idéia de um hotel. Insistimos em oferecer a hospitalidade de nossas próprias casas", disse um funcionário do turismo em seu modesto escritório perto do porto de Trípoli, onde só eventualmente aportam cruzeiros trazendo turistas italianos ou russos.

O *Livro verde* de Kadhafi lastima as "influências da propriedade e da posse", mas os fundos entesourados de mais de 40 bilhões de dólares parecem contestar essa aparente aspiração por um mundo sem classes. Embora sua revolta fosse gerada especificamente pela má gestão e o roubo da nova riqueza petrolífera do país, sua elevada retórica sobre "parceiros, e não assalariados" não tem sido de grande consolo para os que recebem os arcaicos salários líbios. Seja especializada ou não, a mão-de-obra precisa de novas oportunidades — a primeira, para que se evite uma fuga de cérebros; a segunda, para que a crescente população jovem possa fazer algo mais do que ficar ouvindo campainhas de celulares pelas esquinas. Se a Líbia souber como aplicar sua riqueza, não é impossível que os 5 milhões (apenas) de líbios — 90% dos quais concentrados na planície de Jafara, a noroeste, a poucos quilômetros do Mediterrâneo — venham a desfrutar uma meteórica elevação de seu padrão de vida. Se levar a bom termo o projeto do Grande Rio Artificial, destinado a canalizar água dos aqüíferos do sul para o litoral norte, assim como um programa de reflorestamento para aumentar as extensões de terra arável, o país finalmente poderia passar a produzir mais alimentos do que importa. Como o Cazaquistão, a Líbia criou um fundo de estilo norueguês para investir em escolas e hospitais, que entraram em decadência em conseqüência das sanções internacionais impostas nas décadas de 1980 e 1990. E como a Colômbia, gasta generosamente na contratação de consultores internacionais de primeira linha para fomentar a privatização da agricultura e das indústrias, reestruturar o setor bancário, desenvolver estratégias para o turismo e o setor petroquímico e reciclar cientistas que estavam empregados nos programas de armamentos, para utilizá-los na dessalinização da água e na geologia do petróleo — temas de livros que há décadas acumulam poeira nas bibliotecas de Trípoli.

"Estudei nos Estados Unidos na década de 1970 com uma bolsa", recordava um executivo líbio do petróleo. "E agora não quero apenas contribuir para enriquecer nosso país. Quero construir pontes sólidas para a América. Mas não é fácil, quando as coisas andam tão lentamente." Embora não haja no *Livro verde* um capítulo sobre burocracia, o sistema de governo líbio oferece ampla compensação, numa cultura presa a uma bolha do tempo em que ninguém pode ser demitido por não fazer nada, só por fazer alguma coisa que não agrade a um superior. "Já é difícil simplesmente trazer turistas para o país, quanto mais levá-los aonde querem ir", queixou-se um agente de turismo no deserto, referindo-se àqueles que são provavelmente os procedimentos de fornecimento de vistos mais arbitrários do mundo, que já deixou até visitantes ilustres e devidamente convidados esperando em vão no aeroporto, para em seguida serem mandados de volta. Fala-se muito na modernização da legislação sobre investimentos, mas aparentemente ninguém sabe o que ela diz. Não foi necessário arrombar *bunkers* para desmascarar o programa clandestino de armas nucleares da Líbia, mas pode ser preciso recorrer a sacudidelas sísmicas para induzir a profunda reprogramação psicológica necessária para adaptar os líbios aos modernos padrões internacionais de negócios e diplomacia. Um país governado por uma doutrina que pode desaparecer com a morte de um único homem precisa ir além das simples promessas de segurança nos investimentos para reduzir seus padrões de risco político.

"Política é sinônimo de problemas", zombam muitos líbios. É difícil considerar qualquer líbio um cidadão de seu próprio país.[15] Assim, quando a revolução de Kadhafi efetivamente chegar ao fim, a questão não será saber apenas *quem* o substituirá, mas também *o quê*. O regime de um homem só é, na verdade, um não-sistema transplantado para um meio disfuncional de tribos e assembléias amorfas. Os "Comitês do Povo" deviam funcionar como assembléias democráticas, mas na verdade estimularam a apatia da população em relação à política, além do medo generalizado de ser liquidado por motivo de dissidência. O título oficial de Kadhafi é o de um humilde "Irmão Líder e Guia da Revolução", o que não deixa claro se algum de seus filhos, ou qual deles, virá formalmente sucedê-lo. Educado no Ocidente, Saif al-Islam al-Kadhafi transformou-se numa espécie de informal ministro do Exterior itinerante, e acredita que "o sistema político de um país não deve se basear em lealdade ou linhagem". Quem quer que venha a substituir Kadhafi, quando o próximo *ghibli* o varrer para os arquivos da história, terá a mesma chance que teve seu pai de reinventar a identidade líbia.

A CHINA ESTÁ CHEGANDO

Como evidenciam suas embaixadas cada vez maiores em toda a África, a China explora a abertura geopolítica — mas sua principal arma é a globalização. A China é, hoje, o terceiro maior investidor na África, depois da União Européia e dos Estados Unidos, com 50 bilhões de dólares em trocas comerciais em 2005. Especialmente tratando-se de regimes com relações azedas com os Estados Unidos, a China constrói alianças estratégicas aprofundando as relações comerciais.[16] Com seu apetite voraz por recursos naturais, tomou a frente da produção de petróleo e gás em Angola, na Argélia, no Sudão, importando mais petróleo da África que da Arábia Saudita.[17] Como acontece com outras superpotências, o envolvimento da China pode representar a diferença entre a paz e o genocídio: no Sudão, a China integra os contingentes de manutenção da paz da ONU, mas também enviou secretamente pessoal militar para proteger suas instalações petrolíferas e um oleoduto de quase 1.300 quilômetros até o mar Vermelho, ao mesmo tempo que cria obstáculos para as resoluções da ONU destinadas a pôr fim à guerra civil no sul do país e aos *pogroms* de limpeza étnica na região de Darfur, onde o que não falta são metralhadoras chinesas. Países tão diferentes como a Líbia e a China estão alimentando o *boom* imobiliário de Khartum, apesar das sanções americanas.

A China apresenta os Estados africanos como parceiros, e não como alvos de ajuda, e muitos governos árabes e africanos falam entusiasticamente de um "modelo chinês", de regime fechado com economia aberta. No empenho em reviver a amizade sino-africana de meados do século XX, os amplos pacotes chineses de assistência, investimentos, treinamento profissional e mobilização de médicos em toda a África demonstram um espírito fraterno de "fazer o possível", em oposição à "terapia de choque" econômica de estilo ocidental. A China cancelou a maior parte da dívida dos países africanos, forneceu créditos em condições favoráveis e decuplicou as importações da África, iniciativas que competem com as políticas ocidentais de ajuda, cada vez mais consideradas ineficazes, e até mesmo as solapam. Bilhões de dólares de ajuda ocidental não foram suficientes para construir uma malha ferroviária na Nigéria ou redes de energia no Chifre da África com a mesma rapidez com que o fez a China. Quando as agências ocidentais se retiraram do Chifre da África durante a guerra entre a Eritréia e a Etiópia, na década de 1990, a China construiu nas cabeceiras do Nilo Azul a represa etíope de Takazee, que atualmente gera energia para toda a região.[18] Adis-Abeba, sede da União Africana, também é a base regional da China para o estabelecimento de contatos comerciais na venda de equipamentos militares.

Mas a América, a Europa e a China estão *todas* muito mais interessadas em garantir o abastecimento energético do que em incentivar a reforma política na África.[19] Enquanto a China apóia no Zimbábue o regime despótico de Robert Mugabe, que transformou o celeiro do continente num poço de fome e agitação, a América decidiu financiar o regime cleptocrático e desumano da Guiné Equatorial, que diariamente envia mais de meio milhão de barris de petróleo para os Estados Unidos. Em última análise, a caça chinesa aos recursos africanos literalmente corrói a base econômica de muitos países. Mais de quarenta acordos comerciais com a África levaram a um "tsunami têxtil" chinês que eviscerou o continente de incontáveis empregos, enquanto as brechas existentes nos regulamentos da OIT dão aos produtos têxteis chineses fabricados em Tânger acesso aos mercados europeus, deixando facilmente para trás os exportadores africanos. Os trabalhadores chineses do setor de petróleo e gás, não raro arregimentados na vasta população carcerária da China, dormem nos locais de trabalho e praticamente não contribuem para as economias locais. No fim das contas, a China pode estar contribuindo tanto para manter os países africanos no Terceiro Mundo quanto para tirá-los dele.

CAPÍTULO 22

EGITO: ENTRE BUROCRATAS E TEOCRATAS

No SÉCULO III A.C. o rei egípcio Ptolomeu II podia se orgulhar da Biblioteca de Alexandria, a maior do mundo, com mais de 700 mil pergaminhos. A destruição, num incêndio causado pela barbárie romana, assinalou o fim da condição de centro do conhecimento global desfrutada pelo Egito até então. Hoje, a Biblioteca Alexandrina ressuscitada ergue-se elegante à beira do Mediterrâneo. Embora não abrigue mais volumes que há dois milênios, a biblioteca, numa concepção arquitetônica norueguesa, é o mais imponente símbolo do potencial da civilização árabe de superar séculos de inversão, durante os quais a era de ouro européia coincidiu com a era das sombras no mundo árabe e vice-versa. Em suas paredes, inscrições em hieróglifos, gregas e árabes, narram de forma decorativa as convergências mediterrâneas, enquanto esculturas pós-modernas pontuam seus pátios. A biblioteca abriga o Instituto Anna Lindh, homenagem à ministra do Exterior da Suécia assassinada, que se dedicou ao diálogo entre as civilizações, e oferece equipamentos de última geração em matéria de imagens moleculares tridimensionais, um dos quatro únicos sites-espelho de toda a World Wide Web e centros de pesquisa mantidos em parceria com universidades européias.

Em 1798, a invasão napoleônica do Egito assinalou o início da moderna subjugação do mundo árabe. Quaisquer que sejam seus governantes, contudo, o Egito sempre se considerou um elemento central dos mundos mediterrâneo, africano e árabe. Há 4 mil anos, os faraós do Egito representavam o auge da civilização humana, mas seu modo de vida dependia do Nilo, o segundo maior rio do mundo, cujas cabeceiras encontram-se nas profundezas do Burundi e da Etiópia. Uma viagem rio acima (o Nilo corre do sul para o norte), passando por Luxor (a antiga Tebas) e Assuã, mostra que o Sudão, outrora o reino egípcio da Núbia, constitui atualmente o tampão entre os mundos árabe e africano. Hoje, até os países mais pobres da bacia do Nilo estão construindo represas hidrelétricas que ameaçam o nivelamento das águas da represa de Assuã e do lago Nasser, que formam a reserva estratégica de água do Egito contra as secas.[1] Quase toda a população e quase todas as terras aráveis do Egito ainda se encontram ao longo do Nilo, de tal modo que qualquer redução no abastecimento de água representa para o país um ato de guerra — mas nenhuma guerra será capaz de gerar mais água. Do Cairo a Assuã, o Nilo já parece um lago fétido, e os fluxos minerais reduzidos, a poluição petroquímica e os pretendidos reatores nucleares podem transformar igualmente num pântano o já entupido delta mediterrâneo. Assuã também é hoje um problema estratégico, pois sua eventual destruição num ataque militar (trunfo tático com que Israel costuma acenar) provocaria inundações que resultariam num verdadeiro genocídio ecológico.*

As regiões do Magreb e do Machreq derivam seus nomes das posições que ocupam a oeste e a leste do Nilo egípcio, o que serve para frisar que há muito o Egito constitui o principal pilar do mundo árabe, formando um dos ângulos de um triângulo com a Turquia e o Irã, os três permanentemente manobrando para impor sua influência no espaço que definem. No Egito, a península do Sinai também forma a junção com a Arábia Saudita, a Jordânia e Israel, que a ocupou entre

* Embora historicamente o Chifre da África tenha laços mais fortes com o Iêmen e com os países do golfo — encontrando-se idêntica topografia montanhosa dos dois lados do estreito de Bab al-Mandab, que separa a África da Ásia —, o Egito e o Ocidente procuram estabilizar a região para proteger a passagem marítima do canal de Suez para o golfo de Áden e o oceano Índico, através do mar Vermelho e do estreito de Tiran. No Chifre, países como a Somália, a Etiópia, a Eritréia e Djibuti são, basicamente, Estados fracassados atormentados pela fome, pela guerra civil, pela proliferação de armas leves e pelas doenças. Bases americanas e européias foram instaladas no minúsculo Djibuti para fazer frente às ameaças de grupos islâmicos radicais como a Al-Qaeda, que montaram células ativas no Chifre.

1956 e 1973. Na extremidade norte do canal de Suez, com seus 190 quilômetros, fica Port Said, de onde se pode facilmente passar da África para Port Fouad, na Ásia, de lancha ou atravessando a ponte Mubarak da Paz. Cerca de 10% do comércio marítimo mundial ainda passa pelo canal de Suez, o que rende anualmente ao Egito 5 bilhões de dólares, fazendo com que Port Said deixe de ser uma praia decadente que recolhe restos mediterrâneos para se tornar uma charmosa cidade com chalés europeus — mais ou menos como era em sua época de base territorial da britânica Companhia das Índias Orientais. A dragagem do canal está sendo providenciada para permitir a passagem de navios gigantes procedentes ou com destino ao principal país usuário: a China.

Boa parte do peso diplomático do Egito deriva de sua condição de principal interlocutor árabe de Israel, diante do qual também derramou mais sangue. Mas o tratado de paz com Israel assinado por Anwar Sadat em 1979 também determinou a expulsão do país da Liga Árabe durante uma década. A subseqüente "paz fria" com Israel resultou no florescimento, no sul do Sinai, do paraíso turístico de Sharm el-Sheik, à beira do mar Vermelho, para o qual acorrem multidões de jovens egípcios desempregados em busca de trabalho. Mesmo com os salários miseráveis, o balneário parece-lhes um verdadeiro sonho.[2] Os beduínos do Sinai queixaram-se de que eram mais bem tratados durante a ocupação israelense do que no regime de Mubarak, que não foi capaz de se valer da renda do turismo para transformar a península em ponto de passagem de peregrinos, e não de drogas e armas. A retirada israelense da estreita faixa costeira de Gaza, em 2005, transformou-a basicamente numa província instável do Egito. Pela fronteira sem lei de Rafah, os palestinos entram no Egito sem qualquer controle, para visitar a família ou em busca de atendimento médico. "Para muitos palestinos, o Egito é uma salvação da Palestina", observou um analista estratégico no Cairo, lamentando o fracasso das tentativas de levar paz e estabilidade à Palestina.

"Ainda somos o maior país árabe e, portanto, também o guia natural das inclinações geopolíticas dos árabes", afirmou um historiador do Cairo em sua abarrotada biblioteca. O fundador do moderno Egito, Mohammed Ali, foi subindo os escalões do governo geral otomano, no início do século XIX, e conquistou uma situação de quase independência para o Egito pressionando pelo desenvolvimento de uma indústria e de uma agricultura autônomas. As potências européias tentaram solapar as manobras pró-árabes do Egito, mas a chegada de Gamal Abdel Nasser ao poder, em 1954 (aos 36 anos) e a nacionalização do canal de Suez, dois anos depois, inspiraram toda uma geração de anticolonialistas, chegando até a dar esperanças à União Soviética, que buscava um ponto de apoio mais firme no mundo árabe depois que as ambições mercantilistas da França e da Grã-Bretanha foram postas a nu em sua implacável tentativa de retomar o canal. Mas os assessores soviéticos nunca conseguiram se integrar adequadamente com a classe política egípcia, o que abriu uma defasagem estratégica, logo explorada pela América.[3]

No entanto, meio século atrás Nasser não tinha muito interesse em se transformar em baluarte anticomunista da América, e hoje em dia o orgulhoso *establishment* egípcio dificilmente perde uma oportunidade de jogar com todos os lados. "Oscilando entre o apoio à 'guerra ao terrorismo' e a tolerância de nossa posição pró-israelense, o Egito, na verdade, faz muito mais pelos Estados Unidos do que o contrário", admitiu um diplomata americano. A ajuda militar e econômica americana (que chega a quase 2 bilhões de dólares) infla artificialmente a influência dos EUA no Egito, embora compre contrapartidas muito menores do que há 30 anos. "Essa relação com os Estados Unidos não compensa a intromissão deles em nossa política. Não precisamos das armas que sobram por lá, e podemos perfeitamente construir nossos esgotos", comentou um funcionário egípcio. O Egito gasta cada vez mais seu orçamento militar com armas chinesas, tendo se oferecido como cabeça-de-ponte para a intensificação dos laços da China com a África. A China deverá tomar o lugar dos Estados Unidos como principal parceiro comercial do Egito, graças a seus investimentos no canal de Suez e à construção de fábricas de cimento, empresas de produtos eletrônicos e centros de convenções.[4] Certas características culturais chinesas, como a ênfase na honra, surtem bom efeito no mundo árabe, onde seus diplomatas mostram deferência pela cultura local aprendendo a língua árabe e até adotando nomes árabes.

A influência européia no Egito também pode vir a superar a dos Estados Unidos. A Europa faz muito mais pela construção de mercados para o Egito, e pode orientar a democratização árabe em direção a sistemas parlamentaristas descentralizados, em vez dos presidencialistas atualmente em vigor. Enquanto os americanos relutam em enfrentar os labirintos burocráticos, as empresas européias gastaram mais de 500 milhões de dólares na modernização do turismo, da construção civil e da agricultura egípcios. As fábricas da Mercedes e da Peugeot podem decuplicar os empregos no setor automotivo, atualmente com 60 mil operários. Com as investidas estratégicas da Europa e da China, o Egito posicionou-se como nunca antes no mercado geopolítico.

A centralidade geográfica do Egito não tornou mais fácil para o país encontrar sua direção *interna*, o que o deixa em condições pré-revolucionárias. O pensador egípcio Gamal Hamdan considera que a posição do Egito no mundo árabe é análoga à da cidade do Cairo no Egito: o centro nervoso cultural, econômico e político.[5] Há um milênio, o Cairo controlava os mercados transcontinentais como nenhuma outra cidade desde Roma, subordinando os povos magrebinos, africanos e do golfo na trama de sua paisagem urbana faraônica, colonial e cosmopolita, e hoje continua sendo uma cidade de incontáveis mesquitas, igrejas, propriedades e mercados, na qual uma arquitetura vitoriana imponente se justapõe à aridez dos prédios revolucionários. Mas seria inútil tentar contar a população dessa megalópole de cerca de 20 milhões de habitantes. Como tantas outras cidades da África e da Ásia, é praticamente um país em si mesma, em especial para os milhões de pobres — entre eles, mais de 1 milhão de meninos de rua — que nasceram na cidade e lá permanecem. "Os estrangeiros, outros árabes e até mesmo nós, egípcios, nos perdemos aqui no Cairo", garantia um vendedor de chá no bairro do Velho Cairo. Não surpreende, assim, que os cairotas considerem que o Cairo e o Egito são a mesma coisa.

O Cairo é hoje um autêntico microcosmo da maneira como os árabes vêm deixando para trás o Terceiro Mundo, apesar de carecerem da sofisticada disciplina de seus antepassados faraônicos e islâmicos. Uma vez que se deixe de culpar o colonialismo pelos problemas modernos, avaliando o que tomou seu lugar, passam a se destacar os fracassos do sistema árabe de governo. Muitos dos habitantes mais pobres do Cairo vivem num bairro favelado abaixo da imponente cidadela de Mohammed Ali, no coração da cidade, enquanto a elite se refestela no luxo, com escolas e hospitais particulares. Mas até os bairros chiques do Cairo estão em péssimo estado, com cacos de telha e pedaços de concreto por toda parte. A existência de duas economias no país é visível em muitos lugares, com muita gente se empenhando em escolher cuidadosamente os legumes nos mercados a céu aberto, enquanto a minoria privilegiada paga preços ocidentais por um *cappuccino* nos cafés de estilo europeu. Engraxates e carroças de transporte de legumes puxadas por burros podem ser encontrados nas mesmas ruas dos hotéis de luxo e dos imponentes museus. Nas rodovias das imediações do Cairo, casas de cômodos improvisadas ocupam milhares de hectares de terras aráveis, e seus ocupantes-invasores diariamente vão para a cidade de carona. A questão é saber se o governo vai demolir esses abrigos, enquanto os cidadãos bem situados constroem portões e muralhas cada vez mais altos ao redor de suas propriedades, ou decidirá investir nas práticas habitações de adobe inventadas pelo próprio Egito há milênios.

"Nós temos planos — planos *muito concretos* — de reviver nossa grandeza histórica", anunciava, frenético, um funcionário do partido do governo. A construção de uma rodovia entre Alexandria e Assuã tornará mais rápido o acesso a áreas menos populosas; um centro financeiro de alta tecnologia abrigará escritórios governamentais e a cada vez mais ativa Bolsa de Valores egípcia, e um novo serviço de táxis foi organizado para acabar com o setor clandestino de transportes. Bilhões de dólares em subsídios ineficazes estão sendo cortados para acabar com décadas de reformas improvisadas e fracassadas. Zonas francas surgem por toda parte, do litoral mediterrâneo, perto da Líbia, até o outro lado do canal de Suez. "Todo investimento é um bom investimento", reza o novo mantra da classe empresarial egípcia, pressionando pela assinatura de acordos de livre comércio com os Estados Unidos e com a União Européia para forçar o governo a modernizar sua regulamentação. Numa área onde faz cinco anos havia apenas deserto, o "Novo Cairo" surgiu como um horizonte de bairros suburbanos cuja população cresce a um ritmo de aproximadamente 1 milhão de habitantes por ano. O Egito também teve a sorte de descobrir consideráveis campos de gás natural no exato momento em que começam a se esgotar seus modestos lençóis petrolíferos, o que resultou em lucrativas exportações para Israel, para a Jordânia e para a Europa.

Entretanto, com a entrada de centenas de milhares de jovens no mercado de trabalho todo ano, o Egito enfrenta um permanente problema de desemprego. "É, de longe, nosso maior problema", disse um empresário, preocupado, enquanto dirigia pelas ruas do Novo Cairo. "Temos tantos jovens que não sabemos o que fazer com eles." Como no Magreb, a questão é dar aos jovens algo para fazer antes que se levantem contra o governo por meio da violência nas ruas ou do radicalismo religioso. Sigmund Freud escreveu sobre a "frustração cultural" da vida numa metrópole impessoal como o Cairo, o que torna as hordas entediadas vulneráveis a quaisquer estímulos, sejam bons ou maus. Preocupados em desarmar essa bomba-relógio socioeconômica, os empresários financiam escolas profissionalizantes e fazem pressão para transformar milhares de terrenos desocupados do governo em campos de futebol.

Sua tarefa não é facilitada pelo fato recente de que o Egito também tem de competir com um de seus poucos benfeitores: a China. No mercado cairota de Ataba, os egípcios compram produtos chineses que deveriam estar fabricando, como a própria bandeira nacional, imitações baratas da boneca Fulla, a Barbie árabe, e até lanternas para o Ramadã capazes de emitir cânticos em árabe. A demanda chinesa de aço para a construção civil também pressiona o Egito e outros países que lutam para sair do Terceiro Mundo, ao forçá-los a gastar muito mais do que podem em infra-estrutura. Como no caso do México, o fim do Acordo Multifibras evidenciou o despreparo do Egito para uma concorrência mais dura num mercado têxtil global que movimenta anualmente 500 bilhões de dólares. Hoje a China cultiva algodão de qualidade superior, fazendo concorrência à mais sofisticada exportação egípcia, que responde por um terço da indústria do país. Mas se o Egito produzisse roupas melhores do que as chinesas — o que não seria muito difícil —, poderia potencializar enormemente seu valor.

Os funcionários egípcios gostam de lembrar que seu país é "um destino turístico desde o início do turismo", depositando suas esperanças no fomento da parte da economia, que já chega a 60%, voltada para o atendimento de estrangeiros. Mas é exatamente nas regiões mais turísticas do Egito que se encontram os erros terceiro-mundistas que continuarão a criar obstáculos para o desenvolvimento, em vez de fomentá-lo. Em Assuã e Luxor, onde se encontram os lendários templos e tumbas, um punhado de agências controla todos os hotéis, limitando o crescimento dos serviços privados que poderiam absorver parte de uma grande população jovem em busca de empregos. As crianças que vivem em torno dessas atrações turísticas milenares vendem cartões-postais e oferecem passeios de falucho pelo Nilo; suas escolas não são melhores que as das regiões mais pobres. A menos que falar alguma algaravia em cinco línguas possa ser considerado uma forma de educação, não é provável que o aumento do turismo e da riqueza contribua para a alfabetização. Em Sharm el-Sheik, o santuário aquático egípcio bem ao estilo do *jet set*, detritos e esgoto dos hotéis são despejados no mar Vermelho, e não no deserto, poluindo a água e corroendo os corais que atraem tantos mergulhadores. E, à medida que os hotéis cinco estrelas das imediações do Cairo vão conquistando espaço na outrora remota Gizé, as pirâmides se tornam cada vez menos exóticas. Cabe perguntar se os milhões de turistas que anualmente visitam o Egito pela primeira vez terão vontade de voltar.

"Podemos ser parecidos com os faraós, mas somos um país absolutamente distante da civilização", indignava-se um empresário do Cairo em sua enorme *villa* com vista para um campo de golfe. Os dirigentes egípcios não se mostram nada convincentes na tentativa de capitalizar o orgulho nacional pelo glorioso passado do país. Será que o islã poderia restaurar a dignidade do Egito? O Egito é a principal peneira através da qual o arabismo e o islamismo se têm misturado ao longo dos séculos, e hoje mais do que nunca. Hassan al-Banna, que fundou a Irmandade Muçulmana do Egito em 1928, tentou reviver a civilização árabe, depois do colapso do Império Otomano, por meio de um movimento pansunita não-violento. Depois de seu assassinato pelas autoridades egípcias em 1949, seu discípulo Sayyed Qutb continuou difundindo seus ensinamentos, com uma urgência motivada pelo fato de ver o mundo num ponto intolerável de uma crise de opressão, apoiada pelo Ocidente, contra o piedoso núcleo islâmico do mundo árabe.[6] Embora a Irmandade tenha se disseminado até a Jordânia e a Síria, seu grande retorno foi mesmo no país de origem. O Egito — e não o Iraque — é o pivô do mundo árabe tanto para o islamismo quanto para a democracia.

Durante mais de mil anos, a mesquita e a Universidade de Al-Azhar, no Cairo, tão antigas que se confundem com a própria história da arquitetura islâmica, têm sido pedras angulares do pensamento islâmico conservador. Muitos governantes árabes costumam exagerar suas próprias credenciais muçulmanas para conquistar o apoio desse estabelecimento islâmico, mas os muçulmanos jamais endossariam voluntariamente a atual estagnação política árabe. Para os milhões de egípcios frustrados e marginalizados no novo contexto de possibilidades econômicas do país — ou engarrafados no trânsito, tentando chegar a elas —, o chamado à oração é um elemento emocional estabilizador que não inspira qualquer movimento de radicalização, mas o seu oposto: um lembrete dos valores essenciais num meio materialista que parece estar se esquecendo deles. Depois de um dia inteiro zanzando para baixo e para cima, rapazes resolvem entrar numa mesquita na ilha de Zamalek, no Cairo, ao pôr-do-sol, porque a oração e o debate permitem centrar as idéias e dão sentido às coisas. Do outro lado da rua está a magnífica Ópera, mas quem tem dinheiro para entrar ali?

Todas as condições para uma revolução islâmica estão presentes no Egito de hoje: disparidade de rendas, conflito nas elites, opressão religiosa e alienação política. Hosni Mubarak está no poder desde o assassinato de Anwar Sadat, em 1981; seu cargo anterior era de vice-presidente, função que deu um jeito de nunca mais preencher. Sua polícia secreta, a Mukhbarat, está sempre de olho nas cidades superpovoadas e agitadas, enquanto seu governo faz muito pouco para atender às suas necessidades. Durante um quarto de século, a sistemática da competição tem tornado a política egípcia semelhante à *Revolução dos bichos,* de George Orwell, com Mubarak tão pouco disposto a dividir o poder que manda para a prisão até os liberais seculares, para deixar apenas os partidos islâmicos como uma alternativa indesejável — armadilha na qual a América ainda cai ingenuamente. O espectro dos partidos islâmicos no poder é apenas a mais recente de uma longa lista de desculpas para a falta de evolução política no mundo árabe: o modelo da vida à base de rendimentos adotado nos reinos petrolíferos do golfo garante o abastecimento das populações em troca do controle político total, enquanto outros árabes põem a culpa no colonialismo, nos Estados Unidos, em Israel ou na pobreza.[7] A grande ironia da desculpa islâmica é que ela vem de dentro.

"Nossas alternativas não são fáceis", ponderava um editor de jornal enquanto fumava um narguilé. "A maioria dos egípcios tem um reflexo conservador: preferimos alimentar nossos filhos a lutar pela democracia. Preferimos ajustes modestos à mudança radical." Há muito tempo que freqüentar os cafés ao ar livre para fumar o narguilé e jogar dominó é mais popular no Egito do que a militância política. Mas o renascimento que se verificou na sociedade civil e nos meios de comunicação árabes inspirou uma cultura democrática que promete uma terceira via entre a apatia do chá de menta e a militância da metralhadora. Hoje, protestos não-violentos, e em 2006 duas dúzias de publicações egípcias deixaram de circular em protesto contra uma draconiana lei de imprensa.

Um governo que não oferece liderança moral nem serviços públicos é um alvo perfeito para grupos islâmicos bem equipados em ambas as frentes. O islã não é uma doutrina de resistência contra o Estado repressor, mas, considerando-se seus alicerces espirituais e cada vez mais sociais também, não surpreende que venha funcionado tão bem neste sentido.[8] No Egito, como em outros países árabes, as organizações islâmicas têm se tornado fornecedoras de assistência médica e educação, negligenciadas por autocratas incompetentes apesar do aumento populacional. Como os muçulmanos não precisam realmente dos canais políticos tradicionais para mandar sua mensagem, proibir suas atividades serve apenas para lhes dar uma desculpa para manipular as massas nas mesquitas ou buscar o caminho da vingança violenta. A Mukhbarat chegou a atirar em eleitores adeptos da Irmandade na eleição de 2005 — que não foi propriamente a vitrine da democracia alegada por Mubarak.

A melhor e mais freqüentada rede de lanchonetes do Egito, Mu'meneen ("Fiel"), simboliza bem o caminho da revitalização na política egípcia. Durante décadas, a autocracia funcionou como baluarte contra o comunismo e contra o islamismo; agora, a democracia é a arma do islamismo contra a autocracia. A lógica da democracia islâmica é que o islã é uma questão de libertação, não de submissão, e a democracia é uma maneira de exercê-la.[9] Por meio do ativismo social e da retórica do televangelismo, a Irmandade atrai as classes médias e baixas do Egito, mobilizando os eleitores com *slogans* como "O islã é a solução" ou "Se o islã fosse aplicado, ninguém passaria fome!". Mas, enquanto a Irmandade debate se o islã é "uma" fonte da lei ou "a" fonte da lei, o fato é que sua plataforma pouco tem a ver com religião, voltada simplesmente para o combate à corrupção, a criação de empregos e a melhoria dos serviços sociais. A presença da Irmandade despertou o Parlamento de décadas de letargia, com suas persistentes exortações para que Mubarak revogue suas arbitrárias leis de emergência. O islã e a democracia, certamente, são mais compatíveis do que o autoritarismo e a democracia.*

Do Marrocos ao Iraque, os atentados anônimos e esporádicos durante as eleições representam as dores de crescimento da democracia. Mas a única maneira de diminuir a credibilidade dos radicais islâmicos que atuam como anarquistas russos do século XIX é dar mais oportunidades aos que agem como democratas do século XXI.[10] A democracia moderou partidos islâmicos em todo o mundo muçulmano, e no Egito eles hoje condenam o terrorismo praticado em seu nome porque os próprios egípcios estão perplexos com o agravamento do extremismo. Os trabalhadores do setor turístico condenam os atentados no vale dos Reis ou em balneários do mar Vermelho, como Dahab, por prejudicarem a indústria de que dependem para sua subsistência. "Esperamos que nossos dirigentes, sejam seculares ou islâmicos, ponham fim a esse tipo de violência, e não que a aumentem", insistia um militante democrático no Cairo, acrescentando: "Os muçulmanos têm mais credibilidade para dissuadir os fanáticos do que qualquer um no regime Mubarak."

"Democracia por obrigação é uma contradição em termos", queixava-se um muçulmano egípcio em frente à mesquita de Al-Azhar. "O islamismo não se define por referência aos ideais ocidentais." Como a aliança da América é com o impopular Mubarak — e não com o povo egípcio —, seu empenho pelas reformas é lento, superficial e limitado, deixando clara a hipocrisia da proteção ao executivo todo-poderoso.[11] Os Estados Unidos têm relutado em oferecer pactos a líderes encastelados no poder, protegendo-os em papéis secundários para que permitam que seus países sigam em frente — em vez de serem arrastados com eles.[12] Em conseqüência, sustenta o militante tunisiano dos direitos humanos Moncef Marzouki, a política externa americana "facilita muito o crescimento das forças islâmicas extremistas".[13] De fato, a América é mais detestada nos países de regimes aliados aos EUA; como se sabe, quase todos os seqüestradores do 11 de Setembro de 2001 vinham do Egito e

* Não está claro se a Irmandade Muçulmana poderia revelar-se um lobo em pele de cordeiro, conquistando o poder democraticamente para em seguida cancelar eleições, apoderar-se do aparato do Estado, investir contra minorias como os cristãos coptas (10% da população do Egito) e pôr em prática a lei da *sharia*. Também é provável que sua liderança mantivesse as mesquitas separadas do Estado para não ceder aos clérigos nenhuma parte de um poder conquistado a tanto custo, e que respeitaria seu compromisso com a democracia e a plataforma popular contra a corrupção. Se o reconhecesse como partido político, o regime de Mubarak estaria dando um passo considerável no sentido de distingui-la de uma simples associação islâmica. Ver Samer Shehata e Joshua Stacher, "The Brotherhood Goes to Parliament", *Middle East Report*, nº 240 (outono de 2006).

da Arábia Saudita. Se o Ocidente quer a democracia no Egito, terá de aceitar os islamitas como parte dessa democracia. Como escreveu um observador, "os Estados Unidos podem forçar o embaralhamento das cartas, mas não podem determinar onde elas cairão".[14]

"Gostamos dos europeus porque estão menos comprometidos com Mubarak e têm o tipo de Parlamento a que aspiramos", explicou um político reformista. Mubarak trata a Constituição egípcia como um tabuleiro de xadrez no qual as peças — os artigos e dispositivos — são movidas ou retiradas para determinar as relações de poder entre ramos e facções, e o seu Partido Democrático Nacional (PDN), atualmente liderado por seu filho Gamal, dá prosseguimento à manipulação para assegurar o domínio nas eleições parlamentares de 2010.[15] Mas, embora Mubarak tenha resistido à pressão americana para assinar até mesmo a Declaração de Alexandria — considerada uma "Carta Magna árabe" —, os europeus continuam treinando juízes e militantes que podem pressionar por um Judiciário independente. A maioria dos egípcios é jovem demais para ter conhecido outro líder além de Mubarak. O maior presente que o Ocidente poderia lhes dar seria permitir que decidissem livremente se o sucessor de Mubarak terá ou não seu sobrenome. "Queremos um dirigente que tenha usado transporte público", proclamava um estudante de engenharia, devorando um prato de *kebabs* no bairro cairota de Mohandessein.

A política ocidental de dar preferência à estabilidade acima da democracia transformou-se num patético clichê, pois esse tipo de estabilidade nunca dura mais que uma geração, e culmina em *in*stabilidade. "Precisamos fazer como se fez no Irã, expurgando o regime", dizia uma universitária do Cairo numa cafeteria enfumaçada. O Egito pode não estar a caminho de uma guerra civil como a da Argélia, mas uma revolução ao estilo iraniano não é impensável — algo que Ayman Zawahiri esperava que fosse inspirado pelo assassinato de Sadat em 1980. A democracia é a melhor alternativa, ainda que signifique que o Egito venha a se mostrar menos amistoso em relação aos Estados Unidos a curto prazo, obrigando o governo a cultivar laços com a Irmandade. Não é uma questão de preferência religiosa ou lealdade pessoal, mas simplesmente de necessidade estratégica — jogar com todos os lados *dentro* do Egito, exatamente como o Egito já começou a jogar com todas as superpotências. Em última análise, é mais provável que um Egito democrático se concentre nos problemas internos do que em denunciar os Estados Unidos.[16] E se ainda assim sair do rumo, só poderá culpar a si mesmo.

A VOLTA DO ARABISMO

Os árabes têm sorte. Ao contrário do que acontece com os latino-americanos, a mistura de densas redes familiares e sociais e proibições religiosas tornou o mundo árabe bastante seguro: não existe uma única cidade árabe livre de ocupação americana ou israelense que seja perigosa, em comparação com cidades equivalentes do hemisfério ocidental. O método de transferência de valores da *hawala* (confiança), baseado na honra, permite a rápida transferência de somas vultosas na região e internacionalmente. As remessas feitas por esse método permitiram reduzir a pobreza no Egito e em outros países árabes, apesar da estagnação econômica da década de 1990. Os árabes são, ao mesmo tempo, hospitaleiros e engenhosos, e, na falta de uma renda garantida, demonstram notável capacidade de improvisar, por exemplo, no conserto de carros. Fiats e Peugeots de idade proibitivamente vetusta, que matariam de inveja qualquer motorista de táxi ucraniano, continuam trafegando pelas ruas do Cairo.

Na grande informalidade dos encontros árabes, a cultura da *wasta* — as ligações pessoais — tem preferência sobre as instituições modernas.[17] À parte a pequena elite, que parece perdida sem o emprego do inglês, os setores públicos inflados de toda uma série de países, da Líbia à Arábia Saudita, e também do Irã, são verdadeiros bastiões de uma ineficácia que chega às raias do grotesco. O dia de trabalho começa tarde e acaba cedo. Os burocratas não têm incentivos para desempenhar nem mesmo as funções mais corriqueiras, e muito menos para assumir algum eventual risco. Todas as cadeias de comando levam a uma mesma autoridade, de tal maneira que toda cobrança é feita por um líder supremo totalmente livre de qualquer cobrança — um para cada país árabe.

A língua árabe, a *wasta,* o *hawala* e o islã há séculos vêm integrando os povos árabes, mas a política os dividiu. Enquanto o nacionalismo florescia na Europa do século XIX, os árabes ainda estavam submetidos aos otomanos. Os primeiros intelectuais pan-árabes acreditavam numa grande nação árabe democrática, secular e igualitária, uma promessa que, ao mesmo tempo, ameaçava liberar os Estados árabes, individualmente, de sua soberania recém-adquirida e, portanto, muito valorizada.[18] Embora esse grande universo árabe devesse unir-se nos confrontos com o Ocidente e com o sionismo, o fato é que o pan-arabismo perdeu a magia com a impressionante derrota para Israel na Guerra dos Seis Dias, em 1967.[19] A maior ironia viria em 1990, quando o presidente iraquiano Saddam Hussein se vangloriava de sua liderança pan-árabe no exato momento em que a Arábia Saudita convidava os militares americanos a repelir sua invasão do Kuwait.

Hoje, o pêndulo psicológico árabe está se voltando na direção de um comprometimento com o arabismo. Os árabes aprenderam que ao Ocidente nunca faltarão desculpas — petróleo, democracia, terrorismo — para interferir em suas questões, o que transforma o arabismo num movimento que é, ao mesmo tempo, *contra* a interferência americana e *a favor* da unidade árabe. A facilidade com que o Egito e a Síria se fundiram em 1958 para formar a República Árabe Unida, a paralela fusão reativa entre a Jordânia e o Iraque, o rápido fracasso de ambas, a nascente União do Magreb Árabe — tudo isso demonstra a fluidez da civilização árabe e o caráter estranho dos sistemas de Estado a ela impostos. Mais do que nunca, o mundo árabe dispõe de todos os elementos — terra, mão-de-obra, capital, língua, acesso à tecnologia, interesses e inimigos comuns — para constituir um bloco geopolítico natural, globalizando-se de tal maneira que as ocupações mútuas dos árabes se transformem num legado do passado.

A Liga Árabe, não muito tempo atrás considerada defunta, está em pleno processo de auto-reinvenção, não como uma ameaça à soberania dos Estados, mas como as Nações Unidas árabes, promovendo a cooperação técnica por meio de organismos especializados nos setores do comércio, da educação e da agricultura. Nos movimentados corredores de sua sede no Cairo, funcionários da Liga Árabe referem-se à Comunidade Européia do Carvão e do Aço como um paralelo adequado à sua tentativa de transcender a condescendência recíproca entre o Egito e a Arábia Saudita (os egípcios consideram os sauditas beduínos incultos; os sauditas vêem os egípcios como mendigos ardilosos) para unir os países árabes mais populosos e ricos, como locomotivas naturais de um arabismo renascido. Entre os atuais projetos da Liga Árabe estão uma malha elétrica e de gás destinada a unir o Magreb à Jordânia e à Síria através do Egito, um projeto de dessalinização da água do golfo para abastecer o Egito e a Jordânia e o cultivo de terras férteis no Sudão. Um Parlamento árabe começou a tomar forma em 2005, com comissões permanentes para fiscalizar as instituições executivas árabes e reforçar os poderes parlamentares. A política árabe pode acabar influenciando a economia árabe. "Quem sabe uma força de paz árabe não irá pôr em risco a vida dos muçulmanos, como já fazem os Estados Unidos e a Europa?", especulava um árabe cínico.

CAPÍTULO 23

O MACHREQ: NA CONFUSÃO DOS MAPAS

É A REGIÃO DO MACHREQ* que se costuma ter em mente ao empregar expressões como "Oriente Médio" ou "Mesopotâmia", ou o não menos vago termo francês "Levante". Embora fosse considerada quintal da União Soviética na Guerra Fria, o fato de a região ainda estar decidindo até hoje sua configuração posterior à Primeira Guerra Mundial revela o grau de enraizamento de seus desequilíbrios. A história do Machreq tem todos os elementos de uma infindável briga de família supervisionada por árbitros imperiais. Os britânicos esperavam inspirar, durante a Primeira Guerra Mundial, uma revolta antiotomana de todo o mundo árabe, mas a resistência árabe era mais separatista que nacionalista: em vez de se unirem pela independência, os árabes manipulavam os Aliados para reconquistar feudos individuais.[1] Na conferência de paz de Paris, Woodrow Wilson tentou pôr fim à maneira como povos e províncias eram "negociados (...) como se fossem objetos ou peões num jogo". Mas a França e a Grã-Bretanha já tinham

* A palavra significa "levante" em árabe, contrapondo-se a Magreb ("poente"). (*N. do T.*)

repartido a Síria no Acordo Sykes-Picot de 1916, valendo-se tranqüilamente de mapas de meados do século XVIII que representavam a diocese católica do Império Otomano. Os franceses marcharam sobre Damasco no início da década de 1920 e expulsaram o fantoche dos britânicos, o emir Faiçal, que recebeu o Iraque a título de prêmio de consolação. Os europeus davam como certo que os árabes e os sionistas partilhariam a Palestina, mas em 1924 a conquista do Hejaz pelo jovem monarca Ibn Saud unificou a Arábia Saudita, levando o irmão mais velho de Faiçal, Abdullah, a entrar com suas forças na Síria, onde os britânicos separaram três quartos da Palestina e fizeram dele o rei da Transjordânia.

Quando finalmente parecia que a região não poderia mais culpar os britânicos por toda aquela desordem, chegaram os americanos. Apesar das nobres intenções do presidente Wilson há um século, estarão os Estados Unidos fadados a ter o mesmo destino que seus antecessores europeus? Como os britânicos, os EUA iniciaram uma guerra (no Iraque) que se justificava parcialmente em nome da libertação árabe, mas a iniciativa serviu, ao contrário, para transformá-los na potência mais detestada na região. Os britânicos também se imiscuíram nas questões muçulmanas, tratando o islã como uma entidade única que podia ser cooptada e separada em unidades espirituais e temporais ou até mesmo substituída mediante outras formas de lealdade à nação ou a uma dinastia governante — mas, na verdade, perderam de vista a espetacular ascensão da mais poderosa força religiosa da região: os *ikhwan* ("irmãos") wahabitas na Arábia. No fim das contas, a elevada pretensão de influir em destinos tão distantes ficou resumida à preocupação em poupar soldados e cortar gastos.[2] É com esses legados coloniais — além do ressurgimento do islamismo, da repressão política, das intervenções militares estrangeiras e do terrorismo — que o Machreq tenta hoje lidar.

Embora seja evidente que os países do Machreq estão sendo perenemente entretecidos num mesmo tapete, o fato é que ainda não foi estabelecido o padrão correto dos alinhavos. Os árabes não costumam tender para o chauvinismo; é o sistema do Estado-nação que fomenta a rivalidade, num contexto em que a experiência histórica é muito mais de coexistência. Os mapas otomanos apresentavam áreas fluidas e curvilíneas designando tribos e os oásis a que estavam ligadas, ao passo que as atuais fronteiras, delimitadas apressadamente, dão as costas à mais elementar lógica em matéria de separação de países: o Egito tem a maior população árabe, mas pouquíssimas terras cultiváveis; o Kuwait e o Catar têm populações minúsculas, mas podem contar com reservas quase ilimitadas de petróleo e gás; a crescente população palestina se divide em partes quase iguais entre refugiados e residentes de um quase-Estado de dimensões insuficientes. É mais proveitoso encarar os mosaicos multiétnicos da Jordânia, do Líbano, da Síria, do Iraque, da Palestina e de Israel como uma rede de centros urbanos associados a antigas rotas de comércio do que como os países escassamente povoados e estruturalmente fracos que representam hoje em dia. Em todos eles, a democracia pode mobilizar, mas não necessariamente unir ou fomentar uma mentalidade liberal. Sem a conquista de direitos sólidos para as minorias, a democracia é o domínio da maioria, podendo evoluir para o aniquilamento de tradições ancestrais e até mesmo da própria forma do Estado. Se os dirigentes do Machreq viessem a adotar a indiferença territorial dos otomanos, o comércio e a tolerância poderiam levar a melhor sobre as tiranias locais e o extremismo oportunista, e a Palestina poderia ocupar o centro de uma articulação unindo Tel Aviv, Jerusalém, Beirute, Damasco, Amã e Bagdá.[3] Como no vale de Fergana, na Ásia Central, trata-se de escolher entre a eliminação de povos no interior de Estados aos quais podem não pertencer intrinsecamente e a partilha de espaços e recursos. Em nenhum lugar do mundo o estilhaçamento de Estados — mas também sua abertura — é mais necessário ou mais perigoso do que nas estratégicas encruzilhadas do Machreq.

ISRAEL E PALESTINA: DILACERAMENTO SOLIDÁRIO

Desde a exortação à constituição de uma pátria judaica na Declaração de Balfour, em 1917, Israel tem sido o principal exemplo da migração como ferramenta de formação de um Estado. Mas a existência de Israel não garante sua segurança, pois a força migratória dos árabes da Palestina ainda não chegou a um ponto de suficiente resolução. Desde a vitória na Guerra dos Seis Dias, a ocupação de Gaza, da Cisjordânia e de Jerusalém Oriental por Israel criou cabeças-de-ponte demográficas de quase 250 mil colonos. Entretanto, embora essas colônias sejam freqüentemente chamadas de "fatos no solo", ainda é uma questão aberta saber quem irá ocupá-las no futuro. A crescente presença de palestinos — seja como refugiados, trabalhadores ou cidadãos — em Israel, na Jordânia e no Líbano deu um impressionante impulso à aspiração palestina por um Estado, pois sua falta de identidade nacional desafia a de cada um de seus vizinhos. Como hoje em dia existem muito mais árabes e judeus entre o mar Mediterrâneo e o rio Jordão, uma das supremas ironias do conflito árabe-israelense é que só a criação de um Estado palestino poderá assegurar a sobrevivência de Israel como Estado judeu.

Como o Líbano e os Emirados Árabes Unidos, Israel é uma fieira de oásis construída no litoral desértico pelo trabalho de imigrantes. Embora Tel Aviv se pareça com uma moderna cidade européia cujos habitantes falam de "Nasdaq, e não de Nablus", o fato é que eles não têm como escapar dos problemas interligados do terrorismo e de um turismo em decadência, especialmente quando se sabe que centros populacionais sofisticados, como Haifa, são praticamente evacuados durante os conflitos, como aconteceu na guerra de 2006 com o Líbano. No entanto, já existe certo grau de integração econômica entre Israel e os países árabes: embora Israel seja um fabricante de alta tecnologia para empresas americanas, seus produtos — como os *chips* Motorola — são reetiquetados em Chipre e vendidos a usuários de telefones celulares em países árabes. As Zonas Industriais Restritas de promoção da produção conjunta e da cooperação entre três portos vizinhos do mar Vermelho — Taba, no Egito, Eilat, em Israel, e Ácaba, na Jordânia — podem fazer com que deixem de ser reféns uns dos outros para se transformarem num megacentro coletivo de transportes.

Toynbee viu Jerusalém, na década de 1950, "dividida como um átomo em duas cidades mutuamente hostis que vivem e crescem lado a lado sem se encontrar".[4] Mas os postos militares de controle, as rodovias umbilicalmente voltadas sobre si mesmas e o dinheiro da diáspora não bastam para anular os alicerces comuns constituídos pelo Muro das Lamentações, o Domo da Rocha e a Igreja do Santo Sepulcro. Jerusalém é a suprema cidade politeísta: judeus, cristãos e muçulmanos têm lutado por um controle exclusivo que sempre lhes escapa. Na Cidade Velha, a convivência dos sinos das igrejas com os muezins das mesquitas contribui para uma permanente cacofonia, enquanto as mesmas lojas vendem simultaneamente a iconografia do cristianismo ortodoxo, do judaísmo e do islã, num constante lembrete das semelhanças semíticas. Entretanto, é tão funda a instabilidade psicológica dos fiéis na Palestina histórica que os cristãos, assustados com a gigantesca "barreira de segurança" que atualmente separa Jerusalém de sua cidade sagrada de Belém, estão deixando Israel em grandes contingentes.

A barreira de segurança erguida por Israel é uma prova de que o país se considera a fronteira oriental da civilização ocidental, mas o fato é que vive em permanente estado de guerra psicológica (ou real) com todos os vizinhos. Na verdade, Israel se mistura e sangra cada vez mais com seus vizinhos árabes. Os terroristas suicidas palestinos e os soldados israelenses, em ambos os casos, pertencentes a uma geração que representa o futuro da região, chegaram a um impasse em seu confronto. Virtuosos e perversos se confundem. Como órgão rejeitado do Machreq, é mais provável que Israel venha a morrer do que o corpo em que foi enxertado, se não tratar de se integrar pacificamente. Como em outras partes do Segundo Mundo, a política externa e a política interna se sobrepõem mais que nunca em Israel. Como acontece em tantos países do Segundo Mundo, o primeiro-ministro Ehud Olmert foi anteriormente prefeito da capital. "Existe muita pobreza aqui", comentou um motorista de táxi de Tel Aviv em meio aos modernos edifícios do centro da cidade. "Para a maioria de nós, empregos e hospitais são mais importantes do que estar sempre dando prioridade aos militares." Apesar dos gigantescos subsídios que recebe do governo americano e da diáspora judaica, Israel deve saber que, realisticamente, precisa gastar menos com os militares e mais com o bem-estar social.[5] Entre o turismo, o comércio e o terrorismo, Israel e a Palestina podem se separar teoricamente, mas nunca na prática.

Muitos americanos passaram a encarar Israel do mesmo modo que o Paquistão, um "aliado" que contribui mais para os problemas dos Estados Unidos do que para suas soluções.[6] Em 2005, Israel já havia se tornado discretamente o segundo maior fornecedor de armas para a China, depois da Rússia, vendendo inclusive aviões anti-radar sem piloto e mísseis ar-ar — embora a China, por sua vez, venda mísseis ao Irã, ironicamente permitindo que aumente o alcance de sua mira para incluir Israel. A China, em contrapartida, está investindo na ampliação dos portos israelenses, para fazer deles sua própria base de exportação para a Europa, através do Mediterrâneo. Pode chegar o momento em que a China apóie Israel tanto quanto os EUA — mas nem isso servirá para resolver o problema existencial de Israel, os palestinos.

As sucessivas manifestações do processo de paz israelense-palestino sempre encararam pequenas medidas periféricas como grandes vitórias, deixando de lado as questões importantes do reassentamento de refugiados e da situação de Jerusalém, usadas pelos espíritos de porco de ambos os lados para fazer descarrilar o processo na hora da verdade. Os sionistas usaram o terrorismo como principal tática para expulsar os britânicos na década anterior à fundação de Israel, exatamente como fazem os palestinos hoje.[7] "Vivemos num purgatório, sempre obedientes a senhores burocráticos internacionais", protestava um funcionário palestino em Jerusalém Oriental, cansado de esperar por uma autêntica autonomia palestina e pela liberdade de movimentos. Depois da vitória do Hamas na eleição de 2006, as medidas de segurança e isolamento adotadas por Israel obrigaram o Parlamento a se reunir por videoconferência, lembrando mais uma vez que o atual modelo de bantustões imposto na Palestina por Israel é inadequado tanto econômica quanto politicamente.[8] Como acontece no Terceiro Mundo, o desenvolvimento se perde quando a política de ajuda passa a ter prioridade, em detrimento da construção de uma governança própria. As agências internacionais de ajuda cuidam das necessidades urgentes, mas geram uma economia de bolha que desaparece após sua partida (como aconteceu em Kosovo). A maior parte do orçamento palestino provém de fundos doados por governos europeus e árabes, e as Nações Unidas continuam sendo o maior empregador da Palestina (enquanto o serviço de segurança israelense do Shin Bet seria o segundo, graças à sua rede informal de informantes coagidos). Os palestinos se sentem humilhados pela ajuda internacional que serve de subsídio à ocupação israelense — pela qual Israel está obrigado a pagar, segundo as leis internacionais. "Ficamos reduzidos a construir o país dos outros, não o nosso", prosseguiu o funcionário, referindo-se aos imigrantes palestinos na Jordânia, no Iraque e no Kuwait. Nas atuais condições, o que se vê é mais um Palistão do que a Palestina.

Mas os palestinos podem finalmente criar condições para construir seu próprio Estado. Suas crises de elevado nível de desemprego, fragilidade de infra-estrutura e crescimento populacional descontrolado (devendo chegar a 6,5 milhões em 2020) poderiam ser enfrentadas com a construção de um corredor de linhas ferroviárias, de telecomunicações, eletricidade e gás unindo Jenin, Nablus, Ramallah, Jerusalém Oriental e Hebron à cidade de Gaza e a Rafah, na fronteira egípcia. Esse arco ligaria o aeroporto nacional e o porto de Gaza à Cisjordânia, permitindo que comunidades urbanas e suburbanas se congregassem ao redor dos principais corredores e potencialmente dando emprego a 150 mil palestinos.[9] Se a União Européia e outros doadores internacionais empatassem os estimados 6 bilhões de dólares necessários para construir essa coluna vertebral da Palestina, os debates sobre a necessidade de controlar taticamente a ajuda a organismos palestinos vazariam pelo ralo e a Europa poderia ganhar o crédito pelo financiamento da resolução de um dos conflitos mais intratáveis do mundo. A cooperação transatlântica para a solução do conflito árabe-israelense não pode se limitar à multiplicação de telefonemas pedindo moderação.

Durante décadas, os países árabes e muçulmanos menosprezaram os palestinos por puro egoísmo, mas agora estão tomando a questão palestina nas próprias mãos. Embora a Palestina há muito tempo tenha sua própria bandeira, seu governo e seu time olímpico, os Estados Unidos e Israel têm bloqueado o apoio árabe aos palestinos, congelando bens e impedindo transferências de dinheiro — o que não deixa muitas alternativas além do contrabando de dinheiro vivo em malas da Jordânia para o Egito. Mas o dogma americano de que o Hamas não pode "ter um pé na política e outro no terrorismo" não faz muito sentido para os árabes, especialmente considerando-se que armas americanas fornecidas à Fatah alimentaram os conflitos entre facções palestinas, que culminaram na expulsão de autoridades da Fatah de Gaza, em 2007, por parte do Hamas. Quando os Estados Unidos retiraram seu apoio à Autoridade Palestina, em 2006, a Arábia Saudita, o Egito e o Irã entraram em cena para cobrir seu orçamento operacional, demonstrando que o governo democraticamente eleito não podia mais ser chantageado pela América. "Graças à nossa diáspora, aos irmãos árabes e a organizações islâmicas de caridade, Hebron está sendo reconstruída", explicou um assessor palestino em Ramallah, onde brotaram em poucos anos enormes bairros de *villas* de cores claras. Enquanto os palestinos não forem dotados de um Estado, as pressões para que o Hamas reconheça Israel serão prematuras e irônicas precisamente porque a Palestina é uma entidade, não um Estado, não estando, portanto, em condições de oferecer esse reconhecimento oficial. Henry Kissinger dizia em 1975 que "nenhuma solução será possível" sem a criação de um Estado palestino soberano. Três décadas depois, continua sendo esta a precondição para uma integração regional pacífica.

JORDÂNIA: NUM BECO COM SAÍDA PARA O IRAQUE

Para um país de geografia tão confinada quanto a Jordânia, o fracasso está sempre rondando. Sua própria existência está constantemente em jogo. Nenhum vizinho vai juntar os cacos se a Jordânia se esfacelar; Israel, os palestinos, a Arábia Saudita, a Síria e os sunitas iraquianos iriam simplesmente aproveitar o que fosse do seu interesse. A Jordânia exemplifica as complexidades da geopolítica árabe em todos os níveis possíveis. Seu próprio nascimento resultou de promessas coloniais misturadas a rivalidades dinásticas árabes, assinalando a divisão das casas reais dos árabes do deserto entre o reino da Arábia Saudita e o reino hachemita da Jordânia (ambos com os nomes de suas famílias governantes). Até hoje continua a recorrer aos casamentos com famílias reais do golfo para, ao mesmo tempo, proteger sua independência e atrair investimentos. A Jordânia também foi um Estado-tampão da Guerra Fria, usado pelo Ocidente para bloquear o expansionismo soviético. Embora os oficiais britânicos tenham sido mandados para casa há meio século, a Jordânia agora recebe as palavras de ordem dos Estados Unidos. A pressão americana transformou-a num dos primeiros países árabes a estabelecer relações com Israel, sem sequer obter direito de reassentamento para os palestinos ou direito de uso da água para si própria. Sempre que a Palestina é desestabilizada, seus refugiados ricos ou pobres afluem para a Jordânia, levando dinheiro, mas também problemas sociais. "Não somos um país", queixava-se um intelectual de Amã durante um passeio de carro por bairros de estuque cheios de lixo espalhado. "Simplesmente somos alugados por qualquer um."

Mas a Jordânia se especializou em tirar vantagem de sua geografia ingrata. A coisa seria bem resumida por um empresário jordaniano: "Nós sempre tiramos proveito das guerras — desde que elas envolvam nossos vizinhos, e não a nós!" A parte ocidental de Amã foi construída graças a um balaio que juntou dinheiro do golfo, depois da Guerra do Golfo, e o interesse de palestinos bem-sucedidos em ali manter propriedades e imóveis para o caso de terem de fugir da Cisjordânia, a menos de 100 quilômetros de distância. Centenas de empresas jordanianas e sírias se envolveram no escândalo da troca de alimentos por petróleo sob o guarda-chuva da ONU, no qual propinas eram pagas para contornar as sanções impostas ao Iraque durante o governo de Saddam Hussein. Empreiteiras estrangeiras usam Amã como plataforma para promover a reconstrução do Iraque, utilizando subempreiteiros jordanianos para todo tipo de serviços, da assistência médica aos transportes. Simultaneamente, boa parte da classe média iraquiana fugiu para a Jordânia a fim de escapar da sua própria guerra civil. Até as camadas mais baixas da sociedade jordaniana estão implicadas na inadvertida economia de guerra da Jordânia. Em frente à embaixada iraquiana em Amã, centenas de jordanianos de meia-idade fazem fila diariamente para se candidatar a vistos que dão direito a "empregos livres", graças aos quais podem entrar no Iraque em busca de trabalho de alto risco e alta remuneração. Em todo o país, agricultores pobres podem ser vistos carregando caminhões com produtos a serem vendidos no Iraque, de onde já não recebem petróleo gratuito, como acontecia na época de Saddam. "O contrabando de bens domésticos da Arábia Saudita e da Jordânia para o Iraque continua sendo corriqueiro", reconheceu o empresário. Apesar das incertezas do Iraque, ricos investidores libaneses estão desenvolvendo o arenoso porto de Ácaba para a navegação e o mergulho com *snorkel*, e o turismo está em expansão ao redor do mar Morto, com suas riquezas minerais. Quando terminar a guerra civil iraquiana, poderão tornar-se realidade velhos planos de construção de um oleoduto até Ácaba, ao mesmo tempo que, na direção oposta, o tráfego de caminhões de Ácaba para Bagdá poderá criar um estável corredor comercial no Machreq.

A Jordânia pode ser uma ilha de estabilidade, mas as temperaturas cada vez mais altas nas águas que a cercam podem acabar por cozinhá-la viva. Entraram no país não só 1 milhão de refugiados iraquianos, mas também combatentes da guerra civil iraquiana, que estenderam o conflito para territórios vizinhos. Depois do Iraque, a Jordânia registra o segundo maior número de atentados e baixas terroristas, com iraquianos, sauditas, líbios e até jordanianos entre seus autores. Todo grande hotel em Amã adota sérias medidas de segurança, fiscalizando chassis e caminhões, instalando detectores de metais e revistando visitantes. Se o Iraque se dividir em três, a região sunita, esquecida, instável e sem recursos, é que se transformará no quintal da Jordânia. "O Iraque poderá revelar-se um desastre para nós, mas não podemos fazer nada", reconhecia um funcionário do Ministério do Exterior, cumprimentando nervosamente outros membros da elite no saguão de um hotel chique.

A Jordânia tem muito pouco petróleo ou gás, e quantidade menor ainda do outro recurso natural que determina cada vez mais as relações de poder no Machreq: água. O vale do rio Jordão, compartilhado por israelenses, palestinos e jordanianos, e o crescente fértil do Tigre-Eufrates — que deu vida à civilização mesopotâmica, dos sumérios ao Iraque, à Síria e à Turquia oriental de hoje — constituem os corredores naturais do Machreq. Os antigos nabateus recorriam a um sofisticado sistema de irrigação que ainda pode ser visto nos suaves sulcos ao longo da travessia de Siq, em Petra. Será que os países da região terão hoje capacidade para administrar tão bem seu valioso abastecimento de água? Os projetos de represas no sudeste da Anatólia melhoraram consideravelmente as condições de vida dos turcos e curdos da região, mas os lençóis freáticos mais abaixo estão se reduzindo a um ritmo alarmante de 1,8 metro por ano. Acordos e tecnologia para a partilha da água poderiam diminuir a desproporção: a energia gerada nas represas hidrelétricas da Turquia seria vendida a preço baixo para a Síria e o para Iraque, e água dessalinizada do golfo seria canalizada para o norte até a Jordânia, para fomentar a irrigação e a produção agrícola. Um canal entre o mar Vermelho e o mar Morto já está sendo dragado, prova de que as "guerras da água" não são absolutamente inevitáveis.

A busca de aliados árabes por parte da América tirou a Jordânia da condição de Estado-tampão para elevá-la à de cabeça-de-ponte geopolítica. Um acordo de livre comércio rapidamente transformou os Estados Unidos no maior parceiro comercial da Jordânia, que por sua vez tornou-se um exemplo de colaboração econômica positiva com Israel, através das Zonas Industriais Restritas (ZIRs). A realidade, contudo, é que poucas empresas jordanianas têm recursos manufatureiros para explorar as ZIRs, e os jordanianos que trabalham para elas ocupam funções de baixa capacitação que permitem o sustento, mas não o enriquecimento. As verdadeiras beneficiárias têm sido empresas israelenses e chinesas, que registram seus negócios têxteis na Jordânia e compram as participações maiores nas ZIRs (a mesma brecha da globalização explorada pela China no norte da África, para ganhar acesso a posições vantajosas de exportação para a União Européia). As empresas chinesas de construção civil sediadas na Jordânia também construíram quatro das cinco novas represas do país com extraordinária eficiência.

Como uma parte tão grande da economia da Jordânia está concentrada em Amã, foram negligenciadas outras regiões, como a segunda maior cidade do país, Zarqa, seriamente poluída por lixo industrial e deficientes condições sanitárias da água. Num meio conservador, sua classe mais baixa gerou Abu Musab al-Zarqawi, que era, até morrer em 2006, o mais implacável agente da Al-Qaeda iraquiana. Globalmente, contudo, nenhuma ideologia radical surgiu da modesta população beduína da Jordânia, o que reflete um certo estado de torpor visível nas humildes mesquitas do país. Como um povo preocupado com a própria sobrevivência, os jordanianos não tinham muita energia adicional para saquear a Embaixada da Dinamarca depois do escândalo das caricaturas do profeta Maomé no início de 2006. "Simplesmente paramos de servir cerveja dinamarquesa", explicou um garçom de um restaurante ocidental em Amã. Mas isso pode mudar. Do alto de qualquer uma de suas principais colinas, Amã parece um horizonte moderno de telhados brancos. Entretanto, como em outras grandes cidades árabes, de Marrakesh a Riad, a divisão entre os setores antigo e moderno deixa claro o abismo cultural entre as populações liberal e conservadora. Fora de Amã, muitas jovens dizem usar o véu como símbolo de comprometimento com o islã e reação contra uma ocidentalização da elite que consideram excessiva. Modernização e conservadorismo são duas tendências simultâneas que evoluem paralelamente em todo o mundo árabe — cada uma se alimentando da outra.

O rei Abdullah é aquele que precisa fomentar a primeira sem ignorar o segundo. Ele costuma merecer dos dirigentes ocidentais o qualificativo um tanto condescendente de "moderado", termo que é praticamente sinônimo de eunuco na política de poder árabe. Na verdade, não é tão liberal quanto pensam os ocidentais, e continua a se valer da Mukhbarat, sua polícia secreta, para se infiltrar em muitos clãs e outros grupos sociais com o objetivo de se proteger de eventuais golpes. Mas não utiliza a polícia secreta como esquadrão da morte. O pai de Abdullah, o rei Hussein, revelou-se um mestre da política durante o meio século em que ocupou o trono, cooptando a Irmandade Muçulmana ao mesmo tempo que mantinha unida uma nada natural sociedade de beduínos palestinos e árabes. Durante décadas, ele garantiu a cooperação de elites dóceis, confiando o setor privado a grupos pró-governamentais, distribuindo ministérios de acordo com lealdades tribais e elaborando leis eleitorais destinadas a dar ao rei um Parlamento disposto a colaborar.

Entretanto, numa região em que os dirigentes ainda preferem ser temidos em vez de amados, Abdullah trata de equilibrar o poder hereditário com as exigências de desenvolvimento e democracia. Como o Marrocos, a Jordânia está passando por uma transição gradual da oligarquia tribal para o estilo tecnocrático de governo. Sua elogiada política educacional, por exemplo, foi promovida por um grupo de "ministros digitais" que conceberam novos currículos escolares e construíram parques científicos que inspiraram uma nascente indústria de tecnologia da informação.[10] Como a maior parte da população do país está concentrada ao redor de Amã, a ampliação dos investimentos poderia elevar rapidamente as exportações e aumentar drasticamente a renda *per capita*. A talentosa diáspora está retornando, trazendo de volta, ao mesmo tempo, capacitação profissional e dinheiro para investimentos em alta tecnologia. "Vamos exportar conhecimento, não pessoas", garantia um especialista em informática de Amã, caminhando pelo *campus* do principal parque tecnológico da cidade. Outros empresários trouxeram 200 milhões de dólares nos últimos anos só de Hollywood, que usa a Jordânia como cenário para filmes ambientados em desertos.

A tentativa de Abdullah de modernizar a sociedade jordaniana é muito mais complicada. Ele foi o arquiteto da Declaração de Túnis, que estabeleceu as modalidades dos encargos eleitorais, dos direitos femininos e da reforma do Judiciário dentro de parâmetros árabes conservadores, e adotou o Relatório Árabe de Desenvolvimento Humano como um conjunto de indicadores imparciais para a Jordânia, em vez de considerá-lo uma conspiração. Tem tentado unir as escolas islâmicas de jurisprudência contra a exploração extremista em questões como as sentenças religiosas da *fatwa* e as leis sobre crimes de honra, ao mesmo tempo abrindo gradualmente as eleições para os partidos islâmicos — uma estratégia que tem contribuído para diminuir radicalmente a violência, do Marrocos à Arábia Saudita. Sempre muito presente, a mulher de Abdullah, a rainha Rania, uma mistura de supermodelo e militante social, aumenta sua popularidade e melhora sua imagem, tendo levado um jordaniano indiferente à monarquia a declarar: "Se é preciso ter um rei, que seja ele!" Em última análise, contudo, seu sucesso — e o da Jordânia — depende do talento que demonstrar para lidar com essas pressões internas e com o violento turbilhão do Machreq.

LÍBANO E SÍRIA:
A INSUSTENTÁVEL LEVEZA DO LEVANTE

Os libaneses encarnam todas as contradições da moderna sociedade árabe: são entusiásticos, mas superficiais, autocentrados, mas fatalistas, cultivados, mas materialistas, decadentes, mas inquietos. Trilíngüe e vistoso, o Líbano é o único país árabe onde se pode esquiar e surfar no mesmo dia.

Teoricamente, ele é a primeira e única democracia do mundo árabe, mas, na realidade, a cronologia de seus atentados com carros-bomba tem mais a dizer sobre sua evolução política do que sua história eleitoral. Em 1989, o presidente René Moawad foi assassinado num deles, desencadeando uma série de ofensivas militares que puseram fim, em 1991, a 15 anos de guerra civil no país. Quinze anos depois, o primeiro-ministro Rafiq Hariri e cerca de 12 assessores foram lançados pelos ares no centro de Beirute, dando início ao movimento 14 de Março, pelo fim da ocupação militar síria. Como não tem estabilidade, o Líbano tem liberdade e democracia por *default*. A Síria, ao contrário, é estabilizada por dirigentes que não dão espaço à liberdade nem à democracia. Os dois países estão ligados por três forças importantes: o legado dos fenícios e do domínio grego sobre o Levante (Tiro, Biblos e Sídon eram ricos centros comerciais), o colonialismo europeu e, atualmente, uma fraterna rivalidade em que os assassinatos são freqüentes e os filhos dos falecidos líderes Rafiq Hariri e Hafez Assad — Saad Hariri e Bashar Assad — se empenham em defender a honra dos pais.

Ninguém controla efetivamente o Líbano, muito menos os libaneses. A política libanesa evoca de duas maneiras a arqueologia do país: tem muitas camadas sobrepostas, depois de milênios de exploração, ao mesmo tempo que evidencia uma capacidade de estar eternamente se reconstruindo. Apesar da minúscula extensão territorial, a política libanesa é tão complexa quanto a de qualquer outra parte do mundo, pautada por um acerto de partilha do poder extremamente frágil, conhecido como "democracia consociativa", unindo cristãos maronitas (que detêm a presidência), sunitas (primeiro-ministro) e xiitas (presidência do Parlamento). A democracia não é uma escolha esclarecida, mas resultado dessa poliarquia sectária, na qual cada grupo tem metas políticas distintas, sem nenhuma convergência mais consistente. Durante a guerra civil, as seitas cristãs viram a invasão israelense como uma oportunidade de enfraquecer os sunitas, e outras comunidades maronitas têm constituído baluartes anti-sírios enquanto seus líderes fazem acordos com a Síria para manter posições no governo. Os sunitas ficam indignados com o peso desproporcional dos cristãos, que desde 1932 impedem a realização de um censo nacional. E a oprimida maioria xiita não vê nenhuma maravilha no Líbano cosmopolita anterior à guerra, do qual os sunitas se mostram tão nostálgicos. Nenhum desses grupos quer dar voz aos palestinos, que constituem 10% da população e ocupam campos de refugiados inacreditavelmente superlotados nas imediações de Beirute e em outras regiões do país, como o campo de Nahr al-Bared, perto de Trípoli, no norte, que em 2007 serviu de campo de batalha durante um mês de escaramuças entre o exército libanês e a organização radical sunita Fatah al-Islam. Embora a estrutura consociativa torne impossível uma ditadura, a autonomia das regiões também inviabiliza uma efetiva gestão federal. Existem no Líbano dezenove comunidades religiosas independentes (como os drusos) e uma dispersão sectária do Poder Judiciário que torna irrisórias suas pretensões seculares.[11] Também o exército libanês é marcado por divisões sectárias, e os bairros de Beirute ainda são segregados de acordo com os parâmetros sectários que surgiram quando as milícias dominavam a cidade durante a guerra civil, coagindo ou subornando as famílias para que se deslocassem ou se tornassem refugiadas.

Os libaneses não são democráticos por natureza, mas capitalistas, tendo lucrado até com o envio de mulheres européias para haréns sauditas durante o *boom* do petróleo na década de 1970. Pouco depois da guerra civil, durante a qual nada menos que um décimo da população libanesa foi morta, Rafiq Hariri, uma espécie de Donald Trump político do Líbano, começou a canalizar as fortunas do país por intermédio da sua Solidere Corporation para reerguê-lo das cinzas.* Pelo menos

* Antes de Hariri ser nomeado primeiro-ministro, sua fortuna era calculada entre 2 e 3 bilhões de dólares. Após sua morte, a revista *Fortune* a estimou em 16 bilhões de dólares.

em Beirute, ele pôs uma fachada glamourosa sobre uma paisagem completamente arruinada, numa abordagem que condiz tanto com a sociedade libanesa quanto com boa parte do Segundo Mundo: filantropia política de endereço certo, enxertada sobre divisões sectárias, com a venda de *status* e influência. Hoje, Beirute não tem rival como a cidade mais avançada do mundo árabe, combinando a elegância de Istambul com a sujeira de Tânger, e ainda promete mostrar-se à altura do significado original da palavra Levante ("ascensão"), como um lugar para onde gente de todas as religiões converge, e prospera em clima de coexistência.[12]

Mas, no Líbano, a política das ruas é tão importante quanto a política real. O tamanho dos protestos é a verdadeira representação da vontade de poder. Bandos de jovens sectários marcam seus bairros com pichações e entram em confronto uns com os outros. Uma jocosa campanha publicitária anunciava em 2006 "Estacionamento só para xiitas", encontrando-se em outros *outdoors* a oferta de serviços igualmente exclusivos para várias seitas, o que parece indicar que o sectarismo continua sendo a ameaça de sempre. Como os diferentes lados não chegam a um acordo sobre a maneira de atualizar a Constituição para refletir as realidades demográficas e políticas, permanece o medo de uma nova guerra civil. Em nenhum outro país se ouve com tanta freqüência este refrão: "Ninguém sabe o que acontecerá amanhã."

"Nenhum dos lados é realmente a nosso favor: todos eles simplesmente nos usam", queixava-se um jornalista de Beirute diante de estantes de livros cujo equilíbrio precário parecia uma metáfora da estabilidade do país. O Líbano é o lugar para onde convergem os patrocinadores do terrorismo, os terroristas propriamente ditos e seu campo de batalha, e o reduzido patamar psicológico de tolerância entre os vizinhos do Machreq entra em ignição à menor centelha. A invasão do Líbano por Israel em 2006, em reação à captura de dois soldados israelenses pelo Hezbollah, ocorreu no exato momento em que o país se preparava para bater novos recordes em sua temporada turística, assinalando mais um ano de avanço rumo à reabilitação nacional depois do assassinato de Hariri. Ao bombardear o aeroporto de Beirute, bloquear seu porto e pulverizar bairros inteiros e aldeias do sul do país, Israel demonstrava que, tal como os Estados Unidos, considera igualmente culpados grupos adversários e os países que lhes dão abrigo. A nova destruição do Líbano lembrava a invasão da década de 1980, com a qual Israel tentara exterminar a OLP, mas foi agravada pela potência de um armamento avançado que matou dez vezes mais civis que militares (embora o inimigo declarado fosse o Hezbollah), chegando a repetir o massacre de 1996 perto do campo de refugiados de Qana, no sul do Líbano. Os vazamentos de petróleo decorrentes do bombardeio de usinas de energia libanesas provocaram a pior crise ambiental da história do Mediterrâneo. "Nossa música finalmente silenciou", suspirava, nostálgico, o jornalista.

O Hezbollah tem sido considerado um Estado dentro do Estado, uma espécie de exército das sombras capaz de declarar guerra em nome do governo — e também de derrubá-lo. Apesar de seu enraizamento na sociedade libanesa, o Hezbollah, inegavelmente, também faz parte do Irã (seu "tesouro extra-oficial"), assim como dos planos mais ambiciosos da Síria de sangrar Israel. (No mínimo, uma Palestina independente seria um obstáculo para alcançar esse objetivo.) Em vez de um definhamento do Hezbollah após a retirada israelense do sul do Líbano, em 2000, o que se viu foi um aumento do afluxo de armas e dinheiro. Em 2006, as milícias do Hezbollah haviam espalhado milhares de foguetes de curto alcance em posições secretas no sul do Líbano, utilizando tecnologia iraniana de descriptografia e de localização de alvos para encontrar e destruir tanques israelenses, ao mesmo tempo que lançavam uma chuva de mísseis no norte de Israel, forçando a evacuação de Haifa. Contando com não mais que 10 mil combatentes — um oitavo do tamanho do exército nacional libanês —, o Hezbollah mostrou-se mais eficiente do que qualquer exército árabe, forjando uma imagem verdadeiramente mítica em toda a região.[13] Hassan Nasrallah, o clérigo que o comanda, tornou-se o líder mais popular do mundo árabe (apesar de ser xiita), por sua incorruptível dedicação à causa da resistência às tiranias ocidentais. (George Bush, ao contrário, parece menos popular que Ariel Sharon — o que não deixa de ser um feito extraordinário.) Para os árabes, existe uma equivalência moral entre Israel e o Hezbollah: um é armado pelos Estados Unidos e o outro, pelo Irã e pela Síria. E a credibilidade do Hezbollah no desempenho das duas funções essenciais do Estado — defesa e bem-estar social — foi ampliada por sua empresa de construção, muito apropriadamente denominada Jihad Construction, que não se limita a reconstruir escolas e hospitais em favelas e aldeias meridionais xiitas, mas financia cursos e tratamentos individuais.

O Líbano continua sendo um barril de pólvora, movendo-se com rapidez em direções opostas, o que ameaça dilacerá-lo mais uma vez. Ao mesmo tempo que doadores internacionais reunidos em Paris, em 2007, se comprometiam a fornecer 8 bilhões de dólares para a reconstrução e a rica diáspora libanesa (estimada em quase o triplo da população nacional, de 4 milhões de habitantes), espalhada pelo mundo inteiro, do Brasil à Indonésia, mais uma vez despejava dinheiro no país, elementos sauditas e iranianos apoiavam partidos rivais, enquanto milícias sectárias se rearmavam e treinavam em países vizinhos. O Líbano se reconstrói ao mesmo tempo que caminha para outra destruição.

A tirania síria sobre o Líbano durante a guerra civil foi selada com um "Tratado de Fraternidade e Cooperação" que transformou o país numa "subsidiária totalmente controlada" pela Síria, que nem se deu ao trabalho de abrir uma embaixada em Beirute.[14] Durante o conflito de 2006 com Israel, milhares de libaneses fugiram para a Síria, em mais um lembrete de que, apesar de nominalmente independente, o Líbano continua "finlandizado".[*] Embora os dois países mantenham oficialmente trocas comerciais de 500 milhões de dólares por ano, na realidade os sírios saquearam o Líbano em 5 bilhões de dólares por ano em contrabando e remessas, valor maior que o de suas próprias exportações.

T. E. Lawrence queria dar aos árabes um "palácio de sonho" de câmaras nacionais depois da "procissão de liberdade árabe" pós-otomana "de Meca a Damasco".[15] Hoje, contudo, a Síria se parece mais com o Uzbequistão do que com uma câmara de liberdade. Situada bem no coração do Machreq, a Síria constitui uma encruzilhada histórica entre as civilizações egípcia e mesopotâmica, encontrando-se em suas maravilhosas ruínas de Alepo os primeiros sinais de assentamento, agricultura e linguagem organizados do homem. Mas o fato é que décadas de um socialismo baathista[**] fracassado transformaram uma possível potência industrial de 20 milhões de habitantes no principal

* Termo que designa a situação de um país que possui independência formal mas não real, originário da situação de dependência da Finlândia em relação a Rússia. (*N. do R. T.*)

** O Ba'ath é o mais importante partido político pan-arabista. Ba'ath significa renascimento. (*N. do R. T.*)

obstáculo para uma Rota da Seda regional. Como Heydar Aliyev no Azerbaijão, Hafez al-Assad ("protetor dos leões") construiu uma ordem política para servir a seus próprios interesses, não tendo sido capaz de transmitir a seu filho Bashar a sabedoria necessária para governar uma nação que não chega a ser uma nação. Sem contar com boa parte da lealdade que desfrutava o pai, Bashar e sua minoritária panelinha alauíta promoveram expurgos tanto no partido Ba'ath quanto nos serviços seculares, expandindo seu clã por meio de casamentos com poderosas famílias sunitas. Nos bazares ao redor da grande mesquita de Umayyad, em Damasco, os cidadãos foram reduzidos a desalentados teóricos da conspiração cercados de onipresentes retratos de Assad pai e filho, menos intimidantes que entorpecentes.

"A estatura política internacional da Síria decorre do fato de ser procurada para entendimentos. A aparência de uma influência é suficiente para eles", explicou um consultor político libanês. "E, acima de tudo, eles querem conversar com os americanos... mas só para ferrar com eles. O que quer que os americanos digam, eles farão o contrário." A ênfase americana na derrubada de Assad serviu apenas para que ele se apegasse ainda mais ao poder, inspirando uma estratégia de sobrevivência externa que abrange laços mais fortes com a Turquia e com o Irã e o retorno à época em que o país era cliente soviético, permitindo que a Rússia transferisse sua esquadra do mar Negro para bases navais perto dos sonolentos portos mediterrâneos de Tartus e Lataquia. O maior investidor nos projetos sírios de exploração de petróleo e gás é a China. Enquanto a Europa tem hesitado em se envolver com a elite empresarial, os partidos políticos, a Irmandade Muçulmana, os sindicatos, as ONGs, os meios de comunicação e os exilados sírios baseados em Beirute, a Turquia pelo menos entrou nesse vazio para mostrar à Síria como reformar seu Banco Central.

O melhor símbolo da debilitante durabilidade das demarcações pós-coloniais do Machreq (e também outra ironia viva do pan-arabismo) é a ferrovia de Hejaz. Construída para transportar peregrinos de Istambul a Meca, acabou numa situação de quase total abandono, funcionando somente na Jordânia, mas num ritmo ridiculamente lento. As estratégias ocidentais país por país (se assim podem ser chamadas) jamais serão capazes de desatar no Machreq os nós da interferência iraniana, da intransigência síria, da vulnerabilidade libanesa, da agressão israelense e do desespero palestino. Somente a União

Européia, que lidera atualmente a missão de manutenção da paz na fronteira entre o Líbano e Israel, seria capaz de oferecer à região uma grande barganha que sustentasse seu potencial comercial, de turismo e transportes nas condições que já propicia no Magreb. Na verdade, a integração da Europa com a Turquia mais uma vez a situa em estreito contato geográfico com a Síria, o Iraque e o Irã, países que abandonou há meio século. A rede de transportes da UE, que atualmente se estende até o Cáucaso, poderia ser reproduzida como sistema rodoviário da Turquia à Síria, ao Líbano, a Israel e à Jordânia, com a UE passando a oferecer garantias para os oleodutos e outros projetos transfronteiriços e ameaçando cortar os créditos dos países que não cooperassem. A ferrovia de Hejaz poderia finalmente estender-se até o Cairo, Bagdá e mais além. Em última análise, os países do Machreq poderão se integrar mais profundamente a partir de uma defesa esclarecida dos próprios interesses — ou em conseqüência dos impactos posteriores ao terremoto geopolítico que ocorre no vizinho Iraque.

CAPÍTULO 24

O ANTIGO IRAQUE: TAMPÃO, BURACO NEGRO E FRONTEIRA ROMPIDA

As GUERRAS SÃO o botão de desligar e reiniciar da geopolítica: servem para recalibrar a hierarquia de poder, com o triunfo, o combate até um impasse ou o total desaparecimento dos países. As duas coisas estão acontecendo no Iraque desde que a invasão americana de 2003 mostrou-se incapaz de criar um Estado unitário e democrático. Cada facção dentro do Iraque e em cada um dos países vizinhos combate por seus ideais, o que significa que o Iraque propriamente dito deixará de existir, já que ninguém está combatendo em seu nome. O Iraque se transformou numa ficção cartográfica.

Na época em que o califado abássida dominava, entre os séculos VIII e X a.C., Bagdá era o mais poderoso dos impérios muçulmanos, estendendo-se do norte da África à Ásia Central, com uma sociedade mesopotâmica que gravitava em torno de instituições religiosas transcendentais.[1] Depois da Primeira Guerra Mundial, a Grã-Bretanha juntou três zonas otomanas que havia séculos eram independentes: um norte curdo governado a partir de Mossul, um centro sunita governado por Bagdá e um sul xiita ligado a Basra. Mas o Iraque nunca chegou a ser um Estado moderno. Era uma cápsula feudal na qual clãs fundiários ampliavam o próprio poder por meio de um regime central. Mesmo quando passou a ser considerado uma sociedade secular cosmopolita (como o foram a certa altura o Afeganistão e o Irã), a ditadura de Saddam Hussein, a guerra com o Irã na década de 1980 e a categórica punição pela invasão do Kuwait em 1990 acabaram impulsionando sua população para várias formas de conservadorismo isolado.

Desde então, o Iraque centralizado criado pelo Ocidente vem desaparecendo na forma e no conteúdo. Até a União Soviética condenou Saddam, com Gorbachov observando que as armas que ela vendera ao Iraque destinavam-se à sua defesa, e não a invadir os vizinhos.[2] Saddam conseguiu manter-se na superfície por mais de uma década, manipulando o programa de troca de petróleo por alimentos promovido pela ONU, enquanto as sanções internacionais degradavam o sistema de saúde pública e impediam que a oposição se desenvolvesse. A tentativa de contenção promovida pelo Ocidente foi mais como "um infanticídio mascarado de política".[3] As zonas de exclusão aérea impostas pelos Estados Unidos no norte e no sul efetivamente isolaram Saddam dessas regiões ricas em recursos naturais, cuja atual tentativa de retomar o passado pré-iraquiano por meio de um futuro soberano mais se parece com uma repetição daquilo a que Arnold Wilson se referia como a "anarquia misturada a fanatismo (...) com pouco ou nenhum nacionalismo" típica da Mesopotâmia.[4] Como os iraquianos costumam ser leais ao clã, à etnia ou à seita, e não ao Estado, as promessas federalistas não foram capazes de conter a guerra civil que veio acelerar o processo de rebalcanização do país — com direito a limpeza étnica, emigração em massa e trocas de população —, por meio do qual um Curdistão, um Xiistão e um Sunistão vêm surgindo gradualmente.

A guerra do Iraque mostrou os Estados Unidos como uma superpotência cuja inteligência não está à altura das próprias aspirações. Incapazes de fazer de fato uma distinção entre tribos árabes e seitas islâmicas, os Estados Unidos abriram mão irrefletidamente de sua responsabilidade ética de entender o país que estavam ocupando, em seu próprio benefício e no da população das regiões ocupadas.[5] Gigantescas estruturas militares americanas (assim como a nova e gargantuesca embaixada americana) tornaram-se o símbolo de uma situação em que os EUA tratam o Iraque como se ele estivesse à venda (a empreiteiros privados acima da lei, encarados pelos iraquianos, com certa razão, como saqueadores à solta), e não como um país libertado. Até mesmo estratégias que tinham funcionado nos Bálcãs — como o fornecimento de segurança, um sistema bancário e acesso a bens essenciais — foram ignoradas no Iraque, que se transformou no Afeganistão do século XXI para milhares de combatentes estrangeiros: uma oportunidade de receber treinamento para as missões globais contra um poderoso ocupante imperial, treinamento que abriu caminho para atentados terroristas antiocidentais em lugares como Londres e Bali, e, o que é mais grave, local de confrontos entre muçulmanos sunitas e xiitas.[6] Atordoados com a grotesca violência da guerra civil, os iraquianos são demasiado orgulhosos para deixar claro que não agüentam mais; limitam-se a enterrar os mortos e seguir em frente. Mas, enquanto vão aumentando ao mesmo tempo o número de mortos e o êxodo, não podemos deixar de nos perguntar quantos iraquianos restarão para reconstruir o país quando terminar a guerra.[7] Em sua maioria, os iraquianos continuam achando que estão hoje em pior situação do que estavam sob o domínio de Saddam — enquanto certos observadores externos comentam ironicamente que só um outro ditador poderia salvar o Iraque. "Os americanos estão tão preocupados em beijar o próprio traseiro que não enxergam mais nada", disparou um tradutor iraquiano.

Dizem que se os árabes tivessem desenhado os mapas depois da Primeira Guerra Mundial, o Iraque, de qualquer maneira, nem sequer teria existido, e hoje já foi dada a largada para a disputa entre os Estados Unidos, o Irã e as potências sunitas do Egito, da Arábia Saudita e da Síria para reconfigurar a região em cujo centro esteve outrora o Iraque. Três vezes maior que o Iraque, com uma população quatro vezes maior, o Irã o utiliza como veículo para aumentar sua vantagem sobre a Arábia Saudita, o gigante petrolífero do golfo que é seu rival sunita. Apesar de décadas de animosidade e de uma prolongada guerra que custou mais de 1 milhão de vidas, a influência do Irã atualmente atravessa com facilidade o canal do Shatt al-Arab, formado pela confluência dos rios Tigre e Eufrates, datando a fronteira entre os dois países de um tratado assinado em 1639 por otomanos e safávidas. Cento e trinta mil militares americanos nada poderiam fazer para diminuir a capacidade iraniana de permear com facilidade a política e os serviços de segurança do Iraque em todos os níveis; é o Irã que atualmente fornece aos insurgentes os explosivos mais eficazes. O governo iraquiano chegou até a solicitar apoio em matéria de segurança ao Irã, reconhecendo seu direito de ter um programa nuclear. Os sinais da colonização econômica iraniana estão em toda parte, do comércio com o Curdistão à reconstrução da mesquita em Najaf, passando pelos serviços aeroportuários, ferroviários e de eletricidade em Basra, onde o farsi é muito falado.[8] Embora os sunitas, especialmente na Arábia Saudita, torçam o nariz para a perspectiva de uma hegemonia regional persa, o fato é que tampouco têm interesse num Iraque que venha a recuperar seu poderio anterior, particularmente considerando-se que já não recebem petróleo barato de um Saddam transformado em mártir. Contudo, não hesitarão em fornecer armas e financiamento para um Sunistão que se separe do restante do território, alimentando ainda mais a guerra civil, até que o Iraque deixe de existir.

Apesar de tudo isso, o Iraque ainda não pode ser considerado parte do Terceiro Mundo. Até seus bairros mais pobres têm habitações adequadas, e alguns foram poupados da violência simplesmente por serem pobres. Já foi prometido o dinheiro necessário para reconstruir a infraestrutura do país quando finalmente a violência ceder. Além disso, rendas suficientes do petróleo do Xiistão e do Curdistão serão carreadas para o débil Sunistão central, para impedir que se transforme numa terra de ninguém desértica. Os refugiados iraquianos retornarão — quer tenham-se tornado trabalhadores na Jordânia, quer tenham-se tornado prostitutas na Síria —, para retomar suas vidas, e os libaneses, sírios, jordanianos e sauditas inundarão os mercados com telecomunicações, equipamentos de construção e exportações agrícolas, integrando o país, por rodovias e ferrovias, ao restante do Machreq.

Os Estados Unidos podem achar que contribuíram para o bem da região depondo Saddam Hussein, mas não é algo que eles pudessem, em momento algum, julgar por si mesmos. A experiência colonial da Europa na região efetivamente chegou ao fim com a crise do canal de Suez em 1956, e a experiência neocolonial dos EUA também terminará no mesmo país em que começou, permitindo que o Machreq se torne uma zona de alianças cambiantes e posturas regionais competitivas.[9] Embora muitos falcões americanos observassem hipocritamente que o debate em torno da guerra no Iraque gerou desunião entre a "velha" e a "nova" Europa, isso demonstrou muito mais intensamente que a recusa européia em cooperar fere a América, mesmo quando cresce na região a presença da Europa — a presença econômica, política e no esforço de manutenção da paz. Por meio da construção de rodovias, a

China já alcança o Irã, podendo, portanto, ter acesso também ao Iraque com objetivos comerciais estratégicos, e já assinou com o governo iraquiano — enfrentando oposição americana — um acordo de 100 milhões de dólares para venda de armas leves de que a América não dispõe. Séculos antes de a China vender ilegalmente sistemas de defesa aérea a Saddam Hussein, o neto de Gêngis Khan, Hulagu Khan, conseguiu chegar até Bagdá, por ele saqueada em 1258, pondo fim ao califado abássida. O Iraque já foi eliminado antes, e a história voltará a fazê-lo. A longo prazo, poderá ser melhor para a região.

A resolução definitiva da questão otomana oriental não estará concluída até a morte do Iraque, que também resolverá a questão dos curdos. Apanhados entre as civilizações turca, árabe e persa, há séculos os curdos têm sido maltratados pelos vizinhos. Na capital do Curdistão iraquiano, Arbil, resta muito pouco da cidadela de 3 mil anos atrás na qual Alexandre, o Grande, enfrentou os persas. Os curdos são um povo indo-europeu que fala uma língua indo-iraniana. Apesar do curto período de independência como República Mahabad, no fim da década de 1940, os vizinhos se recusam a reconhecer os curdos como um povo — na Turquia, eram considerados "turcos das montanhas" —, mas eles constituem a ampla minoria da região, espalhando-se pela Turquia, Síria, Irã e Iraque. Como nenhum Estado lhes oferece uma pátria, seu velho ditado soa verdadeiro: "O único amigo dos curdos são as montanhas."

Arnold Wilson advertiu, em 1920, que os "belicosos curdos jamais aceitariam um governante árabe", e hoje a nação curda, só indicada nos mapas otomanos de modo muito impreciso, vai lenta e metodicamente se consolidando num autêntico Curdistão.[10] Depois de verem suas aldeias arrasadas e seu povo atacado com armas químicas, parece até natural que os curdos atualmente comemorem a situação do Iraque de Saddam. "Alcançamos a autonomia em relação ao Iraque desde 1991, e nossa geração mais jovem nunca esteve no Iraque, não fala árabe e nunca viu uma bandeira iraquiana plantada em solo curdo", explicava um ministro curdo dentro do único hotel funcional de Arbil. É universal entre os curdos o desejo de independência; pela própria necessidade demográfica, esta haverá de se tornar a política oficial do Curdistão. (Mesmo num Iraque federal, os curdos não aceitariam nada menos que a plena autonomia, ao mesmo tempo continuando a receber grandes volumes de ajuda canalizados através de Bagdá.)

O Curdistão já é uma realidade mais concreta que o Iraque. Fora do alcance dos radares, hábitos próprios de um Estado vão se codificando diariamente. O governo regional do Curdistão criou seus próprios ministérios nas áreas da agricultura, do desenvolvimento, da educação e do investimento. Em cerimônias absolutamente inéditas em Arbil, são distribuídos distintivos politicamente incorretos, unindo a bandeira do Curdistão e a britânica (e também a americana). Os guerrilheiros *peshmerga* se transformaram numa força unificada de 50 mil, contando até com academias militar e de polícia. O último fator de independência seria o controle dos depósitos petrolíferos ao redor de Kirkuk. Violentamente arabizados na época de Saddam — que lhes negava usinas de energia, ferrovias, aeroportos e refinarias —, os curdos conseguiram, desde então, inverter em seu benefício o equilíbrio demográfico de Kirkuk, na esperança de eventualmente assegurar seu *status* por meio de referendos. O Curdistão já assinou enormes contratos de exploração de petróleo com empresas estrangeiras de energia e planeja concluir uma grande refinaria nas imediações de Kirkuk. "Quando o governo de Bagdá não honra os acordos firmados, está apenas nos lembrando como é importante a independência", declarou um funcionário. Com ou sem Kirkuk, só restam uma nova moeda, os passaportes do Curdistão e a integração às Nações Unidas.[11]

"Nem mesmo o meu irmão pode ser considerado meu irmão enquanto não for liberado na fronteira", informou um tradutor que servia de guia a visitantes, percorrendo as principais cidades do Curdistão num grande jipe japonês. Ao longo da fronteira com o Iraque, os *peshmerga* rapidamente se mobilizam para impedir alguma infiltração indesejada, sendo os árabes e os arabófonos submetidos à mais rigorosa inspeção, inclusive os milhares de árabes iraquianos que fugiram para o Curdistão em busca de segurança. Os árabes enxergam aí uma forma de limpeza étnica, citando o apoio de Israel ao Curdistão como mais uma manifestação da política de dividir para reinar apoiada pelo Ocidente. A lealdade ao projeto nacional curdo supera até mesmo os laços de família, já que todos os curdos estão tacitamente envolvidos num programa nacional de vigilância de bairro para denunciar quaisquer atividades suspeitas.

Desde sua própria guerra civil, na década de 1990, os curdos começaram a praticar formas não-violentas de governo que simplesmente estão ausentes de qualquer de seus vizinhos árabes. "Nós e os árabes somos igualmente sunitas, mas falar de fundamentalismo curdo é uma contradição em termos", orgulhava-se um jornalista na tranqüila e interessante Sulaymaniyah. Os dois partidos governantes — ou, antes, famílias —, o KDP, de Barzani, e o PUK, de Talabani, ainda dividem o Curdistão para governá-lo, controlando os negócios como uma máfia, e tornando extremamente difícil a formação de um terceiro partido. Mas a civilidade que se instaurou no Curdistão pode ser percebida em aeroportos e outras instalações públicas, onde os revólveres são rotineiramente inspecionados, como casacos ou guarda-chuvas. Enquanto em outras partes do Iraque as igrejas são destruídas, os curdos tratam de construí-las. Arbil tem um novo shopping center, e o Parque Azaadi ("Liberdade") de Sulaymaniyah, outrora base do exército iraquiano, ostenta uma tribuna livre ao estilo londrino do Speaker's Corner, junto ao memorial coberto com os nomes dos curdos ali executados em 1963 pelo regime baathista. Ao redor do parque surgem casas amplas e modernas, construídas com o mármore de grandes pedreiras. A presença crescente da diáspora curda é forte indicador do êxito que obteve até agora. Ao contrário do que acontece na Síria e no Iraque, vítimas da fuga de cérebros, os curdos estão trazendo de volta seu dinheiro e seu talento. Muitos são fluentes em alemão e poderiam fazer pelo Curdistão o que os turcos da Alemanha fizeram pela Turquia. Outros curdos expatriados estão contribuindo para a fundação de uma nova universidade em Sulaymaniyah, que já recebe professores visitantes europeus e americanos.

O nascimento do Curdistão, provavelmente, não será bem recebido pelos dois vizinhos inseguros, o Irã e a Síria, que reprimem violentamente suas próprias minorias curdas. Mas a criação do Curdistão prejudicaria apenas seus egos, não sua segurança, pois eles poderiam simplesmente expulsar suas pequenas populações curdas para o Curdistão independente.* A Turquia mostra-se ainda mais hesitante em relação à independência do Curdistão — embora não possamos tomar sua obsessão emocional como referência estratégica válida. A Turquia nunca verá

* Manter curdos como minorias em países vizinhos — em vez de consolidá-los plenamente no Curdistão iraquiano — na verdade atenderia aos interesses do Curdistão. Um Curdistão puro poderia ser isolado por vizinhos mal-intencionados, ao passo que a condição de minoria contribui para formar uma pressão internacional em favor da ampliação dos direitos. A título de exemplo, depois de uma onda de protestos curdos em toda a Turquia em 2006, uma emissora de tevê curda moveu ação contra a Turquia na Corte Européia de Direitos Humanos por impor restrições a seus horários de transmissão e ao conteúdo de sua programação.

atendidas suas inconsistentes reivindicações sobre Kirkuk simplesmente porque um pequeno número de turcos vive ali, e tem muito pouco a temer de um Curdistão independente, já que seria capaz de controlar no caso de o Curdistão se tornar mais que uma Bolívia do Machreq: riqueza de recursos, mas confinamento geográfico. Há muito a Turquia vem se prevalecendo do comércio ilícito pela ponte de Habur, perto da cidade curda de Zakho, a única travessia segura para se sair do Iraque. As intermináveis filas de caminhões que transportam gás para o Iraque terão de virar na direção oposta para que o Curdistão, geograficamente isolado, possa exportar o petróleo de Kirkuk.

Com o tempo, a estratégia da Turquia em relação ao Curdistão pode, aos poucos, adquirir os contornos das relações da União Européia com a Turquia: estreitar vínculos para tornar independente. Empresas turcas, as principais do setor de engenharia na região, já estão construindo os dois aeroportos internacionais do Curdistão, além de túneis, viadutos e malhas rodoviárias, enquanto o governo do Curdistão protege o fluxo de petróleo para o estratégico porto turco de Ceyhan. Embora as poderosas forças armadas turcas, concentradas na fronteira norte do Curdistão, continuem penetrando rotineiramente no Curdistão para fiscalizar as atividades do PKK, o fato é que um Curdistão soberano teria mais responsabilidade de controlar esses grupos do que a província quase independente de um Estado fracassado. Há séculos o contrabando de combustível, chá, açúcar e drogas liga os mercados da Turquia, da Síria, da Jordânia, do Iraque, do Irã e do Afeganistão, ficando o Curdistão bem no meio. À medida que aumenta o comércio da Turquia com o Irã e com a Síria, o Curdistão estaria perfeitamente disposto a continuar desempenhando seu papel de veículo comercial a serviço dos quatro. A famosa rodovia Hamilton ao longo da magnífica cadeia de montanhas Zagros, construída entre 1928 e 1932 pelo engenheiro neozelandês A. M. Hamilton, pode, mais uma vez, tornar-se a artéria fundamental desse ramal da Rota da Seda.

Se a geopolítica tem uma meta, é o equilíbrio entre fronteiras, populações, recursos e interesses. Quando terminar a guerra civil iraquiana, a região poderá ter perdido um país, mas o fato é que um Curdistão independente não só corrige uma grave injustiça do acordo pós-otomano como contribui para transcender as divisões hostis entre os países do Machreq. Os curdos, sem dúvida, terão todas as liberdades que merecem, faltando apenas saber quando.

CAPÍTULO 25

IRÃ:
VÍCIOS E VIRTUDES

O IRÃ NÃO É a mesma coisa que a Pérsia, pois a Pérsia remete a uma civilização poderosa e sofisticada que floresceu do Sinai à Índia. Os conquistadores persas Ciro, Dario e Xerxes construíram o Império Aquemênida, técnica e culturalmente equivalente a qualquer outro no Ocidente.[1] Apesar da pilhagem de Persépolis por Alexandre, o Grande, e da dominação árabe da Pérsia no século VIII, as cadeias montanhosas de Alborz, Zagros e Mekran a protegeram bastante do domínio total que os europeus e otomanos exerceram sobre os árabes. Em seu auge, no século XVII, a dinastia safávida disseminou-se da Anatólia e do Cáucaso até o rio Oxus (atualmente Amu-Daria), atravessando a Mesopotâmia. Os mapas europeus do século XVIII referiam-se à Pérsia como "Farsistão", e as tribos baluquis do território que constitui atualmente o sudeste do Irã e o sudoeste do Paquistão falam uma língua derivada do farsi. Embora o Irã ocupe um território geograficamente estratégico, abrangendo o mar Cáspio e o golfo Pérsico, a questão fundamental ainda é saber se poderá voltar a ser a Pérsia.

Em 1934, Reza Khan Pahlevi rebatizou o país de Irã para dar ênfase à sua "nobre origem" ariana, um Estado não menos comprometido que a antiga Pérsia em irradiar influência em todas as direções. Mas o objetivo do Irã não tem sido tradicionalmente hegemonia militar, mas independência estratégica em relação às grandes potências. A ocupação do Irã pelo Exército Vermelho durante a Segunda Guerra Mundial desencadeou várias décadas de manobras entre a Rússia e o Ocidente, incluindo o afastamento de Reza Pahlevi (aclamado xá em 1925) em favor de seu filho Mohammed Reza Pahlevi em 1941, uma tentativa de golpe e assassinato contra ele pelo Partido Comunista (Tudeh), um golpe apoiado pela CIA em 1953 contra o primeiro-ministro nacionalista Mohammed Mossadegh, em reação à nacionalização da Anglo-Iranian Oil Company, e o apoio da CIA e do Mossad à criação do temível serviço de segurança da SAVAK.[2] Em conseqüência, o xá, o mais leal aliado da América na região, valeu-se do *boom* petrolífero da década de 1970 para comprar cada vez mais armas dos Estados Unidos, com a finalidade explícita de ampliar sua autonomia em relação à América.[3]

Considerando-se o rei dos reis, contudo, o xá alienou seu próprio povo além de qualquer limite. Depois de um século de revoluções nacionalistas e comunistas, ocorreu no Irã, em 1979, a única grande revolução de inspiração religiosa do mundo moderno.[4] A revolução era muito menos islâmica do que voltada contra a ordem existente, de modo que o fato de o aiatolá Khomeini ter afinal prevalecido na refrega entre nacionalistas e socialistas que disputavam o poder deixou os iranianos tão espantados quanto o restante do mundo. A revolução iraniana foi tão imprevisível exatamente porque na época era um Estado forte e próspero, tendo o xá, na verdade, se transformado numa espécie de Atatürk persa.[5] Na década de 1970, o Irã tinha o mesmo PNB que a Espanha, e se comparava, com otimismo, à Alemanha. Contudo, no quarto de século que transcorreu desde então, a absorção econômica da Turquia pela União Européia deixou-a muito mais perto do desenvolvimento econômico, do poderio militar e da estabilidade política a que o Irã aspira. Na década de 1980, o Irã estava, em vez disso, celebrando seus estimados 300 mil mártires na guerra com o Iraque; só o petróleo mantinha o país no mapa econômico mundial. Dos contrabandistas que atravessam os caminhos ziguezagueantes de Kermanchah aos traficantes de drogas nas fronteiras com o Afeganistão e com o Paquistão, milhões de iranianos vivem do acaso, tratando de se virar com vários biscates no mercado negro. O Irã ainda recebe empréstimos do Banco Mundial, mesmo insignificantes, para suprir suas necessidades em matéria de redes de esgoto, assistência médica, socorro em caso de terremotos, abastecimento de água e gestão da terra, evidenciando como é difícil concluir a ascensão final para o Primeiro Mundo sem estabilidade política.

O Irã praticamente estabeleceu o padrão da esquizofrenia no Segundo Mundo. O caminho de radicalização pelo qual Khomeini conduziu o país colocou na mesa as questões mais fundamentais no sentido de honrar ou não a história pré-islâmica e pré-revolucionária do país, com implicações na situação do zoroastrismo, do judaísmo e até do sufismo muçulmano (Rumi teve sua revelação na cidade iraniana de Tabriz em 1244), assim como no tratamento a ser dado a um santuário de veneração do xá, cujo banal secularismo era abominado por Khomeini.[6] O sistema paralelo de governo dual, tentando reconciliar teocracia islâmica e republicanismo, gerou tensões que o país continua precisando enfrentar: os próprios iranianos recorrem a termos como poliarquia, oligarquia eletiva, semidemocracia ou neopatrimonialismo para descrever o que é, ao mesmo tempo, um regime autoritário e, talvez, o país mais democrático da região, com eleições para presidente e para o Parlamento, o Majlis.[7] Embora o humilhante acordo de Khomeini com Saddam Hussein tivesse forçado os iranianos a reavaliar sua divindade como "pioneiros do islã", os guardas revolucionários iranianos nunca deixaram de desafiar o liberalismo ocidental, mantendo o domínio da religião na esfera pública e patrocinando o fundamentalismo islâmico da Palestina ao Paquistão.

Durante a Guerra Fria, os Estados Unidos conseguiram sustentar um relacionamento especial com a Arábia Saudita, Israel e Irã, elegendo-os como seus baluartes anticomunistas. Em 1977, o presidente Carter foi a Teerã e fez um brinde ao xá como dirigente de uma "ilha de estabilidade". Dois anos depois, o xá teve de fugir da revolução. Desde então, o relacionamento dos americanos com o Irã pode ser considerado uma espécie de política de reféns, pois a revolução de 1979 e a tomada de reféns na embaixada americana continuam até hoje comprometendo as relações — ou melhor, a falta delas. A antiga embaixada foi transformada em local de treinamento dos guardas revolucionários, e a recompensa do Irã por ter contribuído para a derrubada do regime dos talibãs no Afeganistão foi sua inclusão, pelo presidente Bush, na lista do "Eixo do Mal".

Uma das conseqüências desse constante azedume foi a eleição de Mahmoud Ahmadinejad — mais um ex-prefeito da capital de um país segundo-mundista, no caso, Teerã — para a presidência do Irã, em 2005. Identificando-se com as preocupações sobre bem-estar social e combate à corrupção do homem comum, ele conseguiu concentrar mais poder que seus antecessores clericais. Embora o Irã ainda enfrente problemas de insuficiência da produção petrolífera e esporádicos acidentes de avião, nos dois casos em conseqüência de tecnologias ultrapassadas, Ahmadinejad não perdeu tempo no empenho em exercitar os músculos besuntados de petróleo do país, do Líbano à Palestina e ao Iraque, parecendo fundir a tradição imperial persa com o fervor islâmico contemporâneo.[8] As vastas reservas iranianas de petróleo e gás, o poderio de suas forças armadas (incluindo uma sólida marinha) e seu programa nuclear em processo de desenvolvimento transformam-no também numa potência estratégica no golfo Pérsico, aparentemente justificando o contestado nome desse acidente geográfico.

O silêncio imposto pela América ao Irã ignora o fato de que, no mercado geopolítico, tentar isolar um país tem praticamente o mesmo efeito que ignorar sua existência. Como outras âncoras do Segundo Mundo — o Brasil, o Cazaquistão ou a Arábia Saudita —, o Irã é suficientemente sofisticado em termos diplomáticos para extrair benefícios de diferentes potências ao mesmo tempo — especialmente se elas estão em situação de concorrência. Os Estados Unidos se preocupam exclusivamente com o potencial militar do programa nuclear iraniano, ignorando sua utilização para finalidades civis e as outras necessidades comerciais do Irã; durante muitos anos a UE ignorou as atividades nucleares ilícitas e o terrorismo promovido pelo Irã, solapando as sanções americanas para se transformar no maior parceiro comercial do Irã; e a Rússia vendeu tecnologia de reatores nucleares ao Irã, muito pouco preocupada com a reação em cadeia que poderia estar provocando.[9]

Como se poderia esperar de duas civilizações ligadas pela história da Rota da Seda e pela desconfiança em relação à América, a China também ajuda o Irã a transcender a tensão entre seu desejo de influência estratégica e a necessidade de mais investimentos. Para a China, o Irã é a parada final em seu tortuoso caminho para o golfo Pérsico, o que significa que pode, eventualmente, trocar o transporte de petróleo iraniano em navios-petroleiros através dos estreitos de Ormuz e Malaca pelo transporte rodoviário, ferroviário ou por oleodutos através do Afeganistão. A China e o Irã assinaram toda uma série de acordos nas áreas de energia, de infra-estrutura e armamentos: um contrato de 70 bilhões de dólares para fornecimento de gás natural do campo iraniano de Pars do Sul (o maior do mundo); desenvolvimento de um gigantesco campo petrolífero na região do Irã habitada por curdos; construção de terminais petrolíferos no mar Cáspio; construção do metrô de Teerã; envio ao Irã de tecnologia de mísseis balísticos e radares de defesa aérea. A linha dura iraniana já considera que o país só pode contar com a China e a Rússia em matéria de tecnologia, armas e comércio, sem ceder terreno ao Ocidente — ainda que a Europa concorde em jogar todo o seu peso econômico numa política de sanções.[10]

"Dizer-nos que devemos abrir mão de nosso programa nuclear é tão insultuoso quanto dizer que não podemos pedir num restaurante alguma coisa que todo mundo está comendo", insistia um observador iraniano, falando pela maioria de seus compatriotas, que intuitivamente apóiam as aspirações atômicas do país. A fissão atômica é celebrada em novas cédulas de rial, e o programa nuclear do Irã pode ser um escudo para a expansão de sua influência revolucionária. Entretanto, tendo por perto o torniquete das tropas americanas no Iraque e no Afeganistão (e também, supostamente, no Turcomenistão e no Paquistão), o Irã também poderia racionalizar as armas nucleares em nome da autodefesa. Na verdade, mesmo que um programa nuclear iraniano seja autorizado nos termos do Tratado de Não-proliferação Nuclear (TNP), o país sempre poderia justificar o fato de ter ido além do limiar atômico evocando a ameaça de Israel e do Paquistão — dois países dotados de arsenais nucleares que não são signatários do TNP.

Como a típica iguaria da pastelaria nacional, o *gaz*, a diplomacia iraniana pode surpreender com seu paladar nada doce. Os Estados Unidos e a UE demoraram a denunciar a falsidade da retórica nuclear iraniana, que reflete a hipocrisia cultural de uma ambivalência intencional cultivada ao longo de séculos. Embora o Ocidente não possa derrubar o regime iraniano, suas sanções serviram, em vez disso, para dar ao governo uma desculpa para *não* cumprir suas obrigações internas e desviar a atenção das violações dos direitos humanos. Quando os Estados Unidos prometeram apenas 40 milhões de dólares para promover a mudança política, foi um "beijo da morte" para os reformistas, imediatamente atingidos pela repressão. Ao contrário de Saddam Hussein, no entanto, os dirigentes iranianos preferem o confronto controlado à humilhação da guerra. Uma estrutura regional abrangendo todos os Estados que se encontram entre Israel, o Irã e a Arábia Saudita (tendo os Estados Unidos, a UE, a China e a Rússia como supervisores) talvez servisse para manter o Irã em seu lugar, podendo mesmo inspirar uma grande barganha em que fossem oferecidas a suspensão das sanções e a normalização das relações em troca de menor apoio ao terrorismo e de um programa nuclear civil devidamente fiscalizado — condicionando-se os contratos energéticos ao cumprimento do acordo. Abrir as comportas dos investimentos, do turismo e dos meios de comunicação internacionais arrasaria a estratégia de auto-isolamento do regime iraniano e romperia o conluio econômico clérico-*bazaari*. Embora sejam como a água vigiada que nunca ferve, as revoluções tornam-se mais prováveis a partir do momento em que a *intelligentsia* e as massas podem descortinar algo além do bem-estar básico.[11]

Os sofismas diplomáticos do Irã na verdade mascaram uma profunda insegurança quanto à sua precária posição socioeconômica. Transbordando de reservas de petróleo e gás, mas ainda chafurdando no subdesenvolvimento, o país tem preocupações muito mais urgentes do que o urânio. "Somos um país mergulhado na confusão, e os *basijis* estão misturando ainda mais o que é público e o que é privado", queixava-se um ativo empreendedor em Teerã, referindo-se aos destemidos milicianos da guerra com o Iraque que atualmente se incumbem de impor de modo implacável a agenda da revolução. Estudantes envolvidos em protestos desapareceram e foram torturados. Um Irã mais democrático poderia ser menos veemente em seu projeto nuclear, reconhecendo a conveniência de um equilíbrio aceitável entre armas nucleares e uma sólida política econômica.[12] Como os vizinhos árabes com os quais trata de transigir, o Irã também carece de uma visão nacional comum a suas facções clerical, empresarial e tecnocrática, o que é agravado por uma diáspora dividida e egoísta, que vai de monarquistas a certas elites descontentes instaladas em "Teerângeles". Sua burocracia é um ineficaz antro de corrupção, e ritualizou de tal maneira a religião que alienou boa parte da geração pós-revolucionária, que constitui a maior parte da população, de 70 milhões de habitantes, e o maior contingente de desempregados.[13] A já violenta fuga de cérebros da área técnica do Irã é comum em países do Segundo e do Terceiro Mundo, nos quais a integração à diáspora é o único caminho possível para o sucesso; a busca por vistos de trabalho na embaixada canadense em Damasco é considerada uma peregrinação para diferentes gerações.[14] E, apesar de seu potencial agrícola, de sua capacidade manufatureira e do legado de antigas ruínas que rivalizam com as da Grécia e da Turquia, as principais exportações do Irã continuam sendo as mesmas de antes da revolução: tapetes, pistache e, naturalmente, petróleo.

Teerã exemplifica muito bem a degeneração socioeconômica do país. Com apenas 200 anos de idade, a cidade nada tem da grandeza histórica de Shiraz e Isfahan, com seus jardins e santuários imperiais. Espécie de brejo poluído, superpovoado, mal planejado e sempre em expansão, Teerã dá ao visitante que chega a sensação, segundo Toynbee, de que, na verdade, "está deixando o país do qual ela é a capital oficial".[15] Milhões de migrantes econômicos acorrem a Teerã provenientes de regiões rurais acometidas da mesma aridez que pôs fim à era de ouro da Pérsia no século XII. Incapaz de controlar sua extensa fronteira com o Afeganistão, o Irã é a rota de passagem de boa parte dos 65 bilhões de dólares anuais do comércio de heroína e de ópio refinado, nos quais se calcula que 1 milhão de adultos iranianos sejam viciados. Apesar dos tabus sociais, o uso de drogas, a prostituição, os casamentos temporários (*sigheh*) em busca de sexo consensual e as cirurgias plásticas proliferam tanto quanto em qualquer outro lugar.[16] Um país cuja elite precisa fugir para se divertir, ao mesmo tempo reprimindo aqueles que não podem pagar para sair, não pode ser considerado exatamente capaz de governar a si mesmo, muito menos de dominar os vizinhos. Só a globalização mantém acuado o regime iraniano.

Em última análise, os militares americanos e árabes impedem o Irã de alcançar a extensão territorial da Pérsia imperial. O Irã pode insuflar a agitação xiita e disputar ilhas do golfo Pérsico, mas, tal como se apresentam as circunstâncias, não está em condições de ter o golfo para si, a não ser no nome. Em termos mais imediatos, embora Khomeini tenha dito a famosa frase de que a revolução de 1979 não era simples questão de preço das melancias, três décadas depois é exatamente disso que se trata na contra-revolução que se vai desenrolando diante de nossos olhos.

CAPÍTULO 26

CORRENTES DO GOLFO

MESMO COM A PLENA abertura planetária de todas as torneiras atuais e projetadas de petróleo e gás, o golfo Pérsico continuará sendo, durante muito tempo, o fornecedor de 40% da energia gerada, o que assegura que sua centralidade geopolítica permanecerá à altura de sua centralidade geográfica na encruzilhada da Europa e da Ásia.[1] Durante mais de um século a Grã-Bretanha exerceu controle imperial sobre esse "lago britânico", ao mesmo tempo que administrava reinos independentes no golfo, como os dois lados de uma moeda. A legitimidade americana na região — baseada na proteção de regimes e na garantia do constante fluxo de petróleo — tenta agora sair-se bem com o mesmo número de equilibrismo.

O dinheiro sozinho não pode comprar segurança. "Nós não *queremos* tropas americanas, mas sentimos que *precisamos* delas", enfatizou um assessor do governo do Catar. Temerosos da imprevisibilidade e da austeridade cultural da Arábia Saudita, os micro-Estados litorâneos do Kuwait, do Catar, de Omã, dos Emirados Árabes Unidos e de Bahrein surgem como vassalos em diferentes estágios de revolta contra o senhor saudita.[2] Encaram o reino saudita do mesmo modo como as antigas repúblicas soviéticas do Báltico e do Cáucaso viam a Rússia: um gigantesco buraco negro tentando sugá-los de volta por quaisquer meios ao seu alcance. A integração econômica no contexto do Conselho de Cooperação do Golfo mascara essa constante tentativa de diferenciar identidades individuais que muito poucos do lado de fora nem sequer sabem existir. Cada um deles vai se tornando uma cidade-região globalizada para se prevenir contra a dominação saudita. A Arábia Saudita continua exigindo visto de seus vizinhos do golfo, embora eles não imponham essa exigência entre eles, e tenta impedi-los de contornar essa norma procurando bloquear a construção de uma ponte ligando Bahrein ao Catar e uma ponte ainda mais longa ligando o Catar aos Emirados. Quando Bahrein, que não tem petróleo, assinou um acordo de livre comércio com os Estados Unidos, a Arábia Saudita cortou o suprimento de petróleo do campo de Abu Safah, que, tecnicamente, também pertence a Bahrein.

"Dá para ver daqui", dizia um analista estratégico baseado em Dubai, apontando para o Irã, do outro lado do golfo. "E mesmo quando não vemos, sabemos que está lá." As animosidades internas do Conselho de Cooperação do Golfo criaram uma oportunidade para que os Estados Unidos retomassem vendas maciças de armas convencionais e dispersassem suas pesadas forças militares com a promessa de proteger os reinos menores do golfo tanto da Arábia Saudita como do Irã. Durante a Guerra do Golfo, só o Kuwait assumiu uma posição nitidamente pró-americana, por ter sido ocupado pelo Iraque, e ainda hoje continua sendo um depósito de suprimentos para a ocupação americana do Iraque. Mas agora o minúsculo Catar, que controla uma fonte quase eterna de gás natural, serve de quartel-general avançado do Comando Central americano (Centcom), tendo chegado a extinguir suas forças militares para deixar bem claro que conta com os Estados Unidos. A mais longa pista de pouso militar fora dos Estados Unidos aponta diretamente para o Irã. A minúscula monarquia insular de Bahrein, que serviu de base avançada para a marinha britânica durante a Segunda Guerra Mundial, abriga atualmente a Quinta Esquadra americana. Embora critiquem a arrogância diplomática e militar dos Estados Unidos, os micro-Estados do golfo continuam preferindo importar o *hardware* americano ao *software* radical do wahabismo saudita ou do xiismo iraniano. E não são apenas a artilharia pesada e os navios de guerra americanos, mas também milhares de corpulentos prestadores de serviços de segurança saídos das fileiras militares que patrulham as instalações do golfo como verdadeiros guardas pretorianos. Os preços exorbitantes que cobram são, pelo menos para os xeques, mero detalhe. Se os Estados Unidos quisessem depor algum desses novos microaliados, teriam, ironicamente, de tirar primeiro esses americanos do caminho.

O presidente Jimmy Carter declarou que os Estados Unidos protegeriam o fluxo de petróleo "por quaisquer meios necessários", mas hoje já não existe, como na Guerra Fria, o risco de uma invasão soviética da Arábia (para esse caso, os EUA chegaram a planejar as contingências mais drásticas, como a explosão de instalações petrolíferas sauditas). Mas a invasão americana do Iraque afetou negativamente tanto a estabilidade quanto os preços do petróleo, deixando os europeus e os asiáticos muito menos dispostos a confiar aos Estados Unidos a responsabilidade de garantir seus fluxos energéticos. Ao mesmo tempo, as prioridades dos regimes do golfo são a estabilidade e a geração de riqueza, ficando só em terceiro lugar o apoio aos Estados Unidos à custa deles. De modo que tanto a Europa quanto a China trataram de se introduzir discretamente no golfo por meio de mercados de energia e acordos de investimento. A Europa definiu uma área de livre comércio com o Conselho de Cooperação do Golfo, enquanto os árabes depositam cada vez mais sua riqueza petrolífera em bancos europeus (estabelecendo seus preços em euros), instalam suas empresas em Londres, e não em Nova York, e compram aviões da Airbus para as principais companhias aéreas, como a Emirates and Gulf Air. Não é só a expressão *petrodólar* que parece cada vez mais antiquada, mas também o clichê de que os árabes criticam os Estados Unidos enquanto ambicionam conseguir seus *green cards*.[3]

Ao mesmo tempo, o *hadith* do profeta para que se "busque o conhecimento, mesmo na China", serviu, na verdade, para trazer a China para o golfo. Os asiáticos consomem muito mais petróleo do golfo (que atende a 70% de sua demanda) do que os norte-americanos, uma demanda tão grande que alterou todos os aspectos da indústria, da política de preços ao tamanho dos navios-petroleiros, passando pela largura e pela profundidade dos canais. Na verdade, considerando-se as enormes taxas de crescimento da Ásia, a Opep não precisa se preocupar com a desaceleração da economia americana para manter seus lucros elevados. Além disso, a vulnerabilidade da China diante dos picos e bloqueios de preços também justifica o fato de estar desenvolvendo no Paquistão o porto de Gwadar, para ter um ponto de apoio naval no mar de Omã. Não deixa de ser um sinal da maturidade geopolítica da China que ela consiga sustentar o paradoxo, típico de uma superpotência, de manter fortes vínculos com os antagonistas Irã e Arábia Saudita.[4] Uma aliança entre o Oriente Médio e o Império do Meio vem ganhando corpo por baixo do pano desde a década de 1960, quando a China começou a vender mísseis para a Arábia Saudita.[5] Mais recentemente, a Arábia Saudita tem cortejado ostensivamente os investimentos chineses, enquanto financia um enorme complexo petroquímico na província chinesa de Fujian.[6] Ao contrário do que se vê no trato politicamente radioativo com a América, a família real na verdade admira a China por ter alcançado o poder sem subjugar outros países, como fez o Ocidente, e por seu estilo semelhante de centralismo decisório e ausência de preocupação com os direitos humanos da diplomacia. "No lugar do domínio americano no golfo, vem surgindo uma nova Rota da Seda marítima entre o golfo e os países do Leste Asiático. É uma relação extremamente complementar, na qual os asiáticos constroem o Sonho Árabe de cidades do século XXI enquanto compram uma parte cada vez maior de sua energia", comentava um analista das tendências regionais baseado em Dubai. Como observou um funcionário saudita, a Arábia Saudita não se divorciará da América, mas pode continuar praticando a poligamia.[7]

Até a descoberta do petróleo, a Arábia era considerada terra árida e sem interesse, que não recebia nenhum dos benefícios da colonização, como uma burocracia moderna ou instituições educacionais sofisticadas. Wilfred Thesiger, o aventureiro militar britânico famoso por suas travessias do infindável Quarteirão Vazio, comentou que "as mudanças ocorridas no período de uma década ou duas [aproximadamente entre 1950 e 1970] foram tão grandes quanto as verificadas na Grã-Bretanha entre o início da Idade Média e os dias de hoje".[8] Na década de 1970, o petróleo tornou-se a alavanca geopolítica do Segundo Mundo árabe, transformando as monarquias do golfo nos novos-ricos do mundo. Na Arábia Saudita, entretanto, o dinheiro do petróleo serviu apenas para patrocinar o inchaço governamental, designando-se arbitrariamente membros da família real para a chefia de incontáveis ministérios inúteis. O salto espetacular das choupanas lamacentas para as mansões durou menos de uma década: a Opep perdeu o controle da produção de seus membros na década de 1980, à medida que os preços do petróleo despencavam e as populações do golfo aumentavam exponencialmente. A renda *per capita* da Arábia Saudita caiu acentuadamente, deixando-a numa modesta posição paralela à do México, muito aquém de seu *status* de país mais rico do mundo.

Os enormes e inesperados lucros decorrentes da disparada dos preços do petróleo depois do 11 de Setembro de 2001 inspiraram uma reação já conhecida desde o *boom* do petróleo da década de 1970: generosos gastos militares, que chegaram a 40 bilhões de dólares em 2005.[9] Entretanto, submetido a uma fiscalização mais rigorosa por parte dos bancos ocidentais, o capital árabe já não é cego. Enquanto os países africanos tomam os investimentos estrangeiros e os reciclam diretamente de volta para o Primeiro Mundo, 70% das rendas petrolíferas dos árabes estão sendo maciçamente reinvestidas *dentro* do próprio mundo árabe.[10] Os países do golfo empataram 1 trilhão de dólares em projetos de infra-estrutura que vão da dessalinização da água a universidades e hospitais, passando por novos portos e cidades que surgem no deserto, movidas a exportações. A comunidade empresarial árabe está forçando uma reforma profissionalizada que é uma reminiscência de outros grandes projetos autárquicos de reformulação coletiva que se verificaram no Segundo Mundo, da Europa Oriental ao Leste Asiático, revitalizando o turismo na Tunísia e no Egito, o crescimento agrícola do Marrocos ao Sudão e outros empreendimentos que criam empregos e até contribuem para integrar muitas mulheres à força de trabalho, mudando o padrão de países "mais ricos do que desenvolvidos" que costumava ser encontrado no golfo.[11]

Mas o fato de estarem ricos hoje (de novo) não significa que eles não possam estragar tudo. Os aspectos tribais do controle monárquico que tornavam fugaz a prosperidade continuam prevalecendo.[12] "As estruturas sociais medievais são regressivas até mesmo pelos padrões árabes", lamentava em Dubai um observador das monarquias do golfo. O modelo de puro controle familiar e acúmulo de renda em troca de bem-estar social exclui qualquer idéia de equilíbrio de poder entre o Estado e a sociedade.[13] Tanto no Catar como nos Emirados, os xeques têm se derrubado e demitido reciprocamente, por orgulho ou tédio, em numerosos golpes incruentos dentro das famílias reais. A prosperidade deriva do clientelismo, não do trabalho, gerando o efeito debilitante dos privilégios imerecidos: uma sociedade decadente desfrutando livre assistencialismo, mas cujo ócio pode ser inflamável quando o processo petrolífero oscila.* Será que a história vai se repetir na Arábia?

ARÁBIA SAUDITA: FALANDO DE DINHEIRO

Boa parte da prosperidade do mundo árabe repousa na monarquia mais rica do golfo, a Arábia Saudita. Estrategicamente situado entre o mar Vermelho e o golfo Pérsico, o reino dispõe das maiores reservas petrolíferas do mundo, e com os cofres cheios, faz hoje uma política proativa de mediação no Líbano, no Iraque e na disputa árabe-israelense, tendo o Egito e a Jordânia como parceiros secundários. Apesar de contarem com a maior Bolsa de Valores da região, os sauditas atravessam o deserto de carro à noite para tirar vantagem de ofertas públicas iniciais em Dubai e Doha. Começaram a lançar grandes fundos *hedge* e a promover investimentos conjuntos para depositá-los em toda a região. A realeza saudita também é proprietária, na região, dos principais jornais e emissoras de tevê por satélite de tendência progressista, como a Al Arabiya, e já começa a financiar a diversificação econômica e a criação de empregos para fazer com que a juventude árabe deixe de ser uma ameaça para se tornar uma oportunidade.[14]

A Arábia Saudita merece crédito pela constante calibragem que mantém entre a diplomacia da Opep, as pesadas exigências dos Estados Unidos, uma opinião pública extremamente crítica e as ameaças à segurança interna. Juntos, a Arábia Saudita, Bahrein e Catar respondem por cerca de 70% da produção de petróleo da Opep, enquanto a refinaria saudita de Abqaiq e o terminal de Ras Tanura garantem 10% do consumo diário mundial. Para proteger seu coração econô-

---

* Só o Kuwait, a mais rica monarquia do golfo, com seus padrões primeiro-mundistas que todos os outros adoram detestar, é suficientemente avançado política e economicamente para que a expressão "monarquia constitucional" não seja uma contradição em termos. Em 2005, o *Majlis* chegou até a derrubar o emir. O índice de alfabetização é superior a 90%, o sufrágio feminino tornou-se universal em 2006 e recentemente uma mulher foi nomeada para o Gabinete. O governo gasta muito mais *per capita*, em salários, habitação e desenvolvendo negócios para dar emprego a seus cidadãos, do que os outros países do golfo. Há décadas o país é o principal (e o mais discreto) fornecedor árabe de ajuda à África e à Ásia, financiando aeroportos, escolas, hospitais e a pesca. Em compensação, Omã é a tartaruga da região. Com seu clima característico do oceano Índico abrandado pelas monções, em oposição ao calor abrasador do restante da Arábia, Omã lucra mais com o comércio de ostras que com o de petróleo. Os construtores indianos de embarcações do tipo *dhow* em Omã ainda são os melhores da região, vendendo para comerciantes marítimos de todo o golfo. Uma cultura típica do oceano Índico e as escassas reservas de petróleo fizeram de Omã uma monarquia mais branda, mas sua Grande Mesquita estabeleceu novos padrões de estética religiosa.

mico, o reino construiu uma impenetrável infra-estrutura energética, gerida por elites profissionais (das quais praticamente estão ausentes os membros da família real) — que a Al-Qaeda, no entanto, tentou destruir com um atentado suicida no perímetro de Abqaiq em 2006.

Mas a volatilidade dos preços do petróleo, seja decorrente de instabilidade política ou de perturbações na cadeia de abastecimento, é o equivalente econômico de uma úlcera, um incômodo doloroso que debilita todo o organismo e pode ser fatal.[15] Os consumidores de energia têm enorme interesse no petróleo saudita, mas se preocupam, e muito, com a desequilibrada família que o controla. Inicialmente chefetes na Arábia central, os al-Saud foram subindo nas fileiras tribais graças a uma aliança firmada em 1744 com Mohamed ibn Abd al-Wahhab, cuja autoridade religiosa conferia credibilidade a Mohamed ibn Saud, antepassado do príncipe Abdul Aziz ibn Saud, que atravessou o portão de segurança de Riad em 1902 e assumiu o controle do país. A bandeira saudita representa a força da espada saudita e versículos corânicos que simbolizam o fervor wahabita — os dois elementos definidores do Estado. Desde o *jihad* anti-soviético no Afeganistão, a Arábia Saudita tomou a frente do financiamento do radicalismo islâmico, do Paquistão à Indonésia, um gasto outrora considerado essencial à credibilidade islâmica. Na década de 1970, enquanto o Egito e a Jordânia expulsavam radicais, a Arábia Saudita os acolhia, como professores, tentando impor o islamismo como alternativa ao arabismo. Mais recentemente, milhares de jihadistas sauditas entraram no Iraque para combater a ocupação americana.

O *establishment* wahabita também se empenha numa luta de poder com os governantes al-Saud. A conveniente aliança dos Estados Unidos com a família real deixou estarrecidos os clérigos wahabitas, que convocaram gente como Osama bin Laden para resistir não só à ocupação soviética do Afeganistão, mas também à ocupação da própria Arábia por infiéis ocidentais, produzindo uma nova geração de radicais que se disseminou como células cancerosas no organismo político árabe. Nesse revide, sob uma capa religiosa, foram confundidos os inimigos "próximos" e os "distantes" — autocratas dentro de casa e superpotências no exterior.[16] Como acontece no Iêmen — a estreita margem meridional da península Arábica, abrigando em condições terceiro-mundistas uma população equivalente à da Arábia Saudita —, o regime tem constantemente financiado clérigos e chefes tribais, inadvertidamente tornando-os mais poderosos. Entretanto, não existe na Arábia Saudita qualquer mecanismo imaginável de sucessão no poder além da única família que já governou o país. Mas, enquanto seu eficiente aparato de segurança aplaca a pequena e confinada população xiita das províncias orientais, já é muito mais difícil conter os fundamentalistas sunitas do país.[17] "Como identificá-los? Eles estão entre nós, movimentam-se livremente nas cidades e aldeias", queixou-se um membro da família real em seu sofisticado escritório com vista para Riad.

A globalização parece acelerar a história, mas na Arábia Saudita a história avança em duas velocidades, completamente diferentes: uma para a cabeça e outra para o coração. O avanço de uma civilização tem limites quando sua população reza cinco vezes por dia e vive no calor paralisante de um deserto infinito. Durante o Ramadã, o dia é trocado pela noite, fazendo-se jejum e repousando durante o dia para comer à noite. Como guardiães dos locais mais sagrados do islamismo, os wahabitas se consideram os únicos praticantes autênticos do islã. A cultura saudita foi intencionalmente imobilizada por sua tentativa de fazer o país voltar a uma pura era de ouro islâmica por meio da destruição de todos os artefatos pré-maometanos, em certos casos soterrando aldeias inteiras. Para o profeta e seus discípulos, não havia distinção entre autoridade secular e divina, de modo que até a parceria wahabita com a família real saudita é uma aliança condenável que os *ikhwan* (irmãos) são obrigados a suportar porque não podem mobilizar um exército.[18] Os atentados a bomba contra instalações petrolíferas e a declaração de *fatwas* contra determinadas operações financeiras por parte de wahabitas radicais são meros sintomas de uma luta muito mais profunda pela qual vêm passando tanto eles quanto a sociedade saudita de modo geral, para resistir ou se adaptar à modernidade global.

"Quem é pior, mestre? Aquele que evoca a divindade por ignorância ou aquele que explora o Corão para seus próprios fins?", perguntava o viajante da parábola *A jornada de Ibn Fattouma*, do ganhador do Prêmio Nobel Naguib Mahfouz. O "condicionamento" moral é uma estratégia inteligente quando uma sociedade tenta preservar as tradições religiosas, e a *sharia* fornece exatamente essas proibições e meios de dissuasão. Mas a austeridade saudita (e iraniana) no "policiamento" moral não tem sido propriamente eficaz contra os flagelos do adultério, do tráfico de drogas e do crime. Na verdade, a falsa devoção que se revela na observação das transgressões cometidas pelos próprios sauditas contra seu código moral eclipsa até a do Irã, revelando as insustentáveis contradições da coexistência de dois séculos distantes.* A vida pública saudita pertence, sobretudo, aos 10 milhões de trabalhadores estrangeiros que exercem o essencial da atividade no reino, enquanto a vida privada é tradicional e reclusa — mas não o suficiente para acobertar os canhestros encontros dos sauditas com a modernidade: o mercado negro de bebidas é gigantesco, o que dá margem a pegas e muita gente dirigindo bêbada, freqüentemente provocando terríveis acidentes nas dunas. Os limites de velocidade são considerados meras recomendações. Sabe-se que as mulheres sauditas, proibidas de dirigir ou sair de casa sozinhas, atacam prestadores de serviços domésticos. Enquanto isso, a homossexualidade masculina floresce, apesar das proibições religiosas, que incluem chicotadas. Exceto nas horas de oração, as indulgências materialistas estão na ordem do dia para elites que veneram seus celulares com incrustações de diamantes como se fossem ícones religiosos. O movimento rítmico dos peregrinos de roupa branca no interior da Grande Mesquita em Meca é, literalmente, deixado na sombra por uma horrível fieira de hotéis de luxo. Mulheres estrangeiras são importadas para servidão sexual, enquanto a mão-de-obra estrangeira é explorada praticamente em condições de escravidão. No entanto, entre as vítimas semanais de decapitação em público encontram-se, com freqüência, trabalhadores estrangeiros pobres (não raro também muçulmanos), cujo crime hediondo pode ter sido o roubo de remédios essenciais nas farmácias. Mas nem a execução nem o isolamento dos trabalhadores estrangeiros poderão induzir os apáticos sauditas a substituí-los na força de trabalho, pois, na maior parte do tempo, os sauditas estão percorrendo o restante do golfo, de Bahrein a Dubai (onde os sauditas certa vez impuseram uma proibição de bebidas alcoólicas), em busca de hedonismo sem limites, invadindo todo verão as butiques de Londres e Genebra.

As hipocrisias evidentes na guerra cultural interna da Arábia Saudita têm estimulado uma presunção ocidental que parte do princípio

* A população do Catar, que também é wahabita, encara a Arábia Saudita como uma espécie de bola de ferro cultural, exercendo peso excessivo. Embora a Arábia Saudita tenha deixado para trás sua herança cultural em nome do puritanismo wahabita, o Catar hoje em dia aluga seus tesouros para exibição no Louvre (que por sua vez os aluga à Arábia Saudita).

de que os árabes muçulmanos não têm valores, como se a fé e a modernidade fossem antitéticas — a modernidade dispara enquanto a fé fica para trás, definhando. Mas a realidade é muito diferente: a modernidade é uma fase, enquanto a fé é eterna. É a modernidade, não o islã, que está em julgamento quando os muçulmanos tentam decidir como adaptar sua religião às escolhas da modernidade — ou rejeitá-las completamente. O islã tornou-se uma religião global por adaptação ao nomadismo, disseminando-se rapidamente hoje em dia tanto em regiões modernas quanto nas não modernas, por meio de altas taxas de natalidade e de apelos em massa aos prosélitos. Nos Estados Unidos e no Reino Unido, os bancos atualmente oferecem aos seus clientes muçulmanos instrumentos financeiros de acordo com a *sharia*. Inovações mais superficiais, como a marca de jeans al-Quds, os *hijabs* esportivos concebidos pela Nike e os "burquínis" femininos para ir à praia também mostram como o estilo ocidental se adapta ao senso islâmico, em vez de forçar o movimento inverso. Como tantos muçulmanos europeus absorveram essa adaptação por meio de um comunitarismo espiritual, podem tornar-se um modelo para muçulmanos de todo o mundo que enfrentam questões como a mudança do papel da mulher, o sectarismo e a educação secular. Mas rejeitar o islã está fora de questão, o que significa que entender a estética do islã — seus costumes, sua filosofia, sua arte, sua linguagem e sua música — é tão importante quanto decodificar suas escrituras.[19] Samuel Huntington sustenta que a essência da civilização ocidental é "a Carta Magna, não o Big Mac" — e é bom lembrar que morder este não significa necessariamente engolir aquela. O editor saudita Khaled al-Maeena conhece bem esse sentimento, pois ouviu de sua filha de formação americana: "Se você for à Starbucks, eu o apanharei."[20]

A cultura se transforma em história no momento em que os pais mudam a maneira de criar os filhos. Há muitas gerações, os wahabitas ensinam apenas a recitação seletiva e a decoreba do Corão, e não o islã propriamente dito. Toynbee se entusiasmou com a "extinção da consciência de raça" promovida no islã, afirmando a "clamorosa necessidade de propagação dessa virtude islâmica".[21] E a ênfase do islã na caridade (*zakat*) e na fraternidade nunca foi tão necessária nos superpovoados países muçulmanos. "Especialmente em Londres e aqui no reino, exortamos os jovens muçulmanos a buscar a integração social e a promover essas bases humanitárias do islã", explicou em Riad um militante da Assembléia Mundial da Juventude Muçulmana. Toynbee previu que os Estados Unidos poderiam derrubar os wahabitas a qualquer momento se o seu "fanatismo se tornasse suficientemente incômodo para que valesse a pena suprimi-lo". Mas é o próprio conservadorismo da sociedade saudita que pode tornar-se a maior esperança contra o radicalismo. Assim como a exportação do fundamentalismo desacreditou a Arábia Saudita como líder sunita global, a própria violência dos wahabitas tem solapado sua ressonância popular. O rei Abdullah tem se valido de suas credenciais para promover programas de televisão destinados a acabar com a radicalização, e vem tratando de conter os milhares de príncipes decadentes que dilapidaram a riqueza do país.[22] Denuncia os extremistas como "transviados", um termo muito mais reprovador que o "fundamentalistas" do Ocidente. Trabalha com "democratas muçulmanos" para reforçar os conselhos da *sura*, o que rendeu frutos nas eleições municipais de 2005, nas quais os sauditas não votaram em candidatos radicais, mas nos muçulmanos que faziam campanha por programas sociais pragmáticos. Mais islã, e não menos, pode ser o antídoto tanto para o extremismo wahabita quanto para o materialismo ocidental.*

Essa apoteose social saudita ocorre exatamente no momento em que o país tem uma segunda chance de ascender ao Primeiro Mundo. Durante o *boom* petrolífero da década de 1970, nenhum país do golfo criou setores manufatureiros ou de serviços capazes de empregar os contingentes cada vez maiores de cidadãos urbanos que se tornaram os "filhos inconformados de uma geração fracassada", como disse Fouad Ajami.[23] E se persistirem os altos índices de natalidade do país, Riad pode se transformar numa megacidade de 10 milhões de habitantes, na maioria subutilizados. Os prédios ministeriais de Riad ainda estão em mau estado, e a cidade não passa de uma versão mais limpa do Cairo. Mas dessa vez a Arábia Saudita já está por dentro da globa-

---

* Por toda parte ouvimos exortações a uma reforma do islamismo equivalente à experimentada pelo cristianismo no século XVI, mas a Reforma dividiu o cristianismo em duas grandes tradições e muitas seitas; cada uma delas cresceu independentemente das outras, eliminando qualquer expectativa de um centro cristão capaz de conter os extremos. Depois da primitiva divisão entre as correntes sunita e xiita, o islã já sofreu o suficiente com essa segmentação sem uma reforma moderna. Na verdade, o islã é uma religião democrática, tão profundamente descentralizada que até os *muftis* são eleitos. Muitos muçulmanos não estão interessados em novos cismas, mas na reconciliação entre as doutrinas rivais e seus mensageiros extremistas, reduzindo finalmente a violência promovida reciprocamente e contra outras civilizações. Como lembra Gilles Kepel, embora tenha sido espetacular a ascensão do islamismo militante, sua hiperviolência revelou-se mais um problema do que um trunfo. Ver Kepel, *Jihad*.

lização, atraindo bancos e consultores internacionais para uma vigorosa modernização.[24] Ela dispõe do espaço, da mão-de-obra e do dinheiro necessários para construir quatro cidades industriais novinhas, zonas de exportação livres de impostos que podem criar empregos e, ao mesmo tempo, afastar a população das densas zonas populacionais de Riad e Jeddah, invertendo a migração interna que também assola países do Terceiro Mundo. A própria Cidade Econômica Rei Abdullah pode ser cotada na Bolsa de Valores. "Alguns de nós, empresários do golfo, estão aprendendo depressa, trabalhando com afinco e assumindo riscos como os asiáticos", comentava, confiante, um empresário de Riad. "Nosso foco são os negócios de alta rentabilidade e a transferência concreta de resultados aos acionistas e cidadãos." Os industriais ricos passaram a destinar parte de suas fortunas ao fomento de sistemas educativos vocacionais em universidades arcaicas, chegando a pressionar por liberdade de imprensa, educação para as mulheres, independência do Judiciário, transparência orçamentária, consolidação de poderes legislativos no Parlamento, criação de comissões eleitorais independentes e diversificação dos partidos políticos. Diante do sucesso comercial das corridas de Fórmula 1 em Bahrein, uma remota aldeia do norte da Arábia Saudita decidiu promover um *grand prix* nas dunas do deserto, lucrando mais em uma semana do que conseguiria em um ano inteiro. "Para manter estável nosso comboio político, será necessária uma locomotiva econômica das mais robustas", comentou um príncipe saudita. O mesmo se aplica a todo o mundo árabe.

OS EMIRADOS ÁRABES UNIDOS: O ENCONTRO DE LAS VEGAS COM CINGAPURA

No início da década de 1990, quando começou a transição pós-comunista na Europa Oriental, Dubai não tinha um sistema de drenagem. Os estrangeiros pouco familiarizados com o clima da região arábica ficavam espantados com a circulação de carros em áreas com água até a altura do joelho, em decorrência de inundações causadas pelas chuvas. A avenida Xeque Zayed, a principal de Dubai, era uma curta faixa pavimentada, com um punhado de construções, em meio a um deserto que se estendia em todas as direções, até as margens do golfo Pérsico. Hoje, aquela que era um destino evitado por empregados de multinacionais, transformou-se na única cidade global do mundo árabe, o supremo oásis do deserto e uma movimentada metrópole capitalista. Em poucas cidades do mundo encontramos tanta gente vivendo em meio a tanta riqueza e conforto quanto em Abu Dhabi, a tranqüila capital dos Emirados Árabes Unidos, enquanto Dubai se transformou na capital de toda a civilização árabe.

O lema da torre Burj Dubai — um arranha-céu tão alto que acabará com as mesquinhas rivalidades de outras cidades por um bom tempo — é "A história em ascensão", dando a entender o início de um capítulo glorioso no universo árabe, mas também o surgimento de alguma coisa num local onde durante séculos nada havia. Os Emirados Árabes Unidos eram uma confederação de xeques pobres e sem relação entre eles, sobrevivendo do contrabando e da pirataria até que a British Petroleum financiou todo o desenvolvimento do seu setor petrolífero, hoje controlado basicamente por Abu Dhabi, que distribui boa parte dos cargos pelos outros seis emirados. A perspicácia do xeque Rachid, o maior dos contrabandistas do golfo, deu início à incrível ascensão de Dubai. Começando com a Zona Franca de Jebel Ali, em 1985, Dubai decidiu deixar de lado impostos, vistos, direitos locais de propriedade e outros impedimentos, partindo do princípio de que só a reexportação traria enormes somas de dinheiro. Quase três quartos do comércio global ainda são feitos por via marítima, e considerável porcentagem das necessidades diárias de petróleo de todo o mundo passa pelo estreito de Ormuz. Os portos gêmeos de Jebel Ali e Rachid, em Dubai, são hoje os mais avançados do mundo, ao lado dos de Cingapura e Hong Kong.

A língua oficial de Dubai não é o árabe, mas o dinheiro. O noticiário da televisão sobre o implodido Iraque, ao norte, disputa a atenção com as cotações da Bolsa de Valores. O reluzente bairro financeiro de Dubai foi construído ao longo da Enseada, que há séculos serve de canal para a circulação de produtos entre o golfo Pérsico, a África e o sul da Ásia, e onde ainda hoje as embarcações típicas circulam carregadas de milhões de toneladas de cigarros, óleo vegetal, chá, geladeiras, pneus e automóveis inteiros, com destino ao Paquistão e às cidades iranianas de Buchehr e Bandar Abbas. Dubai é o melhor exemplo da influência da globalização no sentido de descongelar gradualmente as relações geopolíticas entre os países do golfo e o Irã. A zona franca da ilha de Kish, no Irã, é o maior entreposto do país, e a maioria dos produtos é vendida pelos árabes do golfo. Milhares de iranianos têm se beneficiado da equação "propriedade é residência" que prevalece em Dubai, comprando em seu florescente mercado imobiliário como estratégia para deixar para trás a estagnação do Irã. Por debaixo do pano, sauditas, iranianos e cidadãos dos Emirados não estão ambicionando nenhuma liderança pan-islâmica, mas apostando na estabilidade recíproca e cultivando todos os lados como clientes.

Como acontece em Cingapura, com sua carência de recursos, o papel geopolítico dos Emirados tem a ver com a constante tentativa de encontrar num novo nicho global e atrair dinheiro e talentos estrangeiros para capitalizar em cima das deficiências que estão em volta. O organismo oficial de investimentos de Abu Dhabi (como a *holding* Temasek de Cingapura) controla mais de 500 bilhões de dólares, permitindo que a cidade construa uma ilha especialmente destinada a abrigar filiais espetaculares dos museus do Louvre e Guggenheim, e investiu pesado em projetos de energia solar, apesar das reservas petrolíferas. Os ultradinâmicos setores imobiliário, de construção, hotelaria e serviços, finanças, meios de comunicação, bens de consumo e entretenimento, de Dubai, recebem mais investimentos e turistas estrangeiros do que toda a Índia. Bilhões de dólares árabes repatriados permitiram a Dubai alavancar sua relativa vantagem local em operações bancárias que obedecem à *sharia*, atraindo ainda mais capitais muçulmanos. O empenho em triunfar sobre a pouco generosa natureza com que os árabes foram aquinhoados também representa grandes negócios, com a produção de água dessalinizada por usinas japonesas, permitindo a irrigação em zonas bem avançadas do deserto. "Por que deveríamos aceitar a maldição do petróleo, se o petróleo pode financiar a água?", perguntava um funcionário de Dubai em seu reluzente escritório envidraçado. Ilhas artificiais com a forma de palmeiras e continentes surgem no mar, e luxuosas mansões pipocam com mais rapidez do que em Las Vegas, que já é a cidade de mais rápido crescimento da América. Novos empreendimentos surgem a cada momento, da cerâmica para exportação à produção de baterias solares, e já se fala de uma "Dollywood" a propósito dos cenários utilizados pelo cinema indiano. O charme beduíno é comprado pelos estrangeiros em excursões pelo deserto, mas também faz sucesso a pista coberta de esqui. Com convenções, eventos esportivos e feiras comerciais durante o ano inteiro, é quase impossível conseguir reserva em algum hotel de Dubai ou de qualquer capital do golfo.

Os europeus podem temer a migração árabe, mas os árabes capitalizam a desgraça de outros árabes. Embora elementos árabes instalados em Londres venham atuando há décadas como intermediários bancários para as finanças do golfo, Dubai começou sua ascensão à medida que o Líbano mergulhava na guerra civil, e decolou definitivamente com a invasão iraquiana do Kuwait em 1990. O afluxo de iniciativa capitalista libanesa e de capitais kuwaitianos, que então teve início, continua hoje, com nada menos que 30 mil libaneses se transferindo por ano, para desempenhar funções que variam de executivo de banco a apresentador de noticiários da televisão, se juntando assim a engenheiros egípcios, contadores jordanianos e motoristas tunisianos em busca de salários mais altos e de uma vida melhor.

Dubai é o novo caldo de cultura árabe, uma cidade em que árabes de toda a região e de todo o mundo se misturam e se integram com mais facilidade, alimentando um novo arabismo que parte do concreto para o mais abstrato, e não o contrário, com base na interdependência econômica e num vibrante setor de mídia. A grande meca do shopping de Dubai presta homenagem a Abu Abdullah Mohammed ibn Battuta, o Marco Polo árabe, que no início do século XIV percorreu 120 mil quilômetros em caravanas de Tânger à China, passando pelo leste da África, por Meca, Síria, Ásia Central e Índia — sem jamais deixar o *Dar al Islam*, as terras que professam o islã. O objetivo do canal de televisão de língua árabe mais popular, Al Arabiya, está contido em seu próprio nome, dirigindo-se a todos os árabes por meio de programas educacionais destinados a promover uma autêntica cultura doméstica árabe e investimentos sólidos. Como no caso da Al-Jazeera, politicamente mais afiada e sediada no Catar, sua sede em Dubai é uma mini-Bruxelas de árabes cosmopolitas de mais de uma dezena de países, trabalhando unidos mesmo quando seus países não o fazem. A televisão por satélite está até harmonizando os dialetos ainda há pouco dissonantes do árabe falado: como observou T. E. Lawrence há quase um século, "o patriotismo, geralmente ligado ao solo ou à raça, estava urdido numa linguagem".[25] "Com todas essas empresas aéreas árabes cobrando preços baixos, os albergues se transformaram em festas perpétuas entre novos amigos", dizia uma jovem jornalista que viaja constantemente para cobrir eventos de negócios. "A primeira geração de mulheres árabes jovens que trabalham sozinhas em cidades do golfo vem desenvolvendo uma espécie de consciência de classe feminina, com nítidas aspirações de sucesso financeiro e *status* social."

Dubai também é a maior evidência de que o mundo árabe não está isolado da globalização, mas funcionando como um de seus campos de provas. Seu cosmopolitismo distópico deixa exposta a divisão existente no mundo árabe entre os aficionados por imagens de mulheres libanesas seminuas na televisão por satélite e os que sentem repulsa por sua depravação. Enquanto, de dia, Dubai vai se impondo como um modelo de centros tecnológicos, como a Media City e a Internet City, operados por jovens árabes cheios de disposição, à noite pode ser considerada talvez a capital mundial da indústria global do pecado, incorporando de tal maneira o capitalismo mais cru que parece estar testando a idéia de que qualquer coisa — ou qualquer um — pode ser comprada. Máfias chinesas e russas mantêm redes de tráfico sexual, supostamente com a cumplicidade do governo, por meio de impostos sobre grandes prostíbulos e hotéis. Empresários estrangeiros entregam-se ostensivamente ao mercado global da carne, embora em outros lugares, provavelmente, tratem de se manter na linha. Dubai está tão divorciada de suas imediações culturais que muitos homens árabes para lá se dirigem para esquecer que vivem num país muçulmano. É nos bordéis que os cidadãos e expatriados mais se aproximam. Em Dubai, o triunfo do capitalismo sobre o islã também é visível nas empresas que descontam os horários de oração dos salários dos empregados e nos planos de construção de ilhas suficientemente avançadas em águas internacionais para que o jogo seja permitido.

Dos melhores automóveis alemães aos escaneadores biométricos no aeroporto, os xeques souberam dotar-se dos confortos da modernidade, exatamente como fez a Arábia Saudita na década de 1970. O ouro já foi utilizado para comprar de tudo; hoje, ele é comprado com plástico. Fica parecendo que a civilização árabe, cada vez mais confiante, é capaz de forçar a globalização a entrar em seus próprios parâmetros culturais, tirando vantagem de seu desenvolvimento tardio para comprar o melhor que o restante do mundo tem a oferecer sem nenhuma das exigências de pesquisa e inovação. A base da torre Burj Dubai foi concebida por arquitetos americanos numa forma que evoca uma flor do deserto árabe, e os bangalôs de Al-Qasr associam o desenho moderno a colunas beduínas de ventilação que canalizam a brisa para baixo, em direção a espaçosos aposentos. Dubai pode até comprar cérebros: sua Aldeia do Conhecimento oferece microcampus das principais universidades do mundo, e o atual governante, o benevolente xeque Mohammed, prometeu 10 bilhões de dólares para um fundo de educação que promove a economia do saber da região.* O homem do golfo que está na onda hoje em dia enverga sua impecável *dishdasha* branca, não dispensa um boné americano de beisebol, dirige um Porsche ou um Range Rover e come sushi em excelentes restaurantes asiáticos de comida *fusion*.

Entretanto, mesmo com todo o dinheiro do mundo, os países árabes parecem evitar deliberadamente qualquer reprodução do esforço de capacitação nacional que fomentou a ascensão do Leste Asiático até os pináculos da economia global. Em vez disso, permitem que maus hábitos prosperem no novo e ilimitado contexto da globalização. Embora a cotação sete estrelas de um hotel como o Burj al Arab possa ser comprada, o dinheiro sozinho não compra o poder cultural representado por uma universidade de categoria internacional. Os xeques do golfo precisam do *know-how* ocidental para cultivar novos setores da economia, exatamente como precisaram na indústria petrolífera meio século atrás. Hoje, consultores estrangeiros atuam na retaguarda produzindo estudos e relatórios, enquanto os dirigentes recitam seus mantras em eventos de alta visibilidade como "Idéias para a Arábia". Para evitar qualquer ameaça às burocracias estabelecidas, o xeque Mohammed teve de criar agências paralelas para a administração dos serviços financeiros e de transporte, com a Dubai Holding operando em torres de negócios ao longo de toda a semana em vez de descansar na sexta-feira, o dia sagrado dos muçulmanos. Os próprios árabes do Golfo, principalmente, é que entram com o capital, mas raramente com algum trabalho — na

---

* Como Dubai, o Catar também conta com um próspero setor imobiliário, vem construindo ilhas projetadas segundo padrões islâmicos e ofereceu cidadania a atletas para se sair bem nas Olimpíadas Asiáticas que promoveu em 2006. Mas o modelo do Catar se baseia na busca agressiva de um amplo desenvolvimento social por meio da educação, dos direitos das mulheres (que podem dirigir) e do treinamento vocacional. Com sua gigantesca dotação orçamentária, a Cidade da Educação da Fundação Catar é o maior centro de conhecimento da região, uma série de *campi*-satélites formando estudantes americanos, europeus e do próprio Catar em engenharia, medicina e políticas públicas, ao mesmo tempo que atrai importantes conferencistas do mundo inteiro para dar a esses estudantes o melhor do conhecimento. Ao criar um espaço para a sinergia entre governo, empresários, a sociedade civil e o meio acadêmico, Doha tenta reproduzir a invejável mistura americana da alta tecnologia do Vale do Silício com a excelência acadêmica das universidades da Ivy League. As próprias escolas do Catar escolheram por eleição seus comitês diretores e os manuais de estudo, refletindo o desejo de submeter toda a população a um processo intensivo de modernização por meio da universalização da educação secundária.

verdade, sendo muitas vezes pagos para não irem trabalhar, o que lhes convém perfeitamente. Uma organização acadêmica equivalente aos famosos *think tanks* do mundo anglo-saxônico pode ter no golfo um orçamento vinte vezes maior que o de uma instituição semelhante do Cairo, mas produzir um quarto do volume de análises. Com a construção desenfreada, sem qualquer macroplanejamento urbano, Dubai é um lugar onde os mensageiros precisam se orientar pelas mesquitas, pelas farmácias e pelas árvores para fazerem suas entregas.

"Fiquei me perguntando se alguma outra raça seria tão avara quanto os árabes, com um amor tão intenso pelo dinheiro", comentava Thesiger em suas travessias do deserto árabe, em meio a beduínos negociando constantemente.[26] Os inacreditáveis engarrafamentos de Dubai são uma perfeita metáfora das finanças numa economia livre, leve e solta que às vezes se assemelha ao jogo Monopólio, com investimentos baseados na especulação e dependentes, em última análise, do jogo dos dados. Os xeques que controlam as grandes empreiteiras costumam vender suas ações quando ficam bastante valorizadas, voltando a comprá-las por preços mais baixos e prejudicando os muitos pequenos investidores sem os mesmos privilégios de grandes acionistas. Em Dubai, os negócios são uma esponja seletiva na absorção dos padrões internacionais, buscando assistência multinacional somente nos casos em que os regulamentos atendem aos seus interesses. As regras da Organização Mundial do Comércio sobre lavagem de dinheiro são convenientemente negligenciadas para manter o mercado imobiliário injetando com dinheiro da Rússia, do Irã e do tráfico de drogas afegão. Mais recentemente, o país também se transformou em passagem de antiguidades roubadas no Líbano e no Iraque.

Dubai representa a união do Primeiro com o Terceiro Mundo em seu ponto de convergência geográfica: o conhecimento e a tecnologia da Europa associados às fontes ilimitadas de mão-de-obra da Ásia. Contando com mão-de-obra praticamente gratuita, bilhões de dólares em dinheiro novo e reciclado e espaços desérticos para seu livre uso, Dubai deverá triplicar de tamanho até 2015. A Torre Eiffel foi construída por apenas trezentos operários especializados em aço, enquanto Dubai tem hoje nada menos que 300 mil trabalhadores asiáticos à sua disposição. Como em Xangai, 20% dos guindastes comerciais de todo o mundo vêm sendo usados sem parar em Dubai na última década, erguendo torres de empresas, sofisticados condomínios residenciais e imponentes hotéis numa Nova Dubai construída cerca de 15 quilômetros a oeste da original, com um horizonte de arranha-céus semelhante ao de Xangai erguendo-se às margens do golfo.

A riqueza é relativa. Na época do Raj britânico, muitos árabes do golfo iam para a Índia trabalhar e enviavam dinheiro de volta para a Arábia, onde a rupia também era a moeda circulante. Hoje, o fluxo migratório inverteu-se completamente. Para milhões de indianos, paquistaneses e filipinos pobres, o aeroporto de Dubai é uma luxuosa fortaleza de entrada legal na terra prometida. No entanto, se esses trabalhadores asiáticos fossem contabilizados em suas populações, os países árabes permaneceriam para sempre no Terceiro Mundo, com sua opulência de Primeiro Mundo servindo como mera camada de verniz sobre as deploráveis condições em que vivem suas vastas populações de trabalhadores. Mas a ênfase que é dada, nos códigos legais e sociais árabes, aos cidadãos em detrimento dos migrantes — embora estes constituam mais da metade das populações dos países do golfo —, gera uma forma peculiar de *apartheid* de triplo padrão: 500 mil cidadãos de Dubai vivem apartados dos demais, sendo considerado tabu o casamento com estrangeiros; centenas de milhares de profissionais expatriados, provenientes de países que variam da Irlanda à Índia, são residentes cumpridores dos seus deveres; e mais de 1 milhão de trabalhadores imigrados constituem um caso exemplar de escravidão pós-moderna na era da globalização — são considerados "menos que humanos".[27] Até hoje a exploração organizada da mão-de-obra estrangeira deixa pouco espaço para a imaginação em termos de crueldade. Não existem realmente leis trabalhistas, de modo que os ministérios encarregados de supervisionar a situação dos trabalhadores imigrados alegam ignorância como motivo de sua negligência. Percorrer os acampamentos de barracas e trailers de operários nos subúrbios de uma Manhattan árabe exige o mesmo recalque de toda a vergonha que sentimos nas aldeias do interior da África.[*] Para muitos trabalhadores estrangeiros, o confisco dos passaportes na chegada e o pagamento atrasado de salários miserá-

* Também no Catar, os 150 mil nativos são muito menos numerosos do que os estrangeiros, encontrando-se nada menos que oito níveis diferentes de cidadania para menos de 1 milhão de pessoas. Embora os trabalhadores imigrantes possam reivindicar e queixar-se sem medo de violência física, a temperatura oficial diária do Catar parece ser deliberadamente fixada no patamar de 48 graus Celsius, dois graus abaixo da temperatura em que os operários seriam oficialmente dispensados de trabalhar por causa do calor absurdo.

veis fazem com que, no fim das contas, a transferência pareça não valer a pena, em comparação com o custo em termos de bem-estar pessoal e a dor da distância de famílias que acabam recebendo remessas muito menores de dinheiro do que esperavam e do que fora prometido inicialmente. O cúmulo da ironia nesse panorama de expectativas frustradas ocorre quando cinqüenta deles dormem numa casa de luxo que estão construindo, mas que nunca sequer chegarão perto de poderem ter para si mesmos: Dubai, o oásis, é, para alguns, uma miragem.

A situação dos trabalhadores de países do Terceiro Mundo em Dubai é a maior evidência de que a cidade é administrada como uma corporação moderna, não reagindo a pressões políticas, mas somente a ameaças aos lucros. À medida que as atenções dos meios de comunicação internacionais começaram a se voltar para as lamentáveis condições dos trabalhadores e seus atos espasmódicos de revolta, os xeques de Dubai prometeram agir para conservar a própria imagem, percebendo que seu sonho podia ser desfeito pelas mãos das mesmas pessoas que o haviam construído (uma história que pode ser vista no filme americano *Syriana*). Mas, ainda que os xeques tenham ameaçado os empreiteiros que se recusaram a tratar melhor seus operários, seu grande envolvimento nessas empresas praticamente garante que nada será feito. Existe a promessa de se dar mais atenção às queixas dos operários, o que já é um passo à frente em relação à tática anterior de coletar sugestões por escrito numa caixa. Todos os países do golfo também violam proibições internacionais de tráfico de seres humanos, uma situação que o fato de terem se integrado à Organização Internacional do Trabalho só alterou no papel. É preciso reconhecer, entretanto, que passaram a usar robôs em vez de meninos como jóqueis de corridas de camelos. À medida que vem sendo revelada a hipocrisia dos sistemas trabalhistas dos países do golfo, suas denúncias sobre as injustiças da política externa do Ocidente podem começar a dar em ouvidos moucos. Para cada muçulmano humilhado ou subjugado em alguma prisão ocidental, pelo menos um não-muçulmano (e também muitos muçulmanos) é explorado nos campos de trabalho e nos bordéis de Dubai. Mas a confiança dos xeques continua aumentando. "Nem mesmo o terrorismo será capaz de prejudicar o turismo agora", proclamava um executivo do setor imobiliário em sua luxuosa *villa* em estilo de rancho nas imediações da cidade.

Mostrar o descontentamento indo embora é a forma mais importante de eleição para os xeques dos Emirados. O clima ensolarado, o sistema fiscal benevolente e um ambiente social praticamente livre de criminalidade atraíram milhares de profissionais europeus, que se estabeleceram em Dubai e ali se tornaram os principais parceiros do crescimento comercial, graças a seus conhecimentos de engenharia ou do setor bancário. Também chegam diariamente de avião a Dubai centenas de asiáticos bem de vida, provenientes de Hong Kong. Evoluindo no caminho do modelo britânico e depois também americano de proteção em troca de petróleo, a China oferece, além disso, algo que as outras superpotências não têm: hordas de fornecedores comerciais e produtos baratos. Ao contrário dos trabalhadores do sul da Ásia, que recorrem a intermediários de honestidade duvidosa, os chineses entram no mercado num nível muito mais elevado, já que seus patrocinadores são empresas chinesas ou árabe-chinesas que operam seus próprios canais de importação. Legiões organizadas de chineses construíram uma gigantesca Chinatown residencial e trabalham no próspero comércio lojista do entreposto de exportações Dragon Mart, de quase 1.500 metros de comprimento, poupando os comerciantes do golfo da necessidade de ir a Shenzhen, pois podem comprar ali mesmo todo tipo de produtos, de perucas a tratores, mas de tão má qualidade que poderiam ser considerados "feitos para se desintegrar". Assim como os empreiteiros chineses freqüentemente pagam metade do valor habitualmente praticado nas empresas ocidentais, as prostitutas chinesas, que já atuam em quantidade equivalente à das suas colegas da antiga União Soviética, também cobram metade do preço. Dubai está à venda, assim como a lealdade geopolítica árabe.

CONCLUSÃO: DUNAS ÁRABES

ALGUNS OBSERVADORES ocidentais fazem questão de apresentar as sociedades árabes como atrasadas e medíocres. Os conservadores americanos argumentavam que a invasão do Iraque era necessária porque os regimes repressores árabes e os fundamentalistas islâmicos "só entendem a linguagem da força". Mas a incapacidade do Ocidente de lidar de maneira produtiva com uma cultura árabe supostamente simplista chama a atenção, isto sim, para a fragilidade dessa condescendente lógica ocidental. Na verdade, não existe no mundo árabe qualquer ingenuidade quanto à sua própria posição central no futuro êxito ou fracasso da globalização, tanto do ponto de vista geográfico quanto do geológico. Ele não será, como alegam certos observadores, deixado para trás.

Enquanto o Ocidente se queixa da desordem árabe, vai surgindo uma ordem árabe que define o futuro da região. A combinação de uma enorme riqueza petrolífera, da influência dos meios de comunicação de massa, das queixas compartilhadas na região e da dolorosa consciência do caráter arbitrário das fronteiras impostas pelo Ocidente está transformando a paisagem política árabe, onde surge uma opinião pública extraordinariamente consolidada, que desconfia da política externa americana e contesta a legitimidade de governantes não eleitos. A geração dos árabes mais jovens dissemina esses sentimentos por meio do intercâmbio estudantil, das reuniões de militância e dos *blogs* na Internet. Essa ampla e coordenada pressão de baixo para cima em prol da mudança política é uma tendência que não se encontra com consistência equivalente em qualquer outra parte. Uma nova geração de dirigentes que exemplifica formas mais liberais do que militares de educação pode até promover uma mudança das políticas oficiais sem mudança violenta de regime. Comentário do editor do jornal *Daily Star*, de Beirute, Rami Khoury: "Não podemos continuar sendo eternamente a última região não-democrática do mundo!"

Nos lugares onde prevalece o arabismo, a tolerância religiosa também está presente. Mas os democratas árabes competem pelos corações e mentes da próxima geração com o programa noticioso *Voz do Califado*, patrocinado pela Al-Qaeda, que ajuda os recrutadores jihadistas glorificando a violência antiocidental.[1] Não existem garantias de que o Ocidente levará adiante seu compromisso com o mundo árabe, apesar do forte impacto da agitação islâmica. O Ocidente está sofrendo como civilização, constantemente alerta para fazer frente a cada microconspiração destinada a destruir seus aviões e suas cidades. Se persistir por mais uma década o estresse cultural do combate ao radicalismo, os Estados Unidos e a União Européia podem decidir fazer por menos e tentar conter a região permitindo que uma guerra civil árabe-islâmica desgaste suas virulentas energias.

No entanto, quer venha a prevalecer o arabismo, quer o islamismo, o fato é que a América perderá, pois ambos tentam resolver seus problemas conforme seus próprios meios e seus próprios termos.[2] A América considera a região estrategicamente importante, mas isto não lhe dá o direito de intervir militarmente, sobretudo considerando-se que os seus erros, e não supostas deformações genéticas árabes, é que são considerados, de modo geral, a principal causa do terrorismo, da proliferação e do conflito. O armamentismo imprudente tem sido uma política americana muito mais constante do que a promoção da democracia. Os Estados Unidos não aprenderam com a revelação de T. E. Lawrence de que, embora não pudesse assumir um temperamento árabe, "eu podia pelo menos ocultar o meu, passando entre eles sem maiores atritos, nem crítico nem discordante, mas uma influência despercebida".[3] A maior aspiração de Lawrence era a humilde admissão de uma diferença cultural, assim como uma hábil estratégia para influir nas questões árabes. O atual neo-imperialismo da América parece uma grosseira e desordenada improvisação, que ainda ignora o mais básico axioma árabe: de que a melhor maneira de se escalar uma duna é pelos lados. Enquanto a Europa e a China se mobilizam ativamente em prol de seus próprios projetos, é improvável que a América consiga o que quer sem o apoio de uma das duas outras superpotências. A única região onde fica ainda mais evidente que nenhuma superpotência pode gerir sozinha o mundo — e onde outros têm visões alternativas a seu respeito — é o leste da Ásia.

EXTREMO OR
RÚSSIA
Lago Baikal
Harbin
Ulan Bator
Astana
MONGÓLIA
Pequim
Tianjin
CAZAQUISTÃO
Amarelo
Urumtsi
Alma-Ata
XINJIANG
Xian
Nanquim
Wuxi
CHINA
Yang-tsé
Chengdu
Chongqing
FUJIAN
TIBETE
GUANGDONG
Lhasa
Cantão
Shenzhen
Hong Kong
Macau
Pearl
Kunming
HIMALAIA
NEPAL
Brahmaputra
BUTÃO
Timbu
Katmandu
Mekong
YUNNAN
Beihai
Nova Délhi
Hanói
Ilhas Hainan
Mandalay
Luang Prabang
Dacca
BANGLADESH
Ilhas Paracel
Kolkatta
LAOS
Pyinmana
Vientiane
Sittwe
MIANMAR (BIRMÂNIA)
Chiangmai
Mar do S da Chin
ÍNDIA
TAILÂNDIA
VIETNÃ
Rangum
CAMBOJA
Baía de Bengala
Bangcoc
Cidade Ho Chi Minh
Mumbai
Phnom Penh
Hyderabad
Istmo de Kra
BRUNE
Arquipélago de Andaman
Mar de Andaman
MALÁSIA
Madras
Bangalore
Phuket
Langkawi
Penang
Malaca
Ilhas Nicobar
Estreito de Malaca
Kuala Lumpur
Putrajaya
Banda Atjeh
Ilha Bintan
Colombo
CINGAPURA
SRI LANKA
Sumatra
Jacarta
OCEANO ÍNDICO

PARTE V

A ÁSIA PARA OS ASIÁTICOS

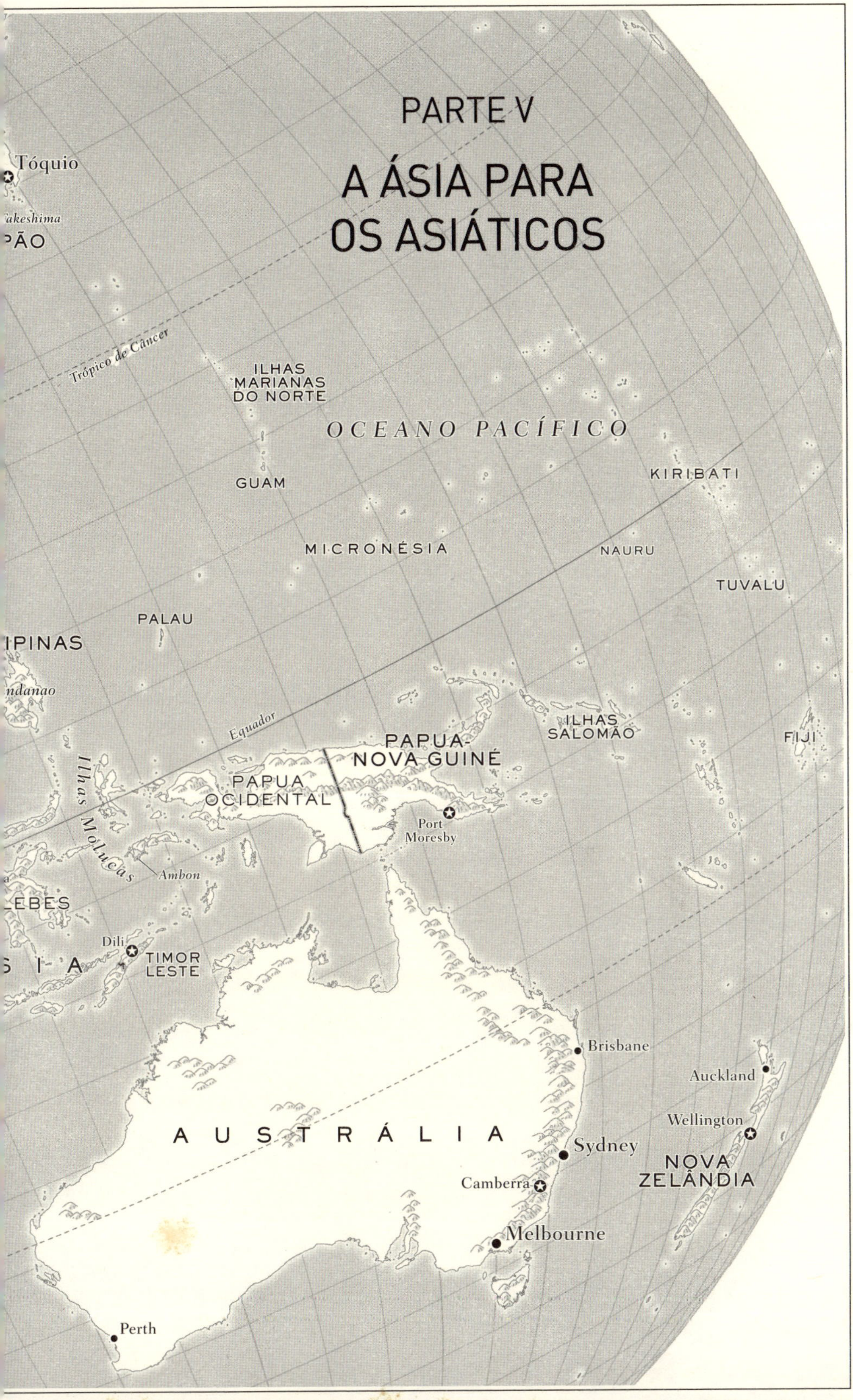

CAPÍTULO 27

DO ISOLAMENTO À EXPANSÃO

UM SÉCULO ATRÁS, Theodore Roosevelt proclamava que "a era do Atlântico encontra-se em seu auge e logo terá esgotado os recursos à sua disposição. A era do Pacífico, destinada a ser a maior de todas, está apenas alvorecendo". A era do Atlântico foi liderada pela Europa e depois pela América. A era do Pacífico será liderada pela China — e por mais ninguém.

Só recentemente a China ascendeu ao Segundo Mundo, mas há muito tempo já se mostrava capaz de agir como uma potência global, mesmo carecendo dos pré-requisitos militares e econômicos. Foi o único país do Terceiro Mundo a obter um assento permanente no Conselho de Segurança da ONU, e durante sua iconoclasta Revolução Cultural da década de 1960 a China afastou-se da União Soviética e começou a competir com ela por alianças regionais e pela liderança do movimento comunista internacional. O presidente Nixon advertiu sobre a necessidade de integração da China à comunidade de nações, em vez de mantê-la como "epicentro da revolução mundial", dando início a um degelo, para pôr em xeque a URSS. Quando a União Soviética entrou em colapso, contudo, estava garantido o potencial da

China de se tornar exatamente essa potência revolucionária — e os Estados Unidos nada podiam fazer a respeito.

"Não está apenas no mapa. Está também em nossas mentes: a China é o centro de tudo que acontece por aqui", explicou um jornalista de Cingapura, comentando o número cada vez maior de jornalistas chineses em sua redação. A China se encontra bem no centro da pan-região mais populosa e economicamente dinâmica do planeta, abrangendo o extremo oriente da Rússia, o Japão, a península coreana, a Índia, o Sudeste Asiático e as ilhas do Pacífico, entre elas a Austrália e a Nova Zelândia.[1] Nenhum país desse triângulo formado pela Índia, pelo Japão e pela Austrália — seja do Primeiro, do Segundo ou do Terceiro Mundo — é capaz de fazer frente à influência econômica, demográfica, política e cultural da China. Alguns americanos acreditam que sua própria preponderância garante a estabilidade asiática, mas a metade da população mundial que vive na Ásia considera cada vez mais que sua estabilidade se manifesta sob a hegemonia chinesa.[2] "A América pode vir e passar, mas nosso destino depende, em última análise, das decisões e do comportamento da China", observava um diplomata tailandês durante uma conferência num hotel cinco estrelas em Bangcoc.

Como os Estados Unidos e a União Européia, a China tornou-se um império que não ousa dizer seu nome. O ressurgimento da *Pax Sinica* é o equivalente asiático da expansão da UE, seu modelo diplomático de uma mistura de princípios antigos com instituições modernas.[3] Sete anos antes do surgimento na Europa do sistema westfaliano de Estados-nação, a Ásia era governada por uma hierarquia imperial, com a China em seu cerne, enquanto os reinos periféricos pagavam tributo. Comércio e diplomacia eram sinônimos: a China demonstrava sua generosidade transferindo mais dádivas e tributos a seus vassalos do que recebia, uma elegante fachada para mascarar a realidade do domínio.[4] A lealdade era comprada e depois merecida. A soberania de Estado, a principal mudança jurídica desde a era do tributo, é simplesmente uma ferramenta moderna para preservar a ficção da autonomia em relação à supremacia chinesa. O modelo tributário nunca exigiu dominação territorial; era um meio de estender a influência a domínios além do controle chinês direto. Desse modo, embora capitais como Tóquio, Seul e Cingapura desempenhem hoje papéis equivalentes aos de Londres, Moscou e Ancara na relação com a UE — como diques de contenção da onda imperial chinesa —, também têm, tacitamente, a consciência de sua condição cada vez mais subsoberana diante da China. A ONU não tem importância no Leste Asiático, pois não garante estabilidade nem riqueza, as duas principais preocupações dos asiáticos.

A emotividade chinesa obcecada com o protocolo reviveu o teatro diplomático da era do tributo. Quando suas políticas são criticadas pelos vizinhos, a China retruca, amuada, que tais afirmações "ferem os sentimentos do povo chinês". Sua retórica minimalista dá impressão de ponderação, ao mesmo tempo que permite impregnar cada palavra emitida de grande peso e de um sofisticado simbolismo histórico. Mas aqueles que só vêem a China com base em sua cautelosa retórica estão mais preocupados com palavras do que com números. Já em 1968, o estudioso A. F. K. Organski previa que a China suplantaria os Estados Unidos como maior potência mundial, em virtude do potencial incalculável de sua população. Na era da globalização, também devemos levar em conta o poder amplificador das diásporas. Os 55 milhões de chineses que vivem no exterior, em sua maioria na periferia asiática, constituem o equivalente demográfico de uma mudança climática: avanço imperceptível, ignorando fronteiras e afetando todos.[5] Os vínculos orgânicos chineses estão se reativando através das fronteiras políticas, fomentando uma "*mistura*" demográfica não menos significativa do que as que se verificam nas Américas ou no Mediterrâneo. Os elos históricos entre o nordeste chinês e a Coréia do Sul e o Japão, a região do delta do rio Pérola e Hong Kong, o delta do rio Yang-tsé e Taiwan e o sudeste e a grande sub-região do Mekong constituem territórios econômicos naturais que transcendem a paz e o conflito.[6] O impressionante desequilíbrio de gêneros na China (decorrente da política oficial de autorizar somente um filho por casal e de uma evidente preferência por meninos) levou o país a importar mulheres do Vietnã e da Coréia do Norte, diluindo ainda mais outros sangues numa raça mestiça de base chinesa.

A China consegue lidar com contradições que parecem insustentáveis no Ocidente: é um império que algumas vezes se isolou, expandindo-se apenas para garantir a própria defesa; resolve suas disputas de fronteira, em vez de utilizá-las como um fantasma de fomento do nacionalismo; sustenta uma economia capitalista estritamente regulamentada; é um Estado autoritário que pratica a democracia local e sua mais fundamental doutrina estratégica se expressa naquelas que talvez sejam as palavras mais antinômicas da história: "ascensão pacífica."* Ao longo da história, as potências em ascensão tornaram-se cada vez mais beligerantes, mas o fato é que quanto mais a China se torna confiante, mais se dispõe a cooperar.[7] "Eles já sabem que limites não podem ser ultrapassados", afirmava, confiante, um analista estratégico malásio enquanto jantava num sofisticado restaurante chinês em Kuala Lumpur. "Os países asiáticos estão encarando a China cada vez menos como uma ameaça, especialmente considerando-se que sua ascensão gera para cada um deles importantes oportunidades econômicas, além de transformar em fator de mobilização o orgulho cultural asiático."

A América dá as cartas desde que tomou as Filipinas da Espanha há um século, e o seu Comando do Pacífico (Pacom) é, de longe, seu contingente militar mais numeroso, maior ainda que todos os outros juntos, e capaz de afundar simultaneamente as marinhas de todo o restante do mundo.[8] A América se apega à orla do Pacífico porque sua grande estratégia é orientada pela teoria da orla enunciada por Nicholas Spykman. Para ele, em oposição à tese de Mackinder de que o coração da Ásia Central é o pivô do poderio global, a região costeira eurasiana que se estende do golfo Pérsico à orla do Pacífico, contornando o subcontinente indiano, constitui a mais importante zona de crescimento industrial e populacional. Spykman, assim, reviu a famosa tirada de Mackinder: "Quem controlar a orla dominará a Eurásia; quem dominar a Eurásia controlará o destino do mundo."[9] Durante a Guerra Fria, o sistema americano de assegurar *de fora para dentro* alianças baseadas no fomento de "centros de irradiação", envolvendo a Austrália e a Nova Zelândia (sob a denominação coletiva de Anzus), o Japão, a Coréia do Sul, Cingapura e as Filipinas, desestimulou a cooperação regional, e a América continua sustentando fortes laços econômicos bilaterais com países do Leste Asiático (que respondem por 40% do seu comércio) — assinando acordos de livre comércio com a maioria dos vizinhos da China, com o objetivo de continuar garantindo sua lealdade.

---

* A expressão "*ascensão pacífica*" (*heping jueqi*) foi criada por Zheng Bijiang, da Escola Central do Partido. Oficialmente, a doutrina seria posteriormente rebatizada de "desenvolvimento pacífico", para ficar parecendo mais benigna e enfatizar a maior atenção da China com sua política interna, sem enviar qualquer sinal ambivalente de tolerância quanto à independência de Taiwan. Essa política subentende a idéia de que o excesso de consumo e a poluição são perigosos e ineficazes, de que a expansão e a agressão, em última análise, são contraproducentes, e de que o desenvolvimento econômico e social deve ser equilibrado.

Mas a América vem perdendo, aos poucos, sua ascendência sobre a orla do Pacífico. Muitos asiáticos não se sentem particularmente impressionados com a presença naval americana, vendo-a, isto sim, como um acidente histórico, hoje em dia antiquado, supérfluo e mesmo perigoso.[10] "Ainda estamos querendo saber o que a América quer dizer quando afirma que seus 'interesses estratégicos' exigem que mantenha mobilizada em nossos mares, em atitude ameaçadora, uma esquadra de porta-aviões e contratorpedeiros", comentava com sarcasmo um analista militar chinês em Pequim. "Nós, aqui na região, podemos perfeitamente resolver nossos problemas, e o que nos preocupa é que a América é que tenha alguma reação violenta." Mais ainda que no golfo Pérsico, as fraquezas da América ficam expostas com maior clareza no Leste Asiático precisamente porque é lá que está visível seu poderio máximo. O recuo de sua credibilidade fez com que sua posição de supremo árbitro da estabilidade asiática fosse reduzida a um papel secundário de protetor do Japão e de Taiwan e gestor de crises, das escaramuças navais entre malásios e indonésios ao impasse nuclear norte-coreano.[11] Em 2001, a China deixou de se referir aos Estados Unidos como "potência hegemônica" no leste da Ásia não por uma questão de cortesia, mas pura e simplesmente porque a América já não tinha condições de exercer esse papel.

Não só a China vem conquistando terreno nesse núcleo centro-asiático descrito por Mackinder, como seu extenso litoral no Pacífico faz dela o maior país da orla cara a Spykman. Assim como a Rota da Seda constitui o caminho da China para o Ocidente, o mar do sul da China e o estreito de Malaca são as linhas de comunicação marítima da região, dando acesso aos recursos energéticos e aos mercados do golfo Pérsico e da Europa. Desse modo, o panorama estratégico do leste da Ásia evolui no mar, com a China trabalhando incansavelmente para cooptar os países do litoral do Sudeste Asiático por meio de pactos comerciais e da cooperação naval. Nos contextos em que os pêndulos diplomáticos oscilavam a certa altura entre os Estados Unidos e a China, muitos países preparam-se agora para que ela eclipse os EUA. Surgiu uma cultura estratégica asiática *de dentro para fora*, orientada por uma diplomacia consultiva (conhecida como *musyawarah*) que identifica interesses comuns capazes de gerar soluções que salvem as aparências, ao mesmo tempo marginalizando temas polêmicos ou gerados externamente (leia-se: impostos pelos EUA).[12]

"Estamos diante de uma 'Doutrina Monroe' chinesa", afirma o observador malásio. "Devemos superar isso e aceitar essa ordem chinesa. Assim poderemos resolver pacificamente os problemas de Taiwan, da Coréia do Norte e do mar do sul da China." Será que uma hierarquia chinesa benigna seria capaz de impedir que as rivalidades se agravassem além do nível psicológico e econômico? Embora persistam graves disputas de fronteiras, como assinala o diplomata Kishore Mahbubani, de Cingapura, "os canhões se calaram" na região em conseqüência de uma "onda de bom senso" que tem levado os asiáticos a rejeitar o padrão histórico ocidental do militarismo em favor da prosperidade compartilhada.

Mas os asiáticos efetivamente dão as boas-vindas ao retorno *soft* da Europa ao Leste Asiático, depois do desmantelamento de sua presença colonial na Indochina e da transferência pacífica de Hong Kong à China, pelos britânicos, em 1997. "A Europa é um 'parceiro estratégico' da China, e sua contribuição para o desenvolvimento de nossa nova ordem regional constitui importante endosso", explicava um acadêmico chinês. "Temos sido testemunha e vítima da história ocidental, e só a estabilidade da União Européia representa um bom guia para nós." Os asiáticos, que outrora se voltavam para a América em busca de segurança, procuram hoje capacitação na Europa, pois tudo que a União Européia faz realmente torna a região mais moderna, próspera, educada e profissional, aumentando a confiança dos asiáticos e diminuindo a dominação americana.* As organizações regionais, as câmaras de comércio, os "conselhos de notáveis" e os intercâmbios estudantis são inspirados em experiências da União Européia.[13] A Europa é um mercado maior para as exportações asiáticas do que a América, e os asiáticos vêm aumentando a participação do euro em suas enormes reservas cambiais para fazer frente à desequilibrada economia americana. Em toda a Europa se encontram acadêmicos, estudantes, jornalistas, músicos e turistas chineses. Verdadeiras ondas de empresários

---

* Preocupada como sempre em jogar de todos os lados, Cingapura é a sede do Encontro Ásia-Europa (Asia-Europe Meeting — Asem), centrado no fortalecimento comercial da Europa para se sobrepor à Cooperação Econômica da Ásia do Pacífico (Asia Pacific Economic Cooperation — Apec), dominada pelos americanos — que sempre foi chamada de "quatro adjetivos em busca de um substantivo". A decadência da Apec também pode ser constatada na preferência chinesa por acordos comerciais bilaterais, do Canadá à América do Sul.

chineses hospedam-se em hotéis baratos da Alemanha e da Europa Oriental, passando semanas em busca de parcerias para exportar ainda mais produtos chineses.

Mas a China e a Ásia estão apenas absorvendo conhecimento ocidental para acelerar a construção de uma ordem oriental. Os céticos americanos argumentam que um "concerto asiático" é impossível, em virtude da persistência de uma série de rivalidades, mas a confiança dos asiáticos já evoluiu de tal maneira que a América só pode se manifestar quando convidada: em 2005, os Estados Unidos simplesmente não foram convidados para a primeira Reunião de Cúpula do Leste Asiático, realizada em Kuala Lumpur.[14] À medida que essa comunidade evolui de um clube geográfico para a condição de principal foro para o debate das prioridades asiáticas, a maioria dos protagonistas regionais passa a encará-la como uma chance de se descartar, de uma vez por todas, da influência ocidental. Como dizia um veterano diplomata malásio sem sarcasmo: "Criar uma comunidade é fácil entre amarelos e pardos, mas não com os brancos."

Como foi que o Leste Asiático se transformou numa arena da mudança global, numa região comparável à América do Norte e à Europa? Durante muito tempo os europeus admiraram as culturas orientais, até que a Revolução Industrial veio aumentar enormemente a defasagem material entre eles. Marx e Weber sustentaram então que o Leste Asiático estava fadado à estagnação: a China era grande e feudal demais; outros países asiáticos, tendentes ao "despotismo dos costumes".[15] Spengler via as coisas de outra maneira. Que relevância poderiam ter conceitos filosóficos ocidentais como os ideais dionisíacos e o *Übermensch* para o confucionismo, ele se perguntava, sabendo que a humanidade vive e pensa em sistemas culturais únicos? Para Spengler, o Ocidente já estava em seu outono, definhando com o aumento da defasagem entre seus ideais e sua realidade. Em oposição, uma população numerosa, devidamente equipada, poderia dotar-se de confiança marcial. Como dizia o sociólogo francês Auguste Comte, demografia é destino. A Ásia tem as culturas mais antigas, o maior contingente humano, a maior quantidade de dinheiro de qualquer região do planeta.[16] Está moldando o destino do mundo e, ao mesmo tempo, expondo as falhas da grande narrativa da civilização ocidental. Por causa do Oriente, o Ocidente já não é senhor de seu próprio destino.

A Guerra Fria costuma ser considerada um conflito entre o Oriente e o Ocidente, mas a "condescendência profundamente arraigada" dos ocidentais os impediu de avaliar devidamente a ascensão do Oriente *real*, que hoje em dia representa o verdadeiro desafio para o Ocidente.[17] Os asiáticos consideravam a hegemonia americana no período posterior à Guerra Fria como uma tentativa de manter uma ascendência ocidental sobre os principais instrumentos da tecnologia e das finanças, e reagiram tentando dominar esses dialetos do poder com mais rapidez do que qualquer outro povo no mundo.[18] A irrefreável globalização de hoje está a seu lado, disseminando conhecimento com rapidez maior do que seria capaz de controlar qualquer império e evocando o profético argumento de Spengler, em *Der Mensch und die Technik*, de que a tecnologia rapidamente se divorcia da cultura que a criou. A modernização e a ocidentalização têm o mesmo ponto de partida, mas dois destinos muito diferentes. Se "o Ocidente já era o Ocidente muito antes de se modernizar", também o Oriente continuará sendo o Oriente mesmo depois de se apossar da modernidade.[19]

"O crescimento acelerado da Ásia torna antiquada a própria noção de aversão ao risco", celebrava um investidor de Hong Kong, congratulando-se por ter se mudado de Nova York para lá. "O Leste Asiático encarna hoje a ambição sem limites que outrora caracterizava o Ocidente, e passou a receber os investimentos ocidentais à medida que esses mercados foram ficando saturados." O leste da Ásia apoderou-se apenas dos melhores padrões e tecnologias do Ocidente. Bangcoc, Xangai e Kuala Lumpur têm metrôs de superfície que deslizam impecavelmente, enquanto os de Nova York e Londres se arrastam com dificuldade. O Ocidente pode ter inventado o automóvel, mas 40% dos carros comprados atualmente na América provêm do Leste Asiático, que ostenta maior utilização dos celulares 3G que a América e estabelece seus próprios padrões de telefonia, com os quais os outros precisam passar a competir. Os asiáticos do Leste também têm a vantagem de um relativo domínio das duas línguas globais: o inglês e o chinês. O sucesso do cinema americano deriva cada vez mais da importação de técnicas japonesas de animação e de histórias e estilos cinematográficos de Hong Kong, demonstrando que até o fluxo da influência cultural pode estar se invertendo.

A história está sendo reescrita do ponto de vista oriental, e no Leste Asiático o "fim da história" parece muito diferente.* A mistura dos meios ocidentais com os fins orientais promovida no Japão do século XIX constituiu um modelo local para a ascensão dos "tigres" asiáticos no século XX: Taiwan, Coréia e Cingapura. Combinando inspiração e transpiração, as predisposições culturais dos asiáticos do Leste pediam índices elevados de poupança e um bom sistema educacional.[20] Sua capacidade de proteger os setores da economia interna com um crescimento centrado nas exportações gerou enorme riqueza e um estilo alternativo de capitalismo que interessou os países da onda seguinte do dinamismo asiático, entre eles a China, a Malásia e o Vietnã. "Keynes é o nosso homem!", comemorava em Cingapura um culto motorista de táxi. Anteriormente considerada digna apenas do marxismo, a interferência governamental na economia passou a ser vista como um contraponto decisivo à economia do *laissez-faire* no leste da Ásia. Desde a crise financeira de 1997-98, o objetivo explícito dos asiáticos tem sido livrar-se do FMI, transformado por suas pesadas condições em ferramenta do Tesouro americano.[21] Depois da crise, os asiáticos se recuperaram adotando a disciplina fiscal e os padrões do mercado global — mas sem sacrificar o caráter central do governo. Enquanto no Ocidente o governo é considerado um obstáculo à inovação, é exatamente para ela que os governos do Leste Asiático hoje direcionam maciçamente sua liquidez. E como o comércio intra-asiático atualmente supera o comércio através do Pacífico, os asiáticos podem estabelecer suas próprias regras.**

---

* O liberalismo insiste em sua universalidade, mas sua aplicação no tempo e no espaço evidencia que funciona melhor onde já existe. Como observa Amartya Sen, nenhum sistema político tolera a anarquia e a desordem, de modo que o que importa é saber qual sistema permite o máximo desenvolvimento da liberdade. Os países economicamente mais desenvolvidos do Leste Asiático são aqueles que também respeitam os direitos individuais e a democracia — Coréia do Sul, Taiwan e Japão —, de modo que seu sucesso não pode ser atribuído ao autoritarismo. Mas as políticas que levaram a esse resultado não podem ser consideradas propriamente liberais. Ao contrário, as elites burocráticas é que davam as cartas em todas as arenas políticas e econômicas, como continuam fazendo hoje em grande medida. Fortes vínculos de cooperação entre os governos e o mundo dos negócios, em meio a relações estreitas entre bancos e fornecedores, foram essenciais para superar a defasagem entre esses países e o Ocidente. Os subornos e os conglomerados geridos por clãs familiares não são invenções asiáticas: fazem parte da história da evolução capitalista em todo o mundo. A democracia funciona melhor com uma classe média suficientemente grande, e a democratização da economia, que é pré-requisito de qualquer ordem liberal ampla e sustentável, só surgiria posteriormente.

** O comércio entre a Asean e a China quintuplicou entre 1997 e 2005, chegando a 105 bilhões de dólares. A política chinesa de comprar mensalmente entre 15 e 20 bilhões de dólares de sua própria moeda mantém o renminbi artificialmente desvalorizado, permitindo, ao mesmo tempo, que outros países da região fiquem à margem do processo global de ajustes monetários, para preservar sua competitividade diante da China. Sustentando déficits comerciais com seus vizinhos da Asean, a China os mantém ao seu lado, como um mercado cada vez mais voraz para suas exportações. Embora o gigante manufatureiro chinês absorva até 80% dos investimentos estrangeiros diretos na região, o Sudeste Asiático ainda tem a ganhar em termos de potencial manufatureiro de longo prazo, pois a China, o Japão e a Coréia envelhecem com rapidez.

Os asiáticos não precisam sair da Ásia. Hoje, os viajantes asiáticos saltam tranqüilamente de um avião para outro de suas linhas aéreas de tarifas baixas para explorar mais de uma dezena de culturas diferentes e atraentes. "Os países do leste da Ásia estão profundamente enraizados na história pré-colonial, de modo que somos muito mais estáveis do que os países árabes ou africanos pós-coloniais. Não vemos motivo para que a prosperidade de alguém provoque a rivalidade com outros", comentou um historiador malaio-chinês em um seminário que reuniu acadêmicos do Sudeste Asiático na Universidade de Malaia. A China e o Japão, que costumam ser considerados eternos adversários, são, na verdade, os co-pilotos econômicos do Leste Asiático.[22] Com Cingapura e a Coréia do Sul, detêm mais de dois terços das reservas cambiais mundiais, avaliadas em mais de 2 trilhões de dólares (majoritariamente em dólares americanos), o que lhes permite dar prosseguimento às políticas mercantilistas que alimentaram a ascensão do Ocidente. Um século atrás, o presidente Warren Harding exortou os americanos a "empreenderem a pacífica conquista comercial do mundo" para afastar o risco de conflito social em seu próprio país. Pois hoje os asiáticos do Leste seguem seu conselho, comprando empresas, bens e recursos naturais em todos os continentes. "O mundo pode estar encolhendo, mas nossa parte é maior que a do Ocidente", comentava um jornalista de Xangai na agitada redação de seu jornal.

Desde o domínio britânico em Hong Kong e Cingapura, o colonialismo ocidental deu ao Leste Asiático o ponto de partida vantajoso da cidade global. A partir da década de 1950, Tóquio, Taipé, Seul e Xangai também se transformaram em cidades globais, canalizando anualmente bilhões de dólares em investimentos para seus respectivos países e para toda a região. Cada uma delas é tão poderosa que todas podem ser consideradas "Estados-regiões", cidades que funcionam como unidades de negócios, tão ligadas à economia global quanto seus próprios países, ao mesmo tempo que se vinculam cada vez mais a uma crescente rede asiática de núcleos econômicos, independentemente das distinções políticas e culturais.[23] A Ásia também conta com mais de metade das megalópoles mundiais, nas quais vive a maioria dos 500 milhões de habitantes do Sudeste Asiático. As megacidades terceiro-mundistas da África e da Índia têm centros agitados, cercados por anéis e bolsões de bairros residenciais e miseráveis a perder de vista. À medida que as aldeias vão rapidamente se despovoando, a urbanização não é sinônimo de modernização e desenvolvimento, mas de miséria e degradação. Hoje, o Sudeste Asiático vem deixando para trás essa situação terceiro-mundista, chegando sua renda *per capita* a mais de 3 mil dólares e com o índice de pobreza caindo abaixo de 25%. Na Malásia e na Tailândia ainda existem favelas à beira de esgotos e milhões de trabalhadores apátridas, mas não se encontra um quadro generalizado de doenças nas favelas e uma grande população de sem-teto. É cada vez maior o número de pessoas que diariamente acorda pensando em construir seu sonho asiático.

"O sonho asiático de hoje era o sonho americano de ontem", proclamava o ministro do Exterior de Cingapura, George Yeo. Não se encontra no Leste Asiático a mais leve sombra de hesitação, num ambiente cultural que tem sido fator decisivo para a criação de um círculo virtuoso de crescimento econômico e orgulho cultural. Está no Leste Asiático a maior parte das projeções mundiais de crescimento da demanda de consumo, mas suas populações não são como ações: seus valores não mudam diariamente. Os Estados dotados de dinheiro merecem respeito e *status*, exatamente como acontece com pessoas ricas, o que significa que o Leste, cada vez mais próspero, já pode contestar mais abertamente a universalidade dos valores ocidentais, um "ocidentalismo" que reage à "ostentação ofensiva de superioridade por parte do Ocidente".[24] Os "valores asiáticos" de liderança unificada, consenso e harmonia social dificilmente poderiam ser mais desacreditados do que a democracia, o capitalismo e o individualismo americanos hoje, aumentando a oferta de modelos alternativos para o restante do Segundo Mundo. A China está tão confiante na falta de interesse pela América que as eleições presidenciais americanas são transmitidas ao vivo pela televisão, talvez como entretenimento. Um programa de televisão para a juventude chinesa no estilo *American Idol* premia o conhecimento de expressões idiomáticas do inglês com miniaturas da tocha da Estátua da Liberdade, sem a mais leve sombra de ironia. A China já não se incomoda de libertar presos políticos para aplacar os Estados Unidos. "Nós estamos vendo como o materialismo levou ao excesso de consumo e ao desgaste da democracia americana", afirmou um estudante chinês que é líder de uma organização da juventude do partido. "O que queremos é um sistema de governo por meio do consenso e do império da lei." No Leste Asiático, as tentativas de democratização empreendidas pelo Ocidente bateram num muro ainda mais alto do que no mundo árabe. Os estudiosos ocidentais prevêem que a abertura econômica levará à democratização, mas não só os governos asiáticos se alinham com as elites para impedir qualquer desafio ao seu controle sobre os bens públicos e a lei, como a democracia está em demanda ainda menor, pois muitos países asiáticos efetivamente contam com bons líderes (*junzi*), que não querem se transformar no príncipe daquela parábola confuciana, que está errado mas não é contestado, levando o país à ruína.*

O "pacto asiático" oferece sociedades abertas mas organizações políticas fechadas, recolocando a democracia em seu devido lugar de meio para alcançar um fim — não a mais alta virtude, mas simplesmente um dado entre muitos outros na agenda. Não deixa de ser irônico que o grande rival do Ocidente venha de uma meritocracia de elites de inspiração confuciana, já que essa idéia está firmemente assentada na *República* de Platão, que preconiza o governo de sábios reis filósofos.[25] A quase-democracia liberalizante adotada em Cingapura e na Malásia é, atualmente, o modelo preferido no Leste Asiático. Existem partidos de oposição e são realizadas eleições, mas não para o cargo máximo. A sucessão é feita por seleção, não por eleição.[26] Esse egocentrismo coletivo impede que o Estado seja seqüestrado por grupos de interesses de etnias majoritárias, o que levaria à fragmentação de Estados multiétnicos como a Malásia. A liderança de um partido único tornou os governos da Malásia e de Cingapura muito mais transparentes e voltados para sua população do que o das Filipinas, onde a cada semana surgem novos rumores de golpe contra um governo democraticamente eleito, mas iliberal. Da Tailândia a Taiwan, a democracia resultou em sistemas eleitorais que abrem espaço para constantes manobras extralegais, *impeachments* e golpes. A democracia da Tailândia é como sua luta de boxe, na qual é permitido usar punhos, pés, joelhos e cotovelos, e a instabilidade política e a corrupção da Indonésia democrática não chegam propriamente a fazer com que seu sistema seja admirado pelos outros. "A democracia ocidental é para nós uma perda de tempo", resumiu um diplomata malásio.

---

* Não tendo estruturado governos para limitar o poder do Estado, a história chinesa, japonesa e coreana é caracterizada por governantes com autoridade suprema sobre a vida política, social e cultural, dotados de ascendência moral para acabar com a corrupção e "limpar" a sociedade até mesmo por meio de medidas extralegais. Ver Bell, *East Meets West*, pp. 127, 153.

As tradições comunitárias do Leste Asiático também desafiam conceitos americanos de direitos humanos, dando prioridade aos direitos sociais e econômicos sobre os cívicos e políticos, e assim justificando a negação de qualquer proteção constitucional à liberdade individual e ao direito de livre expressão.[27] Mêncio, o seguidor de Confúcio, considerava que a violação do direito ao alimento e ao bem-estar material é um crime mais grave que a negação dos direitos políticos. A humildade e a compaixão (*ren*), e não o brilho e o egoísmo, são as virtudes mais cultivadas. Nas culturas confucianas, o nome de família vem primeiro, seguido do prenome. A dedicação filial é um princípio apreciado e imposto por lei em numerosos países do Leste Asiático, e muitos acreditam que a sociedade ideal é estruturada como uma família, em vez de se basear nos indivíduos.[28] As crianças, por sua vez, também são um fator muito mais central nas atenções da família. "Em virtude da política oficial chinesa de autorizar somente um filho para cada casal, a criança é sinônimo de esperança no futuro", explicava um intelectual de Pequim, detalhando seu empenho em administrar bem as atividades sociais, musicais e atléticas de seu filho único. Como os europeus, os asiáticos do Leste são mais voltados para a subsistência e a igualdade econômica, direitos muito mais enraizados na tradição jurídica européia do que na americana. A Constituição alemã, com dispositivos sobre educação e assistência médica, foi o modelo para a da Coréia. O emprego vitalício ainda é levado muito a sério e cultivado em todo o Leste Asiático; para os trabalhadores migrados da região, o emprego é muito mais importante que a cidadania. Os fundos de erradicação da pobreza patrocinados pelo Estado demonstram um compromisso com a redistribuição da riqueza.[29] Os asiáticos querem usar a globalização para construir uma classe média, não para miná-la, como vem acontecendo nos Estados Unidos. Entraram no avião da globalização, mas com os cintos amarrados. E nesse avião freqüentemente praticam juntos exercícios de *tai chi chuan*, centenas de mãos movimentando-se de forma sincronizada em toda a cabine, compartilhando a alegria de voar.

Os valores asiáticos também têm seus defeitos. "Em alguns países, o progresso de uns poucos tem sido usado de forma imatura para ocultar a insuficiência das melhorias na qualidade de vida da maioria", reconheceu um acadêmico malaio-chinês. O confucionismo, certamente, não se mostrou um anteparo eficiente contra o maoísmo e o marxismo, que só nos últimos 50 anos custaram a vida de cerca de 100 milhões de pessoas na China, no Camboja e no Vietnã. As organizações criminosas que atuam na China, em Taiwan e no Japão não são propriamente modestas: suas operações implacavelmente eficientes nos terrenos das drogas, das armas e da lavagem de dinheiro fazem as gangues americanas parecerem amadoras. E o privilégio paternalista asiático é objeto de evidente abuso nas ações comuns entre o Estado e o mundo dos negócios, em meio a interpretações bastante ambivalentes do dever confuciano de ajudar a família e os amigos por meios pessoais, e não profissionais. Mas até mesmo esses defeitos contribuíram para inspirar mais confiança no processo de tentativa e erro dos próprios asiáticos. "Agora que temos crescimento econômico e estabilidade social, não há mais desculpas para não termos dirigentes, forças policiais e executivos empresariais dotados de responsabilidade", ele continuou. Entretanto, até mesmo as elites de formação ocidental da Malásia, de Cingapura e da China, pautando-se pela idéia confuciana de reciprocidade entre os governantes e os governados, permanecem leais a esse sistema hierárquico, que preserva tanto a estabilidade como seus interesses pessoais. Um parlamentar de Cingapura resumiu: "Assumimos riscos com nosso dinheiro, e não com nossas convicções."

CAPÍTULO 28

A SEDUÇÃO PRIMEIRO-MUNDISTA DA CHINA

Muito mais do que sua antecessora no Segundo Mundo, a União Soviética, a China é capaz de explorar a globalização para cooptar não só o Terceiro Mundo, mas também todo o Primeiro Mundo, especialmente em sua própria região.[1] O Japão, a Coréia, a Austrália e Cingapura vêm lenta mas perceptivelmente mudando suas estratégias gerais, à medida que se tornam mais interdependentes da China. O Primeiro Mundo não é um clube dominado pelos americanos: os próprios aliados com que a América conta para conter a ascensão da China são os que mais a estão fomentando.

Desde que o Japão se rendeu aos Estados Unidos, na Segunda Guerra Mundial, a América o considera o grande esteio do "mundo livre" na Ásia.[2] Entretanto, na qualidade de país mais sofisticado do mundo em termos tecnológicos e organizacionais, o Japão tem sido um dos grandes arquitetos da ordem asiática, investindo pesadamente em toda a região — especialmente na China —, para economizar custos de produção na indústria automobilística e em outras. Os 400 mil chineses instalados no Japão contribuíram para despertar precocemente um interesse maior pela China, e os milhares de estudantes chineses que anualmente chegam ao Japão ajudam a sustentá-lo. O aeroporto de Pequim foi construído com ajuda japonesa, e os investimentos japoneses na China nunca foram tão altos como nos períodos de tensão entre os dois países. As importações japonesas da China dispararam, abrangendo, por exemplo, metade do consumo anual de frutas do país. Mais de 100 mil japoneses vivem atualmente em Xangai, muitos contribuindo para carrear os mais de 30 bilhões de dólares em investimentos japoneses, além de trabalharem em centros japoneses de telemarketing.[3]

O Japão continua sendo uma locomotiva econômica global, além de ser o maior fornecedor mundial de ajuda humanitária, e sua aliança com os Estados Unidos, sua marinha supermoderna e seu programa de mísseis de defesa somam um orçamento de defesa bem pequeno, que tem proporcionado segurança suficiente para esta que é a mais humilde das grandes potências. (No *establishment* japonês, algumas vozes nacionalistas se mostram tão preocupadas com a posição desigual do país em relação aos Estados Unidos quanto com a China.) Ainda que o Japão venha a dispor de armas nucleares, sua singularidade cultural o impede de arregimentar muitos seguidores na Ásia, devendo contentar-se em desempenhar um papel secundário em relação à China, que bloqueou suas pretensões de obter um assento permanente no Conselho de Segurança da ONU. Mas um "novo pensamento" dinâmico foi surgindo à medida que os dirigentes de ambos os lados perceberam que a normalização das relações do Japão na Ásia é tarefa semelhante à reabilitação da Alemanha na Europa, pré-requisito para continuar tocando as "rodas gêmeas" do regionalismo econômico e político com que estão comprometidos ambos os países.[4] Deixando para trás o temor da cooperação, a China, o Japão e a Coréia do Sul caminharam na direção da exploração conjunta de petróleo e gás no mar da China Oriental, de acordos de partilha do petróleo, de reservas petrolíferas estratégicas e de um programa comum para a exploração pesqueira e de depósitos de gás ao redor das disputadas ilhas de Dodko (ou Takeshima).[5]

Depois do Japão, a Coréia do Sul é a maior história de sucesso da Ásia, passando de um típico cliente de ajuda internacional para a condição de Estado do Primeiro Mundo.[6] Mais ainda do que no caso do Japão, entretanto, a fidelidade da Coréia do Sul à América está sob forte tensão. A crescente autoconfiança dos coreanos levou a um confronto com os Estados Unidos a respeito da necessidade de prolongar mais de meio século de presença militar americana na península, com a Coréia pressionando para a redução dos efetivos. As bases americanas, outrora um bastião da extraterritorialidade, subsistem hoje graças à tolerância de sociedades que as hospedam, que se mostram cada vez mais desconfiadas das motivações americanas.[7] Ao mesmo tempo, muitos jovens coreanos estão cedendo aos encantos da "Febre Vermelha", mostrando-se favoráveis a um relacionamento mais estreito com a China.[8] Praticamente todo o crescimento econômico da Coréia do Sul depende da China, que superou os Estados Unidos como seu principal parceiro comercial.[9] Quando a China sinalizou que seu crescimento poderia se desacelerar em 2004, a Bolsa de Valores coreana sofreu uma queda feia. A China praticamente equiparou seus padrões eletrônicos aos da Coréia, mas com custos trabalhistas muito menores, o que significa que o papel atualmente desempenhado pela Coréia no acréscimo de valor a produtos montados na China pode se evaporar à medida que os chineses vão galgando degraus da escada do abastecimento.

Mas o fato é que a China e a Coréia do Sul estão cooperando na colonização capitalista da Coréia do Norte, dotada de armamentos nucleares mas pobre, e que fica entre as duas. A China já comprou as minas e as ferrovias da Coréia do Norte, enquanto a Coréia do Sul, em sucessivas manifestações de sua "política da luz solar", criou, na vizinha, zonas de exportação e produção conjuntas; atualmente, os dois países têm uma mesma equipe olímpica integrada. Em última análise, os contatos da China e da Coréia do Sul com dissidentes e funcionários norte-coreanos e o peso de uma população esmagadoramente pobre significam que, se chegar o momento de um colapso do "reino eremita", a China e a Coréia do Sul estarão juntas no seu processo de finlandização.[10]

A China praticamente também neutralizou a aliança da América com a Austrália, sob a égide da Anglosfera. Durante a Segunda Guerra Mundial, os Estados Unidos e a Austrália uniram forças para se defender de uma possível invasão japonesa. Mas a expansão da China não é como foi a do Japão; é silenciosa e econômica, e não suscita contra-estratégias militares, mas gerando um enorme movimento de boa vontade.[11] Os australianos sabem que seu aliado histórico é um rival de seu parceiro comercial que ostenta mais rápido crescimento, o que provoca uma espécie de esquizofrenia da política externa, entre a geografia e a tradição.[12] A China é o maior importador de urânio, minério de ferro, manganês e gás natural líquido (embarcado da Plataforma Noroeste para uma refinaria em Guangdong) da Austrália.[13] O acordo de abastecimento de gás com a China foi o maior da história da Austrália, gerando certo abrandamento das críticas à situação dos direitos humanos na China. Para manter sua credibilidade como o país mais ativo nas operações asiáticas de manutenção da paz, a Austrália assinou o Tratado de Amizade e Cooperação da Asean, um pacto de não-agressão que mina as bases do seu compromisso com os Estados Unidos. Como a Coréia, a Austrália considera hoje que é capaz de desempenhar um papel de mediação entre os Estados Unidos e a China, sem tomar partido. Para os empresários e diplomatas australianos, Pequim há algum tempo já é o endereço do sucesso, enquanto 75% dos grupos turísticos que visitam a Austrália provêm da China. Os Estados Unidos precisam agora voltar-se para seu único aliado verdadeiro: a geografia. De Palau a Guam e ao Havaí, a marinha americana está montando uma rede inteiramente marítima de logística e canais de acesso para poder operar militarmente numa região onde são poucos os que a querem nesse papel.[14]

CINGAPURA: A INSPIRAÇÃO PRIMEIRO-MUNDISTA DA ÁSIA

Construída numa região atrasada e despovoada da Companhia das Índias Orientais britânica, Cingapura, com sua população majoritariamente chinesa, é o primeiro país do mundo a pôr em xeque o padrão de dificuldades tipicamente equatoriais que se transformou em norma no Terceiro Mundo. Ao expulsar Cingapura em 1965, a Federação Malásia deixou Lee Kuan Yew e seu bando de migrantes sem um exército, na condição de "ilha chinesa num mar malaio".[15] Lee desenvolveu o espírito de independência, organizando concursos de plantação de árvores, transformando Cingapura num verdadeiro arquétipo da cidade global, valendo-se do capital externo para financiar uma infraestrutura de rodovias, aeroportos, hospitais e escolas de categoria internacional — assim como um serviço público capaz de administrá-la. Percorrendo suas avenidas arborizadas e impecavelmente pavimentadas, é impossível andar devagar. "A América é Terceiro Mundo, comparada a nós", costumam zombar os cingapurianos.

"Cingapura é, praticamente, sinônimo de globalização", lembrava um empresário multinacional, comentando a freqüência com que tem mudado de campo de atuação com o passar do tempo. Há décadas ela vem constantemente alterando sua posição na cadeia global de abastecimento, transformando-se num centro de refino de petróleo e construção de equipamentos de exploração, embora não tenha petróleo. Sua recém-construída Biópolis, para pesquisas em ciências naturais (inclusive na área das células-tronco), atrai cientistas ocidentais em busca de trabalho livre de pressões. Toda uma série de conquistas invejadas em Dubai — uma gestão de portos de categoria mundial, a prostituição controlada, os cassinos e a simplificação da obtenção de cidadania por parte de profissionais estrangeiros — já constitui uma realidade em "Cingapura S.A.". No reduzido espaço disponível, o zoneamento territorial é estabelecido com anos de antecedência, prevendo as futuras necessidades habitacionais e industriais. Carente de outros recursos, Cingapura se vale de suas reservas monetárias como fator multiplicador de sua força. Por intermédio da estatal Temasek, Cingapura tem participação acionária em grandes conglomerados em toda a Ásia, e começou a investir na China muito antes dos outros, o que lhe rendeu credibilidade e poder de influência a longo prazo. "Como a Ásia produz atualmente mão-de-obra tão capacitada tecnicamente", prosseguiu o empresário, "ação afirmativa em Cingapura significa contratar mais caucasianos."

Cingapura é a manifestação mais bem-sucedida do "jeito asiático" — e um modelo empacotado para exportação. Lee costuma responder com uma só palavra quando lhe pedem que explique o sucesso de Cingapura — "confiança" —, pois tem procurado ser "correto, e não politicamente correto".[16] Em seu sistema de valores com base no "nada é gratuito", tanto ricos quanto pobres têm de se adaptar a incentivos — tarifas, multas, taxas, luvas — por excessos no consumo ou até pela posse de mais de um carro. (A famosa punição do açoite adotada na cidade, em acréscimo às penas de prisão em uma série de crimes, foi, na verdade, introduzida pelos britânicos.) Para Lee, a democracia não tem valor intrínseco; os resultados sempre são mais importantes que o processo.[17] A meritocracia governamental se baseia no modelo da Royal Dutch Shell. Os parlamentares de Cingapura são os mais bem-remunerados do mundo, o que os torna praticamente imunes à corrupção. Viajam pelas capitais da região promovendo a transparência, a eficiência e o pragmatismo — mas não a democracia. Os conselhos de circunscrições eleitorais de Cingapura têm uma ação subjacente à estrutura do partido governante, mas o alimentam de maneira indireta, modelo nitidamente favorecido em boa parte da Ásia. Lee também impôs rígidos controles contra qualquer forma de coação física, que muitos países da região fariam bem em adotar, dando assim um passo gigantesco no aperfeiçoamento de sua vida política. Suficientemente humilde para não governar até morrer, Lee deixou a titularidade do poder, tornando-se "ministro mentor" — inclusive de seu próprio filho, o atual primeiro-ministro. Uma vez que se tenha afastado completamente da cena política, contudo, a legitimidade do governo não repousará em nomes e personalidades, mas na capacidade de atender aos interesses da população, administrar de acordo com a lei, promover o crescimento econômico e a educação, manter a infra-estrutura, cultivar a cultura nacional e sustentar altos padrões de integridade.[18] O sucesso de Cingapura gerou um nível de satisfação na opinião pública que pode facultar certo abrandamento do paternalismo e permitir um grau ampliado de liberdade que funcione como válvula de escape social, o que, por sinal, representaria um bom exemplo para o restante da região. "Pode ser que o mundo inteiro nos inveje", explicava um jovem acadêmico num florido campus universitário, "mas temos um senso um tanto decadente de nossos próprios direitos e importância, como se vivêssemos num hotel cinco estrelas." De fato, Cingapura é considerada tão tediosa que sua população não quer procriar, preferindo o divórcio pelos custos mais altos do mundo.

Inicialmente, Lee rejeitou a idéia de Cingapura como uma "terceira China", preferindo transformá-la num lugar em que os chineses não podiam ser chineses. Desmantelou seus negócios e estabeleceu o inglês como língua nacional. "Como acontecia com a maior parte da diáspora, nós éramos sinófobos durante a Guerra Fria", explicou um historiador cingapuriano enquanto almoçava na Universidade Nacional. "A China comunista continental desconfiava de nossas ideologias exóticas." A maioria dos cingapurianos de origem chinesa nem sequer fala o moderno dialeto mandarim, adotando o "singlês" vernacular.

Para se tornar mais global do que asiática, Cingapura tratou de preservar certo equilíbrio regional estendendo até bem longe os seus tentáculos. Israel e a Índia treinam seu exército, e o novo e portentoso porto foi construído tendo em mente a marinha americana, caso esta deixe as Filipinas, o que levou certos observadores a se referirem a Cingapura como um "navio de guerra americano ancorado". Nas conferências anuais de defesa de Shangri-La, são convidados oficiais militares de todos os governos da região — exceto os da China.

"O profundo vínculo cultural da chinesidade vem se tornando muito concreto ultimamente", explicava um editor de jornal. "A afinidade chinesa voltou a Cingapura a todo vapor." A população de origem chinesa manifesta um interesse cada vez maior em transformar Cingapura numa cidade bilíngüe, mandando seus filhos de fala inglesa para escolas chinesas e viajando e investindo muito mais na China. Além disso, o governo chinês vem tratando de melhorar sua imagem entre os chineses que vivem no exterior — sem com isso prejudicar as relações governamentais oficiais (o que poderia, ironicamente, provocar algum sentimento antichinês) —, tornando mais brandas as leis de investimentos e, potencialmente, oferecendo dupla cidadania aos chineses do exterior. "Veja como as embaixadas americana e chinesa estão eqüidistantes do Ministério do Exterior", frisava um jovem diplomata durante um passeio de carro pelas amplas e arejadas avenidas da cidade.

Cingapura é a exceção quando se fala que a China está moldando o restante da Ásia, pois os chineses de Cingapura não só administram seu país como estão influenciando a própria China. A questão, portanto, não é saber se a China dominará a Ásia, mas qual o modelo da China que prevalecerá. Cingapura já pode considerar-se, em parte, responsável pelas consideráveis mudanças verificadas no processo decisório chinês ao longo das duas últimas décadas. Deng Xiaoping iniciou o processo de abertura na China depois de visitar Cingapura, onde pôde ver que os chineses eram mais engenhosos e bem-sucedidos do que em seu próprio país. O comentário de Toynbee parece ainda mais válido hoje do que há meio século: "Cingapura pode ter sido criada pela iniciativa britânica, mas hoje é uma cidade chinesa: a futura capital de uma 'Esfera de Co-prosperidade' chinesa que tem tudo para durar, pois terá sido estabelecida pela capacidade empresarial, não pela força militar."[19]

A ÍNDIA OLHA PARA O LESTE

O devastador tsunami de 2004, com epicentro na ilha indonésia de Sumatra, mas atingindo ilhas e litorais da Índia à Somália, reforçou a realidade de um espaço oceânico contínuo no hemisfério oriental do planeta.[20] Entretanto, como a gravidade lunar determina as marés, o oceano Índico funciona cada vez mais como braço ocidental de um espaço ampliado do Pacífico que se centra no Leste Asiático. Suas plagas ocidentais — na África, na Arábia e no Irã — intensificam sempre mais o envio de recursos naturais na direção leste, ao mesmo tempo que a região proporciona investimentos e mercados de exportação às economias asiáticas em expansão. O grosso da navegação internacional atravessa atualmente esse espaço integrado indo-pacífico, transformando todo o sul asiático no subsistema ocidental terceiro-mundista de uma ordem asiática centrada na China. Mais de 50% do comércio da Índia é feito com o Leste Asiático, enquanto seus maiores investidores estrangeiros são o Japão, a Coréia do Sul e Cingapura.

Na época do domínio colonial britânico, a Índia era o mais poderoso território entre o canal de Suez e o estreito de Malaca, mas sua influência no mundo árabe e na Ásia Central terminou com o fim do Raj. Cercadas pelo mais alto maciço montanhoso do mundo e por um vasto oceano, as modestas forças militares do exército e da marinha da Índia têm rigidamente circunscritas (mesmo com armas nucleares) as possibilidades de projeção do seu poderio. Os Estados Unidos tentam explicitamente patrocinar uma ascensão da Índia como "a primeira democracia de grandes proporções, economicamente poderosa, culturalmente vibrante, multiétnica e multirreligiosa fora do Ocidente geográfico" — para não mencionar sua utilidade como anteparo em face da China.[21] Mas a Índia fez uma transição da posição de não-alinhamento durante a Guerra Fria para uma outra, de multialinhamento. Afirma constituir com os Estados Unidos as "torres gêmeas da democracia", enquanto anuncia planos com a China para "remodelar a ordem mundial".[22] Na tentativa de seduzir a Índia, a América vem oferecendo investimentos de alta tecnologia, tecnologia nuclear para fins civis e acordos de defesa, como o destinado a produzir em conjunto aviões de caça F-18, além de maior número de vistos para imigrantes. A China dá ênfase às posições comuns nas negociações comerciais, à exploração conjunta de petróleo, aos corredores comerciais através do Himalaia, aos 20 bilhões de dólares anuais em trocas comerciais e também a um acordo nuclear civil. As empresas indianas de tecnologia da informação precisam importar *hardware* da China para produzir seu *software*; e o fato de as maiores operações de terceirização na China serem de iniciativa indiana demonstra a crescente integração entre os dois países.[23]

Mas a cooperação *soft* da China com a Índia tem facilitado sua meta estratégica de longo prazo de cercá-la e contê-la por meio de um "colar de pérolas" naval, para chegar ao mar de Omã sem passar pelo estreito de Malaca. Outrora parte da Índia colonial, a Birmânia (atual Mianmar) está hoje entrincheirada na órbita chinesa, tendo descartado os projetos de oleodutos na direção leste-oeste propostos pela Índia em favor de oleodutos que correm na direção norte-sul, para ligá-la à China. Enquanto a Índia constrói uma cerca para impedir a migração proveniente de Bangladesh, a China construiu em Dacca um Centro de Conferências da Amizade China–Bangladesh. Enquanto a Índia ameaça desviar o curso do rio Brahmaputra (do qual Bangladesh depende) para o Ganges, a China tratou de intervir na questão, por ser o país onde se encontra a nascente do Brahmaputra. Contrariando o desejo da Índia, a China passou a integrar, como país observador, a Associação de Cooperação Regional do Sul Asiático, enquanto a influência indiana numa Comunidade do Leste Asiático que vai ganhando corpo pode ser considerada apenas marginal. "Ninguém na região está se importando realmente com o que a Índia pensa", confidenciou um diplomata malásio envolvido nas manobras da diplomacia regional.

A Índia é grande, mas ainda não importante. A terceirização transformou-a numa importante sucursal das empresas ocidentais, mas, com exceção de alguns oásis isolados de desenvolvimento típico do século XXI, o país continua quase totalmente mergulhado no Terceiro Mundo, com a maior parte de uma população superior a 1 bilhão de habitantes vivendo na pobreza.[24]

Em Mumbai (novo nome de Bombaim), que representa mais de um terço da economia nacional, alguns habitantes pagam aluguéis que estão entre os mais altos do mundo, enquanto as favelas da cidade, com mais de 10 milhões de moradores, também estão entre as maiores do planeta. As congestionadas cidades indianas têm até hoje ruas de três mãos: duas direções para os automóveis e uma terceira em que pedestres e cabeças de gado abrem caminho entre elas. O *boom* indiano de ofertas públicas iniciais de ações em Bolsas, empresas com lucros impressionantes e grande quantidade de bilionários evidenciam o dinamismo potencial de seu setor privado, mas seu crescimento continuará sendo espetacularmente desigual enquanto o governo não cumprir — talvez ao longo das duas próximas décadas — suas promessas de desenvolvimento de infra-estrutura. Os índices de crescimento populacional constantemente elevados fazem prever que, mesmo com um grande crescimento econômico, a Índia continuará sendo, nas próximas décadas, o mais pobre entre os grandes países do mundo. Embora a agricultura represente apenas 30% da economia, 700 milhões de pessoas dependem das monções e das colheitas — no entanto, o lençol freático indiano vem secando rapidamente. Incapazes de pagar as dívidas, muitos agricultores se suicidam, e em regiões atrasadas continua prevalecendo a servidão no emprego. O grosso do crescimento populacional da Índia ocorre nos estados do norte, onde se encontram as maiores carências em matéria de infra-estrutura, os governos mais ineficazes, os piores sistemas educacionais e os mais altos índices de infecção por HIV/Aids, ao mesmo tempo que são o epicentro do ressurgimento de epidemias de poliomielite.

A China tem ordem e pode um dia ter democracia. A Índia tem democracia, mas consegue menos porque é caótica. A vinculação entre comércio e desenvolvimento exemplificada na China está quase ausente na Índia. Considerando-se as proporções geográficas e populacionais do país, o governo da Índia é quase invisível em sua ineficiência, com um orçamento federal do tamanho do da Noruega. Ao contrário da China, a Índia unificada é uma criação britânica, e sua unidade freqüentemente parece mais geográfica que psicológica; é uma península superpovoada em que os tâmeis e os habitantes do estado de Assam não têm mais para onde ir, mas continuam tentando. Também se poderia argumentar que a China é um país mais livre que a Índia democrática: o índice de alfabetização é muito mais alto e o índice de pobreza, muito mais baixo. Por outro lado, é mais difícil abrir um negócio na Índia; um terço dos indianos, comparativamente, tem acesso à Internet e apenas um quinto a telefones celulares. A democracia indiana pode não ter passado nunca por um surto de fome, porém mais da metade das crianças do país é subnutrida. Como a maioria dos indianos carece de liberdade econômica, fica muito mais difícil desfrutar outras formas de liberdade. A diferença entre a Índia e a China, portanto, não está apenas na defasagem temporal do advento das respectivas eras de reforma econômica atualmente em curso, mas também numa questão fundamental de capacidade organizacional no plano nacional. Ainda que a Índia venha a ascender, será de acordo com as regras chinesas.

CAPÍTULO 29

MALÁSIA E INDONÉSIA: A ESFERA DE CO-PROSPERIDADE DA GRANDE CHINA

Os DIRIGENTES PÓS-COLONIAIS da Indochina planejaram a criação da Associação dos Países do Sudeste Asiático (Asean, na sigla em inglês) num campo de golfe em 1967, promovendo sua primeira reunião em Bangcoc porque a Tailândia era, na época, o único país com o qual nenhum dos membros fundadores estava em guerra. Como a legitimidade nacional era encarnada pelas indóceis corporações militares, a Asean teve de enfrentar em seus difíceis primórdios a agressiva política de "Konfrontasi" promovida por Sukarno em relação à Malásia, seguida por conflitos no Vietnã e no Camboja.[1] Durante décadas, manteve-se como um bloco anticolonial, no qual os Estados Unidos fomentavam os regimes militares para fazer frente ao marxismo agrário (triplicando, por exemplo, o tamanho das forças armadas tailandesas). Como a União Européia, a Asean teve seus momentos de Bósnia depois da Guerra Fria: a crise financeira asiática, o nevoeiro provocado pelos incêndios florestais na Indonésia, a intervenção no Timor Leste e o surto da Síndrome Respiratória Aguda Grave (Sars, na sigla em inglês). Cada um desses episódios serviu para testar a coerência e a utilidade da Asean, incentivando o rápido desenvolvimento de mecanismos coletivos de integração comercial e combate ao terrorismo, à degradação ambiental, à criminalidade transnacional e às doenças. A interferência recíproca tornou-se tão rotineira quanto as viagens sem necessidade de visto para seus 500 milhões de cidadãos.[2] Alguns países da Asean ainda mantêm acordos de defesa com os Estados Unidos, que atualmente esperam transformar esse bloco multilateral numa barreira contra a China.[3]

Mas o clube da Asean está no quintal da China. Para se libertar do cerco estratégico americano, a China se aproxima dos membros da Asean um a um, a fim de atraí-los para o seu sistema neotributário, de tal maneira que os vínculos cultivados individualmente por eles com a China se tornaram mais poderosos que os laços recíprocos que os unem. "Os países da Asean fazem reverência para a China não só para evitar seu lado pior", explicava um diplomata tailandês com experiência como funcionário da Asean, "mas na expectativa de que a China não os abandone nos momentos difíceis, como fizeram os Estados Unidos durante a crise financeira asiática." Hoje a Asean é sinônimo de uma periferia chinesa que se apresenta em múltiplos estratos: Cingapura, Malásia e Brunei como parceiros mais ricos; Tailândia, Indonésia e Vietnã como trunfos econômicos e estratégicos; Birmânia, Camboja, Laos e Filipinas como clientes terceiro-mundistas. A China proporciona a todos eles maior acesso a seus mercados, sustentando déficits comerciais (que têm proporcionado lucros recordes aos empreendimentos da Asean) em troca de matérias-primas, acordos de defesa e compromissos diplomáticos para facilitar-lhe as coisas.[4] Tal como os europeus no Magreb, os filhos da geração *baby boom* chinesa estão comprando propriedades para usufuir suas aposentadorias, de Penang a Bali, ampliando ainda mais uma esfera de co-prosperidade chinesa para o século XXI.

MALÁSIA: AMIGOS E VIZINHOS

Não será preciso esperar pelo pretendido trem de alta velocidade ligando Cingapura à capital da Malásia, Kuala Lumpur, para que sejam identificados indícios do efeito Cingapura por toda a península tropical em forma de pata ocupada pelo país. O viajante que percorre a rodovia nacional malásia na direção norte descortina plantações de borracha e de dendezeiros que vão dando lugar a zonas industrializadas, até que aparecem as placas indicativas de Putrajaya — a cidade gêmea da capital, de impecável planejamento — e Cyberjaya, parte do Supercorredor Multimídia que transformou Kuala Lumpur na resposta a Dubai no Leste Asiático, mas com um planejamento de qualidade digna de Cingapura. As duas neocidades são símbolos do êxito do espírito aventureiro dos asiáticos, enquanto a rodovia que lhes dá acesso é a maior evidência do caráter fundamental das infra-estruturas na construção e ligação de um país de Primeiro Mundo.

A Malásia entendeu o aspecto físico do desenvolvimento melhor que qualquer outro país pós-colonial: as cédulas de sua moeda nacional chegam a glorificar mais trens e prédios do que seus dirigentes. Em vez de permitir que sua infra-estrutura colonial se degradasse, como aconteceu no Egito, os dirigentes da Malásia independente capitalizaram o legado do estilo trazido pela administração civil britânica (assim como seus clubes de lazer e de atletismo). O exemplo de Cingapura também mostrou à Malásia como competir por indústrias globais, da aviação às instalações portuárias. Putrajaya foi construída em terras antes ocupadas por plantações, e atualmente fabrica têxteis e outros produtos para os mercados ocidentais. Ostenta uma arquitetura européia moderna, mas em estilo nitidamente muçulmano, com mesquitas e pontes ornamentadas que se inspiraram nas do Irã. A rodovia nacional se estende hoje até Penang, no norte, que também se renovou como importante centro de alta tecnologia.

Não pode haver símbolo mais eloqüente do sucesso da Malásia do que as torres Petronas, em Kuala Lumpur, conhecidas mundialmente como as "Torres Gêmeas", e que até recentemente eram as mais altas do mundo. O desenho de seus pavimentos tem por base a geometria islâmica: uma estrela de oito pontas simbolizando a unidade, a harmonia, a estabilidade e a racionalidade. Uma das torres, ocupada pela empresa estatal de petróleo Petronas, representa um triunfo sobre os efeitos corrosivos do petróleo no governo, enquanto a outra é ocupada por empresas multinacionais. A passarela de dois andares que as liga, 45 andares acima do solo, representa o elo existente entre as empresas estatais e o capital estrangeiro — a vitoriosa fórmula típica da Ásia. "Somos o único país não-ocidental que não foi atingido pela maldição do petróleo", orgulhava-se um executivo de relações públicas malásio em seu escritório com vista para as torres.* Embora seu *boom* petrolífero tenha começado na década de 1970, o país conseguiu diversificar seu processo, entrando na área de refino, e conquistou uma relativa vantagem na montagem de produtos eletrônicos, ao mesmo tempo que explorava — sem eviscerá-las — suas enormes reservas de madeira e borracha. Mantendo-se atualizada em tecnologia e gerindo suas reservas com sabedoria, a Malásia continua sendo o único país que exporta petróleo em todo o Leste Asiático. Mesmo quando suas reservas petrolíferas desaparecerem, num período estimado de duas décadas, o país continuará contando com enormes depósitos de gás natural. As desigualdades entre o mundo rural e as cidades e uma educação fundamental fraca têm impedido o país de atingir o nível da Coréia do Sul, mas a parte principal de seu enorme orçamento de longo prazo destina-se à educação, levando-o a competir mais ativamente tanto na economia manufatureira quanto na do conhecimento. Hoje, o antigo sultanato de Malaca, na rota das especiarias, mistura arquitetura colonial portuguesa com montadoras de computadores, enquanto os habitantes de Kuala Lumpur podem adquirir produtos de culinária sofisticada no Carrefour, paradigma das marcas de comestíveis de qualidade no Primeiro Mundo.

A liderança pode fazer muita diferença em qualquer parte do mundo, e enquanto os venezuelanos estão às voltas com Hugo Chávez, os malásios tinham Mahathir bin Mohamad. Mahathir e seus assessores estavam convencidos de que a globalização era perigosa, a menos que fosse canalizada de alguma forma. Durante a crise financeira asiática, condenaram as medidas internacionais de contenção que devastaram as economias tailandesa e indonésia, propondo em seu lugar a adoção de controles de capital destinados a impedir que o ringgit, a moeda nacional malásia, afundasse. À medida que percebem cada vez mais claramente que a globalização requer uma gestão firme para evitar uma exacerbação descontrolada das disparidades existentes, os dirigentes do Segundo Mundo têm mais probabilidade de imitar a Malásia do que a Argentina.

"Dr. M", como Mahathir é chamado por seus seguidores, é um Lee Kuan Yew muçulmano, só perdendo para ele como defensor dos

* Outro caso é o do minúsculo Brunei, o Catar do Sudeste Asiático, acomodado com toda segurança entre as províncias malásias de Sarawak e Sabah, na ilha de Bornéu.

valores asiáticos, convencido da existência de virtudes comuns entre o islã e o confucionismo, como reciprocidade e lealdade. "Os ocidentais acham que o crescimento econômico significa automaticamente liberalização cultural, mas a Malásia provará que existe um caminho asiático", sustentava um acadêmico muçulmano na Masjid Negara (mesquita nacional). Considerando-se a distância percorrida pelo islã ao longo dos séculos — missionários muçulmanos e comerciantes árabes chegaram até as Filipinas no século XIII —, a analogia pela qual Mahathir o comparava à brincadeira infantil de sussurrar ao redor de um círculo não deixa de ser adequada: o que a primeira pessoa diz pode ser completamente diferente daquilo que a última ouve. Em vez de se entregar a sinistras disputas doutrinárias em torno da vontade do ulemá, Mahathir e seu sucessor, Abdullah Badawi, perceberam que os países da periferia do mundo islâmico sempre tiveram de se adaptar a contextos mais heterogêneos, do ponto de vista étnico, que os dos árabes, de maneira que qualquer dogmatismo seria destrutivo. A euforia malásia com a revolução islâmica esmoreceu à medida que o Irã afundava; considerando o modernismo islâmico do golfo materialista e corrosivo, os malásios inventaram o *Islam Hadhari* ("Islã Civilizatório"), enfatizando o desenvolvimento social, a liderança justa, a integridade moral, a liberdade pessoal, a proteção ambiental e a educação científica. Permitem que grupos como as Irmãs do Islã se insurjam contra os excessos do conservadorismo islâmico, que atribui às mulheres papel de submissão e obediência, argumentando que o islã promete a igualdade entre os gêneros e que a Malásia precisa garanti-la para ser uma sociedade respeitável. Assim, a Malásia se apresenta como uma alternativa mais branda à Arábia Saudita em matéria de educação muçulmana, além de um ambiente em que os árabes ricos encontram respeito à *sharia*. O pragmatismo de sua abordagem da liderança islâmica pode ser constatado com maior clareza na Organização da Conferência Islâmica, que se vem afastando, graças à Malásia, das diatribes ideológicas, em proveito dos projetos comerciais e investimentos comuns, e na utilização do *zakat* como ferramenta de alívio da pobreza no mundo muçulmano.[5] "É possível ter visões geopolíticas muçulmanas", prosseguiu o acadêmico, "desde que sejam sustentadas por nós, não pelos países do golfo."

"Pensando bem, a Malásia ficou ainda mais muçulmana, apesar de nosso crescimento econômico", enfatizou outro acadêmico malásio.

Residindo na Ásia, e não no mundo árabe, a maioria dos muçulmanos do mundo, o fato de a Malásia ter obtido êxito na modernização sem sacrificar o islã faz dela um decisivo baluarte asiático contra as forças fundamentalistas vindas do oeste. Como a Jordânia, a Malásia é aberta e tolerante, mas conservadora. Seu sucesso decorre da separação entre a mesquita e o Estado, dispondo-se este a consultar aquela, mas sem permitir que dite as regras. Para a maioria da população muçulmana, a *sharia* se sobrepõe ao direito constitucional, existindo paralelamente um sistema jurídico secular para outros grupos, como os chineses e os indianos. Como o crescimento da população malásia é muito maior que o da população chinesa local, o sucesso do país não pode ser atribuído exclusivamente à ética confuciana da minoria chinesa. Mas o fato é que muitos muçulmanos malásios estão sendo atraídos pela segunda onda do islã árabe — sete séculos depois da primeira —, visível no aumento do número de véus que cobrem as cabeças femininas em todo o país. O divórcio por meio de mensagens eletrônicas de texto, que chegou a ser autorizado, é agora proibido. Os conselhos da *sharia* detêm poder cada vez maior, e a polícia da *sharia* chegou a promover uma batida na boate mais freqüentada de Kuala Lumpur, a Zouk.

Anwar Ibrahim, um pioneiro da política islâmica e ex-vice-primeiro-ministro, continua achando que o islã pode ser um elemento de purificação da corrupção governamental, suscitando debates da mesma maneira que a Irmandade Muçulmana no Egito. "O islã não será sacrificado em nome da democracia", insistia ele. "A tendência à impunidade existente no sistema de valores asiático deve ter fim, para levarmos adiante essa história de sucesso." A política malásia tornou-se mais transparente, mas não mais aberta. Os partidos oposicionistas têm, periodicamente, oportunidade de conquistar assentos em eleições multipartidárias, mas o partido dominante, o Barisan Nasional, permanece encastelado numa posição de vantagem. Mahathir, por sua vez, parece ligeiramente mais inclinado a dar o devido valor à democracia desde que se retirou da cena política para assumir a presidência da Petronas, epicentro do sistema político-empresarial. Ironicamente, critica agora seu sucessor, Badawi, por não dar mais espaço à oposição e não assumir a responsabilidade pela concessão de contratos e cargos influentes a parentes.

Mas Mahathir nunca acreditou que valesse a pena desestabilizar o frágil equilíbrio étnico do país em nome da democracia, e a maioria dos malásios concorda, passando a apoiar mais a existência de um Estado forte mesmo que se tornem mais ricos.[6] A Malásia é um exemplo de tolerância inter-racial — mas não necessariamente de harmonia —, escorada no crescimento econômico. O colonialismo levou muitos indianos e chineses para a península, e a Malásia foi capaz de preservar a estabilidade, apesar da mistura de 50% de malásios, 40% de chineses e 10% de indianos. (Os antepassados de Mahathir vieram do estado indiano de Kerala, enquanto os de Badawi são árabes e chineses da província de Yunnan.) Os chineses e os indianos tornaram-se cidadãos de pleno direito com a independência, empreendendo-se esforços para integrar os malásios não-chineses e evitar a dominação por parte da população chinesa, eminentemente urbana — por isso a expulsão de Cingapura em 1965.

Os valores asiáticos, o islã e a democracia misturam-se no caldeirão malásio, mas sem chegar ainda ao ponto de fervura. "Muitos se perguntam se uma crise econômica precipitaria a violência étnica, como aconteceu em 1969, mas preferimos não arriscar e tratar de alcançar a igualdade econômica", comentou um político conservador em conversa particular. Como a África do Sul, a Malásia tem um sistema muito próprio de ação afirmativa para a maioria malásia da população — conhecida como os *bumiputra* ("filhos do solo") —, que contribuiu para a criação de uma classe média estável por meio do fornecimento de créditos a juros baixos para suas empresas. A tensão entre a população originariamente malásia e a poderosa população de origem chinesa é quase invisível, mas ainda é palpável. V. S. Naipaul comparou a presença dos chineses na Malásia à introdução de uma corrente de 220 volts num país equipado para 110 volts. Para os chineses, um jardim é um terreno comercial, ao passo que para os malásios ele faz parte da casa e da terra.[7] Hoje, muita gente costuma brincar dizendo que "se os chineses se tornarem muçulmanos, os malásios irão se converter ao budismo".

Entretanto, como reconheceu um ex-funcionário público em seu modesto escritório em casa. "Nós não queremos admitir, mas sem os chineses talvez ainda estivéssemos muito atrasados economicamente." Apesar de sua firme posição a favor dos malásios, Mahathir tem chineses como parceiros de negócios mais próximos. Chegou, inclusive, a criar uma zona econômica especial ao largo do litoral de Bornéu para atrair investimentos chineses, conseguindo, ao mesmo tempo, captar seus recursos e limitar seu controle. Os laços cada vez mais estreitos da China com a Malásia confirmam o provérbio segundo o qual "Um vizinho próximo é mais importante do que um parente distante". Ao longo dos séculos, os migrantes chineses têm se concentrado ao redor de Kuala Lumpur e Penang, sendo a primeira ainda hoje uma cidade de características profundamente chinesas, com arquitetura chinesa e uma animada parada chinesa anual. Mas, apesar de os chineses instalados no país dominarem a economia — o que lhes valeu o apelido de "judeus da Ásia" —, os malásios não enxergam na China qualquer ameaça estratégica. A Malásia foi o primeiro país da região a estabelecer relações com a China, em 1974. As exportações malásias de gás, dendê e produtos eletrônicos para a China aumentaram muito, acelerando os planos chineses de equiparação com os outros principais parceiros comerciais da Malásia, o Japão e os Estados Unidos. Como no caso da Coréia do Sul, boa parte da economia malásia caminha atualmente em dupla com a da China. Em troca, os malásios passaram a ter acesso preferencial na China, sendo autorizados a adquirir imóveis e até a investir em setores mais estratégicos, como as usinas de energia. A Petronas e várias companhias malásias do setor madeireiro usam empresas estatais chinesas em sua caça global de recursos, da Líbia e do Sudão à Indonésia.

"Sempre vimos os Estados Unidos como uma potência protetora", explicava um estrategista malásio referindo-se à sólida cooperação militar e naval do país com os Estados Unidos. Precisamente porque as relações entre os dois países sempre foram estreitas, os disparos antiamericanos a esmo de Mahathir eram tolerados, como no caso de sua argumentação de que a América não pode liderar uma "guerra contra o terrorismo" visando ao fundamentalismo islâmico, já que ela não é um país muçulmano. A Malásia chegou a convocar um arremedo de tribunal de crimes de guerra para deixar os dirigentes americanos envergonhados pelo sofrimento de iraquianos e palestinos. Entretanto, exatamente como outros países muçulmanos produtores de petróleo (Arábia Saudita, Líbia e Cazaquistão), a Malásia maneja com habilidade a arte do multialinhamento, fazendo amizade com todo mundo. E, tal como a Coréia do Sul, a Austrália, a Tailândia e a Índia, trata de mostrar discretamente aos Estados Unidos que está do seu lado enquanto nada faz para ofender a China, recusando-se a tomar parte em sua rivalidade com a promessa de se manter neutra se "os elefantes entrarem em combate".

INDONÉSIA: MENOS É MAIS

A Indonésia está constantemente sob ataque, tanto da natureza quanto do homem. Está sujeita a erupções vulcânicas, terremotos, tsunamis, doenças infecciosas, crises financeiras e conflitos étnicos — mostrando-se impotente diante de todos eles. Não é um Estado fracassado, mas corre permanentemente o risco de se tornar um deles com o próximo abalo sísmico no solo ou nos mercados. No início de 2007, Jacarta parecia prestes a desaparecer, numa inundação torrencial que deslocou boa parte de sua população, arrastou milhares de casas e provocou epidemias. É um milagre que a Indonésia simplesmente continue existindo, e será ainda mais milagroso que venha a sobreviver em sua forma atual.

O subsistema indonésio de ilhas constitui o escudo do Sudeste Asiático em face do restante do mundo. Quando o Japão imperial ocupou a Indonésia, durante a Segunda Guerra Mundial, foi libertado o líder guerrilheiro Sukarno, que desencadeou uma luta de independência contra os colonizadores holandeses, forçando sua rendição e expulsão. Entretanto, excetuando seu reconhecimento no contexto do sistema jurídico internacional, a Indonésia não parece ter muito direito de existir como Estado soberano: um arquipélago de cerca de 14 mil ilhas que se estende da Malásia às Filipinas é impossível de ser governado, seja por ditadura ou democracia.

Os ministérios blindados de Jacarta são o símbolo mais flagrante de um eixo militar-governamental que age como colonizador pós-colonial em seu próprio país. Durante décadas, o homem forte Suharto e seu regime não-alinhado da "Nova Ordem" preocuparam-se mais com os lucros do que com a soberania, instalando seus apaniguados à frente de numerosos monopólios militar-comerciais. Com apenas 12% do orçamento do país provenientes da coleta de impostos, os empreendimentos lucrativos dos militares (abrangendo cerca de 1.500 empresas) agem impunemente em todas as regiões semi-autônomas da Indonésia.[8] Ao contrário do que acontece na Tailândia, onde o regime militar resultou em modernização limitada e um Estado forte, desde a independência da Indonésia os militares têm se mostrado tão preocupados com o controle de seus vetores econômicos que a preocupação com a estabilidade do governo civil tornou-se secundária. Já foi suficientemente difícil afastar os militares da liderança; afastá-los também dos setores de mineração, de madeireiras e imobiliárias do país, para citar apenas algumas, mostrou-se simplesmente impossível — embora não tenha sido de fato tentado.

Com sua vasta extensão geográfica e a quarta maior população do mundo, de mais de 200 milhões de habitantes, a Indonésia costuma ser chamada de "gigante adormecido". Enquanto dorme, contudo, está sendo dilapidada. O país é, na verdade, um espraiado campo de golfe sobre a água, no qual uma série de empresas e países estrangeiros reivindica a propriedade de diferentes buracos. Nos casos em que os interesses das empresas de energia e do Estado convergem, a Indonésia parece funcionar bem. Samarinda, capital da província oriental de Kalimantan, em Bornéu, tem excelentes rodovias e subúrbios em estilo ocidental para trabalhadores estrangeiros do setor petrolífero. Mais distante do centro, contudo, a exploração abusiva dos recursos (e das populações minoritárias) é muito mais comum. Na província de Papua (antiga Irian Jaya), as empresas mineradoras agem em conluio com os militares indonésios, o que resultou em elevados índices de poluição fluvial e de violação de direitos humanos. Em 1997, as queimadas para abertura de clareiras em Sumatra provocaram uma névoa tão extensa e tóxica (abrangendo a Malásia, Papua-Nova Guiné e até regiões da Austrália) que o governo malásio declarou estado de emergência e pediu aos sacerdotes do país que rezassem pela chegada das chuvas, pois milhares de crianças pequenas se asfixiavam e 10 bilhões de dólares foram perdidos.

As constantes manipulações das zonas eleitorais e do estatuto político das províncias por parte do governo têm o objetivo de solapar os movimentos de autonomia, enquanto os feudos corporativo-militares continuam a dividir para reinar. O loteamento das riquezas naturais entre oficiais militares da reserva serve apenas para acelerar o saque das florestas e dos recursos pesqueiros por parte de empresas chinesas, malásias, americanas, ou geridas pelos próprios militares. No entanto, quanto mais o centro açambarca benefícios econômicos à custa da periferia, mais a periferia busca a secessão. A independência do Timor Leste em 1999, a crescente autonomia das províncias de Aceh e Papua e a perda de duas ilhas para a Malásia, numa disputa jurídica, são indicações de que a Indonésia talvez não dure em sua forma atual. Em termos econômicos, étnicos e religiosos, os principais arquipélagos indonésios já gravitam em direção a territórios afins mais estáveis: Sumatra, Kalimantan Ocidental e até as regiões ocidentais de Java se inserem cada vez mais na esfera de influência da próspera Malásia; com sua população cristã, Sulawesi se identifica mais com as Filipinas; e províncias orientais problemáticas como Papua podem seguir o caminho da prima melanésia Papua-Nova Guiné, mais administrada pela Austrália do que pela Indonésia.* Cingapura, praticamente, já é a dona da ilha de Bintan, gerindo balneários enquanto se apodera de terras montanhosas como parte de suas reivindicações territoriais.

"Estamos ficando parecidos com as Filipinas", queixou-se um empresário de Jacarta na tranqüilidade de seu escritório localizado no alto de um arranha-céu. "Mais pobres e menos estáveis a cada ano que passa." O fracasso dói ainda mais porque quase chegou a ser possível saborear o sucesso. Toynbee referiu-se a Sumatra como "ilha da esperança", onde "o petróleo, o solo e a força do trabalho" poderiam erguer o país.[9] Mas a Indonésia continua sendo eternamente um "país do futuro", perdendo hoje tantas oportunidades quanto na década de 1960.[10] Suharto comandou três décadas de liberalização e de tentativas de reequilibrar a situação do país na região, mas, incapaz de aprender que o maior nem sempre é o melhor, freqüentemente se mostrava condescendente com a minúscula Cingapura — até que a crise financeira de 1997 deixou a Indonésia em maus lençóis, forçando-o a aceitar da parte dela empréstimos maciços.

Suharto tampouco tinha outra opção senão recorrer aos grupos islâmicos para o desempenho de certas funções básicas. Durante 350 anos, os colonizadores holandeses mostraram-se incapazes de penetrar o caldo cultural indonésio, no qual cristianismo, budismo, hinduísmo e islamismo conviviam num ambiente geograficamente incompatível. Os antigos reinos de Java, da Tailândia, da Malásia e do Camboja derivavam sua tradição religiosa da Índia, legado que gerou complexos monumentos de espiritualidade hindu-budista, como o gigantesco templo e as estupas de Borobudur. "Arranhe a superfície de um indonésio e

* A Papua indonésia e a Papua-Nova Guiné são separadas por aquela que talvez seja a fronteira mais artificial do mundo, uma linha vertical atravessando uma floresta densa que não é patrulhada por ninguém. O Timor Leste, hoje um país independente, também continuará sendo um ponto terceiro-mundista no mapa se a Austrália não compartilhar devidamente os campos petrolíferos que se encontram entre os dois.

você vai encontrar um hindu", costumava-se dizer. A empresa aérea Garuda, verdadeiro símbolo nacional da Indonésia, deriva seu nome do corcel alado da divindade hindu Vishnu.

Mas os missionários não se detêm ante a esfera política ou a espiritual. Como sustentava V. S. Naipaul em *Além da fé,* o islã é uma fé árabe e, portanto, impõe exigências sociais de fundo árabe aos seus crentes, reprimindo histórias pluralistas e usando tecnologia moderna para substituir as culturas locais e as identidades nacionais pelo islã. Muitos indonésios consideram hoje que, embora seus cérebros estejam voltados para leste, seus corações se voltam para oeste, em direção a Meca. Os problemas intrínsecos da Indonésia fazem de sua enorme população muçulmana terreno fértil para o islã radical globalizado. Enquanto a Malásia recebe investimentos, turistas e estudantes muçulmanos, a Indonésia está sendo transformada em um "arquipélago do *jihad*" pelas forças associadas dos grupos extremistas árabes e dos internos, proporcionando a ex-combatentes do Afeganistão um espaço de anonimato para tramar e empreender ataques contra corporações e embaixadas ocidentais.[11] Jovens muçulmanos árabes percorrem a Indonésia e a Tailândia pregando para jovens ignorantes, desempregados e impressionáveis, recrutando-os como soldados de infantaria para exércitos islâmicos, como o de Abu Sayyaf ou a Frente de Libertação Nacional Moro das Filipinas, e incitando a violência entre muçulmanos e cristãos na província de Sulawesi. "Os malásios contribuem com as técnicas de fabricação de bombas, os tailandeses e os filipinos se encarregam do contrabando e os indonésios são os terroristas suicidas", explicou um observador local dos movimentos fundamentalistas. Nas quase 14 mil escolas e mesquitas *pesantren* patrocinadas pela organização fundamentalista Jamaat Islamiyya, semelhantes às madrassas do Paquistão, os alunos ficam sabendo que são bons muçulmanos porque aprendem a língua árabe e decoram versículos do Corão.

No mundo islâmico, sempre que há corrupção de cima para baixo, pode-se ter certeza de que haverá islamização de baixo para cima. Um Estado e uma economia corruptos, com marginalização das massas, conferem ao *jihad* o prestígio de uma força progressista capaz de resgatar a relevância do indivíduo. "As redes islâmicas proporcionam grande parte daquilo que deveria ser atribuição do governo", assinalava um acadêmico muçulmano que tomou o rumo da política. Como a Irmandade Muçulmana no Egito e o AKP na Turquia, os militantes islâmicos da Indonésia vivem modestamente, recebem baixa remuneração e fazem campanha com plataformas de combate à corrupção. Embora não se tenham saído bem nas eleições nacionais, vêm realizando, em essência, o que sua consagração nas urnas só sistematizaria juridicamente. Em mais de uma dezena de distritos de toda a Indonésia, grupos militantes muçulmanos forçaram a proibição de bebidas alcoólicas e da prostituição, exigem comprovação da leitura do Corão para casamentos e admissão em universidades, obrigam funcionárias públicas a usar o véu conhecido como *hijab*, proíbem apertos de mão em público e — no mesmo mês em que era publicada uma edição indonésia da revista *Playboy* — declararam pornográfica a exibição em público do umbigo feminino, o que tornaria difícil até mesmo a apresentação de danças tradicionais indonésias. Se a "shariarização" continuar através da Indonésia, só a ilha hindu de Bali, com sua colônia hippie australiana, restaria como possível bastião liberal — mas não necessariamente seguro, considerando-se os terríveis atentados suicidas ocorridos em boates locais em 2002 e 2005.

Os liberais da Indonésia estão afastados demais de qualquer militância de base para fortalecer o islã sincrético do país ou fomentar alternativas, como o ensino de inglês. Formados no exterior, com empregos em Cingapura, vivem como separatistas globalizados em mansões refrigeradas de Jacarta. As outras forças da moderação — as que têm maior probabilidade de êxito — são os próprios muçulmanos. Se o fundamentalismo islâmico é um vírus, o remédio terá de conter pequena dose dele para ajudar o organismo a desenvolver resistência. Estão na Indonésia as duas maiores organizações muçulmanas do mundo, Nadhlatul Ulama e Muhammadiyah, que são hoje as vozes mais respeitadas do país contra a "shariarização". Elas preconizam a preservação do Estado secular porque, se tribunais oficiais despreparados viessem a impor a *sharia*, o islã perderia seu caráter divino. "Nosso campesinato foi seduzido por ideologias que vão do comunismo ao islamismo radical, tão destoantes da nossa tradição que constituem religiões inteiramente novas", queixava-se um muçulmano que trabalha no governo.

À medida que a identidade nacional da Indonésia se debilita, sua democracia se parece, cada vez mais, com um carro que vai perdendo peças numa estrada acidentada. Os dirigentes indonésios gostariam de apresentar o país como uma síntese da democracia com o discurso islâmico, mas dificilmente se poderia considerar que a versão indonésia dessas virtudes valha realmente a pena. Desde a deposição de Suharto, em 1998, aumentaram a corrupção, as desigualdades de renda, as divisões étnico-religiosas e a violência secessionista.[12] Seu sucessor designado, B. J. Habibie, era um clérigo um tanto desorientado que promoveu um referendo sobre o Timor Leste que resultou na independência do território e em seu próprio *impeachment*. A falta de rumos políticos teve prosseguimento sob o comando da filha de Sukarno, Megawati Sukarnoputri: quanto mais poderosos se tornam os partidos islâmicos, mais amedrontados ficam os outros. O preço da democracia indonésia é a unidade, já que uma autonomia quase total, no limiar da independência, transformou-se em modelo preferido de muitas províncias. Até mesmo os indonésios que não combatem o regime clamam hoje em dia por uma liderança autêntica, exigindo uma personalidade do tipo de Lee Kuan Yew ou Mahathir para restabelecer a unidade e a dignidade do país. Caso contrário, a Indonésia pode continuar se esfacelando na prática, vítima de sua condição de Estado mais disperso e etnicamente artificial do mundo. O único resquício que pode permanecer da substância nacional seria a ilha de Java, onde 70% da população reside (inclusive a etnia javanesa dominante), tendo Jacarta como capital.

Os horríveis obeliscos que comemoram a independência não mascaram, em Jacarta, o fato de que sua funcionalidade se deve a seus novos colonizadores: os chineses. As relações da Indonésia com a China são primordiais, numa eterna dança de amor e ódio, vida e morte. Na época das Índias Orientais holandesas, os trabalhadores chineses chegavam em massa para mourejar nas plantações de cana-de-açúcar. Desde o início, tiveram de dar um jeito de abrandar o sentimento antichinês, subornando políticos para criar empresas "Ali Babá", nas quais os indonésios serviam de fachada e os chineses geriam as coisas por debaixo do pano.* O golpe de 1965 na Indonésia foi, na verdade, antichinês, pois a China fornecera armas ao Partido Comunista Indonésio. Quinhentos

* Foi Toynbee quem melhor percebeu essa persistente realidade que é a incapacidade dos não-chineses de gerir a economia por conta própria: "O lojista chinês está sempre avançando, sem jamais retroceder. (...) [Eles] não são aventureiros fanfarrões. Vivem na defensiva, por trás de persianas e barreiras de ferro, em 'China towns' que podem ser consideradas equivalentes aos guetos da cristandade medieval ocidental. Vivem constantemente com medo de surtos de represálias violentas por parte dos povos economicamente incompetentes do Sudeste Asiático que, ao mesmo tempo, servem e exploram. (...) Nem *pogroms* nem a adoção de legislações discriminatórias serão capazes de conter o fluxo dessa onda chinesa suave mas persistente. (...) Todos nós, construtores europeus de impérios, conquistadores japoneses e nacionalistas do Sudeste Asiático, viemos trabalhando, contra nossa própria vontade, em favor dos interesses desses insinuantes mascates chineses." Toynbee, *East to West*, pp. 48, 58.

mil chineses foram expulsos e retornaram ao território continental, no qual muitos jamais haviam estado. A pequena população chinesa, que controla 70% da economia indonésia, há muito já teria sido eliminada se o país fosse uma democracia.[13] Mas Suharto manteve-se em bons termos com os chineses, cujos conglomerados e o faro superior para os negócios construíram a maioria dos bancos que hoje delineiam o impressionante horizonte de arranha-céus de Jacarta — concebido muito certamente para evocar o de Cingapura. Mesmo depois dos violentos *pogroms* ocorridos em 1998, durante os quais a Chinatown de Jacarta foi dizimada e milhares de chineses foram mortos brutalmente, as redes bancárias chinesas recuperaram financeiramente os negócios chineses —, e depois disso eles trataram de transferir trilhões de rupias para Cingapura. Ainda assim, na ausência da riqueza chinesa, a Indonésia seria perfeitamente terceiro-mundista.

Considerando-se essa existência precária, não surpreende que os chineses estabelecidos na Indonésia se mostrem mais leais à China do que à pátria de acolhida. Depois das revoltas de 1998, a China exigiu enfaticamente que o governo protegesse a minoria chinesa. Entretanto, como já não existe uma Chinatown em Jacarta, os chineses se misturam cada vez mais ao restante da população. "A geração dos chineses mais jovens se mostra muito mais humilde em relação à sua própria riqueza", revelava um deles, empresário bem-sucedido. "Preferem carros japoneses a alemães." Deixou de ser obrigatório assinalar nos passaportes a origem chinesa, e à medida que os chineses se aproximam de 8% da população (o que os torna a quarta ampla minoria), organizações de defesa dos direitos civis passaram a ajudar aqueles que querem a cidadania. Manifestou-se também um novo interesse pela importância econômica e cultural da China, sendo hoje muito maior o número de jovens que estudam na China do que nos Estados Unidos.

A Indonésia vai, gradualmente, se tornando uma espécie de tampão de defesa para a China — exatamente o papel que o Japão pretendia atribuir ao arquipélago na Segunda Guerra Mundial. O breve período durante o qual a América suspendeu temporariamente a cooperação com a Indonésia no setor da defesa, por causa dos problemas de direitos humanos no país, foi justamente o momento em que proliferaram os acordos chineses de defesa com a Indonésia, transformando o arquipélago numa espécie de anteparo ao longo do perímetro naval da China. A China e o

Japão são os principais usuários do estreito de Malaca, o maior ponto de asfixia (com largura um pouco superior a 1 quilômetro em seu ponto mais estreito) entre portos importantes, canalizando anualmente metade do fluxo global de petróleo e um terço do restante do comércio mundial.[14] As iniciativas regionais para proteger da pirataria e do terrorismo as embarcações que por ali transitam foram, aos poucos, descartando as propostas americanas de fortalecimento de suas próprias patrulhas — que são vistas não só como um elemento de atravancamento do estreito, mas também como fator de provocação de agressões. Utilizando sofisticadas tecnologias japonesas de navegação, Cingapura, Malásia e Indonésia se incumbem atualmente de patrulhar o estreito por conta própria, e a recém-criada Organização Marítima Internacional, com sede em Kuala Lumpur, fiscaliza e apresenta relatórios sobre atividades suspeitas na região — tudo sem qualquer intervenção americana.

"A benevolente reação americana ao tsunami [de 2004] foi crucial para nós", afirmou um diplomata indonésio durante o café-da-manhã no majestoso Hotel Borobudur, em Jacarta. "Mas a boa vontade não durou muito, pois esse tipo de ajuda funciona a curto prazo, e o nosso povo considera as políticas americanas antimuçulmanas." A China também vem ocupando os espaços deixados pela redução dos investimentos americanos na Indonésia, pretendendo injetar 30 bilhões de dólares em suas indústrias extrativistas ao longo da próxima década, enquanto extrai petróleo e gás (além de carvão e madeira) do país. Tal como acontece no extremo leste da Rússia, empresas chinesas de fachada vêm trucidando as florestas de Bornéu e Kalimantan, reduzidas à metade.[15] O próprio ecossistema da Indonésia está em risco, abrigando o maior número de espécies ameaçadas de extinção depois do Brasil. No entanto, ao contrário do que acontece no Brasil, a conscientização ambiental e a aplicação de leis de defesa do ambiente ficam muito atrás da destruição ecológica. Embora os Estados Unidos, a União Européia, o Japão e a Austrália venham investindo na agricultura indonésia, apoiando instituições muçulmanas pacíficas, treinando as forças policiais do país e pressionando suas empresas a praticarem a cidadania corporativa (pagando salários mais altos e proporcionando atendimento médico a seus empregados), todo esse empenho pode não ser suficiente para manter a Indonésia uma constelação estável de ilhas, e não um cinturão rasgado de cometas em órbita da China.

CAPÍTULO 30

MIANMAR, TAILÂNDIA E VIETNÃ: O TRIÂNGULO INTERNO

PARALELAMENTE À SEDUÇÃO chinesa de países do Primeiro Mundo, como o Japão, a Coréia do Sul, a Austrália e Cingapura, a neutralização de uma rival populosa como a Índia e a cooptação da Malásia e da Indonésia, geograficamente estratégicas, o projeto expansionista do país na panregião asiática prossegue com as antigas colônias britânicas e francesas da Indochina, outrora fontes cruciais de riquezas para a Europa. Os dotes naturais da região eram antigamente transferidos de leste para oeste, chegando à Europa através dos oceanos; hoje, eles são levados do sul para o norte, para chegar até a China. Em países do Terceiro Mundo como o Camboja e o Laos, grandes quantidades de ajuda incondicional chinesa rapidamente tomaram o lugar do pinga-pinga da assistência ocidental e das pressões pela democratização que o acompanhavam, facilmente conquistando a simpatia dos instáveis regimes locais.[1] Enquanto a China pratica a diplomacia do talão de cheques, a América é considerada excessivamente preocupada com questões secundárias, como a reforma militar e o combate ao terrorismo. O frenesi das derrubadas e queimadas na atividade madeireira da China no Camboja, em colaboração com os militares cambojanos, provocou graves perdas em matéria de terras aráveis, erosão do solo e perda de qualidade da água, além de apontar para a possibilidade de uma crise de alimentos. Mas produtos chineses baratos, como telefones celulares, também inundam os mercados locais, aumentando o número de pessoas com acesso a certos confortos de classe média. "A estratégia da China consiste em construir laços econômicos capazes de resistir até mesmo a acidentadas transições nas lideranças", explicava um analista regional residente em Bangcoc. "Não importa quem está no poder; a China estará sempre pronta a fazer negócios."

DIAS CONTADOS NA BIRMÂNIA

A Birmânia (rebatizada de Mianmar pela junta militar que a governa) é há décadas uma sociedade isolada, antiquada e subdesenvolvida, mas sua localização na baía de Bengala faz dela um litoral estratégico crucial para que a China possa contornar o estreito de Malaca. Desde 1988, a camarilha militar-corporativista conhecida como Conselho de Restauração da Lei e da Ordem do Estado (CRLOE) transformou a ordem colonial britânica e depois japonesa que se havia estabelecido no país no único Estado budista do planeta. Em 1997, a junta mudou de nome, passando a chamar-se Conselho de Paz e do Desenvolvimento do Estado; uma década depois, não dá para sentir a menor diferença. Em 2007, ela inaugurou uma nova capital, a meio caminho entre Rangum e Mandalay, supostamente para marcar o estabelecimento de sua dinastia, como haviam feito reis birmaneses anteriores, mas ainda assim foi alvo de violentos protestos de milhares de monges e cidadãos em virtude de sua absurda política econômica. O CRLOE mantém seu domínio alimentando a paranóia de alguma constante ameaça externa, mas a principal ameaça à autonomia da Birmânia vem da China, a potência com a qual o regime mantém as melhores relações.

Como nos casos do Sudão e do Uzbequistão, o isolamento diplomático da Birmânia faz do país um cliente de bom grado da China. A produção e o tráfico de drogas dotam o CRLOE das moedas fortes necessárias para comprar equipamentos militares chineses, mas o que a Birmânia consegue em troca não é só o apoio diplomático chinês, mas também os próprios chineses. No fim da década de 1950, Toynbee se referia à Birmânia como "um vazio populacional bem ao lado da

China, clamando por ser preenchido".[2] As migrações sazonais descontroladas de chineses para o norte da Birmânia, pelas vias rodoviárias, ferroviárias e fluviais do Corredor de Irrawaddy, geraram uma minoria (em muitos casos, com vínculos familiares históricos) que um dia estará em condições de reivindicar direitos legais, além dos de residência. Os casamentos inter-raciais e a aquisição de terras pelos chineses fizeram com que aldeias inteiras do norte da Birmânia passassem a ser habitadas por chineses, com todas as sinalizações públicas na língua chinesa. Em Mandalay, empresas chinesas constroem enormes hotéis de arquitetura sem graça — não para preparar a Birmânia para se abrir para o mundo, mas para receber visitantes chineses, cujo fluxo não dá sinais de arrefecimento.[3] Já há quem chame a Birmânia de "Yunnan do Sul", referência à outrora irrequieta província chinesa na fronteira com a Birmânia. O país é parte integrante da estratégia chinesa de ajuda para que suas províncias terceiro-mundistas, como Yunnan, tentem se aproximar das locomotivas do litoral. Dentro dessa estratégia, a China praticamente anexou o vizinho meridional do ponto de vista econômico. Comprou a maior parte da madeira da Birmânia e saqueou suas florestas, assumindo o controle de seus depósitos de pedras preciosas e pilhando-os sem piedade, e ainda planeja adquirir 184 bilhões de metros cúbicos de gás natural birmanês ao longo dos próximos 30 anos, em boa parte canalizados por um gasoduto de Sittwe a Yunnan. A fronteira entre os dois países não mudou, não houve troca de tiros, mas a Birmânia praticamente se transformou numa província chinesa.[4]

A China não teve dificuldade em contornar as pressões da Asean sobre a junta birmanesa, que continua integrando o organismo regional, além de ter frustrado iniciativas americanas e da UE para a adoção de sanções. Mas poderá vir a sofrer um revés na Birmânia. Se não fizer mais para beneficiar os próprios birmaneses, o aumento do ressentimento pode levar até mesmo a impiedosa junta a encarar a China como uma ameaça, e não como uma tábua de salvação. Andando sempre lado a lado, as drogas e as doenças que vêm do Afeganistão através da China também entram em maior volume no Triângulo Dourado para em seguida fazer o caminho de volta, disseminando o vício e a Aids. Os jovens do Sudeste Asiático só querem saber agora da *yaba*, uma droga que os mantém em permanente estado de alerta. Os mais altos índices de contaminação pela Aids também se encontram na Tailândia, no Camboja e na Birmânia, exatamente os países que mais exportam profissionais do sexo para a China e outros pontos do planeta. Para os contrabandistas organizados, gente e drogas são produtos igualmente lucrativos, e a China não se mostra mais capaz do que a Europa ou os Estados Unidos na tarefa de policiar suas vastas fronteiras. Finalmente, como se as guerras civis disfarçadas da região já não espalhassem suficiente quantidade de armas leves, a China faz questão de garantir a permanência das armas e munições necessárias para o eventual surgimento de qualquer causa criminosa ou rebelde — pistolas e granadas que podem acabar encontrando o caminho de volta para as ruas da China.

Na condição de país onde nascem os principais sistemas fluviais tanto do sul quanto do sudeste da Ásia, a China tem a vantagem de represar o importante rio Mekong para geração de energia hidrelétrica ao mesmo tempo que o utiliza para transportar produtos destinados a 500 milhões de asiáticos do sudeste cuja sobrevivência depende do seu curso. Embora as represas chinesas afetem drasticamente os níveis do Mekong e de seus tributários na Birmânia, na Tailândia, no Laos, no Camboja e no Vietnã, a China não aceita críticas às suas interferências no rio.[5] O que resta do Mekong quando chega ao Laos permite a geração de eletricidade numa pequena represa, energia que em seguida é vendida à Tailândia. Para os povos de países terceiro-mundistas da Indochina como a Birmânia, estar a jusante da China não torna a vida tão fácil.

TAILÂNDIA: SORRINDO PARA O NORTE

Para os países do Segundo Mundo, a proeza diplomática consiste em se defender das superpotências *e* ao mesmo tempo maximizar os benefícios proporcionados por elas, uma arte que o reino da Tailândia passou a dominar ao longo dos séculos em que conseguiu evitar a colonização. Toynbee explicou que a Tailândia foi poupada da devastação na Primeira Guerra Mundial por ter a sorte de constituir geograficamente um "Estado-tampão entre os domínios britânicos na Índia e na Birmânia e os domínios franceses na Indochina".[6] O que salvou a "terra dos sorrisos" foi sua monarquia, sua aristocracia e a estratégia militar de sorrir em todas as direções, ao mesmo tempo "vergando na direção do vento".[7] Temendo os chineses depois da guerra civil de 1949, a Tailândia aceitou uma quantidade gigantesca de ajuda militar dos Estados Unidos, funcionando na década de 1960 como área de ensaio para a guerra no Vietnã. Adaptando-se rapidamente à posição de menor poderio da América depois da guerra, a Tailândia logo normalizou relações com a China em 1975, criando uma parceria estratégica para conter o Vietnã do Norte.[8] A título de recompensa, a China passou a vender petróleo à Tailândia a "preços de amigo", após as majorações da Opep.

A amizade americano-tailandesa começou há dois séculos, quando o rei Rama IV ofereceu elefantes a Abraham Lincoln para que os usasse na Guerra Civil, e a embaixada americana em Bangcoc é a segunda maior do mundo, só ultrapassada pela embaixada em Bagdá. Mas já em 1994 a Tailândia recusava um pedido americano para ancorar seis navios militares nos portos tailandeses, uma decisão apoiada pela Malásia e pela Indonésia. As queixas também vêm se agravando constantemente na frente econômica. A Tailândia sentiu-se profundamente insultada por não ter sido ajudada financeiramente pelos Estados Unidos em sua crise monetária de 1997, apenas três anos depois da ajuda americana ao México. O motivo alegado foi o fato de a Tailândia não ficar na fronteira americana.

Ao mesmo tempo, a Tailândia se deixa levar, mais do que nunca, pelos ventos chineses. "Como a criação de empregos e a estabilidade são as maiores prioridades dos nossos cidadãos, nós aceitamos o melhor pacote econômico e político que for oferecido", explicou um diplomata tailandês em Bangcoc. Durante a crise financeira de 1997, as instituições ocidentais forçaram a liquidação de bens, comprados pelos ocidentais a preços aviltados, ao mesmo tempo que a economia entrava em colapso e os níveis de pobreza aumentavam. Em oposição, a China tratou de oferecer um programa de redução de tarifas, denominado "Colheita Precoce", favorecendo enormemente sua própria imagem de potência benevolente. Nos dez anos transcorridos desde então, o comércio sino-tailandês quase se equiparou aos níveis das trocas americano-tailandesas, e hoje os turistas chineses são mais numerosos que os americanos. Graças a uma importante artéria que atravessa o Laos, hoje a China e a Tailândia praticamente fazem fronteira uma com a outra, e a Tailândia tornou-se uma das grandes reexportadoras de produtos chineses.

Na Tailândia, a China está embarcando num projeto tão ambicioso que altera a própria geografia: a abertura de um canal profundo no estreito istmo tailandês de Kra.[9] O canal proporcionaria à Tailândia instalações portuárias estratégicas próprias capazes de competir com as de Cingapura (que se opõe veementemente ao projeto), enquanto os portos malásios de Langkawi e Penang também se beneficiariam enormemente como entrepostos logísticos para os usuários do canal. Não fosse a insurgência muçulmana malaia no sul da Tailândia — três pequenas províncias que seriam separadas do território principal do país pelo canal —, o projeto já teria sido iniciado.

O remapeamento das relações sino-tailandesas não é só uma questão geográfica e econômica, mas também de profundo sentido cultural e psicológico. Como em outras partes do Leste Asiático, a diáspora chinesa na Tailândia está à frente de centros comerciais provinciais que vão da região litorânea de Phuket à interiorana de Maha Sarakham, e a China considera a assimilação da grande população chinesa na Tailândia como um modelo a ser seguido por outros países. Desde o século XIX, os chineses da Tailândia têm estado à frente de importantes instituições financeiras, protegidos pelos militares em troca de serviços bancários.[10] Em 1850, metade da população de Bangcoc era de chineses, obedientes à família real tailandesa, mas também se integrando por meio do casamento. Mesmo na época em que as empresas eram controladas pelos ocidentais, era o íntimo conhecimento da cultura e dos costumes tailandeses por parte dos chineses que mantinha os negócios em funcionamento.[11] Hoje os chineses podem sentir-se donos da situação, controlando as estratégicas exportações tailandesas de arroz, madeira e estanho. Os empresários chineses e tailandeses não se limitam a cooperar: unem-se, afirmando que "são nada menos que irmãos".[12] "Os chineses estão reescrevendo a história aqui, integrando a diáspora como parte da Grande China", explicava um historiador cultural tailandês. Lembrando a época em que os monarcas tailandeses pagavam tributo à China imperial, a família real tailandesa freqüentemente visita Pequim, como fazia o ex-primeiro-ministro tailandês Thaksin Shinawatra, que na verdade *é* chinês e se orgulha publicamente de seus antepassados. Thaksin afirmou certa vez que "a democracia é apenas uma ferramenta. (...) O objetivo é dar à população um bom estilo de vida, felicidade e progresso nacional".[13] Contudo, o fato de sua política declaradamente iliberal ter levado à sua deposição num golpe militar em 2006 não chega propriamente a incomodar a China, cujas vendas de armas e contatos com os militares tailandeses avançaram muito nos últimos anos. A Tailândia está, mais do que nunca, sorrindo para o norte.

VIETNÃ: UM NOVO CABO-DE-GUERRA

As duas guerras dos Estados Unidos no Leste Asiático — a da Coréia e a do Vietnã — foram, na melhor das hipóteses, empates técnicos. Os EUA não conseguiram tornar-se uma potência terrestre no Sudeste Asiático justamente por terem sido expulsos pelos norte-vietnamitas e mantidos abaixo do paralelo 38 pelos norte-coreanos — em ambos os casos, com o apoio da China. Como acontece com a Coréia do Norte, a China continua acreditando que o Vietnã está dentro de suas fronteiras civilizatórias, e muitos chineses ricos vivem em mansões imponentes na região mais desenvolvida do sul do país. Contudo, desde o século XV até os violentos confrontos de fronteira de 1979, o Vietnã é o único país que a China invadiu mas não conseguiu conquistar. No entanto, tendo perdido seu protetor soviético, o Vietnã só tinha a alternativa de abrir em 1988 sua fronteira repleta de minas com a China, assinalando uma retomada moderna, em plena era da globalização, do padrão tributos-e-emissários que sempre prevaleceu nas relações sino-vietnamitas.

"O Vietnã continua intransigente em seu anticolonialismo, mas certamente não é anticapitalista", resumia um analista político vietnamita num dia de calor sufocante em Hanói. A maioria dos vietnamitas dá mostras de uma encantadora inocência a respeito da globalização, sem perceber que o que lhes acontece está ocorrendo também no mundo inteiro, com conseqüências ainda incertas. Mesmo assim, muitos acreditam que, entre seus pares do Segundo Mundo, eles estão em posição privilegiada para capitalizar a situação. "Os investidores mais argutos estão no Vietnã", afirmou um analista financeiro sino-americano em Hong Kong. "O país é como uma China em miniatura: comunismo, agricultura e indústria. E com a disciplina que os caracteriza, os vietnamitas vão passar à frente da Tailândia e da Indonésia." À medida que aumentam os custos manufatureiros no litoral chinês, o Japão e a China passaram a investir maciçamente no Vietnã, contribuindo para a meridionalização do norte rural do país com a construção de fábricas e a importação de modernos tratores para fomentar as exportações de arroz e café, num movimento que globalmente está elevando com rapidez a renda *per capita* do país. Com uma das economias de crescimento mais veloz de todo o mundo, o Vietnã usa atualmente uma quantidade maior de cimento por ano que sua antiga potência colonial, a França. Com seus portos profundos e sua extensão equivalente à da Califórnia, o litoral do Vietnã faz do país um futuro portão de passagem das exportações marítimas regionais, enquanto sua diáspora instalada na Califórnia desempenha um papel cada vez mais ativo nos setores da educação e da administração.[14] Hoje, Hanói está cheia de motocicletas pilotadas por uma geração de jovens ambiciosos nascidos depois da "guerra americana", enquanto à beira dos belos lagos da cidade aposentados saudáveis bebericam chá e jogam *badminton*.

O regime vietnamita favorece claramente o modelo chinês de controle político centralizado enquanto a economia é liberalizada, embora se mostre preocupado com as conseqüências: desigualdade, corrupção e exigências de transparência e liberdade. Apesar das semelhanças, o Vietnã não dá mostras de desejar ser absorvido pela ordem sinocêntrica da região, ironicamente voltando-se para os Estados Unidos a fim de tentar fugir a esse destino. Fornecedores militares americanos estão vendendo equipamentos pesados e satélites, enquanto a fábrica de microchips instalada pela Intel permitiu que o Vietnã fosse promovido de país fabricante de sapatos a participante do mercado internacional de alta tecnologia. Embora o corpo embalsamado do lendário "Tio Ho" Chi Minh continue inspirando respeito e admiração em seu mausoléu em Hanói, o Tio Sam foi convidado a voltar pelos *establishments* econômico e de defesa.

Embora seja muito mais difícil estabelecer limites na água do que na areia, o mar do sul da China é a vitrine capaz de expor qualquer transgressão chinesa em relação a seus vizinhos marítimos — mas também de exibir sua "diplomacia do sorriso" em pleno funcionamento. Potencialmente ricas em petróleo, as ilhas Spratly e Paracel são reivindicadas, no todo ou em parte, ao mesmo tempo por Taiwan, Vietnã, Malásia, Indonésia e Filipinas. Nas três últimas décadas do século XX ocorreram muitos incidentes de reconhecimento militarizado e escaramuças navais envolvendo instalações de exploração petrolífera e fincamento de bandeiras, sempre com a intenção de garantir a soberania chinesa sobre o muito apropriadamente denominado recife da Maldade, mas depois a China percebeu que teria muito mais a ganhar acalmando as águas do que fazendo onda.[15] "A China sabe que não pode simplesmente se apoderar das ilhas", explicou o analista político. "Quer, isto sim, passar a ser vista como um mediador digno de confiança, ao mesmo tempo conquistando a mais ampla utilização do mar." A China subscreveu um código de conduta regional da Asean com o objetivo de resolver pacificamente a situação das ilhas em disputa, e atualmente empresas petrolíferas chinesas, filipinas e vietnamitas exploram em conjunto hidrocarbonetos na região, com a China tratando de dourar a pílula com promessas de maior investimento em cada país. É possível que a China nunca conquiste o Vietnã nem subjugue seus vizinhos no mar do sul da China, mas está aprendendo a conseguir o que quer sem precisar disso.

A PERIFERIA OCEÂNICA

No exato momento em que os países subdesenvolvidos da Ásia se esforçam para atender às necessidades de populações cada vez maiores, o voraz apetite chinês por seus recursos chega ao auge. Na China, a conversão de terras aráveis em terrenos fabris urbanos levou a uma guinada pré-moderna para a terceirização, pela qual o país, literalmente, transferiu substancial quantidade da produção agrícola para as Filipinas, onde a minoria chinesa controla boa parte da economia. Se a Indonésia está sendo transformada num recife chinês, as Filipinas estão virando um arrozal chinês.

Além da Indonésia e das Filipinas, a Oceania é a segunda etapa da estratégia chinesa para adquirir recursos e, ao mesmo tempo, estabelecer relações amistosas que permitam o conseqüente desenvolvimento de uma marinha de longo curso. Mas a China não precisa conquistar pequenos países insulares no Pacífico: pode simplesmente comprá-los. Esquivar-se às restrições em matéria de investimentos estrangeiros não constitui problema para as estatais chinesas, que, em vez de se preocuparem em *ser proprietárias* de meios de produção, distribuição e troca (como pretenderia Marx), tratam simplesmente de manobrar para *controlá-los,* por meio de financiamento da exploração mineira e das infra-estruturas rodoviárias, ferroviárias e de veículos. Em Papua-Nova Guiné, a China acelerou drasticamente a derrubada da floresta virgem, que, no atual ritmo de exploração madeireira, estará praticamente extinta em 2030. Independentemente da nacionalidade das empresas que promovem a exploração, a maior parte da madeira acaba na China, onde é usada para as mais diversas finalidades, da construção de cabanas à fabricação de pauzinhos usados nas refeições.

Tendo em sua mira os mesmos arquipélagos que o Japão visava na Segunda Guerra Mundial — Melanésia (Papua-Nova Guiné e as ilhas Salomão, ambas tradicionalmente ligadas à Austrália), Polinésia (micro-Estados historicamente vinculados à Nova Zelândia) e Micronésia (países insulares do Pacífico aliados aos Estados Unidos) —, a China também superou o Japão como o maior fornecedor de ajuda.[16] Na ilha de Kiribati, construiu instalações de rastreamento de satélites para o avanço de seu programa espacial. Caberia perguntar por quanto tempo mais a América será capaz de "dominar as ondas".

CAPÍTULO 31

TAMANHO É DOCUMENTO: AS QUATRO CHINAS

A CHINA E OS Estados Unidos compartilham uma geografia imperial no tamanho, na latitude e na topologia espetacular: as províncias meridionais e centrais da China são castigadas sazonalmente por ciclones e inundações, em sua região nordeste ocorrem pesadas nevascas e o oeste é uma paisagem lunar de desertos e montanhas. Num padrão de certa forma semelhante ao dos Estados Unidos, a China começou com alguns aglomerados de cidades-Estado ao longo do rio Amarelo para se transformar gradualmente num império de escala continental, que, segundo a crença da dinastia Tang, podia ter a altura dos céus e a vastidão da própria Terra. Em seus espaços equivalentes, contudo, a China tem três vezes a população da Europa e cinco vezes a população dos Estados Unidos, combinando feudalismo terceiro-mundista, uma maciça base industrial e uma elite de Primeiro Mundo. Dividindo-se a China em quatro quadrantes, a região sudeste contém 60% da riqueza nacional, em conseqüência do papel econômico desempenhado por Taiwan, Hong Kong e Xangai, quase podendo ser equiparada, em termos de desenvolvimento, aos Estados Unidos e à União Européia. O quadrante nordeste, incluindo Pequim, foi firmemente arrancado ao Terceiro Mundo por meio de uma rápida industrialização e um impressionante esforço de consolidação da infra-estrutura. Os dois quadrantes ocidentais da China — incluindo suas províncias internas, o Tibete e Xinjiang — continuam sendo uma vasta extensão terceiro-mundista, com recursos naturais e um campesinato de 700 milhões que alimentam o império. Esses quadrantes, com a diáspora de 55 milhões de chineses, constituem as quatro Chinas que se fundem numa gigantesca superpotência do Segundo Mundo.

Durante milênios, a história chinesa foi uma luta quase contínua pela união sob uma ordem única. Em sua auto-alimentação, a mistura chinesa de despotismo e patriotismo preserva forte sentimento antiocidental no seu empenho em superar a humilhante extraterritorialidade imposta pelos britânicos nas Guerras do Ópio de meados do século XIX e o ressentimento adicional pela entrega de colônias alemãs ao Japão no Tratado de Versalhes depois da Primeira Guerra Mundial.[1] Embora os Estados Unidos nunca tenham colonizado a China — na época, o Departamento de Estado nem sequer tinha uma divisão do Extremo Oriente —, sua política de Portas Abertas foi, na melhor das hipóteses, um impulso de benevolência sem muita convicção, na tentativa de estabelecer direitos iguais para todas as potências comerciais estrangeiras na China, de modo a não ficar para trás no jogo europeu de esferas de influência.[2]

Os chineses não são conhecidos propriamente por uma atitude de indecisão em seus empreendimentos, e o século XX constituiu, em grande medida, uma busca intensificada por um sistema econômico viável para uma população de proporções inéditas. Visões de mundo, como o marxismo-leninismo, assumiram papel predominante a partir de 1921, com a fundação do Partido Comunista em Xangai, onde eram mais flagrantes os horrores do capitalismo industrial. A resultante coletivização agrícola de fundo socialista, que seria acelerada com a vitória dos comunistas na guerra civil, era autenticamente revolucionária — como diria Mao numa tirada que ficou famosa: "Uma revolução não é um jantar dançante, nem uma composição literária, nem uma pintura, nem um belo bordado; não pode ser feita suavemente, gradualmente, cautelosamente, com consideração, respeito, cortesia, simplicidade e modéstia."* Em nome da

* Mao também declararia, em 1949: "A China sempre foi uma grande nação, corajosa e industriosa; só nos tempos modernos é que ficou para trás. E isto se deveu inteiramente à opressão e à exploração por parte do imperialismo estrangeiro e a governos reacionários. (...) Nossa nação não será mais insultada e humilhada. Nós nos pusemos de pé."

modernização e da "vitória da revolução mundial", ele estava disposto a sacrificar toda a população chinesa, que era na época de 300 milhões de habitantes. No fim das contas, mais de 70 milhões pereceram no Grande Salto à Frente, na Revolução Cultural e nos constantes expurgos internos, nos quais foi maior o número de pessoas que morreram de fome ou por excesso de trabalho do que as assassinadas por Hitler e Stálin juntos. Deng Xiaoping manteve o foco no desenvolvimento como forma de superar a insegurança, lançando as "quatro modernizações" — da agricultura, da indústria, da defesa e da tecnologia — e empreendendo a reforma interna e a abertura externa necessárias para concretizá-las.[3] Mas é o fato de a atual liderança dar prosseguimento ao desenvolvimento tanto experimental quanto acumulativo que está tirando a China do Terceiro Mundo. O período de 30 anos que vai terminar em 2010 deverá ser lembrado como aquele em que a China recuperou territórios indevidamente controlados pelo Ocidente, promoveu o desenvolvimento e o crescimento econômico em escala maciça e teve sua grandeza reconhecida no fato de sediar as Olimpíadas de 2008.

O progresso é uma necessidade mecânica para os dirigentes chineses, que têm plena consciência das eras anteriores de glória superlativa. A China sempre foi "uma civilização que fingia ser uma nação", escreveu o eminente estudioso Lucian Pye.[4] O comunismo foi apenas uma ambição passageira, mas apagou do mapa os nacionalismos étnicos, abrindo caminho para um objetivo muito mais grandioso e mais intrínseco: reviver um passado glorioso destruído durante as vergonhosas humilhações do século XIX. Como o país também foi o império dominante da região, não existe hoje apreensão quando se trata de embarcar novamente nesse caminho; para a China, trata-se simplesmente de estar de volta ao futuro. Os mais recentes planos de comemoração de um rito de passagem da China como superpotência têm como alvo o ano 2049, centenário da unificação nacional. Os impérios começam com a convicção do próprio direito de dominar, e para o restabelecimento da posição da China como Império do Meio foi necessário que ela deixasse de se satisfazer com o isolamento para passar a se considerar uma civilização sem fronteiras.

INTERPRETANDO UMA SUPERPOTÊNCIA

Se os Estados Unidos são o maior país do mundo, alguém esqueceu de avisar aos chineses.

A China é um universo em si mesma, o maior e mais profundo espaço cultural autônomo do mundo, com sua própria literatura, suas filosofias e estilos de dramaturgia — e toda uma constelação de canais de tevê a cabo para acompanhar. Não precisa importar cultura de parte alguma nem ser traduzida para os outros. Como aconteceu durante a maior parte dos últimos 3 mil anos, a China hoje atrai uma infinidade de comerciantes, emissários e estudiosos, tornando-se mais uma vez o ímã cultural da Ásia.[5] Ao mesmo tempo, exporta professores e babás, e está abrindo no mundo inteiro dezenas de filiais do Instituto Confúcio para promover a cultura chinesa. O cinema, a pintura e a medicina tradicional da China se globalizaram, assim como o Weiqi, também chamado de Go, um jogo mais antigo que o xadrez.

Mil anos atrás, a globalização tinha características chinesas, pois a imprensa, a pólvora e o compasso vieram do Oriente para o Ocidente. Hoje a China se apresenta como um grande navio mercante mais uma vez navegando nas águas da globalização — em acentuado contraste com um porta-aviões americano. A grande inspiração para a nova imagem da China é o almirante Zheng He, cujas sete viagens marítimas no início do século XV em muito superaram as de Colombo e de Vasco da Gama, levando embaixadores da dinastia Ming a paragens tão distantes como o litoral oriental da África, disseminando a diáspora chinesa de Malaca ao Quênia e retornando com enxofre da Indonésia e com especiarias do litoral indiano de Malabar.[6] Não fosse a decisão do imperador Zhou Gaozhi de acabar com as onerosas viagens ao exterior, a China poderia ter se tornado a maior superpotência continental e marítima da época. Como as viagens de Zheng eram consideradas comerciais e culturais, sua história dá a entender que a China hoje é uma potência pacífica e bem-intencionada; como era muçulmano, tendo morrido depois de uma peregrinação a Meca, Zheng representa também a China cosmopolita. E, tendo sido ele o capitão da primeira grande onda de imigrantes chineses para o Sudeste Asiático, encontramos na Malásia, na Indonésia e na Tailândia muitos templos celebrando sua chegada.

Examinada mais de perto, a história de Zheng He descortina, ao mesmo tempo, os aspectos justificados e distorcidos do nacionalismo chinês. Certas falsificações da história chinesa têm sido intensificadas nos últimos anos para escorar uma visão sinocêntrica do Leste Asiático. Em discurso durante uma sessão conjunta do Parlamento australiano em 2003, o primeiro-ministro chinês, Hu Jintao, declarou sem qualquer fundamento que as viagens de Zheng He inauguraram séculos de contatos sino-australianos, uma ficção que poderia ser usada posteriormente para justificar alguma forma de domínio sobre a Austrália. Além disso, Zheng não foi apenas um "embaixador da amizade", tendo se envolvido em várias guerras, de Java até o Sri Lanka, chegando em dado momento a escravizar o rei desta última nação. Não só estabeleceu bases no estreito de Malaca como coletou pesados tributos para os Ming na Birmânia e em Yunnan, instigando manifestações brutais de violência contra a resistência no Vietnã. Como atesta o exemplo de Zheng He, o uso da força faz parte da antiga cultura estratégica da China.[7]

O mundo já está de olho na política e na economia da China, exatamente como acompanha as da América e da Europa — e não é menor a capacidade chinesa de confundir os especialistas. A China divulga minuciosas doutrinas estratégicas e até publica um relatório sobre direitos humanos criticando os índices de encarceramento, as desigualdades de renda e a violência da criminalidade nos Estados Unidos. Ligados às universidades e aos ministérios chineses, institutos de pesquisa oficiais e semi-oficiais contribuem para a formulação da política global do país. "Com o colapso da Academia Soviética de Ciências Sociais, a Academia Chinesa de Ciências Sociais é, sob todos os aspectos, o maior centro de geração de idéias do mundo hoje em dia", jactava-se um intelectual de Pequim. Seus debates internos sobre a integração e o confronto globais são tão acalorados quanto os que ocorrem em Washington ou Bruxelas — com impacto igualmente profundo na ordem global.

Há quem acredite que a "ascensão pacífica" da China representa o nascimento de um "Consenso de Pequim", uma nova lógica de governo fundamentada no impulso de novas tecnologias, na prevenção de crises e na abertura de um caminho próprio para um novo estatuto global diante das potências entrincheiradas em suas posições.[8] Mas como se apresentaria na prática esse Consenso de Pequim se representasse efetivamente a declaração de princípios de uma ordem mundial liderada pela China, como alternativa ao "hegemonismo" americano? A única doutrina de que dispomos para avaliação é a do "Mundo Harmonioso" exposta pelo primeiro-ministro Hu Jintao, ao mesmo tempo ousada e capenga, ambiciosa mas vazia. Nesse "Mundo Harmonioso" prevalece um respeito à soberania nacional — princípio que até mesmo a maioria dos países do Terceiro Mundo vem cautelosamente deixando de lado à medida que as ameaças globais se tornam transnacionais e os conflitos domésticos ultrapassam fronteiras. Para Hu, "multilateralismo" não significa um empenho coletivo na solução dos problemas, mas a "democratização das relações internacionais", por meio da qual as novas potências passam a pôr em xeque os Estados Unidos. Finalmente, o "Mundo Harmonioso" serve de esteio a um desenvolvimento econômico compartilhado, especialmente por meio do comércio inter-regional.[9] A proliferação de projetos da China na África e os empréstimos a juros baixos que oferece no continente indubitavelmente se tornaram importantes para o crescimento de muitos países pobres, mas também têm servido a um mercantilismo chinês que pode ser devastador do ponto de vista ambiental, ao mesmo tempo perpetuando nesses países uma dependência de recursos típica do Terceiro Mundo. Há indicações de que um "Mundo Harmonioso" liderado pela China não seria necessariamente um lugar muito melhor.[10]

Mas o "Mundo Harmonioso" se destina tanto ao consumo interno quanto ao internacional, concebido para aplacar uma população inquieta por meio de uma forma latente de nacionalismo. Em vez de se valer da crescente abertura do país para canalizar a energia da população em direção ao comércio, à prosperidade e ao lazer, o governo vem investindo no orgulho nacional (por meio de ícones como Zheng He), de modo a substituir o desacreditado comunismo e o nacionalismo de endereço certo numa direção particularmente antiamericana. De fato, ano após ano os Estados Unidos são considerados o país mais detestado na China.[11]

Há mais de um século os americanos estão na China, primeiro como missionários, empresários e exploradores de petróleo, e já agora como estudantes, acadêmicos, diplomatas, arquitetos e artistas, enquanto os chineses se tornaram importante manancial de cérebros para os Estados Unidos.[12] Ao mesmo tempo, espiões chineses roubam segredos avaliados em bilhões de dólares na América, enquanto fundações americanas patrocinam pesquisas científicas avançadas na própria China. "Sem a América, a China estaria hoje muitos anos atrás", lembrava um acadêmico americano que visita regularmente o país.

Mas os Estados Unidos também são a única potência capaz de perturbar os planos da China de restabelecer sua indiscutível grandeza, de modo que, para muitos chineses, representam o inimigo público número 1. Apesar de toda a deferência ritual da diplomacia, as humilhações da China por parte dos americanos — apoio disfarçado aos tibetanos (suspenso em 1971), fornecimento de armas a Taiwan, posicionamento estratégico de mísseis de defesa, bombardeio da embaixada chinesa em Belgrado em 1991, incidente com o avião espião EP-3 em 2001 e (segundo os próprios dirigentes chineses) *status* reduzido nas visitas oficiais — contribuem para um clima verdadeiramente apoteótico de rivalidade.[13] Muitos asiáticos suspeitam que a América efetivamente *quer* despertar o dragão chinês. Assim, quando o ex-secretário de Defesa americano Donald Rumsfeld perguntou por que a China precisaria gastar tanto no fortalecimento de suas forças armadas se não enfrenta qualquer ameaça declarada, parecia ignorar que as forças armadas americanas *são* a ameaça primordial à China. Como foi o Ocidente que invadiu a China no século XIX — e não o contrário —, a China não irá sacrificar os armamentos necessários à sua defesa.[14] Mas o processo é interminável, pois não existem forças armadas suficientemente fortes para derrotar diretamente os Estados Unidos. Depois dos êxitos obtidos nas missões espaciais tripuladas e dos planos de chegar à Lua, os programas espaciais civil e militar da China, estreitamente vinculados, podem voltar-se para a ativação de armas espaciais capazes de se esquivar dos sistemas americanos de mísseis de defesa — e, por sinal, já se mostraram capazes de derrubar satélites em órbita.[15] A credibilidade em baixa da América na região significa que ela já não pode culpar a China.[16]

A língua chinesa não tem tempos em seus verbos, o que torna mais densos ao mesmo tempo o sentido do passado e o caráter atemporal das concepções e expressões chinesas.[17] Como o país se considera um guardião da verdade, quaisquer acertos com outras potências (como sua aliança com a União Soviética) são considerados táticos, e não atos de equivalência moral.[18] Da mesma forma, o reconhecimento da condição de superpotência da América por parte da China de modo algum significa aceitação do *status quo*. Será que a estratégia da China consiste em "ocultar suas ambições e disfarçar suas garras", como recomendava Mao, até alcançar o "amplo poderio nacional" que busca?*

* A expressão chinesa para designar amplo poderio nacional é *Zonghe guoli*, conceito fundamentado em recursos naturais, capacitação econômica, comércio externo e potencial de investimentos, altos níveis de desenvolvimento social, capacitação militar, um nível elevado de eficácia governamental e habilidade diplomática.

Ou será que ela permanecerá fiel à doutrina da "ascensão pacífica", de acordo com o aforismo de Sun Tzu que recomenda alcançar vitórias sem jamais entrar em luta? A China já posicionou estrategicamente e multiplicou armas nucleares, mísseis de cruzeiro, aviões operados por controle remoto, satélites e outras tecnologias para elevar o custo da presença militar regional da América — sem nunca chegar efetivamente a atacá-la.* Ao mesmo tempo, à medida que diminui a dependência comercial da China em relação aos Estados Unidos, diminuem também os incentivos para manter uma atitude de moderação. Um embargo energético contra o Japão contribuiu para desencadear a Segunda Guerra Mundial no Pacífico; uma estratégia semelhante em relação à China levaria a região à Terceira Guerra Mundial.

O conhecimento recíproco e a interpenetração sino-americanos existem em tal grau que os dois países conhecem quase tudo o que é possível conhecer sobre o outro — exceto o que o outro vai fazer em seguida. Uma linha direta militar ao estilo da Guerra Fria pode ajudar nesse sentido. Enquanto isso, os Estados Unidos já conseguem ver a China menos em termos de bem *versus* mal e mais através de uma lente humana que Oscar Wilde descrevia como o encantador *versus* o tedioso. Washington fixou-se numa política multinivelada de "constrangimento" ou "congajamento" — contenção mais engajamento —, na esperança de transformar a China num "acionista responsável".[19] No futuro próximo, contudo, a China quer apenas organizar sua própria região e sua periferia — e não o planeta inteiro.[20] Se até 2020 os Estados Unidos ainda forem capazes de cercar a China militarmente enquanto esta continuar construindo uma esfera de co-prosperidade econômica, o resultado pode ser um modelo estável de contenção — mas os Estados Unidos não terão mudado a China *de dentro para fora*.

---

* Tudo se justifica quando a geopolítica e a globalização se cruzam. Num texto extra-oficial e bastante provocador intitulado *Guerra irrestrita*, dois coronéis chineses deram sua interpretação maximalista das realidades de um mundo em que os limites governamentais e não-governamentais desaparecem, os modelos estratégicos podem não ter forma, indivíduos podem deter tanto poder quanto países e a existência de tantos meios tecnológicos apaga as regras da guerra. "Não existe nada no mundo, hoje, que não possa tornar-se uma arma", eles escrevem, e quaisquer que sejam — dinheiro, a Internet, o meio ambiente, os meios de comunicação, as leis —, as armas disponíveis devem ser usadas para imprimir o rumo da batalha e controlar de maneira invisível o destino de um rival, recorrendo à trapaça e à confusão, os equivalentes asiáticos da dissimulação árabe. Essa "guerra de combinação" é o único meio — e, por sinal, legítimo — de que dispõem as potências mais fracas para derrotar as mais fortes, o que elas têm o direito de fazer para superar sua inferioridade. Ver Ling e Xiangsui, *Unrestricted Warfare*.

A Europa acha que pode mudar a China por meio do poder *soft*, de uma forma que o poder *hard* americano não é capaz — ou, pelo menos, conseguir mais com sua estratégia do que a América. O comércio europeu com a China supera o comércio sino-americano, e as exportações da China para a Europa também já atingem volume maior que as da América. A Europa deixou claro que a China terá de aceitar sua interferência se quiser merecer o cobiçado *status* de "economia de mercado".[21] A China mostra-se hoje impermeável às pressões americanas em favor da democratização, dos direitos humanos e da reforma econômica, mas implicitamente acolhe a orientação européia em todas essas questões. Na verdade, o Estado que a China espera construir tem como modelo as normas européias de capitalismo de Estado e democracia social, a mesma fonte de sua atual ideologia socialista oficial.[22] "Enviamos muito mais diplomatas e especialistas à União Européia do que aos Estados Unidos, e o dobro do número de estudantes, para entender seus Estados previdenciários", assinalava um acadêmico de Xangai. É melhor mesmo que a China possa dispor dos frutos dessas trocas, e a Europa os está proporcionando. Alguns países europeus também encararam sua própria tentativa, em 2005, de suspender o embargo de armas à China imposto pela UE como um gesto de respeito que contribuiria para o avanço desses programas construtivos de reforma. Na verdade, a Europa já vende armas de alta tecnologia à China, e a incluiu no sistema de navegação de seu satélite comercial Galileu (embora a China esteja planejando seu próprio sistema global de satélites, o Beidou-2), o que, segundo os Estados Unidos, poderia contribuir para o desenvolvimento do sistema chinês de armas de longo alcance. Entretanto, ao se eximir de impor à China quaisquer condições ou penalidades pela desenfreada venda de armas a regimes condenáveis — como maior transparência militar, ampliação da liberdade de imprensa, fim da pena de morte ou adesão à Convenção da ONU sobre Direitos Civis e Políticos —, a Europa demonstrou que deixa a desejar como líder no campo moral quando estão em jogo interesses comerciais. Como a própria América não é signatária de muitos tratados dessa natureza, só a Europa poderia fazê-lo com alguma credibilidade. Mas o maior aliado da China no novo equilíbrio de poder que vai surgindo não é a Europa, mas a globalização.

GRANDEZA GLOBALIZADA

A China está passando por um novo Grande Salto à Frente, e já está muito mais avançada que da última vez. Embora sua retórica do "Mundo Harmonioso" pareça antiquada, sua estratégia de globalização é tudo menos antiquada. Enquanto o *establishment* político americano insistir em advertir sobre uma "ameaça chinesa", a maior parte do mundo — e a maioria dos americanos — comprou a idéia de uma "oportunidade chinesa". Ao contrário do que aconteceu com o Japão e com a Coréia, que tiveram um impressionante crescimento conduzido por um modelo de Estado fechado, a espetacular ascensão da China ocorreu porque o país deixou de lado a pretensão de separar a esfera doméstica da internacional. A China superou os Estados Unidos como maior beneficiária de investimentos estrangeiros e passou à frente do Japão como país mais voltado para o comércio. Com mais de 1 trilhão de dólares em reservas cambiais (mais do que o Japão), ela investe cada vez mais em mercados estrangeiros por intermédio de uma agência equivalente à Temasek, para se prevenir contra sua própria volatilidade econômica, ao mesmo tempo atendendo à sua fome insaciável por matérias-primas. Para adquirir tecnologias de ponta, a China dotou suas empresas estatais de ativos suficientes para se entregarem a frenesis de compra dignos das quinhentas maiores empresas da lista da revista *Fortune*.

Outro pilar da estratégia chinesa é o seqüestro de navios do Primeiro Mundo, para levá-los a um ancoradouro e fazer seus capitães andarem na corda bamba. Quando a Temasek de Cingapura supervisionou a construção do Parque Industrial de Suzhou, na China, os chineses já tinham começado a desviar investimentos para instalações praticamente iguais que estavam copiando desde o início. Longe da época da extraterritorialidade, a China insiste atualmente em que as multinacionais montem suas operações em seu território, para continuar adquirindo tecnologias de ponta. Para poder construir o trem de alta velocidade Maglev (o mais rápido do mundo), ligando o aeroporto de Pudong ao centro da cidade de Xangai, a Siemens teve de montar também um instituto de pesquisas Maglev, ajudando a China a dominar a tecnologia que usará um dia para ligar Xangai a Pequim. Para fortalecer seus ainda incipientes mercados de participação acionária, a China terceirizou em Hong Kong e Cingapura o levantamento de capitais para seus bancos. E para enfrentar a questão dos enormes ativos sem retorno, resultante de anos de empréstimos desenfreados, permite que grandes bancos estrangeiros adquiram controle cada vez maior — com isso dividindo os riscos e, ao mesmo tempo, valendo-se de sua perícia para arrumar a casa.[23]

A China se beneficia do *know-how* estrangeiro, e o Primeiro Mundo sua a camisa para manter o ritmo. No passado, as empresas estrangeiras subempreitavam na China somente a montagem de componentes com mão-de-obra barata, mas a "corrida para o fundo" chegou ao fim: hoje a China compete no Primeiro Mundo com Cingapura e Taiwan em matéria de montagem de produtos eletrônicos e produção modulada. Os operários alemães hoje em dia trabalham horas extras para competir justamente com os operários chineses que treinaram — isto se as unidades de concepção e produção em que estavam empregados não tiverem sido inteiramente transferidas para a China. A China chegou a ponto de proceder à engenharia reversa de armas européias para inundar os mercados de seus fornecedores.[24] A Shanghai Automotive pode acabar tirando a General Motors e a Volkswagen do mercado na China, melhorando seus próprios modelos com a tecnologia dos concorrentes e vendendo seus carros a preços mais baixos — muito em breve, nos próprios Estados Unidos.

Mas não tem sido nada difícil manter as multinacionais na China para criar milhões de empregos: a maioria delas, para começo de conversa, nem sequer dispõe de uma estratégia de saída.[25] As empresas estatais já foram sinônimo dos cafundós empoeirados do interior industrial onde estão instaladas, e seu fechamento tem contribuído muito para a migração e a agitação urbanas. Em certas regiões, o governo tem forçado o reassentamento de áreas urbanas para as rurais, transformando operários em agricultores e voltando a povoar aldeias abandonadas por esses migrantes urbanos. Não menos importante é a Wal-Mart, que tem a maioria de seus produtos fabricada na China, empregando cerca de 200 mil pessoas. Mas, qualquer que seja a fábrica ou a mina em que trabalhem os operários chineses, seus direitos são sempre mínimos, não raro se traduzindo em *guolaosi* — "morte por excesso de trabalho".[26] Entretanto, mais de 1 bilhão de chineses têm cobertas todas as suas necessidades básicas de bem-estar material, já que, ao contrário do que acontece nos países do Terceiro Mundo, eles próprios produzem esses bens essenciais. E a China, com seu alto índice de poupança, está construindo uma megaeconomia baseada ao mesmo tempo na produção em massa *e* no consumo. Dos sucos de frutas aos produtos eletrônicos, passando pelos seguros de automóveis, tudo que os chineses compram pode ser adaptado a uma classe média em constante expansão, o que significa que as empresas estrangeiras aceitam praticamente qualquer condição para ter acesso a um gigantesco mercado em ebulição que não pode ser ignorado. Pessoas que costumavam ganhar 20 dólares por mês nas fábricas viraram novos-ricos de uma hora para outra. Os 300 mil milionários da China (pelos padrões do dólar americano) em uma década transformarão o país no terceiro maior consumidor de produtos de luxo, depois da Europa e dos Estados Unidos. "Enriquecer é uma glória", já dizia Deng, em comentário que ficou famoso.

A globalização vem ocorrendo nos termos da própria China. Em vez de aceitar as pressões ocidentais para abrir seus mercados antes dos Estados Unidos e da UE, a China tem se mostrado extremamente seletiva na internalização dos padrões da OMC.[27] Isto fica patente sobretudo na esfera dos direitos de propriedade intelectual (DPI), regime internacional que atualmente vem sendo varrido numa enxurrada de produtos pirateados — música, filmes, cigarros (o que os torna ainda mais mortíferos), produtos farmacêuticos, baterias, relógios, roupas e até carros: o sedã esporte X5 da BMW pode ser visto nas ruas de Xangai com o nome de "CEO". A quantidade se sobrepõe à qualidade na Rota de Nanquim e na Rota da Seda de Pequim, onde o intenso comércio de DVDs pirateados só é interrompido periodicamente para rituais simbólicos, nos quais tratores do governo esmagam pilhas desses produtos para aplacar as queixas americanas e européias. Mas o estratagema não engana ninguém, pois o governo não reprime um dos mais produtivos piratas da propriedade intelectual — o Exército Popular de Libertação —, cujas fábricas produzem em série artigos multimídia falsificados para reforçar seu orçamento.[28] Se continuar entregue ao seu próprio e opaco processo decisório, a China só respeitará as normas de DPI depois de ter pirateado o suficiente para chegar ao Primeiro Mundo.* Mas quando suas patentes são desrespeitadas, a China mostra-se extraordinariamente rá-

* A cultura chinesa/confuciana está mais centrada na transmissão do que na criação; aprender na prática necessariamente leva a transgressões. Além disso, as corporações ocidentais foram longe demais em seu frenesi de patentes, que em certos casos redunda em roubo legalmente disfarçado de frutos das terapias antigas, como os remédios da medicina ayurvédica, extraídos da flora. Com esta lógica, são os piratas do Ocidente que se valem de arcabouços jurídicos hegemônicos para furtar do Oriente e punir os outros por estarem fazendo o que já faziam séculos antes dos ocidentais. Ver Philip J. Ivanhoe, "Intellectual Property and Traditional Chinese Culture", in *Topics in Contemporary Philosophy*, Campbell, O'Rourke e Shier (orgs.), pp. 125-42.

pida na reação, protegendo seu mercado de televisores de tela plana, *drives* de computador, câmeras conectadas a computadores e todo tipo de parafernália para as Olimpíadas de 2008, que só as autoridades chinesas podem fabricar e comercializar.[29] Os Estados Unidos e a União Européia, cada vez mais, revidam com ameaças de guerra comercial, em virtude de seus pesados déficits comerciais com a China, mas, como especulava um economista chinês baseado em Xangai: "Se realmente quiséssemos passar por cima do regime de DPI, não sobraria absolutamente nada para o Ocidente produzir."

UMA ONDA PARA LEVANTAR QUALQUER BALSA

O verdadeiro milagre do desenvolvimento chinês ainda está, na verdade, dando seus primeiros passos. Em 1980, a China era uma terra devastada pós-Revolução Cultural, com dois terços de sua população vivendo em territórios áridos e ressequidos de terrível desolação, descritos pelo escritor Ma Jian em seu desalentador livro de memórias, *Poeira vermelha*. De um universo inicial de 500 milhões de pessoas vivendo na pobreza absoluta, restam hoje 50 milhões sobrevivendo com 1 dólar por dia, e a China já não aceita ajuda internacional para reduzir a pobreza. Mas, na realidade, o país não precisa soerguer 1 bilhão de pessoas; é mais ou menos como se estivéssemos falando de balsas, cada uma simbolizando uma família.[30] Em cada balsa, os membros da família cuidam uns dos outros, daí resultando níveis muito mais reduzidos de populações sem teto e de mendigos — além de muito mais ordem e dignidade — do que num país típico do Terceiro Mundo como a Índia.

As províncias litorâneas da China vêm recebendo até hoje uma proporção esmagadora — quatro quintos — do total de investimentos estrangeiros, mas essa impressionante estatística é intencional: o capitalismo foi chegando à China por etapas, para poder ser gerido gradualmente. No entanto, o custo dessa abordagem é a desigualdade.[31] Contingentes de migrantes aparecem nas grandes cidades litorâneas como se chegassem a um novo mundo cujas características nem sequer poderiam imaginar. Muitos reviram montes de lixo para ganhar mais dinheiro do que ganhariam como agricultores, enquanto as elites tratam simplesmente de ignorá-los como se fossem manadas.

Como acontece no Brasil, a desigualdade está diretamente ligada ao aumento da criminalidade. A prefeitura de Cantão mobilizou centenas de policiais a mais para o patrulhamento das ruas. Entretanto, como a China está atacando de frente seu problema de desigualdade em vez de ficar emperrada na questão da criminalidade, transformou-se no modelo que o Brasil acompanha mais de perto. Acabar com a migração rural de mais de 300 milhões de chineses não é possível, mas o esforço chinês para fornecer habitação, eletricidade, água, assistência médica e até educação e pensões acabará reduzindo gradualmente a desigualdade.[32] Em vez de ficar debatendo as estatísticas, os dirigentes chineses sabem que, embora o topo dessa sociedade dispare como um foguete, o fundamental é soerguer a base. A China tem procurado superar suas divisões internas entre o interior e o litoral, o leste e o oeste, em termos de riqueza, infra-estrutura, tecnologia e normas jurídicas e sociais com um programa de investimentos sociais no meio rural totalizando 40 bilhões de dólares e abrangendo escritórios governamentais, escolas e hospitais, tudo com o objetivo de "construir um novo campo socialista" — um *slogan* sábio no caso do cerne territorial do país, onde os ideais socialistas agrários continuam prevalecendo.[33] Além dos investimentos do Estado, as remessas internas do litoral para o interior têm desempenhado um imenso papel no alívio da pobreza de mais de 800 milhões de camponeses. A reforma das aldeias levou à demolição de cabanas, substituídas por estruturas mais resistentes, e à construção de mansões de dois andares, com telhados para captação de energia solar, para veraneio dos chineses do meio urbano. Oitenta mil quilômetros de rodovias vêm sendo pavimentados para ligar aldeias distantes às auto-estradas, e elas também estão sendo ligadas por cabos de fibra óptica à super-rodovia da informação — em ambos os casos, décadas mais depressa do que a suposta potência das tecnologias da informação que seria a Índia.

Com a facilidade de acesso por ar, terra e rio a suas regiões mais recônditas, segue-se naturalmente o rápido desenvolvimento das mini-Xangais, as "segundas cidades" da China. Não é mera coincidência que a cidade de Chongqing, próxima do centro geográfico do país, na província de Sichuan, tenha se tornado o maior município do mundo, com mais de 30 milhões de habitantes. Nesse centro da região da Represa das Três Gargantas, operários e moradores estão construindo cidades inteiras para as populações deslocadas pela construção da represa. Ao mesmo tempo, planeja-se para a região uma revitalização industrial orçada em 40 bilhões de dólares, para transformá-la no centro de uma zona econômica que abrange 35 cidades e 100 milhões de pessoas — maior que qualquer país europeu. A China tem hoje mais de uma centena de cidades de tamanho médio, com mais de 1 milhão de habitantes, muitas delas com perfis arquitetônicos que começam a se assemelhar ao de Frankfurt. (Em comparação, os Estados Unidos têm apenas dez cidades com mais de um milhão de habitantes, e a Europa, cerca de trinta.) A maioria dos americanos nunca ouviu falar de cidades como Wuxi, que em breve será tão rica quanto algumas das cidades dos EUA — mas com uma população de 7 milhões. Assim, não surpreende que, embora a China produza muito mais aço que qualquer outro país (um terço da produção mundial) e consuma o dobro dos Estados Unidos ou da UE, ainda continue precisando de mais.

As toxinas acumuladas nos pulmões de um chinês urbano são como as camadas de sedimentos investigadas por um paleontólogo, contando a história do mais rápido processo de industrialização a que o mundo já assistiu. As minas de carvão e as usinas de aço incrivelmente ineficientes da China geraram uma poluição tão densa que impede a aterrissagem de aviões e deixa negra a neve no inverno. Seis das dez cidades mais poluídas do mundo ficam na China, e nada menos que um terço das cidades chinesas sofre de poluição do ar em níveis insuportáveis.[34] Como no caso de seu panorama econômico, a corrida ambiental na China tem como único adversário a própria globalização: caberia perguntar se o país pode tornar-se verde por meio da tecnologia, da eficiência e da conservação ambiental para que não fique totalmente negro — arrastando consigo outras regiões do mundo.

Para onde for a China vai também o restante do mundo: muito em breve, ela será responsável por um terço da poluição do ar da Califórnia.[35] Como os americanos, os chineses querem desfrutar os prazeres da vida e os grandes espaços abertos, fazendo viagens rodoviárias por seu vasto e deslumbrante país. Um funcionário da Corporação Nacional Chinesa de Prospecção Marítima de Petróleo chegou a afirmar que “direitos humanos significam garantia de acesso à energia”.[36] O problema da crença de que a China está simplesmente repetindo a história ocidental, para se tornar mais verde paralelamente ao crescimento de sua riqueza, está em que, como tudo o mais na China, a escala dos problemas é maior e eles se manifestam muito mais rapidamente — sobrepondo-se a 200 anos de um corrosivo processo de industrialização ocidental. A China já é o segundo maior poluidor global — só perde para os Estados Unidos —, situação para a qual o restante do mundo alegremente contribui usando a China como sua fábrica central.* Mas as ONGs ambientais estão tentando despertar a consciência ecológica *antes* de uma catástrofe semelhante à de Chernobyl. Tudo isso convém perfeitamente à cultura chinesa de ordem e limpeza. Mesmo nos velhos bairros de *hutongs* em Pequim, o lixo é caprichosamente coletado e os ciclistas passam pedalando para recolher as garrafas descartadas para reciclagem, balançando-as em enormes sacos de plástico enquanto percorrem as estreitas vielas conhecidas.

Estações eólicas vêm se multiplicando nas províncias ocidentais da China até a fronteira com o Cazaquistão. Quando a China se sente desafiada, é capaz de provar que nenhuma sociedade pode se adaptar com tanta velocidade em larga escala. O crescimento é a pedra angular da legitimidade governamental, mas a degradação ambiental talvez custe à China 200 bilhões de dólares por ano.[37] Assim, nela se desenvolveu o maior número de projetos de usinas hidrelétricas e nucleares de todo o mundo, e também estão sendo construídos mais terminais de gás natural líquido, ao mesmo tempo para tirar vantagem de suas grandes reservas (e também das reservas da Malásia e da Indonésia) e reduzir sua excessiva dependência do carvão e do petróleo.[38] Como uma Cingapura em tamanho gigante, a China passou a mandar substâncias poluentes para regiões distantes, aumentando o preço da água e multando os maiores poluidores. O país já utiliza mais energia solar para o aquecimento de água do que todo o restante do mundo, e também começou a vender essas tecnologias no exterior.[39] O Império Celestial vem tentando até controlar o clima, usando tecnologias de aspersão de nuvens para aumentar os índices pluviométricos e dissipar o quase permanente nevoeiro de Pequim.

---

* A China tem apenas metade da média de recursos planetários *per capita*, mas utiliza sete vezes a quantidade de energia consumida pelo Japão para o mesmo volume de produção, seis vezes mais que os Estados Unidos e três vezes mais que a Índia. Há quem tenha sugerido a hipótese de a China forçar as empresas estrangeiras a pagar pelos combustíveis utilizados para a produção em seu território, o que seria uma maneira inteligente de conseguir seu apoio para a pretensão chinesa de assegurar recursos estrangeiros e manter abertas as rotas marítimas para a China. Mas a realidade é que a maior fonte de produção ineficiente não são as multinacionais, mas as fábricas locais da própria China.

XANGAI E PEQUIM: CAPITAIS IMPERIAIS

Situada na foz do rio Yang-tsé, Xangai resume o que há de melhor na China numa cultura do fazer pela qual os nova-iorquinos ficaram conhecidos, já merecendo hoje o *status* de ponto de referência do planeta, por sua cultura urbana de Primeiro Mundo e seu modo cosmopolita. Ironicamente, a cidade onde o Partido Comunista foi fundado, para pôr fim à propriedade corporativista, tomou o lugar de Hong Kong como epicentro do capitalismo chinês. O que não deixa de ser justo, já que foram os milionários de Xangai que fugiram para Hong Kong em 1949, adquirindo domínio das práticas empresariais ocidentais sob tutela britânica. Mas Xangai não tem as gangues, a pornografia e a criminalidade de Hong Kong. Os motoristas de táxi se isolam em casulos de plástico dentro do carro, mas praticamente não existe crime, e a polícia anda desarmada. Nas ruas, guardas de trânsito com luvas brancas orientam os pedestres com gestos e apitos severos. Verdadeiros enxames de jardineiros podam as flores e cortam a grama. Em oposição às latrinas a céu aberto das cidades do Terceiro Mundo, há banheiros públicos por toda parte. Um único cartão eletrônico pode ser utilizado para pagar todos os meios de transporte: metrô, ônibus e até táxis.

O pássaro nacional da China é, certamente, a grua. Com Dubai, Xangai é a área de ação do maior número de gruas comerciais do mundo, muito ativas na demolição de centenas de milhares de casas tradicionais e da era colonial e na construção da cidade do futuro. Para a Exposição Mundial de 2010, uma área do tamanho de Manhattan está sendo urbanizada com belos pavilhões e residências. Xangai já tem mais arranha-céus do que Nova York, alguns deles, como a Torre Jin Mao, associando o melhor do antigo e do moderno em sua arquitetura, que se assemelha a um bambu na primavera. O conhecido bairro da beira-rio, o Bund, foi construído na passagem do século imitando o estilo *art déco* europeu, mas os chineses, em vez de permitirem que as contribuições coloniais simplesmente fossem desmoronando, integraram a elas as modernas fachadas envidraçadas para modernizar sua imponência. Todos os negociantes de carros de luxo têm um salão de vendas em Xangai, e os jovens *yuppies* se reúnem em festas em galerias de arte transformadas em discotecas. Restaurantes de refinadas especialidades rivalizam com os de Londres e de Los Angeles, e como é a comida asiática que cada vez mais inspira a culinária global, o Oriente hoje em dia dita as tendências da sofisticação internacional tanto quanto o Ocidente.

Xangai está se transformando na maior metrópole do mundo, deixando para trás Nova York, Londres ou São Paulo. A administração municipal faz planos com 50 anos de antecedência, o que significa que, apesar de sua população de 26 milhões de habitantes (13 milhões de nativos e um número igual de migrantes), sempre aumentando, ela não cairá no tipo de amontoado caótico das megalópoles latino-americanas, devendo permanecer entre as cidades ordeiras, como Tóquio. Os bairros são divididos em zonas e identificados por cores, e milhões de habitantes da cidade vivem em minúsculos apartamentos que mais parecem cápsulas. Surgiram novos bairros que evocam aldeias suíças ou britânicas para atrair os chineses de classe média — cujo poder importa o mundo para uso próprio. Xangai também é o núcleo de uma grande região metropolitana de crescente prosperidade que se estende até Nanquim, abrangendo várias cidades de 5 milhões de habitantes cada.

Outrora a cidade das bicicletas, Pequim parece ter hoje mais carros — enquanto as bicicletas são recicladas. Dezenas de hotéis cinco estrelas e condomínios fechados com todo tipo de serviços vão ampliando aquela que sempre foi uma cidade de palácios antigos e parques amplos, cujo esplendor já impressionava na época de Marco Polo. Casais mais velhos aprendem a dançar tango à noite junto às muralhas iluminadas da cidade, construídas na era Ming. Embora, tal como em Xangai, muitos bairros antigos venham sendo postos abaixo para a construção de projetos modernos, muitos velhos *hutongs* estão sendo reformados para capitalizar o constante fluxo de turistas.

TAIWAN E HONG KONG: SER COMO A CHINA

Se ainda restava alguma dúvida de que a alma chinesa não abriga qualquer inclinação inerente para o dogma marxista-leninista, basta visitar Taiwan e Hong Kong.

Sun Yat-sen direcionou a China explicitamente para ideais iluministas, e Chiang Kai-shek, seu sucessor na direção do Kuomintang, presidiu um verdadeiro florescimento de liberdade econômica e cultural até 1949. Mao Tsé-tung estimulou então impulsos agrários de massa durante a Longa Marcha da guerra civil, a fim de forçar a retirada dos nacionalistas para Taiwan, denunciando o regime de Chiang Kai-shek como uma era de "capitalismo burocrático". Mas, se estivesse vivo hoje, Mao certamente seria capaz de fazer uma descrição melhor daquilo em que se transformou a China continental.

A vitória dos comunistas na guerra civil provocou grande fuga de capitais da China, dinheiro que se disseminou e multiplicou por toda a região nas mãos de cautelosos investidores chineses do exterior. Por ironia, os *yueh* — a população da região litorânea meridional da China — foram justamente os mais menosprezados pelos dirigentes do norte da China, que os expulsaram para Taiwan e para outros destinos. Nas últimas décadas, no entanto, os *yueh* são os que mais têm contribuído para impulsionar a economia do país, investindo bilhões por intermédio de suas ligações financeiras em Xangai.[40]

Antes uma ilha de indesejáveis, Taiwan transformou-se, nas palavras do ex-ministro chinês do Exterior, Li Zhouxing, numa "questão de vida ou morte para a China".[41] Qualquer dirigente chinês que perdesse Taiwan seria considerado eternamente culpado. Taiwan é, na verdade, um nódulo econômico sem Estado, tão fundamental para a economia global que praticamente nenhum equipamento eletrônico deixa de ter algum componente fabricado lá. Qualquer perturbação em sua economia — fosse por motivo de guerra ou de calamidade natural — também seria desastrosa para todo mundo, desconectando boa parte da economia global.[42] Washington protege Taiwan tanto por seus microchips quanto por sua posição militar, mas secretamente se opõe à independência da ilha, esperando que se possa chegar a uma grande barganha pela qual Taiwan prometa não fazer secessão e a China modere suas pretensões. Depois de anos de pressões chinesas em todo o mundo, Taiwan ficou tão isolada diplomaticamente que sua independência não seria reconhecida por país algum — talvez nem mesmo pelos Estados Unidos. Apesar dos armamentos pesados de ambos os lados e da forte presença americana, o prestígio político e o controle econômico é que estão realmente em jogo. A China sabe que a eventual incorporação de Taiwan significará para ela a aquisição de um centro de indústrias de alta tecnologia de categoria mundial, além de um verdadeiro rolo compressor da manufatura. Até hoje, Taiwan é o maior investidor estrangeiro nas empresas e fábricas da China continental, muito à frente dos Estados Unidos, da União Européia ou do

Japão. Os pragmáticos de Taiwan querem aprofundar cada vez mais o mercado comum com a China para facilitar esses investimentos, e a China respondeu muito habilmente, oferecendo 4 bilhões de dólares em créditos para empresas pequenas e médias de Taiwan que operam em seu território. A China já é o maior mercado de exportação de Taiwan, e não desejaria atacar exatamente a ilha que tão zelosamente contribui para seu crescimento econômico.[43]

Apesar dos eventuais atritos, prossegue célere a mútua colonização da China e de Taiwan. Mas hoje já está claro que Taiwan não absorverá a China politicamente. Os chineses do continente não mostram muito respeito pela democracia de Taiwan, que se tem revelado suscetível à exploração por parte dos nacionalistas e à marginalização dos imigrantes oriundos do continente.[44] "Estamos apenas copiando o modelo econômico e social de Taiwan", explicou um empresário chinês em Pequim. "Depois de uma fase inicial de capitalismo selvagem, eles também passaram a se preocupar com o desenvolvimento, agindo como empresários do Primeiro Mundo."

Mais ainda do que Taiwan, Hong Kong sempre foi considerada a economia mais livre do mundo, além de um modelo da maneira como os chineses podem se adaptar à democracia e à civilidade ocidentais. Em 1997, quando a "última colônia britânica se rendeu à última tirania comunista", nas palavras do último governador britânico da ilha, Chris Patten, a China recebeu de presente essa capital financeira global onde atualmente menos de um décimo da população trabalha em manufatura, apesar de um volume anual de exportações maior que o da Índia ou da Rússia.

Tanto em Hong Kong como na cidade continental de Kowloon, os aterros estreitaram o grande porto de Vitória, que fica entre as duas — um símbolo da redução do abismo entre Hong Kong e as cidades de Shenzhen e Cantão, no delta do rio Pérola, que formam juntas a mais rica região da China.[45] O delta era o entreposto britânico na Rota da Seda marítima, e atualmente é o canal através do qual antigas cidades de população *yueh* resgataram sua glória moderna como zonas de processamento de exportações. Ali perto, em Macau (a Las Vegas da China) e na ilha de Hainan, megaprojetos chineses de infra-estrutura estão abrindo caminho para que investidores de Taiwan, da Coréia e de Hong Kong possam construir hotéis e *resorts* de extraordinária lucratividade, adquirir bens imóveis e lançar companhias aéreas especializadas em preços baixos, transportando passageiros de todo o continente chinês, enquanto Beihai representa um local ideal para o comércio costeiro com o Vietnã. Mas a metáfora do porto que encolhe também funciona em sentido inverso: a poluição do delta seguiu em frente no curso das águas, obscurecendo o ar e a água de Hong Kong, e desde a devolução, a política de Hong Kong vem passando por um período de maior corrupção e mais violações dos direitos de propriedade. Como Taiwan, Hong Kong torna-se a cada ano mais chinesa e menos identificável como um sistema independente.

UM PAÍS, DOIS SISTEMAS

A expressão "um país, dois sistemas" já não se refere tanto à polaridade China-Taiwan, mas ao dualismo do "leninismo de mercado". Para o Ocidente, já é um axioma histórico que nenhum país pode sustentar o paradoxo de uma economia capitalista acoplada a um governo autoritário — no entanto, é exatamente esta a vigorosa realidade da China.[46] As outras potências nunca puderam penetrar a inescrutável política imperial chinesa, e, portanto, devem chegar a um acordo com a China "tal como é, e não como queremos que seja".[47]

Quando o último imperador da China, Pu Yi, foi rebaixado da condição de chefe do Império Celestial para ser integrado às fileiras comunistas, teria comentado sobre seu processo de reeducação: "O Partido Comunista é tão grande que não elimina a pessoa fisicamente, tratando, em vez disso, de eliminar idéias equivocadas." No último meio século, o que não faltou ao partido foram idéias equivocadas, mas ele não sofreu uma revolução, que os chineses chamam eufemisticamente de "retirada de mandato". O único objetivo do partido é preservar esse mandato por quaisquer meios necessários. Na verdade, ele não enfrenta muita concorrência, pois, ao longo de 5 mil anos, nem uma única vez "o povo" candidatou-se a assumir o "mandato do céu". O maoísmo pode estar desacreditado, mas continua de pé a máxima de Mao: "O poder político é conquistado pelas armas — de modo que o partido deve estar de posse das armas."

Desde a revolta na praça da Paz Celestial e a quase simultânea desintegração da União Soviética, a China e a Rússia vêm percorrendo trajetórias muito diferentes. O comunismo chinês foi abandonado por decisão estratégica, não sendo substituído por um neo-autoritarismo de estilo russo nem por um capitalismo apocalíptico, mas por uma transição para o "pacto asiático". O aparato partidário foi rapidamente construído depois da conquista do poder pela guerra civil, e hoje apregoa seu contraditório "centralismo democrático" como se fosse um legado de milhares de anos de senso comum. De certa forma, ele o é: o confucionismo está voltando em seu próprio país, a tempo de legitimar o partido da mesma maneira como faz com outros regimes do Leste Asiático. O confucionismo justifica amplamente os pilares gêmeos do capitalismo de Estado e da democracia social adotados pelo partido, enfatizando a estabilidade, o respeito à autoridade, a meritocracia e a liderança pelo exemplo.[48] Uma estátua de Confúcio ergue-se atualmente num lago de lótus no *campus* da elitista Universidade de Tsinghua, em Pequim.

Quaisquer que sejam os ajustes ideológicos promovidos pelo partido, permanecem de pé vários tabus invioláveis: nada de liberdade religiosa para os estimados 40 milhões de cristãos e 30 milhões de muçulmanos (conhecidos como *hui*) da China, o que jamais foi permitido por qualquer imperador. A China sabe muito bem o que é o vício do ópio em proporções de massa, e não permitirá que o "ópio das massas", denunciado por Marx, se dissemine livremente. Nenhuma concessão será feita em matéria de integridade territorial, inclusive no que diz respeito a Taiwan, ao Tibete e a Xinjiang — e em todos esses casos, é maior do que nunca o poder do governo de subjugar. O maravilhoso filme de propaganda *Herói*, um dos mais vistos em toda a Ásia nos últimos anos, traduz de forma artística a importância da unidade através dos reinos da China.

O partido é mais poderoso, sofisticado e complexo que qualquer dinastia chinesa da história. Em vez de imperadores infantis para os quais a própria nação era uma propriedade pessoal, temos imperadores com MBAs que pensam em termos de planos de negócios — e estão cooptando as elites empresariais para funções de assessoria. Na era pós-Deng, não existem mais figuras totêmicas estendendo sua aura a acólitos obsequiosos, e sim uma nova geração de tecnocratas competindo por influência de forma mais ou menos meritocrática — e com mais obrigação do que nunca de prestar contas. É possível que logo os funcionários do partido passem a ter mandatos de duração preestabelecida.[49]

Naturalmente, os únicos regimes mais corruptos do que aqueles em que vários partidos disputam o poder são aqueles em que um só partido detém o poder. A corrupção sistêmica na China tem sido comparada a uma árvore morta que continua de pé, porém não dá mais frutos.[50] A venda de cargos governamentais, a intromissão em empresas, grandes ou pequenas, o desvio de fundos para a construção de grandiosas praças públicas, a inexistência de padrões de segurança no consumo, o confisco e a venda de propriedades dos camponeses para empreiteiros, a má gestão dos bancos e o funcionamento de hotéis e hospitais de baixa qualidade nas mãos de ministérios provinciais são apenas alguns exemplos das distorções encontradas nas ligações entre a política chinesa e o capitalismo. Nem mesmo o Palácio Imperial de Pequim está imune: o logotipo da American Express pode ser visto em placas de metal espalhadas por seus pavilhões.

Mas o povo chinês continua acreditando que tem mais a lucrar com um Estado forte do que com um Estado fraco que possa vir a ser explorado por potências estrangeiras. Enquanto no Ocidente a lei serve para proteger as classes mais baixas, das elites, na China, historicamente, ela é ditada de cima para baixo e imposta ao povo. As setenta e quatro mil manifestações registradas na China em 2004 tinham como motivação, em grande medida, protestar contra alterações de preços e confiscos de terras e reivindicar direitos trabalhistas — não propriamente um tsunami revolucionário contra o partido.[51] As revoltas de camponeses são comuns na história chinesa, com protestos freqüentes que não se voltam contra os ideais da redistribuição, mas visam ao mau desempenho dos funcionários governamentais.[52] O auto-sacrifício continua sendo um forte traço cultural, e ainda prevalece uma lealdade ao Estado cultivada com perseverança. Apesar de tudo, a popularidade do partido parece estar inclusive aumentando.*

A China não é uma democracia, mas a transição de camarada para cidadão, e do império pela lei para o império da lei começou antes mesmo das manifestações na praça da Paz Celestial.[53] Milhões de famílias têm hoje direitos de propriedade pela primeira vez, liberando regiões inteiras para o mundo do crédito e do consumo. O açoitamento de funcionários desonestos não é mais ocultado por trás das muralhas vermelhas da Ci-

* Para os chineses, a democracia é uma ferramenta destinada a combater a corrupção e aumentar a transparência, e não uma forma de competitividade política. Numa população tão grande, o recurso das petições e abaixo-assinados continua sendo uma arma mais eficaz que a democracia. Ver Bell, *East Meets West*, pp. 138-41.

dade Imperial, e sim realizado em público, com acompanhamento dos meios de comunicação, que em 2007 deram ampla divulgação à execução do mais graduado funcionário dos serviços de segurança alimentar do país, a título de advertência a todos aqueles que agem ilegalmente ou aceitam subornos. O governo afastou governadores corruptos, disciplinou policiais fora da linha, distribuiu manuais de ética e divulgou orçamentos de ministérios pela Internet. Em mais de 1 milhão de aldeias já se realizaram eleições para comitês encarregados de administrar questões locais, processo que só está ainda em fase experimental porque, com demasiada freqüência, a vitória cabe a elementos em posição privilegiada no sistema — um problema que o governo espera corrigir antes que a democracia se desmoralize. As prefeituras municipais passaram a recorrer a empresas de pesquisas de opinião para ter um panorama do parecer público e de suas prioridades.

A China não atenderá a exortações em prol da democratização ou qualquer outra mudança sistêmica enquanto não alcançar sua meta de ter uma população de renda média até 2050.[54] Na verdade, pode ser necessário um século ou mais para que a plena democracia apareça no país — se é que algum dia acontecerá —, mas a corrida é de caráter estritamente interno, não dando margem a exigências externas.[55] Os chineses se orgulham cada vez mais de sua ordem social e cívica, o que poderia ser ainda mais acentuado com a liberalização do contexto informativo — mais uma vez, indo de encontro à lógica ocidental. O Estado chinês é suficientemente forte para permitir críticas dos meios de comunicação sem que estes se transformem numa base independente de poder, mas, como acontece em Cingapura, o partido ainda não se sente suficientemente confiante. Para os milhões de usuários chineses da Internet, em número cada vez maior, muitos sites continuam proibidos, e existem recompensas verdadeiramente orwellianas para a autocensura; os meios de comunicação não podem transmitir informações sobre catástrofes naturais sem prévia aprovação.[56] Mas um contexto de liberdade nas comunicações é fundamental para um debate saudável, para a transparência e a educação da opinião pública. A China dificilmente poderá granjear respeito irrestrito no cenário internacional enquanto tantos de seus cineastas e escritores mais premiados viverem no exílio, distantes de um país onde dizer a verdade e contar mentiras são coisas igualmente perigosas. Nesse terreno, pelo menos, a China estaria em muito melhores condições de mostrar o caminho no Oriente se adaptasse mais lições do Ocidente.

CONCLUSÃO: A BUSCA DE EQUILÍBRIO NUM MUNDO NÃO-AMERICANO

CORRIDA PARA O TOPO

Seria difícil superestimar a fluidez do panorama mundial neste início do século XXI. Enquanto a América hesita entre o distanciamento e a integração à comunidade internacional, o Birô Político chinês continua sendo uma caixa-preta e a União Européia pratica o alavancamento estratégico com cautela, é preciso considerar cenários alternativos para um mundo dominado por essas três potências. É possível que a América não seja capaz de sustentar seu consumo excessivo, nem a Europa sua expansão, nem a China seus fardos ambiental e social. As três superpotências poderiam moderar suas ambições se não se sentirem capazes de sustentar os atuais compromissos, ou se o convívio com suas periferias revelar-se muito difícil.[1] Mas podemos estar certos de que os fatais ciclos históricos de ascensão, queda e conflito terão prosseguimento.[2]

Boa parte da auto-estima e da autopromoção da América tem se fundamentado em sua condição de defensora militar da liberdade, a sociedade mais rica e a democracia mais vibrante num mundo hobbesiano e darwiniano.[3] Mas a América não entendeu direito nem Hobbes, nem Darwin.[4] Embora Hobbes acreditasse que o homem é movido por aquilo que Hans Morgenthau chamaria mais tarde de *animus dominandi* ("vontade de poder"), o que ele preconizava não era um Leviatã tirânico dominando o povo, mas "a Matéria, a Forma e o Poder de uma Sociedade Eclesiástica e Civil".[5] Darwin também jamais sustentou que a força bruta garante a longevidade. Ele escreveu: "Não é o mais forte da espécie que sobrevive nem o mais inteligente, mas o que melhor se adapta à mudança." A verdadeira lição de Hobbes e Darwin é que nenhuma potência dominará as outras; o sistema mais capaz de se adaptar, isto sim, é que prevalecerá.

Nenhuma superpotência dura um minuto sequer a mais do que deve. A América há muito se dotou da capacidade militar de pulverizar seus concorrentes, mas, apesar das reiteradas afirmações do presidente Bush de que os Estados Unidos devem "passar à ofensiva e nela permanecer", entre a "guerra ao terrorismo" e o "Eixo do Mal", o fato é que o país não se mostrou capaz, em nenhuma das frentes, de resolver as graves ameaças por ele identificadas, revelando a impotência do poderio militar.[6] Além disso, a influência americana diminuiu com maior rapidez exatamente nas situações em que sua postura é mais militarizada: no mundo árabe e no Leste Asiático. Alguns americanos recomendam uma estratégia limitada de equilíbrio internacional em regiões estratégicas, mas ela não passa de uma forma passiva-agressiva da mesma e fracassada doutrina. Mesmo sob a mais benigna das hegemonias, é difícil dourar a pílula das guerras preventivas e de ogivas nucleares capazes de destruir *bunkers*, ao mesmo tempo rejeitando tratados para regulamentá-las. Como escreveu Henry Kissinger: "A força pode conquistar o mundo, mas não é capaz de se legitimar."

Ironicamente, mesmo que a América não passe de um "império acidental" benigno, o fato é que considera que deve agir de maneira imperial para defender sua visão de mundo diante da UE e da China.* Embora ela esteja sempre admoestando outros países por se entregarem à política de poder, esses outros ainda assim continuam a reagir

* A América é anticolonial, mas ainda assim imperial. É o que fica perfeitamente claro na irresistível imitação dos americanos em guerra no exterior feita por Niall Ferguson: "Será que a gente já pode, tipo assim, ir embora?" Mas o imperialismo americano é uma tradição que remonta à expansão para o oeste, passando por seus compromissos anti-hegemônicos no século XX e chegando às atuais intervenções em nome dos direitos humanos, da democracia, do combate ao terrorismo ou do petróleo. Nos debates entre democratas e republicanos, o que está em questão até hoje não é *se* a América deve intervir, mas apenas *quando* e *onde*. Como previu John Quincy Adams, à América nunca faltam pretextos para "sair pelo mundo em busca de monstros a serem destruídos", bastando para isso lançar alguma "Operação [...] Liberdade", segundo Andrew Bacevich.

à tentativa da própria América de deter um monopólio do poder.* As falsas pretensões de domínio da América são postas a nu em todas as regiões do Segundo Mundo: a UE *pode* estabilizar o seu Leste, a Organização de Cooperação de Xangai liderada pela China *pode* organizar a Ásia Central, a América do Sul *pode* rejeitar os Estados Unidos, os países árabes *podem* rejeitar a hegemonia americana e a China *não pode* ser contida no Leste Asiático exclusivamente por meios militares. O motim geopolítico já está em andamento.

Será que o mundo não precisa mais dos Estados Unidos?[7] O antiamericanismo persiste mesmo com o recuo do domínio americano.[8] Os americanos costumam dizer que o rumo incerto da China é o "fator X" do futuro, mas, na verdade, os próprios Estados Unidos é que se tornaram o equivalente do princípio da incerteza: das mais diversas perspectivas, não há concordância a respeito da posição em que eles se encontram. A América herdou o manto da Pérfida Albion. Nem o idealismo democrático nem o messianismo hegemônico ajudarão muito a restabelecer a confiança na América, que deixou de ser a encarnação da mão invisível para se tornar apenas mais um dos fornecedores ou uma das marcas na passarela da credibilidade. Para os americanos, a questão não é mais "O que nos espera?", mas "Por que não estamos lá?". Congressos e reuniões de cúpula internacionais se realizam em outros países, sem o incômodo das arbitrárias restrições impostas pelos Estados Unidos para a concessão de vistos de entrada. Seja para os interessados em fundos *hedge* ou em apostas pela Internet, Londres e Hong Kong cada vez mais têm preferência sobre Nova York por parte das empresas de agenciamento. Em 2006, a Al-Jazeera International lançou sua emissora de tevê em língua inglesa para transmissão no mundo inteiro, exceto nos Estados Unidos. Os esportes mundiais — críquete e futebol — continuam praticamente ausentes da América. O poder *soft* só funcionou para a América quando ela estava à frente.

Sem o efetivo funcionamento do poder *hard* ou do *soft*, os Estados Unidos estão aprendendo que a história não deixa ninguém de fora — nem mesmo os americanos. Assim como um elástico se rompe mais

---

* Como escreveu E. H. Carr a respeito da valsa geopolítica do entre guerras: "Os autores utópicos dos países de língua inglesa acreditavam seriamente que a criação da Liga das Nações significava a eliminação do poder nas relações internacionais. (...) O que se passou a chamar em 1931 de 'volta à política de poder' era, na verdade, o fim do monopólio de poder desfrutado pelas potências do *status quo*." Ver *The Twenty Years' Crisis*.

rapidamente do que estica, os impérios entram em colapso não muito depois de chegarem ao apogeu. A América desejaria se manter a certa distância das potências européias e asiáticas nas duas extremidades da "ilha mundial" eurasiana, ao mesmo tempo ditando-lhes sua vontade, mais ou menos como fez há quase um século na conferência de paz de Paris, depois da qual Harold Nicolson criticaria: "A América, eternamente protegida pelo Atlântico, pretendia satisfazer seu sentimento de falsa superioridade e ao mesmo tempo se eximir de responsabilidade."[9] Mas o distanciamento geográfico só é uma vantagem se os aliados dividirem os ônus. Raymond Aron chamava o sistema de domínio global indireto da América de "república imperial", mas o retorno do investimento vem decrescendo consideravelmente à medida que perde aliados ao redor do mundo e suas "coalizões de voluntários" mais parecem namoricos de conveniência. Atualmente, os Estados Unidos se vêem obrigados a agir sozinhos com muito mais freqüência do que convém a um verdadeiro líder — não por acaso, no exato momento em que recua também seu poder militar, fiscal e moral.[10] Transformar a Otan num "Eixo da Democracia" carente de recursos não permitirá reverter a situação: o fracasso da aventura no Iraque custou à América a lealdade incondicional da Grã-Bretanha, e no Leste Asiático, o Japão se mostra cada vez mais cauteloso, o que transforma ambos em pouco mais do que aliados de fachada da América. Muitos outros países que já estiveram solidamente debaixo do guarda-chuva da segurança americana também estão fugindo ao controle, construindo suas próprias forças para conquistar autonomia em relação aos Estados Unidos.[11] Enquanto os órgãos do organismo mundial rejeitam os enxertos cirúrgicos da América, os americanos já não se mostram capazes de decidir se os custos e conseqüências do engajamento global se justificam.[12] Essa insatisfação interna e a incapacidade de sustentar os compromissos globais já são mais do que suficientes como indicadores de um império indo além do que alcançam suas próprias pernas. Como advertia Toynbee, "não existe armadura contra o destino".[13]

A política externa americana, em geral, é considerada confusa ou sobrecarregada por seus muitos alvos de interesse: combate ao terrorismo, expansão comercial, segurança energética e solução de conflitos — e a preocupação com a administração de crises é um indicador seguro de que está fracassando nessas grandes prioridades estratégicas. Mas a diplomacia imperial requer horizontes multifacetados, e não condutos burocráticos clinicamente separados e políticas genéricas mais condizentes com uma firma de consultoria de gerenciamento.[14] George Kennan escreveu sobre a tensão entre o fato de um país representar o próprio sistema e, ao mesmo tempo, se mostrar um simpatizante inteligente dos outros, consciente de que não podem ser refeitos à sua própria imagem. A diplomacia americana parece fadada a fracassar em ambas as frentes. Os gigantescos recursos empregados na gestão do Departamento de Estado como a maior agência de viagens do mundo não são compatíveis com um império que requer uma contínua e profunda especialização regional e de pessoal disposto a passar a vida aumentando seu conhecimento a respeito de questões relativas às regiões mais distantes do mundo. Como assinalava David Kilcullen, especialista em contra-insurreição: "Há muito mais pessoas empregadas como músicos nas bandas militares do que em todo o serviço diplomático".[15] À medida que os "enviados especiais" incumbidos de resolver problemas cruciais substituem embaixadores de carreira, a diplomacia diletante começa a predominar.

Num mundo de alinhamentos, e não de alianças, o tabuleiro de xadrez diplomático contrapõe a *coalizão* da América, o *consenso* da Europa e o estilo imperial *consultivo* da China — cada um deles se enrijecendo em cimentos ideológicos divergentes. Os Estados Unidos oferecem proteção e ajuda militar e de regime político, a China oferece relações de pleno serviço livres de condições, e a Europa, reformas profundas e associação econômica à sua União. As respectivas redes imperiais ou esferas de influência cada vez mais se sobrepõem, com os países do Segundo Mundo optando por uma política de multialinhamento: equilíbrio e malabarismos para obter simultaneamente assistência econômica de uma potência, ajuda militar de outra e vínculos comerciais com a terceira.[16] Os Estados Unidos, a União Européia e a China agem, cada vez mais, como "inamigos": amigos e inimigos ao mesmo tempo.

Mas uma superpotência precisa ser irresistível para se dar bem num mercado tão competitivo, no qual a ausência de compromisso e engajamento equivale a renunciar à influência.[17] Para que a América possa conquistar países hesitantes do Segundo Mundo, só as ofertas mais ousadas e claras de estímulos econômicos, técnicos e de segurança em escala maciça, condicionadas a uma imediata reformulação política, serão capazes de restabelecer sua estatura anterior. Já foi dada a partida na corrida para a mobilização de contingentes cada vez maiores da infantaria imperial multidimensional descrita por Toynbee, incumbida de disseminar os modos de vida do império. A nova "diplomacia transformadora" da América tem despachado mais funcionários do serviço diplomático para postos difíceis — às vezes sozinhos — com o objetivo de ampliar a presença americana. A Comissão Européia também criou um corpo diplomático de especialistas em comércio, política e desenvolvimento. E a China também vem multiplicando seus postos avançados e contingentes de voluntários.

Ainda assim, o cinturão antiimperial formado no Segundo Mundo por Venezuela, Irã, Cazaquistão, Líbia, Malásia e outros países continuará igualmente empenhado em aprofundar os laços entre eles e os vínculos com Washington, Bruxelas ou Pequim. Esses países não só farão o sincretismo do que cada superpotência tem de melhor a oferecer, para concretizar seus próprios horizontes de sucesso, como formarão parcerias uns com os outros para explorar reservas petrolíferas, compartilhar informações de inteligência, combater o terrorismo, reduzir a pobreza, melhorar os controles de capital e construir infra-estruturas modernas. Usarão sua riqueza soberana para comprar bancos, portos e outros bens estratégicos ocidentais. Seus grupos regionais continuarão construindo suas próprias zonas econômicas, seus bancos de desenvolvimento, suas forças de manutenção da paz e seus tribunais criminais. Linhas de transporte aéreo têm sido estabelecidas para ligar diretamente os árabes, os sul-americanos e os asiáticos do Leste. Para as superpotências, será mais eficaz dispor de embaixadores regionais do que atuar por intermédio de instituições globais.* Porém, mesmo enquanto enfrenta essas mudanças sísmicas rumo a um mundo não-americano, a América precisa olhar cada vez mais para dentro, pois a única direção a partir do apogeu do poderio é para baixo.

AMÉRICA: DO PRIMEIRO PARA O SEGUNDO MUNDO?

A China já é do Segundo Mundo, mas está vindo do Terceiro. A Europa está absorvendo sua periferia do Segundo Mundo, tentando

* Os horizontes regionais tornaram-se tão importantes que certas propostas de reforma do Conselho de Segurança da ONU sugerem a criação de assentos regionais permanentes, que seriam ocupados pelos países da região num sistema de revezamento. Os Estados Unidos poderiam elevar seus secretários assistentes a um *status* equivalente ao dos comandantes-em-chefe do Pentágono, conferindo-lhes maior poder decisório e de coordenação das políticas em suas respectivas regiões.

elevá-la para o Primeiro. Será que a América, por tanto tempo o ícone do Primeiro Mundo, acabará resvalando para o Segundo? Como acontece com todos os impérios, há certa dissonância cognitiva em sua decadência. Mas a civilização, conforme explicava Toynbee, "é um movimento, não uma condição, uma viagem, não um porto". Para entender como as civilizações entram em colapso, precisamos "ampliar nosso campo de visão mental para além de seus limites". Em seu estudo das personalidades imperiais, Toynbee constatou que as causas mais comuns do declínio eram o militarismo e a deterioração da minoria criativa. Impérios anteriores desmoronaram em conseqüência das mentiras internas, cada um deles "recebendo os bárbaros que merecia". Braços fortes e homens fortes não podem mais mascarar o relativo declínio da América, pois são justamente os principais símbolos dele.*

O esforço imperial além das próprias possibilidades que vem caracterizando a América ocorre paralelamente ao declínio de seu domínio econômico, solapando as próprias bases de sua liderança global. A América talvez não venha a ser saqueada por bárbaros como aconteceu com Roma, mas, como no caso da Espanha imperial, sua dependência do financiamento externo e de aliados recalcitrantes representa uma vulnerabilidade quase insuperável. A participação dos Estados Unidos na economia mundial caiu de 50% para 25% desde a Segunda Guerra Mundial — sendo as duas outras regiões mundiais formadas pela Europa e pela Ásia. Durante a Guerra Fria, os aliados americanos toleravam a supervalorização do dólar, sabendo que era necessária para sustentar o compromisso militar americano de protegê-los, mas a boa vontade em que repousava essa excepcionalidade vem se evaporando rapidamente. Não só a China e o Japão são os detentores das maiores reservas de dólares americanos, mas, pela primeira vez na história, a principal moeda de reserva do mundo pertence a um país devedor — e endividado com os concorrentes.[18] Os desequilíbrios fiscais e comerciais da América fizeram com que o dólar deixasse de ser o porto mais seguro para os investimentos, inspirando uma gradual diversificação dos bens monetários e também da política de preços de produtos como o petróleo. Embora haja no mundo várias moedas de peso, são três aquelas cujos valores todos estão sempre acompanhando: o dólar americano, o

* Spengler advertiu que a decadência tecnológica e cultural é a principal causa do declínio civilizatório. Ver *O declínio do Ocidente*.

euro e o renminbi chinês. Quanto maior o número de países e de investidores diversificando para o euro, menos os Estados Unidos serão capazes de financiar seus déficits e suas dispendiosas aventuras militares. Como os déficits resultam daquilo que Joseph Stiglitz chama de "farra de consumo", a América não terá muito com que se defender quando a música parar.[19] E como o pagamento da dívida americana já ultrapassa os investimentos que recebe, o país está vivendo além da riqueza economizada para a próxima geração, o que efetivamente o torna mais pobre. O aventureirismo fiscal americano é nitidamente paralelo ao de suas forças armadas — em ambos os casos, simbolizando a maneira como a carruagem imperial americana está deslizando na inércia em vez de ser impelida, pois seu tanque está ficando sem gasolina.

A América justifica o fato de ignorar convenções internacionais, como o Protocolo de Kyoto e o Tribunal Penal Internacional, evocando a necessidade de aperfeiçoá-los ou em virtude das exigências de sua postura global. Mas o que poderia explicar suas aberrações internas? Não é fácil fazer uma análise psicológica da América, país tão cheio de contradições que o psicólogo Erik Erikson observou certa vez: "Qualquer traço que alguém venha a considerar tipicamente americano terá sempre um oposto não menos característico."[20] Generosidade e egoísmo, por exemplo, são duas qualidades opostas mas intrinsecamente americanas. Entretanto, se é verdade que o modo como uma sociedade faz a guerra reflete sua natureza, parece evidente que a autocontenção não é uma virtude americana.

A América pode considerar-se a encarnação mundial de certos ideais — liberdade, felicidade, oportunidade —, mas hoje, na verdade, precisa prová-lo, em comparação com outros países. A expressão "*qualidade de vida*" parece abstrata, mas o fato é que se vem deteriorando em termos concretamente mensuráveis, e o tamanho continental dos Estados Unidos agrava o desafio. O país está próximo do nível mais baixo da OCDE em média de renda dos trabalhadores e desigualdades de renda, o mesmo acontecendo com sua posição em matéria de felicidade individual (com a qual a desigualdade está em correlação negativa). A renda média na América chama muito menos a atenção do que a renda miserável inflada enganosamente pelos níveis individuais de riqueza. Os super-ricos vivem em bolhas econômicas, contribuindo tanto para as economias de outros países quanto para a de seu próprio país, com os 130 mil indivíduos mais ricos ganhando tanto quanto os

40% mais pobres de toda a população, que chega a 300 milhões. Analistas do Citibank referem-se aos Estados Unidos como uma "plutonomia", na qual a minoria de ricos alimenta mais a economia do que as massas.[21] No topo, cresceu o mercado de diamantes e de caminhonetes esportivas com tração nas quatro rodas que consomem combustível com extrema voracidade, enquanto, na base, o frenesi materialista continua nas lojas que vendem tudo a 1 dólar e na Wal-Mart, onde a corrida anual para os presentes da temporada de férias — às vezes provocando até mortes — começa na época do Dia de Ação de Graças (quando não antes). A América está deixando de ser um país de classe média para se transformar numa combinação de extremos típica do Segundo Mundo. Há três décadas os salários da classe operária não têm aumento real, e sua participação na economia vem recuando, embora aumente seu contingente.[22] A própria idéia das "duas Américas", promovida na campanha presidencial de 2004, evidencia que está faltando um meio. Um quinto das crianças americanas cresce na pobreza, chegando a quase 40 milhões o total da população pobre. Na cidade de Nova York, muitas famílias de baixa renda passaram a viver em dormitórios, incapazes de pagar por moradia. Talvez possam pelo menos estar abrigadas quando a bolha imobiliária do país estourar.

Em comparação com seus pares do Primeiro Mundo, a América não é um país saudável. É difícil encontrar alguém que não queira ter a garantia de assistência médica gratuita ou a preços acessíveis em épocas difíceis. A América pode viver em função de uma ideologia de livre mercado, mas isto não quer dizer que os 45 milhões de americanos que não dispõem de seguro-saúde estejam apreciando. Embora os Estados Unidos critiquem outros países por excesso de burocracia, o fato é que os astronômicos custos administrativos do sistema de saúde americano são exatamente como seus programas de ajuda externa, com a maior parte do dinheiro indo para os custos administrativos, em vez de chegar às mãos dos beneficiários. Os índices crescentes de obesidade entre crianças e adultos não traduzem excesso de saúde, e sim uma dependência generalizada de alimentos baratos e com elevado teor de gordura. As companhias aéreas hoje em dia atribuem automaticamente mais 9kg aos passageiros americanos no cálculo do peso dos vôos. No entanto, só mesmo a generosidade de voluntários abranda o abandono dos idosos, que de outra forma poderiam morrer de fome.

As potências dominantes mantêm sua vantagem sobre as rivais em matéria de inovação graças à educação em ciência e tecnologia, mas a posição da América no desempenho apresentado nessas áreas caiu vertiginosamente. Os Estados Unidos têm suas universidades de elite, mas hoje a maioria dos americanos nem sequer chega a completar o ensino médio, e muitos levam entre cinco e oito anos para concluir esses cursos em colégios locais, ao mesmo tempo que trabalham para pagá-los. O porcentual de evasão escolar no país é alto — 32% —, e isto em muitas escolas públicas falhas e falidas, algumas das quais passaram até a ser geridas por militares, como academias militares.

Num país de privilégios privatizados, os serviços que funcionam — apartamentos sofisticados, hotéis, restaurantes, spas, táxis particulares — estão voltados para a elite e sua economia privada. Para o restante da população, as coisas desmoronam: os sistemas de transporte público — rodovias, túneis, trens e ônibus — estão em péssimo estado de conservação; a penetração da Internet de banda larga ficou atrás da que se verifica na Europa; as redes de telefonia celular estão abaixo dos padrões e os táxis comuns, arcaicos, não aceitam pagamento eletrônico. Pior ainda, pode ser que a América tenha sido atingida pela mesma maldição do petróleo que afeta tantos países do Segundo Mundo. Boa parte de sua infra-estrutura foi construída no *boom* posterior à Segunda Guerra Mundial, quando o país era o maior produtor e exportador de petróleo do mundo, mas hoje suas redes de distribuição de água e suas usinas de energia estão em situação precária, causando envenenamento por chumbo e mercúrio e apagões esporádicos mas maciços.[23] Durante as greves do setor de transportes em Nova York no gélido inverno de 2005, os cidadãos que caminhavam penosamente por longas distâncias na neve diziam sentir-se como se estivessem vivendo no Terceiro Mundo.

A expressão *laissez-faire*, de certo modo não é exata para a descrição dos princípios sociais e econômicos da América, quando se sabe que as estruturas sociais desvirtuadas na verdade favorecem a perpetuação da desigualdade. A mobilidade social que deveria ser conseqüência das "oportunidades iguais" torna-se cada vez mais um mito, especialmente para os que já estão na base: americanos de origem africana e latino-americanos, 50% dos quais não chegam ao fim do ensino médio. De Los Angeles ao Brooklyn, os bairros mais decadentes estão apinhados de minorias latino-americanas vivendo à mercê de senhorios despóticos. Os processos de renovação urbana excludentes e privatizantes redundam, de modo geral, no mesmo tipo de erradicação de favelas encontrado no Segundo e no Terceiro Mundo. O fluxo de mão-de-obra migrada barata fez crescer a população pobre, tanto por ter aumentado seu contingente como pelo fato de que ele reduz os salários da mão-de-obra americana não-especializada.[24] Há quase duas décadas, Los Angeles era considerada a "capital do Terceiro Mundo" por causa de suas comunidades segregadas de imigrantes, que tentavam simplesmente manter-se na superfície, pouco se importando com a sociedade de modo geral.[25] Samuel Huntington também sustentou recentemente que a cultura anglo-protestante da América e sua ética do cadinho de raças têm sido comprometidas pelo fato de as minorias hispânicas não terem sido integradas. Ele adverte que não pode haver um "sonho americano dos latinos" no lugar do sonho americano sem que a América se transforme num país esquizofrênico.[26] Mas é difícil falar de uma profunda "comunidade de valores" na América quando o motivo fundamental pelo qual os americanos não apóiam a existência de um Estado previdenciário que socorra os pobres é o fato de os pobres serem minorias desproporcionais.[27] Num país em que a violência reincidente parece sempre a poucos passos de distância, caberia perguntar se o nativismo branco pode reaparecer com mais regularidade do que já o faz. A idéia da segurança interna parece ter tanto a ver com a imigração ilegal que atravessa a fronteira sul quanto com a ameaça de terrorismo.

Os americanos têm demonstrado medo do futuro, o que só pode contribuir para acelerar sua chegada. Em 2005, a Europa, a Índia, os Estados Unidos e a China foram atingidos por fortes chuvas e inundações. Na Alemanha e na Polônia, milhares de cidadãos se viram privados de seus meios de subsistência, mas, graças à assistência imediata dos governos, as pessoas trabalharam juntas para reconstruir as casas e as cidades o mais rapidamente possível. A monção também inundou boa parte do centro de Mumbai, fazendo submergir as casas de milhões de habitantes pobres, mas a vida prosseguiu e os danos foram reparados. Nos Estados Unidos, depois do furacão Katrina, que devastou as zonas mais sujeitas a inundações de Nova Orleans, uma série de agências governamentais e de organizações humanitárias se mobilizou rapidamente, mas o mesmo fizeram bandos de saqueadores armados, obrigando o governador da Louisiana a impor a lei marcial. As minorias que habitavam a região receberam uma dura lição sobre a pouca importância de sua cidadania.[28] Os casos de fraude governamental e corrupção entraram pela casa dos bilhões de dólares. Apenas duas semanas depois do Katrina, autoridades chinesas usaram mensagens de texto das redes de telefonia celular para fazer advertências e evacuar populações litorâneas ante a iminente chegada de um furacão. Um ano depois do Katrina, muitas moradias continuavam em ruínas, algumas escolas ainda estavam fechadas e o fornecimento de eletricidade era limitado, levando um empreiteiro chinês a se oferecer para reconstruir algumas cidadezinhas devastadas do Mississippi, pois seus moradores continuavam vivendo em barracas e *trailers*.

As atitudes socioeconômicas americanas seriam risíveis se não fossem tão assustadoras. Como acontece em outros países, pode-se estabelecer uma correlação genérica entre os baixos índices educacionais, a elevada desigualdade econômica, os baixos padrões de vida e o aumento da criminalidade: existe na América um número equivalente de membros de gangues e de policiais (cerca de 750 mil). A relação entre a desigualdade e os índices de homicídio é incontestável: "As sociedades que toleram a injustiça das desigualdades muito acentuadas irão sofrer quase inevitavelmente as conseqüências sociais disso: serão violentas e viverão num clima de agressividade, e passarão a ser mais conhecidas por sua hostilidade do que por sua hospitalidade."[29] Se cada sociedade tem os bárbaros que merece, como sustentava Toynbee, caberia perguntar se os americanos não são os piores inimigos de si mesmos. Parece difícil entender por que os americanos, fisicamente ameaçados apenas por eles mesmos, precisam de tantas armas, pois estão habituados, sobretudo, a se matar uns aos outros. Não só existem muitas comunidades que vivem com medo de tiroteios, como o objetivo do Estado em grande medida é redirecionado para o combate à violência, e não para a reabilitação das áreas subdesenvolvidas. Ao mesmo tempo, os Estados Unidos têm o mais alto índice de encarceramento do mundo, com um número crescente de penas de prisão perpétua. A América, e não a China, é a maior colônia penal do mundo. E com o Irã, a Arábia Saudita e a China, sua prática da pena de morte — odiosa para a maior parte do mundo desenvolvido — contribui com 80% das execuções em todo o mundo. Os americanos também parecem se divertir com a morte: as perseguições policiais, os esportes motorizados destrutivos e as rinhas humanas tornaram-se os espetáculos mais populares. Para a maioria dos japoneses e alemães, seria um retrocesso viver como os americanos, pois seus países são os dois mais ricos e avançados do mundo, e também os menos desiguais.

No início do século XX, o juiz Louis Brandeis, da Suprema Corte, advertiu que os Estados Unidos "podem ser uma democracia (...) ou então ter uma grande riqueza concentrada nas mãos de poucos, mas não poderemos ter as duas coisas". Tocqueville e Nietzsche advertiram para a natural degeneração da democracia, e por volta da década de 1990 a deterioração da qualidade de vida e da política na América já levantava questões fundamentais quanto à capacidade da democracia americana de preservar uma ordem social respeitável.[30]

Vaclav Havel observou certa vez que o sucesso na política é uma questão de tato e de bom gosto; o que teria a dizer sobre a vulgaridade da política americana hoje? A democracia americana aparentemente funciona melhor na teoria do que na prática. À medida que iam adquirindo influência política em Washington, políticos populistas do sul passaram a importar suas maneiras aristocráticas, dinásticas e dissimuladas, nas quais a divulgação da imagem é o que importa, acima de tudo.[31] Das nomeações para cargos federais às dos embaixadores no exterior, os presidentes entram e saem do cargo como chefes de panelinha: o imperador e seu séquito. Por muitos anos ainda se debaterá quem ganhou efetivamente as eleições de 2000. O sistema bipartidário fundamentado na oposição geográfica da fidelidade — litoral *versus* interior — impede esforços efetivos de partilha do poder e formação de coalizões; ao contrário, a competição política resulta em permanente paralisia e manipulação de zonas de influência eleitoral.[32] Os partidos são máquinas de levantar fundos com um verniz semântico, promovendo candidatos não como indivíduos, mas como agentes de seus interesses corporativos, que desempenham um papel invisível na redação de leis fundamentais na área dos impostos, da energia, da segurança alimentar e de outras políticas públicas. Ao contrário do que acontece até mesmo em países do Segundo Mundo como a Turquia, onde os preços altos do petróleo são usados para subsidiar estratégicas reservas petrolíferas, na América eles são, ao mesmo tempo, resultado de uma burla corporativa e um prêmio de risco; a população comum sofre, enquanto os executivos e acionistas das empresas do setor de energia colhem os dividendos. Como no caso dos oligarcas russos, os escândalos financeiros que têm abalado a América corporativa revelam um sistema de capitalismo monopolista que reduz as distinções entre o público e o privado — sendo o primeiro de propriedade do segundo — a uma "elegante fuga da realidade".[33] Os políticos que disputam despojos econômicos cada vez mais reduzidos são um sintoma comum do declínio hegemônico, e à medida que vai se agravando a classificação global da América em matéria de corrupção cabe questionar se os americanos devem lealdade às pessoas ou às instituições, aos lucros ou ao progresso.[34]

Em *Senso comum*, Thomas Paine sustentava que os controles exercidos sobre a monarquia britânica, sua aristocracia e a Câmara dos Comuns eram uma farsa. Hoje, a separação de poderes articulada no *Espírito das leis* de Montesquieu torna-se igualmente falha na América. Como "nem sempre estarão no comando estadistas esclarecidos", segundo escreveu James Madison no décimo ensaio da série *Federalista*, são necessários freios e contrapesos no sistema governamental. No entanto, exatamente no momento em que a América precisava aplacar a preocupação do mundo inteiro em relação ao seu poderio, o ramo executivo deixou de lado, ao mesmo tempo, sua obrigação com a verdade e as limitações impostas pela lei, solapando a função e o respeito que deve inspirar. Venha ou não a América a se recuperar do modelo executivo unitário do presidente Bush, a situação dos políticos e da população americanos não causa menos preocupação. A Lei Patriótica adotada no país viola cinco das dez importantes emendas da Carta dos Direitos: liberdade de expressão e reunião, proteção ante a medidas injustificadas de busca e captura, processo na devida forma, pronto julgamento público e proteção contra castigos cruéis e inusitados. Embora essa lei tenha sido aprovada pelo Congresso, a classificação de segredos efetuada pelo ramo executivo mostra que se vai evaporando o desejo de compartilhar informações com o ramo legislativo. Ainda que futuros governos venham a reverter essas políticas, o dano já foi feito.

Da glorificação do poderio militar à cultura do gladiador nos esportes, o que Políbio escreveu sobre Roma se aplica perfeitamente à América: muita riqueza e extravagância levam ao pior de todos os governos, a oclocracia das elites, praticamente preocupadas apenas em impedir que outros ganhem supremacia. Assim como derrubou Roma, o cristianismo não poderia fazer o mesmo com a América? A "consciência messiânica da América" a que se refere Reinhold Niebuhr infiltrou-se inevitavelmente em sua política externa, comprometendo a competência estratégica recomendada pelo realismo.[35] A santificação religiosa da política externa levou a um maior foco retórico nos direitos humanos, na liberdade religiosa e no sofrimento causado pelas doenças endêmicas, mas as políticas correspondentes a essas ambições nem de longe têm alcançado o efeito.[36] A revivescência religiosa resultou numa polarização nacional e até num "desesclarecimento".[37] Enquanto o cristianismo evangélico conquistava terreno na política americana por meio da militância nas bases sociais e de isenções fiscais federais, o islã rapidamente se disseminou nas prisões, com os dois grupos prometendo uma comunidade eterna formada apenas por eles próprios. Ao tratar da suprema questão — "A história se repete?" —, Toynbee arriscou: "Nada pode impedir nossa civilização ocidental de seguir precedentes históricos, se quiser, cometendo o suicídio social", como fez a civilização greco-romana, que entrou em decadência muito antes de se extinguir, transformando-se "num ídolo descomedidamente adorado pelos homens".[38]

O traço característico da América tem sido, acima de tudo, a capacidade de auto-renovação — uma regeneração política, econômica e cultural, e mesmo uma autocorreção. Mas a combinação de líderes messiânicos e titereiros corporativos, de guerras culturais, medo do mundo exterior e insegurança a respeito da liderança nacional torna improvável um consenso interno. A elite responsável pela política externa americana também está profundamente divorciada das preocupações dos cidadãos comuns: os dirigentes querem que os Estados Unidos entrem em mais guerras, pressionem pelo livre comércio e permitam a imigração em massa, enquanto a maioria dos americanos quer menos intervenções militares, menos ajuda externa e restrições à imigração, além de algum tipo de protecionismo para os empregos e as indústrias americanos.[39] A era da "Grande Sociedade" parece ter definitivamente chegado ao fim com o presidente Reagan, para nunca mais voltar. A América perdeu o impulso, e não poderá reverter as coisas simplesmente porque quer — sobretudo porque, aparentemente, já não sabe o que quer. Como a renovação é ao mesmo tempo física e ideológica, os Estados Unidos são um país do Primeiro Mundo precisando de um Plano Marshall para permanecer onde está.[40] Entretanto, como os americanos conhecem tão mal o mundo além dos seus limites geográficos, continuam achando que seu estilo de vida é efetivamente o padrão para o mundo inteiro. Logo poderão perceber que o padrão estabelecido é mais apropriado para o Segundo do que para o Primeiro Mundo.

A América não tem uma política para assegurar que continue sendo um país do Primeiro Mundo — entregou esse destino à sorte e à globalização. O país sempre foi geograficamente dividido, com um nordeste de Primeiro Mundo absorvendo as colônias ricas em recursos do sul. Hoje, seu território central, entre o rio Mississippi e as montanhas Rochosas, carece dos aeroportos e da mão-de-obra necessários para transformá-lo num motor, e não em um peso para a economia do país.[41] Enquanto o Vale do Silício representa o renascimento da América no terreno da alta tecnologia, Detroit é o símbolo de seu cinturão pós-industrial enferrujado e de sua obsolescência manufatureira, encarnada nos automóveis de segunda categoria que fabrica — ou antes, fabricava.[42] Com a perda de centenas de milhares de empregos na indústria para concorrentes do Segundo e do Terceiro Mundo, a América não foi capaz de construir uma base tecnológica mais ampla, como a União Européia e o Japão, para promover a reciclagem de sua mão-de-obra.[43] Os países mais produtivos da Europa e do Leste Asiático rejeitaram os valores anglo-saxônicos dos direitos individuais e da limitação estatal, e os europeus, voltando-se mais para a mão-de-obra altamente especializada e a tecnologia, e não para a imigração de baixo índice de especialização, puderam manter salários elevados enquanto automatizavam suas economias. Em oposição, as próprias empresas americanas estão sendo leiloadas, compradas por asiáticos e outros conglomerados estrangeiros com muito dinheiro disponível. Hoje, os operários do setor automobilístico no coração da América imploram para que empresas japonesas como a Honda montem fábricas em suas áreas para recuperar sua renda e sua dignidade. Será que a América pode se dar ao luxo da globalização?[44]

A fé cega dos Estados Unidos em sua capacidade de inovação e nas virtudes do livre mercado é perigosa justamente porque outros países têm como meta explícita explorar as fraquezas da América. Embora sua economia venha crescendo com o restante da economia mundial, seu declínio relativo decorre do fato de que alguns países do Segundo Mundo vêm apresentando reações mais rápidas que as suas.[45] As potências estrangeiras estão seguindo na cola dos Estados Unidos, usando sua economia como praça de investimentos e suas universidades para o treinamento técnico, até que seus próprios mercados, instituições e infra-estruturas estejam em condições de dar retorno semelhante e absorver seu capital e seu talento mobilizado no exterior. O número de chineses matriculados em universidades americanas diminuiu recentemente por causa do surgimento de novas oportunidades na Europa e na própria China. Os países do Primeiro Mundo que se adaptam lentamente ao ritmo da redistribuição global da mão-de-obra e dos investimentos ficam vulneráveis à concorrência — e potencialmente ao deslocamento — por parte de representantes do Segundo Mundo.

O surgimento de uma única economia mundial de competição em todos os setores e regiões desencadeou uma palpável "*mediania*" global, na qual um número maior de países é integrado ao Segundo Mundo. A economia do conhecimento deixou de ser domínio exclusivo do Primeiro Mundo, o que significa não só empregos de salários baixos, mas também que serviços até então ausentes das trocas externas, como desenvolvimento tecnológico, diagnósticos médicos, consultoria de negócios e processamento jurídico, são transferidos para países do Segundo e do Terceiro Mundo, onde as rendas e o consumo em expansão exercem pressão ainda mais desgastante sobre os equipamentos públicos. Entretanto, como nenhum país do Segundo Mundo restringirá voluntariamente o crescimento por motivos de preservação ambiental, o aumento dos preços das *commodities* pode comprometer o crescimento de todos. O Primeiro, o Segundo e o Terceiro Mundo continuarão existindo, mas os personagens estão sempre mudando.[46]

MALABARISMO IMPERIAL

O imperialismo, como a liderança, é uma questão de encontrar um equilíbrio entre o medo e o amor. Maquiavel acreditava que os laços de gratidão acabam depressa, deixados de lado quando o interesse próprio se impõe; assim, o "temor da punição" faz do medo um instrumento de controle mais forte que o amor. Tentando descortinar um horizonte mais amplo, constatamos que a América é cada vez menos amada e mais temida, a Europa é cada vez mais amada e menos temida e a China é cada vez mais amada e temida ao mesmo tempo. A geopolítica não tem favoritos; não se importa em saber que potência está à frente ou qual é sua estrutura governamental. Sua essência sobrepuja a reivindicação particular americana de excepcionalidade em relação aos ciclos geopolíticos. Só na América ouvimos o argumento de que ela é como o Sol no sistema solar, derramando seu esplendor por todos os planetas.[47] No restante do mundo, a excepcionalidade apregoada pela América transformou-se num sarcástico eufemismo para designar seu comportamento irresponsável. Outras potências também querem, com todo o direito, seu lugar ao sol (ou como Sol), para se tornar o *Ordnungsmacht*, a autoridade máxima do mundo.* Pela primeira vez na história, vivemos num mundo multipolar e multicivilizatório em que três superpotências competem num planeta de recursos cada vez mais reduzidos.[48] Quando cada uma delas age, cria sua própria realidade. Para cada uma delas, a mera *raison d'état* transformou-se em *raison du système*: a disseminação dos vetores centrais de sua racionalidade e de sua visão da ordem constitui a mais alta moralidade.[49] Quanto mais a América se considera excepcional, mais os seus rivais tentarão promover sua própria excepcionalidade, à custa da América.[50] A China considera que lhe cabe a responsabilidade de preservar os princípios jurídicos internacionais, como a soberania e a não-interferência, enquanto a maneira como a Europa encara a ordem mundial transcende completamente o sistema de relacionamento entre Estados.

Cada uma à sua maneira, as superpotências solapam a arquitetura internacional da governança global, contrariando a ficção de que só as leis e as instituições podem conter a competição imperial. Três presidentes americanos do século XX proclamaram uma nova ordem mundial sob a égide de instituições comuns.[51] No início da Guerra Fria, Toynbee também sustentou que o advento das armas nucleares exigia uma espécie de condomínio geopolítico entre os Estados Unidos e a União Soviética e um acentuado fortalecimento das Nações Unidas. Ele considerava que só um governo mundial que associasse economias mistas e virtudes religiosas poderia salvar a humanidade, chegando a declarar: "Podemos dar como certo que o mundo de qualquer maneira será politicamente unificado no futuro próximo".[52] No entanto, como

---

* Naturalmente, poder imperial não é sinônimo de retidão moral. Os cinco membros permanentes do Conselho de Segurança da ONU — Estados Unidos, Grã-Bretanha, França, China e Rússia — também são os maiores comerciantes de armas do mundo. A China tem lucrado com a venda de tecnologia nuclear e de mísseis de longo alcance para o Irã, o Paquistão e a Coréia do Norte, exportando armas leves para os piores violadores dos direitos humanos em troca de contratos de fornecimento de energia de longo prazo.

assinala Timothy Garton Ash, "o 'nós' moral de toda a humanidade é mais importante do que nunca, mas não é o mesmo que o nosso 'nós' operacional."[53] Outros países poderiam ter continuado apoiando as Nações Unidas, apesar de suas imperfeições, como foro comum para uma diplomacia global confiável se os Estados Unidos o tivessem feito, mas a negligência agressiva com que os EUA tratam a ONU serviu de desculpa para que outros fizessem o mesmo.* Os Estados Unidos são mais responsáveis do que qualquer outro país pela criação da arquitetura internacional posterior à Segunda Guerra Mundial, mas hoje em dia estão entre os que mais fazem para fragmentá-la. A parcialidade dos critérios e o isolacionismo legalista anularam o histórico exemplar da América na promoção dos direitos humanos, e as guerras preventivas arbitrariamente decididas minaram a autoridade do Conselho de Segurança da ONU. Quando os interesses das superpotências entram em conflito, a ONU já se mostrou tão catastroficamente irrelevante quanto a Liga das Nações.

Muitos acreditam que o aprofundamento da globalização entre os Estados Unidos, a União Européia e a China prenuncia um mundo de hemisférios interdependentes. Entretanto, considerando-se seus trunfos geográficos — graças à localização entre latitudes setentrionais ricas em recursos e zonas meridionais mais temperadas —, a verdadeira prioridade de cada império é estabelecer e administrar *em seu próprio hemisfério* panregiões auto-suficientes, do Ártico à Antártida, tornando todos os outros países dependentes do núcleo imperial dentro do seu espaço.[54] À medida que os Estados Unidos se voltam de novo para a América Latina, em busca de centros de produção competitivos de baixo custo e fontes alternativas de energia, a União Européia aprofunda seus vínculos econômicos com o mundo árabe, interessada em seus recursos energéticos, e a China organiza cada vez mais o comércio e os padrões diplomáticos no Leste Asiático, essas panregiões

* A ONU não é considerada por qualquer das três superpotências um mecanismo abrangente de governança, mas um foro para fazer pose e, sobretudo, bloquear as pretensões das outras. Ela nunca foi uma personagem central das questões geopolíticas, e sim um palco. A ONU é um *lugar* para consultas e declarações conjuntas, mas não é *nela* que se tomam efetivamente as decisões. E funciona à mercê das grandes potências e de seus orçamentos. Quanto menos elas tiverem em comum em sua maneira de encarar o mundo e se posicionar nele, menos haverão de utilizá-la. A ONU colheu muitos êxitos importantes no terreno humanitário, das operações de manutenção da paz ao fornecimento de alimentos e assistência médica em todo o mundo. Pode criar um fundo para a democracia, uma força permanente de manutenção da paz e um conselho de direitos humanos, mas os padrões que prevalecerão nessas iniciativas só poderão funcionar nos casos em que as superpotências não quiserem intervir, particularmente no Terceiro Mundo.

podem manter-se firmes numa competição planetária entre ilhas mundiais que seria assustadoramente semelhante ao mundo descrito por Orwell em *1984*.[55]

Até mesmo esta hipótese é otimista, pois as superpotências, por definição, estão sempre dispostas a invadir o terreno dos outros, com isso contribuindo para mudar o mapa-múndi. Como acontece na geologia, esses movimentos tectônicos sempre resultam em terremotos, especialmente quando as potências em ascensão invadem as posições estabelecidas da potência hegemônica.[56] A única exceção foi a transição anglo-americana do século XX, na qual a Grã-Bretanha e os Estados Unidos eram aliados e compartilhavam uma cultura comum — e ainda assim foram necessárias duas guerras mundiais.[57] À medida que se aproximam os respectivos níveis de poder das três superpotências, aumenta a tentação da número dois de neutralizar preventivamente o manda-chuva, assim como o estímulo para que a potência dominante ataque preventivamente e enfraqueça a rival em ascensão para não ser eclipsada.[58] David Hume escreveu: "Não é uma grande desproporção entre nós e os outros que gera inveja, mas, ao contrário, uma certa proximidade."[59] Ao mesmo tempo que a intensidade dos contatos entre as três superpotências torna mais possível do que nunca a criação de uma sociedade de Estados — todos os ministérios do exterior têm os números dos celulares dos funcionários dos outros —, as profundas diferenças de interesses tornam mais desafiadora do que nunca a criação de uma "cultura da paz".[60]

Enquanto têm prosseguimento movimentos furtivos e globalizados de escalada das tensões, as possíveis fagulhas são muitas e cada vez mais perigosas: competição pelos recursos no mar Cáspio e no mar do Sul da China, hiperterrorismo com armas nucleares, um ataque no golfo de Áden ou no estreito de Malaca. A incerteza sobre os alinhamentos de potências menores mas ainda importantes, como a Rússia, o Japão e a Índia, também podem provocar uma escalada. Além disso, os credores externos da América podem fechar a torneira para solapar sua estratégia, desencadeando um processo de perturbação econômica, azedume político e tensão militar. A guerra gera lucros para o complexo industrial-militar e sempre é apoiada pelos grandes grupos patrióticos de todos os lados. Mas a idéia de uma rivalidade sino-americana pela liderança do mundo também é prematura e simplista, pois, na eventualidade desse conflito, a Europa sairia vencedora, já que os capitais fugiriam para seus santuários.

Essas grandes tensões se desenrolam diante de nossos olhos no mundo de hoje, à medida que cada superpotência tenta obter *para* si mesma a posição mais vantajosa, embora nenhuma delas tenha poderio suficiente para ditar o sistema *por* si mesma. A estabilidade global, assim, sustenta-se entre os vetores identificados por Raymond Aron como "paz pela lei" e "paz pelo império", aquele desdentado, este propenso a cometer excessos.[61] Historicamente, as sucessivas manifestações do equilíbrio de poder e das doutrinas de segurança coletiva evoluíram da justificação da guerra em busca de vantagens estratégicas para a construção de sistemas destinados a evitá-la, sendo o "Concerto da Europa" pós-napoleônico o primeiro da era moderna.[62] Como seguia regras, era ele próprio uma espécie de sistema social.* Mesmo nos casos em que essas tentativas de criar uma ordem mundial estável fracassaram — entre elas a Liga das Nações, depois da Primeira Guerra Mundial —, ocorre um *aprendizado* sistêmico em que os países (especialmente as democracias) internalizam as lições do passado em suas instituições para impedir que a história se repita.[63] Toynbee também considerava a história mais progressiva do que puramente cíclica, uma roda que não só gira permanentemente como também avança, para que a Civilização (com C maiúsculo) possa tornar-se civilizada.[64] Mas será que ele "dava importância demais às flechas do tempo e insuficiente aos ciclos do tempo"?[65] Os impérios e as superpotências geralmente prometem a paz, mas promovem guerras.[66] O momento de reconhecer a atual situação revolucionária é agora — *antes* da próxima guerra mundial.[67]

Como evitar a próxima guerra mundial?[68] Existe efetivamente uma coalizão tripartite para fazer a globalização triunfar sobre a geopolítica: a classe operária americana apóia os operários chineses comprando na Wal-Mart, enquanto a classe superior gasta em carros e produtos de luxo europeus; tanto a Europa quanto a China compram tecnologia americana e a General Motors e a Boeing americanas e a Airbus euro-

---

* Rousseau elogiou a dinâmica desse concerto escrevendo que "o equilíbrio existente entre o poder desses diferentes membros da sociedade européia é mais uma obra da natureza do que da arte. Ele se mantém sem esforço, de tal maneira que, se afundar de um lado, rapidamente se recupera do outro".

péia devem boa parte de seus lucros aos custos reduzidos decorrentes da produção na China e das vendas para ela. Os mercados de capitais proporcionam lucros infinitos a todos, em vez de uma concorrência de soma zero. Além disso, o "culto da ofensiva" não domina hoje em dia a estratégia militar: numa era de armamentos nucleares, muito poucos acreditam que iniciar um conflito pode levar a uma rápida vitória com perdas mínimas. A máxima de A. J. P. Taylor nunca foi tão verdadeira: se o objetivo de se tornar uma grande potência é ser capaz de enfrentar uma grande guerra, a única maneira de continuar sendo uma grande potência é não entrar em nenhuma. Os danos auto-infligidos em qualquer conflito nunca foram tão grandes quanto no mundo integrado de hoje.

O mundo tripolar deve ser encarado como uma ferramenta: com duas pernas, não se mantém de pé por muito tempo; com três, pode tornar-se estável.[69] O banco de três pernas EUA-UE-China vacila no momento, e a nova estratégia global para a atual volta da roda geopolítica é "equilíbrio".[70] O equilíbrio é dinâmico, sendo, portanto, mais difícil de manter que a hegemonia incontestável de uma só potência, mas, ainda assim, representa a próxima etapa evolutiva além das leis da anarquia e do equilíbrio de poder. O equilíbrio também inspira uma psicologia e um vocabulário mais progressistas: a ordem "multipolar" que as potências em ascensão buscam não é a mesma coisa que a ordem "multilateral" necessária para geri-la na prática. Do mesmo modo, a idéia de "freios e contrapesos" no controle recíproco dos poderes políticos denota uma reação de cautela, ao passo que "divisão do trabalho" implica uma ação positiva visando a fins comuns; por si só, o conceito de "prudência" não parece remeter a compromissos assumidos de boa vontade, o que já pode ocorrer com o de "divisão de encargos". Paz, justiça e ordem só poderão decorrer do equilíbrio.[71]

Ainda não existe uma visão clara desse concerto de potências nem uma legítima divisão global do trabalho entre as três superpotências — mas esse tipo de multilateralismo será mais uma questão de coordenação imperial que de canalização dos recursos por meio de instituições comuns.[72] Uma estratégia global de equilíbrio faria com que a atual transição de poder deixasse de ser uma luta corporal entre potências desconfiadas para se tornar uma corrida de bicicletas em equipe, na qual a posição de liderança seria ocupada alternadamente em direção à mesma linha de chegada. Como esperava Toynbee, o Ocidente não está "fadado a fazer com que a história se repita; temos a possibilidade, por meio de nossos esforços, de imprimir à história, em nosso caso, uma direção nova e inédita".[73] Atualmente, a expressão "comunidade internacional" é pouco mais que um eufemismo para o domínio ocidental; o Ocidente não pode esperar lealdade a uma ordem ocidental disfarçada de representante de valores globais determinados sem uma contribuição global. A América quer que a China se torne um "acionista responsável" do sistema global, mas, como se trata implicitamente de uma ordem americana, a China, é claro, se mostra reticente. A China não empregará seu enorme peso econômico para atender aos interesses de clubes antiquados e sem representatividade como o G-8, que nem sequer a admite entre os sócios. De modo semelhante, assim como a eficácia do Conselho de Segurança da ONU depende hoje dos Estados Unidos, o mesmo começa a se aplicar à China, que também é capaz de subornar os membros rotativos do Conselho para votar com ela. Sem uma nova divisão do trabalho, as instituições ocidentais se tornarão mais reduzidas com o poderio americano, deixando espaço apenas para a competição geopolítica clássica, sem sequer o verniz da coordenação diplomática. Se as superpotências não optarem pela adaptação em detrimento do fundamentalismo, perderão uma oportunidade de manter a história permanentemente no passado.

O equilíbrio exige que os Estados Unidos, a União Européia e a China estabeleçam, juntos, as regras do jogo geopolítico. Exatamente como numa família, o equilíbrio pressupõe um complexo conjunto de códigos para domesticar as relações internacionais, tendo a capacidade de chegar a termos comuns como valor igualmente crucial.[74] Os incentivos para a criação de instituições intencionalmente voltadas para a diminuição do próprio poder e o aumento do poder dos outros são reconhecidamente poucos; os países egoístas precisam ser convencidos de que poderiam economizar custos por meio de formas de colaboração capazes de atender a seus interesses. Mas a América poderia efetivamente aumentar sua influência se moderasse seu poder. O caminho entre o domínio e o entrincheiramento é a criação de uma "Constituição internacional" de amplo alcance, inspirando um amadurecimento coletivo.[75]

O poder pode ser domesticado pelo atendimento dos interesses primordiais, e não pela precipitação numa utopia. Em vez do "triângulo estratégico" americano-soviético-chinês das décadas de 1960 e 1970, uma instituição do tipo G-3 envolvendo os Estados Unidos, a

União Européia e a China seria um foro mais apropriado para o estabelecimento de relações de trabalho mais profundas entre as superpotências.[76] Por meio de um debate aberto a respeito dos países em que as esferas de influência se sobrepõem ou entram em confronto, como o Sudão, o Irã, o Uzbequistão e a Birmânia, as divergências poderiam ser reduzidas do nível estratégico para o meramente tático. Um amplo programa de ação que exigisse a participação chinesa poderia contribuir muito para atenuar as desconfianças da China em relação aos Estados Unidos, comprometendo-a com a partilha de recursos com seus pares. Quanto mais olhamos para a frente, mais claramente os problemas globais gravitam em torno de recursos energéticos e abastecimento de água, e não de cálculos sobre desequilíbrios de poderio militar e rivalidades territoriais. Mas o fato de a China estar atualmente excluída das deliberações na Agência Internacional de Energia alimenta em Pequim a suspeita de que existe uma "mão ocidental invisível" que mantém elevados os preços globais do petróleo. Em vez disso, os principais consumidores de energia podem empenhar-se em encaminhar mais petróleo para um mercado livre, com isso reduzindo preços, e deixando de fazer contratos petrolíferos com empresas estatais para garantir que o produto fique fora do alcance dos outros.*

O mundo do século XXI parece tão complexo e imprevisível que até o gênio científico Stephen Hawking perguntou em tom pessimista: "Num mundo que está mergulhado no caos político, social e ambiental, será que a raça humana pode agüentar mais 100 anos?" A pergunta faz eco à advertência do pioneiro realista Hans Morgenthau, de que "o cientificismo enriqueceu o homem em seu domínio técnico da natureza inanimada, mas o empobreceu em sua busca de uma resposta para o enigma do universo e de sua existência nele".[77] É um grande desafio fazer prognósticos a respeito de um mundo de poder difuso e impérios em competição, mas de uma coisa Morgenthau tinha certeza: a globalização (o "cientificismo" de hoje) não será suficiente para romper os ciclos geopolíticos das guerras mundiais, pois, para a con-

---

* Mesmo que a China se torne um ator estratégico no mercado global de energia, sua demanda doméstica não permitirá que interrompa negociações com regimes suspeitos. Pressões iguais dos Estados Unidos e da UE e ameaças de instabilidade em seus países-clientes produtores de petróleo podem, gradualmente, diminuir o serviço de expedição de armas, perdão da dívida, ajuda, projetos de infra-estrutura de baixo custo e proteção diplomática no Conselho de Segurança da ONU, mas isso não sustentará sanções ou coagirá mudanças no regime que possam desestabilizar seu suprimento de energia. Ver David Zweig e Bi Jianhai, "China's Global Hunt for Energy", *Foreign Affairs*, set-out 2005.

secução dessa suprema tarefa da história, será necessário mais do que uma crença cega na racionalidade. De fato, a história prova que muitas vezes a humanidade nada tem de racional, quase sempre exatamente quando ela mais precisa da racionalidade.[78] Em vez disso, para alterar nosso rumo futuro serão necessários um profundo conhecimento da dinâmica política do Segundo Mundo, uma atenta compreensão mútua entre as superpotências e políticas de Estado proativas e flexíveis para criar e manter uma situação de estabilidade entre elas.

Aos acadêmicos e antigos funcionários governamentais não têm faltado siglas para exprimir suas grandiosas visões da gestão da ordem global, mas a realidade parece sempre ter uma opinião diferente.[79] A evolução dos códigos e das leis internacionais *sem* guerras indubitavelmente atenderia melhor aos interesses das grandes potências, mas o dramaturgo Bertolt Brecht já sentenciava: "A guerra é como o amor: sempre dá um jeito."[80] A humanidade só poderá progredir de maneira sistêmica até onde tiver progredido psicologicamente. A diplomacia é "a gestão das relações internacionais pela negociação", escreveu *sir* Harold Nicolson.[81] Neste sentido, a guerra não é a continuação da política por outros meios, mas a cessação de negociações.* Um século atrás, a globalização foi derrotada pela geopolítica, desencadeando a Primeira Guerra Mundial. A questão é saber se a história se repetirá um século depois. A resposta ainda não é conhecida, pois, à medida que o Segundo Mundo vai moldando tanto a geopolítica quanto a globalização, a diplomacia torna-se mais do que nunca uma arte.

* Kissinger escreveu: "No sentido clássico, a diplomacia, representando um ajuste das divergências por meio da negociação, só é possível em ordens internacionais 'legítimas'. (...) É um equívoco presumir que a diplomacia sempre poderá solucionar as disputas internacionais se houver 'boa-fé' e 'disposição de chegar a um acordo'. Pois o fato é que, numa ordem internacional revolucionária, cada potência parecerá a seu adversário carecer precisamente dessas qualidades. (...) Quando está em jogo o destino dos impérios, as convicções de seus estadistas são o veículo da sobrevivência." Kissinger, *World Restored*, pp. 2, 8.

AGRADECIMENTOS

DIANTE DA EXPERIÊNCIA avassaladora de sua viagem ao redor do mundo, Arnold Toynbee escreveu: "Palavras de agradecimento seriam inadequadas. A melhor maneira de demonstrar nossa gratidão será tentando dar conta, de alguma maneira, de tudo que aprendemos graças à ajuda desinteressada que recebemos de grande número de pessoas em todo o mundo. A lembrança dessa bondade é a parte mais valiosa da bagagem mental que trouxemos de volta conosco."

Identificar as tendências globais viajando pelo mundo não é algo que se possa fazer sozinho. Um amigo me disse certa vez, em sua sabedoria, que as verdadeiras inspirações provêm da leitura, da solidão, da reflexão e das viagens". Devo acrescentar que a validação das idéias decorrentes das viagens é impossível sem a generosidade e o conhecimento de inúmeros indivíduos que encontramos pelo caminho. Honra-me saber que este livro pode servir de veículo para a disseminação da sabedoria deles.

Graças a Ian Bremmer, o carismático fundador do Eurasia Group, pude tirar proveito do impressionante grau de especialização de um grupo de analistas espalhados pelo planeta. Sou grato, particularmente, a Tanya Costello, Kaan Nazli, Preston Keat, Patrick Esteruelas, Allyson Benton, Christopher Garman, Geoff Porter, Rochdi Younsi, Peter Khalil, Simon Kitchen, Ben Faulks, Wolfango Piccoli, John Green, Ross Schaap, Sijin Cheng, Erik Tollefson, Robert Herrera-Lim, Bruce Klingner e Amitabh Dubey.

Da mesma forma, o International Crisis Group tem merecida fama de excelência em suas propostas e análises penetrantes. Seu presidente, Gareth Evans, e sua vasta equipe também foram de grande ajuda para este projeto, especialmente James Lyon, Sabine Freizer, David Lewis, Michael Hall, Shirin Amirkyzy, Joanna Nathan, Samina Ahmed, Markus Schultze-Kraft, Karim Sadjadpour, Hugh Roberts, Joost Hiltermann, Sidney Jones e Francesca Lawe-Davies.

Pela ajuda na avaliação das questões ligadas à Europa Oriental, sou particularmente grato a Robert Cooper, da União Européia, que generosamente compartilhou seu tempo e suas idéias, assim como a seus colegas Riina Kionka, Jukka Leskala e James Moran. Manfred Stinnes, Frank Umbach, Alexander Rahr, Nadia Verjee, Joelle Fiss, Ann Mettler, Sebastian Kaempf, Agnes Gilka-Boetzow, Ulrike Guerot e Dan Dombey também foram muito atenciosos. Obrigado também aos integrantes do grupo Global Atlanticists da Friedrich Ebert Stiftung, especialmente Thorsten Benner, Arnd Henze, Derek Chollet, Julianne Smith e Michael Haltzel. Idéias, comentários e correções muito úteis vieram de Paddy Ashdown, Lane Greene, David Young, Neil Pyper, Aidan Manktelow, Giri Jadeja, Alex Wooley, Masha Rosner, Colin Temme, Tom Weston, Tom Melia, Andy Cohen, Rob Sobhani, Larry Wohlers, Matt Bryza, Cliff Gaddy, Bogdan Tereshchenko, Anatole Faykin, Eric Johnson, John Brown, Taras Kuzio, Richard Byrne, David Philips, Charles King, Hugh Pope, Mark Nichols, Jennifer Long, Stephen Kinzer, Omer Taspiner, Warren Valdmanis, Eric Green, Cory Welt, Jan Neutze, Soner Cagaptay, Trevor Gunn, Diego Osorio, Bob Simmons, Hamid Ladjevardi, Matt Spence, Ron Asmus, Ronald Steel e Richard Giragosian. Em minha viagem pelo Leste Europeu tive grande ajuda de Arnoldas Pranckevicus, Ramunas Vilpisauskas, Giedrimas Jeglinskas, Kostiantyn Kononenko, Viktor Nikitiuk, Rostyslav Pawlenko, Alexander Gladskyy, Igor Dir, Volodymir Makukha, Dimtry Kiselev, Yulia Mostova, Varvara Zhluktenko, Yulya Borisova, Kostyantyn Kvurt, Vlada Tkach, Mykolay Churylov, Olga Sych, Vitalij Sych, Vera Nanivska, Valeriy Chaly, Hryhoriy Nemyria, Christoph Saurenbach, Tim Fairbank, David Dettman, John Herbst, Juhani Grossman, Olya Smyrnova, Inna Bogoslovska, Yulia Volosevych, Sara Pfaffenhofer, Katja Ardanyan, Gesine Stern, Rostislav Gavrilov, Yuri Arabski, Karl Wolfram, Sasa Rikanovic, Jadranka Jelincic, Nenad Djurdjevic, Srdjan Cvijic, Ivana Aleksic, Ivan Vejvoda, Bozidar Djelic, Timothy Collins, Jasna Matic, Andrew Vonnegut, Tanja Miscevic, Zeljko Komsic, Ognian Zlatev, Fekri Shaban, Tugba Kalafatoglu, Murat Ucer, Soli Özel, Cengiz Candar, Yilmaz Argueden, Suzan Benmayor, Hasan Cemal, Erkan Keremoglu, Edip Baser, Ali Babacan, Youssuf Alsharif, Suat Kiniklioglu, Roger Rigaud, Georgi Baramidze, Zurab Noghaideli, Giorgi Sumbadse, Avto Svadnize, Zeno Reichenbecher, David Absesadze, Alexander Rondeli, Theresa Freese, Tinatin Khidasheli, Elizabeth Owen, Elin Suleymanov, Ingrid Gossinger, Berit Linderman, Dennis Sammut, Jehangir Hajiyev, Lynn Sferrazza, Vafa Gulizade, Elman Salayev, Florian Schroeder, Elmar Jabarov, Fariz Ismailzade, Mehrnaz Davoudi, Ulvi Ismayil, Jyoti Swaroop Pande, Betty Blair, Dallas Frohrib, Leila Aliyeva e Lynn Sferrazza. Agradecimentos especiais, por sua calorosa hospitalidade, a Eugenia Klochko, Nenad Rava, Robert e Helena Finn, Mark Simakovsky, Sasha Bruce, Taleh Ziyadov e Thomas Goltz.

Por idéias relevantes a respeito da Ásia Central, sou grato a James Millward, Daniel Burghart, Johannes Linn, Olya Oliker, David Hoffman, Barney Rubin, Roman Vassilenko, Murad Sharapov, Nurzhan Zhumbakov, Kevin Jones, Anders Aslund, Zeyno Baran, Chris Seiple, Bill Maynes, Ethan Wilensky Lanford, Xenia Dormandy, Dan Markey, Steve Cohen, Evan Feigenbaum, Judi Kilachand, Bama Athriya, Nicholas Swanstrom, Sartaj Aziz e especialmente Matthew Oresman. Viajando pela região, aprendi muito com Andrew Wilson, Berik Otemurat, Fabrizio Vielmini, Josh Machleder, Alexander Sosnin, Assel Rustemova, Oraz Jandosov, Azamat Ablazimov, Kassymzhomart Tokaev, Murat Auezov, Yerbol Suleimenov, Meiirzhan Mashan, Adil Abishev, Azamat Abdymomunov, Nikolay Kuzmin, Kadyr Toktogulov, Nicolas Ebnother, Rosa Oltambaeva, Edil Baissalov, Shakirat Toktosunova, Elbek Khojayev, Catherine Eldridge, Susan Carnduff, Farkhad Tolipov, Jeff Erlich, Steve Labensky, Jon Purnell, Ulugbek Ishankhodjaev, Abdujabar Abduvakhitov e Ulugbeck Khasanoff.

Como neófito em matéria de América Latina, sou muito grato pela ajuda de Moises Naim, Carlos Lozada, Javier Corrales, Kai Poetschke,

Bill Hinchberger, David de Ferranti, Hernando de Soto, Shahnaz Radjy, Meredith Davenport, Maria Hutcheson, Timothy O'Neil-Dunne, Jan Boyer, Andres Oppenheimer, Jenny Caplan, Jos Yunis, Juan Enriquez, Hillary Batjer-Johnson, Erica Breth, Moises Benamor, Michael Shifter, Lorena Barbaria, Gilberto Dupas, Paulo Roberto de Almeida, Rubens Barbosa, Eiiti Sato, Amado Cervo, Shepard Forman, Adriana Abdenur, David Henschel, Nathalie Cely, Cecelia Zarate, Maria Teresa Petersen, Peter Schechter, Blas Pérez Henríquez, Sylvie Naville, Joerg Schimmel, Pedro Burelli, Michael Penfold, Dante Pesce, Steve Reifenberg e Katty Kauffman. Viajando pela América do Sul, tive a sorte de conhecer Alesia Rodriguez, Toby Bottome, Asdrubal Baptista, Carlos Romero, Phil Gunson, Lorenzo Mendoza, Alejandro Plaz, Juan Forero, Michael Rowan, Brian Ellsworth, Ramon Espinasa, Steve Ambrus, Mike Ceaser, Andrea Armeni, Cristina Lleras, Miguel Silva, Luis Guillermo Plata, Camilo Reyes Restrepo, Alberto Galán Sarmiento, Mike McCullough, Ricardo Avila, Jhoney Baracolo, Paula Boyce Castro, Charles Tang, Marina Stabile, Eliana Cardoso, Philip Yang, Nicolas Ducote e Juan Tokatlian. Allan Oliver forneceu excelentes e exaustivas pesquisas, pelas quais sou muito grato, e Julia Sweig foi uma instrutora paciente e enérgica.

Uma contextualização essencial do mundo árabe me foi fornecida por Ken Pollack, Tamara Cofman Wittes, Jeremy Shapiro, Shibley Telhami, Ammar Abdulhamid, Afshin Molavi, Nir Rosen, Jeremy Greenstock, Erik Petersen, Tarik Yousef, Yvonne Haddad, Dan Byman, John Esposito, Jon Alterman, Haim Malka, Charles King Mallory, Herro Mustafa, Alyse Nelson Bloom, Shamil Idriss, Lisa Anderson, Colin McCullough, Mohamed Alami, Sherif El Diwaney, Daniel Davies, Ayham Ammora, Cathy Bellafronto, Bill Dowell, Marin Strmecki, Ellen Jermaine, Brian Katulis, Nick Snyder, Michael Totten, Abdelwahab El-Affendi, Dan Runde, Tim Pounds, Randa Fahmy-Hudome, Ali Aujali, Mahmoud Shammam, Joe Saba, David Goldwyn, Scott Anderson, Steven Cook, Ed Girardet, Karim Chrobog, Alex Fox, Aaron Miller, Helima Croft, Maria Alzahrani-Sturgis, Ghassan Salamé, Sogand Zamani, Fadi Elsalameen, Emile El-Hokayam, Karim Kawar, Ziad Abdelnour, Hady Amr, Michael Rubin, Katherine Brown, Carol O'Leary, Faiz al-Gailani, Qubad Talabani, Heyrsh Abdul, Babak Yektafar, Jared Cohen, Najmeh Bozorgmehr, Negar Azimi, Ellen Laipson, Shereen El Feki, Robin Wright, Mahmood Sariolghalam, Anoush

Ehteshami, Nail al-Jubeir, Karthik Nagarajan e Mark Gerson. Viajando pela região, aprendi muito com as idéias de Saleh Abdulsalam Saleh, Hasouna Shawsh, Mohamed Taher Siala, Rajab M. Shiglabu, Greg Berry, Ethan Goldrich, Elizabeth Fristschlee, Ethan Chorin, Taher Ahmed Aboulkassim, Mustafa Onallah, Abdalla Othman Aburrahim, Salem Hamza, Ismail Serageldin, Karim Abdel Monem, Seif Fahmy, Hasan Abdalla, Dalia Abdel Kader, Michael Slackman, Karim Haggag, Abdel Monem Said Aly, Samer Shehata, Saad Eddin Ibrahim, Scott Macleod, Barry Iverson, Ezzat Ibrahim, Michael Corbin, Roger Kenna, Amany Asfour, David Selman, Max Rodenbeck, Asmaa Shalabi, Christine Spolar, Hemy Abouleish, Blake Hounshell, Josh Stacher, Bassem Awadallah, Fouad Ghanma, Marwan Jamil Muasher, Stephen Rivers, Emile Cubeisy, Khaldoon Tabaza, Sharif Al Zu'bi, Laith Arafeh, Sami Al-Jundi, Ziad Abu Amr, Akram Baker, Michael Tarazi, Marwan Aburdeneh, Mounir Kleibo, Jonathan Lincoln, Guy Raz, Rami Khoury, Michael Young, Gregory Marchese, Maha al Azar, Matt Pilcher, Juliet Wurr, Ryan Gliha, Muhamad Mugraby, Habib Malik, Hassan Fadlallah, Hisham Kassab, Oussama Safa, Paul Salem, Kate Brooks, Kaelen Wilson-Goldie, Irina Prentice, Joe Koayess, Katherine Zoepf, Diane King, Nabil Abou Charaf, Falah Mustafa Bakir, Rawand Darwesh, Sarko Mahmoud, Mohammad Sadik, Mohamed Ihsan, Aumeed Nouri Amin, Jawhar Sourchi, Bayan Sami Abdul Rahman, Khaled Salih, Abdul Kader Mustafa, Hassan Fattah, Nasser Saidi, Tamur Goudarzi-Pour, Anthony Shadid, Jamil El Hage, Michel Costandi, Sumant Sareen, Abdul Aziz al Sager, Christian Koch, Sunil John, Daria Prentine, Dergham Owainati, Roger Clayton, Maggie Steber, Alex Fowler, Lucy Martens, Ali Solaimani, Oula Ghawi, Khalil Matar, Siobhan Leyden, James Reardon Anderson, Abdul Aziz al-Mahmoud, Elan Fabbri, Cherif e Lynn Hassouna, Richard Neu, John Lochner, Muna Abu-Sulayman e Mohamed Khaled al-Faisal. Devo um agradecimento muito especial a Bryan Gunderson e Karim Makdisi.

As seguintes pessoas contribuíram com excelentes percepções das questões do Leste Asiático: Frank Richter, Ramesh Thakur, Elizabeth Economy, Pamela Mar, Bill O'Chee, Frank Blithe, Cobb Mixter, Michael Kulma, Anwar Ibrahim, Paul Frandano, Pranay Gupte, Yuan-Kang Wang, Jeff Bader, Richard Bush, James Clad, Ziad Haider, Roger Mitton, Ernie Wilson, Pietra Rivoli, Siddharth Mohandas, Karan

Khemka e particularmente Banning Garrett. Em viagem pelo Leste Asiático, tive ajuda intelectual de Varun Vig, Cheryl Mainland Hall, Cheong Yip-Seng, Penny Low, Wai Chiew Chik, Eric Teo, Wayne Arnold, Siew Hoon Yeoh, Bontosoglou Vassilis, Bertrand Fort, Chua Chim Kang, Michael Vatikiotis, Simon Tay, Geoff Wade, Tommy Koh, Koh Buck Song, Tan Tai Yong, Amitav Acharya, Rohan Gunaratna, John Harrison, Christoph Marcinkowski, Haseenah Koyakutty, Christopher Roberts, Rajeev Sawhney, Manjeet S. Pardesi, Kwa Chong Guan, RK Mishra, Raja Mohan, Shelley Thakral, Alex Perry, Gautam Adhikari, Rahul Singh, Sundeep Waslekar, Rich Howard, John Boomgard, Hadi Soesastro, Rizal Sukma, Bantarto Bandoro, Umar Hadi, M. C. Abad, Nono Makarim, Hasmy Aham, Emile Yeoh, Chandran Jeshurun, Khairy Jamaluddin, Justin Leong Ming Loong, Jawhar Hassan, Abdul Razak Baginda, Surin Pitsuwan, Emile Yu, Crystal Mo, Zhao Huasheng, Wu Xinbo, Pan Guang, Fang Xing-Hai, Stefan Donle, Fan Gang, Evan Osnos, Joshua Cooper Ramo, Eric Hagt, Wu Baiyi, He Fan, Wang Shuo, Huang Shan, Wu Jianmin, Qin Min, Hans Au, Rafael Wober e Jennifer Welker. Agradecimentos muito especiais pelo apoio e pela generosidade de Kishore Mahbubani, Umej Bhatia, Daniel A. Bell, Kim Beng Phar e Jeremy Jurgens.

Desde o início deste projeto deixou de existir a distinção entre dias e noites, trabalho e lazer, reforçando o poder imemorial das viagens. Mas as vantagens oferecidas pela grande e disseminada diáspora indiana me proporcionaram os benefícios especiais da nutrição cultural e culinária quando mais precisei. Por este motivo, sinto-me muito grato a meus amorosos parentes Sharat e Rashmey Seth, Manoj e Mala Chawla e Arun e Sunita Seth.

Os viajantes se aproximam com mais facilidade do que as outras raças. Tive o prazer de companhias realmente estimulantes em várias etapas dessas viagens. Jan-Philipp Goertz, inveterado "terrista", mostrou-se um amigo querido em quase todos os continentes, e sua espontaneidade foi um grande trunfo na Ucrânia, na Tanzânia e no Egito. Sebastian Strassburg, incorrigível cavalheiro e aventureiro, foi a companhia ideal para o Rally Bósnia-Baku. Foi uma honra ser seu navegador. Joel DeCastro, na Jordânia, e Louise Brown, na Líbia, enriqueceram minhas experiências com suas valiosas missões. Meus novos amigos tibetanos Gamba e Losang me conduziram através de nossa montanha sagrada comum e de milhares de quilômetros da mais acidentada fronteira do mundo.

Não fosse pela School of Foreign Service da Georgetown University, eu nunca teria aprendido geopolítica com o professor Charles Pirtle. Lá, em meus estudos, fui inspirado e orientado por professores que apoiaram minhas muitas fases de experimentação intelectual. Em particular, o decano Robert Gallucci e Michael Brown me estimularam desde o início. Thomas Banchoff, Dan Nexon, Sally Ann Baynard e Michael Mazaar me proporcionaram um treinamento metodológico rigoroso e me abriram horizontes interdisciplinares. O presidente de Georgetown, Jack DeGioia, não só me apresentou de maneira divertida à filosofia como apoiou pessoalmente, sem hesitar, este empreendimento. Doug Shaw forneceu entusiasmo memorável e contatos úteis em todos os recantos do planeta, e por ambas as coisas sou profundamente grato. Jennifer Ward, Scott Fleming e Lauren Rivkin também me deram acesso generosamente ao impressionante banco de dados dos graduados de Georgetown.

O Fórum Econômico Mundial em Genebra, Suíça, é uma instituição única, na qual a expressão "pensamento global" tem significado verdadeiro tanto na teoria quanto na prática. Sob a orientação de Rick Samans e seus colegas Sven Behrendt, Sean Cleary, Lee Howell e Thierry Malleret, beneficiei-me enormemente, desde 2000, da posição privilegiada do fórum na interseção da experiência pública com a privada, assim como de sua disposição para prever um futuro incerto. Agradeço sinceramente a todos eles.

O poder de fogo intelectual da comunidade das instituições acadêmicas de Washington não tem igual, e tive o privilégio de ser *fellow* na Brookings Institution e na New America Foundation desde que retornei a Washington, em 2002. Na Brookings, Strobe Talbott, Jim Steinberg, Fiona Hill e especialmente Ann Florini deram valiosa orientação no delineamento dos horizontes desse projeto e em sua compatibilização com a relevância em matéria de políticas públicas. A New America Foundation mostra destemor em sua determinação de desafiar o senso comum e explorar o mundo de ângulos inusitados. Sou grato a Ted Halstead, Steve Clemons, Sherle Schwenninger, Rachel White e Simone Frank por me abrirem as portas e proporcionarem apoio constante ao longo dos muitos meses em que fiquei distante. Na fase final de redação, Ned Hodgman, Michael Lind e Barry Lynn atuaram como câmaras de eco ideais, aperfeiçoando e corrigindo minhas idéias com seu vasto conhecimento. Alex Konetzki forneceu um excelente feedback em vários capítulos. Danielle Maxwell, Leila Saradj e Jeff Meyer fizeram com entusiasmo muitas visitas às bibliotecas de Washington, mapeando os limites físicos e legais dos livros em cada uma delas. Este original ficou pronto antes de minha atuação como assessor das Forças Operacionais Especiais dos Estados Unidos, de modo algum refletindo os pontos de vista do governo dos Estados Unidos ou de qualquer de seus funcionários.

Pico Iyer e Robert Kaplan, dois renomados psicanalistas do mundo, o primeiro, espiritual, o segundo, estratégico, ficarão como eternos mentores. Foram modelos perfeitamente discretos e correspondentes por cerca de uma década, além de fonte constante de sabedoria, com sua dedicação à tarefa de retratar o mundo como manifestação física das idéias. Agradeço-lhes aqui por uma afinidade que vai muito além do escopo deste livro.

Nunca agradecerei o suficiente a tantos amigos queridos que aceitaram assumir o papel de amigos eletrônicos na maior parte dos dois últimos anos. Jeremy Goldberg deu a este projeto seu impulso mais fundamental: o primeiro. A assessoria intelectual cosmocrática de Rana Sarkar e Vijay Vaitheeswaran proporcionou o constante incentivo de expectativas elevadas, além de um fluxo incessante de idéias. Dos mais diferentes pontos, Richard Ponzio, Maria Figueroa, Greg Lucas, Tom Sanderson, Eliza Griswold, David Rice, Paul Roberts, Lyndsay Howard, Verena Ringler, Lawrence Groo, Raj Kumar e Ben Skinner foram fontes sempre estimulantes de energia e de percepções importantes. Os "Shakti All-Stars" são os amigos mais leais e confiantes que alguém poderia desejar: Anna Beauregard, Alex e Samar Bloomingdale, Colin Browne, Justine Graham, Yasmin Ibrahim, Shilpa Mohan e Brooks Rosenquist. Um grupo especial de amigos mais íntimos foi muito além do que mandaria o dever no apoio ao meu estilo de vida desprovido de rendas, proporcionando abrigo e sustentação emocional em minhas breves passagens em casa. Por tudo isso e muito mais, sou grato a Willy Pell, Krishna Kumar, Farah Pandith, Peter e Susan Singer, Joy de Menil e Laird Reed, Kate Taylor, Jim Clippard, Natasha Kohne, Karima Sagrani e Gaurav Burman, Swathi Kappagantula e Asad Naqvi. Sou particularmente grato a minha mulher, Ayesha Khanna, pelo mundo que criamos juntos, no qual estou sempre à vontade.

Minha agente, Jennifer Joel, da International Creative Management, é uma grande estrategista, além de amiga de toda confiança.

Agradeço-lhe infinitamente, assim como a Katie Sigelman, por investirem em mim seu tempo e energia, e por convencerem a Random House a aceitar minha proposta sem sequer a apresentação de um capítulo como amostra. O estímulo que proporcionaram deu novo significado a todas as minhas viagens anteriores e a tudo que ainda estava por vir. Os editores estão para os escritores como os treinadores e professores para os atletas e artistas. Apesar de acostumado a trabalhar com intelectos muito superiores, Will Murphy demonstrou grande paciência e a dose exata de orientação para desbastar um manuscrito inicialmente inviável por sua extensão. Helen Conford, da Penguin U.K., completou minha "equipe dos sonhos" com seu atilado senso daquilo que faz um bom livro. Na Random House, Evan Camfield foi um editor de produção perspicaz e eficiente, e Claire Tisne, Nicole Bond, Lea Beresford e Joelle Dieu colaboraram generosamente no trabalho de promoção. Martin Schneider foi um esplêndido e consciencioso editor de texto, e David Lindroth ampliou os horizontes mentais com seu inovador trabalho de cartografia, de categoria internacional.

Este livro foi escrito onde quer que eu encontrasse tranqüilidade: recantos remotos da China, uma sala de estar refrigerada em Dubai, as montanhas da Patagônia, longos vôos transcontinentais. Sempre que possível, contudo, tentei escrever dentro dos limites do lar mais cheio de afeto e apoio que poderia desejar. Meus pais, Sushil e Manjula Khanna, sobreviveram a incêndios e enchentes e nunca faltaram com amparo paterno, enquanto meu irmão Gaurav, minha cunhada Anuradha e minha sobrinha Anisha são fontes permanentes de alegria. Meu pai, em especial, leu cada capítulo várias vezes, sem jamais se cansar das sucessivas redações nem deixar de encontrar novos erros e maneiras de melhorar o texto. Serei eternamente grato a eles.

BIBLIOGRAFIA

Adams, Richard H., Jr. *International Migration, Remittances, and the Brain Drain: A Study of 24 Labor Exporting Countries*. Washington, D.C.: World Bank, 2005.

Agnew, John, e Stuart Corbridge. *Mastering Space: Hegemony, Territory, and International Political Economy*. Londres: Routledge, 1995.

Akzyonov, Vasily. *The Island of Crimea*. Nova York: Vintage, 1984.

Alagappa, Muthiah (org.). *Asian Security Practice: Material and Ideational Influences*. Palo Alto, Calif.: Stanford University Press, 1998.

Alesina, Alberto, e Enrico Spolaore. *The Size of Nations*. Cambridge, Mass.: MIT Press, 2003.

Aly, Abdel Monem Said, e Shai Feldman. *Ecopolitics: Changing the Regional Context of Arab-Israeli Peacemaking*. Cambridge, Mass.: Belfer Center for Science and International Affairs, John F. Kennedy School of Government, 2003.

Anderson, Malcolm. *Frontiers: Territory and State Formation in the Modern World*. Cambridge, Reino Unido: Polity Press, 1996.

Andes 2020: A New Strategy for the Challenges of Colombia and the Region (A Center for Preventive Action Report). Nova York: Council on Foreign Relations Press, 2004.

Andrew, Christopher, e Vasili Mitrokhin. *The World Was Going Our Way: The KGB and the Battle for the Third World*. Nova York: Basic Books, 2005.

Andric, Ivo. *The Days of the Consuls*. Belgrado: Dereta, 2000.

Appadurai, Arjun (org.). *Globalization*. Durham, N.C.: Duke University Press, 2000.

Aron, Raymond. *Peace and War: A Theory of International Relations*. Garden City, NY: Doubleday, 1966 [*Paz e guerra entre as nações*. São Paulo: IMESP, 2007].

Aslan, Reza. *No god but God: The Origins, Evolution, and Future of Islam*. Nova York: Random House, 2005.

Aslund, Anders. *Building Capitalism: The Transformation of the Former Soviet Bloc*. Nova York: Cambridge University Press, 2002.

Avedon, John F. *In Exile from the Land of Snows*. Nova York: Alfred A. Knopf, 1984.

Ayoob, Mohammed. *The Third World Security Predicament: State Making, Regional Conflict, and the International System*. Boulder, Colo.: Lynne Rienner, 1995.

Bacevich, Andrew J. *The New American Militarism: How Americans Are Seduced by War*. Nova York: Oxford University Press, 2005.

Baiocchi, Gianpaolo. *Radicals in Power: The Worker's Party and Experiments in Urban Democracy in Brazil*. Nova York: Zed Books, 2003.

Barakat, Halim. *The Arab World: Society, Culture, and State*. Berkeley: University of California Press, 1993.

Baran, Zeyno. *Hizb ut-Tahrir: Islam's Political Insurgency*. Washington, D.C.: Nixon Center, 2004.

Barber, Benjamin. *Fear's Empire: War, Terrorism, and Democracy*. Nova York: W. W. Norton, 2004 [*O império do medo*, Rio de Janeiro: Record, 2005].

Barnett, Michael. *Dialogues in Arab Politics: Negotiations in Regional Order*. Nova York: Columbia University Press, 1998.

Barnett, Thomas P. M. *The Pentagon's New Map: War and Peace in the Twenty-first Century*. Nova York: Putnam, 2004.

Bartleson, James. *A Genealogy of Sovereignty*. Cambridge, Reino Unido: Cambridge University Press, 1995.

Beinert, Peter. *The Good Fight: Why Liberals — and Only Liberals — Can Win the War on Terror and Make America Great Again*. Nova York: HarperCollins, 2006.

Bell, Daniel A. *Beyond Liberal Democracy: Political Thinking for an East Asian Context*. Princeton, N.J.: Princeton University Press, 2006.

______. *East Meets West: Human Rights and Democracy in East Asia*. Princeton, N.J.: Princeton University Press, 2000.

Bergsten, C. Fred, Bates Gill, Nicholas Lardy e Derek Mitchell. *China: The Balance Sheet — What the World Needs to Know Now About the Emerging Superpower*. Nova York: Public Affairs, 2006.

Bernard, Cheryl. *Civil, Democratic Islam: Partners, Resources, and Strategies*. Santa Monica, Calif.: RAND Corporation, 2003.

Birdsall, Nancy, e Augusto de la Torre. *Washington Contentious: Economic Policies for Social Equity in Latin America*. Washington, D.C.: Carnegie Endowment for International Peace and Inter-American Dialogue, 2001.

Blank, Stephen. *After Two Wars: Reflections on the American Strategic Revolution in Central Asia*. Carlisle, Penn.: Strategic Studies Institute, U.S. Army War College, 2005.

Blustein, Paul. *And the Money Kept Rolling In (and Out): Wall Street, the IMF, and the Bankrupting of Argentina*. Nova York: Public Affairs, 2005.

Bose, Sugata. *A Hundred Horizons: The Indian Ocean in the Age of Global Empire*. Cambridge, Mass.: Harvard University Press, 2006.

Bracken, Paul. *Fire in the East: The Rise of Asian Military Power and the Second Nuclear Age*. Nova York: HarperCollins, 1999.

Bradbury, Ray. *Fahrenheit 451*. Nova York: Ballantine, 1950. [*Fahrenheit 451*, São Paulo: Globo, 2003].

Bradley, John R. *Saudi Arabia Exposed: Inside a Kingdom in Crisis*. Nova York: Palgrave Macmillan, 2005.

Braudel, Fernand. *The Mediterranean and the World in the Age of Philip II*. 2 vols. Trad. Sian Reynolds. Londres: Collins Sons and Harper and Row, 1972.

Bremmer, Ian. *The J Curve: A New Way to Understand Why Nations Rise and Fall*. Nova York: Simon and Schuster, 2006.

Bringing Down Barriers: Regional Cooperation for Human Development and Human Security. Central Asia Human Development Report. Bratislava: UNDP Regional Bureau for Europe and the Commonwealth of Independent States, 2005.

Bronson, Rachel. *Thicker Than Oil: The United States and Saudi Arabia — a History*. Nova York: Oxford University Press, 2006.

Brown, Chris. *Sovereignty, Rights, and Justice: International Political Theory Today*. Cambridge, Reino Unido: Polity Press, 2002.

Brown, Lester. *Plan B 2.0*. Washington, D.C.: Earth Policy Institute, 2006.

Brown, Michael, Sean Lynn-Jones e Steven Miller (orgs.). *Debating the Democratic Peace*. Cambridge, Mass.: MIT Press, 1996.

Brzezinksi, Zbigniew. *The Grand Chessboard: American Primacy and Its Geostrategic Imperatives*. Nova York: Basic Books, 1997.

Bull, Hedley. *The Anarchical Society: A Study of Order in World Politics*. Nova York: Columbia University Press, 1977.

Burgat, François. *Face to Face with Political Islam*. Londres: I. B. Tauris, 2003.

Burghart, Daniel L., e Theresa Sabonis-Helf (orgs.). *In the Tracks of Tamerlane: Central Asia's Path to the Twenty-first Century*. Washington, D.C.: Center for Technology and Security Policy, National Defense University, 2005.

Buruma, Ian. *Bad Elements: Chinese Rebels from Los Angeles to Beijing*. Nova York: Random House, 2001.

Buruma, Ian, e Avishai Margalit. *Occidentalism: The West in the Eyes of Its Enemies*. Nova York: Penguin, 2004.

Buttimer, Anne. *Geography and the Human Spirit*. Baltimore: Johns Hopkins University Press, 1993.

Buzan, Barry. *The United States and the Great Powers: World Politics in the Twenty-first Century*. Cambridge, Reino Unido: Polity Press, 2004.

Buzan, Barry, e Ole Waever. *Regions and Powers: The Structure of International Security*. Cambridge, Reino Unido: Cambridge University Press, 2003.

Byman, Daniel L. *Deadly Connections: States That Sponsor Terrorism*. Nova York: Cambridge University Press, 2005.

Campbell, Joseph Keim, Michael O'Rourke e David Shier (orgs.). *Topics in Contemporary Philosophy*. Cambridge, Mass.: MIT Press, 2005.

Cardoso, Fernando. *Charting a New Course: The Politics of Globalization and Social Transformation*. Ed. Mauricio A. Font. Lanham, Md.: Rowman and Littlefield, 2001.

Cardoso, Fernando, e Peter Bell. *A Break in the Clouds: Latin America and the Caribbean in 2005*. Washington, D.C.: Inter-American Dialogue, 2005.

Carothers, Thomas, e Marina Ottoway (orgs.). *Uncharted Journey: Promoting Democracy in the Middle East*. Washington, D.C.: Carnegie Endowment for International Peace, 2005.

Carr, Edward Hallett. *The Twenty Years' Crisis, 1919-1939: An Introduction to the Study of International Relations*. Nova York: Harper Perennial, 1964.

Chang, Gordon. *The Coming Collapse of China*. Nova York: Random House, 2001.

Chase, Robert S., Emily Hill e Paul M. Kennedy (orgs.). *Pivotal States and U.S. Policy: A New Strategy for U.S. Policy in the Developing World*. Nova York: W. W. Norton, 1999.

Chomsky, Noam. *Failed States: The Abuse of Power and the Assault on Democracy*. Nova York: Metropolitan Books, 2006.

Chua, Amy. *World on Fire: How Exporting Free Market Democracy Breeds Ethnic Hatred and Global Instability*. Nova York: Doubleday, 2003.

Clissold, Tim. *Mr. China*. Nova York: HarperCollins, 2004.

Cohen, Benjamin J. *The Geography of Money*. Ithaca, N.Y: Cornell University Press, 1998.

Cohen, Saul. *Geography and Politics in a Divided World*. Nova York: Random House, 1963.

Cohen, Stephen P. *The Idea of Pakistan*. Washington, D.C.: Brookings Institution Press, 2004.

———. *India: Emerging Power*. Washington, D.C.: Brookings Institution, 2002.

Coker, Christopher. *Empires in Conflict: The Growing Rift Between Europe and the United States*. Whitehall Paper nº 58. Londres: Royal United Services Institute, 2003.

Collins, Allan. *Security in Southeast Asia: Domestic Regional and Global Issues*. Boulder, Colo.: Lynne Rienner, 2003.

Cooper, Robert. *The Breaking of Nations: Order and Chaos in the Twenty-first Century*. Nova York: Atlantic Monthly Press, 2003.

Cordesman, Anthony H. *Iran's Developing Military Capabilities*. Washington, D.C.: CSIS Press, 2005.

Cornell, Svante E., *et al*. *Regional Security in the South Caucasus: The Role of NATO*. Washington, D.C.: Central Asia-Caucasus Institute, Paul H. Nitze School of Advanced International Studies, 2004.

Crocker, Chester (org.). *Turbulent Peace*. Washington, D.C.: United States Institute of Peace, 2001.

Daalder, Ivo, Nicole Gnesotto e Philip Gordon (orgs.). *Crescent of Crisis: U.S.-European Strategy for the Greater Middle East*. Washington, D.C.: Brookings Institution Press, 2006.

Dahrendorf, Ralf. *Reflections on the Revolution in Europe*. Nova York: Crown, 1990.

Danziger, Nick. *Danziger's Travels: Beyond Forbidden Frontiers*. Nova York: HarperCollins, 1987.

De Bellaigue, Christopher. *In the Rose Garden of Martyrs: A Memoir of Iran*. Nova York: HarperCollins, 2005.

De Blij, Harm. *Why Geography Matters: Three Challenges Facing America: Climate Change, the Rise of China, and Global Terrorism*. Nova York: Oxford University Press, 2005.

De Ferranti, David M., Guillermo E. Perry, Francisco H. G. Ferreira e Michael Walton (orgs.). *Inequality in Latin America and the Caribbean: Breaking with History?* Washington, D.C.: International Bank for Reconstruction and Development, World Bank, 2004.

De Soto, Hernando. *The Mystery of Capital: Why Capitalism Triumphs in the West and Fails Everywhere Else*. Nova York: Basic Books, 2003 [*O mistério do capital*. Rio de Janeiro: Record, 2001].

Diamond, Jared. *Collapse: How Societies Choose to Fail or Succeed*. Nova York: Penguin, 2004 [*Colapso*. Rio de Janeiro: Record, 2005].

Dobbins, James. *The UN's Role in Nation-Building: From the Congo to Iraq*. Santa Monica, Calif.: RAND Corporation, 2005.

Dominguez, Jorge I., e Byung Cook Kim (orgs.). *Between Compliance and Conflict: Between East Asia, Latin America, and the "New" Pax Americana*. Nova York: Routlege, 2005.

Doyle, Michael. *Empires*. Ithaca, N.Y.: Cornell University Press, 1986.

Drakuli, Slavenka. *Café Europa: Life After Communism*. Londres: Penguin, 1996.

Dresch, Paul, e James Piscatori (orgs.). *Monarchies and Nations: Globalization and Identity in the Arab States of the Gulf*. Londres: I. B. Tauris, 2005.

Dupont, Alan. *East Asia Imperilled: Transnational Challenges to Security*. Cambridge, Reino Unido: Cambridge University Press, 2001.

Easterly, William. *White Man's Burden: Why the West's Efforts to Aid the Rest Have Done So Much Ill and So Little Good*. Nova York: Penguin, 2006.

Ehteshami, Anoush. *Globalization and Geopolitics in the Middle East*. Londres: Routledge, 2007.

Eisenman, Joshua, Eric Heginbotham e Derek Mitchell (orgs.). *China and the Developing World: Beijing's Strategy for the Twenty-first Century*. Armonk, N.Y.: M. E. Sharpe, 2006.

Elman, Colin, e Miriam Fendius Elman. *Progress in International Relations Theory: Appraising the Field*. Cambridge, Mass.: MIT Press, 2003.

Enriques, Juan. *The United States of America: Polarization, Fracturing, and Our Future*. Nova York: Crown, 2005.

Esposito, John L. *Unholy War: Terror in the Name of Islam*. Nova York: Oxford University Press, 2002.

Estevadeordal, Antoni, Dani Rodrik, Alan M. Taylor e Andres Velasco (orgs.). *Integrating the Americas: FTAA and Beyond*. Cambridge, Mass.: Harvard University Press, 2004.

Etzioni, Amitai. *From Empire to Community: A New Approach to International Relations*. Nova York: Palgrave Macmillan, 2004.

Eurasia Economic Summit 2002 Report: Sustaining Growth in Uncertain Times. Cologny e Genebra, Suíça: World Economic Forum, 2002.

European Defense Integration: Bridging the Gap Between Strategy and Capabilities. Washington, D.C.: Center for Strategic and International Studies, 2005.

Fairbank, John King (org.). *The Chinese World Order: Traditional China's Foreign Relations*. Harvard East Asian Series. Cambridge, Mass.: Harvard University Press, 1968.

Falcoff, Mark. *A Culture of Its Own: Taking Latin America Seriously*. New Brunswick, N.J.: Transaction Publishers, 1998.

Fandy, Mahmoun. *Saudi Arabia and the Politics of Dissent*. Nova York: St. Martin's Press, 1999.

Fay, Marianne (org.). *The Urban Poor in Latin America (Directions in Development)*. Washington, D.C.: International Bank for Reconstruction and Development, World Bank, 2005.

Feldman, Noah. *After Jihad: America and the Struggle for Islamic Democracy*. Nova York: Farrar, Straus and Giroux, 2003.

———. *What We Owe Iraq: War and the Ethics of Nation Building*. Nova York: Princeton University Press, 2005.

Ferguson, Niall. *1914: Why the World Went to War*. Nova York: Penguin, 1998.

———. *The War of the World: History's Age of Hatred*. Londres: Penguin, 2006.

Fishman, Ted C. *China, Inc*. Nova York: Scribner, 2005.

Fletcher, George P. *Romantics at War: Glory and Guilt in an Age of Terrorism*. Princeton, N.J.: Princeton University Press, 2002.

Foer, Franklin. *How Soccer Explains the World: An Unlikely Theory of Globalization*. Nova York: HarperCollins, 2004.

Forging a World of Liberty Under Law: U.S. National Security in the Twenty-first Century: Final Report of the Princeton Project on National Security.

Princeton, N.J.: Woodrow Wilson School of Public and International Affairs, 2006.

Fort, Bertrand (org.). *Overcoming Vulnerability: Managing New Security Challenges in Asia and Europe*. Cingapura: Marshall Cavendish Academic, 2005.

Frankel, Francine R., e Harry Harding (orgs.). *The India-China Relationship: What the United States Needs to Know*. Nova York: Columbia University Press, 2004.

French, Howard W. *A Continent for the Taking: The Tragedy and Hope of Africa*. Nova York: Vintage, 2005.

Freud, Sigmund. *Forgetting Things*. Londres: Penguin, 1941; reimpressão 2002.

Friedman, Thomas L. *From Beirut to Jerusalem*. Nova York: Farrar, Straus and Giroux, 1989.

______. *The World Is Flat: A Brief History of the Twenty-first Century*. Nova York: Farrar, Straus and Giroux, 2005. [*O mundo é plano*. Rio de Janeiro: Objetiva, 2007].

Fromkin, David. *A Peace to End All Peace: The Fall of the Ottoman Empire and the Creation of the Modern Middle East*. Nova York: Henry Holt, 1989.

Fukuyama, Francis. *America at the Crossroads: Democracy, Power, and the Neoconservative Legacy*. New Haven, Conn.: Yale University Press, 2006 [*Dilema americano*. Rio de Janeiro: Rocco, 2006].

______. *The End of History and the Last Man*. Nova York: Avon Books, 1992. [*O fim da história e o último homem*. Rio de Janeiro: Rocco, 1992]

______. *State-Building: Governance and World Order in the Twenty-first Century*. Ithaca, N.Y: Cornell University Press, 2004 [*Construção de estados*. Rio de Janeiro: Rocco, 2005].

Gachechiladze, Revaz. *The New Georgia: Space, Society, Politics*. Eastern European Studies n. 3. Londres: University College London Press, 1995.

Galbraith, John Kenneth. *The Economics of Innocent Fraud: Truth for Our Time*. Nova York: Penguin, 2004.

Galeano, Eduardo. *Open Veins of Latin America: Five Centuries of the Pillage of a Continent*. Nova York: Monthly Review Press, 1973 [*As veias abertas da América Latina*. Rio de Janiro: Paz e Terra, 2007].

______. *We Say No: Chronicles, 1963-1991*. Nova York: W. W. Norton, 1992.

Garrett, Laurie. *HIV and National Security: Where Are the Links?* Washington, D.C.: Council on Foreign Relations, 2005.

Garton Ash, Timothy. *Free World*. Nova York: Random House, 2005.

______. *History of the Present: Essays, Sketches, and Dispatches from Europe in the 1990s*. Nova York: Random House, 1999.

Garver, John W. *Protracted Contest: Sino-Indian Rivalry in the Twentieth Century*. Seattle: University of Washington Press, 2001.

Gill, Bates. *Meeting the Challenges and Opportunities of China's Rise*. Washington, D.C.: Center for Strategic and International Studies, 2006.

Gill, Bates, e Matthew Oresman. *China's New Journey to the West: China's Emergence in Central Asia and Implications for U.S. Interests*. Washington, D.C.: Center for Strategic and International Studies, August 2003.

Gilley, Bruce. *China's Democratic Future: How It Will Happen and Where It Will Lead*. Nova York: Columbia University Press, 2004.

Gilpin, Robert. *The Challenge of Global Capitalism: The World Economy of the Twenty-first Century*. Princeton, N.J.: Princeton University Press, 2000 [*O desafio do capitalismo global*. Rio de Janeiro: Record, 2004].

———. *The Political Economy of International Relations*. Princeton, N.J.: Princeton University Press, 1987 [*Economia política das relações internacionais*. Brasília: UnB, 2002].

———. *War and Change in World Politics*. Cambridge, Reino Unido: Cambridge University Press, 1981.

Goldstein, Judith, e Robert Keohane (orgs.). *Ideas and Foreign Policy: Beliefs, Institutions, and Political Change*. Ithaca, N.Y.: Cornell University Press, 1993.

Goltz, Thomas. *Azerbaijan Diary: A Rogue Reporter's Adventures in an Oil-Rich, War-Torn, Post-Soviet Republic*. Armonk, N.Y.: M. E. Sharpe, 1998.

Gregg, Gary S. *The Middle East: A Cultural Psychology*. Nova York: Oxford University Press, 2005.

Gregorian, Vartan. *Islam: A Mosaic, Not a Monolith*. Washington, D.C.: Brookings Institution Press, 2003.

Gress, David. *From Plato to NATO: The Idea of the West and Its Opponents*. Nova York: Free Press, 1998.

Gries, Peter. *China's New Nationalism: Pride, Politics, and Diplomacy*. Berkeley: University of California Press, 2004.

Guillermoprieto, Alma. *The Heart That Bleeds: Latin America Now*. Nova York: Alfred A. Knopf, 1994.

Hadar, Leon. *Sandstorm: Policy Failure in the Middle East*. Nova York: Palgrave Macmillan, 2005.

Hamdan, Gamal. *The Personality of Egypt: A Study on the Genius of Place*. Cairo: Al-Hilal, 1993.

Hanson, Victor Davis. *A War Like No Other: How the Athenians and Spartans Fought the Peloponnesian War*. Nova York: Random House, 2005.

Hart, B. H. Liddell. *Strategy*. Nova York: Praeger Paperbacks, 1954.

Held, David, e Mathias Koenig-Archibugi (orgs.). *American Power in the Twenty-first Century*. Cambridge, Reino Unido: Polity Press, 2004.

Hertsgaard, Mark. *The Eagle's Shadow: Why America Fascinates and Infuriates the World*. Nova York: Farrar, Straus and Giroux, 2002 [*A sombra da águia*. Rio de Janeiro: Record, 2003].

Hill, Fiona. *Energy Empire: Oil, Gas, and Russia's Revival*. Londres: Foreign Policy Centre, 2004.

Hill, Fiona, e Clifford Gaddy. *The Siberian Curse: How Communist Planners Left Russia out in the Cold*. Washington, D.C.: Brookings Institution Press, 2003.

Hinsley, F. H. *Power and the Pursuit of Peace: Theory and Practice in the History of Relations Between States*. Cambridge, Reino Unido: Cambridge University Press, 1963.

Hirst, Monica. *The United States and Brazil: A Long Road of Unmet Expectations*. Nova York: Routledge, 2004.

Hockenos, Paul. *Homeland Calling: Exile Patriotism and the Balkan Wars*. Ithaca, N.Y.: Cornell University Press, 2003.

Hoffman, David. *The Oligarchs: Wealth and Power in the New Russia*. Nova York: Public Affairs, 2003.

Holbrooke, Richard. *To End a War*. Nova York: Random House, 1998.

Hopkirk, Peter. *The Great Game: The Struggle for Empire in Central Asia*. Londres: Kodansha International, 1992.

Hosking, Geoffrey. *Russia and the Russians: A History*. Cambridge, Mass.: Harvard University Press, 2002.

Howard, Michael. *The Invention of Peace*. New Haven, Conn.: Yale University Press, 2000.

Hudson, Michael C. (orgs.). *Middle East Dilemma*. Nova York: Columbia University Press, 1999.

Human Development Report 2002: Deepening Democracy in a Fragmented World. Nova York: United Nations Development Program, 2002.

Human Development Report 2005: International Cooperation at a Crossroads: Aid, Trade, and Security in an Unequal World. Nova York: United Nations Development Program, 2005.

Hunter, Shireen T., e Huma Malik (orgs.). *Modernization, Democracy, and Islam*. Westport, Conn.: Praeger, 2005.

Huntington, Samuel P. *The Clash of Civilizations and the Remaking of World Order*. Nova York: Simon and Schuster, 1996. [*O choque das civilizações*. Rio de Janeiro: Objetiva, 1997].

———. *Political Order in Changing Societies*. New Haven, Conn.: Yale University Press, 1968.

———. *Who Are We? The Challenges to America's National Identity*. Nova York: Simon and Schuster, 2004.

Ignatieff, Michael (org.). *American Exceptionalism and Human Rights*. Princeton, N.J.: Princeton University Press, 2005.

Ikenberry, G. John. *After Victory: Institutions, Strategic Restraint, and the Rebuilding of Order After Major Wars*. Princeton, N.J.: Princeton University Press, 2000.

———. *Liberal Order and Imperial Ambition: Essays on American Power and World Politics*. Londres: Polity Press, 2006.

Ikenberry, G. John (org.). *America Unrivaled: The Future of the Balance of Power*. Ithaca, N.Y.: Cornell University Press, 2002.

Ikenberry, G. John, e Anne-Marie Slaughter. *Forging a World of Liberty Under Law: U.S. National Security in the Twenty-first Century*. Relatório final Princeton Project on National Security, set. 2006.

Ikenberry, G. John, e Michael Mastanduno. *International Relations Theory and the Asia-Pacific*. Nova York: Columbia University Press, 2003.

Ikle, Fred Charles. *Every War Must End*. Ed. rev. Nova York: Columbia University Press, 2005.

International Commission on the Balkans. *The Balkans in Europe's Future*. Sófia, Bulgária: Centre for Liberal Strategies, 2005.

Islamic Calvinists: Change and Conservatism in Central Anatolia. Berlim e Istambul: European Stability Initiative, 2005.

Ispahani, Mahnaz Z. *Roads and Rivals: The Political Uses of Access in the Borderlands of Asia*. Ithaca, N.Y.: Cornell University Press, 1989.

Jackson, Robert H. *The Global Covenant: Human Conduct in a World of States*. Londres: Oxford University Press, 2005.

———. *Quasi-States: Sovereignty, International Relations, and the Third World*. Cambridge, Reino Unido: Cambridge University Press, 1993.

Jervis, Robert. *System Effects: Complexity in Political and Social Life*. Princeton, N.J.: Princeton University Press, 1997.

Joffe, Josef. *Überpower: The Imperial Temptation of America*. Nova York: W. W. Norton, 2006.

Johnston, Alastair Ian. *Cultural Realism: Strategic Culture and Grand Strategy in Chinese History*. Princeton, N.J.: Princeton University Press, 1995.

Johnston, R. J., Peter J. Taylor e Michael J. Watts (orgs.). *Geographies of Global Change: Remapping the World in the Late Twentieth Century*. Malden, Mass.: Blackwell Publishing, 2002.

Jones Luong, Pauline (org.). *The Transformation of Central Asia: States and Societies from Soviet Rule to Independence*. Ithaca, N.Y.: Cornell University Press, 2004.

Jones, Seth G. *The Rise of European Security Cooperation*. Nova York: Cambridge University Press, 2006.

Jung Chang e Jon Halliday. *Mao: The Unknown Story*. Nova York: Alfred A. Knopf, 2005.

Kagan, Robert. *Of Paradise and Power: America and Europe in the New World Order*. Nova York: Alfred A. Knopf, 2003 [*Do paraíso ao poder*. Rio de Janeiro: Rocco, 2003].

Kahler, Miles, e David A. Lake (orgs.). *Governance in a Global Economy: Political Authority in Transition*. Princeton, N.J.: Princeton University Press, 2003.

Kamen, Henry. *Empire: How Spain Became a World Power, 1492-1763*. Nova York: HarperColiins, 2003.

Kant, Immanuel. *Kant: Political Writings*. Organizador H. S. Reiss. Cambridge, Reino Unido: Cambridge University Press, 1970.

Kaplan, Robert D. *Eastward to Tartary: Travels in the Balkans, the Middle East, and the Caucasus*. Nova York: Random House, 2000.

______. *Imperial Grunts: The American Military on the Ground*. Nova York: Random House, 2005. [*Políticos e guerreiros*. São Paulo: Futura, 2002].

______. *Mediterranean Winter: The Pleasures of History and Landscape in Tunisia, Sicily, Dalmatia, and Greece*. Nova York: Random House, 2004.

______. *Warrior Politics: Why Leadership Demands a Pagan Ethos*. Nova York: Random House, 2002.

Karl, Terry Lynn. *The Paradox of Plenty: Oil Booms and Petro-States*. Berkeley: University of California Press, 1997.

Katzenstein, Peter J. (org.). *A World of Regions: Asia and Europe in the American Imperium*. Ithaca, N.Y.: Cornell University Press, 2005.

Keddie, Nikki R. *Iran and the Muslim World: Resistance and Revolution*. Nova York: New York University Press, 1995.

Keegan, John. *A History of Warfare*. Nova York: Vintage, 1993 [*Uma história da guerra*. São Paulo: Companhia das Letras, 2006].

Kemp, Geoffrey, e Robert E. Harkavy. *Strategic Geography and the Changing Middle East*. Washington, D.C.: Carnegie Endowment for International Peace, 1997.

Kennan, George F. *American Diplomacy*. 1951; reimpressão, Chicago: University of Chicago Press, 1984.

Kennedy, Hugh. *When Baghdad Ruled the Muslim World: The Rise and Fall of Islam's Greatest Dynasty*. Nova York: Da Capo Press, 2004.

Kennedy, Paul. *The Parliament of Man: The Past, Present, and Future of the United Nations*. Nova York: Random House, 2006.

______. *The Rise and Fall of the Great Powers*. Nova York: Vintage, 1989. [*Ascensão e queda das grandes potências*. Rio de Janeiro: Campus, 1994].

Keohane, Robert. *After Hegemony: Cooperation and Discord in the World Political Economy*. Princeton, N.J.: Princeton University Press, 1984.

Kepel, Gilles. *Jihad: The Trial of Political Islam*. Cambridge, Mass.: Harvard University Press, 2003.

______. *The War for Muslim Minds: Islam and the West*. Cambridge, Mass.: Harvard University Press, 2005 [*Jihad*, Rio de Janeiro: Bibliex Cooperativa, 2004].

Keynes, John Maynard. *The Economic Consequences of the Peace*. Nova York: Harcourt, Brace and Howe, 1920 [*As conseqüências econômicas da paz*. São Paulo: IMESP].

Kiesling, John Brady. *Diplomacy Lessons: Realism for an Unloved Superpower*. Dulles, Va.: Potomac Books, 2006.

Kim, Samuel (org.). *East Asia and Globalization (Asia in World Politics)*. Londres: Rowman and Littlefield, 2000.

King, Charles. *The Black Sea: A History*. Londres: Oxford University Press, 2004.

Kinzer, Stephen. *Crescent and Star: Turkey Between Two Worlds*. Nova York: Farrar, Straus and Giroux, 2001.

Kissinger, Henry A. *Does America Need a Foreign Policy? Toward a Diplomacy for the Twenty-first Century*. Nova York: Simon and Schuster, 2001.

———. *A World Restored: Metternich, Castlereagh, and the Problems of Peace, 1812-1822*. Boston: Houghton Mifflin, 1973.

Kliot, Nurit, e David Newman (orgs.). *Geopolitics and Globalization: The Changing World Political Map*. Londres: Frank Cass, 1999.

Kohut, Andrew, e Bruce Stokes. *America Against the World: How We Are Different and Why We Are Disliked*. Nova York: Times Books, 2006.

Kotkin, Joel. *The City: A Global History*. Nova York: Modern Library, 2005.

Kotkin, Joel, e Delore Zimmerman. *Rebuilding America's Productive Economy: A Heartland Development Strategy*. Washington, D.C.: New America Foundation, 2006.

Krasner, Stephen D. *Structural Conflict: The Third World Against Global Liberalism*. Berkeley: University of California Press, 1985.

Krasner, Stephen D. (org.). *Problematic Sovereignty: Contested Rules and Political Possibilities*. Nova York: Columbia University Press, 2001.

Kristof, Nicholas, e Sheryl Wudunn. *China Wakes: The Struggle for the Soul of a Rising Power*. Nova York: Vintage, 1995.

Kumar, Krishna (org.). *Post-Conflict Elections, Democratization and International Assistance*. Boulder, Colo.: Lynne Rienner, 1998.

Kupchan, Charles. *The End of the American Era: U.S. Foreign Policy and the Geopolitics of the Twenty-first Century*. Nova York: Alfred A. Knopf, 2002.

Lake, David A. *Entangling Relations: American Foreign Policy in Its Century*. Princeton, N.J.: Princeton University Press, 1999.

Lal, Deepak. *In Praise of Empires: Globalization and Order*. Nova York: Palgrave Macmillan, 2004.

Lampton, David. *Same Bed, Different Dreams: Managing U.S.-China Relations, 1989-2000*. Berkeley: University of California Press, 2001.

Lasch, Christopher. *The Revolt of the Elites and the Betrayal of Democracy*. Nova York: W. W. Norton, 1996 [*A rebelião das elites*. Rio de Janeiro: Ediouro, 1995].

Lawrence, T. E. *Seven Pillars of Wisdom: A Triumph*. Nova York: Anchor Books, 1935 [*Os sete pilares da sabedoria*. Rio de Janeiro: Record, 2000].

Lee Kuan Yew. *The Singapore Story: Memoirs of Lee Kuan Yew*. Nova York: Prentice Hall, 1999.

Legrain, Philipe. *Open World: The Truth About Globalization*. Londres: Abacus, 2002.

Legvold, Robert (org.). *Thinking Strategically: The Major Powers, Kazakhstan, and the Central Asian Nexus*. Cambridge, Mass.: American Academy of Arts and Sciences, 2003.

Leonard, Mark. *Why Europe Will Run the Twenty-first Century*. Londres: Fourth Estate, 2005.

Lepgold, Joseph, e Miroslav Ninic. *Beyond the Ivory Tower: International Relations Theory and the Issue of Policy Relevance*. Nova York: Columbia University Press, 2001.

Leverett, Flynt. *Inheriting Syria: Bashar's Trial by Fire*. Washington, D.C.: Brookings Institution Press, 2005.

LeVine, Steven. *The Oil and the Glory: The Pursuit of Empire and Fortune on the Caspian Sea*. Nova York: Random House, 2007.

Lewis, Martin W., e Karen E. Wigen. *The Myth of Continents: A Critique of Metageography*. Berkeley: University of California Press, 1997.

Lieber, Robert J. *The American Era: Power and Strategy for the Twenty-first Century*. Nova York: Cambridge University Press, 2005.

Lieven, Anatol. *America Right or Wrong: An Anatomy of American Nationalism*. Nova York: Oxford University Press, 2004.

Lieven, Anatol, e Dmitri Trenin (orgs.). *Ambivalent Neighbors: The EU, NATO, and the Price of Membership*. Washington, D.C.: Carnegie Endowment for International Peace, 2003.

Lieven, Anatol, e John Hulsman. *Ethical Realism: A Vision for America's Role in the World*. Nova York: Pantheon, 2006.

Lilley, James. *China Hands: Nine Decades of Adventure, Espionage, and Diplomacy in Asia*. Nova York: Public Affairs, 2004.

Lind, Michael. *The American Way of Strategy: U.S. Foreign Policy and the American Way of Life*. Nova York: Oxford University Press, 2006.

———. *Made in Texas: George W. Bush and the Southern Takeover of American Politics*. Nova York: Basic Books, 2003.

Linn, Johannes, e David Tiomkin. *Economic Integration of Eurasia: Opportunities and Challenges of Global Significance*. Varsóvia: Center for Social and Economic Research, 2005.

Little, Allan, e Laura Silber. *Yugoslavia: Death of a Nation*. Nova York: Penguin, 1995.

Loh Kok Wah, Francis, e Khoo Boo Teik (orgs.). *Democracy in Malaysia: Discourses and Practices*. Richmond, Reino Unido: Curzon Press, 2002.

Lynn, Barry C. *End of the Line: The Rise and Coming Fall of the Global Corporation*. Nova York: Doubleday, 2005.

Mackinder, Halford. *Democratic Ideals and Reality: A Study in the Politics of Reconstruction*. Londres: Constable Publishers, 1919.

Maddison, Angus. *The World Economy: A Millennial Perspective*. Paris: OECD Development Centre, 2001.

Mahbubani, Kishore. *Beyond the Age of Innocence: Rebuilding Trust Between America and the World*. Nova York: Public Affairs, 2005.

Maier, Charles. *Among Empires: American Ascendancy and Its Predecessors*. Cambridge, Mass.: Harvard University Press, 2006.

Makdisi, Ussama. *The Culture of Sectarianism: Community, History, and Violence in Nineteenth-Century Ottoman Lebanon*. Berkeley: University of California Press, 2000.

Malka, Haim, e Jon B. Alterman. *Arab Reform and Foreign Aid: Lessons from Morocco*. Washington, D.C.: Center for Strategic and International Studies, 2006.

Mamdani, Mahmood. *Good Muslim, Bad Muslim: America, the Cold War, and the Roots of Terror*. Nova York: Pantheon, 2004.

Mandelbaum, Michael. *The Case for Goliath: How America Acts as the World's Government in the Twenty-first Century*. Nova York: Public Affairs, 2006.

Mango, Andrew. *The Turks Today*. Londres: Overlook Press, 2005.

Mansfield, Edward D., e Jack Snyder. *Electing to Fight: Why Emerging Democracies Go to War*. Cambridge, Mass.: MIT Press, 2005.

Mansfield, Edward D., e Helen V. Milner (orgs.). *The Political Economy of Regionalism*. Nova York: Columbia University Press, 1997.

Mapes, Rosemary S. *Russian Nationalism and Russian Historiography, 1725-1854*. Washington, D.C.: Georgetown University Press, 1961.

Mapping the Global Future: Report of the National Intelligence Council's 2020 Project. Washington, D.C.: Government Printing Office, 2004.

Mattern, Johannes. *Geopolitik: Doctrine of National Self-Sufficiency and Empire*. Baltimore, Md.: Johns Hopkins Press, 1942.

Maxwell, Kenneth. *Naked Tropics: Essays on Empire and Other Rogues*. Nova York: Routledge, 2003.

McNeill, William. *The Rise of the West: A History of the Human Community*. Chicago: University of Chicago Press, 1963.

Mearsheimer, John J. *The Tragedy of Great Power Politics*. Nova York: W. W. Norton, 2001.

Menkhoff, Thomas, e Gerke Solvay (orgs.). *Chinese Entrepreneurship and Asian Business Networks*. Londres: Routledge Curzon, 2002.

Menon, Raja. *The End of Alliances*. Nova York: Oxford University Press, 2007.

Merry, Robert W. *Sands of Empire: Missionary Zeal, American Foreign Policy, and the Hazards of Global Ambition*. Nova York: Simon and Schuster, 2005.

Meyer, Karl E., e Shareen B. Brysac. *Tournament of Shadows: The Great Game and the Race for Empire in Central Asia*. Nova York: Counterpoint, 2000.

Micklethwait, John, e Adrian Woolridge. *A Future Perfect: The Challenge and Hidden Promise of Globalization*. Nova York: Crown Business, 2000.

Migdal, Joel. *Strong Societies and Weak States: State-Society Relations and State Capabilities in the Third World*. Princeton, N.J.: Princeton University Press, 1998.

Milanovic, Branko. *Worlds Apart: Measuring International and Global Inequality*. Princeton, N.J.: Princeton University Press, 2005.

Minevich, Mark, Frank-Jürgen Richter e Faisal Hoque. *Six Billion Minds: Managing Outsourcing in the Global Knowledge Economy*. Boston: Aspatore Books, 2006.

Mixin Pei. *China's Trapped Transition: The Limits of Developmental Autocracy*. Cambridge, Mass.: Harvard University Press, 2006.

Moaveni, Azadeh. *Lipstick Jihad: A Memoir of Growing Up Iranian in America and American in Iran*. Nova York: Public Affairs, 2005.

Modelski, George, e William R. Thompson. *Leading Sectors and World Powers: The Coevolution of Global Economics and Politics*. Columbia: University of South Carolina Press, 1995.

Molavi, Afshin. *The Soul of Iran: A Nation's Journey to Freedom*. Nova York: W. W. Norton, 2005.

Montaigne, Fen. *Reeling in Russia: An Angler's Paradise*. Nova York: St. Martin's Press, 1998.

Moravcsik, Andrew. *Europe Without Illusions: The Paul-Henri Spaak Lectures, 1994-1999*. Lanham, Md.: University Press of America, 2005.

More Than Humanitarianism: A Strategic U.S. Approach Toward Africa. Nova York: Council on Foreign Relations, 2006.

Morgenthau, Hans. *Politics Among Nations*. Nova York: Alfred A. Knopf, 1948.

———. *Scientific Man vs. Power Politics*. Chicago: University of Chicago Press, 1946.

Motyl, Alexander. *Imperial Ends: The Decay, Collapse, and Revival of Empires*. Nova York: Columbia University Press, 2001.

Mueller, John. *Retreat from Doomsday: The Obsolescence of Major War*. Nova York: Basic Books, 1989.

Nafisi, Azar. *Reading Lolita in Tehran: A Memoir in Books*. Nova York: Random House, 2003 [*Lendo Lolita em Teerã*. São Paulo: Girafa, 2004].

Nam, Moisés. *Illicit: How Smugglers, Traffickers, and Copycats Are Hijacking the Global Economy*. Nova York: Doubleday, 2005.

Naipaul, V. S. *Among the Believers: An Islamic Journey*. Londres: Penguin, 1982 [*Entre os fiéis*. São Paulo: Companhia das Letras, 1999].

———. *Beyond Belief: Excursions Among the Coverted Peoples*. Nova York: Vintage, 1999 [*Além da fé*. São Paulo: Companhia das Letras, 1999].

———. *Return of Eva Peron*. Nova York: Alfred A. Knopf, 1980.

Nasr, Vali. *The Shia Revival: How Conflicts Within Islam Will Shape the Future*. Nova York: W. W. Norton, 2006.

Nau, Henry. *At Home Abroad: Identity and Power in American Foreign Policy*. Ithaca, N.Y: Cornell University Press, 2002.

Nazarbayev, Nursultan. *Epicenter of Peace*. Hollis, N.H.: Puritan Press, 2001.

Nellis, John, Rachel Menezes e Sarah Lucas. *Privatization in Latin America: The Rapid Rise, Recent Fall, and Continuing Puzzle of a Contentious Economic Policy*. Washington, D.C.: Center for Global Development, 2004.

The New Energy Security Paradigm. Cologny e Genebra, Suíça: Energy Industry Community of the World Economic Forum, 2006.

Newman, Edward, Ramesh Thakur e John Tirman (orgs.). *Multilateralism Under Challenge? Power, International Order, and Structural Change*. Tóquio: United Nations University Press, 2006.

Nicolson, Harold. *Diplomacy*. Londres: Oxford University Press, 1950.

Nye, Joseph. *Soft Power: The Means to Success in World Politics*. Nova York: Public Affairs, 2004.

O'Leary, Brendan, John McGarry e Khaled Salih (orgs.). *The Future of Kurdistan in Iraq*. Filadélfia: University of Pennsylvania Press, 2005.

O'Tuathail, Gearoid. *Critical Geopolitics: The Politics of Writing Global Space*. Londres: Routledge, 1996.

Obolensky, Dimitri. *The Byzantine Commonwealth: Eastern Europe, 500-1453*. Nova York: Praeger Publishers, 1971.

Ohmae, Kenichi. *The End of the Nation State: The Rise of Regional Economies*. Nova York: Simon and Schuster, 1996.

Olcott, Martha. *Central Asia's Second Chance*. Washington, D.C.: Carnegie Endowment for International Peace, 2005.

———. *Kazakhstan: Unfulfilled Promise*. Washington, D.C.: Carnegie Endowment for International Peace, 2002.

Oliker, Olga, e David A. Shlapak. *U.S. Interests in Central Asia: Policy Priorities and Military Roles*. Santa Monica, Calif.: RAND Corporation, 2005.

Oliker, Olga, e Tanya Charlick-Paley. *Assessing Russia's Decline: Trends and Implications for the United States and the U.S. Air Force*. Santa Monica, Calif.: RAND Corporation, 2002.

Organski, A. F. K. *World Politics*. Nova York: Alfred A. Knopf, 1968.

Pape, Robert A. *Dying to Win: The Strategic Logic of Suicide Terrorism*. Nova York: Random House, 2005.

Pastor, Robert A. *A Century's Journey: How the Great Powers Shape the World*. Nova York: Basic Books, 1999.

Patten, Chris. *Cousins and Strangers: America, Britain, and Europe in a New Century*. Nova York: Times Books, 2006.

———. *East and West*. Londres: Pan Macmillan Publishers, 1998.

Paul, T. V., G. John Ikenberry e John A. Hall (orgs.). *The Nation-State in Question*. Princeton, N.J.: Princeton University Press, 2003.

Paul, T. V., James J. Wirtz e Michel Fortmann (orgs.). *Balance of Power: Theory and Practice in the Twenty-first Century*. Stanford, Calif.: Stanford University Press, 2004.

Pempel, T. J. (org.). *Remapping East Asia: The Construction of a Region*. Ithaca, N.Y.: Cornell University Press, 2005.

Perkins, John. *Confessions of an Economic Hit Man*. São Francisco: Berrett Koehler, 2003.

Phillips, David L. *Losing Iraq: Inside the Postwar Reconstruction Fiasco*. Boulder, Colo.: Westview, 2005.

Phillips, Kevin. *American Theocracy: The Peril and Politics of Radical Religion, Oil, and Borrowed Money in the Twenty-first Century*. Nova York: Viking, 2006.

Pollack, Kenneth M. *The Persian Puzzle: The Conflict Between Iran and America*. Nova York: Random House, 2004.

Pond, Elizabeth. *Endgame in the Balkans: Regime Change, European Style*. Washington, D.C.: Brookings Institution Press, 2006.

Pope, Hugh. *Sons of the Conquerors: The Rise of the Turkic World*. Londres: Overlook Press, 2005.

Prestowitz, Clyde V. *Three Billion New Capitalists: The Great Shift of Wealth and Power to the East*. Nova York: Basic Books, 2005.

Priest, Dana. *The Mission: Waging War and Keeping Peace with America's Military*. Nova York: W. W. Norton, 2003.

Pye, Lucian W. *China*. Nova York: HarperCollins, 1990.

Qiao Ling e Wang Xiangsui. *Unrestricted Warfare: China's Master Plan to Destroy America*. Pequim: PLA Literature and Arts Publishing House, 1999.

Quandt, William B. *Peace Process: American Diplomacy and the Arab-Israeli Conflict Since 1967*. 3ª ed. Washington, D.C.: Brookings Institution Press, 2005.

Ramadan, Tariq. *Western Muslims and the Future of Islam*. Nova York: Oxford University Press, 2004.

Ramo, Joshua Cooper. *The Beijing Consensus*. Londres: Foreign Policy Centre, 2004.

Rancour-Laferriere, Daniel. *The Slave Soul of Russia: Moral Masochism and the Cult of Suffering*. Nova York: New York University Press, 1995.

Rasler, Karen A., e William R. Thompson. *The Great Powers and Global Struggle, 1490-1990*. Lexington: University Press of Kentucky, 1994.

Reich, Robert B. *The Future of Success*. Nova York: Alfred A. Knopf, 2001.

Reid, Anne. *Borderland: A Journey Through the History of Ukraine*. Boulder, Colo.: Westview, 1997.

Reid, T. R. *The United States of Europe: The New Superpower and the End of American Supremacy*. Nova York: Penguin, 2004.

Reiter, Dan, e Allan C. Stan. *Democracies at War*. Princeton, N.J.: Princeton University Press, 2002.

Revel, Jean-François. *How Democracies Perish*. Nova York: HarperCollins, 1985.

Rieff, David. *Los Angeles: Capital of the Third World*. Nova York: Touchstone Books, 1992.

Rifkin, Jeremy. *The European Dream: How Europe's Vision of the Future Is Quietly Eclipsing the American Dream*. Nova York: Penguin, 2004.

Ringmar, Eric. *The Mechanics of Modernity in Europe and East Asia: The Institutional Origins of Social Change and Stagnation*. Londres: Routledge, 2004.

Rivoli, Pietra. *The Travels of a T-shirt in the Global Economy: An Economist Explores the Markets, Power, and Politics of World Trade*. Nova York: John Wiley and Sons, 2005.

Roberts, Adam. *The Wonga Coup: Guns, Thugs, and Ruthless Determination to Create Mayhem in an Oil-Rich Corner of Africa*. Nova York: Public Affairs, 2006.

Robertson, Robbie. *The Three Waves of Globalization: A History of Developing Global Consciousness*. Londres: Zed Books, 2003.

Rogers, Jim. *Adventure Capitalist: The Ultimate Road Trip*. Nova York: Random House, 2003.

Rosecrance, Richard A. *The Rise of the Trading State: Commerce and Conquest in the Modern World*. Nova York: Basic Books, 1986.

———. *The Rise of the Virtual State: Wealth and Poverty in the Coming Century*. Nova York: Basic Books, 2000.

Rosecrance, Richard A., e Arthur A. Stein (orgs.). *No More States? Globalization, National Self-Determination, and Terrorism*. Lanham, Md.: Rowman and Littlefield, 2006.

Rosen, Nir. *In the Belly of the Green Bird: The Triumph of the Martyrs in Iraq*. Nova York: Free Press, 2006.

Rosenau, James N. *Distant Proximities: Dynamics Beyond Globalization*. Princeton, N.J.: Princeton University Press, 2003.

Rosenberg, Tina. *The Haunted Land: Facing Europe's Ghosts After Communism*. Nova York: Vintage, 1996.

Rotberg, Robert I. (orgs.). *Battling Terrorism in the Horn of Africa*. Washington, D.C.: Brookings Institution Press, 2005.

Rowan, Michael. *Getting Over Chávez and Poverty*. 2006. Disponível em michael.rowan.book@gmail.com.

Roy, Olivier. *The Failure of Political Islam*. Cambridge, Mass.: Harvard University Press, 1995.

———. *Globalized Islam: The Search for a New Ummah*. Nova York: Columbia University Press, 2004.

———. *The New Central Asia: The Creation of Nations*. Nova York: New York University Press, 2000.

Rubin, Barnett R. *The Search for Peace in Afghanistan: From Buffer State to Failed State*. New Haven, Conn.: Yale University Press, 1995.

Rubin, Barnett R., e Jack Snyder (orgs.). *Post-Soviet Political Order: Conflict and State-Building*. Londres: Routledge, 1998.

Rugh, William. *America's Encounters with Arabs: The "Soft Power" of U.S. Diplomacy in the Middle East*. Westport, Conn.: Praeger Security International, 2006.

Rumer, Boris, e Lan Sim Yee (orgs.). *Central Asia and South Caucasus Affairs*. Tóquio: Sasakawa Peace Foundation, 2003.

Rusi, Alpo. *Dangerous Peace: New Rivalry in World Politics*. Boulder, Colo.: Westview, 1998.

Russett, Bruce. *Grasping the Democratic Peace: Principles for a Post-Cold War World*. Princeton, N.J.: Princeton University Press, 1992.

Sageman, Marc. *Understanding Terror Networks*. Filadélfia: University of Pennsylvania Press, 2004.

Said, Edward W. *The Question of Palestine*. Nova York: Vintage, 1992.

Said, Kurban. *Ali and Nino: A Love Story*. Nova York: Anchor, 2000.

Salamé, Ghassan (org.). *Democracy Without Democrats? The Renewal of Politics in the Muslim World*. Londres: I. B. Tauris, 1994.

Schanzer, Jonathan. *Al-Qaeda's Armies: Middle East Affiliate Groups and the Next Generation of Terror*. Washington, D.C.: Washington Institute for Near East Policy, 2005.

Schell, Jonathan. *The Unconquerable World: Power, Nonviolence, and the Will of the People*. Nova York: Metropolitan Books, 2003.

Schwarz, Adam. *A Nation in Waiting: Indonesia's Search for Stability*. Boulder, Colo.: Westview, 2000.

Schweller, Randall L. *Unanswered Threats: Political Constraints on the Balance of Power*. Princeton, N.J.: Princeton University Press, 2006.

Seagrave, Sterling. *Lords of the Rim: The Invisible Empire of Overseas Chinese*. Nova York: Putnam, 1995.

Seiple, Robert A., e Dennis R. Hoover. *Religion and Security: The New Nexus in International Relations*. Lanham, Md.: Rowman and Littlefield, 2004.

Sen, Amartya. *The Argumentative Indian: Writings on Indian History, Culture, and Identity*. Nova York: Farrar, Straus and Giroux, 2005.

———. *Development as Freedom*. Oxford, Reino Unido: Oxford University Press, 1999 [*Desenvolvimento como liberdade*. São Paulo: Companhia das Letras, 2000].

Shambaugh, David (org.). *Power Shift: China and Asia's New Dynamics*. Berkeley: University of California Press, 2005.

Shannon, Thomas R. *An Introduction to the World-System Perspective*. Boulder, Colo.: Westview, 1989.

Shaw, Martin. *Theory of the Global State: Globality as an Unfinished Revolution*. Cambridge, Reino Unido: Cambridge University Press, 2000.

Shenkar, Oded. *The Chinese Century: The Rising Chinese Economy and Its Impact on the Global Economy, the Balance of Power, and Your Job*. Filadélfia: Wharton School Publishing, 2005.

Shikaki, Khalil. *Building a State, Building Peace: How to Make a Roadmap That Works for Palestinians and Israelis*. Saban Center for Middle East Policy, Monograph nº 1. Washington, D.C.: Brookings Institution Press, 2003.

Siddiqa, Ayesha, *Military, Inc.: Inside Pakistan's Military Economy*. Londres: Pluto Press, 2007.

Simmons, Matthew R. *Twilight in the Desert: The Coming Saudi Oil Shock and the World Economy*. Hoboken, N.J.: John Wiley and Sons, 2005.

Simon, Sheldon W. (org.). *The Many Faces of Asian Security*. Lanham, Md.: Rowman and Littlefield, 2001.

Simons, Thomas W., Jr. *Islam in a Globalizing World*. Stanford, Calif.: Stanford University Press, 2003.

Singer, Peter. *One World: The Ethics of Globalization*. New Haven, Conn.: Yale University Press, 2003.

Smith, Peter H. *Democracy in Latin America: Political Change in Comparative Perspective*. Nova York: Oxford University Press, 2005.

———. *Talons of the Eagle: Dynamics of U.S.–Latin American Relations*. Nova York: Oxford University Press, 1996.

Snyder, Jack. *From Voting to Violence: Democratization and Nationalist Conflict*. Nova York: W. W. Norton, 2000.

———. *Myths of Empire: Domestic Politics and International Ambition*. Ithaca, N.Y: Cornell University Press, 1991.

Sokolsky, Richard, Angel Rabasa e C. R. Neu. *The Role of Southeast Asia in U.S. Strategy Toward China*. Santa Monica, Calif.: RAND Corporation, 2000.

Sowell, Thomas. *Migrations and Cultures: A World View*. Nova York: Basic Books, 1996.

Speak No Evil: Mass Media Control in Contemporary China. Washington, D.C.: Freedom House, 2006.

Spykman, Nicholas John. *America's Strategy in World Politics: The United States and the Balance of Power*. Nova York: Harcourt, Brace and Company, 1942.

———. *The Geography of the Peace*. Nova York: Harcourt Brace, 1944.

Steinberg, David I., e Catharin Dalpino (orgs.). *Georgetown Southeast Asia Survey, 2002-2003*. Washington, D.C.: Georgetown University Press, 2004.

Stewart, Rory. *The Places in Between*. Londres: Harcourt, 2004.

Suisheng Zhao. *A Nation-State by Construction: Dynamics of Modern Chinese Nationalism*. Stanford, Calif.: Stanford University Press, 2004.

Suisman, Doug, *et al. The Arc: A Formal Structure for a Palestinian State*. Santa Mônica, Calif.: RAND Corporation, 2005.

Sutter, Robert. *China's Rise in Asia: Promises and Perils*. Boulder, Colo.: Rowman and Littlefield, 2005.

Sweig, Julia. *Friendly Fire: Losing Friends and Making Enemies in the Anti-American Century*. Nova York: Public Affairs, 2006.

Talbott, Strobe. *The Russia Hand: A Memoir of Presidential Diplomacy*. Nova York: Random House, 2003.

Taylor, A. J. P. *The Struggle for Mastery in Europe, 1848-1918*. Oxford, Reino Unido: Clarendon Press, 1954.

Telhami, Shibley. *The Stakes: America and the Middle East*. Boulder, Colo.: Westview, 2002.

Tellis, Ashley J., e Michael Willis. *Strategic Asia, 2005-2006: Military Modernization in an Era of Uncertainty*. Seattle: National Bureau of Asian Research, 2005.

Terrill, Ross. *The New Chinese Empire: And What It Means for the United States*. Nova York: Basic Books, 2003.

Thesiger, Wilfred. *Arabian Sands*. 1959; reprod. Londres: Penguin, 1991.

Todd, Emmanuel. *After the Empire: The Breakdown of the American Order*. Nova York: Columbia University Press, 2002 [*Depois do império*; Rio de Janeiro: Record, 2003].

Tokaev, Kassymzhomart. *Meeting the Challenge: Memoirs by Khazakstan's Foreign Minister*. Redding, Conn.: Begell House, 2004.

Toynbee, Arnold. *Civilization on Trial*. Londres: Oxford University Press, 1948.

———. *East to West: A Journey Round the World.* Nova York: Oxford University Press, 1958.

———. *A Study of History*. 12 vols. Oxford, Reino Unido: Oxford University Press, 1934-196l.

Trenin, Dmitri. *The End of Eurasia: Russia on the Border Between Geopolitics and Globalization*. Washington, D.C.: Carnegie Endowment for International Peace, 2002.

Trofimov, Yaroslav. *Faith at War: A Journey on the Frontlines of Islam, from Baghdad to Timbuktu*. Nova York: Henry Holt, 2005.

Tucídides. *History of the Peloponnesian War*. Trad. Rex Warner. Londres: Penguin, 1954 [*História da guerra do Peloponeso*. Brasília, UNB, 1999].

Tulchin, Jospeh L., e Heather A. Golding (orgs.). *Environment and Security in the Amazon Basin*. Woodrow Wilson Center Reports on the Americas nº 4. Washington, D.C.: Woodrow Wilson International Center for Scholars, 2002.

Tunander, Ola, Pavel Baev e Victoria Ingrid Einagel (orgs.). *The Geopolitics of Post-Wall Europe: Security, Territory, and Identity*. Londres: Sage Publications, 1997.

Unlocking the Employment Potential in the Middle East and North Africa: Toward a New Social Contract. Washington, D.C.: International Bank for Reconstruction and Development, World Bank, 2004.

Vandewalle, Dirk. *A History of Modern Libya*. Cambridge, Reino Unido: Cambridge University Press, 2006.

Viorst, Milton. *Storm from the East: The Struggle Between the Arab World and the Christian West*. Nova York: Modern Library, 2006.

Wallerstein, Immanuel. *The Modern World-System I: Capitalist Agriculture and the Origins of the European World Economy in the Sixteenth Century*. San Diego, Calif.: Academic Press, 1974.

———. *The Modern World-System II: Mercantilism and the Consolidation of the European World Economy, 1600-1750*. San Diego, Calif.: Academic Press, 1980.

———. *The Modern World-System III: The Second Era of Great Expansion of the Capitalist World Economy, 1730-1840s*. San Diego, Calif.: Academic Press, 1989.

Walt, Stephen M. *Taming American Power: The Global Response to U.S. Primacy*. Nova York: W. W. Norton, 2005.

Waltz, Kenneth N. *Theory of International Politics*. Reading, Mass.: Addison-Wesley, 1979.

Weatherford, Jack. *Genghis Khan and the Making of the Modern World*. Nova York: Crown, 2004.

Weimann, Gabriel. *Terror on the Internet: The New Arena, the New Challenges*. Washington, D.C.: United States Institute of Peace Press, 2006.

Weinstein, Michael M. (org.). *Globalization: What's New?* Nova York: Columbia University Press, 2005.

Wendt, Alexander. *Social Theory of International Politics*. Cambridge, Reino Unido: Cambridge University Press, 1999.

West, Rebecca. *Black Lamb and Gray Falcon: A Journey Through Yugoslavia*. Nova York: Viking Press, 1941.

Wilkinson, Richard G. *The Impact of Inequality: How to Make Sick Societies Healthier*. Londres: Routledge, 2005.

Williams, William Appleman. *The Tragedy of American Diplomacy*. Nova York: W. W Norton, 1959.

Wilson, Andrew. *The Ukrainians: Unexpected Nation*. New Haven, Conn.: Yale University Press, 2000.

Wolfe, Alan. *Return to Greatness: How America Lost Its Sense of Purpose and What It Needs to Do to Recover It*. Princeton, N.J.: Princeton University Press, 2005.

Wright, Robert. *Non-Zero: The Logic of Human Destiny*. Nova York: Vintage, 2000 [*Não zero: a lógica do destino humano*. Rio de Janeiro: Campus, 2000].

Yahuda, Michael. *The International Politics of the Asia-Pacific, 1945-1995*. Londres: Routledge, 1996.

Yang, Dali L. *Remaking the Chinese Leviathan: Market Transition and the Politics of Governance in China*. Stanford, Calif.: Stanford University Press, 2004.

Yergin, Daniel. *The Prize: The Epic Quest for Oil, Money, and Power*. Nova York: Free Press, 1993.

Yergin, Daniel, e Thane Gustafson. *Russia 2010 and What It Means for the World*. Nova York: Random House, 1993.

Yongjin, Zhang. *China Goes Global*. Londres: Foreign Policy Centre, 2005.

Yuan-Tsung Chen. *The Dragon's Village: An Autobiographical Novel of Revolutionary China*. Nova York: Penguin, 1981.

Zakaria, Fareed. *The Future of Freedom: Illiberal Democracy at Home and Abroad*. Nova York: W. W. Norton, 2003.

NOTAS

INTRODUÇÃO

1. Michael Doyle define império como "um sistema de interação entre duas entidades políticas, uma das quais, a metrópole dominante, exerce controle político sobre as políticas internas e externas — a efetiva soberania — da outra na periferia subordinada". Doyle, *Empires* (Ithaca, N.Y.: Cornell University Press,1986), p. 12. Para um sucinto apanhado acadêmico das teorias de ascensão e queda imperiais, ver Alexander Motyl, *Imperial Ends: The Decay, Collapse, and Revival of Empires* (Nova York: Columbia University Press, 2001). Os impérios são simbióticos e exploradores ao mesmo tempo: amealham recursos, mas disseminam prosperidade. Impõem suas leis e sua cultura nas periferias enquanto delas extraem talentos. Estabelecem normas para os produtos em seus mercados e geram tecnologia própria para impedir o controle externo de seu abastecimento. Quando os impérios caem, outros surgem. Como escreve Robert Kaplan: "Desde a Antiguidade, o colapso dos impérios tem sido um fenômeno desordenado, sendo o mais benigno antídoto para o caos daí derivado o surgimento de novos domínios imperiais." Kaplan, *Imperial Grunts: The American Military on the Ground* (Nova York: Random House, 2005), p. 7.

2. Ver Richard N. Rosecrance, "Who Will Be Independent?" in *No More States? Globalization, National Self-Determination, and Terrorism*, org.

Richard N. Rosecrance e Arthur A. Stein (Lanham, Md.: Rowman and Littlefield, 2006).

3. Charles Maier define império como "uma estrutura de domínio territorialmente extensiva" que subordina "diferentes grupos etnolingüísticos" e é preponderantemente governada por autoridade executiva e elites associadas. Maier, *Among Empires: American Ascendancy and Its Predecessors* (Cambridge, Mass.: Harvard University Press, 2006). Ver também Martin W. Lewis e Karen E. Wigen, *The Myth of Continents: A Critique of Metageography* (Berkeley: University of California Press, 1997). Toynbee escreveu que as civilizações, à medida que ascendem e caem, "irradiam-se e penetram", cruzando-se no espaço e no tempo. A absorção da Grécia por Roma; os contatos entre as civilizações árabe, persa e indiana; o renascimento do helenismo na Itália do fim da Idade Média — todos são exemplos daquilo que Toynbee chamava de processo de "paternidade e filiação" entre civilizações moribundas e suas sucessoras ainda na infância. Para uma abordagem da política mundial espelhada nas civilizações, ver Samuel P. Huntington, *The Clash of Civilizations and the Remaking of World Order* (Nova York: Simon and Schuster, 1996).

4. Alexander Wendt sustenta a inevitabilidade de um Estado mundial, em vista da teleologia auto-organizadora do sistema global, na qual o número de unidades políticas relevantes diminui com o passar do tempo. Wendt, "Why a World State Is Inevitable", *European Journal of International Relations* 9, nº 4 (2003): 491-542.

5. Assim como a história é escrita pelos vitoriosos, Kenneth Waltz afirmou certa vez que a própria "teoria da política internacional é escrita pelas grandes potências da época". Waltz, *Theory of International Politics* (Reading, Mass.: Addison-Wesley, 1979), p. 73.

6. Como observa Robert Gilpin, "nenhum Estado jamais chegou a controlar totalmente um sistema internacional". Gilpin, *War and Change in World Politics* (Cambridge, Reino Unido: Cambridge University Press, 1981), p. 28.

7. John Maynard Keynes, *The Economic Consequences of the Peace* (Nova York: Harcourt, Brace and Howe, 1920), pp. 14-15.

8. Como escreveu Kenneth Waltz, "assim como a natureza rejeita o vácuo, a política internacional rejeita o poder sem equilíbrio". Waltz, "Structural Realism After the Cold War", *International Security* 25, nº 1 (verão de 2000): 28.

9. Uma superpotência é dominante em sua região e capaz de defender seus interesses globalmente. Como sustenta Paul Bracken, o poder é "a capacidade de forjar acontecimentos no cenário mundial". Bracken, *Fire in the East: The Rise of Asian Military Power and the Second Nuclear Age* (Nova York: HarperCollins, 1999). O poder rígido é o exercício da força militar, de formas correlatas de intimidação e coação ou a intensificação dos vínculos militares e das vendas de armas. O poder suave é o alavancamento econômico e o aumento da influência por meio do comércio e da ajuda internacional; a cooperação ampliada mediante tratados, pactos e organizações e a integra-

ção social resultante da migração e de outras formas de trocas culturais. Ver David A. Lake, "Hierarchy in International Relations: Authority, Sovereignty, and the New Structure of World Poltics", dissertação inédita, University of California at San Diego, 2005; e Joseph Nye, *Soft Power: The Means to Success in World* Politics (Nova York: Public Affairs, 2004).

10. Thomas Barnett também exorta os Estados Unidos a servirem de "Leviatã-ponte", considerando que as soluções para problemas regionais patrocinadas pelos americanos são preferíveis (e melhores) às abordagens coletivas ou locais. Barnett, *The Pentagon's New Map: War and Peace in the Twenty-first Century* (Nova York: Putnam, 2004).

11. John J. Mearsheimer, "Back to the Future: Instability in Europe After the Cold War", *International Security* 15, nº 4 (verão de 1990): 5-56.

12. Josef Joffe, "'Bismarck' or 'Britain'? Toward an American Grand Strategy After Bipolarity", *International Security* 19, nº 4 (primavera de 1995): 94-117.

13. Segundo Samuel Huntington, a criação da União Européia, e não a ascensão da China, foi o principal passo rumo a uma coalizão anti-hegemônica (leia-se, antiamericana) global. Huntington, "The Lonely Superpower", *Foreign Affairs*, mar.-abr. de 1999. Ver também Barry Buzan, *The United States and the Great Powers: World Politics in the Twenty-first Century* (Londres: Polity Press, 2004), pp. 125-26.

14. Richard N. Rosecrance, *The Rise of the Trading State: Commerce and Conquest in the Modern World* (Nova York: Basic Books, 1986), pp. 17-18.

15. Para uma análise das definições das expressões superpotência, grande potência e potência regional, ver Buzan, *United States and the Great Powers*, capítulo 5. Uma análise sucinta das hierarquias que prevalecem nas relações internacionais pode ser encontrada em "A Geopolitical Detective Story", *The Economist*, 3 jan. 1998.

16. Para uma análise das diferentes formas de equilíbrio rígido, suave e assimétrico no período posterior à Guerra Fria, ver T. V. Paul, James J. Wirtz e Michel Fortmann (orgs.). *Balance of Power: Theory and Practice in the Twenty-first Century* (Stanford, Calif.: Stanford University Press, 2004).

17. Johanes Mattern, *Geopolitik: Doctrine of National Self-Sufficiency and Empire* (Baltimore: Johns Hopkins Press, 1942).

18. Entre os trabalhos mais influentes de Mackinder estão "The Geographical Pivot of History", *Geographical Journal* 23 (1904): 421-37; *Democratic Ideals and Reality: A Study in the Politics of Reconstruction* (Londres: Constable, 1919); e "The Round World and Winning the Peace", *Foreign Affairs*, julho de 1943.

19. As teorias geopolíticas atualmente associam o olímpico horizonte original, que descortinava uma dinâmica de poder e espaço, a um cálculo de poder mais moderno e eminentemente quantitativo, que avalia tanto a polaridade (o número de centros de poder) quanto a concentração (a distribuição do poder). A teoria da estabilidade hegemônica, por exemplo, sustenta que

um único poder dominante no sistema, como Roma ou a Grã-Bretanha, controla o suprimento global de dinheiro, materiais e produção, especialmente os produtos mais lucrativos, ao mesmo tempo assegurando uma gestão firme da economia global e proporcionando bens públicos, como a proteção das rotas de transporte marítimo. Entretanto, o titular da hegemonia, abarcando o mundo com as pernas no exterior e sofrendo o declínio econômico dentro de suas fronteiras, não é capaz de dominar para sempre o sistema que sustenta, sendo conseqüentemente suplantado por um outro, mas, em geral, só depois de uma grande guerra. Ver Gilpin, *War and Change in World Politics*. Também para Gilpin o Estado e o mercado são os dois princípios organizadores da sociedade internacional; ver seu livro *Political Economy of International Relations* (Princeton: Princeton University Press, 1987). A teoria do sistema mundial também está centrada no papel do titular da hegemonia e de seus aliados no domínio da economia capitalista mundial, mas adiciona um cisma horizontal de classes econômicas aos conflitos verticais entre Estados. Esta corrente marxista considera que o Primeiro Mundo central, o Segundo Mundo semiperiférico e o Terceiro Mundo periférico não derivam de heranças de atraso, sendo provocados pela exploração decorrente de uma divisão global desequilibrada do trabalho. A conquista da modernização e da autonomia em relação às estruturas hegemônicas de controle é a única maneira de escapar da periferia e chegar ao centro. Simultaneamente, como os ciclos hegemônicos decorrem de ciclos econômicos, a erosão do domínio econômico do titular da hegemonia pode ser prevista com décadas de antecedência, assim como a possibilidade de que venha a resvalar do Primeiro Mundo central. Ver Thomas R. Shannon, *Introduction to the World-System Perspective* (Boulder, Colo.: Westview Press, 1989). Boa parte da teoria do sistema mundial se baseia nos trabalhos de Immanuel Wallerstein; ver sua obra em três partes *The Modern World-System* (Nova York: Academic, 1974-89). Uma terceira escola geopolítica, com duas variantes conhecidas como teorias dos ciclos longos e da onda longa, dá ênfase ao poderio naval e à inovação comercial nos setores-chave da economia, respectivamente, e à concentração de ambos nas mãos de uma "potência mundial" única. Nos últimos mil anos, o manto de potência dominante foi gradualmente transferido na direção oeste, da China da dinastia Song para os mongóis, a dinastia Mugal, os otomanos, as cidades-Estado italianas, Espanha, Portugal, a Holanda, a Grã-Bretanha e os Estados Unidos — cada um desses centros passando por fases de hegemonia ascendente, vitória, maturidade e declínio. Ver George Modelski e William R. Thompson, *Leading Sectors and World Powers: The Coevolution of Global Economics and Politics* (Columbia: University of South Carolina Press, 1995); Karen A. Rasler e William R. Thompson, *The Great Powers and Global Struggle, 1490-1990* (Lexington: University of Kentucky Press, 1994); e John Agnew e Stuart Corbridge, *Mastering Space: Hegemony, Territory, and International Political Economy* (Londres: Routledge, 1995). A corrente mais recente da chamada geopolítica crítica contesta a ontologia espacial tradicional das outras teorias, assinalando que o Estado não é um fato incontornável, mas apenas uma forma de organização política, sendo possível acumular recursos à margem de seus dotes naturais. Dá ênfase igualmente às forças simbólicas, além das materiais, entre elas novas formas de poder alternativo. Nunca houve apenas uma forma de poder, e os impérios sempre misturaram seus diferentes poderes em combinações diversas. Ver Gearoid O'Tuathail, *Critical Geopolitics: The Politics of Writing Global Space* (Londres: Routledge, 1996).

20. Arnold Toynbee, *Civilization on Trial* (Londres: Oxford University Press, 1948), pp. 8-9.

21. Numa definição técnica, a globalização abrange todas as interações através de fronteiras, sejam econômicas, políticas ou culturais. Peter Marber, "Globalization and Its Contents", *World Policy Journal*, inverno de 2004-05, p. 29.

22. Para uma análise da dinâmica sistêmica e da teoria da complexidade, ver Robert Jervis, *System Effects: Complexity in Political and Social Life* (Princeton, N.J.: Princeton University Press, 1997), capítulo 1.

23. Ver Michael M. Weinstein (org.), *Globalization: What's New?* (Nova York: Columbia University Press, 2005). Como editor, Weinstein não se inclina por qualquer definição particular de globalização.

24. Ver Pietra Rivoli, *The Travels of a T-shirt in the Global Economy: An Economist Explores the Markets, Power, and Politics of World Trade* (Nova York: John Wiley and Sons, 2005).

25. Ver Michael Doyle, "Kant, Liberal Legacies, and Foreign Affairs", partes 1 e 2, *Philosophy and Public Affairs* 12, nºs 3-4 (1983): 205-35, 323-53; Bruce Russett, *Grasping the Democratic Peace: Principles for a Post-Cold War World* (Princeton, N.J.: Princeton University Press, 1992); e Michael Brown, Sean Lynn-Jones e Steven Miller (orgs.), *Debating the Democratic Peace* (Cambridge, Mass.: MIT Press, 1996).

26. Richard N. Rosecrance, *The Rise of the Virtual State: Wealth and Poverty in the Coming Century* (Nova York: Basic Books, 2000).

27. David Rothkopf, "Values Conundrum: Will the U.S. and China Play by the Same Rules?" *Washington Post*, 11 jul. 2005.

28. Ver Deepak Lal, *In Praise of Empires: Globalization and Order* (Nova York: Palgrave Macmillan, 2004).

29. Ver Doyle, *Empires*, p. 71.

30. Toynbee, *Civilization on Trial*.

31. O relatório mais recente do Conselho Nacional de Inteligência dos Estados Unidos expõe a situação da maneira mais contundente: "Nossa maneira de mapear mentalmente o mundo será radicalmente diferente em 2020, tornando obsoletas as antigas categorias de Oriente e Ocidente, Norte e Sul, alinhados e não-alinhados, desenvolvidos e em desenvolvimento. Os agrupamentos geográficos tradicionais gradualmente perderão preeminência nas relações internacionais. Haverão de coexistir um mundo delimitado pelos Estados e um mundo de megacidades, ligadas por fluxos de telecomunicações,

comércio e finanças. A competição pelas lealdades será mais aberta, menos rígida que no passado." *Mapping the Global Future* (Washington, D.C.: U.S. National Intelligence Council, 2005).

32. Arnold Toynbee, *East to West: A Journey Round the World* (Nova York: Oxford University Press, 1958), p. 199. A teoria em si mesma é um fenômeno psicológico, e a antropomorfização dos Estados é parte integrante da teoria das relações internacionais. O próprio modelo do Estado protagonista utilizado na teoria dominante da escolha racional pressupõe que as nações agem como um *Homo economicus* empenhado em maximizar valores. Como escreve Robert Keohane, contudo, a racionalidade é "uma simplificação da realidade, útil do ponto de vista teórico, mais que um verdadeiro reflexo dela". Keohane, *After Hegemony: Cooperation and Discord in the World Political Economy* (Princeton, N.J.: Princeton University Press, 1984), p. 108. Na década de 1940, Hans Morgenthau escreveu: "A filosofia do racionalismo não compreendeu bem a natureza do homem, a natureza do mundo social e a natureza da própria razão. Ela não percebe que a natureza humana tem três dimensões: biológica, racional e espiritual. Ao negligenciar os impulsos biológicos e as aspirações espirituais do homem, ela distorce a função cumprida pela razão na vida humana como um todo; desvirtua o problema da ética, especialmente no terreno político; e falseia as ciências naturais, transformando-as num instrumento de salivação social para a qual não foram destinadas por sua própria natureza nem pela natureza do mundo social." Morgenthau, *Scientific Man vs. Power Politics* (Chicago: University of Chicago Press, 1946), p. 5. A racionalidade exerce atração sobre os cientistas sociais porque lhes permite presumir que as identidades são fixas, que todas as pessoas fazem um cálculo de custo/benefício semelhante e que as decisões de peso precisam ser tomadas com base nesses cálculos racionais, aumentando seu poder de previsão. Ver Jonathan Mercer, "Rationality and Psychology in International Politics", *International Organization* 59 (inverno de 2005): 77-106.

33. Alexander Wendt, *Social Theory of International Politics* (Cambridge, Reino Unido: Cambridge University Press, 1999), p. 194. Wendt sustenta também que os Estados são agentes orgânicos da cognição coletiva, sobrepondo-se aos indivíduos que o compõem. Ver "The State as a Person in International Theory", *Review of International Studies* 30 (2004): 289-316. Em outro contexto, ele explica que os Estados "agem de maneira diferente com inimigos e amigos porque os inimigos ameaçam e os amigos, não. A anarquia e a distribuição do poder não bastam para nos dizer qual é qual". Ver "Anarchy Is What States Make of It: The Social Construction of Power Politics", *International Organization* 46, nº 2 (1992): 396-97.

34. Ver Abraham H. Maslow, "A Theory of Human Motivation", *Psychological Review* 50 (1943): 370-96.

35. Muitos estudiosos, entre eles Amartya Sen e os autores do Relatório de Desenvolvimento Humano, *Deepening Democracy in a Fragmented World,* de 2002, consideram que a própria democracia é um componente da

saúde política e socioeconômica sustentável. Amartya Sen, *Development as Freedom* (Oxford, Reino Unido: Oxford University Press, 1999).

36. Robert Chase, Emily Hill e Paul Kennedy identificaram nove Estados importantes que poderiam escorar coletivamente uma robusta presença global americana. Eles dão ênfase a Estados que são alvo de disputas diplomáticas entre as três superpotências — vale dizer, não tanto Estados pró ou antiamericanos, mas Estados potencialmente pró-europeus ou pró-chineses. Naturalmente, as dinâmicas intra-regionais afetam bastante a maneira como toda uma região se relaciona com as três superpotências. Chase, Hill e Kennedy (orgs.), *Pivotal States and U.S. Policy: A New Strategy for U.S. Policy in the Developing World* (Nova York: W. W. Norton, 1999).

37. O demógrafo francês Alfred Sauvy cunhou a expressão "o Terceiro Mundo" em 1952, dizendo que "esse Terceiro Mundo ignorado, explorado, desprezado, como o Terceiro Estado, também quer ser alguma coisa". Como o campesinato francês antes da Revolução, a subclasse global das sociedades pobres tem resistido a todas as modernizações, da Revolução Industrial à Revolução da Informação. A expressão não denota progresso, mas desapossamento. O primeiro governante da Índia, Jawaharlal Nehru, valeu-se do termo para distinguir e dar voz aos países já marginalizados que optaram por não se alinhar com o Ocidente nem com a União Soviética durante a Guerra Fria. Na década de 1970, o Terceiro Mundo exigiu uma Nova Ordem Econômica Internacional, que deveria promover a redistribuição equânime, inclusive com a transferência das indústrias do norte para o sul, a sustentação dos preços das exportações dos países em desenvolvimento, tarifas mais baixas e um sólido programa internacional de alimentos. Mas o Movimento dos Não-alinhados serviu apenas para confirmar a irrelevância geopolítica do Terceiro Mundo. (O sucessor do Movimento dos Não-alinhados hoje é o G-77, grupo de países constituído no contexto das Nações Unidas.) O geógrafo Saul Cohen referiu-se certa vez à América do Sul e à África como "quartisfério da marginalidade", por sua desvinculação da economia global. Hoje, o Terceiro Mundo abrange a América Central e o Caribe, o interior e a região andina da América do Sul, a maior parte da África e da Ásia meridional, partes do mundo árabe, os países meridionais da Ásia Central e alguns países do Sudeste Asiático — regiões, em sua maioria, à margem das grandes encruzilhadas estratégicas em que se situam os países do Segundo Mundo. Ver Mohammed Ayoob, *The Third World Security Predicament: State Making, Regional Conflict, and the International System* (Boulder, Colo.: Lynne Rienner, 1995); e Stephen D. Krasner, *Structural Conflict: The Third World Against Global Liberalism* (Berkeley: University of California Press, 1985).

38. Sobre a bifurcação da ordem econômica internacional e a mobilidade ascendente e descendente que nela decorre da globalização, ver Branko Milanovic, *Worlds Apart: Measuring International and Global Inequality* (Princeton, N.J.: Princeton University Press, 2005), cap. 7.

39. Uma medida do progresso na escala da modernidade é a "estatidade". O termo se refere à capacidade do governo de fazer valer seu poder, das fun-

ções mínimas (equipamentos públicos, direitos de propriedade, defesa) às intermediárias (lidar com questões externas, educação, regulação, seguridade social) e aos papéis mais ativos (política industrial, redistribuição da renda). Ver Francis Fukuyama, *State-Building: Governance and World Order in the Twenty-first Century* (Ithaca, N.Y.: Cornell University Press, 2004). Quatro décadas atrás, Samuel Huntington escreveu, em *Political Order in Changing Societies*, que "a diferença política mais importante entre os países não está em sua forma de governo, mas em seu grau de governo. As diferenças entre democracia e ditadura são menos relevantes que as diferenças entre os países cujas políticas traduzem consenso, senso comunitário, legitimidade, organização, eficácia, estabilidade, e os países cujas políticas se mostram carentes dessas qualidades".

40. Adam Przeworski e Fernando Limongi, "Modernization: Facts and Theories", *World Politics* 49, nº 2 (1997). Nas palavras de Seymour Martin Lipset, "quanto mais próspera uma nação, maiores são suas chances de sustentar a democracia".

41. Como adverte o Conselho Nacional de Inteligência: "Mesmo com o enriquecimento da maior parte do mundo, a globalização abalará profundamente o *status quo*, provocando enormes convulsões econômicas, culturais e, em conseqüência, políticas." *Global Trends 2015* (Washington, D.C.: U.S. National Intelligence Council, 2000).

42. Spykman, *The Geography of the Peace* (Nova York: Harcourt Brace, 1944), p. 41.

43. As regiões podem ser definidas como zonas geográficas nas quais os países gozam de suficiente interdependência para se diferenciar de outras regiões, e cada região, ao mesmo tempo, faz parte da dinâmica coletiva do sistema mundial e se relaciona com ela. Ver Buzan, *United States and the Great Powers*, cap. 15.

1. BRUXELAS: A NOVA ROMA

1. Ver Barry Buzan e Ole Waever, *Regions and Powers: The Structure of International Security* (Nova York: Cambridge University Press, 2003), cap. 11; John J. Mearsheimer, "Back to the Future: Instability in Europe After the Cold War", *International Security* 15, nº 4 (verão de 1990): 5-56; e John O'Loughlin, "Ordering the 'Crush Zone': Geopolitical Games in Post-Cold War Eastern Europe", in *Geopolitics and Globalization: The Changing World Political Map*, org. Nurit Kliot e David Newman (Londres: Frank Cass, 1999).

2. Ralf Dahrendorf, *Reflections on the Revolution in Europe* (Nova York: Crown, 1990).

3. Como explica Malcolm Anderson, as fronteiras externas da Europa vêm se expandindo com a mesma velocidade com que ruíram suas barreiras internas. Anderson, *Frontiers: Territory and State Formation in the Modern World* (Londres: Polity Press, 1996), pp. 178-91.

4. Graham Bowley, "EU Turns Its Attention and Resources to East", *International Herald Tribune*, 18 jul. 2005.

5. Uma conseqüência imprevista da rápida industrialização da Europa Oriental é o fato de ter reduzido a redução das emissões de gases poluentes na UE como um todo.

6. Ann Mettler, "A Two-Speed Europe, at Last", *Wall Street Journal Europe*, 9 jun. 2005.

7. Escreve Cooper: "A UE pós-moderna apresenta o panorama de um império cooperativo, de uma liberdade comum e de uma segurança comum, sem a dominação étnica e o absolutismo centralizado a que estiveram sujeitos os impérios no passado." Ver Cooper, "The New Liberal Imperialism", *Guardian* (Manchester), 7 abr. 2002. Um século atrás, H. D. Sedgwick escreveu, de modo equivalente, que o exemplo de Roma prova que "a federação, e não o império, é o verdadeiro passo político em direção a um sistema cosmopolita (...) com suas leis éticas, em vez de nosso sistema nacional, com suas leis individualistas".

8. Como explica Franklin Foer, essa transformação pode ser observada em clubes de futebol, como o Barcelona, que se consideram superiores, mas sem aquele ressaibo político de dominação. Foer, *How Soccer Explains the World: An Unlikely Theory of Globalization* (Nova York: HarperCollins, 2004).

9. A UE se assemelha a uma *foederatio* romana, a uma federação, mas com uma mistura neomedieval de autoridades supranacionais, nacionais e regionais. Funciona como uma república mista, com separação vertical e horizontal de poderes. Ver Andrew Moravcsik, "Despotism in Brussels? Misreading the European Union", *Foreign Affairs*, mai.-jun. 2001, e *Europe Without Illusions: The Paul-Henri Spaak Lectures, 1994-1999* (Lanham, Md.: University Press of America, 2005); e Ole Wrever, "Imperial Metaphors: Emerging European Analogies to Pre-Nation State Imperial Systems", in *The Geopolitics of Post-Wall Europe: Security, Territory, and Identity*, org. Ola Tunander, Pavel Baev e Victoria Ingrid Einagel (Oslo: International Peace Research Institute, 1997).

10. Richard N. Rosecrance, "Mergers and Acquisitions", *The National Interest*, verão de 2005. Ver também Robert J. Lieber, *The American Era: Power and Strategy for the Twenty-first Century* (Nova York: Cambridge University Press, 2005); e Chris Patten, *Cousins and Strangers: America, Britain, and Europe in a New Century* (Nova York: Times Books, 2006).

11. Timothy Garton Ash considera que existe uma superposição de aproximadamente 85% entre os valores e crenças de americanos e europeus, e que até mesmo os europeus antiamericanos "avaliam a América em função de sua elevada concepção ideal da Europa". Garton Ash, *Free World* (Nova York: Random House, 2005), p. 216.

12. R. Nicholas Burns, "A Renewed Partnership for Global Engagement", Remarks at the European Institute Annual Gala Dinner, Washington, D.C., 15 dez. 2005. No nível diplomático, Garton Ash comenta que amizade é o nome que

se costuma dar a "relações entre estadistas e, por um prolongamento simbólico de duas vias, às relações entre os Estados que representam". Garton Ash, *Free World*, p. 7. E, como observa Christopher Coker, até mesmo o suposto abismo filosófico entre as visões de mundo hobbesiana da América e kantiana da Europa serve apenas para demonstrar que ambas, em última análise, são ocidentais, ocorrendo discrepâncias quanto aos meios, e não aos fins, da força coercitiva. Ver Coker, *Empires in Conflict: The Growing Rift Between Europe and the United States*, Whitehall Paper nº 58 (Londres: Royal United Services Institute, 2003).

13. Robert Kagan, "Power and Weakness", *Policy Review*, jun. 2002.

14. T. R. Reid, *The United States of Europe: The New Superpower and the End of American Supremacy* (Nova York: Penguin, 2004).

15. Ver Josef Joffe, *Überpower: The Imperial Temptation of America* (Nova York: W. W. Norton, 2006), cap. 3; e Jeremy Rifkin, *The European Dream: How Europe's Vision of the Future Is Quietly Eclipsing the American Dream* (Nova York: Penguin, 2004).

16. Toynbee, *Civilization on Trial*, p. 41.

17. Ver *European Defense Integration: Bridging the Gap Between Strategy and Capabilities* (Washington, D.C.: Center for Strategic and International Studies, 2005); e Seth G. Jones, *The Rise of European Security Cooperation* (Nova York: Cambridge University Press, 2006).

2. A INVOLUÇÃO RUSSA

1. Ver Rosemary S. Mapes, *Russian Nationalism and Russian Historiography, 1725-1854* (Washington, D.C.: Georgetown University Press, 1961); e Daniel Rancour-Laferriere, *The Slave Soul of Russia: Moral Masochism and the Cult of Suffering* (Nova York: New York University Press, 1995).

2. Ver Dmitri Trenin, "Russia Leaves the West", *Foreign Affairs*, jul.-ago. 2006, e *The End of Eurasia: Russia on the Border Between Geopolitics and Globalization* (Washington, D.C.: Carnegie Endowment for International Peace, 2002). Como observa Alexander Muzykantsky, "a confusão ideológica da elite tem sido a marca registrada do *continuum* mental da Rússia desde o colapso da União Soviética". Muzykantsky, "A Yardstick for Russia", *Russia in Global Affairs* 3, nº 3 (jul.-set. 2005).

3. Andrew E. Kramer e Steven Lee Myers, "Workers' Paradise Is Rebranded as Kremlin, Inc.", *The New York Times*, 24 abr. 2006.

4. Ver Anders Aslund, "The Hunt for Russia's Riches", *Foreign Policy*, jan.-fev. 2006; e David Hoffman, *The Oligarchs: Wealth and Power in the New Russia* (Nova York: Public Affairs, 2003).

5. Steven Lee Myers, "In Russia, the New Year's Holiday Becomes a Long Winter's Nap", *International Herald Tribune*, 8 jan. 2007.

6. Ver Andrei Illarionov, "A Long-Term Project for Russia", e Vladimir Mau, "Lessons from the Spanish Empire", ambos in *Russia in Global Affairs* 3, nº 3 (jul.-set. 2005).

7. Keith C. Smith, "Gaz Promises", *Georgetown Journal of International Affairs*, inverno-primavera de 2007, pp. 51-58.

8. Ver Rajan Menon e Alexander J. Motyl, "The Myth of Russian Resurgence", *The American Interest*, primavera de 2007.

3. UCRÂNIA: DE FRONTEIRA A PONTE

1. Em 1991, escreve Anna Reid, "os ucranianos conquistaram a independência por *default*. Muitos sonhavam com a independência, mas ninguém a esperava; ninguém estava preparado para ela". Reid, *Borderland: A Journey Through the History of Ukraine* (Boulder, Colo.: Westview, 1997), p. 217.

2. A um rosário de condições iniciais desfavoráveis na Ucrânia — uma indústria pesada sem competitividade, um campesinato desmoralizado, a dependência energética, o abismo regional entre leste e oeste, a incompetência das elites — somaram-se um governo dividido e ineficaz, reformas malconcebidas, uma corrupção generalizada e a apatia popular, constituindo "um sistema tendente, em sua coerência lógica, à estagnação e à resistência à mudança". Alexander Motyl, "Ukraine, Europe, and Russia: Exclusion or Dependence?", in *Ambivalent Neighbors: The EU, NATO, and the Price of Membership*, org. Anatol Lieven e Dmitri Trenin (Washington, D.C.: Carnegie Endowment for International Peace, 2003), p. 19.

3. Um estudioso se refere ao sistema de Kuchma como um "autoritarismo competitivo" no qual instituições informais de apadrinhamento permitem que rivais acumulem capital e lealdades, vindo conseqüentemente a desafiar a autoridade. Ver Lucan Way, "Kuchma's Failed Authoritarianism", *Journal of Democracy* 16, nº 2 (abr. 2005).

4. Rudolf Kjellen, *Die politische Probleme des Weltkrieges* (Leipzig, 1916).

5. Como esclarece Andrew Wilson, os russos ainda são educados na crença de que a antiga Rus continua sendo uma única nação. Wilson, *The Ukrainians: Unexpected Nation* (New Haven, Conn.: Yale University Press, 2000).

6. Michael Meyer, "Ukraine: Stranded Between Two Worlds?", *World Policy Journal*, primavera de 2005.

7. Vasily Aksyonov, *The Island of Crimea* (Nova York: Vintage, 1984), p. 40.

8. Os Estados Unidos aprenderam uma lição semelhante. Verificou-se que os melhores instrutores em matéria de democracia no Instituto Democrático Nacional eram os militantes de países que acabavam de passar por processos de transição, mesmo os que fracassaram ou foram interrompidos. Já em 1992, o IDN enviava filipinos para Zâmbia e búlgaros para o Iêmen e para a Indonésia. Hoje, a equipe do IDN tem um perfil nitidamente multinacional.

9. Pamela Hyde Smith, *Moldova Matters: Why Progress Is Still Possible on Ukraine's Southwestern Flank*, Atlantic Council Occasional Paper, mar. 2005.

10. Mencionado por Timothy Garton Ash e reproduzido in Slavenka Drakuli, *Café Europa: Life After Communism* (Londres: Penguin, 1996).

4. OS BÁLCÃS: QUESTÕES ORIENTAIS

1. Citado in Nicholas Wood, "Can an Iron Fist Put Power in Bosnia's Hands?", *The New York Times*, 5 nov. 2005.

2. Jack Snyder, *From Voting to Violence: Democratization and Nationalist Conflict* (Nova York: W. W. Norton, 2000); e Barnett R. Rubin e Jack Snyder (orgs.), *Post-Soviet Political Order: Conflict and State-Building* (Londres: Routledge, 1998).

3. "The Inflexibility Trap: Frustrated Societies, Weak States, and Democracy", UNDP Issues Paper, United Nations Development Program, Bratislava, 2002.

4. Apesar da semelhança de estrutura econômica e demográfica entre a Romênia e a Polônia, a primeira não faz fronteira com a Alemanha, tendo por isso merecido um baixo grau de comprometimento da UE no início da década de 1990. Os jovens romenos, como os norte-africanos, não se sentiam muito motivados a permanecer em seu país. Enquanto o comércio da Polônia dava uma guinada de 180 graus, chegando a 70% com a Europa e a apenas 3% com a Rússia, os homens fortes da Romênia governavam mediante medidas de emergência e um populismo de estilo latino-americano, fazendo o país recuar para a agricultura de subsistência e reforçando sua condição de maior sociedade camponesa da Europa. Ao mesmo tempo, os nômades ciganos sem direitos reconhecidos, que havia gerações viviam em acampamentos fétidos, encontram agora seu lugar na sociedade, em virtude dos programas sociais e das leis antidiscriminatórias da UE. Ver Tom Gallagher, "Ceausescu's Legacy: Threats to Romania's Internal Security", *The National Interest*, verão de 1999; Georges de Menil, "History, Policy, and Performance in Two Transition Economies: Poland and Romania", mar. 2002; *Nations in Transit: Romania Country Report 2005*, Freedom House 2005; Alina M. Pippidi, "The Unbearable Lightness of Democracy", dissertação inédita; e Charles King, "The Europe Question in Romania and Moldova", in *Ambivalent Neighbors*, orgs. Lieven e Trenin, p. 247.

5. Um milênio atrás, a Bulgária competia com a Sérvia pelo domínio regional, até que ambas sucumbiram à dominação otomana. Depois de mudar de lado na Segunda Guerra Mundial, a Bulgária acabou se tornando tão leal à União Soviética que iria propor integrar-se a ela em 1973. Sua primeira década de independência foi comprometida por certa estagnação, com sucessivos resultados eleitorais tipicamente de protesto, provocando a volta do rei exilado como primeiro-ministro. Incapaz de manter os níveis de industrialização da Guerra Fria sem os subsídios soviéticos, a Bulgária passou, como disse um observador, por uma fase de "desdesenvolvimento", na qual "o Leste se transformou em Sul". Só com o processo de preparação para a integração à UE a situação come-

çou a mudar. Os salários foram aumentados e a vinculação da moeda ao euro permitiu a estabilização dos preços. Ver Rossen Vassilev, "De-Development Problems in Bulgária", *East European Quarterly*, 22 set. 2003.

6. Segundo dois especialistas nas guerras balcânicas, o Grupo de Contato criado para resolver o terrível conflito "lembrava a política de grandes potências do século XIX. Os cinco países se reuniam para determinar o futuro da antiga Iugoslávia. (...) As negociações sobre a Bósnia não passavam de exercícios de regulação das relações entre os membros do Grupo de Contato e de seu posicionamento na nova ordem política [e não] tratavam da região ou de seus habitantes". Allan Little e Laura Silber, *Yugoslavia: Death of a Nation* (Nova York: Penguin, 1995), p. 336.

7. Timothy Garton Ash, "The Sultanate of Europe", *Los Angeles Times*, 14 abr. 2005.

8. Ver Ivo Andri, *The Days of the Consuls* (Belgrado: Dereta, 2000).

9. A Europa poderia ter feito muito mais para apoiar a oposição a Milosevic, pois a pura e simples impopularidade dos governantes é um fator muito mais importante em sua derrubada do que a existência ou o crescimento de uma classe média. Ver Michael McFaul, "Transitions from Postcommunism", *Journal of Democracy* 16, nº 3 (jul. 2005), pp. 5-19.

10. "A Tale of Two Slavic States", *The Economist*, 3 jun. 2006, p. 53.

11. E. Wayne Merry, "Therapy's End: Thinking Beyond NATO", *The National Interest*, inverno de 2003-04.

12. Esse clima de mal-estar e frustração levou a Terceira Comissão Internacional sobre os Bálcãs a declarar em 2005 que a região estava "tão próxima do fracasso quanto do sucesso", acrescentando: "Se o domínio neocolonial da Europa ficar ainda mais arraigado, gerará insatisfação econômica; será politicamente embaraçoso para o projeto europeu; e, sobretudo, seria visto pelos eleitorados europeus como um imenso e desnecessário fardo financeiro e moral." International Commission on the Balkans, *The Balkans in Europe's Future* (Sófia, Bulgária: Centre for Liberal Strategies, 2005), pp. 7, 11.

13. Ver Elizabeth Pond, *Endgame in the Balkans: Regime Change, European Style* (Washington, D.C.: Brookings Institution Press, 2006).

14. *Breaking Out of the Balkan Ghetto: Why IPA Should Be Changed*, European Stability Initiative, jun. 2005.

15. Dimitri Obolensky, *The Byzantine Commonwealth: Eastern Europe, 500-1453* (Nova York: Praeger Publishers, 1971), p. 4 (mapa).

5. TURQUIA: MARCHANDO PARA O ORIENTE E PARA O OCIDENTE

1. Ver Christopher Caldwell, "The East in the West", *The New York Times Magazine*, 25 set. 2005. As projeções indicam que as populações da Turquia e da Rússia ficarão praticamente iguais nos próximos 30 anos.

2. Jacques Le Goff foi o primeiro a usar o termo neste sentido. Citado in Jacques Pilet, "Geboren im Mittelalter", *Cicero*, nov. 2005, pp. 24-26.

3. É a UE, não a Otan, que está ajudando a resolver a disputa em torno de Chipre, pressionando a Turquia a permitir que navios e aviões provenientes da ilha cheguem ao território turco.

4. Fiona Hill e Orner Taspinar, "Turkey and Russia: The Axis of Excluded?", *Survival*, primavera de 2006.

5. Soner Cagaptay, "Why Are the Turks Hesitating on Iraq?", *Policy Watch* nº 704, Washington Institute for Near East Policy, 27 jan. 2003.

6. Mark Parris, "Allergic Partners: Can U.S.-Turkish Relations Be Saved?", *Turkish Policy Quarterly* 5, nº 1 (primavera de 2005).

7. Ver o relatório *Islamic Calvinists: Change and Conservatism in Central Anatolia*, European Stability Initative, set. 2005.

8. Citado in Salman Rushdie, "How Can a Country That Victimizes Its Greatest Living Writer Also Join the EU?", *The Times* (Londres), 14 out. 2005.

9. Em 1970 e em 1980, os militares turcos tomaram o poder e rapidamente restabeleceram um governo civil, com isso aumentando a própria popularidade. Ver Ersel Aydinli, Nihat Ali Özcan e Dogan Akyaz, "The Turkish Military's March Toward Europe", *Foreign Affairs*, jan.-fev. 2006.

10. Ver Stephen Kinzer, *Crescent and Star: Turkey Between Two Worlds* (Nova York: Farrar, Straus and Giroux, 2001). Como esclarece Soli Özel, importantes dirigentes turcos, do ex-primeiro-ministro e depois presidente Turgut Ozal ao muçulmano Recep Tayyip Erdogan, têm se referido à integração à UE como "o agente da transformação da Turquia, de uma democracia irregular e sob muitos aspectos iliberal para um espécime de pleno direito da estirpe democrática liberal". Özel, "After the Tsunami", *Turkish Policy Quarterly* 3, nº 1 (primavera de 2003).

11. Andrew Mango, *The Turks Today* (Londres: Overlook Press, 2005).

12. Hugh Pope escreveu: "A maioria dos muçulmanos turcos raramente se afasta muito de um consenso nacional que já não aceita a lei islâmica da *sharia.* Na verdade, quanto mais se aproximam do consenso, mais bem-sucedidos se mostram." Pope, *Sons of the Conquerors: The Rise of the Turkic World* (Londres: Overlook Press, 2005), p. 277.

13. Ver Charles King, *The Black Sea: A History* (Londres: Oxford University Press, 2004).

14. Ronald D. Asmus e Bruce P. Jackson, "The Black Sea and the Frontiers of Freedom", *Policy Review*, jun. 2004.

6. O CORREDOR CAUCASIANO

1. Aleksander Rondeli, "Russia and Georgia: Asymmetrical Neighbors", in *Central Asia and South Caucasus Affairs*, org. Boris Rumer e Lan Sim Yee (Tóquio: Sasakawa Peace Foundation, 2003).

2. Eduard Ponarin e Irina Kouznetsova-Morenko, "Russia's Islamic Challenge", *Georgetown Journal of International Affairs*, verão-outono de 2006, pp. 21-28.

3. A Corporação Internacional de Financiamento e o Banco Europeu de Reconstrução e Desenvolvimento financiaram boa parte do oleoduto BPC, a um custo de 4 bilhões de dólares. O principal operador, a British Petroleum, controlava 30% do negócio, com contribuições importantes das empresas americanas Unocal e Chevron (que viriam a se fundir), da Statoil norueguesa, da Eni S.p.A. italiana, da estatal turca TPAO e da SOCAR, do próprio Azerbaijão.

4. Citado in Kim Murphy, "Caspian Sea Pipeline Has Its Origin in Murky Waters", *Los Angeles Times*, 27 jun. 2005.

5. Fiona Hill, "Beyond the Colored Revolutions", discurso na 6ª Conferência Anual da Central Eurasia Studies Society, Boston University, 30 set. 2005.

6. Svante E. Cornell *et al.*, *Regional Security in the South Caucasus: The Role of NATO* (Washington, D.C.: Central Asia-Caucasus Institute, Paul H. Nitze School of Advanced International Studies, 2004).

7. Na década de 1990, a diáspora armênia também teve êxito em suas pressões para que o Azerbaijão fosse sancionado pelos Estados Unidos, com base na polêmica seção 907 da Lei de Sanções contra o Irã e a Líbia.

8. As guerras russo-iranianas de 1813 e 1828 dividiram geograficamente os azerbaijanos. Hoje o Azerbaijão representa apenas um quarto da nação azerbaijana, com 25 milhões de azerbaijanos vivendo no norte do Irã (representando um terço da população iraniana). Como explica Afshin Molavi, o benevolente xá persa Safávida, no século XVI, era azerbaijano, e a cidade de Tabriz, sede de sua corte, foi o centro do movimento constitucionalista progressista iraniano no fim do século XIX e no início do século XX. Molavi, *The Soul of Iran: A Nation's Journey to Freedom* (Nova York: W. W. Norton, 2005), p. 211.

9. Ver Zbigniew Brzezinski, *The Grand Chessboard: American Primacy and Its Geostrategic Imperatives* (Nova York: Basic Books, 1997).

10. Ver Thomas Goltz, *Azerbaijan Diary: A Rogue Reporter's Adventures in an Oil-Rich, War-Torn, Post-Soviet Republic* (Armonk, N.Y.: M.E. Sharpe, 1998).

11. Ver *How Freedom Is Won: From Civic Resistance to Durable Democracy*, Freedom House, 2005.

7. A ROTA DA SEDA E O GRANDE JOGO

1. Peter Hopkirk, *The Great Game: The Struggle for Empire in Central Asia* (Londres: Kodansha International, 1992), p. 466.

2. Como escreve Jack Weatherford, o império de Gênghis Khan "se estendia da gelada tundra siberiana às planícies escaldantes da Índia, dos arrozais do Vietnã aos campos de trigo da Hungria, da Coréia aos Bálcãs. (...) [Ele] abriu estradas mercantis numa zona de livre comércio que se estendia pelos continentes. (...) Tomou as desunidas e apáticas cidades mercantes ao longo da Rota da Seda e as organizou na maior zona de livre comércio da História". Weatherford, *Genghis Khan and the Making of the Modern World* (Nova York: Crown, 2004), pp. xviii-xix.

3. Hopkirk, *Great Game*, 231; ver também Karl E. Meyer e Shareen B. Brysac, *Tournament of Shadows: The Great Game and the Race for Empire in Central Asia* (Nova York: Counterpoint, 2000).

4. Ver R. James Ferguson, "China and the Emerging Eurasian Agenda: From Special Interests to Strategic Cooperation", Centre for East-West Cultural and Economic Studies, Research Paper nº 8, dez. 2001; Matthew Oresman, "Beyond the Battle of Talas" e "China's Reemergence in Central Asia", ambos in *In the Tracks of Tamerlane: Central Asia's Path to the Twenty-first Century*, org. Daniel L. Burghart e Theresa Sabonis-Helf (Washington, D.C.: Center for Technology and Security Policy, National Defense University, 2005).

5. Como afirmou Bates Gill, "é apenas uma questão de poder *soft* e relações estratégicas e diplomáticas (...) com a China estendendo a mão e resolvendo velhas questões, além de tentar estabelecer um tipo benigno de hegemonia". Citado in Howard W. French, "China Moves Toward Another West: Central Asia", *The New York Times*, 28 mar. 2004.

6. Joseph F. Fletcher, "China and Central Asia, 1368-1884", in *The Chinese World Order: Traditional China's Foreign Relations*, org. John K. Fairbank (Cambridge, Mass.: Harvard University Press, 1968).

8. A RÚSSIA QUE FICOU PARA TRÁS

1. Fen Montaigne, *Reeling in Russia: An Angler's Paradise* (Nova York: St. Martin's Press, 1998).

2. Geoffrey Hosking, *Russia and the Russians: A History* (Cambridge, Mass.: Harvard University Press, 2002).

3. Ver Fiona Hill e Clifford Gaddy, *The Siberian Curse: How Communist Planners Left Russia out in the Cold* (Washington, D.C.: Brookings Institution Press, 2003); e Harm de Blij, *Why Geography Matters: Three Challenges Facing America: Climate Change, the Rise of China, and Global Terrorism* (Nova York: Cambridge University Press, 2005), p. 240.

4. Entre os *oblasts* russos afetados estão Krasnoyarsk, Amur, Irkutsk, Trans-Baikal e Magadan. Ver *Friends of the Earth, Plundering Russia's Far Eastern Taiga: Illegal Logging, Corruption, and Trade*, jul. 2000.

5. Para uma análise das perspectivas demográficas sino-russas no Extremo Oriente, ver Olga Oliker e Tanya Charlick-Paley, *Assessing Russia's Decline: Trends and Implications for the United States and the U.S. Air Force* (Santa Monica, Calif.: RAND Corporation, 2002), cap. 5. No início da Guerra Fria, George Kennan via na relação Rússia-China uma situação em que "uma grande potência militar que por mais de 6.400 quilômetros faz limite com a fronteira terrestre da China (...) provavelmente nunca deixará de exercer a devida influência nos conselhos desse país". Mas hoje os papéis se inverteram. Kennan, *American Diplomacy* (1951; reimpressão, Chicago: University of Chicago Press, 1984).

6. Michael Schuman, "The New El Dorado", *Time*, 7 ago. 2006.

7. Mikhail Alexseev, "The Chinese Are Coming: Public Opinion and Threat Perception in the Russian Far East", PONARS Policy Memo nº 184, jan. 2001.

8. Christopher Andrews e Vasili Mitrokhin, *The World Was Going Our Way: The KGB and the Battle for the Third World* (Nova York: Basic Books, 2005), pp. 279-80.

9. Gaye Christoffersen, "The Dilemmas of China's Energy Governance: Recentralization and Regional Cooperation", *China-Eurasia Forum Quarterly* 3, nº 3 (nov. 2005): 55-80.

10. Pauline Jones Luong (org.), *The Transformation of Central Asia: States and Societies from Soviet Rule to Independence* (Ithaca, N.Y: Cornell University Press, 2004).

11. Oliver Roy, *The New Central Asia: The Creation of Nations* (Nova York: New York University Press, 2000).

12. Gregory Gleason, "Reform Strategies in Central Asia: Early Starters, Late Starters, and Non-Starters", in *In the Tracks of Tamerlane*, org. Burghart e Sabonis-Helf.

13. Mancur Olson, "Dictatorships, Democracy, and Development", *American Political Science Review* 87, nº 3 (set. 1993).

14. Ver Anders Aslund, *Building Capitalism: The Transformation of the Former Soviet Bloc* (Nova York: Cambridge University Press, 2001); e *Sustaining Growth in Uncertain Times*, Eurasia Economic Summit 2002 Report, World Economic Forum.

9. TIBETE E XINJIANG: A NOVA CORTINA DE BAMBU

1. Mahnaz Z. Ispahani acrescenta: "As rodovias e ferrovias ainda podem definir o alcance territorial e as possibilidades físicas do Estado, sendo essencial à consecução de seu potencial político, econômico e militar." Ispahani, *Roads and Rivals: The Political Uses of Access in the Borderlands of Asia* (Ithaca, N.Y.: Cornell University Press, 1989), pp. xxii, 3.

2. Como afirma um documento recente do governo chinês, "desde a dinastia Han ocidental (206 a.C.-24 d.C.), Xinjiang sempre foi parte inseparável da unidade multiétnica da nação chinesa".

3. Ross Terrill, *The New Chinese Empire: And What It Means for the United States* (Nova York: Basic Books, 2003), p. 54.

4. Mackinder, *Democratic Ideals and Reality*. Ver também Robert Harkavy, "Strategic Geography and the Greater Middle East", *Naval War College Review*, outono de 2001.

10. CAZAQUISTÃO: "A FELICIDADE É FEITA DE OLEODUTOS"

1. Muitos estudiosos se referem hoje à região como "Ásia Interior". Ver as contribuições em Robert Legvold, (org.), *Thinking Strategically: The Major*

Powers, Kazakhstan, and the Central Asian Nexus (Cambridge, Mass.: American Academy of Arts and Sciences, 2003).

2. Kassymzhomart Tokaev, *Meeting the Challenge* (Redding, Conn.: Begell House, 2004).

3. Stephen Blank, "China, Kazakh Energy, and Russia: An Unlikely Ménage à Trois", *China-Eurasia Forum Quarterly* 3, nº 3 (nov. 2005): 101.

4. Steve LeVine, *The Oil and the Glory: The Pursuit of Empire and Fortune on the Caspian Sea* (Nova York: Random House, 2007).

5. Taleh Ziyadov, "Prospects of Caspian Gas and Its Potential Markets", *Central Asia and the Caucasus Journal* 29, nº 5 (2004).

6. Johannes Linn e David Tiomkin, *Economic Integration of Eurasia: Opportunities and Challenges of Global Significance* (Varsóvia: Center for Social and Economic Research, 2005).

7. Ver Paul Starobin, "Sultan of the Steppes", *Atlantic Monthly*, dez. 2005.

8. Para uma análise das tendências e perspectivas econômicas na região, ver Malcolm Dowling e Ganeshan Wignarajan, "Central Asia's Economy: Mapping Future Prospects to 2015", Central Asia-Caucasus Institute, Silk Road Paper, jul. 2006; Alan Rousso, "Escaping the Resource Trap: Market Reform and Political Governance in the Resource Rich Countries of Eurasia", *China-Eurasia Forum Quarterly* 4, nº 3 (outono de 2006): 3-14; e *Republic of Kazakhstan: Selected Issues*, IMF Country Report nº 04/362, nov. 2004.

9. Fiona Hill, "Whither Kazakhstan?", *In the National Interest*, 20 set. 2005.

10. Ver *Kazakhstan: Reducing Nuclear Dangers, Increasing Global Security*, Nuclear Threat Initiative, 2004; e Nursultan Nazarbayev, *Epicenter of Peace* (Hollis, N.H.: Puritan Press, 2001).

11. Ele acabaria recebendo 90% dos votos, com comparecimento de 75% dos eleitores.

11. QUIRGUISTÃO E TADJIQUISTÃO: SOBERANIA EM TUDO, CONTROLE DE NADA

1. Alexander Cooley, "Depoliticizing Manas: The Domestic Consequences of the U.S. Military Presence in Kyrgyzstan", PONARS Policy Memo nº 362, fev. 2005.

12: UZBEQUISTÃO E TURCOMENISTÃO: HOMENS DE MAUS MODOS

1. Assel Rustemova, "National Identities of Central Asia States and Their Impact on the Prospects for Regional Integration", dissertação inédita apresentada na International Studies Association, San Diego, mar. 2006.

2. As ordens sufis *naqshbandi* viriam a desempenhar um papel importante nos movimentos nacionalistas. Ver Chris Seiple e Joshua White, "Uzbekistan and the Central Asian Crucible of Religion and Security", in *Religion and Se-*

curity: The New Nexus in International Relations, org. Chris Seiple e Dennis R. Hoover (Lanham, Md.: Rowman and Littlefield, 2004).

3. Martha Olcott, *Central Asia's Second Chance* (Washington, D.C.: Carnegie Endowment for International Peace, 2005), p. 207.

4. Ver "The IMU and the Hizb-ut-Tahrir: Implications of the Afghanistan Campaign", Central Asia Briefing, International Crisis Group, 30 jan. 2002; Zeyno Baran, "Fighting the War of Ideas", *Foreign Affairs*, nov.-dez. 2005, 68, e *Hizb ut-Tahrir: Islam's Political Insurgency* (Washington, D. C.: Nixon Center, 2004).

5. Martha Brill Olcott e Bakhtiar Babajanov, "The Terrorist Notebooks", *Foreign Policy*, mar.-abr. 2003.

6. Tiffany Petros, "Islam in Central Asia: The Emergence and Growth of Radicalism in the Post-Communist Era", in *In the Tracks of Tamerlane*, org. Burghart e Sabonis-Helf.

7. Chris Seiple, "Uzbekistan and the Bush Doctrine", *Review of Faith and International Affairs* 3, nº 2 (outono de 2005).

8. Dana Priest, *The Mission: Waging War and Keeping Peace with America's Military* (Nova York: W. W. Norton, 2003), p. 108.

9. Sylvia W. Babus, "Democracy-Building in Central Asia Post-September 11", in *In the Tracks of Tamerlane*, org. Burghart e Sabonis-Helf.

10. Alexander Cooley, "Base Politics", *Foreign Affairs*, nov.-dez. 2005, pp. 79-92.

11. Olcott, *Central Asia's Second Chance*, p. 100.

12. Theresa Sabonis-Helf, "The Rise of the Post-Soviet Petro-States: Energy Exports and Domestic Governance in Turkmenistan and Kazakhstan", in *In the Tracks of Tamerlane*, org. Burghart e Sabonis-Helf.

13. Em 2005, um estudo de viabilidade do Banco de Desenvolvimento da Ásia concluiu que o oleoduto é comercialmente viável.

14. Kathleen J. Hancock, "Escaping Russia, Looking to China: Turkmenistan Pins Hopes on China's Thirst for Natural Gas", *China-Eurasia Forum Quarterly* 4, nº 3 (outono de 2006): 67-87.

13. AFEGANISTÃO E PAQUISTÃO: DOMAR A ÁSIA CENTRO-MERIDIONAL

1. Ver Olga Oliker e David A. Shlapak, *U.S. Interests in Central Asia: Policy Priorities and Military Roles* (Santa Monica, Calif.: RAND Corporation, 2005), v. No entanto, só em 2006 a América poria alguma ordem em sua esquizofrenia geográfica, com o Pentágono passando a incluir a região em seu Comando Central (CENTCOM), enquanto o Departamento de Estado a deixava em seu birô europeu.

2. Citado in Ispahani, *Roads and Rivals*, p. 117.

3. Rachel Morajee, "Narcotecture in Afghanistan", *Monocle*, nº 5, 2007.

4. Elizabeth Rubin, "In the Land of the Taliban", *The New York Times Magazine*, 22 out. 2006.

5. Ao romper a barreira da montanha, o Karakoram "alterou o equilíbrio da política geográfica no subcontinente". Ispahani, *Roads and Rivals*, pp. 151, 201. Além disso, a União Soviética já não existe como aliada diplomática da Índia para protestar contra a cooperação militar sino-paquistanesa ao longo do Karakoram.

6. Ver Husain Haqqani, "Counter-Terrorism or Bounty Hunting", *Nation* (Paquistão), 8 nov. 2006; e Mansour Ijaz, "Musharrafistan", *Wall Street Journal*, 19 set. 2006.

7. Ziad Haider, "Sino-Pakistan Relations and Xinjiang's Uighurs: Politics, Trade, and Islam Along the Karakoram Highway", *Asian Survey*, jul.-ago. 2005, pp. 522-45.

8. Ayesha Siddiqa, *Military, Inc.: Inside Pakistan's Military Economy* (Londres: Pluto Press, 2007).

CONCLUSÃO: UMA NOVA ATITUDE

1. Ver S. Frederick Starr, "A 'Greater Central Asia Partnership' for Afghanistan and Its Neighbors", Central Asia-Caucasus Institute Silk Road Studies Program, mar. 2005.

2. Mackinder, *Democratic Ideals and Reality*, p. 144.

3. Bates Gill e Matthew Oresman, *China's New Journey to the West: China's Emergence in Central Asia and Implications for U.S. Interests*, relatório do CSIS Freeman Chair in China Studies, ago. 2003.

4. Linn e Tiomkin, *Economic Integration of Eurasia*, fig. 17.

14. AS NOVAS REGRAS DO JOGO

1. Eduardo Galeano, *Open Veins of Latin America: Five Centuries of the Pillage of a Continent* (Nova York: Monthly Review Press, 1973), p. 11.

2. Peter H. Smith, *Talons of the Eagle: Dynamics of U.S.-Latin American Relations* (Nova York: Oxford University Press, 1996), p. 17.

3. A partir dos remanescentes do império espanhol, novos Estados foram consolidados com base no princípio do *uti possidetis*, o que significava que as fronteiras eram demarcadas de acordo com as que efetivamente prevalecessem no fim do conflito.

4. A proposta das "Portas Abertas" enunciada por John Hay estabelecia como meta assegurar direitos iguais de acesso comercial no exterior, especialmente na China, ao mesmo tempo preservando a integridade territorial e administrativa. Ver William Appleman Williams, *The Tragedy of American Diplomacy* (Nova York: W. W. Norton, 1959), p. 50.

5. Como observa William Appleman Williams, a ideologia de Wilson era fundamentalmente liberal, e não mercantilista, pois presumia uma convergência de interesses. Williams, *The Tragedy of American Diplomacy*, 95n.

6. Smith, *Talons of the Eagle*, p. 62.

7. *Ibid.*, p. 134.

8. *Ibid.*, p. 151.

9. Fernando Henrique Cardoso, *Charting a New Course: The Politics of Globalization and Social Transformation*, org. Mauricio A. Font (Lanham, Md.: Rowman and Littlefield, 2001), p. 122.

10. Moises Naim, "The Lost Continent", *Foreign Policy*, fev. 2004.

11. Galeano, *Open Veins of Latin America*, p. 255.

12. Ver Tomoe Funakushi e Claudio Loser, *China's Rising Economic Presence in Latin America*, Inter-American Dialogue, 2005, p. 2; e "Magic, or Realism?", *The Economist*, 29 dez. 2004.

13. Andrew e Mitrokhin, *World Was Going Our Way*, p. 27.

14. Ver Cynthia A. Watson, depoimento na Subcomissão do Hemisfério Ocidental da Comissão de Relações Exteriores da Câmara dos Representantes, 6 abr. 2005.

15. Algo entre 60% e 90% do PNB da América Latina (dependendo do país) deriva da exportação de produtos primários (*commodities*). Um relatório recente do Programa de Desenvolvimento das Nações Unidas observa: "A riqueza decorrente da exportação de petróleo e minerais pode ser prejudicial ao crescimento, à democracia e ao desenvolvimento." *Human Development Report 2005*, United Nations Development Program, p. 124.

16. Funakushi e Loser, *China's Rising Economic Presence*, pp. 3, 8.

17. Para uma análise das visões e realidades do envolvimento chinês na América Latina, ver Sam Logan e Ben Bain, "China's Entrance into Latin America: A Cause for Worry?", *IRC Americas*, 24 ago. 2005.

18. Ver Antoni Estevadeordal, Dani Rodrik, Alan M. Taylor e Andres Velasco (orgs.), *Integrating the Americas: FTAA and Beyond* (Cambridge, Mass.: Harvard University Press, 2004); Pamela K. Starr, "Pax America in Latin America: The Hegemony Behind Free Trade", in *Between Compliance and Conflict: Between East Asia, Latin America, and the "New" Pax Americana*, orgs. Jorge I. Dominguez e Byung Cook Kim (Nova York: Routlege, 2005), pp. 85-86.

19. Ao contrário da UE, a Alca não cria vínculos formais entre mercados abertos, governos democráticos e igualdade social. Apesar das metas modestas que estabelecem, as negociações da Alca prosseguem porque nenhuma das partes quer ser considerada desinteressada; e continuam esbarrando no fracasso por causa de seus termos frouxos, que serviram mais para criar um complexo cipoal de regulamentações do que um mercado efetivamente livre. Ver Jorge I. Dominguez, "Bush Administration Policy: A View Toward Latin America", *ReVista*, primavera-verão de 2005, p. 4.

20. Na América Latina, o PNB *per capita* real em 2003 era basicamente o mesmo que em 1980, e a pobreza na realidade aumentou no mesmo período. Ver Marianne Fay (org.), *The Urban Poor in Latin America (Directions in Development)* (Washington, D.C.: International Bank for Reconstruction and Development, World Bank, 2005); e De Ferranti *et al.* (orgs.), *Inequality*

in Latin America and the Caribbean: Breaking with History? (Washington, D.C.: International Bank for Reconstruction and Development, World Bank, 2005).

21. Nancy Birdsall e Augusto de la Torre, *Washington Contentious: Economic Policies for Social Equity in Latin America* (Washington, D.C.: Carnegie Endowment for International Peace and Inter-American Dialogue, 2001), p. 6.

22. Desde os tumultuados programas de estabilização do FMI na década de 1990, o comércio, os investimentos externos e os gastos sociais aumentaram, ao passo que a inflação está sob controle, e os países latino-americanos optaram decididamente por uma mistura de livre comércio e acordos — com os Estados Unidos, a Europa, a Ásia, e entre eles. Ver Dominguez e Kim (org.), *Between Compliance and Conflict*, pp. 2, 11.

15. MÉXICO: O CORDÃO UMBILICAL

1. Embora as rendas do turismo também tenham aumentado 1 bilhão de dólares por ano, os rendimentos do petróleo continuam representando 40% do orçamento do México.

2. Em 2003, a China detinha 25% do mercado americano de roupas e o México, 10%; em 2005, a China detinha 56% e o México, apenas 3%; Funakushi e Loser, *China's Rising Economic Presence*, p. 5.

3. Juan Enriques, *The United States of America: Polarization, Fracturing, and Our Future* (Nova York: Crown, 2005), cap. 6.

4. Joseph Contreras, "Losing the Battle", *Newsweek*, 11 jul. 2005; e James C. McKinley Jr., "With Beheadings and Attacks, Drug Gangs Terrorize Mexico", *The New York Times*, 27 out. 2006.

5. Tamar Jacoby, "Immigration Nation", *Foreign Affairs*, nov.-dez. 2006.

6. *Building a North American Community*, Relatório de uma Independent Task Force Sponsored by the Council on Foreign Relations, 2005.

7. Enriques, *Untied States of America*, p. 154.

8. "10 Questions for Pat Buchanan", *Time*, 28 ago. 2006, p. 6.

9. "Applauding the CAFTA 15", *The New York Times*, 29 jul. 2005.

10. Fernando Cardoso e Peter Bell, *A Break in the Clouds: Latin America and the Caribbean in 2005* (Washington, D.C.: Inter-American Dialogue, 2005), p. 8.

16. VENEZUELA: A VINGANÇA DE BOLÍVAR

1. Ricardo Hausmann, "A Case of Bad Latitude: Why Geography Causes Poverty", *Foreign Policy*, jan.-fev. 2001.

2. Alma Guillermoprieto, *The Heart That Bleeds: Latin America Now* (Nova York: Alfred A. Knopf, 1994), p. X.

3. Terry Lynn Karl, *The Paradox of Plenty: Oil Booms and Petro-States* (Berkeley: University of California Press, 1997), p. 3.

4. Karl, *Paradox of Plenty*, p. 32.

5. Michael Rowan, *Getting Over Chávez and Poverty* (2006; disponível em michael.rowan.book@gmail.com).

6. Michael Rowan, "A Strategy for Success in Venezuela", *VenEconomia*, 2 dez. 2005.

7. Charles S. Shapiro, "Venezuelan Labor Struggles to Find Autonomy", *Georgetown Journal of International Affairs*, inverno-primavera de 2007, pp. 19-26.

8. "Oil, Missions, and a Chat Show", *The Economist*, 14 mai. 2005, pp. 23-25.

9. Michael Penfold-Becerra, "Social Funds, Clientelism, and Redistribution: Chávez's 'Misiones' Programs in Comparative Perspective", documento de trabalho, Instituto de Estudios Superiores de Administración (IESA), nov. 2005.

10. Segundo Javier Corrales, Chávez "eliminou as contradições entre autocracia e competitividade política". Ver "Hugo Boss", *Foreign Policy*, jan.-fev. 2006, pp. 32-40; e Javier Corrales, "In Search of a Theory of Polarization: Lessons from Venezuela, 1999-2005", *Revista Europea de Estudios Latinamericanos y del Caribe*, out. 2005, p. 79.

11. Asdrúbal Baptista, "El Estado y el capitalismo rentístico", dissertação apresentada na Conferência José Gil Fortoul, Academia Nacional de la Historia, Caracas, 2005, p. 25.

12. Josep M. Colomer e Gabriel L. Negretto, "Can Presidentialism Work Like Parliamentarism?", *Government and Opposition* (2005); pp. 60-89.

13. Eduardo Galeano, *We Say No: Chronicles, 1963-1991* (Nova York: W. W. Norton, 1992), 195. Alvaro Vargas Llosa é menos contido, referindo-se a dirigentes populistas de esquerda como Chávez como "idiotas". Ver seu "The Return of the Idiot", *Foreign Policy*, mai.-jun. 2007.

14. Alma Guillermoprieto, 'The Gambler", *New York Review of Books*, 20 out. 2005.

15. Alma Guillermoprieto, "Don't Cry for Me, Venezuela", *New York Review of Books*, 6 out. 2005.

16. Citado em Jens Erik Gould, "Plans for South American Pipeline Has Ambitions Beyond Gas", *The New York Times*, 2 dez. 2006.

17. COLÔMBIA: OS BÁLCÃS ANDINOS?

1. Toynbee, *East to West*, pp. 1-3.

2. Ver International Crisis Group, *Colombia's Borders: The Weak Link in Uribe's Security Policy*, Latin America Report nº 9, 23 set. 2004, e *War and Drugs in Colombia*, Latin America Report nº 11, 27 jan. 2005.

3. International Crisis Group, *Colombia: Presidential Politics and Peace Prospects*, Latin America Report nº 14, 16 jun. 2005, p. 12.

4. International Crisis Group, *Coca, Drugs, and Social Protest in Bolivia and Peru*, Latin America Report nº 12, 3 mar. 2005.

5. Guillermoprieto, *Heart That Bleeds*, p. 19.

6. Toynbee, *East to West*, p. 3.

7. International Crisis Group, *Uribe's Re-election: Can the EU Help Colombia Develop a More Balanced Peace Strategy?*, Latin America Report nº 17, 8 jun. 2006.

8. Costuma-se afirmar que os Estados Unidos, por intermédio do FMI e do Banco Mundial, estimularam deliberadamente a concessão de grandes empréstimos para projetos secundários que, empreendidos por empreiteiros americanos nos Andes, poucos benefícios trariam para esses países, especialmente na década de 1980, o que resultou em pesadas dívidas nacionais. Ver Jorge Castenada, "Latin America's Left Turn", *Foreign Affairs*, mai.-jun. 2006; William Finnegan, "The Economics of Empire: Notes on the Washington Consensus", *Harper's*, mai. 2003; Adam Isacson, "12 Elections in Twelve Months", DemocracyArsenal.org, 12 jan. 2006; John Nellis, Rachel Menezes e Sarah Lucas, *Privatization in Latin America: The Rapid Rise, Recent Fall, and Continuing Puzzle of a Contentious Economic Policy* (Washington, D.C.: Center for Global Development, 2004); John Perkins, *Confessions of an Economic Hit Man* (São Francisco: Berrett Koehler, 2003); e David Rieff, "Che's Second Coming?", *The New York Times Magazine*, 20 nov. 2005.

9. "Democracy's Ten-Year Rut", *The Economist*, 29 out. 2005, pp. 60-62.

10. Heinrich Kreft, "The EU and Latin America Should Forge a Strategic Partnership", *European Perspectives*, verão de 2005.

18. BRASIL: O PÓLO SUL

1. Foi a guerra de independência americana que inspirou o Brasil a romper as amarras que o prendiam a Portugal, e os revoltosos parisienses da Revolução Francesa inspiraram táticas aos revolucionários brasileiros. Dois séculos atrás, o Brasil considerava a escravidão uma chaga social que podia ser substituída pela mão-de-obra abundante e os imigrantes europeus. Ver Kenneth Maxwell, *Naked Tropics: Essays on Empire and Other Rogues* (Nova York: Routledge, 2003), caps. 7-8.

2. Cardoso, *Charting a New Course*, introdução de Mauricio A. Fonte e cap. 21.

3. Amaury de Souza, "Cardoso and the Struggle for Reform in Brazil", *Journal of Democracy* 10, nº 3 (jul. 1999): 49-63.

4. Gianpaolo Baiocchi, *Radicals in Power: The Worker's Party and Experiments in Urban Democracy in Brazil* (Nova York: Zed Books, 2003), p. 5; e "Taming an Urban Monster", *The Economist*, 29 jan. 2005, pp. 45-46.

5. Ver Paulo Roberto de Almeida, "Two Foreign Policies from Cardoso to Lula", dissertação apresentada na Florida International University, 4 mar. 2004; e Monica Hirst, *The United States and Brazil: A Long Road of Unmet Expectations* (Nova York: Routledge, 2004).

6. Rubens Antônio Barbosa, "Why the Group of 20 Was 'Suddenly' Formed", comentários na Cordell Hull Institute Trade Policy Roundtable, Washington, D.C., 25 nov. 2003.

7. Ver Larry Rohter, "Brazil Weighs Costs and Benefits of Alliance with China", *The New York Times*, 20 nov. 2005; e Charles Tang, "Brazil-China: A Strategic and Commercial Alliance", dissertação apresentada na conferência promovida pelo Itamaraty sobre "Brazil-Asia in the Twenty-first Century: A Meeting of Horizons", Brasília, 8 jun. 2001.

8. Cardoso e Bell, *Break in the Clouds*, p. 11.

9. Para análises acuradas das questões de segurança na Amazônia sob diferentes pontos de vista, ver Joseph L. Tulchin e Heather A. Golding (orgs.), *Environment and Security in the Amazon Basin* (Washington, D.C.: Woodrow Wilson International Center for Scholars, 2002).

19. ARGENTINA E CHILE: GÊMEOS MUITO FRATERNOS

1. V. S. Naipaul, *Return of Eva Peron* (Nova York: Alfred A. Knopf, 1980), pp. 103, 153.

2. Mark Falcoff, *A Culture of Its Own: Taking Latin America Seriously* (New Brunswick, N.J.: Transaction Publishers, 1998), p. 255.

3. Segundo Paul Blustein, a derrocada financeira mostrou uma Argentina tão incapaz na gestão de valores gigantescos em dinheiro quanto um adolescente ao volante de um carro esporte. Blustein, *And the Money Kept Rolling In (And Out): Wall Street, the IMF, and the Bankrupting of Argentina* (Nova York: Public Affairs, 2005).

4. Ver Monica Herz, "Brazilian Foreign Policy Since 1990 and the Pax Americana", in *Between Compliance and Conflict*, org. Dominguez e Kim; e Laura Gomez Mera, "Explaining Mercosur's Survival: Strategic Sources of Argentine-Brazilian Convergence", *Journal of Latin American Studies* 37 (2005): 109-40.

5. June Erlick, "Chile: A Changing Country", *ReVista*, primavera de 2004.

6. Ver Peter H. Smith, *Democracy in Latin America: Political Change in Comparative Perspective* (Nova York: Oxford University Press, 2005), p. 231; e "Writing the Next Chapter in a Latin American Success Story", *The Economist*, 2 abr. 2005, pp. 32-33.

7. Larry Rohter, "Debating the Course of Chile's Rivers", *The New York Times*, 6 ago. 2006.

8. Smith, *Democracy in Latin America*, p. 327.

20. O CINTURÃO DILACERADO

1. Cohen definiu "cinturão dilacerado" como "uma região grande e estrategicamente situada que é ocupada por Estados em conflito e se vê apanhada entre os interesses conflitantes das grandes potências vizinhas". Cohen, *Geography and Politics in a Divided World* (Nova York: Random House, 1963). Ver também Geoffrey Kemp e Robert E. Harkavy, *Strategic Geography and the Changing Middle East* (Washington, D.C.: Brookings Institution Press, 1997).

2. Como diz Halim Barakat, o mundo árabe deve ser encarado como "uma sociedade única e abrangente, e não como um conjunto de Estados-nações independentes". Barakat, *The Arab World: Society, Culture and State* (Berkeley: University of California Press, 1993), p. xi.

3. Ver os Relatórios sobre Desenvolvimento Humano no mundo árabe encomendados pelo Programa de Desenvolvimento das Nações Unidas.

4. Edward N. Luttwak, "The Middle of Nowhere", *Prospect*, mai. 2007.

5. Ver Anoush Ehteshami, *Globalization and Geopolitics in the Middle East* (Londres: Routledge, 2007).

6. François Burgat, "French and U.S. Approaches to Understanding Islam", conferência pronunciada no France-Stanford Centre on Interdisciplinary Studies, set. 2004.

7. Ver de Blij, *Why Geography Matters*, p. 123. O Conselho de Inteligência Nacional americano sustenta que "o islã político terá considerável impacto global, arregimentando grupos étnicos e nacionais disparatados e talvez até crie uma autoridade que transcenda fronteiras nacionais". *Global Trends 2020*, National Intelligence Council, 2005.

8. Ver John L. Esposito, *Unholy War: Terror in the Name of Islam* (Nova York: Oxford University Press, 2002); George P. Fletcher, *Romantics at War: Glory and Guilt in an Age of Terrorism* (Princeton, N.J.: Princeton University Press, 2002); "Islamic Extremists: How Do They Mobilize Support?", United States Institute of Peace, Special Report nº 89, jul. 2002; George Perkovich, "Giving Justice Its Due", *Foreign Affairs*, jul.-ago. 2005, p. 83; Guy Raz, "The War on the Word 'Jihad'", National Public Radio, 31 out. 2006, disponível em www.npr.org; e Jonathan Schanzer. *Al-Qaeda's Armies: Middle East Affiliate Groups and the Next Generation of Terror* (Washington, D.C.: Washington Institute for Near East Policy, 2005). O manifesto de dezenas de eminentes estudiosos muçulmanos, intitulado "How We Can Co-exist", foi publicado em www.islamtoday.net.

9. Como escreveu Francis Fukuyama, "encarar a luta maior como uma guerra global comparável às guerras mundiais ou à Guerra Fria constitui uma visão exagerada do problema, dando a entender que estamos enfrentando grande parte do mundo árabe e muçulmano. Antes da guerra no Iraque, provavelmente estávamos em guerra com não mais do que alguns milhares de pessoas em todo o mundo, dispostas a se martirizar e infligir danos aos Estados Unidos de uma forma niilista. O problema aumentou em escala porque desencadeamos um *maelstrom*". Fukuyama, *America at the Crossroads: Democracy, Power, and the Neoconservative Legacy* (New Haven, Conn.: Yale University Press, 2006).

21. O MAGREB: A MARGEM SUL DA EUROPA

1. Fernand Braudel, *The Mediterranean and the World in the Age of Philip II*, trad. Sian Reynolds (Glasgow: Fontana-Collins, 1975), 1: 276.

2. Robert D. Kaplan, *Mediterranean Winter: The Pleasures of History and Landscape in Tunisia, Sicily, Dalmatia, and Greece* (Nova York: Random House, 2004).

3. Ver Tamara Cofman Wittes e Sarah Yerkes, "The Middle East Partnership Initiative: Progress, Problems, and Prospects", Saban Center Middle East Memo nº 5, 29 nov. 2004; e Mona Yacoubian, "Promoting Middle East Democracy: European Initiatives", United States Institute of Peace, Special Report nº 127, out. 2004.

4. A força de trabalho da região, pouco mais de 100 milhões de trabalhadores, deverá dobrar na próxima década em conseqüência da média baixa de idade no mundo árabe, onde 60% da população tem até 24 anos. No Marrocos, na Argélia e no Egito, os índices de crescimento populacional estão aumentando, ou pelo menos ainda não recuam dos patamares elevados em que se situam. Com uma média regional de índice de desemprego superior a 15%, as economias árabes teriam de crescer a uma taxa maior que o dobro (em torno de 7%, contra os atuais 3%) para absorver a população jovem. Ver Graham E. Fuller, *The Youth Factor: The New Demographics of the Middle East and the Implications for U.S. Policy, Analysis Paper* nº 3, Saban Center for Middle East Policy at the Brookings Institution, jun. 2003; *Unlocking the Employment Potential in the Middle East and North Africa: Toward a New Social Contract* (Washington, D.C.: World Bank, 2004).

5. Toynbee, *East to West*, p. 155.

6. Um século atrás, a América também visou ao Marrocos em sua política de Portas Abertas, tentando estimular a instauração de uma administração eficaz, a fim de transformar o país num mercado estável para os produtos americanos. Como na América Latina, a política de Portas Abertas, em última análise, fracassou na tentativa de promover mudanças sociais radicais e ter o crédito por isso — e ainda assim suspendê-la antes que se tornasse desfavorável aos Estados Unidos. Ver William Appleman Williams, *Tragedy of American Diplomacy*, p. 67. Para um apanhado sobre as relações do Ocidente com o Marrocos, ver Haim Maika e Jon B. Alterman, *Arab Reform and Foreign Aid: Lessons from Morocco* (Washington, D.C.: Center for Strategic and International Studies, 2006).

7. Gary S. Gregg, *The Middle East: A Cultural Psychology* (Nova York: Oxford University Press, 2005); e Heather Deegan, "Culture and Development", in Shireen T. Hunter e Huma Malik (orgs.), *Modernization, Democracy, and Islam* (Westport, Conn.: Praeger, 2005).

8. Ver Daniel Brumberg, "Liberalization Versus Democracy", in *Uncharted Journey: Promoting Democracy in the Middle East*, ed. Thomas Carothers e Marina Ottoway (Washington, D.C.: Carnegie Endowment for International Peace, 2005), p. 16; Mehran Kamrava, "Development and Democracy: The Muslim World in a Comparative Perspective", in Hunter e Malik (orgs.), *Modernization, Democracy, and Islam*, p. 53; e Thomas W. Simons Jr., *Islam in a Globalizing World* (Palo Alto, Calif.: Stanford University Press, 2003), p. 62.

9. Ver François Burgat, *Face to Face with Political Islam* (Londres: I. B. Tauris, 2003), pp. 170-72.

10. Ver as seguintes pesquisas de opinião: Public Opinion Survey, TNS Sofres, mar. 2005; e German Marshall Fund, Transatlantic Trends 2005.

11. Marcus Noland e Howard Pack, "Globalization and Economic Performance in the Middle East", *In the National Interest*, 30 jun. 2004.

12. Geoff D. Porter, "Tourism Meets Terrorism in Morocco", *Daily Star* (Beirute), 24 abr. 2007.

13. Dirk Vandewalle, *A History of Modern Libya* (Cambridge, Reino Unido: Cambridge University Press, 2006), I.

14. As reservas de petróleo da Líbia são estimadas em 39 bilhões de barris, a maior da África.

15. Vandewalle, *History of Modern Libya*, I.

16. Ver Joshua Eisenman e Joshua Kurlantzick, "China's Africa Strategy", *Current History*, mai. 2006, pp. 219-24; James Traub, "China's African Adventure", *The New York Times Magazine*, 19 nov. 2006; e Ernest J. Wilson, "China's Influence in Africa: Implications for U.S. Policy", depoimento na Subcomissão de África, Direitos Humanos e Operações Internacionais da Câmara dos Representantes dos EUA, 28 jul. 2005.

17. Um quarto das importações de gás natural da China procede de um bloco de países formado por Argélia, Angola, Chade, Sudão, Nigéria e Guiné Equatorial.

18. Karby Leggett, "China Flexes Economic Muscle Throughout Burgeoning Africa", *Wall Street Journal*, 29 mar. 2005.

19. Ver *More Than Humanitarianism: A Strategic U.S. Approach Toward Africa*, relatório de uma força-tarefa independente do Council on Foreign Relations, Nova York, 2006; e "No Questions Asked", *The Economist*, 21 jan. 2006, pp. 53-54.

22. EGITO: ENTRE BUROCRATAS E TEOCRATAS

1. O controle das águas do Nilo foi atribuído ao Egito num tratado de 1929 com a Grã-Bretanha, assinado antes da independência dos países do leste da África. Reunindo dez países, a Iniciativa da Bacia do Nilo teve o objetivo de promover a distribuição e a gestão mais eqüitativas das águas do Nilo.

2. Scott Anderson, "Under Egypt's Volcano", *Vanity Fair*, out. 2006.

3. Andrews e Mitrokhin, *World Was Going Our Way*, p. 148.

4. Andrew Batson e Shai Oster, "Egypt Sees China Replacing U.S. as Top Trade Partner by 2012", *Wall Street Journal*, 12 set. 2006.

5. Gamal Hamdan, *The Personality of Egypt: A Study on the Genius of Place* (Cairo: Al-Hilal, 1993).

6. Paul Berman, "The Philosopher of Islamic Terror", *The New York Times Magazine*, 23 mar. 2003.

7. Ver Graham Fuller, "Islamists and Democracy", in *Uncharted Journey*, org. Carothers e Ottoway, 41-42; e "Islam and Democracy", United States Institute of Peace, Special Report nº 93, set. 2002.

8. Ver Olivier Roy, *Globalized Islam: The Search for a New Ummah* (Nova York: Columbia University Press, 2004), pp. 80-81. Os partidos islâmicos desenvolveram quatro tipos principais de enfoque dos desafios modernos: fundamentalismo (que rejeita a democracia e a ocidentalização mas se vale de tecnologia para promover a causa de um califato islâmico autoritário), tradicionalismo (que desconfia do secularismo e se mostra favorável a normas sociais conservadoras), modernismo (que busca uma reconciliação entre os princípios islâmicos e as normas internacionais) e secularismo (que prefere que a religião seja relegada à esfera privada, como nas democracias liberais ocidentais). Fica difícil sustentar que o islã não é pluralista quando se constata com tanta clareza essa diversidade nas políticas muçulmanas hoje em dia, já que as opiniões a respeito das grandes questões políticas e sociais, como democracia, *jihad*, poligamia e uso do *hijab* na vestimenta têm diferenças acentuadas. Além disso, como cada campo conta com bases de poder e uma rede de apoio bem estabelecidas, nenhum deles pode ser ignorado. Na verdade, os modernistas preferidos pelos dirigentes ocidentais dispõem de poucos dos recursos que os tradicionalistas extraem da coleta de impostos, de subsídios e doações, negócios e fundações, mesquitas e escolas, além de emissoras de rádio e televisão. Ver Cheryl Bernard, *Civil, Democratic Islam: Partners, Resources, and Strategies* (Santa Monica, Calif.: RAND Corporation, 2003). Uma tipologia ligeiramente diferente pode ser encontrada em International Crisis Group, *Understanding Political Islam*, Middle East-North Africa Report nº 37, 2 mar. 2005.

9. Ver Ghassan Salamé, *Democracy Without Democrats? The Renewal of Politics in the Muslim World* (Londres: I. B. Tauris, 1994); Burgat, *Face to Face with Political Islam*, 180; Amr Hamzawy, "The Key to Arab Reform: Moderate Islamists", Carnegie Endowment for International Peace, Policy Brief nº 40, ago. 2005; e Judy Barsalou, "Islamists at the Ballot Box: Findings from Egypt, Jordan, Kuwait, and Turkey", United States Institute of Peace, Special Report nº 144, jul. 2005.

10. Saad Eddin Ibrahim, "Islam Can Vote, If We Let It", *The New York Times*, 21 mai. 2005.

11. Lawrence Groo e Parag Khanna, "The Regime Change We Need", *The National Interest*, inverno de 2006.

12. Steven A. Cook, "The Promise of Pacts", *Journal of Democracy* 17, nº 1 (jan. 2006).

13. "The U.S. Project for Democracy in the Greater Middle East — Yes, but with Whom?", *Al-Hayat*, 23 fev. 2004.

14. Shibley Telhami, "In the Middle East, the Third Way Is a Myth", *Washington Post*, 17 fev. 2006.

15. Como assinala Ray Takeyh, "o dilema central da ordem política árabe não é a falta de familiaridade com o processo da competição política, mas uma

elite encastelada que está decidida a permanecer no poder". Takeyh, "Close, but No Democracy", *The National Interest*, inverno de 2004-05, p. 58.

16. Ver F. Gregory Gause III, "Can Democracy Stop Terrorism?", *Foreign Affairs*, set.-out. 2005; e John M. Owen, "Democracy, Realistically", *The National Interest*, primavera de 2006, p. 40.

17. T. E. Lawrence escreveu: "A civilização árabe tem sido de natureza abstrata, mais moral e intelectual do que aplicada; e sua falta de espírito público tornou inúteis suas excelentes qualidades particulares." Lawrence cita a edição de 1905 da *Encyclopedia Britannica*, que afirma que, do ponto de vista intelectual, os árabes superam a maioria das raças, mas "são retidos na marcha do progresso somente pela falta de poder de organização e a incapacidade de ação conjunta". Lawrence, *Seven Pillars of Wisdom: A Triumph* (Nova York: Anchor Books, 1935), p. 44.

18. Ver Barakat, *The Arab World*, cap. 10.

19. Ver Fouad Ajami, "The End of Pan-Arabism", *Foreign Affairs*, inverno de 1978-79; e Michael Barnett, *Dialogues in Arab Politics: Negotiations in Regional Order* (Nova York: Columbia University Press, 1998). Até hoje, todas as forças militares árabes sofrem de insuficiência de contingentes, treinamento falho, lideranças politizadas e tecnologias ultrapassadas, tendo pouca experiência em combates conjuntos e coordenados. Ver Daniel Eyman, "The Future Security Environment and the Middle East", depoimento no Seminário de Análise das Ameaças à Defesa, da Comissão das Forças Armadas da Câmara dos Representantes, 28 set. 2005.

23. O MACHREQ: NA CONFUSÃO DOS MAPAS

1. Ver David Fromkin, *A Peace to End All Peace: The Fall of the Ottoman Empire and the Creation of the Modern Middle East* (Nova York: Henry Holt, 1989).

2. Ver Fromkin, *A Peace to End All Peace*, pp. 24, 96.

3. Ver Robert D. Kaplan, *Eastward to Tartary: Travels in the Balkans, the Middle East, and the Caucasus* (Nova York: Random House, 2000).

4. Toynbee, *East to West*, p. 214.

5. Segundo o National Insurance Institute, o índice de pobreza de Israel é de 28%: uma em cada três crianças é subnutrida.

6. Como observam os estudiosos americanos John Mearsheimer e Stephen Walt, "Israel atrapalha a guerra ao terrorismo e o empenho geral em enfrentar os Estados-pária. (...) Dizer que Israel e os EUA sofrem a mesma ameaça terrorista é inverter a relação causal: os EUA têm um problema de terrorismo em grande parte por estarem tão estreitamente ligados a Israel, e não o inverso". Mearsheimer e Walt, "The Israel Lobby", *London Review of Books*, 23 mar. 2006.

7. Os atentados terroristas são o elo final numa cadeia muito mais extensa de humilhação social, falta de capacitação política, queixas econômicas e atração radical. Os mais famosos terroristas e chefes muitas vezes são profissionais formados que utilizam sua capacitação e seu poder de mobilidade para promover uma

causa que consideram justa, sacrificando outros e, às vezes, a si mesmos. Observa Michael Mazaar: "As ameaças à segurança hoje enfrentadas pelos Estados Unidos têm tudo a ver com as pressões da modernidade e da globalização, o caráter diáfano da identidade, a dificuldade de escolher e a vulnerabilidade dos alienados. Mas não é *só* com isto que elas têm a ver, e a influência de fatores psicológicos se manifesta num contexto mais amplo de realidades socioeconômicas, culturais, demográficas e outras. Essas questões materiais, no entanto, tornam-se mais relevantes e perigosas quando alimentam uma insatisfação psicológica latente." Mazaar, "The Psychological Sources of Islamic Terrorism", *Policy Review*, jun. 2004. Ver também Robert A. Pape, *Dying to Win: The Strategic Logic of Suicide Terrorism* (Nova York: Random House, 2005); e Marc Sageman, *Understanding Terror Networks* (Filadélfia: University of Pennsylvania Press, 2004).

8. De acordo com o geógrafo e demógrafo Jan Je Jong, nas atuais divisões territoriais, a população palestina só tem uso efetivo de 55% da Cisjordânia, em conseqüência de irregularidades de acesso geradas pela colonização descontrolada. Além disso, Israel drena até 85% da água dos lençóis freáticos da Cisjordânia e pode exauri-los antes que os palestinos cheguem a assumir um controle soberano sobre o território.

9. Doug Suisman *et al.*, *The Arc: A Formal Structure for a Palestinian State*, Santa Monica, Calif.: RAND Corporation, 2005. Ver também Abdel Monem Said Aly e Shai Feldman, *Ecopolitics: Changing the Regional Context of Arab-Israeli Peacemaking* (Cambridge, Mass.: Belfer Center for Science and International Affairs, John F. Kennedy School of Government, 2003); Khalil Shikaki, *Building a State, Building Peace: How to Make a Roadmap That Works for Palestinians and Israelis* (Washington, D.C.: Brookings Institution Press, 2003).

10. Com um orçamento anual de mais de 100 milhões de dólares para a educação, a Jordânia investe mais por aluno do que praticamente qualquer outro país.

11. Muhamad Mugraby, "Some Impediments to the Rule of Law in the Middle East and Beyond", *Fordham International Law Journal* 26, nº 3 (mar. 2003): 777.

12. Thomas L. Friedman, *From Beirut to Jerusalem* (Nova York: Farrar, Straus and Giroux, 1989), p. 214.

13. P. W. Singer, "Mike Tyson and the Hornet's Nest: Military Lessons of the Lebanon Crisis", Brookings Institution, 1º ago. 2006.

14. Muhamad Mugraby, "Lebanon, a Wholly Owned Subsidiary", *Middle East Quarterly*, mar. 1998.

15. Lawrence, *Seven Pillars of Wisdom*, p. 131.

24. O ANTIGO IRAQUE: TAMPÃO, BURACO NEGRO E FRONTEIRA ROMPIDA

1. Hugh Kennedy, *When Baghdad Ruled the Muslim World: The Rise and Fall of Islam's Greatest Dynasty* (Nova York: Da Capo Press, 2004).

2. Andrews e Mitrokhin, *World Was Going Our Way*, p. 193.

3. Citando o deputado americano David Bonior. "U.S. Congressmen Criticize Iraqi Sanctions", BBC News Online, 17 fev. 2000.

4. Citado in Fromkin, *Peace to End All Peace*, p. 453.

5. Nas primeiras fases da ocupação, muitos funcionários americanos assistiam a *A Batalha de Argel* antes de servirem no Iraque, e apesar disso pareciam repetir as táticas desastradas e o comportamento ameaçador que resultaram na vergonhosa retirada francesa da Argélia. A administradora colonial britânica Gertrude Bell advertia, já em 1920, sobre a dificuldade de ao mesmo tempo ocupar-se um país e instaurar um governo dotado de uma legitimidade mínima. Como os britânicos, os Estados Unidos tentaram sustentar essas políticas "sangrentas e ineficazes" (nas palavras de T. E. Lawrence), que invevitavelmente degeneram no que Churchill certa vez chamou de "terrível desperdício da guerra esporádica". Com a presença de bem poucos elementos de fala árabe na "Zona Verde", onde fica a maior embaixada americana de todo o mundo, os diplomatas americanos serviam principalmente como referencial logístico para os militares de seu país, de passo nada leve. A coordenação das ações de estabilização e reconstrução após o conflito ficou abaixo da crítica, tanto dentro de cada governo quanto entre eles. Quando o exército americano finalmente apresentou seu manual ideal para a contra-insurreição — apelidado de "trabalho social armado" —, verificou-se que se baseava essencialmente em lições britânicas que deveriam ter sido aprendidas muito antes: importância de salvaguardar os civis, restabelecer os serviços locais, montar serviços internos de segurança e reestruturar o exército nacional logo que possível. Ver Noah Feldman, *What We Owe Iraq: War and the Ethics of Nation Building* (Nova York: Princeton University Press, 2005).

6. Ver Amatzia Baram, "Who Are the Insurgents?", United States Institute of Peace, Special Report nº 134, abr. 2005; Peter Bergen e Alec Reynolds, "Blowback Revisited", *Foreign Affairs*, nov.-dez. 2005; Rik Coolsaet e Teun van de Voorde, "The Evolution of Terrorism in 2005: A Statistical Assessment", Universidade de Ghent, fev. 2006; Andrew F. Krepinevich Jr., "How to Win in Iraq", *Foreign Affairs*, set.-out. 2005; Vali Nasr, *The Shia Revival: How Conflicts Within Islam Will Shape the Future* (Nova York: W. W. Norton, 2006); e Kenneth Pollack, "A Switch in Time: A New Strategy for America in Iraq", Saban Center Analysis Paper nº 7, Brookings Institution, 15 fev. 2006.

7. Ver Nir Rosen, "The Exodus", *New York Times Magazine*, 13 mai. 2007. O Iraque tem hoje a maior população de refugiados vivendo em países vizinhos desde a crise dos refugiados palestinos que resultou da criação de Israel em 1948.

8. Ver Geoffrey Kemp, "Iran and Iraq: The Shia Connection, Soft Power, and the Nuclear Dilemma", United States Institute of Peace, Special Report nº 156, nov. 2005.

9. Escreve o ex-funcionário do Departamento de Estado Richard Haas: "É uma ironia da história que a primeira guerra no Iraque, uma guerra ne-

cessária, tenha assinalado o início da era americana no Oriente Médio, e a segunda guerra no Iraque, uma guerra de opção, tenha precipitado seu fim." Haas, "The New Middle East", *Foreign Affairs*, nov.-dez. 2006.

10. Ver Brendan O'Leary, John McGarry e Khaled Salih, eds., *The Future of Kurdistan in Iraq* (Filadélfia: University of Pennsylvania Press, 2005).

11. Ou, por outra, a antiga moeda. Os curdos tiveram sua moeda própria durante 11 anos, até que o "dinar de Bremer" e logo o dinar iraquiano foram reintroduzidos. Para uma análise das conseqüências regionais da dinâmica curda no interior do Iraque, ver Henri J. Barkey e Ellen Laipson, "Iraqi Kurds and Iraq's Future", *Middle East Policy* 12, nº 4 (inverno de 2005).

25. IRÃ: VÍCIOS E VIRTUDES

1. Foi Ciro, o Grande, quem libertou os persas do domínio babilônico, chegando a reassentar os israelitas na Palestina no século VI a.C., para criar um tampão ante o Egito.

2. Andrews e Mitrokhin, *World Was Going Our Way*, p. 169.

3. As receitas do Irã provenientes do petróleo subiram de menos de 1 bilhão de dólares, em 1971 para 18 bilhões de dólares em 1975.

4. Ao contrário das outras sociedades muçulmanas, eles tiveram já no século XIX, na dinastia Qajar, a experiência da modernização, da política parlamentar e de tradições intelectuais socialistas. Ver Shireen T. Hunter, "Islam, Modernization, and Democratization: The Case of Iran", in Hunter e Malik, (orgs.), *Modernization, Democracy, and Islam*, cap. 16.

5. Nikki R. Keddie, *Iran and the Muslim World: Resistance and Revolution* (Nova York: New York University Press, 1995), pp. 13-15; e Molavi, *Soul of Iran*, p. 13.

6. Ver Molavi, *Soul of Iran*. Azar Nafisi escreveu: "A verdade do passado do Irã tornou-se imaterial para os que se apropriaram dela." Nafisi, *Reading Lolita in Tehran: A Memoir in Books* (Nova York: Random House, 2003), p. 37.

7. Timothy Garton Ash, "Soldiers of the Hidden Imam", *New York Review of Books*, 3 nov. 2005.

8. As estimativas das reservas de gás natural do Irã são de 26 trilhões de metros cúbicos (atrás apenas da Rússia) e 130 bilhões de barris de petróleo (atrás da Arábia Saudita e do Canadá). No sistema iraniano, os interesses do Estado, na verdade, se sobrepõem à *sharia* em muitos casos, e o Estado controla as finanças do clero. Mas o aiatolá Khamenei, herdeiro do manto do espírito revolucionário de Khomeini e supremo guardião religioso do país, também é importante força propulsora por trás da política externa radical do país, sem precisar prestar contas, como os demais dirigentes. Ver Michael Ignatieff, "Iranian Lessons", *The New York Times Magazine*, 17 jul. 2005; e Henry A. Kissinger, "Now Tehran's Choice Is Cast in Starker Terms", *International Herald Tribune*, 1º ago. 2006.

9. Ver Philip Gordon, "America, Europe, and the Challenge of Bringing Democracy to Iran", dissertação apresentada na Aspen Berlin Conference

sobre "Iran and Democracy in the Greater Middle East", Amã, Jordânia, 23-24 mai. 2005; Robin Niblett e Derek Mix, *Transatlantic Approaches to Sanctions: Principles and Recommendations for Action*, Center for Strategic and International Studies, 10 out. 2006.

10. Ver Justin Bernier, "China's Strategic Proxies", *Orbis*, outono de 2003, pp. 629-43; Afshin Molavi, "Buying Time in Tehran", *Foreign Affairs*, set.-out. 2004; e Kenneth M. Pollack, *The Persian Puzzle: The Conflict Between Iran and America* (Nova York: Random House, 2004).

11. Ver Neil Mac Farquhar, "Exiles in 'Tehrangeles' Are Split on How U.S. Should Sway Iran", *The New York Times*, 9 mai. 2006; Michael McFaul, Larry Diamond e Abbas Milani, "Beyond Incrementalism: A New Strategy for Dealing with Iran", Hoover Institution, 2005; Afshin Molavi, "Our Allies in Iran", *The New York Times*, 3 nov. 2005; Molavi, *Soul of Iran*, p. 175; e Mahmood Sariolghalam, "Cutting a Deal with Tehran", *Newsweek*, 24 ab. 2006.

12. Ver Karim Sadjadpour, "How Relevant Is the Iranian Street?", *Washington Quarterly*, inverno de 2007.

13. Jared Cohen e Abbas Milani, "The Passive Revolution", Hoover Digest, inverno de 2005; Mohsen Sazegara, "Iran's Road to Democracy", 4 nov. 2005, disponível em www.OpenDemocracy.net.

14. Ver Molavi, *Soul of Iran*.

15. Toynbee, *East to West*, p. 221.

16. Christopher de Bellaigue, *In the Rose Garden of Martyrs: A Memoir of Iran* (Nova York: HarperCollins, 2005).

26. CORRENTES DO GOLFO

1. Calcula-se que a demanda mundial de energia aumentará 35% até 2030, chegando a 120 milhões de barris por dia.

2. Olivier da Lage, "Saudi Arabia and the Smaller Gulf States: The Vassals Take Their Revenge", CERI Colloquium on Gulf Monarchies in Transition, Paris, 10-11 jan. 2005.

3. "Economic Relations with Regions Neighboring the Euro Area and in the 'Euro Time Zone'", Banco Central Europeu, dez. 2002.

4. O comércio entre a China e a Arábia Saudita ultrapassou 14 bilhões de dólares em 2005, e o comércio com o mundo árabe em geral chega a mais de 50 bilhões de dólares. Ver Chu Shulong, "The Middle East in China's National Strategy", discurso feito na conferência do Center for Strategic and International Studies sobre "The Vital Triangle: China, the United States, and the Middle East", Washington, D.C., 14 set. 2006; e Jin Liangxiang, "Energy First: China and the Middle East", *Middle East Quarterly*, primavera de 2005.

5. Samuel Huntington escreveu que essa aliança "pode materializar-se, não porque Maomé e Confúcio sejam antiocidentais, mas porque essas culturas constituem um veículo para a manifestação de queixas pelas quais o

Ocidente é em parte responsabilizado — um Ocidente cujo domínio político, militar, econômico e cultural exaspera cada vez mais, num mundo em que os países 'sentem que não precisam mais agüentar isso'". Huntington, *Clash of Civilizations*, p. 239.

6. O Kuwait também está investindo 8 bilhões de dólares na construção de uma grande refinaria na província de Cantão.

7. Hassan Fattah, "Avoiding Political Talk, Saudis and Chinese Build Trade", *The New York Times*, 23 abr. 2006.

8. Wilfred Thesiger, *Arabian Sands* (1959; reproduzido em Londres: Penguin, 1991), prefácio da segunda edição, p. 7.

9. *The Military Balance*, International Institute for Strategic Studies, 2005.

10. Banco de Compensação Internacional, 2006.

11. Ver Nações Unidas, Arab Human Development Report.

12. Yaroslav Trofimov, *Faith at War: A Journey on the Frontlines of Islam, from Baghdad to Timbuktu* (Nova York: Henry Holt, 2005), p. 4.

13. Ver Paul Dresch e James Piscatori (orgs.), *Monarchies and Nations: Globalization and Identity in the Arab States of the Gulf* (Londres: I. B. Tauris, 2005).

14. Ver Afshin Molavi, "The Real 'New Middle East'", *Washington Post*, 20 ago. 2006; e Nawaf Obaid e Khalid al-Rhodan, "Saudi Arabia's Sustainable Capacity and Security Issues", Center for Strategic and International Studies, 27 set. 2005.

15. É permanente o debate sobre a longevidade das reservas de petróleo da Arábia Saudita, em função de considerar-se que atingiu ou não o pico de sua capacidade de produção, do número de anos em que ainda será possível extrair petróleo de seus campos de acordo com a demanda global e do volume de petróleo a ser encontrado em novos lençóis. Ver Matthew R. Simmons, *Twilight in the Desert: The Coming Saudi Oil Shock and the World Economy* (Hoboken, N.J.: John Wiley and Sons, 2005); e Peter Maass, "The Breaking Point", *The New York Times Magazine*, 21 ago. 2005.

16. Peter Bergen e Alec Reynolds, "Blowback Revisited", *Foreign Affairs*, nov.-dez. 2005, pp. 2-6. Observação do Defense Science Board, organismo de consultoria do Pentágono: "Os muçulmanos não odeiam nossas liberdades, mas nossas políticas."

17. Ver John Bradley, *Saudi Arabia Exposed: Inside a Kingdom in Crisis* (Nova York: Palgrave Macmillan, 2005); e International Crisis Group, *The Shiite Question in Saudi Arabia*, Middle East Report nº 145, 19 set. 2005.

18. Ver Michael Scott Doran, "The Saudi Paradox", *Foreign Affairs*, jan.-fev. 2004; e Simons, *Islam in a Globalizing World*.

19. Ver "*Ijtihad*: Reinterpreting Islamic Principles for the Twenty-first Century", United States Institute of Peace, Special Report nº 125, ago. 2004; Vartan Gregorian, *Islam: A Mosaic, Not a Monolith* (Washington, D.C.: Brookings Institution Press, 2003); Tariq Ramadan, *Western Muslims and the*

Future of Islam (Nova York: Oxford University Press, 2004); e Olivier Roy, *Globalized Islam: The Search for a New Ummah* (Nova York: Columbia University Press, 2004), pp. 18-19.

20. Citado in "Verbatim", *Time Magazine*, 5 mai. 2003.

21. Toynbee, *Civilization on Trial*, p. 205.

22. "A Long Walk", edição especial sobre a Arábia Saudita, *The Economist*, 7 jan. de 2006.

23. "A Thwarted Civilization", *Wall Street Journal*, 16 out. 2001.

24. Kito de Boer e John M. Turner, "Beyond Oil: Reappraising the Gulf States", *The McKinsey Quarterly*, edição especial, 2007.

25. Lawrence, *Seven Pillars of Wisdom*, p. 336.

26. Thesiger, *Arabian Sands*.

27. "Building Towers, Cheating Workers", *Human Rights Watch*, 2006.

CONCLUSÃO: DUNAS ÁRABES

1. Gabriel Weimann, *Terror on the Internet: The New Arena, the New Challenges* (Washington, D.C.: United States Institute of Peace Press, 2006).

2. Escreve Milton Viorst: "É um erro grave o Ocidente imaginar que pode impor seus valores ao Oriente. E é ingênuo da parte do Oriente imaginar que o fanatismo de seus guerreiros pode intimidar o Ocidente. Uma outra lição é que nenhum dos dois tem o poder de determinar o curso a ser seguido pelo outro. (...) Apesar de sua superioridade militar, se o Ocidente não reconhecer o direito do Oriente de determinar o próprio futuro, o derramamento de sangue que atualmente caracteriza a disputa irá continuar. E as duas civilizações, certamente, terão a perder com isso." Viorst, *Storm from the East*.

3. Lawrence, *Seven Pillars of Wisdom*, p. 30.

27. DO ISOLAMENTO À EXPANSÃO

1. David Shambaugh não usa meias-palavras: "A Ásia está mudando e a China é a causa principal." Shambaugh, "China Engages Asia", *International Security* 29, nº 3 (inverno de 2004-05): 64-99. Ver também David Shambaugh, "The Rise of China and Asia's New Dynamics", in *Power Shift: China and Asia's New Dynamics*, org. David Shambaugh (Berkeley: University of California Press, 2005), p. 1. Embora a Ásia Oriental costume ser definida como a área entre o Japão e a Birmânia, T. J. Pempel argumenta que, como acontece com a Europa, "nenhum mapa está tão livre de contestação que não restem alternativas; eles podem ser expandidos e passar a incluir ou excluir diferentes países e regiões". Ver "Introduction", in T. J. Pempel (org.), *Remapping East Asia: The Construction of a Region* (Ithaca, N.Y.: Cornell University Press, 2005), p. 25; ver também Buzan e Waever, *Regions and Powers*, p. 98.

2. Milton Osborne, *The Paramount Power: China and Countries of Southeast Asia*, Lowy Institute Paper nº 11, 2006. Como escreveu Samuel Huntington, "história, cultura, tradições, tamanho, dinamismo econômico e autoimagem — tudo impele a China a assumir uma posição hegemônica na Ásia Oriental. Esta meta é o resultado natural de seu rápido desenvolvimento econômico". Huntington, *Clash of Civilizations*, p. 229.

3. Ver David C. Kang, "Hierarchy, Balancing, and Empirical Puzzles in Asian International Relations", *International Security* 28, nº 3 (inverno de 2003-04): 165-80; "Hierarchy in Asian International Relations: 1300-1900", *Asian Security* 1, nº 1 (jan. 2005).

4. A ordem sínica teve início no terceiro milênio a.C., durante a dinastia Xia, quando um processo imperial de integração e subjugação expandiu o império em anéis concêntricos. O modelo tributário veio a tornar-se a metanarrativa para a interpretação das relações internacionais da China durante a dinastia Ming, do século XIV ao XVII. A zona intra-asiática do império continha tibetanos e centro-asiáticos, a zona exterior incluía asiáticos do sudeste e o cerne sínico abrangia não-tributários, como a Coréia, o Vietnã e parte do Japão. Ver Fairbank (org.), *Chinese World Order*.

5. Ver Thomas Sowell, *Migrations and Cultures: A World View* (Nova York: Basic Books, 1996), cap. 5.

6. A flexibilização da região fronteiriça equivale a uma política de segurança contra a superpopulação. No século XIX, a rebelião Taiping decorreu desse tipo de involução, tornando-se elevado demais o coeficiente população-território. Posteriormente, a dinastia Qing enfrentaria problemas porque o tamanho da China não aumentara o suficiente para acomodar uma população em crescimento tão rápido. Se uma nova série de problemas econômicos atingisse o interior da China e sua periferia, maior abertura das fronteiras representaria uma válvula de escape migratória, permitindo a fuga para países como a Birmânia e o Laos para recomeçar a vida e abrir caminho novamente — reproduzindo um padrão chinês já agora antigo de expansão, disseminação e controle demográficos. Ver Robert F. Ash, "China's Regional Economies and the Asian Region", in *Power Shift*, org. Shambaugh, pp. 96-131.

7. Em termos regionais, o surgimento da ordem sinocêntrica representa uma mistura de conceitos como hegemonia, condomínios, esferas de influência, sistemas de suserania e complexa interdependência. Ver David C. Kang, "Getting Asia Wrong", *International Security* 27, nº 4 (primavera de 2003): 57-85; David A. Lake, "Beyond Anarchy: The Importance of Security Institutions", *International Security* 26, nº 1 (verão de 2001): 129-60; e Shambaugh, "Rise of China", pp. 12-17.

8. No início da Guerra Fria, o governo Truman considerava que seu perímetro de defesa se estendia das ilhas Aleutas ao Japão e às Filipinas; a Coréia, então sob a proteção da ONU, não era considerada de importância estratégica. A extensão das garantias americanas de segurança a Taiwan começou no governo Eisenhower, e somente depois do bombardeio de Quemoy e Matsu

pela China. Ver Robert S. Ross, "The U.S.-China Peace: Great Power Politics, Spheres of Influence, and the Peace of East Asia", in *Between Compliance and Conflict*, ed. Dominguez e Kim.

9. *America's Strategy in World Politics: The United States and the Balance of Power* (Nova York: Harcourt, Brace, 1942).

10. Ver Robert Sutter, *China's Rise in Asia: Promises and Perils* (Boulder, Colo.: Rowman and Littlefield, 2005), introdução; e Avery Goldstein, "The Diplomatic Face of China's Grand Strategy: A Rising Power's Emerging Choice", *China Quarterly* (168), 2001: 837.

11. Para uma análise do contraste entre estabilizar e proteger, ver Buzan, *United States and the Great Powers*, pp. 178-79.

12. Ver Muthiah Alagappa (org.), *Asian Security Practice: Material and Ideational Influences* (Stanford, Calif.: Stanford University Press, 1998), p. IX; e "Introduction", in Pempel (org.), *Remapping East Asia*, 5. Alastair Iain Johnston define cultura estratégica como um "ambiente de ideação que limita as alternativas comportamentais". Alastair Iain Johnston, "Thinking About Strategic Culture", *International Security* 19, nº 4 (primavera de 1995): 45.

13. Ver Amitav Acharya, "Regional Security Arrangements in a Multipolar World: The ED's Contribution", in *Strategic Views on the European Union*, Chaillot Paper nº 72, nov. 2004, p. 94; Stanley Crossick, Fraser Cameron e Axel Berkofsky, "EU-China Relations: Towards a Strategic Partnership", European Policy Centre Working Paper, jul. 2005; David Shambaugh, "China and Europe: The Emerging Axis", *Current History*, set. 2004, pp. 243-48; e Xu Jian, "Facing the Challenge of Unconventional Security: The Chinese Perspective", in *Overcoming Vulnerability: Managing New Security Challenges in Asia and Europe*, org. Betrand Fort (Cingapura: Marshall Cavendish Academic, 2005), pp. 30-31.

14. A analogia do "Concerto da Europa" se refere ao acerto envolvendo a Grã-Bretanha, a Áustria, a Rússia, a Prússia e a França em meados do século XIX. Ver Amitav Acharya, "East Asia's Arrested Multilateralism", dissertação inédita, jun. 2006; Aaron L. Friedberg, "Ripe for Rivalry: Prospects for Peace in Multipolar Ásia", *International Security* 18, nº 3 (inverno de 1993-94): 5-33; e Nicholas Khoo e Michael L. R. Smith, "A 'Concert of Asia'?", *Policy Review*, ago. 2001.

15. Ver Eric Ringmar, *The Mechanics of Modernity in Europe and East Asia: The Institutional Origins of Social Change and Stagnation* (Londres: Routledge, 2004), p. 2.

16. Como demonstrou o historiador de economia Angus Maddison, a Ásia representava 60% da economia mundial em 1500 e a China representava um terço da economia mundial no início do século XIX, às vésperas da Revolução Industrial européia. A ascensão econômica da Ásia, paralelamente aos Estados Unidos e à União Européia, não é algo novo, mas um retorno depois de prolongado hiato. Ver Maddison, *The World Economy: A Millennial Perspective* (Paris: OECD Development Centre, 2001).

17. Ver Coral Bell, "The Twilight of the Unipolar World", *The American Interest*, inverno de 2005, p. 20. Ver também David Gress, *From Plato to NATO: The Idea of the West and Its Opponents* (Nova York: Free Press, 1998). Toynbee também distinguiu essa cegueira psicológica, escrevendo: "O fato de nosso adversário [o comunismo] nos ameaçar mostrando nossos defeitos, e não tentando eliminar à força nossas virtudes, demonstra que, em última análise, o desafio que representa não vem dele mesmo, mas de nós. (...) A aceleração da transferência do poder material das antigas potências (...) para as potências mais jovens no anel exterior (...) da Ásia (...) é inconveniente para os americanos. (...) À medida que um mundo unificado gradualmente vai abrindo caminho para um equilíbrio entre suas diferentes culturas, o componente ocidental será, aos poucos, relegado ao modesto lugar que é o único que pode esperar, em virtude de seu valor intrínseco, em comparação com os de outras culturas — remanescentes ou extintas — que a sociedade ocidental, por meio de sua expansão moderna, levou a se associar a ela própria e entre elas." Toynbee, *Civilization on Trial*, pp. 23, 129, 158.

18. Bracken, *Fire in the East*, p. 88.

19. Samuel Huntington, *Clash of Civilizations*, p. 69. Huntington afirma ainda, na p. 310, que "a crença ocidental na universalidade da cultura ocidental enfrenta três problemas: é falsa; é imoral e é um equívoco."

20. Há quem considere que o crescimento asiático decorre da mobilização de recursos (em outras palavras, insumos: investir recursos e ação humana em determinado problema), e não de maior eficiência da produção, exigindo uma desaceleração do crescimento, com a diminuição dos rendimentos. Ver Paul Krugman, "The Myth of Asia's Miracle", *Foreign Affairs*, nov.-dez. 1994.

21. Para uma análise das reações do Leste Asiático ao desafio da globalização, ver Samuel Kim (org.), *East Asia and Globalization* (Lanham, Md.: Rowman and Littlefield, 2000).

22. Se atualmente o Japão é a segunda maior economia do mundo e a China é a quarta (embora a União Européia, coletivamente, seja maior que todas as outras), calcula-se que até 2020 a China venha a representar 20% da economia e da população mundiais, ficando atrás da UE e dos Estados Unidos. Em termos de paridade do poder aquisitivo, a economia da China é maior que a do Japão desde 1992, já se aproximando de dois terços do valor da economia americana. Ver Ted C. Fishman, *China, Inc.* (Nova York: Scribner, 2005), p. 10.

23. Kenichi Ohmae, *The End of the Nation State: The Rise of Regional Economies* (Nova York: Simon and Schuster, 1996).

24. Ian Buruma e Avishai Margalit, *Occidentalism: The West in the Eyes of Its Enemies* (Nova York: Penguin, 2004), p. 95.

25. Bell, *East Meets West*, p. 111.

26. Ver Fareed Zakaria, *The Future of Freedom: Illiberal Democracy at Home and Abroad* (Nova York: W. W. Norton, 2003). Zakaria focaliza o fenô-

meno da democracia iliberal, na qual o estilo democrático (eleições, partidos e assim por diante) existe sem a substância do liberalismo (garantias constitucionais estabelecidas, separação de poderes).

27. Ver Daniel A. Bell, *Beyond Liberal Democracy: Political Thinking for an East Asian Context* (Princeton, N.J.: Princeton University Press, 2006), pp. 10-18.

28. Bell, *East Meets West*, pp. 96, 155.

29. Chalongphob Sussangkarn, "East Asian Financial Cooperation and Integration", Thailand Development Research Institute, 2005.

28. A SEDUÇÃO PRIMEIRO-MUNDISTA DA CHINA

1. Ver Phillip C. Saunders, "China's Global Activism: Strategy, Drivers, and Tools", Occasional Paper nº 4, National Defense University, out. 2006.

2. A ascendência do Japão na era Meiji e o milagre japonês depois da Segunda Guerra Mundial envolveram fortes laços, inicialmente com o Reino Unido e depois com os Estados Unidos; como no caso do Reino Unido, a segurança do país repousa no fato de ser uma potência naval, capaz de proteger sua condição insular diante do continente. No período de modernização do Japão, no início do século XX, era muito conhecido o *slogan* "Deixar a Ásia para aderir à Europa". Na Ásia, muitos consideram que o Japão se comporta menos como uma potência asiática do que como integrante do G-8 e da OECD. Há quem sustente que o simples aumento do poderio chinês requer uma aliança mais forte entre os Estados Unidos e o Japão. Ver Michael Green e Nicholas Szechenyi, "Common Values: A New Agenda for U.S.-Japan Relations", *Georgetown Journal of International Affairs*, verão-outono de 2006, pp. 47-55.

3. Howard W. French e Norimitsu Onichi, "Economic Ties Binding Japan to Rival China", *The New York Times*, 31 out. 2005.

4. Ver Mike M. Mochizuki, "China-Japan Relations", in *Power Shift*, org. Shambaugh, pp. 135-50; e Mixin Pei e Michael Swaine, "Simmering Fire in Asia: Averting Sino-Japanese Strategic Conflict", Carnegie Endowment Policy Brief nº 44, nov. 2005.

5. Ver Mikkal E. Herberg, "The Emergence of China Throughout Asia: Security and Economic Consequences for the U.S.", depoimento na Comissão de Relações Exteriores do Senado dos EUA, 7 jun. 2005; e Niklas Swanstrom, "An Asian Oil and Gas Union: Problems and Prospects", *China-Eurasia Forum Quarterly* 3, nº 3 (nov. 2005).

6. Byung-Kook Kim, "To Have a Cake and Eat It Too: The Crisis of Pax Americana in Korea", in *Between Compliance and Conflict*, orgs. Dominguez e Kim.

7. Sheila A. Smith, "Shifting Terrain: The Domestic Politics of the U.S. Military Presence in Asia", East-West Center Special Report nº 8, março de 2006.

8. Ver Robert Paalberg, "A New Pax Americana? The U.S. Exercise of Hard Power in East Asia and Latin America", in *Between Compliance and Conflict*, orgs. Dominguez e Kim.

9. Ver Jae Ho Chung, "China's Ascendancy and the Korean Peninsula", in *Power Shift*, org. Shambaugh, pp. 151-69.

10. Ver Robert D. Kaplan, "When North Korea Falls", *Atlantic Monthly*, outubro de 2006, pp. 64-73; e Jim Yardley, "Sanctions Don't Dent China-North Korea Trade", *The New York Times*, 27 out. 2006.

11. Uma pesquisa realizada em 2005 pelo Lowy Institute, da Austrália, revelou que 69% dos australianos tinham uma impressão positiva da China, contra apenas 58% nos Estados Unidos.

12. Ver Paul Kelly, "Australian for Alliance", *The National Interest*, primavera de 2003, p. 90.

13. A venda de urânio à China não causa muita polêmica porque o país já dispõe de suficiente material físsil para seu programa nuclear e é signatário do Tratado de Não-proliferação Nuclear.

14. Ver Robert D. Kaplan, "How We Would Fight China", *Atlantic Monthly*, jun. 2005.

15. Lee Kuan Yew, *The Singapore Story: Memoirs of Lee Kuan Yew* (Nova York: Prentice Hall, 1999), p. 23.

16. *Ibid.*, p. 87.

17. Bell, *East Meets West*, 185. Escreve Larry Diamond: "A democracia só se torna realmente estável quando os povos passam a valorizá-la efetivamente não só por seu desempenho econômico e social, mas por seus atributos políticos."

18. Esses critérios são adaptados de Bell, *East Meets West*, p. 186.

19. Toynbee, *East to West*, pp. 58-59.

20. Sugata Bose, *A Hundred Horizons: The Indian Ocean in the Age of Global Empire* (Cambridge, Mass.: Harvard University Press, 2006), p. 1.

21. Citação de C. Raja Mohan, "India and the Balance of Power", *Foreign Affairs*, jul.-ago. 2006. O Comando do Pacífico (PACOM) norte-americano já inclui a Índia em sua órbita. Ver Amitav Acharya, "Will Asia's Past Be Its Future?", *International Security* 28, nº 3 (inverno de 2003-04): 149-64.

22. O relatório *Trends 2020* do Conselho de Inteligência Nacional identifica a China e a Índia como potências "arrivistas" que podem se realinhar ou rejeitar em caráter permanente a atual ordem internacional — ou as duas coisas.

23. Mark Minevich, Frank-Jürgen Richter e Faisal Hoque, *Six Billion Minds: Managing Outsourcing in the Global Knowledge Economy* (Boston: Aspatore Books, 2006).

24. O famoso setor indiano de tecnologia da informação emprega, no máximo, 2 milhões de pessoas, talvez atinja 8 milhões o número dos que se beneficiam dele indiretamente. O impressionante crescimento econômico indiano se dá praticamente sem criação de empregos, já que apenas 30 milhões de indianos, dos 420 milhões integrados à força de trabalho, estão registrados no setor organizado. Como escreveu Amartya Sen, "nem mesmo cem Bangalores e Hyderabads bastariam, por si mesmas, para resolver a persistente

pobreza e a profunda desigualdade da Índia". Sen, *The Argumentative Indian: Writings on Indian History, Culture, and Identity* (Nova York: Farrar, Straus and Giroux, 2005), p. 197.

29. MALÁSIA E INDONÉSIA: A ESFERA DE CO-PROSPERIDADE DA GRANDE CHINA

1. A ditadura militar manifestou-se de diferentes formas na região: a Birmânia e a Tailândia representaram o governo diretamente exercido pela classe militar; os militares da Coréia do Norte constituíram a coluna dorsal do Partido Comunista; na Indonésia e nas Filipinas, regimes fortes conferiram aos militares um papel institucional, servindo o exército de guarda pretoriana da liderança.

2. Ver Young Jong Choi, "The Rise of Regionalist Ideas in East Asia", in *Between Compliance and Conflict*, orgs. Dominguez e Kim; Allan Collins, *Security in Southeast Asia: Domestic Regional and Global Issues* (Boulder, Colo.: Lynne Rienner, 2003), cap. 1; Donald K. Emmerson, "Goldiloc's Problem: Rethinking Security and Sovereignty in Asia", in *The Many Faces of Asian Security*, org. Sheldon W. Simon (Lanham, Md.: Rowman and Littlefield, 2001), pp. 89-111; "Integration and Illusion: ASEAN in the New Century", *Georgetown Southeast Asia Survey 2002-3*, p. 34; *Perspectives from Asia on Military Intervention*, relatório da conferência Regional Responses to Internal War, Fund for Peace, Washington, set. 2002. Para uma análise cética do futuro da Asean, ver Nicholas Khoo, "Rhetoric versus Reality: ASEAN's Clouded Future", *Georgetown Journal of International Affairs*, verão-outono de 2004, pp. 49-56.

3. Os Estados Unidos designaram um embaixador especial junto à Asean e começaram a fazer contribuições mais generosas para sua secretaria em Jacarta. Também passaram a se envolver mais no Fórum Regional da Asean (ARF), a mais ampla plataforma de segurança da região, abrangendo países da Europa à América do Norte. Sob a rubrica "cooperação pela segurança", o calendário anual do ARF contempla dezenas de eventos envolvendo treinamento de mantenedores da paz e fomento da cooperação entre funcionários de todos os níveis. O movimento da Asean em direção a uma política de interferência mútua poderia contribuir para abrandar a posição da China na questão da soberania. Considerando-se a falta de transparência militar da China, o ARF pode servir de mecanismo para que os asiáticos coletem dados mais precisos sobre gastos militares, como medida destinada a reforçar a confiança recíproca na região. Ver "U.S. Security Relations with Southeast Asia: A Dual Challenge", Stanley Foundation Policy Bulletin, mar. 2004.

4. Samuel Huntington sustentava que, tornando-se a China dominante, haveria na região um crescente apoio à sua integridade territorial, crescente controle do mar do sul da China, aceitação de seu domínio militar e de sua liderança regional, apoio à China em questões comerciais e de direitos humanos, diminuição das barreiras à migração chinesa, eliminação das ativida-

des antichinesas, abstenção de alianças antichinesas e promoção da língua mandarim. Tudo isto está acontecendo em certa medida. Ver Huntington, *Clash of Civilizations*, pp. 230-31. Sobre as relações da China com a Asean, ver Dana Dillon e John J. Tkacik Jr., "China's Quest for Ásia", *Policy Review*, dez. 2005; Michael A. Glosny, "Heading Toward a Win-Win Future? Recent Developments in China's Policy Toward Southeast Asia", *Asian Security* 2, nº 1 (2006): 24-57; Jane Perlez, "Asian Leaders Find China a More Cordial Neighbor", *The New York Times*, 18 out. 2003; Oded Shenkar, *The Chinese Century: The Rising Chinese Economy and Its Impact on the Global Economy, the Balance of Power, and Your Job* (Filadélfia: Wharton School Publishing, 2005); e Sutter, *China's Rise in Asia*, cap. 7.

5. A Malásia e a Indonésia lideram um grupo denominado "D-8", que também inclui Bangladesh, o Egito, o Irã, a Nigéria, o Paquistão e a Turquia, uma mistura de produtores e consumidores de energia que decidiram intensificar suas relações comerciais recíprocas. Ver Chairman's Report, International Conference of Islamic Scholars II, Jacarta, Indonésia, 20-22 jun. 2006; e Wayne Arnold, "Malaysia Works to Sell Islam on Trade Benefits", *International Herald Tribune*, 23 jun. 2005.

6. Bell, *East Meets West*, p. 144.

7. Naipaul, *Among the Believers: An Islamic Journey* (Londres: Penguin, 1982), pp. 312, 442.

8. "Too High a Price: The Human Rights Cost of the Indonesian Military's Economic Activities", Human Rights Watch, jun. 2006.

9. Toynbee, *East to West*, p. 56.

10. Adam Schwarz, *A Nation in Waiting: Indonesia's Search for Stability* (Boulder, Colo.: Westview Press, 2000).

11. Ver Anthony Bubalo e Greg Fealy, "Between the Global and the Local: Islamism, the Middle East, and Indonesia", Saban Center Project on U.S. Policy Towards the Islamic World, Analysis Paper nº 9, out. 2005; Greg Sheridan, "Jihad Archipelago", *The National Interest*, inverno de 2004-05, pp. 73-80; e *Terrorism in Southeast Asia: The Threat and Response*, Relatório de uma Conferência Organizada pelo Instituto de Defesa e Estudos Estratégicos e pelo Gabinete do Coordenador de Contraterrorismo do Departamento de Defesa dos EUA, Cingapura, 12-13 abr. 2006.

12. Adam Schwarz, "Indonesia After Suharto", *Foreign Affairs*, jul.-ago. 1997.

13. Os chineses da Indonésia constituem, assim, o que Amy Chua chama de "minoria dominante no mercado". Chua, *World on Fire: How Exporting Free Market Democracy Breeds Ethnic Hatred and Global Instability* (Nova York: Doubleday, 2003), p. 43.

14. Mais de 50 mil embarcações passam pelo estreito de Malaca todo ano, assim como 11 milhões de barris de petróleo por dia.

15. Como a China se tornou o consumidor de madeira que mais cresce, até mesmo os padrões de certificação de derrubada de árvores da União Européia podem não ter muito impacto no rápido desmatamento.

30. MIANMAR, TAILÂNDIA E VIETNÃ: O TRIÂNGULO INTERNO

1. Em 2007, o Banco Mundial, o Banco Asiático de Desenvolvimento e doadores ocidentais ofereceram ao Camboja 600 milhões de dólares, correspondendo à maior parte do orçamento nacional. A China imediatamente ofereceu uma quantia igual de ajuda incondicional.

2. Toynbee, *East to West*, p. 92.

3. Sterling Seagrave, *Lords of the Rim: The Invisible Empire of Overseas Chinese* (Nova York: Putnam, 1995), p. 304.

4. Escreve Amy Chua: "Na Birmânia, a globalização tem rosto chinês." Chua, *World on Fire*, p. 36.

5. Jane Perlez, "In Life on the Mekong, China's Dams Dominate", *The New York Times*, 19 mar. 2005.

6. Toynbee, *East to West*, p. 86.

7. Panitan Wattanayagorn, "Thailand: The Elite's Shifting Conceptions of Security", in *Asian Security Practice*, org. Alagappa.

8. Chulacheeb Chinwanno, "Thailand-China Relations: From Strategic to Economic Partnership", IUJ Research Institute Working Paper, Asia-Pacific Series nº 6.

9. As atuais estimativas indicam que, para concretizar o projeto do canal no istmo de Kra, serão necessários dez anos e 30 mil operários, a um custo aproximado de 25 bilhões de dólares.

10. Ver Thomas Menkhoff e Gerke Solvay (orgs.), *Chinese Entrepreneurship and Asian Business Networks* (Londres: Routledge Curzon, 2002).

11. Sterling Seagrave se refere a essa forma de funcionamento como o "império deliberadamente opaco dos conglomerados". Seagrave, *Lords of the Rim*, p. 2.

12. Ver William A. Callahan, "Beyond Cosmopolitanism and Nationalism: Diasporic Chinese and Neo-Nationalism in China and Thailand", *International Organization* 57 (verão de 2003): 481-517; e Busakorn Chantasasawat, "Bourgeoning Sino-Thai Cooperation: Heightening Cooperation, Sustaining Economic Security", *China: An International Journal* 4, nº 1 (mar. 2006): 86-112.

13. Citado in "The Bold Coast", *Newsweek*, 12 jan. 2004.

14. Keith Bradsher, "Vietnam's Roaring Economy Is Set for World Stage", *The New York Times*, 25 out. 2006.

15. Para uma análise dos pontos de vista regionais sobre o crescente poderio militar e naval chinês, ver Richard Sokolsky, Angel Rabasa e C. R. Neu, *The Role of Southeast Asia in U.S. Strategy Toward China* (Santa Mônica, Calif.: RAND Corporation, 2000); e Michael D. Swaine, "China's Regional Military Posture", in *Power Shift*, org. Shambaugh, pp. 266-85.

16. John Henderson e Benjamin Reilly, "Dragon in Paradise: China's Rising Star in Oceania", *The National Interest*, verão de 2003, pp. 94-104.

31. TAMANHO É DOCUMENTO: AS QUATRO CHINAS

1. Ross Terrill afirma que a China ainda é, sob muitos aspectos, uma "economia do Terceiro Mundo com um ego de superpotência". Terrill, *New Chinese Empire*, p. 265.

2. Ver Kennan, *American Diplomacy*, p. 21. Para um relato mais cético das intenções da América com a política de Portas Abertas, ver Williams, *Tragedy of American Diplomacy*, p. 144.

3. Wu Xinbo, "China: Security Practice of a Modernizing and Ascending Power", in *Asian Security Practice*, org. Alagappa.

4. Lucian Pye, *China* (Nova York: Harper Collins, 1990), p. 58.

5. Bates Gill e Yanzhong Huang, "Sources and Limits of Chinese 'Soft Power'", *Survival* 48, nº 2 (verão de 2006): 17-36.

6. Frank Viviano, "China's Great Armada", *National Geographic*, jul. 2005.

7. Geoff Wade, "The Zheng He Voyages: A Reassessment", *Journal of the Malaysian Branch of the Royal Asiatic Society* 78, nº 1 (jun. 2005): 37-58. Ver também Alastair Ian Johnston, *Cultural Realism: Strategic Culture and Grand Strategy in Chinese History* (Princeton, N.J.: Princeton University Press, 1995).

8. Joshua Cooper Ramo, "The Beijing Consensus", Foreign Policy Centre, mai. 2004. Mark Leonard sustenta que ainda não existe um consenso sobre o "Consenso de Pequim", pois a economia e a sociedade do país evoluem com muita rapidez. Leonard, "The Road Obscured", *Financial Times Magazine*, 9-10 jul. 2005.

9. Peter van Ness, "China's Response to the Bush Doctrine", *World Policy Journal*, inverno de 2004-05, p. 40.

10. Para uma análise do modo como a China encara a teoria e a prática da governança global, ver Cai Tuo, "Global Governance: The Chinese Angle of View and Practice", *Social Sciences in China*, verão de 2004, pp. 57-68.

11. Ver Peter Gries, *China's New Nationalism: Pride, Politics, and Diplomacy* (Berkeley: University of California Press, 2004); e Suisheng Zhao, *A Nation-State by Construction: Dynamics of Modern Chinese Nationalism* (Stanford, Calif.: Stanford University Press, 2004).

12. James Lilley, *China Hands: Nine Decades of Adventure, Espionage, and Diplomacy in Asia* (Nova York: Public Affairs, 2004).

13. O influente estudioso Wang Jisi escreveu: "A China e os Estados Unidos não podem esperar o estabelecimento de relações verdadeiramente amistosas." Jisi, "China's Search for Stability with America", *Foreign Affairs*, set.-out. 2005. Para uma história das modernas relações sino-americanas, ver David Lampton, *Same Bed, Different Dreams: Managing U.S.-China Relations, 1989-2000* (Berkeley: University of California Press, 2001). Para uma análise de várias perspectivas teóricas sobre o futuro das relações americano-chinesas, ver Aaron L. Friedberg, "The Future of U.S.-China Relations: Is Conflict Inevitable?", *International Security* 30, nº 2 (outono de 2005). Escreveu Henry

Kissinger: "Ao começar um novo século, as relações entre a China e os Estados Unidos podem muito bem determinar se nossos filhos viverão na turbulência (...) ou assistirão a uma nova ordem mundial compatível com (...) a paz e o progresso." *Washington Post*, 13 jun. 2005.

14. Li Shaojun sustenta que "a China não ameaçará nenhum outro Estado nem aceitará ameaças de outros Estados". Shaojun, "Explaining Elements in China's Foreign Strategy", dissertação inédita, 2006.

15. William S. Murray III e Robert Antonellis, "China's Space Program: The Dragon Eyes the Moon (and Us)", *Orbis*, outono de 2003, pp. 645-52. Sobre diferentes aspectos do debate a respeito dos objetivos e do avanço dos programas espaciais chineses, ver a edição especial de *China Security* sobre "China's Space Ambitions", nº 2, 2006.

16. Mas a China já é uma potência nuclear, e vem rapidamente modernizando seu arsenal e seus mísseis nucleares, inclusive os mísseis balísticos intercontinentais (ICBMs) de longo alcance, além de adquirir submarinos e contratorpedeiros para se dotar de capacidade de controle dos mares e domínio das águas profundas em mar aberto. Embora careça de capacidade de projeção global de seu poderio, as finalidades potenciais pelas quais busca forças armadas mais eficientes e móveis — como ocupar ilhas pequenas, afundar navios americanos ou japoneses ou lutar pelo controle do território de Taiwan ou de suas águas — não exigem meios de disseminação global. Ver Brad Roberts, Robert A. Manning e Ronald N. Montaperto, "China: The Forgotten Nuclear Power", *Foreign Affairs*, jul.-ago. 2000, pp. 53-63; e Edward Cody, "China Builds a Smaller, Stronger Military", *Washington Post*, 12 abr. 2005.

17. Para observações e anedotas sobre a importância da língua chinesa na compreensão da cultura e da visão de mundo do país, ver Tim Clissold, *Mr. China* (Nova York: HarperCollins, 2004).

18. Terrill, *New Chinese Empire*, p. 26.

19. Ver Gerald Segal, "East Asia and the 'Constrainment' of China", *International Security* 20, nº 4 (primavera de 1996): 107-35; e Zalmay Khalilzad, "Congage China", RAND Issue Paper nº 187, 1999.

20. Ver Evan S. Medeiros e M. Taylor Fravel, "China's New Diplomacy", *Foreign Affairs*, nov.-dez. 2003.

21. Stanley Crossick, "The Rise of China and Its Implications for the EU", conferência na Universidade Nacional de Cingapura, 26 mai. 2006.

22. Na década de 1990, os Estados Unidos tentaram, com uma série de programas reunidos na rubrica "Iniciativa pelo Império da Lei na China", vincular a concessão à China da condição de país favorecido nas trocas comerciais a avanços na área dos direitos humanos, mas a liberalização econômica revelou-se um cavalo de Tróia em matéria de reforma política na China, que facilmente tratou de estabelecer procedimentos de defesa para impedir que a reforma na esfera comercial se disseminasse para o terreno político ou judiciário. Ver Matthew C. Stephenson, "A Trojan Horse Behind Chinese Walls?

Problems and Prospects of U.S.-Sponsored 'Rule of Law' Reform Projects in the People's Republic of China", Working Paper nº 47, Center for International Development, Harvard University, mai. 2000. A China não encara a sociedade civil como um terceiro setor autônomo paralelamente ao Estado e ao setor privado, mas simplesmente como um conjunto de "organizações populares" não raro apoiadas e fiscalizadas pelo governo. A China determina, segundo seus próprios critérios, que ONGs estrangeiras podem funcionar, onde e em que condições. Elas constituem, na melhor das hipóteses, uma interferência necessária, sendo usadas, de preferência, como consultoras para as finalidades do próprio Estado, e não para miná-lo. Recorrendo a constantes manobras jurídicas, a China impediu durante anos que o Comitê Internacional da Cruz Vermelha (CICV) abrisse um escritório no país.

23. Ver Gordon Chang, *The Coming Collapse of China* (Nova York: Random House, 2001); George J. Gilboy, "The Myth Behind China's Miracle", *Foreign Affairs*, jul.-ago. 2004, p. 34; e Mixin Pei, *China's Trapped Transition: The Limits of Developmental Autocracy* (Cambridge, Mass.: Harvard University Press, 2006).

24. Ver Fishman, *China, Inc.*, p. 167; David Hale e Lyric Hughes Hale, "China Takes Off", *Foreign Affairs*, nov.-dez. 2003, 44; e Seth G. Jones e F. Stephen Larrabee, "Arming Europe", *The National Interest*, inverno de 2005-06, p. 68.

25. Ian Bremmer e Fareed Zakaria, "Hedging Political Risk in China", *Harvard Business Review*, nov. 2006.

26. Jehangir S. Pocha, "One Sun in the Sky: Labor Unions in the People's Republic of China", *Georgetown Journal of International Affairs*, inverno-primavera de 2007, p. 11.

27. Ver Anne Stevenson-Yang e Ken DeWoskin, "China Destroys the IP Paradigm", *Far Eastern Economic Review* 168, nº 3 (mar. 2005); e Richard P. Suttmeier, "Assessing China's Technology Potential", *Georgetown Journal of International Affairs*, verão-outono de 2004, pp. 97-105.

28. Ver "Red, Inc.", *Harper's*, fev. 2006.

29. Mas as empresas ocidentais podem beneficiar-se quando companhias chinesas entram no mercado, em vez de simplesmente despejarem produtos nele. Por exemplo, para a compra de uma divisão da IBM, foi necessário que a Lenovo instalasse programas operacionais Windows *legalmente*, fazendo com que a Microsoft deixasse de ser uma vítima para se tornar uma vencedora na China, apesar de todos os programas pirateados em uso no país.

30. Esta idéia é ao mesmo tempo sugerida e corroborada pela doutrina "Estado pequeno, sociedade grande".

31. Segundo a Academia de Ciências Sociais chinesa, a China tem doze camadas sociais distintas, e não as três habituais, o que parece apropriado para um país do seu tamanho.

32. A erradicação da pobreza na China se deu essencialmente na década de 1980, quando o investimento estrangeiro direto era muito mais baixo, em

conseqüência de um nascente sistema de créditos ao setor privado e de investimentos rurais, que fomentou setores de altos índices de emprego, como o de processamento de alimentos. Embora 60% da população chinesa ainda seja rural, a agricultura representa hoje menos de 15% do PNB. Ver Emile Kok-Kheng Yeoh, "Development Policy, Demographic Diversity, and Interregional Disparities in China", dissertação apresentada na primeira oficina internacional *China World*, 10-11 mar. 2006, Asia Research Centre, Copenhagen Business School. Ver Shang-Jin Wei, "Is Globalization Good for the Poor in China?", *Finance and Development*, set. 2002. O coeficiente Gini da China, medida de igualdade de renda, subiu para .45 desde o início das reformas, ficando os ricos mais ricos — o que não chega a ser pior que nos Estados Unidos. E seu coeficiente Gini urbano é de apenas .32, próximo da média mundial.

33. A prioridade dada por Hu Jintao ao desenvolvimento rural na verdade acirrou o debate ideológico sobre os méritos do capitalismo, à luz da defasagem cada vez maior entre as rendas urbanas e rurais.

34. As usinas petroquímicas têm provocado níveis consideráveis de poluição em um terço dos rios rurais e em 90% dos rios urbanos, especialmente o rio Songhua, em Harbin, onde um vazamento químico ocorrido em 2005 ameaçou todo o abastecimento de água de uma região que já enfrenta escassez crônica. Um terço do território chinês já está ameaçado de desertificação, e milhares de aldeias foram abandonadas em conseqüência do menor escoamento do fluxo do rio Amarelo nos lagos em processo de ressecamento da província de Qinghai.

35. Jim Yardley, "China's Next Big Boom Could Be the Foul Air", *New York Times*, 30 out. 2005.

36. Ver Wenran Jiang, "Beijing's 'New Thinking' on Energy Security", Jamestown Foundation China Brief, 12 abr. 2006.

37. Yongjin Zhang, "China Goes Global", Foreign Policy Centre, 2005.

38. A represa das Três Gargantas, no Yang-tsé (o terceiro rio mais longo do planeta, depois do Amazonas e do Nilo), atenderá até 10% das necessidades energéticas do país quando for concluída, em 2010. No Tibete, uma represa em construção no rio Tsangpo (que na Índia e em Bangladesh é chamado de Brahmaputra) gerará 38 milhões de kilowatts numa usina hidrelétrica em Mendok, ao passo que o desvio do rio canalizará água para seiscentas cidades do norte do país. Um canal de 1.900 quilômetros de comprimento, a maior via aquática construída pelo homem, logo estará unindo seis províncias (entre elas a de Pequim) e quatro sistemas fluviais, para trazer água da província de Jiangsu. Como no caso dos países do golfo Pérsico, a gestão dos recursos é extremamente política. Os ministérios chineses do carvão, do petróleo e do gás competem entre eles, e também com as empresas estatais de petróleo, elas próprias gozando de *status* ministerial, o que impede a adoção de uma estratégia energética nacional. Como fizeram os xeques de Abu Dhabi, a China talvez precise impor a autoridade de um "Grupo Diretor Estatal da Energia"

sobre esses ministérios estagnados para que ocorra uma efetiva reforma no setor.

39. Joanna I. Lewis, "Leading the Renewable Energy Revolution", *Georgetown Journal of International Affairs*, verão-outono de 2006, pp. 147-54.

40. Seagrave, *Lords of the Rim*, pp. 61-63.

41. Norimitsu Onishi e Howard W. French, "Chinese Warships Remind Japan of Challenge on the Seas", *International Herald Tribune*, 11 set. 2005.

42. Ver Barry C. Lynn, *End of the Line: The Rise and Coming Fall of the Global Corporation* (Nova York: Doubleday, 2005).

43. Ver Banning Garrett, Jonathan Adams e Franklin Kramer, "Taiwan in Search of a Strategic Consensus", Atlantic Council Issue Brief, mar. 2006.

44. Ver Bell, *Beyond Liberal Democracy*, cap. 7.

45. O PNB *per capita* de Shenzhen é de 12 mil dólares, enquanto o de Xangai é de 8 mil dólares.

46. Ver Bruce Gilley, *China's Democratic Future: How It Will Happen and Where It Will Lead* (Nova York: Columbia University Press, 2004).

47. Lilley, *China Hands*, p. 341.

48. Daniel A. Bell, "Chinese Leaders Rediscover Confucianism", *International Herald Tribune*, 14 nov. 2006.

49. O Birô Político e o Conselho de Estado tornaram-se mais parecidos com times de clubes diferentes do que com uma monolítica caixa-preta partidária, verificando-se debates substantivos e transferências de poder entre as diversas facções e lideranças. Ver Cheng Li, "The New Bipartisanship Within the Chinese Communist Party", *Orbis*, verão de 2005, pp. 387-400.

50. Como escreve Mixin Pei, "se o sucesso econômico não puser fim ao sistema de partido único na China, a corrupção provavelmente o fará". Pei, "The Chinese Communist Party", *Foreign Policy*, set.-out. 2005, p. 46.

51. Albert Keidel, "China's Social Unrest: The Story Behind the Stories", Carnegie Endowment Policy Brief nº 48, set. 2006.

52. Para um relato histórico das tentativas anteriores de reforma agrária, ver Yuan-Tsung Chen, *The Dragon's Village: An Autobiographical Novel of Revolutionary China* (Nova York: Penguin, 1981).

53. Um Escritório de Reforma Política foi criado na década de 1980, promovendo freqüentes consultas com especialistas em economia e advogados formados no exterior. Ver Mixin Pei, "Political Reform in China: Leadership Differences and Convergence", dissertação apresentada na conferência Chinese Leadership, Politics and Policy, Carnegie Endowment for International Peace, 2 nov. 2005.

54. Zheng Bijian, "China's 'Peaceful Rise' to Great-Power Status", *Foreign Affairs*, set.-out. 2005.

55. Para uma análise completa de como poderia ser uma democracia com características chinesas, ver a proposta apresentada in Bell, *East Meets West*, cap. 5.

56. Ver *Speak No Evil: Mass Media Control in Contemporary China* (Washington, D.C.: Freedom House, fevereiro de 2006); e Clive Thompson, "Google's China Problem (and China's Google Problem)", *The New York Times Magazine*, 23 abr. 2006.

CONCLUSÃO: A BUSCA DE EQUILÍBRIO NUM MUNDO NÃO-AMERICANO

1. Como explicam Alberto Alesina e Enrico Spolaore, cada potência é um "Leviatã" tentando determinar sua configuração ideal, equilibrando barganhas em matéria de tamanho e recursos por um lado, e por outro, a heterogeneidade e as exigências de atendimento a membros heterogêneos. Alesina e Spolaore, *The Size of Nations* (Cambridge, Mass.: MIT Press, 2003), cap. 5.

2. O estudioso John Mearsheimer afirma de maneira realista: "Esse ciclo de violência continuará por muito tempo no novo milênio. As expectativas de paz provavelmente não se concretizarão, pois as grandes potências que determinam os rumos do sistema internacional temem umas às outras e, em conseqüência, competem pelo poder." Mearsheimer, *The Tragedy of Great Power Politics* (Nova York: W. W. Norton, 2001), p. xi.

3. George Kennan sabia que isso não era tudo, sustentando que os americanos sentem "prazer em se considerarem grandes benfeitores bem-intencionados e professores de um povo considerado menos afortunado, e menos adiantado, do que nós mesmos. (...) Uma forma de narcisismo nacional — de auto-admiração coletiva (...) que só pode ocultar profundos sentimentos subconscientes de insegurança — uma necessidade de nos sentirmos seguros sobre nós mesmos — algo que contrastava fortemente com nosso comportamento pretensioso. (...) As afrontas que fizemos em nosso ambiente mundial desde a independência não têm decorrido, de modo geral, de algum desejo de ferir os outros ou de firmar poder sobre eles, mas de nossas tentativas de assumir posturas nobres e impressionar a nós mesmos". Kennan, *American Diplomacy*, pp. 158, 169. O manto de supremacia da América não pode escorar-se em sua riqueza, quando se sabe, como escreveu Robert Solow, ganhador do Prêmio Nobel, que "a idéia de que Deus queria que os americanos fossem permanentemente mais ricos que o restante do mundo torna-se cada vez menos verossímil com o passar do tempo" (*The New York Times*, 14 dez. 2003). De fato, quanto mais a superioridade americana for considerada em termos materiais, especialmente militares, mais os outros sistemas poderão justificar suas ideologias evocando a necessidade de alcançar igual peso material e militar. Verifica-se, assim, uma barganha entre a superioridade militar da América e sua liderança ideológica. Esquece-se, com freqüência, que a União Soviética também desfrutou, a certa altura, considerável poder *soft*, que também foi dramaticamente solapado pela brutal utilização de seu poder *hard*. No fim das contas, nenhum dos dois foi capaz de salvá-la do colapso.

4. Escreveu Benjamin Barber: "Em conseqüência de sua anarquia e sua falta de leis, o estado natural é, para Hobbes, sobretudo um estado de medo. (...) O remédio não é o poder, de que os homens dispõem no estado natural, mas a lei e o contrato, de que carecem." Barber, *Fear's Empire: War, Terrorism and Democracy* (Nova York: W. W. Norton, 2003), p. 70.

5. Ver Hans J. Morgenthau, *Scientific Man vs. Power Politics*.

6. Fazendo eco à inovadora teoria do desafio e da resposta exposta por Toynbee, George Kennan temia as conseqüências da excessiva confiança depositada pela América em suas forças armadas, escrevendo que "a força, como a paz, não é uma abstração; ela não pode ser entendida ou tratada como um conceito exterior ao contexto concreto, no que diz respeito aos métodos e propósitos". Ele também advertia que a evolução dos interesses adquiridos em matéria de militarização durante a Guerra Fria se associava ao hábito americano de buscar o principal inimigo externo, criando uma dependência em relação à prática perniciosa do armamento desnecessário: "Parece existir uma curiosa tendência americana para buscar sempre um centro único do mal no exterior, ao qual podem ser imputados todos os problemas, em vez de reconhecer que pode haver múltiplas fontes de resistência a nossos propósitos e empreendimentos, e que essas fontes podem ser relativamente independentes umas das outras." Ver Kennan, *American Diplomacy*, pp. 90, 164, 173. Ver também Andrew J. Bacevich, *The New American Militarism: How Americans Are Seduced by War* (Nova York: Oxford University Press, 2005); e Victor Davis Hanson, *A War Like No Other: How the Athenians and Spartans Fought the Peloponnesian War* (Nova York: Random House, 2005).

7. Emmanuel Todd escreveu: "No exato momento em que o mundo descobre a democracia e aprende a viver politicamente sem a América, esta tende a perder suas características democráticas e descobre que não pode viver economicamente sem o mundo." Ver Todd, *Depois do império* (Rio de Janeiro: Editora Record, 2003), p. 31.

8. Como vivem num estado que Tocqueville definia como de "auto-adoração perpétua", os americanos sofrem de uma grande amnésia histórica quanto às realidades de seu efetivo papel na história. Mark Hertsgaard identificou algumas típicas visões estrangeiras dos Estados Unidos que contradizem a percepção que os americanos têm de si mesmos: a América é provinciana e autocentrada, hipócrita e dominadora, ingênua quanto ao restante do mundo, cheia de filistinos, presumida em matéria de democracia e só se preocupa consigo mesma. Hertsgaard, *The Eagle's Shadow: Why America Fascinates and Infuriates the World* (Nova York: Farrar, Straus and Giroux, 2002), p. 21. Ver também Julia Sweig, *Friendly Fire: Losing Friends and Making Enemies in the Anti-American Century* (Nova York: Public Affairs, 2006).

9. Harold Nicolson, *Peacemaking 1919*.

10. Para uma análise dos custos crescentes, para os Estados Unidos, de suas alianças ao longo do século XX, ver David A. Lake, *Entangling Relations: American Foreign Policy in Its Century* (Princeton, N.J.: Princeton

University Press, 1999); ver também Julianne Smith e Thomas Sanderson, "Evaluating Our Partners and Allies Five Years Later", *Washington Post*, 11 set. 2006.

11. Christopher Layne, "The Unipolar Illusion Revisited: The Coming End of the United States' Unipolar Moment", *International Security* 31, nº 2 (outono de 2006): 7-41.

12. Andrew Kohut e Bruce Stokes, *America Against the World: How We Are Different and Why We Are Disliked* (Nova York: Times Books, 2006), p. 49.

13. Toynbee, *A Study of History*, vol. 11.

14. Leon Fuerth, "Strategic Myopia", *The National Interest*, primavera de 2006.

15. David J. Kilcullen, "New Paradigms for 21st Century Conflict" (eJournal USA: An Electronic Journal of the U.S. Department of State, mai. 2007).

16. Ver Michael Barnett e Raymond Duvall, "Power in International Politics", *International Organization* 59 (inverno de 2005): 39-75; e Daniel H. Nexon e Thomas Wright, "What's at Stake in the American Empire Debate", *American Political Science Review* 101, nº 2 (mai. 2007). O debate sobre as atuais formas de contraposição *hard* e *soft* aos Estados Unidos tem sido abordado numa série de artigos. Ver Robert A. Pape, "Soft Balancing Against the United States"; T. V. Paul, "Soft Balancing in the Age of U.S. Primacy"; e Stephen G. Brooks e William C. Wohlforth, "Hard Times for Soft Balancing"; todos em *International Security* 30, nº 1 (verão de 2005).

17. Ver Bruce Bueno de Mesquita e George W. Downs, "Development and Democracy", *Foreign Affairs*, set.-out. 2005. Jeane Kirkpatrick, embaixadora americana na ONU na década de 1980, justificava o apoio aos autocratas afirmando que esses regimes não pretendiam reinventar a sociedade (como os sistemas totalitários). Ver Kirkpatrick, "Dictatorships and Double-Standards", *Commentary*, nov. 1979.

18. Embora o controle do fluxo global de dinheiro seja uma ferramenta fundamental nas exportações, a posição predominante do dólar americano como moeda de reserva global não coincide com a dominação monetária americana quando as moedas são desnacionalizadas como atualmente. Ver Benjamin J. Cohen, "The Geopolitics of Currencies and the Future of the International System", University of California, Santa Bárbara, Global and International Studies Program, Ensaio nº 10, 2003. Sobre a relação entre dinheiro e território, ver Cohen, *The Geography of Money* (Ithaca, N.Y.: Cornell University Press), p. 18.

19. Joseph Stiglitz, "The Roaring Nineties", *Atlantic Monthly*, out. 2002.

20. Erik Erikson, *Childhood and Society*.

21. Ajay Kapur, Niall Macleod e Narendra Singh, "Plutonomy: Buying Luxury, Explaining Global Imbalances", Citigroup Industry Note, 16 out. 2005.

22. Ver Robert B. Reich, *The Future of Success* (Nova York: Alfred A. Knopf, 2001). O valor real do salário mínimo em 2006 está 37% abaixo do que era em 1968.

23. Desde 1980 os Estados Unidos gastaram menos de 2% do PNB em infra-estrutura.

24. Steven A. Camarota, "Immigration from Mexico: Assessing the Impact on the United States", Center for Immigration Studies, 2001.

25. David Rieff, *Los Angeles: Capital of the Third World* (Nova York: Touchstone Books, 1992).

26. Samuel P. Huntington, *Who Are We? The Challenges to America's National Identity* (Nova York: Simon and Schuster, 2004).

27. Alberto F. Alesina, Edward L. Glaeser e Bruce Sacerdote, "Why Doesn't the U.S. Have a European-Style Welfare State?", Harvard Institute of Economic Research, Discussion Paper nº 1933, out. 2001.

28. Michael Ignatieff, "The Broken Contract", *The New York Times Magazine*, 24 set. 2005, p. 16.

29. Richard G. Wilkinson, *The Impact of Inequality: How to Make Sick Societies Healthier* (Londres: Routledge, 2005).

30. Segundo Christopher Lasch: "Os sinais cada vez mais claros de generalizada ineficiência e corrupção, o declínio da produtividade americana, a busca por lucros especulativos em detrimento da manufatura, a deterioração da infra-estrutura material de nosso país, as condições miseráveis em nossas cidades assoladas pela criminalidade, o vergonhoso e alarmente aumento da pobreza e a crescente disparidade entre a pobreza e a riqueza, moralmente obscena e também politicamente explosiva — essas tendências, cujo significado sinistro não pode mais ser ignorado ou ocultado, reabriram o debate histórico sobre a democracia. No momento de seu impressionante triunfo sobre o comunismo, a democracia está sob fogo cerrado internamente, e as críticas deverão aumentar se as coisas continuarem a desmoronar no ritmo atual. Instituições formalmente democráticas não garantem uma ordem social viável, como sabemos pelos exemplos da Índia e da América Latina. Com as condições nas cidades americanas começando a se aproximar das que prevalecem no Terceiro Mundo, a democracia terá de mostrar novamente a que veio." Lasch, *The Revolt of the Elites and the Betrayal of Democracy* (Nova York: W. W. Norton, 1996).

31. Ver Michael Lind, *Made in Texas: George W. Bush and the Southern Takeover of American Politics* (Nova York: Basic Books, 2003).

32. Observa Alan Wolfe: "O sistema político ideal deveria consistir em um partido conservador inspirado nos *tories* britânicos no tempo de Benjamin Disraeli e um partido liberal fundamentado na idéia social-democrata posta em prática na Europa do pós-guerra. A América recuou de sua posição de grandeza porque seu sistema político atualmente não contém nenhuma das duas tendências." Wolfe, *Return to Greatness: How America Lost Its Sense of Purpose and What It Needs to Do to Recover It* (Princeton, N.J.: Princeton University Press, 2005), p. 169.

33. John Kenneth Galbraith, *The Economics of Innocent Fraud: Truth for Our Time* (Nova York: Penguin, 2004).

34. Ver Gilpin, *War and Change in World Politics*, cap. 4. Amitai Etzioni considera que a democracia entra em decadência quando os líderes ignoram as necessidades públicas. Ver Etzioni, "How Liberty Is Lost", *Society* 40, nº 5 (jul.-ago. 2003): 44-51.

35. O realismo não determina a ausência de regras ou normas nem implica conflito. Simplesmente, explica a dinâmica nas condições de anarquia, um mundo sem uma autoridade dominante. Embora derive dos impulsos humanos essenciais de segurança, riqueza e dignidade, o realismo não deve ser confundido com pura agressão física. Ao contrário, ele estimula um cálculo prudente de meios e fins, uma mistura de visão moral e astúcia. Apesar do conhecido refrão maquiavélico de que os fins justificam os meios, o realismo e o pragmatismo também determinam que sejam levados em conta os custos. Embora Morgenthau sustentasse que "o poder, por mais limitado e condicionado que seja, é o valor considerado supremo na política internacional", o realismo que preconizava — adotado pelos que melhor compreendem o realismo hoje — condena as aventuras imperialistas que levaram a ciladas perversas, concentrando-se mais no abrandamento da anarquia e na manutenção de uma relativa vantagem em matéria de poder. Assim foi que Morgenthau se opôs à guerra no Vietnã, e George Kennan, à guerra de 2003 no Iraque. O realismo é intensamente psicológico, e, portanto, não descarta a moralidade, mas tem dela uma consciência inquieta. Como escreve Robert Jackson, "a ética da ciência de governar é, acima de tudo, uma ética das situações, em cujo cerne está a norma da prudência". Ver Jackson, *The Global Covenant: Human Conduct in a World of States* (Londres: Oxford University Press, 2005), p. 21; Anatol Lieven e John Hulsman, *Ethical Realism: A Vision for America's Role in the World* (Nova York: Pantheon, 2006); Reinhold Niebuhr, *The Structure of Nations and Empires* (1959).

36. Para uma análise das implicações da crescente influência evangélica na política externa americana, ver Walter Russell Mead, "God's Country?", *Foreign Affairs*, set.-out. 2006, pp. 24-43. Stephen Walt observa que "a combinação de uma filosofia política universalista com forte veio evangélico não pode deixar de parecer alarmante para os outros países, inclusive para algumas de nossas democracias irmãs". Walt, *Taming American Power: The Global Response to U.S. Primacy* (Nova York: W. W. Norton, 2005).

37. Kevin Phillips, *American Theocracy: The Peril and Politics of Radical Religion, Oil, and Borrowed Money in the Twenty-first Century* (Nova York: Viking, 2006).

38. Toynbee, *Civilization on Trial*.

39. *American Public Opinion and Foreign Policy*, Chicago Council on Foreign Relations, 2002.

40. A América insiste num falso debate sobre investimentos públicos *versus* investimentos privados na infra-estrutura nacional, já que ficou demonstrado que os investimentos públicos suscitam maiores níveis de investimentos privados. *Realizing America's Economic Potential: A Growth Agenda for*

the New Abundant Economy (Washington, D.C.: New America Foundation, 2006).

41. Joel Kotkin e Delore Zimmerman, *Rebuilding America's Productive Economy: A Heartland Development Strategy* (Washington, D.C.: New America Foundation, 2006).

42. O déficit comercial americano em produtos manufaturados mais que triplicou entre 1997 e 2005, chegando a 662,5 bilhões de dólares.

43. Nicholas Kulish, "Things Fall Apart: Fixing America's Crumbling Infrastructure", *The New York Times*, 23 ago. 2006.

44. Barry C. Lynn, "War, Trade, and Utopia", *The National Interest*, inverno de 2005-2006.

45. Clyde V. Prestowitz, *Three Billion New Capitalists: The Great Shift of Wealth and Power to the East* (Nova York: Basic Books, 2005).

46. É provável que a competição pela influência na periferia do mundo, em vez de contribuir para seu avanço, venha a perpetuar as condições terceiro-mundistas. Pode parecer lógico que a combinação das medidas de alívio da dívida adotadas pelos Estados Unidos e pela União Européia, com o aumento dos investimentos e do comércio com a China, ajudem a fomentar o desenvolvimento do Terceiro Mundo, mas a prevalência de práticas imperiais perversas aponta em outro sentido. Por exemplo: os subsídios agrícolas ocidentais constituem importante barreira às oportunidades de livre comércio ao alcance dos países da América Latina e da África, e apesar do perdão das dívidas por parte do Ocidente, a China começou a imitar a clássica prática ocidental de conceder empréstimos gigantescos que levam à insolvência e a um profundo endividamento — desta vez com a China. Além disso, como os empréstimos e a ajuda chineses não são vinculados a condições políticas, não acionam qualquer círculo virtuoso de transparência, democracia ou aumento de salários. E embora o *boom* de consumo dos três pólos econômicos mundiais (assim como da Índia e do Brasil) tenha fomentado o crescimento econômico em alguns países do Terceiro Mundo, a sustentação desse *boom* também requer a constante pilhagem dos recursos naturais do Terceiro Mundo, erodindo sua base ecológica e gerando conseqüências ambientais. Recorrendo a indústrias poluentes e ao turismo predador do ambiente, os países do Terceiro Mundo tampouco fazem muito por si mesmos, mas não têm muita escolha, por dependerem integralmente dos investimentos e da tecnologia do Primeiro Mundo. De modo que a multipolaridade pode parecer uma bênção para o Terceiro Mundo, mas seu mercantilismo pode ser uma maldição. Na verdade, a grande esperança do Terceiro Mundo está nele mesmo, por meio dos movimentos globalizados de comércio e investimento no sentido sul-sul, que chegam atualmente a 50 bilhões de dólares por ano e vêm crescendo rapidamente.

47. Michael Mandelbaum, *The Case for Goliath: How America Acts as the World's Government in the Twenty-first Century* (Nova York: Public Affairs, 2005).

48. Huntington, *Clash of Civilizations*, p. 21.

49. Robert D. Kaplan, *Warrior Politics: Why Leadership Demands a Pagan Ethos* (Nova York: Random House, 2002), p. 139. Ver também Buzan, *United States and the Great Powers*, cap. 9. Esse choque de princípios é intrinsecamente perigoso, pois, como advertiu Kennan, "uma guerra empreendida em nome de um elevado princípio moral só chega rapidamente ao fim por meio de algum tipo de dominação total". Kennan, *American Diplomacy*, p. 101.

50. Não é provável que hoje sejam muitos no mundo os que endossariam sem pestanejar a profissão de fé enunciada em 1917 por Woodrow Wilson: "Estes são princípios americanos, políticas americanas. (...) E também são os princípios e políticas dos homens e mulheres progressistas de todo o mundo, de toda nação moderna, de toda comunidade esclarecida. São os princípios da humanidade, e devem prevalecer." O presidente Clinton fazia eco a Wilson ao declarar: "Os interesses da América exigem que os Estados Unidos tomem a frente de um esforço para construir uma ordem mundial inspirada nos valores americanos." Não seria exagero afirmar que todos os americanos, de qualquer tendência, liberais ou conservadores, religiosos ou seculares, professam uma crença no excepcionalismo americano. O filósofo Richard Hofstadter observou certa vez que o destino da América não é ter, mas ser uma ideologia. Sessenta por cento dos americanos consideram sua cultura superior a outras. Mas uma porcentagem ainda maior do restante do mundo pede vênia para discordar. A América não é vista desfavoravelmente em todo o mundo somente pelo caráter impopular de determinadas manifestações de sua política externa; também é desrespeitada pelas deficiências de seu próprio sistema. A América só é tolerável na medida em que alguma outra potência não seja preferida pelo mundo. Ver Kohut e Stokes, *America Against the World*.

51. Woodrow Wilson acreditava que "o equilíbrio de poder é o grande jogo agora desacreditado para sempre. É a velha e perversa ordem que prevalecia antes desta guerra". Ele disse no Senado americano em 1917 que a América não lideraria "um equilíbrio de poder, mas uma comunidade de poder; não rivalidades organizadas, mas uma paz comum organizada". A Liga das Nações por ele concebida (mas que os Estados Unidos nunca integrariam) revelou-se incapaz de impedir a agressão das potências do Eixo na década de 1930. Como comentou sardonicamente E. H. Carr, "os metafísicos de Genebra tiveram dificuldade em acreditar que um acúmulo de textos engenhosos proibindo a guerra não constituísse uma barreira contra a própria guerra". Carr, *The Twenty Years' Crisis, 1919-1939: An Introduction to the Study of International Relations* (Nova York: Harper Perennial, 1964 [1939]), p. 30. Em Ialta, em 1945, o presidente Franklin D. Roosevelt anunciou o fim "da ação unilateral, das alianças exclusivistas, das esferas de influência, do equilíbrio de poder e de todos os demais expedientes que têm sido tentados há séculos — fracassando sempre". Ele propunha, em seu lugar, a criação das Nações Unidas, que seria posteriormente louvada pelo presidente Eisenhower como a melhor esperança de "substituir o campo de batalha pela mesa de conferência". Em 1991, o presidente George

Bush proclamava uma "nova ordem mundial" em que a ONU, "livre do impasse da Guerra Fria, estará destinada a concretizar a visão histórica de seus fundadores". Paul Kennedy, *The Parliament of Man: The Past, Present, and Future of the United Nations* (Nova York: Random House, 2006).

52. Toynbee, *Civilization on Trial*, p. 127.

53. Garton Ash, *Free World*, p. 3.

54. David A. Lake, "Hierarchy in International Relations: Authority, Sovereignty, and the New Structure of World Politics", dissertação inédita, University of California at San Diego, 2005.

55. Ver Alpo Rusi, *Dangerous Peace: New Rivalry in World Politics* (Boulder, Colo.: Westview Press, 1998), introdução e cap. 5. Essas panregiões já constituem a parte do leão da economia mundial. À medida que o gás natural se torna o combustível privilegiado, também vão surgindo mercados energéticos panregionais: Estados Unidos/Canadá/América do Sul, UE/Rússia/África do Norte e China/Rússia/Indonésia/Austrália.

56. A guerra não é um acontecimento isolado das dinâmicas de ascensão e queda, mas um agente principal delas. Como as ordens mundiais anteriores, a era americana evoluiu em fases, da institucionalização para a deslegitimação — que é seguida da guerra. Um desequilíbrio não resolvido leva a um conflito sistêmico, que dá lugar a uma nova ordem, fundamentada na configuração do poder no pós-guerra. Ver Gilpin, *War and Change in World Politics*, cap. 5.

57. A América nunca foi encarada pela Europa como "a segunda melhor opção" à sua própria hegemonia global, e sim como o menor entre vários males. Não existe, no entanto, uma equivalência diplomática anterior do esforço em grande escala representado pela acomodação da China à atual ordem mundial, ao mesmo tempo evitando um grande conflito sistêmico. Não faz muito sentido falar em uma "comunidade de democracias" quando uma das principais potências do mundo não é uma democracia. E embora exista efetivamente uma tendência das democracias a não entrar em guerra umas com as outras, elas se mostram bastante agressivas com os países não-democráticos, optando por combater inimigos que sabem que podem derrotar (levantando a questão de saber por que então se dão ao trabalho de combatê-los). Uma guerra global pode ser muito provável precisamente porque a China pode vir finalmente a se democratizar, e, neste caso, o nacionalismo pode tornar-se incontrolável, na medida em que seu poderio se equiparar ao dos Estados Unidos. Ver Michael C. Desch, "Democracy and Victory: Fair Fights or Food Fights?", *International Security* 28, nº 1 (2003): 180-94; Edward D. Mansfield e Jack Snyder, *Electing to Fight: Why Emerging Democracies Go to War* (Cambridge, Mass.: MIT Press, 2005); e Dan Reiter e Allan C. Stan, *Democracies at War* (Princeton, N.J.: Princeton University Press, 2002).

58. Essas hipóteses são o foco principal do ramo geopolítico conhecido como teoria da transição de poder, fundamentado nos textos de A. F. K. Organski, especialmente *World Politics* (Nova York: Alfred A. Knopf, 1958). As transições de poder geopolíticas são como transições de fase na física: pe-

ríodos extremamente instáveis nos quais limalhas magnéticas se aglomeram ou se repelem em direções imprevisíveis à medida que a temperatura se eleva; entropia sem ordem. Churchill comparava as grandes potências a corpos planetários que geram "profundas reações magnéticas" quando se aproximam demais. Como adverte Charles Kupchan, o sistema internacional "é frágil e instável", desintegrando-se com notável rapidez. Kupchan, *The End of the American Era: U.S. Foreign Policy and the Geopolitics of the Twenty-first Century* (Nova York: Alfred A. Knopf, 2002), p. xv. Como explica Robert Gilpin, as transições de poder começam quando as potências em ascensão reavaliam sua disposição de se adaptar à ordem existente. Gilpin, *War and Change in World Politics*, caps. 2 e 4. Fareed Zakaria acrescenta: "As grandes potências são como divas, entram e saem do palco com grande alvoroço." Zakaria, "Is Realism Finished?", *The National Interest*, inverno de 1992-93.

59. David Hume, *A Treatise on Human Nature* (1739).

60. Ver Michael Howard, *The Invention of Peace* (New Haven, Conn.: Yale University Press, 2000), cap. 5. Escreve Robert Cooper: "Nem todos os mal-entendidos levam a guerras, nem todas as guerras são causadas por mal-entendidos. (...) Nada é inevitável, e os grandes acontecimentos históricos ainda dependem das decisões e, às vezes, dos erros de homens e mulheres concretos." Cooper, *The Breaking of Nations: Order and Chaos in the Twenty-First Century* (Nova York: Atlantic Monthly Press, 2003), p. 101.

61. Raymond Aron, *Peace and War: A Theory of International Relations* (Garden City, N.Y.: Doubleday, 1966).

62. Como escreveu Kissinger a respeito do concerto de potências pós-napoleônico estabelecido por Castlereagh e Metternich, "o objetivo era a estabilidade, não a perfeição, e o equilíbrio de poder é a expressão clássica da lição da história de que nenhuma ordem está garantida sem salvaguardas físicas contra a agressão. De modo que a nova ordem internacional veio a ser criada com suficiente consciência da ligação entre poder e moralidade; entre segurança e legimitidade". Kissinger, *A World Restored: Metternich, Castlereagh, and the Problems of Peace, 1812-1822* (Boston: Houghton Mifflin, 1973), pp. 317-18.

63. Ver Immanuel Kant, *Idea for a Universal History with Cosmopolitan Purpose* (1784); Lars-Erik Cederman, "Back to Kant: Reinterpreting the Democratic Peace as a Macro-Historical Learning Process", *American Political Science Review* 95 (mar. 2001). Aprender com aquilo que José Ortega y Gasset chamava de "tesouro dos nossos erros" requer uma constante ampliação dessa memória institucional. No fim de *Fahrenheit 451*, de Ray Bradbury, Granger, líder da comunidade itinerante de fugitivos engajados na salvação dos livros, diz ao mais novo recruta, Fisher: "Todos nós sabemos as terríveis tolices que fizemos durante mil anos, e sabendo disso, e tratando de mantê-lo sempre em nosso horizonte, algum dia deixaremos de erguer essas malditas piras funerárias e de pular nelas. Vamos juntar mais algumas pessoas que se lembrem de cada geração." Bradbury, *Fahrenheit 451* (Nova York: Ballantine, 1950).

64. Escreveu Brian Eno, produtor da banda de rock U2: "A civilização não é o que acontece quando as pessoas param de se comportar como se estivessem presas numa implacável luta darwiniana e começam a pensar sobre comunidades e um futuro compartilhado? (...) Talvez seja pedir muito esperar que a América aja de forma diferente dos outros impérios da história, mas não era esta a idéia inicial?" Eno, "The U.S. Needs to Open Up to the World", *TIME International*, 12 jan. 2003.

65. Rasler e Thompson, *Great Powers and Global Struggle*, p. 191.

66. Robert Skidelsky fala de uma "contradição fundamental no coração dos impérios": o fato de que "prometem a paz mas promovem a guerra" por meio de "contínuos conflitos nas fronteiras". Skidelsky, "Hot, Cold, and Imperial", *The New York Review of Books*, 13 jul. 2006. Konrad Adenauer advertia que "a história é o conjunto das coisas que poderiam ter sido evitadas", o que indica como principal tarefa do estadista de hoje afastar o que David Lloyd George chamou de "martelo do destino", para evitar que se atravesse a linha divisória em que "a lógica militar se sobrepõe ao cálculo diplomático". Ver Niall Ferguson, *1914: Why the World Went to War* (Nova York: Penguin, 1998), p. 27.

67. Como escreveu Kissinger sobre a era napoleônica, quando não há "aceitação do arcabouço da ordem internacional", o sistema deixa de ser legítimo para se tornar revolucionário. Além disso, "os Estados tendem a esquecer. Não é com freqüência que os Estados aprendem com o passado, e mais raro ainda que tirem dele as conclusões corretas. Pois as lições da experiência histórica, como as da experiência pessoal, são contingenciais. Elas ensinam as conseqüências de determinados atos, mas não podem forçar o reconhecimento de situações comparáveis. (...) Um povo pode ter consciência das prováveis conseqüências de uma situação revolucionária. Mas esse conhecimento será vazio se ele não for capaz de *reconhecer* uma situação revolucionária. Entretanto, existe uma diferença entre o conhecimento físico e o histórico: a cada geração é autorizado apenas um esforço de abstração; ela pode tentar apenas uma interpretação e uma única experiência, pois é seu próprio objeto. É este o desafio da história, e também sua tragédia; é a forma assumida pelo 'destino' na Terra. E sua solução, e mesmo sua identificação, talvez seja a tarefa mais difícil de um estadista". Kissinger, *World Restored*, 1-3, pp. 331-32.

68. Kant e Rousseau teorizaram uma federação internacional de Estados para alcançar uma paz republicana: Kant enfatizava a transparência e os crescentes custos da guerra, enquanto Rousseau afirmava que uma "Vontade Geral" impediria que os Estados entrassem em conflito simplesmente por interesse próprio. Hoje encontramos numerosas afirmações equivalentes sobre o efeito pacificador da globalização, todas fazendo eco à tese da Grande Ilusão sustentada por Norman Angell, evocando a "total inutilidade econômica da conquista". Francis Fukuyama sustenta o fim da luta ideológica; John Mueller observa que a perspectiva de uma guerra total de aniquilamento a

torna "sub-racionalmente impensável"; Jonathan Schell e Peter Singer vêem o surgimento de uma consciência global como "equivalente moral da guerra" ou uma "arma de civilização"; Robert Wright demonstra que o acúmulo de resultados positivos é fator de dissuasão dos conflitos; e Anatol Lieven e John Hulsman preconizam uma "Grande Paz Capitalista". Ver Fukuyama, *The End of History and the Last Man* (Nova York: Avon Books, 1992); Mueller, *Retreat from Doomsday: The Obsolescence of Major War* (Nova York: Basic Books, 1989); Schell, *The Unconquerable World: Power, Nonviolence, and the Will of the People* (Nova York: Metropolitan Books, 2003); Singer, *One World: The Ethics of Globalization* (New Haven, Conn.: Yale University Press, 2003); Wright, *Non-Zero: The Logic of Human Destiny* (Nova York: Vintage, 2000); e Lieven e Hulsman, *Ethical Realism*.

69. Os estudiosos estão eternamente debatendo se é mais estável a bipolaridade ou a multipolaridade, se a existência de maior número de potenciais díades de conflito gera incerteza ou permite um equilíbrio e uma estabilidade constantes ante o domínio de um único poder hegemônico. Considerando que não existe uma solução "de uma vez por todas" para o "problema do poder", Morgenthau escreveu que, "como o equilíbrio de poder é a essência e o fator estabilizador das relações internacionais, a distribuição do poder nunca fica resolvida em caráter permanente, sendo sempre precária e sujeita a flutuações constantes". Na quase-homeostase da tripolaridade, cada um age em seu próprio interesse, mas outros tomam contramedidas por meio de um feedback automático, o que resulta na preservação do *status quo*. Jervis analisa o efeito Lijphart, pelo qual o prévio conhecimento do perigo ou da instabilidade inspira políticas que compensam no sentido da moderação e do compromisso. Jervis, *System Effects*, pp. 107-12, 275-79. Ver também Mearsheimer, *The Tragedy of Great Power Politics*, pp. 338-44; e Waltz, *Theory of International Politics*.

70. B. H. Liddell Hart afirmou há meio século que as grandes estratégias devem moderar os instintos competitivos do sistema geopolítico. Como afirma Charles Kupchan, "o principal desafio do futuro será o mesmo do passado — gerir as relações entre centros rivais de poder". Kupchan, *End of the American Era*, p. xviii.

71. Escreveu A. J. P. Taylor: "Nem sempre os homens concordaram na perpétua quadrilha do Equilíbrio de Poder. Com freqüência manifestaram o desejo de que a música parasse e pudessem esperar o fim da dança sem terem de ficar constantemente se vigiando de forma recíproca." Taylor, *The Struggle for Mastery in Europe, 1848-1918* (Oxford, Reino Unido: Clarendon Press, 1954), p. xix. Hedley Bull acrescentava que "a justiça só é confiável no contexto da ordem". Bull, *The Anarchical Society: A Study of Order in World Politics* (Nova York, Columbia University Press, 1977), p. 83.

72. Se as superpotências agissem como um diretório, seria menos importante saber qual delas empreendeu qual ação do que o fato de a iniciativa ter sido tomada em nome de princípios comuns. Charles Kupchan considera

que, se as potências regionais se mostrarem "suficientemente benignas em seu exercício do poder, o resultado poderia ser um sistema estável e cooperativo, com uma estrutura mais descentralizada de liderança". Charles A. Kupchan, "After Pax Americana: Benign Power, Regional Integration, and the Sources of a Stable Multipolarity", *International Security* 23, nº 2 (outono de 1998): 40-79. Em outro contexto, ele se estende nesse raciocínio: "Um horizonte para o futuro seria a instauração de um diretório consensual das grandes potências da América do Norte, da Europa e da Ásia Oriental. Juntas, essas potências geririam os acontecimentos e regulariam as relações dentro de suas respectivas regiões e entre elas. Esses centros regionais também abrem perspectivas para a gradual incorporação dos países em desenvolvimento aos fluxos globais de comércio, informação e valores. Por razões de proximidade e cultura, os centros regionais fortes e vibrantes freqüentemente apresentam os maiores incentivos à promoção da prosperidade e da estabilidade em suas periferias imediatas. Assim, a América do Norte poderia centrar-se na América Latina; a Europa, na Rússia, no Oriente Médio e na África; e a Ásia do leste na Ásia meridional e do sudoeste. (...) O poder continuará sendo um fator determinante incontornável da vida internacional. O objetivo não deve ser negá-lo, mas canalizá-lo para fins pacíficos. É muito mais sábio e seguro se adiantar e influir voluntariamente na mudança estrutural do que simplesmente assistir à unipolaridade dando lugar a uma multipolaridade caótica por omissão." Kupchan, "Empires and Geopolitical Competition: Gone for Good?", in *Turbulent Peace*, org. Chester Crocker (Washington, D.C.: United States Institute of Peace, 2001).

73. Toynbee, *Civilization on Trial*.

74. Ver Fred Charles Ikle, *Every War Must End*, ed. revista (Columbia Classics, 2005). Escreve Charles Kupchan: "A criança que se rebela contra pais dominadores geralmente é muito mais problemática do que a que é emancipada da dependência e desenvolve autoconfiança e um senso maduro de responsabilidade." Kupchan, *End of the American Era*, p. 264.

75. Conforme E. H. Carr: "A internacionalização do governo requer a internacionalização do poder. (...) Deve haver um claro reconhecimento do jogo de forças políticas que antecede toda lei. Só quando essas forças estão em equilíbrio estável, a lei pode desempenhar sua função social sem se transformar em ferramenta nas mãos dos defensores do *status quo*. A conquista desse equilíbrio não é uma tarefa jurídica, mas política." Carr, *Twenty Years' Crisis*, pp. 107, 192. Henry Kissinger vai no mesmo sentido: "A lógica da guerra é o poder, e o poder não tem limites intrínsecos. A lógica da paz é a proporção, e proporção subentende limitação. O sucesso da guerra é a vitória; o sucesso da paz é a estabilidade. A condição da vitória é o comprometimento, a condição da estabilidade é a autocontenção." Kissinger, *World Restored*, p. 138. Sobre o conceito de "construção internacional", ver G. John Ikenberry, *After Victory: Institutions, Strategic Restraint, and the Rebuilding of Order After Major Wars* (Princeton, N.J.: Princeton University Press, 2000).

76. Banning Garrett, "A New Strategic Triangle? Relations Among China, Europe, and the United States in a Global Context", dissertação apresentada na Conferência Internacional sobre a China, a Europa e os Estados Unidos num Sistema Internacional em Mutação, Pequim, 2-3 nov. 2006. A própria globalização exige uma gestão multilateral, pois pelo menos metade dela é uma amplificação de forças malévolas e desestabilizadoras: interrupção de cadeias de abastecimento pelo terrorismo; tráfico de armas, drogas, dinheiro e pessoas; conseqüências ambientais da excessiva exploração de recursos; disseminação de armas mortais e agentes patogênicos; contágio financeiro — tudo isso provocando crises econômicas. Essas forças transnacionais nefastas já puseram na defensiva a maior parte do mundo, tratando cada país de mobilizar maiores contingentes de militares e policiais dentro de suas próprias fronteiras para impedir que os vícios da globalização o impregnem muito profundamente. Ver Moisés Naím, *Illicit: How Smugglers, Traffickers, and Copycats Are Hijacking the Global Economy* (Nova York: Doubleday, 2005); e "The Five Wars of Globalization", *Foreign Policy*, set.-out. 2003, pp. 28-37.

77. Morgenthau caricaturou o idealismo de Francis Bacon, no qual "o império do homem sobre a natureza substitui o império do homem sobre o homem". A atual expectativa de que a globalização cure os problemas sociais lembrou-lhe a retórica novecentista semelhante sobre as possibilidades de paz criadas pelo advento das ferrovias e da comunicação de massa. Da mesma forma, ele ridicularizava "os liberais [que], de Cobden a Hull, tentam encontrar no livre comércio e em seus sucedâneos a solução para os problemas políticos internacionais". Morgenthau, *Scientific Man vs. Power Politics*, pp. 43, 87, 125.

78. Segundo Edward Luttwak: "A loucura é rara entre os indivíduos. Mas é perfeitamente comum em nações inteiras." Luttwak, "Worst Case Scenario", *Time*, 8 abr. 2002, p. 30.

79. Entre os exemplos estão o "Sistema Transeurasiano de Segurança" (Trans-Eurasian Security System — TESS), de Zbigniew Brzezinski, a "Aliança Global de Segurança" (Global Alliance for Security — GAS), de Graham Allison, e as "Autoridades Globais", de Amitai Etzioni. Ver Brzezinski, *The Grand Chessboard*; Graham Allison, Karl Kaiser e Sergei Karaganov, "The World Needs a Global Alliance for Security", *International Herald Tribune*, 21 nov. 2001; e Etzioni, *From Empire to Community*.

80. Freud afirmava que, "enquanto existirem nações e impérios (...), todos deverão estar igualmente equipados para a guerra". Em sua magistral contestação da famosa afirmação de Karl von Clausewitz de que "a guerra é a continuação da política por outros meios", o historiador John Keegan sustenta que a guerra é natural e cultural — natureza, e não criação —, antecedendo até o surgimento da organização política, dos Estados e dos exércitos. Do canibalismo aos conflitos entre nações, a luta faz parte da condição humana. Keegan, *A History of Warfare* (Nova York: Vintage, 1993).

81. Harold Nicolson, *Diplomacy*, p. 13.

ÍNDICE

Os números de páginas em itálico remetem aos mapas.

1ª edição	NOVEMBRO DE 2008
impressão	BARTIRA
papel de miolo	LUZ CREAM 60G/M²
papel de capa	CARTÃO SUPREMO ALTA ALVURA 250G/M²
tipologia	FAIRFIELD LH LIGHT